遼寧省第二批珍貴古籍名録圖録

第一册

《遼寧省第二批珍貴古籍名録圖録》編委會 編

國家圖書館出版社

圖書在版編目（CIP）數據

遼寧省第二批珍貴古籍名録圖録：全四册 /《遼寧省第二批珍貴古籍名録圖録》編委會編 . -- 北京 : 國家圖書館出版社 , 2018.9

ISBN 978-7-5013-6474-9

Ⅰ . ①遼…　Ⅱ . ①遼…　Ⅲ . ①古籍—圖書目録—遼寧

Ⅳ . ① Z838

中國版本圖書館 CIP 數據核字 (2018) 第 154023 號

書　　名　**遼寧省第二批珍貴古籍名録圖録（全四册）**

著　　者　《遼寧省第二批珍貴古籍名録圖録》編委會　編

責任編輯　許海燕

出　　版　國家圖書館出版社（100034　北京市西城區文津街 7 號）
（原書目文獻出版社　北京圖書館出版社）

發　　行　（010）66114536　66126153　66051313　66175620
66121706（傳真）　66126156（門市部）

E-mail　nlcpress@nlc.cn（郵購）

Website　www.nlcpress.com →投稿中心

經　　銷　新華書店

印　　裝　北京中華兒女印刷廠

版　　次　2018 年 9 月第 1 版　2018 年 9 月第 1 次印刷

開　　本　889 × 1194（毫米）　1/16

印　　張　70.5

書　　號　ISBN 978-7-5013-6474-9

定　　價　1200.00 圓（全四册）

《遼寧省第二批珍貴古籍名録圖録》
工作委員會及編纂委員會

工作委員會

編纂委員會

前言

遼寧地區歷史悠久，文化繁榮。從古至今，在這片土地上不僅留下了無數的歷史遺存，更珍藏了卷帙浩繁的文化典籍。經過幾代人始終不渝的辛勤搜訪和守護，形成了今天遼寧省内150萬册的古籍藏書規模，庋藏於省内各公共圖書館、高等院校圖書館、科研和文博單位、檔案館，以及一些寺廟、道觀之中。

我省收藏的古籍經史子集齊備，約占現存古籍品種的三分之一以上，在全國各省中居於前列。尤其以文獻質量較高、藏書特色鮮明而爲海内外學人和圖書館界所矚目。例如，宋元版古籍精品琳琅，有一些爲初刻初印，且係海内孤本。在國務院批准頒布的五批《國家珍貴古籍名録》中，在古籍版本中最具影響力的宋元版古籍，我省共入選79部；閔凌刻套印版書收藏，可稱海内之最；陶湘《閔板書目》收録明代套色印本130種，我省所藏在120種以上；殿版書收藏品種全、特色突出，是國内收藏殿版書最豐富的地區之一；羅氏藏書完整豐富，既有宋元佳槧，也多名家抄校；明清小説數量多，品種全，以多有稀見本而聞名；稿本、抄本藏品精良；宋代以前文獻品質上乘；天禄琳琅藏書數量較多，共有40餘部，均是世間珍本，文獻價值極高。

中華人民共和國成立以來，特别是改革開放以來，我省的古籍保護事業取得了一定的成績。特别是2007年以來，省政府辦公廳下發了《關於進一步加强全省古籍保護工作的意見》，啓動了全省性的古籍保護工作，各級文化主管部門和古籍收藏單位按照“保護爲主、搶救第一、合理利用、加强管理”的古籍保護整體方針，積極推進古籍保護工作，在古籍普查、珍貴古籍修復、古籍保護隊伍建設、古籍整理出版、申報和建立珍貴古籍名録等方面取得了顯著的成績。遼寧省圖書館、大連圖書館、瀋陽市圖書館、遼寧大學圖書館、遼寧省博物館、遼寧省檔案館、旅順博物館、瀋陽師範大學圖書館榮獲“全國古籍重點保護單位”稱號。在已經公布的第一至五批《國家珍貴古籍名録》中，我省共有544部珍貴古籍入選。2010年至2017年，省政府陸續公布了四批《遼寧省珍貴古籍名録》和遼寧省古籍重點保護單位，評選出3179部珍貴古籍和8家重點保護單位，推動了古籍分級保護制度的建立，促進了古籍存藏環境的明顯改善，帶動了全省古籍保護工作的全面開展。

爲了充分展示中華古籍保護計劃實施以來我省的古籍保護工作成果，2016年我省編輯出版了《遼寧省第一批珍貴古籍名録圖録》（全四册），共收録我省24

家收藏單位的1013部古籍。此次編輯出版的《遼寧省第二批珍貴古籍名録圖録》，是我省古籍保護又一階段性成果，共收録我省19家單位的1060部古籍。《圖録》所收不乏珍稀善本佳槧，如宋淳祐三年（1243）平江府常熟顧霆發刻磧砂藏本《放光般若波羅蜜經》三十卷，元刻本《朱文公校昌黎先生集》四十卷，明崇禎二年（1629）《禮記彙義》四卷等。

本套《圖録》的出版既是我省文化建設的一大成果，也是繼承和發揚中華優秀傳統文化的媒介。文化的延續性在於傳承，文化的包容性在於開放，文化的生命力在於創新。弘揚中華優秀傳統文化的目的在於在發掘傳統文化的歷史意義和現實價值的基礎上，推陳出新，使其煥發生機和活力。本《圖録》的出版，在這方面起到了引導和示範的作用。希望更多的有識之士參與到發掘、研究、宣傳、弘揚遼寧省文化的行動中來，共同創造遼寧省文化大發展大繁榮更加美好的明天。

編　者

2017年10月

凡　例

一、收録範圍

本圖録收録入選第二批《遼寧省珍貴古籍名録》的古籍1060部。

二、編排方式

本圖録分爲漢文珍貴古籍和少數民族文字珍貴古籍兩大類。漢文古籍依據版本時期分爲宋代、元代、明代、清代四部分，各時期内根據文獻類型慣常的分類方式分類；少數民族文字古籍根據文獻類型慣常的分類方式分類。

三、著録内容

本圖録著録第二批《遼寧省珍貴古籍名録》的序號、題名、責任者、版本、題跋、收藏單位、存卷等，缺項則不録。

四、書影選配

本圖録每種古籍選擇書影一幀，以正文卷端爲主。

五、圖録序號

本圖録序號共五位，係第二批《遼寧省珍貴古籍名録》的序號，首位“2”代表第二批。

目録

第一册

第二册

第三册

第四册

遼寧省第二批
珍貴古籍名録

漢文珍貴古籍

宋 代

20001 **放光般若波羅蜜經三十卷** （晋）釋無羅義 釋竺叔蘭譯 宋淳祐三年（1243）平江府常熟顧霆發刻磧砂藏本 遼寧省圖書館
存一卷（四）

元 代

20002 **玉海二百卷辭學指南四卷** （宋）王應麟撰 元至元慶元路儒學刻至正補刻明正德、嘉靖南京國子監遞修本 遼寧省圖書館
存四十五卷（九十九至一百十八、一百三十八至一百六十二）

20003 **大般若波羅蜜多經六百卷** （唐）釋玄奘譯 元至元杭州路普寧寺刻普寧藏本 遼寧省圖書館
存一卷（三百四十六）

20004 **朱文公校昌黎先生集四十卷** （唐）韓愈撰 （宋）朱熹考異 （宋）王伯大音釋 元刻本 遼寧省博物館
存一卷（十七）

20005 **樂府詩集一百卷目録二卷** （宋）郭茂倩輯 元至正元年（1341）集慶路儒學刻明遞修本 遼寧省圖書館
存六十六卷（四至四十二、七十一至八十三、八十九至一百，目録二卷）

明 代

20006 **三經評注五卷** （明）閔齊伋輯 明萬曆閔齊伋刻三色套印本 遼寧省圖書館

20007 **周易兼義九卷** （三國魏）王弼 （晋）韓康伯注 （唐）孔穎達疏 **音義一卷** （唐）陸德明撰 **略例一卷** （三國魏）王弼撰 明嘉靖李元陽刻十三經注疏本 遼寧省圖書館

20008 **周易八卷** （宋）蘇軾傳 **王輔嗣論易一卷** （三國魏）王弼撰 明閔齊伋刻朱墨套印本 遼寧省圖書館

20009 **周易十卷** （宋）程頤傳 （宋）朱熹本義 **易圖一卷** （宋）朱熹撰 **易上下篇義一卷** （宋）程頤撰 **五贊一卷筮儀一卷易說綱領一卷** 明正統十二年（1447）司禮監刻本 遼寧省圖書館

20010 **周易傳義大全二十四卷上下篇義一卷周易朱子圖說一卷易五贊一卷筮儀一卷易說綱領一卷** （明）胡廣等輯 明内府刻本 遼寧省圖書館

20011 **周易傳義大全二十四卷** （明）胡廣等輯 明刻本 遼寧省博物館

20012 **易義提綱□□卷** 明抄本 遼寧省圖書館

20013 **尚書一卷** 明刻本 大連圖書館

20014 **東坡書傳二十卷** （宋）蘇軾撰 （明）袁了凡等評 明凌濛初刻朱墨套印本 遼寧省圖書館

20015 **書說七卷** （宋）黄度撰 明抄本 遼寧省圖書館
存六卷（二至七）

20016 **詩集傳二十卷詩序辨說一卷詩傳綱領一卷詩圖一卷** （宋）朱熹撰 明正統十二年（1447）司禮監刻本 遼寧省圖書館

20017 **吕氏家塾讀詩記三十二卷** （宋）吕祖謙撰 明萬曆四十一年（1613）陳龍光、蘇進等刻本 遼寧師範大學圖書館

20018 **詩緝三十六卷** （宋）嚴粲撰 明嘉靖趙府味經堂刻本（卷一至二、九至十二、二十八至三十、三十六抄補） 遼寧省圖書館

20019 **周禮二十卷** （明）陳深批點 明凌杜若刻朱墨套印本 遼寧省圖書館

20020 **考工記二卷** （明）郭正域批點 明萬曆四十四年（1616）閔齊伋刻朱墨套印本 遼寧省圖書館

20021 **考工記二卷** （明）郭正域批點 明萬曆四十四年（1616）閔齊伋刻朱墨套印本 遼寧大學圖書館

20022 **重刊儀禮考註十七卷** （元）吴澄撰 明嘉靖元年（1522）宗文書堂刻本 遼寧省圖書館

20023 **禮記彙義四卷** （明）蔡毅中注 明崇禎二年（1629）刻本 大連圖書館
存三卷（一至二、四）

20024 **樂律全書四十八卷** （明）朱載堉撰 明萬曆鄭藩刻本 遼寧省圖書館

20025 **春秋左傳三十卷** （晋）杜預注 （明）鍾惺評 明崇禎四年（1631）毛氏汲古閣刻本 遼寧省圖書館

20026 **春秋左傳十五卷** （明）孫鑛批點 明萬曆四十四年（1616）閔齊伋刻朱墨套印本 遼寧省圖書館

20027 **春秋繁露十七卷** （漢）董仲舒撰 （明）孫鑛評 明天啓五年（1625）花齋刻本 鞍山市圖書館
存十五卷（一至六、九至十七）

20028 孟子二卷 （宋）蘇洵批點　明萬曆四十五年（1617）閔齊伋刻三色套印本　遼寧省圖書館

20029 孟子二卷 （宋）蘇洵批點　明萬曆四十五年（1617）閔齊伋刻三色套印本　遼寧大學圖書館

20030 四書集注大全四十二卷 （明）胡廣等輯　明内府刻本　遼寧省博物館

20031 四書參十九卷 （明）李贄評　（明）楊起元輯　（明）張明憲等參訂　明刻朱墨套印本　遼寧省圖書館

20032 大明萬曆己丑重刊改併五音集韻十五卷 （金）韓道昭撰　明崇禎十年（1637）刻本　大連圖書館
存十二卷（四至十五）

20033 大明成化丁亥重刊改併五音類聚四聲篇十五卷 （金）韓道昭撰　明成化三年至七年（1467–1471）隆福寺刻本　大連圖書館
存十二卷（一至三、七至十五）

20034 南史八十卷 （唐）李延壽撰　明初刻本　遼寧省圖書館
存五十九卷（一至十四、十六至三十二、五十三至八十）

20035 五代史記七十四卷 （宋）歐陽修撰　（宋）徐無黨注　元宗文書院刻明遞修本（有抄配）　遼寧省圖書館
存七十一卷（一至七十一）

20036 五代史記七十四卷 （宋）歐陽修撰　（宋）徐無黨注　元刻明嘉靖修本　遼寧省圖書館

20037 五代史記七十四卷 （宋）歐陽修撰　（宋）徐無黨注　元刻明嘉靖修本　遼寧省圖書館
存六十四卷（七至五十六、六十一至七十四）

20038 藏書六十八卷 （明）李贄撰　明萬曆二十七年（1599）焦竑刻本 大連圖書館

20039 續藏書二十七卷 （明）李贄撰　（明）柴應槐　錢萬國重訂　明刻本　遼寧大學圖書館

20040 漢書一百卷 （漢）班固撰　（唐）顔師古注　（明）鍾人傑輯評 明萬曆四十七年（1619）鍾人傑刻本　大連圖書館

20041 漢書一百卷 （漢）班固撰　（明）葛錫璠彙評　明崇禎十二年（1639）葛鼎刻本　遼陽市圖書館

20042 前漢書一百卷 （漢）班固撰　（唐）顔師古注　（明）陳仁錫評　明崇禎刻本　遼寧省圖書館

20043 漢書評林一百卷 （明）凌稚隆輯　明書林余彰德刻本　大連圖書館

20044 漢書評林一百卷 （明）凌稚隆輯　明書林余彰德刻本　遼寧大學圖書館

20045 後漢書九十卷 （南朝宋）范曄撰　（唐）李賢注　**志三十卷** （晋）司馬彪撰　（南朝梁）劉昭注　明嘉靖七年至九年（1528–1530）南京國子監刻本　遼寧省圖書館

20046 後漢書九十卷 （南朝宋）范曄撰　（唐）李賢注　（明）陳仁錫評　**志三十卷** （晋）司馬彪撰　（南朝梁）劉昭注　（明）陳仁錫評　明天啓刻本 遼陽市圖書館

20047 范氏後漢書批評一百卷 （明）顧起元撰　明萬曆四十七年（1619）刻本　遼寧省圖書館
存八十六卷（一至八十六）

20048 晋書一百三十卷 （唐）房玄齡等撰　（唐）何超音義　明萬曆六年（1578）周若年、丁孟嘉刻本　遼寧省圖書館

20049 晋書一百三十卷 （唐）房玄齡等撰　（唐）何超音義　明吴氏西爽堂刻本　遼寧省圖書館

20050 陳書三十六卷 （唐）姚思廉撰　明萬曆三十三年（1605）刻本　遼寧省圖書館

20051 陳書三十六卷 （唐）姚思廉撰　明萬曆三十三年（1605）刻本 遼陽市圖書館

20052 宋書一百卷 （南朝梁）沈約撰　宋刻宋元明遞修本　遼寧省圖書館
存九十四卷（三至七十八、八十三至一百）

20053 宋書一百卷 （南朝梁）沈約撰 宋刻宋元明遞修本　遼寧省圖書館
存七十二卷（本紀五至十，志一至六、九至十、十七至三十，列傳八至十七、二十至三十六、四十至五十六）

20054 宋史四百九十六卷目錄三卷 （元）脱脱等撰　明成化七年至十六年（1471–1480）朱英刻嘉靖、萬曆南京國子監遞修本　遼寧省圖書館
存四百七十四卷（一至二百七十六、二百八十至三百三十三、三百五十三至四百四十二、四百四十六至四百九十六，目録三卷）

20055 金史一百三十五卷目録二卷 （元）脱脱等撰　明嘉靖八年（1529）南京國子監刻本　遼寧省圖書館

20056 金史一百三十五卷目録二卷 （元）脱脱等撰　明嘉

靖八年（1529）南京國子監刻萬曆、崇禎遞修本　大連圖書館

20057 **金史一百三十五卷目錄二卷**　（元）脫脫等撰　明嘉靖八年（1529）南京國子監刻明清遞修本　遼寧省圖書館

20058 **金史一百三十五卷目錄二卷**　（元）脫脫等撰　明嘉靖八年（1529）南京國子監刻明清遞修本　遼寧大學圖書館

20059 **元史二百十卷目錄二卷**　（明）宋濂等撰　明洪武三年（1370）内府刻嘉靖、萬曆南京國子監遞修本　遼寧省圖書館

20060 **資治通鑑二百九十四卷**　（宋）司馬光撰　明嘉靖二十三年至二十四年（1544-1545）孔天胤刻本　遼寧省圖書館
存二百九十卷（一至二、五至一百十八、一百二十一至二百九十四）

20061 **資治通鑑考異三十卷**　（宋）司馬光撰　明嘉靖二十三年至二十四年（1544-1545）孔天胤刻本　遼寧省圖書館

20062 **少微通鑑節要五十卷外紀四卷**　（宋）江贄撰　明正德九年（1514）司禮監刻本　遼寧省圖書館

20063 **重刻翰林校正少微通鑑大全二十卷首二卷**　（宋）江贄撰　（明）唐順之删定　明閩建邑書林楊壁卿刻本　遼寧省圖書館

20064 **陸狀元增節音註精議資治通鑑一百二十卷目錄三卷**　（宋）陸唐老集注　明末毛氏汲古閣刻本　遼寧省圖書館

20065 **資治通鑑綱目五十九卷**（宋）朱熹撰　明成化九年（1473）内府刻本　遼寧省圖書館

20066 **資治通鑑綱目發明五十九卷**　（宋）尹起莘撰　明内府刻本　遼寧省圖書館

20067 **續資治通鑑綱目二十七卷**　（明）商輅等撰　（明）周禮發明　（明）張時泰廣義　明弘治十七年（1504）慎獨齋刻本　遼寧省圖書館

20068 **新刊四明先生高明大字續資治通鑑節要二十卷**　（明）劉剡輯　（明）蔡亨嘉校正　明嘉靖張氏新賢堂刻本　遼寧省圖書館

20069 **史書十卷**　（明）姚允明撰　明崇禎十年（1637）刻本　大連圖書館

20070 **合鋟綱鑑通紀今古合錄註斷論策題旨大全二十卷首一卷**　（明）張溥輯　明崇禎刻本　大連圖書館

20071 **皇明從信錄四十卷**　（明）陳建撰　（明）沈國元補訂　明末刻本 遼寧省圖書館

20072 **皇明從信錄四十卷**　（明）陳建撰　（明）沈國元補訂　明末刻本 大連圖書館

20073 **通鑑紀事本末四十二卷**　（宋）袁樞撰　明萬曆二年（1574）李栻刻本　大連圖書館

20074 **國語九卷**（明）閔齊伋裁注　明萬曆四十七年（1619）閔齊伋刻三色套印本　遼寧省圖書館

20075 **戰國策十二卷**　（明）閔齊伋裁注　**元本目錄一卷**　明萬曆四十八年（1620）閔齊伋刻三色套印本　遼寧省圖書館

20076 **十六國春秋一百卷**　題（北魏）崔鴻撰　明萬曆三十七年（1609）屠氏蘭輝堂刻本　遼寧省圖書館

20077 **十六國春秋一百卷**　題（北魏）崔鴻撰　明萬曆三十七年（1609）屠氏蘭輝堂刻本　丹東市圖書館

20078 **貞觀政要十卷**　（唐）吴兢撰　（元）戈直集論　明成化元年（1465）内府刻本　周壽昌題識　遼寧省圖書館

20079 **貞觀政要十卷**　（唐）吴兢撰　（元）戈直集論　明成化元年（1465）内府刻本　翟文選跋　遼寧省圖書館

20080 **貞觀政要十卷**　（唐）吴兢撰　（元）戈直集論　明成化十二年（1476）崇府刻本　遼寧省圖書館

20081 **吾學編六十九卷**　（明）鄭曉撰　明萬曆二十七年（1599）鄭心材刻本　大連圖書館

20082 **弇州史料前集三十卷後集七十卷**（明）王世貞撰（明）董復表輯　明萬曆四十二年（1614）楊鶴等刻本　大連圖書館

20083 **革除編年不分卷**　明抄本　遼寧省圖書館

20084 **建文朝野彙編二十卷**（明）屠叔方撰　明萬曆刻本（卷一缺末三頁）　遼寧省圖書館

20085 **建文朝野彙編二十卷**　（明）屠叔方撰　明萬曆刻本　大連圖書館

20086 **建文書法儗前編一卷正編二卷附編二卷**　（明）朱鷺撰　明萬曆刻本　遼寧省圖書館

20087 **遜國正氣紀八卷**　（明）曹參芳輯　明末刻本　羅振

玉跋　遼寧省圖書館

20088 **三朝要典二十四卷三朝要典原始一卷**　（明）顧秉謙等纂　明天啓刻本（有抄配）　大連圖書館

20089 **歷代名臣奏議三百五十卷**　（明）黄淮　楊士奇等輯（明）張溥刪正　明崇禎八年（1635）刻本　遼寧省圖書館

存三百十九卷（一至三百十九）

20090 **歷代名臣奏議三百五十卷**　（明）黄淮　楊士奇等輯（明）張溥刪正　明崇禎八年（1635）刻清康熙二十四年（1685）重修本　遼陽市圖書館

存二百八十九卷（一至七十九、八十三至九十七、一百一至一百二十、一百二十三至一百二十七、一百三十二至一百七十五、一百九十二至二百、二百三至三百十九）

20091 **萬暦科抄一卷**　明抄本　大連圖書館

20092 **撫津疏草不分卷**　（明）畢自嚴撰　明末抄本　大連圖書館

20093 **總督三邊奏議□□卷**　明萬暦刻本　大連圖書館

存十卷（九至十、十四、十六至十八、三十八至四十、四十二）

20094 **聖門人物志十二卷**　（明）郭子章撰　明萬暦葉天民刻本　明葉台廷題識　大連圖書館

20095 **宋朱晦庵先生名臣言行録前集十卷後集十四卷**　（宋）朱熹輯　**續集八卷别集十三卷外集十七卷**　（宋）李幼武輯　（明）張采評閲　明崇禎十一年（1638）張采、宋學顯等刻本　瀋陽市圖書館

存四十五卷（前集十卷、後集十四卷、續集八卷、别集十三卷）

20096 **蘇米志林三卷**　（明）毛晋輯　明天啓五年（1625）毛氏緑君亭刻本　遼寧省圖書館

20097 **國朝列卿紀一百六十六卷**　（明）雷禮輯　明末抄本　羅振玉跋　遼寧省圖書館

存一百八卷（一至三十、四十七至六十四、一百五至一百二十六、一百二十九至一百六十六）

20098 **本朝京省人物考一百十五卷**　（明）過庭訓撰　明天啓二年（1622）刻本　遼寧省圖書館

存九十一卷（二十二至一百十二）

20099 **晏子春秋六卷**　明凌澄初刻朱墨套印本　遼寧省圖書館

20100 **孔聖全書三十五卷**　（明）蔡復賞撰　明萬暦三十六年（1608）葉氏金陵書坊德星堂刻本　遼寧省圖書館

20101 **諸儒唐書詳節六十卷**　（宋）吕祖謙輯　明正德十一年（1516）劉弘毅慎獨齋刻十七史詳節本　大連圖書館

20102 **歷代史纂左編一百四十二卷**　（明）唐順之輯　明嘉靖四十年（1561）胡宗憲刻本　遼寧省圖書館

20103 **二十一史論贊輯要三十六卷**　（明）彭以明輯　明萬暦吴洵美刻本　瀋陽市圖書館

20104 **書系十六卷**　（明）唐大章撰　明隆武三年（1647）刻本　遼寧省圖書館

存十三卷（一至十三）

20105 **史記纂二十四卷**　（明）凌稚隆輯　明萬暦凌稚隆刻朱墨套印本 遼寧省圖書館

20106 **漢雋十卷**　（宋）林鉞輯　（明）吕元校　明萬暦十三年（1585）周曰校刻本　遼寧大學圖書館

20107 **大明一統志九十卷**　（明）李賢撰　（明）萬安等修　明萬壽堂刻本　遼寧省圖書館

20108 **彙輯輿圖備攷全書十八卷**　（明）潘光祖撰　明崇禎六年（1633）傅昌辰版築居刻本　大連圖書館

20109 **華陰縣志九卷**　（明）王九疇　張毓翰纂修　明萬暦刻本　大連圖書館

20110 **帝京景物略八卷**　（明）劉侗　于奕正撰　明崇禎刻本　遼寧省圖書館

20111 **籌海圖編十三卷**　（明）胡宗憲撰　明天啓四年（1624）胡維極刻本　遼寧省圖書館

20112 **名山諸勝一覽記十六卷**　（明）慎蒙撰　明萬暦四年（1576）吴興慎蒙歸安刻本　遼寧省圖書館

20113 **水經注四十卷**（北魏）酈道元撰　明萬暦十三年（1585）吴琯刻本　大連圖書館

20114 **河防一覽十四卷**　（明）潘季馴撰　明萬暦十八年（1590）潘季馴刻清順治遞修本　大連圖書館

20115 **東西洋考十二卷**（明）張燮撰　明萬暦四十六年（1618）王起宗刻本　遼寧省圖書館

20116 **通典二百卷**　（唐）杜佑撰　明刻本　大連圖書館

20117 **文獻通考三百四十八卷**　（元）馬端臨撰　明嘉靖三年（1524）司禮監刻本　遼寧省圖書館

20118 **文獻通考三百四十八卷** （元）馬端臨撰　明嘉靖馮天馭刻本　遼寧省圖書館

20119 **大明集禮五十三卷目錄一卷** （明）徐一夔等撰　明嘉靖九年（1530）内府刻本（卷一及目錄抄補）　遼寧省圖書館

20120 **海運新考三卷** （明）梁夢龍撰　明萬曆七年（1579）刻本　遼寧省圖書館

20121 **泊如齋重修宣和博古圖錄三十卷** （宋）王黼等撰　明萬曆十六年（1588）泊如齋刻本　遼寧省圖書館

20122 **泊如齋重修宣和博古圖錄三十卷** （宋）王黼等撰　明萬曆十六年（1588）泊如齋刻本　遼寧省博物館
存二十卷（一至四、十至二十、二十六至三十）

20123 **石墨鐫華八卷** （明）趙崡撰　明萬曆四十六年（1618）刻本　馮□題跋　遼寧大學圖書館

20124 **東萊先生音註唐鑑二十四卷** （宋）范祖禹撰　（宋）吕祖謙注　明刻本　遼寧省圖書館

20125 **新鐫歷朝捷錄增定全編大成四卷** （明）顧充撰　（明）鍾惺補輯　明末刻本　遼寧省圖書館

20126 **史綱要領三十六卷** （明）姚舜牧撰　明萬曆三十八年（1610）刻本　遼寧省圖書館

20127 **六子全書六十卷** 明萬曆十一年（1583）金陵胡東塘刻本　大連圖書館

20128 **諸子彙函二十六卷** （明）歸有光輯　明刻本　錦州市圖書館

20129 **荀子二十卷** （唐）楊倞注　明嘉靖十二年（1533）顧春世德堂刻六子書本（卷二十末抄補半頁）　遼寧省圖書館

20130 **新序十卷** （漢）劉向撰　明萬曆何允中刻漢魏叢書本　大連大學圖書館

20131 **纂圖互註揚子法言十卷** （漢）揚雄撰　（晉）李軌　（唐）柳宗元　（宋）宋咸　吴秘　司馬光注　明初刻本　遼寧省圖書館

20132 **中說十卷** 題（隋）王通撰　（宋）阮逸注　明嘉靖十二年（1533）顧春世德堂刻六子書本　遼寧省圖書館

20133 **合刻周張兩先生全書二十二卷** （宋）朱熹注釋　（明）徐必達校正　明萬曆三十四年（1606）徐必達刻本　遼寧大學圖書館

20134 **小學集註六卷** （宋）朱熹撰　（明）陳選注　明崇禎八年（1635）刻本　遼寧省圖書館

20135 **類編標註文公先生經濟文衡前集二十五卷後集二十五卷續集二十二卷** （宋）朱熹撰　（宋）滕洪輯　明萬曆三十四年（1606）朱吾弼、朱崇沐等刻本　遼寧省圖書館

20136 **類編標註文公先生經濟文衡前集二十五卷後集二十五卷續集二十二卷** （宋）朱熹撰　（宋）滕珙輯　明萬曆三十四年（1606）朱吾弼、朱崇沐等刻本　大連圖書館

20137 **先聖大訓六卷** （宋）楊簡撰　明刻本　遼寧省圖書館

20138 **先聖大訓六卷** （宋）楊簡撰　明萬曆四十三年（1615）刻本　遼寧大學圖書館

20139 **大學衍義四十三卷** （宋）真德秀撰　明嘉靖六年（1527）司禮監刻本　遼寧省圖書館
存四十卷（一至十八、二十至二十一、二十四至四十三）

20140 **大學衍義四十三卷** （宋）真德秀撰　（明）陳仁錫評　明崇禎五年（1632）陳仁錫刻本　瀋陽市圖書館

20141 **大學衍義四十三卷** （宋）真德秀撰　明刻本　遼寧省圖書館

20142 **大學衍義補一百六十卷首一卷** （明）丘濬撰　明刻本　遼寧省圖書館

20143 **性理大全書七十卷** （明）胡廣等撰　明嘉靖三十八年（1559）刻本　遼寧大學圖書館

20144 **性理標題綜要二十二卷** （明）詹淮纂輯　（明）陳仁錫訂正　明崇禎刻翼聖堂印本　瀋陽市圖書館

20145 **兵垣四編四卷附四種四卷** （明）閔聲編　明天啓元年（1621）閔氏刻朱墨套印本　遼寧省圖書館

20146 **孫子參同五卷** （明）閔于忱輯　明萬曆四十八年（1620）閔于忱松筠館刻朱墨套印本　遼寧省圖書館

20147 **武經總要前集二十二卷後集二十一卷** （宋）曾公亮　丁度等撰　**行軍須知二卷百戰奇法二卷**　明弘治十七年（1504）李贊刻本　遼寧省圖書館
存三十四卷（前集四至九、十八至二十二，後集三至二十一，行軍須知二卷，百戰奇法二卷）

20148 **武備志二百四十卷** （明）茅元儀輯　明天啓元年（1621）刻本　大連圖書館

20149 **管子二十四卷** （明）凌汝亨集評　明萬曆四十八年

（1620）凌汝亨刻朱墨套印本　遼寧省圖書館

20150 **韓子迂評二十卷**　題（明）門無子撰　明凌氏刻朱墨套印本　遼寧省圖書館

20151 **晏子春秋内篇二卷**　（春秋）晏嬰撰　明嘉靖福建按察司刻本（序爲抄補）　大連圖書館

20152 **蘭室秘藏三卷**　（金）李杲撰　明嘉靖八年（1529）梅南書屋刻本　中國醫科大學圖書館

20153 **新編醫學正傳八卷**　（明）虞摶集　（明）虞守愚校　明萬曆刻本　中國醫科大學圖書館

20154 **證治準繩六種四十四卷**　（明）王肯堂輯　明萬曆三十年至三十六年（1602-1608）刻本　遼寧省圖書館

20155 **重廣補註黄帝内經素問二十四卷**　（唐）王冰注　（宋）林億等校正　（宋）孫兆改誤　明嘉靖二十九年（1550）顧從德刻本　遼寧省圖書館

20156 **黄帝内經素問二十四卷**　（明）吴昆注　明萬曆三十七年（1609）刻本　中國醫科大學圖書館

存五種三十六卷（證治準繩八卷、雜病證治類方八卷、瘍醫準繩六卷、幼科證治準繩九卷、女科證治準繩五卷）

20157 **新刊補註釋文黄帝内經素問十二卷**（唐）王冰注（宋）林億等校正　（宋）孫兆改誤　**新刊黄帝内經靈樞十二卷黄帝内經素問遺篇一卷 新刊素問入式運氣論奥三卷**　（宋）劉溫舒撰　**素問運氣圖括定局立成一卷黄帝内經素問靈樞運氣音釋補遺一卷**　（明）熊宗立輯　明刻本　中國醫科大學圖書館

20158 **黄帝内經素問註證發微九卷補遺一卷黄帝内經靈樞註證發微九卷**　（明）馬蒔撰　明萬曆十四年（1586）王元敬天寶堂刻本　中國醫科大學圖書館

20159 **黄帝内經素問註證發微九卷**　（明）馬蒔撰　明萬曆十四年（1586）王元敬天寶堂刻本　遼寧中醫藥大學圖書館

20160 **類經三十二卷圖翼十一卷附翼四卷**　（明）張介賓類注　明天啓四年（1624）天德堂刻本　遼寧中醫藥大學圖書館

20161 **神農本草經疏三十卷**　（明）繆希雍撰　（明）李枝參訂　明天啓五年（1625）毛晋緑君亭刻本　遼寧省圖書館

20162 **神農本草經疏三十卷**　（明）繆希雍撰　明天啓五年（1625）毛晋緑君亭刻本　中國醫科大學圖書館

20163 **重修政和經史證類備用本草三十卷**　（宋）唐慎微撰　（宋）寇宗奭衍義　明萬曆十五年（1587）内府刻本　中國醫科大學圖書館

20164 **食物本草七卷**　（金）李杲輯　**日用本草三卷**　（元）吴瑞輯　明萬曆四十八年（1620）世慶堂刻本　大連圖書館

20165 **上醫本草四卷**　（明）趙南星輯　明泰昌元年（1620）刻本　中國醫科大學圖書館

20166 **家傳太素脉秘訣二卷**　（明）劉伯詳注　明致和堂刻本　中國醫科大學圖書館

20167 **石刻墨拓本千金寶要六卷**　（唐）孫思邈撰　（宋）郭思纂集　明隆慶六年（1572）秦藩拓本　中國醫科大學圖書館

20168 **醫説十卷**　（宋）張杲撰　明萬曆十三年（1585）刻本　中國醫科大學圖書館

20169 **衛生寶鑑二十四卷**　（元）羅天益撰　**補遺一卷**　明嘉靖十四年（1535）刻本　遼寧中醫藥大學圖書館

存十一卷（一至七、十二至十三、十八至十九）

20170 **衛生易簡方十二卷**　（明）胡濙撰　明刻本　中國醫科大學圖書館

20171 **醫學綱目四十卷**　（明）樓英撰　明刻本　大連圖書館

存三十八卷（一至十三、十六至四十）

20172 **醫方選要六卷**　（明）周文采撰　明隆慶四年（1570）金陵東塘胡氏刻本　中國醫科大學圖書館

20173 **急救良方二卷**　（明）張時徹輯　明嘉靖二十九年（1550）刻本 中國醫科大學圖書館

20174 **醫方考六卷脉語二卷**　（明）吴崐撰　明刻本　遼寧省圖書館

20175 **新刊銅人針灸經七卷新編西方子明堂灸經八卷**　明正德山西平陽府刻平陽府所刻醫書六種本　中國醫科大學圖書館

20176 **銅人腧穴針灸圖經三卷**　（宋）王惟一輯　明刻本　中國醫科大學圖書館

20177 **雜病治例不分卷**　（明）劉純編輯　明成化十五年（1479）蕭謙刻本　遼寧中醫藥大學圖書館

20178 **太玄經十卷**　（漢）揚雄撰　（晋）范望解贊　明嘉靖

萬玉堂刻本 遼寧大學圖書館

20179 **觀象玩占五十卷** 題（唐）李淳風撰 明抄本 大連圖書館

20180 **重訂選擇集要七卷** （明）黄一鳳編集 明抄本 遼寧省圖書館

20181 **焦氏易林十六卷** 題（漢）焦延壽撰 明天啓六年（1626）唐瑜、唐琳刻本 遼寧省圖書館

20182 **範圍數不分卷** （明）趙迎撰 明嘉靖刻本 遼寧省圖書館

20183 **遁甲句解烟波釣叟歌十二卷** 題（宋）趙普撰 （明）羅通法 （明）池紀解 明抄本 大連圖書館

20184 **墨池編六卷** （明）朱長文輯 明萬曆八年（1580）虞德燁等刻本 遼寧省圖書館

20185 **圖繪宗彝八卷** （明）楊爾曾輯 明萬曆三十五年（1607）夷白堂刻本 魯迅美術學院圖書館
存六卷（一至六）

20186 **論衡三十卷** （漢）王充撰 （明）劉光斗評 明天啓六年（1626）閻光表刻本 遼寧省圖書館

20187 **論衡三十卷** （漢）王充撰 （明）劉光斗評 明天啓六年（1626）閻光表刻本 遼寧大學圖書館

20188 **吕氏春秋二十六卷** （秦）吕不韋撰 （漢）高誘訓解 明萬曆七年（1579）刻本 遼寧大學圖書館

20189 **吕氏春秋二十六卷** （秦）吕不韋撰 （漢）高誘訓解 （明）汪一鸞重訂 明萬曆三十三年（1605）汪一鸞刻本 遼寧省圖書館

20190 **吕氏春秋二十六卷** 題（宋）陸游評 （明）凌稚隆批 明萬曆四十八年（1620）凌毓枬刻朱墨套印本 遼寧省圖書館

20191 **夢溪筆談二十六卷補筆談三卷續筆談一卷** （宋）沈括撰 明崇禎四年（1631）馬元調刻本 遼寧省圖書館

20192 **容齋隨筆十六卷續筆十六卷三筆十六卷四筆十六卷五筆十卷** （宋）洪邁撰 明崇禎三年（1630）馬元調刻本 遼寧省圖書館

20193 **容齋隨筆十六卷續筆十六卷三筆十六卷四筆十六卷五筆十卷** （宋）洪邁撰 明崇禎三年（1630）馬元調刻本 大連圖書館

20194 **南村輟耕録三十卷** （明）陶宗儀撰 明玉蘭草堂刻本 遼寧省圖書館

20195 **梅花草堂集十四卷** （明）張大復撰 明崇禎刻清順治十二年（1655）張安淳重修本 大連圖書館

20196 **五雜組十六卷** （明）謝肇淛撰 明刻本 遼寧省圖書館

20197 **留青日札三十九卷** （明）田藝蘅撰 明萬曆三十七年（1609）徐懋升刻本 大連圖書館

20198 **丹鉛總録二十七卷** （明）楊慎撰 明隆慶凌雲翼、黄思近刻本 遼寧省圖書館

20199 **世説新語八卷** （南朝宋）劉義慶撰 （南朝梁）劉孝標注 （宋）劉辰翁 （宋）劉應登 （明）王世懋評 明凌瀛初刻四色套印本 遼寧省圖書館

20200 **立齋閑録四卷** （明）宋端儀撰 明抄本 羅振玉跋 遼寧省圖書館

20201 **湧幢小品三十二卷** （明）朱國禎撰 明天啓二年（1622）刻本 遼寧省圖書館

20202 **客座贅語十卷** （明）顧起元撰 明萬曆四十六年（1618）刻本 大連圖書館

20203 **自警編九卷** （宋）趙善璙輯 明嘉靖二十四年（1545）唐曜刻本 遼寧省圖書館
存八卷（二至九）

20204 **大明仁孝皇后勸善書二十卷** （明）仁孝皇后徐氏撰 明永樂五年（1407）内府刻本（卷十五第十二至十三、二十九、三十二葉，卷十六第二十八至三十葉，三十九、四十一至四十五葉，卷十八第四十葉抄補） 遼寧省圖書館

20205 **初潭集三十卷** （明）李贄撰 （明）閔邃 閔杲輯評 明閔氏刻朱墨套印本 遼寧省圖書館

20206 **稗史彙編一百七十五卷** （明）王圻輯 明萬曆刻本 遼寧省圖書館

20207 **穀詒彙十四卷首一卷** （明）陶希皋輯 明崇禎七年（1634）陶以鉽、陶以鑄刻本 遼寧省圖書館

20208 **益智編四十一卷** （明）孫能傳輯 明萬曆四十二年（1614）孫能正刻本（卷一至五抄補） 遼寧省圖書館

20209 **讀書種子二十二卷** （明）唐一沂撰 明崇禎六年（1633）唐氏問奇堂刻本 遼寧省圖書館

20210 **湘煙録十六卷** （明）閔元京 凌義渠輯 明天啓刻本

遼寧省圖書館

20211 **史豔四卷** （明）鄭奎光輯 明崇禎十五年（1642）刻本 遼寧省圖書館

20212 **山海經十八卷** （晋）郭璞注 （宋）劉辰翁評 （明）閻光表訂 明閻光表刻本 遼寧省圖書館

20213 **宋人百家小說一百四十三種** （明）桃源溪父輯 明末刻本 大連圖書館

20214 **太平廣記五百卷目錄十卷** （宋）李昉等輯 明許自昌刻本 遼寧省圖書館

20215 **月旦堂仙佛奇踪合刻八卷** （明）洪應明撰 明刻本 魯迅美術學院圖書館

20216 **青瑣高議前集十卷後集十卷别集七卷** （宋）劉斧撰 明萬曆張夢錫刻本 遼寧省圖書館
存六卷（前集一至二、六至九）

20217 **青泥蓮花記十三卷** （明）梅鼎祚纂輯 明萬曆三十年（1602）鹿角山房刻本 大連圖書館

20218 **虞初志七卷** （明）袁宏道評 （明）屠隆點閲 明凌性德刻朱墨套印本 遼寧省圖書館

20219 **藝文類聚一百卷** （唐）歐陽詢等輯 明嘉靖六年至七年（1527-1528）胡纘宗、陸采刻本 遼寧省圖書館
存九十六卷（五至一百）

20220 **初學記三十卷** （唐）徐堅等輯 明嘉靖十三年（1534）晋府虚益堂刻本 遼寧省圖書館

20221 **初學記三十卷** （唐）徐堅等輯 明嘉靖十三年（1534）晋府刻本 大連圖書館
存二十一卷（一至三、十至二十四、二十七至二十九）

20222 **初學記三十卷** （唐）徐堅等輯 明萬曆十五年（1587）徐守銘寧壽堂刻本 遼寧省圖書館

20223 **唐宋白孔六帖一百卷目錄二卷** （唐）白居易 （宋）孔傳輯 明嘉靖刻本 大連圖書館

20224 **唐宋白孔六帖一百卷目錄二卷** （唐）白居易 （宋）孔傳輯 明刻本 遼寧省圖書館

20225 **新刊監本册府元龜一千卷** （宋）王欽若等輯 明抄本 遼寧省圖書館
存五十四卷（二十八至四十五、五十三至八十八）

20226 **錦繡萬花谷前集四十卷後集四十卷續集四十卷** 明刻本 遼寧省圖書館

20227 **新編古今事文類聚前集六十卷後集五十卷續集二十八卷别集三十二卷** （宋）祝穆撰 （明）鄒可張訂 明嘉靖鄒可張刻本 遼寧省圖書館

20228 **新編古今事文類聚前集六十卷後集五十卷續集二十八卷别集三十二卷新集三十六卷外集十五卷遺集十五卷** （宋）祝穆撰 （元）富大用 祝淵輯 明萬曆三十二年（1604）唐富春德壽堂刻本 遼寧省圖書館

20229 **新增說文韻府羣玉二十卷** （元）陰時夫撰 （元）陰中夫注 明萬曆十八年（1590）萃華堂刻本 遼陽市圖書館

20230 **修辭指南二十卷** （明）浦南金輯 明嘉靖三十六年（1557）浦氏五樂堂刻本 遼寧省圖書館

20231 **天中記六十卷** （明）陳耀文撰 明萬曆刻本 遼寧省博物館

20232 **古今萬姓統譜一百四十卷歷代帝王姓系統譜六卷氏族博考十四卷** （明）凌迪知輯 明萬曆刻本 遼寧省圖書館

20233 **經濟類編一百卷** （明）馮琦輯 明萬曆三十二年（1604）周家棟刻本 遼寧省圖書館

20234 **啓雋類函一百二卷職官考五卷目錄九卷** （明）俞安期編 明萬曆四十六年（1618）刻本 遼寧大學圖書館

20235 **潛確居類書一百二十卷** （明）陳仁錫輯 明崇禎刻本 遼寧省博物館

20236 **古學彙纂十卷** （明）周時雍輯 明崇禎十五年（1642）周氏愛日齋刻本 遼寧省圖書館

20237 **大方廣佛華嚴經八十卷** （唐）釋實叉難陀譯 **大方廣佛華嚴經入不思議解脱境界普賢行願品一卷** （唐）釋般若譯 明刻本 大連圖書館

20238 **大佛頂如來密因修證了義諸菩薩萬行首楞嚴經十卷** （唐）釋般刺密帝 釋彌伽釋迦譯 明凌毓枏刻朱墨套印本 遼寧省圖書館

20239 **楞伽阿跋多羅寶經科解十卷科解科一卷** （明）釋真貴撰 明刻本 錦州市圖書館
存十卷（科解二至十、科解科一卷）

20240 **金剛般若波羅蜜經一卷解一卷** （後秦）釋鳩摩羅什譯 （元）釋明本解 **般若波羅蜜多心經一卷解一卷** （唐）釋玄奘譯 （元）釋中峰禪師解 （明）釋如玘注 （明）李贄評 **大方廣圓覺修多羅了義經二卷** （唐）

釋佛陀多羅譯　明刻套印本　遼寧省圖書館

20241 **法苑珠林述意二卷**　（明）周天球采輯　明嘉靖棐幾齋抄本　遼寧省圖書館

20242 **教乘法數十二卷**（明）釋圓瀞撰　明萬曆十七年（1589）刻本　遼寧省圖書館

20243 **六經同卷不分卷附録一卷**　（唐）釋不空等譯　明萬曆四十一年至清康熙三年（1613–1664）浙江嘉興府楞嚴寺般若堂刻嘉興藏本　瀋陽市圖書館

20244 **三子合刊十三卷**　明閔齊伋刻套印本　遼寧省圖書館

20245 **老子道德經二卷**　（漢）河上公章句　明嘉靖顧氏世德堂刻六子書本　遼寧省圖書館

20246 **道德經二卷**　（宋）蘇轍注　（明）凌以棟批點　**老子考异一卷**　明凌氏刻朱墨套印本　遼寧省圖書館

20247 **老子翼三卷莊子翼八卷**　（明）焦竑輯　（明）王元貞校閱　明萬曆十六年（1588）王元貞刻本　遼寧省圖書館

20248 **解莊十二卷**　（明）陶望齡解　（明）郭正域評　明天啓元年（1621）茅兆河刻朱墨套印本　遼寧省圖書館

20249 **莊子南華真經四卷**　（唐）陸德明音義　明閔齊伋刻朱墨套印三子合刊本　遼寧大學圖書館

20250 **列子沖虛真經八卷音義一卷**　明萬曆刻朱墨套印三子合刊本　大連圖書館

20251 **金丹正理大全四十二卷**　明嘉靖十七年（1538）周藩刻本　遼寧省圖書館

存二十一卷（金丹大要十卷、金碧古文龍虎上經三卷、周易參同契通真意三卷、周易參同契解三卷、周易參同契分章注上卷、金丹四百字内外注解一卷）

20252 **悟真篇三註三卷**　（宋）張伯端撰　（宋）薛道光　陸墅　（元）陳致虛注　明刻本　大連圖書館

20253 **楚辭十七卷**　（宋）洪興祖　（明）劉鳳等評　（明）陳深批點　**附録一卷**　明萬曆二十八年（1600）凌毓枏刻朱墨套印本　遼寧省圖書館

20254 **曹子建集十卷**　（三國魏）曹植撰　（明）李夢陽　王世貞等評　明天啓元年（1621）凌性德刻朱墨套印本　遼寧省圖書館

20255 **陶靖節集八卷**　（晉）陶潛撰　（明）凌濛初輯評　**總論一卷附録一卷**　明凌濛初刻朱墨套印本　遼寧省圖書館

20256 **唐駱先生集八卷**　（唐）駱賓王撰　（明）王衡等評釋　**附録一卷**　明凌毓枏刻朱墨套印本　遼寧省圖書館

20257 **王摩詰詩集七卷**　（唐）王維撰　（宋）劉辰翁評　明凌濛初刻朱墨套印本　遼寧省圖書館

20258 **類箋唐王右丞詩集十卷**　（唐）王維撰　（明）顧起經注　**文集四卷集外編一卷**　（唐）王維撰　（明）顧起經輯　**年譜一卷**　（明）顧起經撰　**唐諸家同咏集一卷贈題集一卷歷朝諸家評王右丞詩畫抄一卷**　（明）顧起經輯　明嘉靖三十五年（1556）顧氏奇字齋刻本　遼寧省圖書館

20259 **孟浩然詩集二卷**（唐）孟浩然撰　（宋）劉辰翁評　（明）李夢陽評　明凌濛初刻朱墨套印本　遼寧省圖書館

20260 **李翰林集十卷**　（唐）李白撰　明正德十四年（1519）陸元大刻清嘉慶八年（1803）淵雅堂重修本　遼寧省圖書館

20261 **分類補註李太白詩二十五卷**　（唐）李白撰　（宋）楊齊賢集注　（元）蕭士贇補注　**分類編次李太白文五卷**　（唐）李白撰　明嘉靖二十二年（1543）郭雲鵬寶善堂刻本　遼寧省圖書館

20262 **韋蘇州集十卷拾遺一卷**　（唐）韋應物撰　明嘉靖二十年（1541）維陽周桃村刻本　許孟題記　遼寧省圖書館

20263 **韋蘇州集十卷拾遺一卷總論一卷**　（唐）韋應物撰　明凌濛初刻朱墨套印本　遼寧省圖書館

20264 **集千家註杜工部詩集二十卷文集二卷**　（唐）杜甫撰　（宋）黄鶴補注　**附録一卷**　明嘉靖十五年（1536）玉几山人刻本　遼寧省圖書館

20265 **集千家註杜工部詩集二十卷文集二卷**　（唐）杜甫撰　（宋）黄鶴補注　**附録一卷**　明嘉靖十五年（1536）玉几山人刻明易山人印本　大連圖書館

20266 **李長吉歌詩四卷外詩集一卷**　（唐）李賀撰　（宋）劉辰翁評　明凌濛初刻朱墨套印本　遼寧省圖書館

20267 **韓文四十卷外集十卷遺集一卷集傳一卷**　（唐）韓愈撰　（明）莫如士重校　明嘉靖三十五年（1556）莫如士刻韓柳文本　遼寧省圖書館

20268 **增廣註釋音辯唐柳先生集四十三卷别集二卷外集二卷**　（唐）柳宗元撰　（宋）童宗説注釋　（宋）張敦頤音辯　（宋）潘緯音義　**年譜一卷附録一卷**　明初刻本

遼寧省圖書館
存四十五卷（柳先生集四十三卷、別集二卷）

20269 **柳文七卷** （唐）柳宗元撰 （明）茅坤評 明刻朱墨套印本 遼寧省圖書館

20270 **孟東野詩集十卷** （唐）孟郊撰 （宋）國材 劉辰翁評 明凌濛初刻朱墨套印本 遼寧省圖書館

20271 **歐陽文集五十卷** （宋）歐陽修撰 **年譜一卷** （宋）胡柯撰 明嘉靖二十二年（1543）李冕刻本 遼寧省圖書館

20272 **歐陽文忠公集一百五十三卷** （宋）歐陽修撰 **年譜一卷** （宋）胡柯撰 **附録六卷** 明正德七年（1512）劉喬刻嘉靖十六年（1537）季本、詹治修三十九年（1560）何遷遞修本 遼寧省圖書館

20273 **歐陽文忠公全集一百三十五卷** （宋）歐陽修撰 明嘉靖三十四年（1555）陳珊刻本 遼寧省圖書館

20274 **歐陽文忠公文抄十卷** （宋）歐陽修撰 （明）茅坤評 明刻朱墨套印本 遼寧省圖書館

20275 **重刊嘉祐集十五卷** （宋）蘇洵撰 明嘉靖十一年（1532）太原府刻本 遼寧省圖書館

20276 **蘇老泉文集十三卷** （宋）蘇洵撰 （明）茅坤 焦竑等評 明凌濛初刻朱墨套印本 遼寧省圖書館

20277 **蘇文嗜六卷** （宋）蘇洵撰 （明）茅坤等評 明凌雲刻三色套印本 遼寧省圖書館

20278 **東坡詩選十二卷** （宋）蘇軾撰 （明）譚元春輯 明末文盛堂刻本 瀋陽大學圖書館

20279 **蘇長公表啓五卷** （宋）蘇軾撰 （明）李贄等評 （明）錢櫝輯 明凌濛初刻朱墨套印本 遼寧省圖書館

20280 **東坡禪喜集十四卷** （宋）蘇軾撰 （明）馮夢禎批點 （明）凌濛初輯 明天啓元年（1621）凌濛初刻朱墨套印本 遼寧省圖書館

20281 **蘇長公合作八卷補二卷** （宋）蘇軾撰 （明）鄭圭輯 **附録一卷** 明萬曆四十八年（1620）凌啓康刻三色套印本 遼寧省圖書館

20282 **蘇文六卷** （宋）蘇軾撰 （明）茅坤等評 明閔爾容刻三色套印本 遼寧省圖書館

20283 **蘇文忠公策選十二卷** （宋）蘇軾撰 （明）茅坤 鍾惺評 明天啓元年（1621）刻三色套印本 遼寧省圖書館

20284 **蘇長公小品四卷** （宋）蘇軾撰 （明）王納諫輯并評 明凌啓康刻朱墨套印本 遼寧省圖書館

20285 **蘇長公密語十六卷** （宋）蘇軾撰 （明）李一公輯 **首一卷** 明天啓元年（1621）刻朱墨套印本 遼寧省圖書館

20286 **會稽三賦四卷** （宋）王十朋撰 （明）南逢吉注 （明）尹壇補注 （明）陶望齡評 明天啓元年（1621）凌弘憲刻朱墨套印本 遼寧省圖書館

20287 **象山先生全集三十六卷** （宋）陸九淵撰 **附梭山先生家制一卷** （宋）陸九韶撰 **附少湖徐先生學則辯一卷** （明）徐階撰 明嘉靖四十年（1561）何遷刻清順治十一年（1654）補刻本 遼寧省圖書館

20288 **箋釋梅亭先生四六標準四十卷目録一卷** （宋）李劉撰 （明）孫雲翼箋 明萬曆四十四年（1616）唐鯉飛刻本 遼寧省圖書館

20289 **松鄉先生文集十卷** （元）任士林撰 明泰昌元年（1620）刻本 大連圖書館

20290 **臨川吴文正公集四十九卷** （元）吴澄撰 明萬曆四十年（1612）刻本 大連圖書館

20291 **華氏黄楊集不分卷** （明）華幼武撰 明隆慶二年（1568）刻盛名百家詩本 大連圖書館

20292 **新刊宋學士全集三十三卷** （明）宋濂撰 明嘉靖三十年（1551）韓叔陽刻崇禎、清順治遞修本 遼寧省圖書館

20293 **誠意伯劉先生文集二十卷** （明）劉基撰 明成化六年（1470）戴用、張僖刻本 遼寧省圖書館
存十六卷（五至二十）

20294 **滄螺集六卷** （明）孫作撰 明毛氏汲古閣刻本 遼寧省圖書館

20295 **空同詩選一卷** （明）李夢陽撰 （明）楊慎評 明閔齊伋刻朱墨套印本 遼寧省圖書館

20296 **大復集三十七卷** （明）何景明撰 **附録一卷** 明嘉靖三十四年（1555）袁璨刻本 遼寧省圖書館

20297 **何大復先生集三十八卷** （明）何景明撰 **附録一卷** 明刻本 遼寧省圖書館

20298 **太史升庵文集八十一卷** （明）楊慎撰 明萬曆十年（1582）刻本（有補抄） 魯迅美術學院圖書館
存六十六卷（一至五十、六十六至八十一）

20299 **南湖詩一卷** （明）張綖撰　明抄本　遼寧省圖書館

20300 **重刊校正唐荆川先生文集十二卷** （明）唐順之撰　明嘉靖三十二年（1553）葉氏寶山堂刻本　遼寧省圖書館

20301 **重刊校正唐荆川先生文集十二卷** （明）唐順之撰　明嘉靖三十二年（1553）葉氏寶山堂刻本　遼寧省圖書館

20302 **覺庵存稿四卷** （明）查秉彝撰　明抄本　遼寧省圖書館

20303 **李氏焚書六卷** （明）李贄撰　明刻朱墨套印本　遼寧省圖書館

20304 **竹箭編二卷** （明）王稺登撰　明萬曆八年（1580）居隆青浦縣齋刻本　大連圖書館

20305 **中川先生集□□卷** （明）王教撰　明萬曆朱睦㮮刻本　遼寧省圖書館

存四卷（四至七）

20306 **西林全集二十卷目錄二卷** （明）安紹芳撰　**附録一卷**　明萬曆四十七年（1619）刻清康熙印本　大連圖書館

20307 **伽音集六卷** （明）袁九淑撰　**附録一卷** （明）錢良胤撰　明抄本　遼寧省圖書館

20308 **葯園文集二十七卷** （明）文震孟撰　稿本　吴翌鳳跋　遼寧省圖書館

存二十二卷（一至十七、二十一至二十二、二十五至二十七）

20309 **緑曉齋集一卷** （明）卜舜年撰　稿本　王昶跋　**詩來一卷附録一卷** （明）卜舜年輯　明末抄本　遼寧省圖書館

20310 **詩詞雜俎二十五卷** （明）毛晋編　明天啓、崇禎間毛氏汲古閣刻本　遼寧省圖書館

20311 **三唐人文集三十四卷** （明）毛晋編　明末毛氏汲古閣刻本　遼寧省圖書館

20312 **唐三高僧詩集四十七卷** （明）毛晋編　明末毛氏汲古閣刻本　遼寧省圖書館

缺八卷（杼山集二至四、杼山集目録六至十）

20313 **五唐人詩集二十六卷** （明）毛晋編　明末毛氏汲古閣刻本　遼寧省圖書館

20314 **唐人六集四十二卷** （明）毛晋輯　明崇禎毛氏汲古閣刻本　遼寧省圖書館

20315 **唐人八家詩四十二卷** （明）毛晋編　明崇禎十二年（1639）毛氏汲古閣刻本　遼寧省圖書館

20316 **唐詩艷逸品四卷** （明）楊肇祉編　明天啓元年（1621）閔一栻刻朱墨套印本　遼寧省圖書館

20317 **李杜詩選十一卷** （明）張含選　（明）楊慎等評　明刻朱墨套印本　遼寧省圖書館

20318 **韓文杜律二卷** （明）郭正域編　明閔齊伋刻朱墨套印本　遼寧省圖書館

20319 **元詩四大家二十七卷** （明）毛晋編　明崇禎毛氏汲古閣刻本　遼寧省圖書館

20320 **元人集十種六十二卷** （明）毛晋編　明崇禎十一年（1638）毛氏汲古閣刻清初增刻本　遼寧省圖書館

20321 **六家文選六十卷** （南朝梁）蕭統輯　（唐）李善　吕延濟　劉良　張銑　吕向　李周翰注　明嘉靖十三年至二十八年（1534-1549）袁褧嘉趣堂刻本　遼寧省圖書館

20322 **文選尤十四卷** （南朝梁）蕭統輯　（明）鄒思明删訂　明天啓二年（1622）刻三色套印本　遼寧省圖書館

20323 **選詩七卷** （南朝梁）蕭統輯　（明）郭正域評點　（明）凌濛初輯評　**詩人世次爵里一卷**　明凌濛初刻朱墨套印本　遼寧省圖書館

20324 **選賦六卷** （南朝梁）蕭統輯　（明）郭正域評點　**名人世次爵里一卷**　明凌氏鳳笙閣刻朱墨套印本　遼寧省圖書館

20325 **文選後集五卷** （南朝梁）蕭統輯　（明）郭正域評　明閔于忱刻朱墨套印本　遼寧省圖書館

20326 **樂府詩集一百卷目錄二卷** （宋）郭茂倩輯　明末毛氏汲古閣刻本　遼寧省圖書館

20327 **詩歸五十一卷** （明）鍾惺　譚元春輯　明閔振業、閔振聲刻三色套印本　遼寧省圖書館

20328 **西山先生真文忠公文章正宗二十四卷續二十卷** （宋）真德秀輯　明嘉靖四十三年（1564）杜陵蔣氏家塾刻本　遼寧省圖書館

存十二卷（一至七，續三至四、十四至十六）

20329 **集録真西山文章正宗三十卷** （宋）真德秀輯　明嘉靖二十三年（1544）孔天胤刻本　徐容題識　遼寧省圖書館

20330 **集録真西山文章正宗三十卷** （宋）真德秀輯　明嘉靖二十三年（1544）孔天胤刻三十九年（1560）范惟一補刻本　遼寧省圖書館

20331 **古文品外録十二卷** （明）陳繼儒輯并評　明天啓五年（1625）朱蔚然刻本　遼寧大學圖書館

20332 **秦漢文鈔六卷** （明）閔邁德等輯　（明）楊融博批點　明萬曆四十八年（1620）閔氏刻朱墨套印本　遼寧省圖書館

20333 **尺牘清裁六十卷補遺一卷** （明）王世貞輯　明隆慶五年（1571）自刻本　遼寧省圖書館

存十五卷（一至十、四十一至四十五）

20334 **春秋詞命三卷** （明）王鏊輯　明刻本　遼寧省圖書館

20335 **重校正唐文粹一百卷** （宋）姚鉉輯　明嘉靖三年（1524）徐焴刻萬曆重修本　遼寧省圖書館

20336 **唐詩類苑二百卷** （明）張之象纂輯　（明）王徹增補　明萬曆二十九年（1601）曹仁孫刻本　遼寧省圖書館

20337 **唐詩選七卷** （明）李攀龍輯　**彙釋七卷** （明）蔣一葵撰　**詩韻輯要五卷** （明）王穉登輯　明刻朱墨套印本　遼寧省圖書館

20338 **唐詩紀一百七十卷目録三十四卷** （明）黄德水　吴琯輯　明萬曆十三年（1585）吴琯刻本　遼寧省圖書館

20339 **明文奇賞四十卷** （明）陳仁錫輯　明天啓三年（1623）刻本　遼寧大學圖書館

20340 **刻劉太史彙選古今舉業文弢註釋評林四卷** （明）劉曰寧輯　（明）朱之蕃評　明萬曆二十四年（1596）金陵書坊周昆岡刻本　遼寧省圖書館

20341 **梁園風雅二十七卷** （明）趙彦復輯　明刻本　遼寧大學圖書館

20342 **眉山蘇氏三大家文選四卷** （明）董應舉輯并評　明崇禎刻本　遼寧省圖書館

20343 **劉子文心雕龍二卷** （南朝梁）劉勰撰　（明）楊慎曹學佺等批點　**文心雕龍注二卷** （明）梅慶生撰　明閔繩初刻五色套印本　遼寧省圖書館

20344 **宋名家詞九十卷** （明）毛晋編　明崇禎毛氏汲古閣刻本　遼寧省圖書館

20345 **花間集十卷** （後蜀）趙崇祚輯　（明）湯顯祖評　明刻朱墨套印本　大連圖書館

20346 **花間集四卷** （後蜀）趙崇祚輯　（明）湯顯祖評　明刻朱墨套印本　遼寧省圖書館

20347 **草堂詩餘五卷** （明）楊慎批點　明閔暎璧刻朱墨套印本　遼寧省圖書館

20348 **精選古今詩餘醉十五卷** （明）潘游龍輯　明崇禎胡氏十竹齋刻郁郁堂印本　瀋陽市圖書館

20349 **四聲猿** （明）徐渭撰　題澂道人評　明刻本　魯迅美術學院圖書館

20350 **綉刻演劇十本一百二十卷** （明）毛晋編　明末毛氏汲古閣刻本 瀋陽市圖書館

20351 **百川學海一百種一百七十九卷** （宋）左圭輯　明弘治十四年（1501）華珵刻本　遼寧省圖書館

20352 **東垣十書二十卷** （元）李杲編　明萬曆十一年（1583）周曰校刻本　遼寧省圖書館

20353 **山居小玩十種十四卷** （明）毛晋編　明末毛鳳苞刻本　遼寧省圖書館

清代

20354 **周易本義十二卷易圖一卷五贊一卷筮儀一卷** （宋）朱熹撰清康熙内府刻本　遼寧省圖書館

20355 **周易本義四卷圖説一卷卦歌一卷筮儀一卷** （宋）朱熹撰 清初内府刻巾箱本　遼寧省圖書館

20356 **周易舉正三卷** 清道光十九年（1839）莫氏影宋抄本　大連圖書館

20357 **御纂周易折中二十二卷首一卷** （清）李光地等撰　清康熙五十四年（1715）内府刻本　遼寧省圖書館

20358 **周易函書約存十八卷約注十八卷别集十六卷** （清）胡煦撰 清胡氏葆璞堂刻本　大連圖書館

20359 **讀易質疑二十卷首一卷** （清）汪璲撰　清康熙四十二年（1703）汪氏儀典堂刻本　遼寧省圖書館

20360 **易經揆一十四卷附易學啓蒙二卷** （清）梁錫璵撰　清乾隆十六年（1751）刻本　遼寧省圖書館

20361 **尚書通考十卷** （元）黄鎮成輯　（清）徐時作補訂　清乾隆三十一年（1766）刻本　大連圖書館

20362 **欽定書經傳説彙纂二十一卷首二卷** （清）王頊齡撰　清雍正八年（1730）内府刻本　遼寧省圖書館

20363 **欽定書經傳説彙纂二十一卷首二卷** （清）王頊齡等

撰　清雍正八年（1730）内府刻本　大連圖書館

20364 **洪範注補五卷**　（清）潘士權撰　清乾隆四年（1739）范錫篆刻本 遼寧省圖書館

20365 **禹貢錐指二十卷**　（清）胡渭撰　清康熙漱六軒刻本　瀋陽師範大學圖書館

20366 **欽定詩經傳説彙纂二十一卷首二卷**　（清）王鴻緒等撰　清雍正五年（1727）内府刻本　遼寧省圖書館

20367 **詩經叶音辨譌八卷首一卷**　（清）劉維謙編　清乾隆三年（1738）壽峰書屋刻本　大連圖書館

20368 **草木疏校正二卷**　（清）趙佑撰　清乾隆五十六年（1791）白鷺洲書院刻本　大連圖書館

20369 **車制攷一卷**　（清）錢坫撰　清乾隆四十二年（1777）篆秋艸堂刻本　大連圖書館

20370 **三禮圖二卷**　（明）劉績撰　清初抄本　大連圖書館

20371 **參讀禮志疑二卷**　（清）汪紱撰　清乾隆三十六年（1771）洪騰蛟栖碧山房刻本　遼寧省圖書館

20372 **投壺考原一卷**　（清）丁晏撰　清抄本　羅振玉題識　大連圖書館

20373 **聖宋皇祐廣樂圖記八十一卷**　（宋）馮元等撰　清仇承勛抄本　錢大昕校字并題識　大連圖書館

20374 **公羊傳一卷穀梁傳一卷**　（清）王源評訂　清康熙五十五年（1716）刻本　大連圖書館

20375 **欽定春秋傳説彙纂三十八卷首二卷**　（清）王掞　張廷玉等撰　清康熙六十年（1721）内府刻本　遼寧省圖書館

20376 **欽定春秋傳説彙纂三十八卷首二卷**　（清）王掞　張廷玉等撰　清康熙六十年（1721）内府刻本　遼寧大學圖書館

20377 **春秋取義測十二卷**　（清）法坤宏撰　清乾隆五十九年（1794）法氏迂齋刻本　遼寧省圖書館

20378 **春秋識小録初刻三書九卷**　（清）程廷祚撰　清乾隆三近堂刻本 大連圖書館

20379 **御註孝經一卷**　（清）世祖福臨撰　清順治内府刻本　遼寧省圖書館

20380 **孝經衍義一百卷首二卷**　（清）葉方藹等撰　清康熙二十九年（1690）内府刻本　遼寧省圖書館

20381 **孝經集註一卷**　（清）世宗胤禛撰　清雍正五年（1727）内府刻本 遼寧省圖書館

20382 **鄉黨圖考十卷**　（清）江永撰　清乾隆五十二年（1787）刻本　遼陽市圖書館

20383 **日講四書解義二十六卷**　（清）喇沙里　陳廷敬撰　清康熙十六年（1677）内府刻本　遼寧省圖書館

20384 **駁呂留良四書講義不分卷**　（清）朱軾撰　清雍正九年（1731）刻本　遼寧大學圖書館

20385 **經筵進講四書直解不分卷**　（明）張居正撰　清康熙十二年（1673）醉畊堂刻本　大連圖書館

20386 **六經圖二十四卷**　（清）鄭之僑編　清乾隆九年（1744）述堂刻本　大連圖書館

20387 **六經圖二十四卷**　（清）鄭之僑撰　清乾隆九年（1744）述堂刻本　錦州市圖書館

20388 **萬充宗先生經學五書十八卷附録一卷**　（清）萬斯大撰　清乾隆二十三年（1758）辨志堂刻本　丹東市圖書館

20389 **古經解鉤沉三十卷**　（清）余蕭客撰　清乾隆六十年（1795）刻本　大連圖書館

20390 **群經宫室圖二卷**　（清）焦循撰　清乾隆五十八年（1793）半九書塾刻本　大連圖書館

20391 **爾雅註疏十一卷**　（晋）郭璞注　（宋）邢昺疏　清崇德書院刻本 清王仁俊批校　遼寧省圖書館

20392 **説文解字十五卷**　（漢）許慎撰　清初毛氏汲古閣刻本　松崎鶴雄題識　大連圖書館

20393 **説文解字十五卷**　（漢）許慎撰　清初毛氏汲古閣刻本　大連圖書館

20394 **説文解字十五卷**　（漢）許慎撰　清初毛氏汲古閣刻本　錦州市圖書館

20395 **説文解字十五卷**　（漢）許慎撰　清初毛氏汲古閣刻本　遼寧師範大學圖書館

20396 **説文解字十五卷**　（漢）許慎撰　清乾隆三十八年（1773）朱氏椒華吟舫刻本　瀋陽大學圖書館

20397 **説文解字繫傳四十卷**　（南唐）徐鍇傳釋　清乾隆四十七年（1782）新安汪氏刻本　大連圖書館

20398 **説文偏旁考二卷**　（清）吴照輯　清乾隆五十五年（1790）聽雨齋刻本　大連圖書館

20399 **説文偏旁考二卷**　（清）吴照輯　清乾隆五十五年（1790）聽雨齋刻本　大連圖書館

20400 **説文字原考略六卷**　（清）吴照輯　清乾隆五十七年

（1792）南昌寓館刻本　大連圖書館

20401 **六書故三十三卷六書通釋一卷**　（元）戴侗撰　清乾隆四十九年（1784）李鼎元刻本　大連圖書館

20402 **古今字正二卷**　（清）蔣焜輯　清康熙十九年（1680）蔣焜刻本　遼寧省圖書館

20403 **六書通十卷**　（明）閔齊伋撰　清康熙五十九年（1720）畢弘述刻本　遼寧省圖書館

20404 **六書通十卷**　（明）閔齊伋撰　清康熙五十九年（1720）畢弘述刻本　遼寧省圖書館

20405 **六書通十卷**　（明）閔齊伋撰　清康熙五十九年（1720）畢弘述刻本　大連圖書館

20406 **康熙字典十二集三十六卷總目一卷檢字一卷辨似一卷等韵一卷補遺一卷備考一卷**　（清）張玉書等撰　清康熙五十五年（1716）内府刻本　遼寧省圖書館

20407 **康熙字典十二集三十六卷總目一卷檢字一卷辨似一卷等韵一卷補遺一卷備考一卷**　（清）張玉書等撰　清康熙五十五年（1716）内府刻本　遼寧大學圖書館

20408 **篆字彙十二集**　（清）佟世男編　清康熙三十九年（1700）多山堂刻本　瀋陽師範大學圖書館

20409 **六書分類十二卷首一卷**　（清）傅世垚輯　清乾隆五十四年（1789）維隅堂刻本　大連圖書館

20410 **六書分類十二卷首一卷**　（清）傅世垚撰　清乾隆五十四年（1789）維隅堂刻本　瀋陽師範大學圖書館

20411 **異語十九卷**　（清）錢坫撰　清金粟堂抄本　大連圖書館

20412 **隸辨八卷**　（清）顧藹吉撰　清乾隆八年（1743）玉淵堂刻本　大連圖書館

20413 **歷朝千字文彙攷不分卷**　（清）王閒撰　清乾隆五十八年（1793）趙希璜刻本　大連圖書館

20414 **金石字樣八卷**　（清）戴源輯録　清抄本　遼寧省圖書館

20415 **增訂金壺字考十九卷**　（宋）釋適之原編　（清）田朝恒增訂　清乾隆二十七年（1762）貽安堂刻本　大連圖書館

20416 **問奇典註六卷**　（清）唐英撰　清乾隆十三年（1748）古柏堂刻本 大連圖書館

20417 **苗蠻譯語不分卷**　（清）□□撰　清稿本　大連圖書館

20418 **切韻指掌圖一卷**　題（宋）司馬光撰　**檢圖之例一卷**　（明）邵光祖撰　清朱墨抄本　陳驤德題識　大連圖書館

20419 **音韻闡微十八卷韻譜一卷**　（清）李光地　王蘭生等撰　清雍正六年（1728）武英殿刻本　遼寧省圖書館

20420 **類音八卷**　（清）潘耒撰　清雍正三年（1725）遂初堂刻本　大連圖書館

20421 **康熙甲子史館新刊古今通韻十二卷論例一卷**　（清）毛奇齡撰　清雍正學聚堂刻本　遼寧省圖書館

20422 **顧氏音學五書十三卷**　（清）顧炎武撰　清福建侯官林春祺福田書海銅活字印本　遼寧師範大學圖書館

20423 **古今韻略五卷**　（清）邵長蘅撰　清康熙三十五年（1696）刻本　清汪能肅題記　瀋陽市圖書館

20424 **古今韻略五卷**　（清）邵長蘅撰　清康熙三十五年（1696）刻本　遼寧省圖書館

20425 **古今韻略五卷**　（清）邵長蘅撰　清康熙三十五年（1696）刻本　遼寧省圖書館

20426 **韻切指歸二卷**　（清）吴遐齡纂輯　清康熙四十九年（1710）吴之玠刻本　遼寧大學圖書館

20427 **古韻標準四卷首一卷**　（清）江永撰　（清）戴震參訂　清乾隆刻本　瀋陽師範大學圖書館

20428 **古韵通說二十卷**　（清）龍啓瑞撰　清同治六年（1867）富文齋刻本　葉德輝跋　遼寧師範大學圖書館

20429 **東晋南北朝輿地表年表十卷首一卷末一卷州郡表四卷郡縣表十二卷**　（清）徐文范撰　清杏雨書齋抄本　遼寧省圖書館
存十九卷（年表十卷首一卷末一卷、州郡表四卷、郡縣表七至九）

20430 **弘簡録二百五十四卷**　（明）邵經邦撰　清康熙二十七年（1688）邵遠平刻本　遼寧省圖書館

20431 **後漢書補逸二十一卷**　（清）姚之駰輯　清康熙五十三年（1714）姚之駰露滌齋刻本　遼寧省圖書館

20432 **晋記六十八卷首一卷**　（清）郭倫撰　清乾隆五十一年（1786）有斐堂刻本　遼寧省圖書館

20433 **明史藁三百十卷目錄三卷**　（清）王鴻緒撰　清雍正敬慎堂刻本 遼寧省圖書館

20434 **明史藁三百十卷目錄三卷**　（清）王鴻緒撰　清雍正敬慎堂刻本 撫順市圖書館

存一百四十一卷（本紀一至十九，志一至七十七，表一至九，列傳一至二十七、三十二至三十七；目録三卷）

20435 **明史藁三百十卷目録三卷** （清）王鴻緒撰 清雍正敬慎堂刻本 錦州市圖書館

20436 **明史藁三百十卷目録三卷** （清）王鴻緒撰 清雍正敬慎堂刻本（有抄補） 瀋陽師範大學圖書館
存二百九十一卷（志一至七十七、表一至九、列傳一至二百五）

20437 **御批資治通鑑綱目全書一百九卷** （清）宋犖等編 清康熙四十六年至四十九年（1707-1710）揚州詩局刻本 遼寧省圖書館

20438 **平閩紀十三卷** （清）楊捷撰 清康熙楊氏世澤堂刻本 遼寧省圖書館

20439 **平閩紀十三卷** （清）楊捷撰 清康熙楊氏世澤堂刻本 大連圖書館

20440 **御撰資治通鑑綱目三編四十卷** （清）舒赫德等撰 清乾隆四十七年（1782）武英殿刻本 遼寧省圖書館

20441 **大清太祖高皇帝實録十卷** （清）勒德洪 明珠等纂修 清乾隆十一年（1746）實録館寫本 遼寧省檔案館

20442 **大清太宗文皇帝實録六十五卷** （清）圖海 勒德洪等纂修 清乾隆十一年（1746）實録館寫本 遼寧省檔案館

20443 **大清世祖章皇帝實録一百四十四卷** （清）巴泰 圖海等纂修 清乾隆十一年（1746）實録館寫本 遼寧省檔案館

20444 **大清聖祖仁皇帝實録三百二十八卷** （清）馬齊 朱軾等纂修 清乾隆十一年（1746）實録館寫本 遼寧省檔案館

20445 **大清世宗憲皇帝實録一百五十九卷** （清）鄂爾泰 張廷玉等纂修 清乾隆十一年（1746）實録館寫本 遼寧省檔案館

20446 **大清高宗純皇帝實録一千五百卷** （清）慶桂 董誥等纂修 清嘉慶十二年（1807）實録館寫本 遼寧省檔案館

20447 **大清仁宗睿皇帝實録三百七十四卷** （清）曹振鏞 戴均元等纂修 清道光四年（1824）實録館寫本 遼寧省檔案館

20448 **大清宣宗成皇帝實録四百七十六卷** （清）文慶 花沙納等纂修 清咸豐六年（1856）實録館寫本 遼寧省檔案館

20449 **大清文宗顯皇帝實録三百五十六卷** （清）賈楨 周祖培等纂修 清同治五年（1866）實録館寫本 遼寧省檔案館

20450 **大清穆宗毅皇帝實録三百七十四卷** （清）寶鋆 沈桂芬等纂修 清光緒六年（1880）實録館寫本 遼寧省檔案館

20451 **三藩紀事本末四卷** （清）楊陸榮撰 清康熙五十六年（1717）刻本 瀋陽市圖書館

20452 **欽定剿平三省邪匪方畧正編三百五十二卷續編三十六卷附編十二卷** （清）慶桂等撰 清抄本 大連圖書館

20453 **隆平集二十卷** （宋）曾鞏撰 清康熙四十年（1701）刻本 瀋陽師範大學圖書館

20454 **北征録一卷後録一卷** （明）金幼孜撰 **北征記一卷** （明）楊榮撰 清抄本 遼寧省圖書館

20455 **海甸野史十八種** （清）亭林老人輯 清抄本 大連圖書館

20456 **西征紀畧二卷** （清）王萬祥撰 清雍正十二年（1734）王端采韵堂刻本 遼寧省圖書館

20457 **出圍城記不分卷** （清）楊棨撰 清道光二十六年（1846）朱昌頤抄本 遼寧省圖書館

20458 **大義覺迷録四卷** （清）世宗胤禛撰 清雍正内府刻本 遼寧省圖書館

20459 **大清太祖高皇帝聖訓四卷** 清乾隆十一年（1746）實録館寫本 遼寧省檔案館

20460 **大清太宗文皇帝聖訓六卷** 清乾隆十一年（1746）實録館寫本 遼寧省檔案館

20461 **大清世祖章皇帝聖訓六卷** 清乾隆十一年（1746）實録館寫本 遼寧省檔案館

20462 **大清聖祖仁皇帝聖訓六十卷** 清乾隆十一年（1746）實録館寫本 遼寧省檔案館

20463 **大清世宗憲皇帝聖訓三十六卷** 清乾隆十一年（1746）實録館寫本 遼寧省檔案館

20464 **大清高宗純皇帝聖訓三百卷** 清嘉慶十二年（1807）實録館寫本 遼寧省檔案館

20465 **大清仁宗睿皇帝聖訓一百十卷** 清道光四年（1824）實録館寫本 遼寧省檔案館

20466 **大清宣宗成皇帝聖訓一百三十卷** 清咸豐六年（1856）實録館寫本 遼寧省檔案館

20467 **大清文宗顯皇帝聖訓一百十卷** 清同治五年（1866）實録館寫本 遼寧省檔案館

20468 **大清穆宗毅皇帝聖訓一百六十卷** 清光緒六年（1880）實録館寫本 遼寧省檔案館

20469 **總督兩河宣化録四卷總督河南山東宣化録四卷** （清）田文鏡撰 清雍正九年（1731）田文鏡刻本 遼寧省圖書館

20470 **宗室王公功績表傳五卷表一卷** 清乾隆二十九年（1764）武英殿刻本 遼寧省圖書館

20471 **碧血録二卷** （明）黄煜輯 **周端孝先生血疏貼黄册一卷** （清）周茂蘭撰 清抄本 遼寧省圖書館

20472 **經學博采録十二卷** （清）桂文燦撰 稿本 遼寧省圖書館

20473 **蔣氏年譜五卷自序六卷** （清）蔣慶第撰 稿本 遼寧省圖書館

20474 **陳乾初先生年譜二卷** （清）吴騫撰 清抄本 遼寧省圖書館

20475 **長洲陸子（陸隴其）年譜一卷** （清）陸禮徵 陸宸徵撰 清乾隆抄本 遼寧省圖書館

20476 **列祖子孫宗室竪格玉牒一卷** 清順治十八年（1661）玉牒館寫本 遼寧省檔案館

20477 **列祖子孫宗室竪格玉牒一卷** 清康熙九年（1670）玉牒館寫本 遼寧省檔案館

20478 **列祖子孫宗室竪格玉牒一卷** 清康熙十八年（1679）玉牒館寫本 遼寧省檔案館

20479 **列祖子孫宗室竪格玉牒一卷** 清康熙二十七年（1688）玉牒館寫本 遼寧省檔案館

20480 **列祖子孫宗室竪格玉牒一卷** 清康熙三十六年（1697）玉牒館寫本 遼寧省檔案館

20481 **列祖子孫宗室竪格玉牒一卷** 清康熙四十五年（1706）玉牒館寫本 遼寧省檔案館

20482 **列祖子孫宗室竪格玉牒一卷** 清雍正二年（1724）玉牒館寫本 遼寧省檔案館

20483 **列祖子孫宗室竪格玉牒一卷** 清雍正十一年（1733）玉牒館寫本 遼寧省檔案館

20484 **列祖子孫宗室竪格玉牒一卷** 清乾隆七年（1742）玉牒館寫本 遼寧省檔案館

20485 **列祖子孫宗室竪格玉牒一卷** 清乾隆十四年（1749）玉牒館寫本 遼寧省檔案館

20486 **列祖子孫宗室竪格玉牒一卷** 清乾隆二十五年（1760）玉牒館寫本 遼寧省檔案館

20487 **列祖子孫宗室竪格玉牒一卷** 清乾隆三十三年（1768）玉牒館寫本 遼寧省檔案館

20488 **列祖子孫宗室竪格玉牒一卷** 清乾隆五十三年（1788）玉牒館寫本 遼寧省檔案館

20489 **列祖子孫宗室竪格玉牒一卷** 清嘉慶三年（1798）玉牒館寫本 遼寧省檔案館

20490 **列祖子孫宗室竪格玉牒一卷** 清嘉慶十二年（1807）玉牒館寫本 遼寧省檔案館

20491 **列祖子孫宗室竪格玉牒一卷** 清嘉慶二十三年（1818）玉牒館寫本 遼寧省檔案館

20492 **列祖子孫宗室竪格玉牒一卷** 清道光八年（1828）玉牒館寫本 遼寧省檔案館

20493 **列祖子孫宗室竪格玉牒一卷** 清道光十八年（1838）玉牒館寫本 遼寧省檔案館

20494 **列祖子孫宗室竪格玉牒一卷** 清道光二十八年（1848）玉牒館寫本 遼寧省檔案館

20495 **列祖子孫宗室竪格玉牒一卷** 清咸豐八年（1858）玉牒館寫本 遼寧省檔案館

20496 **列祖子孫宗室竪格玉牒一卷** 清同治六年（1867）玉牒館寫本 遼寧省檔案館

20497 **列祖子孫宗室竪格玉牒一卷** 清光緒三年（1877）玉牒館寫本 遼寧省檔案館

20498 **列祖子孫宗室竪格玉牒一卷** 清光緒十三年（1887）玉牒館寫本 遼寧省檔案館

20499 **列祖子孫宗室竪格玉牒一卷** 清光緒二十三年（1897）玉牒館寫本 遼寧省檔案館

20500 **列祖子孫宗室竪格玉牒一卷** 清光緒三十三年（1907）玉牒館寫本 遼寧省檔案館

20501 **列祖女孫宗室竪格玉牒一卷** 清順治十八年（1661）玉牒館寫本 遼寧省檔案館

20502 **列祖女孫宗室竪格玉牒一卷** 清康熙九年（1670）玉

牒館寫本 遼寧省檔案館

20503 **列祖女孫宗室豎格玉牒一卷** 清康熙十八年（1679）玉牒館寫本 遼寧省檔案館

20504 **列祖女孫宗室豎格玉牒一卷** 清康熙二十七年（1688）玉牒館寫本 遼寧省檔案館

20505 **列祖女孫宗室豎格玉牒一卷** 清康熙三十六年（1697）玉牒館寫本 遼寧省檔案館

20506 **列祖女孫宗室豎格玉牒一卷** 清康熙四十五年（1706）玉牒館寫本 遼寧省檔案館

20507 **列祖女孫宗室豎格玉牒一卷** 清雍正二年（1724）玉牒館寫本 遼寧省檔案館

20508 **列祖女孫宗室豎格玉牒一卷** 清雍正十一年（1733）玉牒館寫本 遼寧省檔案館

20509 **列祖女孫宗室豎格玉牒一卷** 清乾隆七年（1742）玉牒館寫本 遼寧省檔案館

20510 **列祖女孫宗室豎格玉牒一卷** 清乾隆十四年（1749）玉牒館寫本 遼寧省檔案館

20511 **列祖女孫宗室豎格玉牒一卷** 清乾隆二十五年（1760）玉牒館寫本 遼寧省檔案館

20512 **列祖女孫宗室豎格玉牒一卷** 清乾隆三十三年（1768）玉牒館寫本 遼寧省檔案館

20513 **列祖女孫宗室豎格玉牒一卷** 清乾隆四十三年（1778）玉牒館寫本 遼寧省檔案館

20514 **列祖女孫宗室豎格玉牒一卷** 清乾隆五十三年（1788）玉牒館寫本 遼寧省檔案館

20515 **列祖女孫宗室豎格玉牒一卷** 清嘉慶三年（1798）玉牒館寫本 遼寧省檔案館

20516 **列祖女孫宗室豎格玉牒一卷** 清嘉慶十二年（1807）玉牒館寫本 遼寧省檔案館

20517 **列祖女孫宗室豎格玉牒一卷** 清嘉慶二十三年（1818）玉牒館寫本 遼寧省檔案館

20518 **列祖女孫宗室豎格玉牒一卷** 清道光八年（1828）玉牒館寫本 遼寧省檔案館

20519 **列祖女孫宗室豎格玉牒一卷** 清道光十八年（1838）玉牒館寫本 遼寧省檔案館

20520 **列祖女孫宗室豎格玉牒一卷** 清道光二十八年（1848）玉牒館寫本 遼寧省檔案館

20521 **列祖女孫宗室豎格玉牒一卷** 清咸豐八年（1858）玉牒館寫本 遼寧省檔案館

20522 **列祖女孫宗室豎格玉牒一卷** 清同治六年（1867）玉牒館寫本 遼寧省檔案館

20523 **列祖女孫宗室豎格玉牒一卷** 清光緒三年（1877）玉牒館寫本 遼寧省檔案館

20524 **列祖女孫宗室豎格玉牒一卷** 清光緒十三年（1887）玉牒館寫本 遼寧省檔案館

20525 **列祖女孫宗室豎格玉牒一卷** 清光緒二十三年（1897）玉牒館寫本 遼寧省檔案館

20526 **列祖女孫宗室豎格玉牒一卷** 清光緒三十三年（1907）玉牒館寫本 遼寧省檔案館

20527 **開國佐運功臣弘毅公家譜不分卷** 清抄本 大連圖書館

20528 **大清一統志四百二十四卷目録二卷** （清）和珅等纂修 清乾隆五十五年（1790）武英殿刻本 遼寧省圖書館

20529 **地理志□□卷** （清）周壽撰 稿本 遼寧省圖書館 存二卷（湖北、湖南）

20530 **粹史節略十八卷** 清抄本 遼寧省圖書館

20531 **翠華偹覽不分卷** 清乾隆寫本 莫棠題識 遼寧省圖書館

20532 **敕修兩浙鹽法志十六卷首一卷** （清）李衛等纂修 清雍正六年（1728）鹽驛道庫刻本 大連圖書館

20533 **［雍正］陝西通志一百卷首一卷** （清）劉于義等纂修 清雍正十三年（1735）刻本 遼寧省圖書館

20534 **［雍正］陝西通志一百卷首一卷** （清）劉于義等纂修 清雍正十三年（1735）刻本 瀋陽市圖書館

20535 **［雍正］肥鄉縣志六卷首一卷** （清）王建中修 （清）宋錦纂 清雍正十年（1732）刻本 大連圖書館

20536 **［乾隆］繁昌縣志三十卷** （清）王熊飛纂修 清乾隆刻本 遼寧省圖書館

20537 **［順治］安慶府潛山縣志十卷首一卷** （清）鄭通玄等修 （清）陳衷赤等纂 清順治十一年（1654）刻本 遼寧省圖書館

20538 **［順治］藍田縣誌四卷** （清）郭顯賢 楊呈藻纂修 清順治刻本 大連圖書館

20539 **［雍正］臨汾縣志八卷** （清）徐三俊等纂修 清雍正刻本 大連圖書館

20540 **[康熙]弋陽縣誌十卷** （清）陶燿纂修 清康熙十二年（1673）刻本 大連圖書館

20541 **[康熙]新淦縣志十五卷** （清）董謙吉修 （清）李煥斗纂 （清）王毓德續修 （清）周卿續纂 清康熙十二年（1673）刻五十四年（1715）增刻本 大連圖書館

20542 **欽定皇輿西域圖志四十八卷首四卷** （清）傅恒等纂 清乾隆四十七年（1782）武英殿刻本 遼寧省圖書館

20543 **邊州聞見録十一卷** （清）陳聶恒撰 清抄本 遼寧省圖書館
存六卷（六至十一）

20544 **籌邊一得不分卷** （明）易文撰 清抄本 遼寧省圖書館

20545 **籌邊纂議八卷** （明）鄭文彬撰 清抄本 遼寧省圖書館

20546 **平山堂圖志十卷清世祖聖祖世宗宸翰一卷名勝全圖一卷** （清）趙之壁纂 清乾隆刻本 遼寧省圖書館

20547 **平山堂圖志十卷清世祖聖祖世宗宸翰一卷名勝全圖一卷** （清）趙之壁纂 清乾隆刻本 大連圖書館

20548 **敕建隆興寺誌二卷** （清）王發枝撰 清抄本 遼寧省圖書館

20549 **詞林典故八卷** （清）張廷玉等撰 清乾隆十三年（1748）武英殿刻本 遼寧省圖書館

20550 **御製人臣儆心録一卷** （清）世祖福臨纂 清順治十二年（1655）内府刻本 遼寧省圖書館

20551 **欽定訓飭州縣規條一卷** （清）田文鏡 李衛撰 清雍正八年（1730）内府刻本 遼寧省圖書館

20552 **大清會典二百五十卷** （清）允祿 尹泰纂 清雍正十年（1732）武英殿刻本 遼寧省圖書館

20553 **定例全編五十卷續刊六卷** （清）李珍編 清康熙五十四年（1715）榮錦堂刻本 遼寧省圖書館

20554 **成規拾遺不分卷** （清）萬維翰輯 清乾隆三十九年（1774）刻本 遼寧省圖書館

20555 **國朝宮史續編一百卷** （清）慶桂修 清嘉慶十一年（1806）内府抄本 遼寧省圖書館

20556 **八旬萬壽盛典一百二十卷首一卷** （清）阿桂等纂 清乾隆五十七年（1792）武英殿木活字印本 遼寧省圖書館

20557 **臺規不分卷** （清）徐琪等撰 清内府抄本 大連圖書館

20558 **山海關榷政便覽四卷** （清）蓴軒主人撰 清乾隆五十九年（1794）抄本 大連圖書館

20559 **鹽法條例不分卷** 清抄本 大連圖書館

20560 **欽定中樞政考三十一卷** （清）鄂爾泰等纂修 清乾隆八年（1743）武英殿刻本 遼寧省圖書館

20561 **欽定八旗則例十二卷** （清）尹繼善等纂修 清乾隆二十九年（1764）武英殿刻三十九年（1774）續修本 遼寧省圖書館

20562 **督捕則例二卷** （清）徐本 唐紹祖等纂修 清乾隆八年（1743）武英殿刻本 遼陽市圖書館

20563 **故唐律疏議三十卷** （唐）長孫無忌等撰 清嘉慶十三年（1808）蘭陵孫氏影元刻本 中國刑事警察學院圖書館
存二十六卷（一至二十六）

20564 **大清律集解附例三十卷附一卷** （清）剛林等修 清康熙四十五年（1706）刻朱墨套印本 遼寧省圖書館

20565 **大清律例四十七卷** （清）阿桂等纂修 清乾隆五十五年（1790）武英殿刻本 遼寧省圖書館

20566 **上諭合律鄉約全書不分卷** （清）陳秉直撰 清康熙十八年（1679）刻本 遼寧省圖書館

20567 **使交紀事一卷** （清）鄔黑等撰 **南交好音一卷** （清）周燦輯 **使交吟一卷安南世系略一卷** （清）周燦撰 清康熙刻本 遼寧省圖書館

20568 **顧大司馬籌陝存牘類抄二卷** （明）顧其志撰 清康熙十年（1671）顧紹詒刻本 遼寧省圖書館

20569 **撫苗録不分卷沿邊營汛路程一卷新撫苗寨路一卷** （清）鄂海撰 清康熙拳石堂刻本 遼寧省圖書館

20570 **天台治略十卷** （清）戴兆佳撰 清康熙六十年（1721）木活字印本 遼寧省圖書館

20571 **加圈點字檔一百八十卷** 清乾隆四十三年（1778）實録館寫本 遼寧省檔案館

20572 **無圈點字檔一百八十卷** 清乾隆四十三年（1778）實録館寫本 遼寧省檔案館

20573 **訒菴集古印存三十二卷** （清）汪啓淑輯 清乾隆二

十五年（1760）汪氏開萬樓刻鈐印本　遼寧省圖書館

20574　**銅鼓書堂藏印不分卷**　（清）查禮輯　清嘉慶四年（1799）查氏銅鼓書堂刻鈐印本　遼寧省圖書館

20575　**讀史小論二卷**　（清）吴成佐撰　清乾隆三十九年（1774）刻本　遼寧省圖書館

20576　**小學集註六卷**　（宋）朱熹撰　（明）陳選注 清雍正五年（1727）武英殿刻本　遼寧省圖書館

20577　**小學註鈔六卷**　（明）陳選　高愈注　（清）蔣允焄輯　清乾隆二十六年（1761）崇文堂刻本　瀋陽師範大學圖書館

20578　**大學衍義四十三卷**　（宋）真德秀撰　（清）孟保譯　清咸豐六年（1856）武英殿刻本　大連圖書館

20579　**慈溪黄氏日抄分類九十七卷古今紀要十九卷**　（宋）黄震撰　（清）汪佩鍔輯　清乾隆三十二年（1767）新安汪佩鍔仿刻明正德十四年（1519）書林龔氏本　撫順市圖書館

20580　**淵鑒齋御纂朱子全書六十六卷**　（清）熊賜履　李光地等纂修 清康熙五十三年（1714）武英殿刻本　遼寧省圖書館

20581　**淵鑒齋御纂朱子全書六十六卷**　（清）熊賜履　李光地等纂修　清康熙五十三年（1714）武英殿刻本（卷四十九至五十一補抄）　大連圖書館

20582　**内政輯要不分卷**　（清）世祖福臨輯注　清順治十二年（1655）内府刻本　遼寧省圖書館

20583　**聖諭廣訓一卷**　（清）聖祖玄燁撰　（清）世宗胤禛廣訓　清雍正二年（1724）内府刻本　遼寧省圖書館

20584　**御纂性理精義十二卷**　（清）李光地等纂修　清康熙五十六年（1717）内府刻本　遼寧省圖書館

20585　**御纂性理精義十二卷**　（清）李光地等纂修　清康熙五十六年（1717）武英殿刻本　大連圖書館

20586　**臣鑒録二十卷**　（清）蔣伊編　清康熙蔣陳錫刻本　中國刑事警察學院圖書館

20587　**金湯借箸十二籌十二卷**　（明）李盤等撰　清抄本　大連圖書館

20588　**戎事彙纂五十三卷**　清抄本　大連圖書館

20589　**耕餘剩技六卷**　（明）程宗猷撰　清抄本　錦州市圖書館

20590　**律例館校正洗冤録四卷**　（宋）宋慈撰　清乾隆五年（1740）武英殿刻本　遼寧省圖書館

20591　**補註洗冤録集證四卷作吏要言一卷**　（宋）宋慈輯　（清）阮其新補注　清道光二十三年（1843）江都鍾淮三色套印本　中國刑事警察學院圖書館

20592　**重刊補註洗冤録集證六卷**　（宋）宋慈輯　（清）王又槐增輯　（清）李觀瀾補輯　（清）文晟續輯　（清）阮其新補注　清道光二十四年（1844）刻四色套印本　中國刑事警察學院圖書館

20593　**欽定授時通考七十八卷**　（清）蔣溥等撰　清乾隆七年（1742）内府刻本　大連圖書館

20594　**欽定授時通考七十八卷**　（清）蔣溥等撰　清乾隆七年（1742）江西仿刻本　瀋陽市圖書館

20595　**醫鏡四卷**　（明）王肯堂撰　**藥鏡四卷**　（清）蔣儀撰　清康熙三年（1664）刻本　中國醫科大學圖書館

20596　**本草經解要四卷**　（清）葉桂集注　清雍正二年（1724）刻本　中國醫科大學圖書館

20597　**診家正眼二卷**　（明）李中梓撰　（清）秦卿胤校　清順治十七年（1660）刻後印本　中國醫科大學圖書館

20598　**傷寒論後條辨十五卷**　（清）程應旄撰　清康熙十年（1671）刻本 中國醫科大學圖書館

20599　**張仲景金匱要畧論註二十四卷**　（清）徐彬著　清康熙十年（1671）刻本　遼寧中醫藥大學圖書館

20600　**金匱要畧直解三卷**　（清）程林注　清康熙十二年（1673）黄綺堂刻本　中國醫科大學圖書館

20601　**名醫方論四卷**　（清）羅美輯　清康熙十四年（1675）古懷堂刻本 中國醫科大學圖書館

20602　**外科大成四卷**　（清）祁坤撰　清康熙四年（1665）聚錦堂刻本 中國醫科大學圖書館

20603　**錢氏小兒藥證直訣三卷**　（宋）錢乙撰　**附方一卷錢仲陽傳一卷**　（宋）閻孝忠輯　**董氏小兒斑疹備急方論**　（宋）董汲撰　清康熙起秀堂刻本　中國醫科大學圖書館

20604　**瘡瘍經驗全書十三卷**　（宋）竇漢卿撰　清康熙五十六年（1717）浩然樓刻本　中國醫科大學圖書館

20605　**痘疹四合全書**　（清）吴學損彙集校訂　清康熙十五年（1676）三多齋刻本　中國醫科大學圖書館

20606　**痘疹全書十六卷**　（明）萬全撰　清康熙五十六年（1717）兩淮運庫重修本　中國醫科大學圖書館

20607 **篆刻鍼度八卷** （清）陳克恕撰 清乾隆五十一年（1786）存幾希齋刻本 遼寧省圖書館

20608 **壽世青編二卷** （明）李中梓撰 （清）尤乘輯 清康熙三十八年（1699）刻本 中國醫科大學圖書館

20609 **空際格致二卷地震解一卷** （意）高一志撰 清抄本 大連圖書館

20610 **數表一卷** 清康熙内府刻朱墨套印本 遼寧省圖書館

20611 **乾坤法竅三卷** （清）范宜賓撰 清乾隆刻本 遼陽市圖書館

20612 **太乙統宗寶鑑二十四卷** （元）曉山老人撰 清抄本 錦州市圖書館

20613 **欽定協紀辨方書三十六卷** （清）李廷耀等纂修 （清）允禄增修 清乾隆六年（1741）内府刻朱墨套印本 大連圖書館

20614 **欽定選擇曆書十卷** （清）安泰等纂 清康熙二十四年（1685）欽天監刻本 遼寧省圖書館

20615 **大觀録二十卷** （清）吴升輯 清墨緣室抄本 大連圖書館

20616 **顔氏家廟碑** （唐）顔真卿撰并書 （唐）李陽冰篆額 唐建中元年（780）刻石 清初拓本 瀋陽師範大學圖書館

20617 **汪氏鑒古齋墨藪不分卷** （清）汪近聖輯 清嘉慶刻本 大連圖書館

20618 **無聲詩史七卷** （清）姜紹書撰 清康熙五十九年（1720）李光暎刻本 遼寧省圖書館

20619 **佩文齋書畫譜一百卷首一卷** （清）孫岳頒等纂輯 清康熙四十七年（1708）内府刻本 遼寧省圖書館

20620 **佩文齋書畫譜一百卷** （清）孫岳頒等纂輯 清康熙四十七年（1708）内府刻静永堂印本 魯迅美術學院圖書館

20621 **白岳凝烟一卷** （清）吴熔繪 清康熙五十三年（1714）刻本（序首三葉、跋末三葉爲抄補） 大連圖書館

20622 **賓硯齋印譜四卷** （清）林皋篆刻 清康熙刻鈐印本 遼寧省圖書館

20623 **墨花禪印稿二卷** （清）釋續行治印 清乾隆墨花禪鈐印本 遼寧省圖書館

20624 **紺雪齋集印譜四卷** （清）陳12淦輯 清嘉慶二十三年（1818）鈐印本 遼寧省圖書館

20625 **大還閣琴譜六卷溪山琴况一卷萬峰閣指法閟箋一卷** （清）徐谼撰 清康熙十二年（1673）蔡毓榮刻本 遼寧省圖書館

20626 **二如亭群芳譜三十卷** （明）王象晋纂輯 清康熙刻本 錦州市圖書館

20627 **佩文齋廣羣芳譜一百卷** （清）汪灝等編校 清康熙四十七年（1708）内府刻本 遼寧省圖書館

20628 **七修類藁五十一卷續藁七卷** （明）郎瑛撰 清乾隆四十年（1775）耕烟草堂刻本 撫順市圖書館
存五十五卷（一至三十二、三十六至五十一，續藁七卷）

20629 **七修類藁五十一卷續藁七卷** （明）郎瑛撰 清乾隆四十年（1775）耕烟草堂刻本 瀋陽師範大學圖書館

20630 **原李耳載二卷** （明）李中馥撰 清乾隆三十二年（1767）李青房刻本 遼寧省圖書館

20631 **攷古質疑六卷** （宋）葉大慶撰 清乾隆武英殿活字印聚珍版書本 遼寧師範大學圖書館

20632 **攀古小廬雜著□□卷** （清）許瀚撰 清稿本 遼寧省圖書館

20633 **世説新語補二十卷** （南朝宋）劉義慶撰 （南朝梁）劉孝標注 （明）何良俊增補 （明）王世貞删定 （明）王世懋批釋 （明）張文柱校注 （清）黄汝琳補注 清乾隆二十七年（1762）刻本 遼陽市圖書館

20634 **聖諭像解二十卷** （清）梁延年編輯 清康熙二十年（1681）承宣堂刻本 魯迅美術學院圖書館

20635 **述聞類編十二卷** （明）謝晋輯 清抄本 遼寧省圖書館

20636 **漁洋説部精華十二卷** （清）王士禛撰 （清）劉堅類次 清乾隆刻本 瀋陽師範大學圖書館

20637 **聊齋志異新評十六卷** （清）蒲松齡撰 （清）王士禛 但明倫評 清咸豐九年（1859）廣盛堂朱墨套印本 大連圖書館

20638 **廣事類賦四十卷** （清）華希閔輯 （清）華希閎重訂 清乾隆二十九年（1764）劍光閣刻本 瀋陽師範大學圖書館

20639 **玉海纂二十二卷** （明）劉鴻訓撰 清順治四年（1647）劉孔中刻本 遼寧省圖書館

20640 **新增説文韻府羣玉二十卷** （元）陰時夫撰 （元）陰

中夫注　清康熙五十五年（1716）文盛堂天德堂刻本　丹東市圖書館

20641 **廣喻林三十卷**　（清）顧伯宿輯　清抄本　遼寧省圖書館

20642 **淵鑑類函四百五十卷目錄四卷**　（清）張英等撰　清康熙四十九年（1710）揚州詩局刻本　遼寧省圖書館

20643 **淵鑑類函四百五十卷目錄四卷**　（清）張英等撰　清康熙清吟堂刻本　瀋陽師範大學圖書館

20644 **佩文韻府一百六卷**　（清）張玉書　蔡升元等輯　清康熙五十年（1711）揚州詩局刻本　遼寧省圖書館

20645 **佩文韻府一百六卷**　（清）張玉書　汪灝等輯　清康熙五十九年（1720）内府刻本　瀋陽師範大學圖書館

20646 **韻府拾遺一百六卷**　（清）張玉書　汪灝等輯　清康熙五十九年（1720）内府刻本　遼寧省圖書館

20647 **韻府拾遺一百六卷**　（清）張玉書　汪灝等輯　清康熙五十九年（1720）内府刻本　瀋陽師範大學圖書館

20648 **分類字錦六十四卷**　（清）何焯等輯　清康熙六十一年（1722）内府刻本　遼寧省圖書館

20649 **類林新咏三十六卷**　（清）姚之駰撰　清康熙四十七年（1708）文暎書屋刻本　瀋陽師範大學圖書館

20650 **子史精華一百六十卷**　（清）允禄　吴襄等纂　清雍正五年（1727）内府刻本　遼寧省圖書館

20651 **子史精華一百六十卷**　（清）允禄　吴襄等纂　清雍正五年（1727）内府刻本　遼寧大學圖書館

20652 **御定駢字類編二百四十卷**　（清）沈宗敬等輯　清雍正六年（1728）内府刻本　遼寧省圖書館

20653 **省軒考古類編十二卷**　（清）柴紹炳撰　（清）姚廷謙評　清雍正四年（1726）澹成堂刻本　瀋陽師範大學圖書館

20654 **二十八經同函一百四十七卷**　清雍正十三年（1735）内府刻本　遼寧省圖書館

20655 **御選語錄十九卷**　（清）世宗胤禛選　清雍正十一年（1733）内府刻本　遼寧省圖書館

20656 **大藏一覽十卷**　（明）陳實撰　（明）姚舜漁重輯　清抄本　大連圖書館

20657 **清眞釋疑不分卷**　（清）金田柱撰　清乾隆三十三年（1768）長樂齋刻本　大連圖書館

20658 **山帶閣注楚辭六卷餘論二卷說韵一卷**　（清）蔣驥撰　清雍正五年（1727）蔣氏山帶閣刻本　大連圖書館

20659 **江文通集四卷**　（南朝梁）江淹撰　（清）梁賓輯　清乾隆二十四年（1759）安思堂刻本　遼寧省圖書館

20660 **李太白文集三十卷**　（唐）李白撰　清康熙五十六年（1717）繆曰芑雙泉草堂刻本　遼寧省圖書館

20661 **李太白文集三十卷**　（唐）李白撰　清康熙五十六年（1717）繆曰芑雙泉草堂刻本　大連圖書館

20662 **讀書堂杜工部詩集註解二十卷文集註解二卷**　（唐）杜甫撰　（清）張溍注　**杜工部編年詩史譜目一卷**　清康熙三十七年（1698）張氏讀書堂刻本　遼寧省圖書館

20663 **杜詩論文五十六卷**　（清）吳見思撰　（清）潘眉評　清康熙十一年（1672）常州岱淵堂刻本　魯迅美術學院圖書館

20664 **杜詩詳註二十五卷**　（唐）杜甫撰　（清）仇兆鰲輯注　**首一卷附編二卷**　清康熙刻本　遼寧省圖書館

20665 **杜詩詳註二十五卷**　（唐）杜甫撰　（清）仇兆鰲輯注　**首一卷附編二卷**　清康熙刻本　瀋陽師範大學圖書館

20666 **杜詩偶評四卷**　（清）沈德潛撰　清乾隆十二年（1747）潘承松賦閑草堂刻本　遼寧省圖書館

20667 **杜詩提要十四卷**　（清）吴瞻泰撰　清乾隆山雨樓刻本　遼寧省圖書館

20668 **杜詩鏡銓二十卷**　（清）楊倫撰　**年譜一卷附錄一卷**　清乾隆九柏山房刻本　瀋陽師範大學圖書館

20669 **昌黎先生詩集注十一卷**　（清）顧嗣立删補　**年譜一卷**　清康熙三十八年（1699）顧氏秀野草堂刻本　此亭題識　遼寧省圖書館

20670 **韓昌黎詩集編年箋注十二卷**　（清）方世舉撰　清乾隆二十三年（1758）盧見曾雅雨堂刻本　遼寧省圖書館

20671 **白香山詩長慶集二十卷後集十七卷別集一卷補遺二卷**　（唐）白居易撰　**年譜一卷**　（清）汪立名撰　**年譜舊本一卷**　（宋）陳振孫撰　清康熙四十一年至四十二年（1702-1703）汪立名一隅草堂刻本　遼寧省圖書館

20672 **白香山詩長慶集二十卷後集十七卷別集一卷補遺二卷**　（唐）白居易撰　清康熙四十一年至四十二年（1702-

1703）汪立名一隅草堂刻本　大連圖書館

20673 **白香山詩長慶集二十卷後集十七卷別集一卷補遺二卷**　（唐）白居易撰　清康熙四十一年至四十二年（1702-1703）汪立名一隅草堂刻本　丹東市圖書館

20674 **李義山詩集十六卷**　（唐）李商隱撰　（清）姚培謙箋注　清乾隆五年（1740）姚氏松桂讀書堂刻本　遼寧省圖書館

20675 **李義山詩集十六卷**　（唐）李商隱撰　（清）姚培謙箋注　清乾隆五年（1740）姚氏松桂讀書堂刻本　大連圖書館

20676 **李義山文集十卷**　（唐）李商隱撰　（清）徐樹穀箋　（清）徐炯注　清康熙四十七年（1708）徐炯花溪草堂刻本　遼寧省圖書館

20677 **李義山文集十卷**　（唐）李商隱撰　（清）徐樹穀箋　（清）徐炯注　清康熙四十七年（1708）徐炯花溪草堂刻本　大連圖書館

20678 **節孝先生文集三十卷**　（宋）徐積撰　**節孝先生語一卷節孝集事實一卷**　清康熙六十年（1721）王邦采刻本　遼寧省圖書館

20679 **范忠宣公集二十卷奏議二卷遺文一卷附錄一卷補編一卷**　（宋）范純仁撰　清康熙四十六年（1707）范氏歲寒堂刻本　遼寧省圖書館

20680 **王荆文公詩五十卷**　（宋）王安石撰　（宋）李壁箋注　清乾隆五年至六年（1740-1741）張宗松清綺齋刻本　大連圖書館

20681 **東坡先生編年詩五十卷**　（宋）蘇軾撰　（清）查慎行補注　**年表一卷**　清乾隆二十六年（1761）查開香雨齋刻本　遼寧省圖書館

20682 **龜山先生集四十二卷**　（宋）楊時撰　清順治八年（1651）楊令聞雪香齋刻本　遼寧省圖書館

20683 **石湖居士詩集三十四卷**　（宋）范成大撰　清康熙二十七年（1688）顧氏依園刻本　大連圖書館

20684 **南軒先生文集四十四卷**　（清）張栻撰　清康熙四十五年（1706）錫山華氏刻本　大連圖書館

20685 **白石詩集一卷詞集一卷**　（宋）姜夔撰　清康熙五十七年（1718）曾時璨刻本　遼寧省圖書館

20686 **後邨居士詩二十卷**　（宋）劉克莊撰　清康熙五十九年（1720）姚培謙遂安堂刻本　遼寧省圖書館

20687 **仁山金先生文集四卷**　（宋）金履祥撰　（清）金弘勳校輯　**附錄一卷**　清雍正三年（1725）春輝堂刻本　遼寧省圖書館

20688 **仁山金先生文集四卷**　（宋）金履祥撰　（清）金弘勳校輯　**附錄一卷**　清雍正三年（1725）春輝堂刻本　大連圖書館

20689 **趙文敏公松雪齋全集十卷外集一卷續集一卷**　（元）趙孟頫撰　清康熙五十二年（1713）曹培廉城書室刻本　大連圖書館

20690 **清閟閣全集十二卷**　（元）倪瓚撰　清康熙五十二年（1713）曹培廉城書室刻本　遼寧省圖書館

20691 **清閟閣全集十二卷**　（元）倪瓚撰　清康熙五十二年（1713）曹培廉城書室刻本　大連圖書館

20692 **弘藝錄三十二卷首一卷**　（明）邵經邦撰　清康熙二十四年（1685）邵遠平刻本　大連圖書館

20693 **鹿忠節公集二十一卷**　（明）鹿善繼撰　清刻本　大連圖書館

20694 **落落齋遺集十卷**　（明）李應昇撰　清康熙刻本　遼寧省圖書館

20695 **落落齋遺集十卷**　（明）李應昇撰　清康熙刻本　大連圖書館

20696 **吴詩集覽二十卷補注二十卷**　（清）吴偉業撰　（清）靳榮藩注　**吴詩談藪二卷拾遺一卷**　（清）靳榮藩輯　清乾隆四十年（1775）凌雲亭刻本　撫順市圖書館

20697 **靜惕堂詩集四十四卷**　（清）曹溶撰　（清）朱丕戭輯　（清）李因篤　鄧孝威評　清雍正三年（1725）刻本　大連圖書館

20698 **鶴巢詩選六卷**　（清）顧大申撰　清順治刻本　大連圖書館

20699 **帶經堂集九十二卷**　（清）王士禛撰　清乾隆十二年（1747）程氏七略書堂刻本　遼寧省圖書館

20700 **帶經堂集九十二卷**　（清）王士禛撰　清乾隆十二年（1747）程氏七略書堂刻本　丹東市圖書館

20701 **秋笳集八卷**　（清）吴兆騫撰　清康熙徐乾學刻雍正四年（1726）吴棖臣增刻本　錦州市圖書館

20702 **屈翁山詩集八卷詞一卷**　（清）屈大均撰　清康熙研露齋刻本　錦州市圖書館

20703 **西陂類稿五十卷**　（清）宋犖撰　清康熙毛扆、宋懷金、

高岑刻本 大連圖書館

20704 **飴山文集十二卷附錄一卷** （清）趙執信撰 清乾隆三十九年（1774）因園刻本 大連圖書館

20705 **時用集不分卷** （清）陳訏撰 清康熙刻本 大連圖書館

20706 **御製詩初集十卷二集十卷** （清）聖祖玄燁撰 （清）高士奇等編 清康熙四十二年（1703）宋犖揚州詩局刻本 瀋陽市圖書館

20707 **御製避暑山莊詩二卷** （清）聖祖玄燁撰 （清）揆叙等注 （清）沈崳繪圖 清康熙五十一年（1712）内府刻朱墨套印本 遼寧省圖書館

20708 **漫興集一卷** （清）梅庚撰 清康熙刻本 大連圖書館

20709 **懷清堂集二十卷** （清）湯右曾撰 清乾隆七年（1742）黄鐘刻寶笏樓印本 丹東市圖書館

20710 **受宜堂集四十卷目錄四卷** （清）納蘭常安撰 清雍正十三年（1735）納蘭常安刻本 遼寧省圖書館

20711 **樓邨詩集二十五卷** （清）王式丹撰 清雍正四年（1726）王懋訥刻本 遼寧省圖書館

20712 **樓邨詩集二十五卷** （清）王式丹撰 清雍正四年（1726）王懋訥刻本 瀋陽師範大學圖書館

20713 **匠門書屋文集三十卷** （清）張大受撰 清雍正七年（1729）顧詒禄刻本 大連圖書館

20714 **甘莊恪公全集十六卷** （清）甘汝來撰 清乾隆甘氏賜福堂刻本 瀋陽市圖書館

20715 **御製文集三十卷總目四卷** （清）世宗胤禛撰 **交輝園遺稿一卷** （清）允祥撰 清乾隆三年（1738）武英殿刻本 遼寧省圖書館

20716 **樂善堂全集四十卷目錄四卷** （清）高宗弘曆撰 清乾隆二年（1737）武英殿刻本 瀋陽市圖書館

20717 **樂善堂全集定本三十卷** （清）高宗弘曆撰 （清）蔣溥等輯 清乾隆地方布政司仿刻武英殿本 撫順市圖書館

20718 **御製文初集三十卷目錄二卷** （清）高宗弘曆撰 （清）于敏中等編 清乾隆二十八年（1763）武英殿刻本 遼寧省圖書館

20719 **御製圓明園詩二卷** （清）高宗弘曆撰 （清）鄂爾泰張廷玉等注 （清）孫祐 沈源繪圖 清乾隆十年（1745）武英殿刻朱墨套印本 遼寧省圖書館

20720 **定武敷文一卷** （清）高宗弘曆撰 清乾隆武英殿刻本 遼寧省圖書館

20721 **竹嘯軒詩鈔十八卷** （清）沈德潛撰 清乾隆刻本 丹東市圖書館

20722 **梅崖居士文集三十卷外集八卷** （清）朱仕琇撰 清乾隆四十七年（1782）刻本 瀋陽市圖書館

20723 **樗亭詩稿不分卷** （清）薩哈岱撰 清乾隆七年（1742）薩哈岱刻本 遼寧省圖書館

20724 **蘇門山人詩鈔三卷** （清）張符升撰 清乾隆五十六年（1791）刻本 遼寧省圖書館

20725 **雪莊漁唱一卷** （清）許承祖撰 清乾隆刻本 錦州市圖書館

20726 **稽古齋全集八卷** （清）弘晝撰 清乾隆十一年（1746）弘晝刻本 遼寧省圖書館

20727 **銅鼓書堂遺稾三十二卷** （清）查禮撰 清乾隆五十三年（1788）查淳刻本 遼寧省圖書館

20728 **銅鼓書堂遺稾三十二卷** （清）查禮撰 清乾隆五十三年（1788）查淳刻本 瀋陽市圖書館

20729 **清綺軒初集四卷** （清）夏秉衡撰 清乾隆十五年（1750）刻本 遼寧省圖書館

20730 **紀行詩鈔二卷** （清）永瑊撰 清乾隆抄本 遼寧省圖書館

20731 **獨學廬初稿詩八卷文三卷讀左卮言一卷漢書刊訛一卷** （清）石韞玉撰 清乾隆六十年（1795）長沙官舍刻本 大連圖書館

20732 **抱山堂詩集十卷** （清）朱彭撰 清乾隆五十五年（1790）仇一鷗刻本 遼寧省圖書館

20733 **廣輿吟稿六卷附編一卷** （清）宋思仁撰 清乾隆四十一年（1776）刻五十年（1785）、五十七年（1792）遞修本 遼寧省圖書館

20734 **師尚齋詩集八卷** （清）莊炘撰 清抄本 遼寧省圖書館

20735 **頤志齋詩文抄不分卷** （清）丁晏撰 清抄本 遼寧省圖書館

20736 **蟫紅集二卷帆南集一卷** （清）樊封撰 清抄本 遼寧省圖書館

20737 **三家詩十一卷** （清）卓爾堪編 清康熙刻本 遼寧

省圖書館

20738 **唐四家詩八卷** （清）汪立名編　清康熙三十四年（1695）汪立名刻本　遼寧省圖書館

20739 **唐詩百名家全集三百二十六卷** （清）席啓寓輯　清康熙席氏琴川書屋自刻本　大連圖書館

20740 **宋詩鈔初集九十五卷** （清）吕留良 吴之振 吴爾堯編　清康熙十年（1671）吴氏鑑古堂刻本　遼寧省圖書館

20741 **二家詩鈔二十卷** （清）邵長蘅編　清康熙三十四年（1695）刻本　遼寧省圖書館

20742 **清詩抄七卷** 清抄本　遼寧省圖書館

20743 **葉滿園懷舊集七卷** （清）永恩編　清乾隆四十二年（1777）刻本　遼寧省圖書館

20744 **國朝三家文鈔三十二卷** （清）宋犖 徐汝霖編　清康熙三十三年（1694）刻本　遼寧省圖書館

20745 **古詩箋三十二卷** （清）王士禛輯 （清）聞人倓箋　清乾隆三十一年（1766）芷蘭堂刻本　遼寧省圖書館

20746 **扶輪廣集十四卷** （清）黄傳祖輯　清順治十二年（1655）黄氏儂麟草堂刻本　大連圖書館

20747 **詩林韶濩二十卷** （清）顧嗣立輯　清康熙四十四年（1705）顧氏秀野草堂刻本　遼寧省圖書館

20748 **詩林韶濩選二十卷** （清）顧嗣立輯 （清）周煌重輯　清乾隆刻本　遼寧省圖書館

20749 **佩文齋詠物詩選四百八十六卷** （清）張玉書等編 （清）高輿校　清康熙四十六年（1707）揚州詩局刻本　遼寧省圖書館

20750 **御定歷代題畫詩類一百二十卷** （清）陳邦彦輯　清康熙四十六年（1707）揚州詩局刻本　魯迅美術學院圖書館

20751 **八代詩揆五卷補遺一卷** （清）陸奎勳輯　清康熙刻本　遼寧省圖書館

20752 **咏物詩選八卷** （清）俞琰輯　清雍正三年（1725）寧儉堂刻本　遼寧省圖書館

20753 **御選唐宋詩醇四十七卷目録二卷** （清）弘晝 梁詩正等編　清乾隆十六年（1751）武英殿刻四色套印本　遼寧省圖書館

20754 **御選唐宋詩醇四十七卷目録二卷** （清）弘晝 梁詩正等編　清乾隆二十五年（1760）江蘇陳弘謀刻本　遼寧大學圖書館

20755 **歷朝名媛詩詞十二卷** （清）陸昶評撰　清乾隆三十八年（1773）紅樹樓刻本　遼寧省圖書館

20756 **歷朝名媛詩詞十二卷** （清）陸昶評撰　清乾隆三十八年（1773）紅樹樓刻本　遼陽市圖書館

20757 **御定歷代賦彙正集一百四十卷外集二十卷逸句二卷補遺二十二卷目録三卷** （清）陳元龍等輯　清康熙四十五年（1706）揚州詩局刻本　遼寧師範大學圖書館

20758 **文章軌範七卷** （宋）謝枋得輯　清康熙五十七年（1718）澹成堂刻本　遼寧省圖書館

20759 **賴古堂文選二十卷** （清）周亮工輯　清康熙六年（1667）自刻本　遼寧省圖書館

20760 **買愁集四卷** （清）錢尚濠輯　清初刻本　遼寧省圖書館

20761 **古文淵鑒六十四卷** （清）徐乾學等輯并注　清康熙内府刻五色套印本　遼寧省圖書館

20762 **古文淵鑒六十四卷** （清）徐乾學等輯并注　清康熙内府刻五色套印本　大連圖書館

20763 **歷朝古文選十七卷** （清）董漢策輯　清康熙蓮溪草堂刻本　遼寧大學圖書館

20764 **悦心集四卷** （清）世宗胤禛輯　清雍正内府刻本　遼寧省圖書館

20765 **古文約選不分卷** （清）允禮輯　清雍正十一年（1733）果親王府刻本　遼寧省圖書館

20766 **古文約選不分卷** （清）允禮輯　清雍正十一年（1733）果親王府刻本　大連圖書館

20767 **古文約選不分卷** （清）允禮輯　清雍正十一年（1733）果親王府刻本　丹東市圖書館

20768 **御選唐宋文醇五十八卷** （清）高宗弘曆選 （清）允禄等輯　清乾隆三年（1738）武英殿刻四色套印本　遼寧省圖書館

20769 **正始集八卷補遺一卷** （清）姚椿 程鼎輯　稿本　遼寧省圖書館

20770 **兩漢策要十二卷** （宋）陶叔獻輯　清乾隆五十六年（1791）張朝樂刻本（卷三未刻）　遼寧省圖書館

20771 **王荆公唐百家詩選二十卷** （宋）王安石輯　清康熙四十三年（1704）宋犖、丘迥刻本　大連圖書館

20772 **東嵒草堂評訂唐詩鼓吹十卷** （金）元好問輯 （元）

郝天挺注　（明）廖文炳解　（清）朱三錫評　清康熙刻本　瀋陽師範大學圖書館

20773 **唐音戊籤二百一卷餘閏六十四卷**（明）胡震亨輯（清）何焯批校　清康熙二十五年（1686）胡氏南益堂刻本　遼寧省圖書館

20774 **唐音戊籤二百一卷餘閏六十四卷**（明）胡震亨輯（清）何焯批校　清康熙二十五年（1686）胡氏南益堂刻本　大連圖書館

20775 **唐詩類苑選三十四卷**　（清）戴明說等輯　清順治十六年（1659）紀元刻本　遼寧省圖書館

20776 **唐詩快十六卷選詩前後諸咏一卷**　（清）黄周星輯　清康熙刻本　遼寧省圖書館

20777 **全唐詩九百卷目錄十二卷**　（清）曹寅等輯　清康熙四十四年至四十六年（1705-1707）揚州詩局刻本（有補抄）　魯迅美術學院圖書館

20778 **御選唐詩三十二卷目錄三卷**　（清）聖祖玄燁選　（清）陳廷敬等輯注　清康熙五十二年（1713）内府刻朱墨套印本　遼寧省圖書館

20779 **御選唐詩三十二卷目錄三卷**　（清）聖祖玄燁選　（清）陳廷敬等輯注　清康熙五十二年（1713）内府刻朱墨套印本　遼寧師範大學圖書館

20780 **御定全唐詩錄一百卷**　（清）徐倬　徐元正編　清康熙四十五年（1706）揚州詩局刻本　遼寧省圖書館

20781 **御定全唐詩錄一百卷**　（清）徐倬　徐元正編　清康熙四十五年（1706）揚州詩局刻本　大連圖書館

20782 **唐詩掞藻八卷**　（清）高士奇輯　清康熙三十二年（1693）錢塘高士奇刻本　遼寧省圖書館

20783 **唐詩掞藻八卷**　（清）高士奇輯　清康熙三十二年（1693）錢塘高士奇刻本　瀋陽師範大學圖書館

20784 **唐音審體二十卷**　（清）錢良擇輯　清康熙四十三年（1704）昭質堂刻本　遼寧省圖書館

20785 **唐五言六韻詩豫四卷**　題（清）花豫樓主人輯　清康熙刻本　遼寧省圖書館

20786 **中晚唐詩叩彈集十二卷續集三卷**　（清）杜詔　杜庭珠輯　清康熙四十三年（1704）采山亭刻本　遼寧省圖書館

20787 **唐詩排律七卷**　（清）牟欽元輯　（清）牟灝箋注　清康熙五十四年（1715）紫蘭書屋刻乾隆二十三年（1758）印本　遼寧省圖書館

20788 **緗師園唐詩箋十八卷**　（清）宋宗元輯　清乾隆刻本　遼寧省圖書館

20789 **大歷詩略六卷**　（清）喬億輯　清乾隆居安樂玩之堂刻本　大連圖書館

20790 **寒瘦集一卷**　（唐）孟郊　賈島撰　（清）岳端輯評　清康熙三十八年（1699）紅蘭室刻朱墨套印本　遼寧省圖書館

20791 **御訂全金詩增補中州集七十二卷首二卷**　（金）元好問編　（清）郭元釪補輯　清康熙五十年（1711）揚州詩局刻本　遼寧省圖書館

20792 **金詩選四卷**　（清）顧奎光輯　清乾隆十六年（1751）刻本　遼寧省圖書館

20793 **列朝詩集乾集二卷甲集前編十一卷甲集二十二卷乙集八卷丙集十六卷丁集十六卷閏集六卷**　（清）錢謙益輯　清順治九年（1652）毛氏汲古閣刻本　遼寧省圖書館

20794 **明詩綜一百卷**　（清）朱彝尊輯　清康熙刻本　大連圖書館

20795 **明詩綜一百卷**　（清）朱彝尊輯　清康熙刻本　遼寧大學圖書館

20796 **明詩別裁集十二卷**　（清）沈德潛　周準輯　清乾隆四年（1739）刻本　大連圖書館

20797 **明詩別裁集十二卷**　（清）沈德潛　周準輯　清乾隆四年（1739）刻本　遼寧大學圖書館

20798 **萬口碑輯十卷**（清）張經等輯　**東南輿誦一卷**（清）陸鳴球　徐允哲輯　清康熙刻本　遼寧省圖書館

20799 **從遊集二卷**　（明）陳瑚輯　清初刻本　遼寧省圖書館

20800 **今樂府二卷**　（清）吴炎　潘檉章評　清抄本　遼寧省圖書館

20801 **詩持一集四卷二集十卷三集十卷**　（清）魏憲輯　清康熙九年（1670）魏憲枕江堂刻本　大連圖書館
存二十卷（二集十卷、三集十卷）

20802 **感舊集十六卷**　（清）王士禛輯　（清）盧見曾補傳　清乾隆十七年（1752）刻本　遼寧省圖書館

20803 **南宋襍事詩七卷**　（清）沈嘉轍等撰　清康熙武林芹香齋刻本　瀋陽師範大學圖書館

20804 **國朝詩別裁集三十六卷** （清）沈德潛輯 清乾隆二十四年（1759）刻本 遼寧省圖書館

20805 **千叟宴詩三十四卷首二卷** （清）高宗弘曆等撰 清乾隆五十年（1785）武英殿刻本 遼寧省圖書館

20806 **本朝館閣詩二十卷附錄一卷** （清）阮學浩 阮學濬輯 清乾隆二十三年（1758）困學書屋刻本 遼寧省圖書館

20807 **詞科掌錄十七卷詞科餘話七卷** （清）杭世駿輯 清乾隆道古堂刻本 遼寧省圖書館

20808 **詞科掌錄十七卷詞科餘話七卷** （清）杭世駿輯 清乾隆道古堂刻本 瀋陽師範大學圖書館

20809 **江左十五子詩選十五卷** （清）宋犖輯 清康熙四十二年（1703）宋氏宛委堂刻本 遼寧省圖書館

20810 **江左十五子詩選十五卷** （清）宋犖輯 清康熙四十二年（1703）宋氏宛委堂刻本 大連圖書館

20811 **湖山靈秀集十六卷** （清）席玗輯 清乾隆二十一年（1756）凝和堂刻本 遼寧省圖書館

20812 **國朝松陵詩徵二十卷** （清）袁景輅輯 清乾隆三十二年（1767）愛吟齋刻本 大連圖書館

20813 **溧詩選初集八卷** （清）吴穎輯 清初吴氏農山堂刻本 大連圖書館

20814 **新安二布衣詩八卷** （清）王士禛輯 清康熙四十三年（1704）汪洪度等刻本 遼寧省圖書館

20815 **梁園風雅二十七卷** （明）趙彦復輯 清康熙四十三年（1704）陸廷燦刻本 遼寧省圖書館

20816 **中州名賢文表三十卷** （明）劉昌輯 清康熙四十五年（1706）錢塘汪立名刻本 遼寧省圖書館

20817 **梅會詩選十二卷二集十六卷三集四卷附刻一卷** （清）李稻塍 李集輯 清乾隆三十二年（1767）寸碧山堂刻本 遼寧省圖書館

20818 **柯園十詠不分卷** （清）沈棲元輯 清刻本 遼寧省圖書館

20819 **莆風清籟集六十卷** （清）鄭王臣輯 清乾隆刻本 大連圖書館

20820 **廣東詩粹十二卷補編一卷** （清）梁善長輯 清乾隆十二年（1747）達朝堂刻本 遼寧省圖書館

20821 **述本堂詩集十八卷** （清）方登嶧 方式濟 方觀承撰 清乾隆二十年（1755）刻本 大連圖書館

20822 **汪氏家集十九卷附一卷** （清）汪懋麟編 清康熙十八年（1679）刻本 大連圖書館

20823 **吴江沈氏詩集十二卷** （清）沈祖禹輯 清乾隆五年（1740）刻本 遼寧省圖書館

20824 **午夢堂集九卷** （明）葉紹袁輯 清乾隆二十三年（1758）葉恒椿刻本 遼寧省圖書館

20825 **南遊塤篪集二卷** （清）邊中寶 邊連寶撰 清乾隆刻本 遼寧省圖書館

20826 **歷代詩話五十七卷考索一卷** （清）何文煥編 清乾隆三十五年（1770）刻本 遼寧省圖書館

20827 **歷代詩話五十七卷考索一卷** （清）何文煥編 清乾隆三十五年（1770）刻本 丹東市圖書館

20828 **漁隱叢話前集六十卷後集四十卷** （宋）胡仔輯 清乾隆五年至六年（1740–1741）楊佑啓耘經樓刻本 瀋陽師範大學圖書館

20829 **古今詩話八卷** （明）陳繼儒輯 清初刻本 遼寧省圖書館

20830 **本事詩十二卷** （清）徐釚輯 清康熙四十三年（1704）鬣尾山房刻雍正十三年（1735）重修本 遼寧省圖書館

20831 **宋詩紀事一百卷** （清）厲鶚輯 清乾隆十一年（1746）樊榭山房刻本 瀋陽大學圖書館

20832 **古今詩話選雋二卷** （清）盧衍仁輯 清乾隆抱青閣刻本 遼寧大學圖書館

20833 **山中白雲八卷** （宋）張炎撰 清康熙龔氏玉玲瓏閣刻本 遼寧省圖書館

20834 **吾盡吾意齋樂府二卷** （清）陳皋撰 清乾隆刻本 遼寧省圖書館

20835 **御選歷代詩餘一百二十卷** （清）聖祖玄燁選 （清）沈辰垣 王奕清等輯 清康熙四十六年（1707）內府刻本 遼寧師範大學圖書館

20836 **清綺軒詞選十三卷** （清）夏秉衡輯 清乾隆刻本 遼寧省圖書館

20837 **浙西六家詞十一卷** （清）龔翔麟編 清康熙龔氏玉玲瓏閣刻本 遼寧省圖書館

20838 **詞律二十卷** （清）萬樹撰 清康熙二十六年（1687）萬樹堆絮園刻保滋堂印本 遼寧省圖書館

20839 **詞譜四十卷** （清）王奕清等撰 清康熙五十四年

（1715）内府刻朱墨套印本　遼寧省圖書館

20840 **鏡香園毛聲山評第七才子書十二卷首一卷**　（元）高明撰　（清）毛宗崗評　清張元振刻聚錦堂印本 遼寧省圖書館

20841 **玉茗堂還魂記二卷**　（明）湯顯祖撰　清乾隆五十年（1785）冰絲館刻本　錦州市圖書館

20842 **玉茗堂還魂記二卷**　（明）湯顯祖撰　清乾隆五十年（1785）冰絲館刻本　丹東市圖書館

20843 **介山記二卷**　（清）宋廷魁撰　清乾隆刻本　瀋陽師範大學圖書館

20844 **雷峯塔傳奇四卷**　（清）方重培撰　清乾隆三十七年（1772）水竹居刻本　遼寧省圖書館

20845 **霓裳續譜八卷**　（清）王廷紹輯　清乾隆六十年（1795）集賢堂刻本　遼寧省圖書館

20846 **來生福彈詞三十六回**　題（清）橘中逸叟撰　清刻本　遼寧省圖書館

20847 **納書楹曲譜正集四卷續集四卷補遺四卷外集二卷納書楹玉茗堂四夢全譜八卷**　（清）葉堂撰　清乾隆五十七年至五十九年（1792–1794）葉氏納書楹刻本　遼寧省圖書館

20848 **太古傳宗琵琶調西廂記曲譜二卷宫詞曲譜二卷弦索調時劇新譜二卷**　（清）湯斯質輯　（清）朱廷鏐　朱廷璋重訂　清乾隆十四年（1749）允祿刻本　遼寧省圖書館

20849 **太古傳宗琵琶調西廂記曲譜二卷宫詞曲譜二卷弦索調時劇新譜二卷**　（清）湯斯質輯　（清）朱廷鏐　朱廷璋重訂　清乾隆十四年（1749）允祿刻本　瀋陽師範大學圖書館

20850 **拍案驚奇三十六卷**　（明）凌濛初撰　清消閑居刻本　大連圖書館

20851 **拾珥樓新鐫繡像小說一枕奇二卷八回**　題（明）華陽散人輯 清粵東坊刻本　大連圖書館

20852 **拾珥樓新鐫繡像小說雙劍雪二卷八回**　題（明）華陽散人輯 清東吳赤綠山房刻本　大連圖書館

20853 **女才子十二卷首一卷**　（清）徐震撰　清乾隆大德堂刻本　大連圖書館

20854 **花幔樓批評寫圖小說生綃剪十九回**　題（清）谷口生等撰　題集芙主人批評　清初活字印本　大連圖書館

20855 **雲仙嘯五種**　題（清）天花主人編　清刻本　大連圖書館

20856 **筆鍊閣編述五色石八卷**　（清）筆鍊閣主人輯　清初刻本　大連圖書館

20857 **西湖拾遺四十八卷**　（清）陳樹基輯　清乾隆五十六年（1791）自愧軒刻本　大連圖書館

20858 **西漢演義六卷**　（明）甄偉撰　**東漢演義四卷**　（明）謝詔撰 清初拔茅居刻本　大連圖書館

20859 **四雪草堂重訂通俗隋唐演義二十卷一百回**　（清）褚人獲撰 清康熙四雪草堂刻本　錦州市圖書館

20860 **四雪草堂重訂通俗隋唐演義二十卷一百回**　（清）褚人獲撰 清康熙文盛堂刻本　遼寧省圖書館

20861 **大隋志傳四卷四十六回**　題（明）鍾惺編次　清刻本　大連圖書館

20862 **混唐後傳八卷三十二回首一卷五回**　題（明）鍾惺編次　清芥子園刻本　大連圖書館

20863 **說呼全傳十二卷四十回**　清乾隆四十四年（1779）金閶書業堂刻本　大連圖書館

20864 **水滸後傳十卷四十回**　（清）陳忱撰　（清）蔡奡評　清乾隆刻本　大連圖書館

20865 **新鐫全像武穆精忠傳八卷**　清初映秀堂刻本　大連圖書館

20866 **皋鶴堂批評第一奇書金瓶梅一百回**　（清）張竹坡批評　清康熙三十四年（1695）影松軒刻本　大連圖書館

20867 **新刻批評繡像平山冷燕六卷二十回**　題（清）荻岸散人編次 冰玉主人批點　清靜寄山房刻本　瀋陽師範大學圖書館

20868 **玉支磯四卷二十回**　題（清）天花藏主人撰　清華文堂刻本　大連圖書館

20869 **春柳鶯十回**　題（清）鶡冠史者撰　清初刻本　大連圖書館

20870 **醒風流奇傳初集二十回**　題隺市道人編次　清刻本　大連圖書館

20871 **新編鳳凰池續四才子書十六回**　題烟霞散人撰　清耕書屋刻本　大連圖書館

20872 **新鐫繡像驚夢啼六回**　題（清）天花主人編次　清刻本　大連圖書館

20873 **引鳳簫四卷十六回** 題（清）楓江半雲友輯 清刻本 大連圖書館

20874 **女開科十二回** 題（清）岐山左臣編次 清名山聚刻本 大連圖書館

20875 **金蘭筏四卷二十回** 題（清）惜陰堂主人編輯 清刻本 大連圖書館

20876 **平妖傳八卷四十回** （明）羅本撰 （明）馮夢龍補 清刻本 大連圖書館

20877 **新刻鍾伯敬先生批評封神演義十九卷** （明）許仲琳撰 清康熙四雪草堂刻本 錦州市圖書館

20878 **新鐫濟顛大師醉菩提全傳二十回** 題（清）天花藏主人編次 清寶仁堂刻本 大連圖書館

20879 **草木春秋演義五卷三十二回** （清）江洪撰 清最樂堂刻本 大連圖書館

20880 **說郛一百二十卷** （元）陶宗儀編 清順治三年（1646）李際期宛委山堂刻本 魯迅美術學院圖書館

20881 **說郛續四十六卷** （明）陶珽編 清順治三年（1646）李際期宛委山堂刻本 魯迅美術學院圖書館

20882 **說鈴五十四卷** （清）吴震方輯 清康熙刻本 瀋陽師範大學圖書館
存四十九卷（六至五十四）

20883 **欽定古香齋袖珍十種九百三卷** 清乾隆十三年（1748）武英殿刻本 遼寧省圖書館

20884 **萬光泰雜著三種五卷** （清）萬光泰撰 清抄本 遼寧省圖書館

少數民族文字珍貴古籍

20885 **周易四卷** （清）高宗弘曆敕譯 清乾隆三十年（1765）武英殿刻本 滿漢合璧 遼寧省圖書館

20886 **日講易經解義十八卷** （清）牛鈕等撰 清康熙二十二年（1683）内府刻本 滿文 遼寧省圖書館

20887 **日講書經解義十三卷** （清）庫勒納等撰 清康熙十九年（1680）内府刻本 滿文 遼寧省圖書館

20888 **新刻滿漢字書經六卷** （清）舜代虞譯 清春卿精一齋刻本 滿漢合璧 大連圖書館

20889 **新刻滿漢字書經六卷** 清乾隆三年（1738）京都文錦堂、二酉堂刻本 滿漢合璧 大連圖書館

20890 **書經六卷** （宋）蔡沈集傳 （清）高宗弘曆敕撰 清乾隆二十五年（1760）武英殿刻本 滿漢合璧 大連圖書館

20891 **詩經八卷** 清刻本 滿漢合璧 大連圖書館

20892 **詩經不分卷** 清康熙三十六年（1697）抄本 滿文 大連圖書館

20893 **滿漢詩經六卷** 清刻本 滿漢合璧 大連圖書館

20894 **孝經集注一卷** （清）世宗胤禛敕撰 清雍正五年（1727）内府刻本 滿文 遼寧省圖書館

20895 **御製翻譯四書六卷** （宋）朱熹注 （清）高宗弘曆敕譯 （清）鄂爾泰厘定 清刻本 滿漢合璧 大連圖書館

20896 **御製翻譯四書六卷** （宋）朱熹注 （清）高宗弘曆敕譯 （清）鄂爾泰厘定 清刻本 滿漢合璧 大連圖書館

20897 **御製翻譯四書六卷** （宋）朱熹注 （清）高宗弘曆敕譯 （清）鄂爾泰厘定 清京都聖經博古堂刻本 滿漢合璧 大連圖書館

20898 **御製翻譯四書六卷** （宋）朱熹注 （清）高宗弘曆敕譯 （清）鄂爾泰厘定 清刻本 滿漢合璧 大連圖書館

20899 **御製翻譯四書六卷** （宋）朱熹注 （清）高宗弘曆敕譯 （清）鄂爾泰厘定 清刻本 滿漢合璧 大連圖書館

20900 **增訂四書字解不分卷** 清雍正十年（1732）鴻遠堂刻本 滿漢合璧 大連圖書館

20901 **新刻滿漢字四書不分卷** 清聽松樓刻玉樹堂印本 滿漢合璧 大連圖書館

20902 **無圈點字書四卷** （清）鄂爾泰等輯 清抄本 滿文 大連圖書館

20903 **滿漢三經成語不分卷** （清）明鐸編譯 清乾隆二年（1737）京都英華堂刻本 滿漢合璧 大連圖書館

20904 **七本頭八卷** （清）和素譯 清康熙刻本 滿漢合璧 遼寧省圖書館

20905 **欽定清漢對音字式不分卷** （清）高宗弘曆敕撰 清刻本 滿漢合璧 大連圖書館

20906 **滿漢字清文啓蒙四卷** （清）舞格等撰 清三槐堂刻本 滿漢合璧 大連圖書館

20907 **滿漢字清文啟蒙四卷** （清）舞格等撰 清中和堂刻

本　滿漢合璧　大連圖書館

20908 **清文接字不分卷**　（清）嵩洛峰撰　清同治五年（1866）京都聚珍堂刻本　滿漢合璧　大連圖書館

20909 **大清全書十四卷**　（清）沈啓亮輯　清康熙五十二年（1713）三義堂刻本　滿漢合璧　大連圖書館

20910 **清書指南三卷**　（清）沈啓亮輯　清康熙五十二年（1713）三義堂刻本　滿漢合璧　大連圖書館

20911 **滿漢同文全書八卷**　清康熙二十九年（1690）秘書閣刻本　滿漢合璧　大連圖書館

20912 **滿漢類書三十二卷**　（清）桑額輯　清康熙四十五年（1706）天繪閣書坊刻本　滿漢合璧　遼寧省圖書館

20913 **御製清文鑑二十卷**　（清）聖祖玄燁敕撰　清康熙四十七年（1708）内府刻本　滿文　遼寧省圖書館

20914 **御製增訂清文鑑三十二卷目錄一卷補編四卷續入新語不分卷二次續入新清語不分卷**　（清）傅恒等纂　清刻本　滿漢合璧　大連圖書館

20915 **御製增訂清文鑑三十二卷目錄一卷序一卷字母一卷附補編四卷補編總綱一卷總綱八卷**　（清）傅恒等纂　清刻本　滿漢合璧　大連圖書館

20916 **御製滿珠蒙古漢字三合切音清文鑑三十一卷首一卷**　（清）阿桂等纂　清乾隆四十五年（1780）刻本　滿蒙漢合璧　大連圖書館

20917 **滿蒙文鑑二十卷**　（清）拉錫等編　清刻本　滿蒙合璧　大連圖書館

20918 **音漢清文鑑二十卷**　（清）明鐸注　清乾隆二十二年（1757）繡谷中和堂刻本　滿漢合璧　大連圖書館

20919 **清文彙書十二卷**　（清）李延基撰　清乾隆十六年（1751）京都英華堂刻本　滿漢合璧　大連圖書館

20920 **清文補彙八卷**　（清）宜興編　清嘉慶七年（1802）法克精額刻本 滿漢合璧　大連圖書館

20921 **清文總彙十二卷**　（清）志寬　培寬等編　清光緒二十三年（1897）荆州駐防翻譯總學刻本　滿漢合璧　大連圖書館

20922 **新刻清書全集不分卷**　（清）陳可臣編　清康熙三十八年（1699）聽松樓刻本　滿漢合璧　大連圖書館

20923 **聯珠集不分卷**　（清）張天祈撰　（清）劉順譯　清康熙三十八年（1699）刻本　滿漢合璧　大連圖書館

20924 **聯珠集不分卷**　（清）張天祈撰　（清）劉順譯　清康熙四十一年（1702）金陵聽松樓刻本　滿漢合璧　大連圖書館

20925 **翻譯發微不分卷**　（清）齊曙初抄　清雍正五年（1727）抄本　滿漢合璧　大連圖書館

20926 **翻譯發微不分卷**　清抄本　滿漢合璧　大連圖書館

20927 **翻譯教本不分卷**　（清）舒明阿撰　清雍正十三年（1735）抄本 滿文　大連圖書館

20928 **三合便覽不分卷**　（清）敬齋輯　（清）富俊增補　清乾隆五十七年（1792）京都雙峰閣刻本　滿蒙漢合璧　大連圖書館

20929 **三合便覽十卷補編二卷**　（清）敬齋輯　（清）富俊增補　清乾隆五十七年（1792）富俊刻本　滿蒙漢合璧　大連圖書館
存十一卷（一至七、九至十，補編二卷）

20930 **清漢文海四十卷**　（清）巴尼琿編　清道光元年（1821）江南駐防衙門刻本　滿漢合璧　大連圖書館

20931 **滿漢字音聯注釋文不分卷**　清抄本　滿漢合璧　大連圖書館

20932 **少年初讀不分卷**　（清）博赫譯　清乾隆抄本　滿漢合璧　大連圖書館

20933 **清文典要四卷**　（清）秋芳堂主人輯　清乾隆三年（1738）刻本 滿漢合璧　大連圖書館

20934 **一學三貫清文鑑四卷**　（清）盹圖編　清乾隆十一年（1746）刻本　滿漢合璧　大連圖書館

20935 **清文指要五卷**　（清）富俊編　清嘉慶十四年（1809）三槐堂刻本 滿漢合璧　大連圖書館

20936 **清文指要二卷**　（清）富俊編　清嘉慶二十三年（1818）西安將軍署刻本　滿漢合璧　大連圖書館

20937 **三合語錄不分卷**　（清）智信撰　（清）巴林　（清）德勒克譯　清道光十年（1830）京都五雲堂刻本　滿蒙漢合璧　大連圖書館

20938 **三合語錄不分卷**　（清）智信撰　（清）巴林　（清）德勒克譯　清道光二十六年（1846）炳蔚堂刻本　滿蒙漢合璧　大連圖書館

20939 **便覽正訛一卷**　（清）賽尚阿輯　清道光二十八年（1848）刻本 滿蒙漢合璧　大連圖書館

20940 **十八合宜教訓不分卷**　（清）羅賴畢多爾吉撰　（清）阿旺格勒巴桑譯　清刻本　藏滿蒙合璧　大連圖書館

20941 **翻清閱目便覽不分卷** （清）全禧輯 清同治四年（1865）寫本 滿漢合璧 大連圖書館

20942 **蒙古鑑書不分卷** 清抄本 滿蒙漢合璧 大連圖書館

20943 **蒙古文晰義及法程四卷** （清）賽尚阿輯 清問經堂刻本 滿蒙漢合璧 大連圖書館

20944 **欽定蒙文彙書十六卷** （清）賽尚阿編 清光緒十七年（1891）理藩院刻本 滿蒙漢合璧 大連圖書館

20945 **庸言知旨二卷** （清）宜興撰 清嘉慶二十四年（1819）芸圃查清阿刻本 滿漢合璧 大連圖書館

20946 **欽定遼金元三史語解四十六卷** （清）高宗弘曆敕撰 清道光四年（1824）刻本 滿漢合璧 大連圖書館

20947 **滿洲實錄八卷** 清乾隆四十三年（1778）實錄館寫本 滿漢合璧 遼寧省檔案館

20948 **滿洲實錄八卷** 清乾隆四十三年（1778）實錄館寫本 滿漢蒙合璧 遼寧省檔案館

20949 **大清太祖高皇帝實錄十卷** （清）勒德洪 明珠等纂修 清乾隆十一年（1746）實錄館寫本 滿文 遼寧省檔案館

20950 **大清太宗文皇帝實錄六十五卷** （清）圖海 勒德洪等纂修 清乾隆十一年（1746）實錄館寫本 滿文 遼寧省檔案館

20951 **大清世祖章皇帝實錄一百四十四卷** （清）巴泰 圖海等纂修 清乾隆十一年（1746）實錄館寫本 滿文 遼寧省檔案館

20952 **大清聖祖仁皇帝實錄三百二十八卷** （清）馬齊 朱軾等纂修 清乾隆十一年（1746）實錄館寫本 滿文 遼寧省檔案館

20953 **大清世宗憲皇帝實錄一百五十九卷** （清）鄂爾泰 張廷玉等纂修 清乾隆十一年（1746）實錄館寫本 滿文 遼寧省檔案館

20954 **大清高宗純皇帝實錄一千五百卷** （清）慶桂 董誥等纂修 清嘉慶十二年（1807）實錄館寫本 滿文 遼寧省檔案館

20955 **大清仁宗睿皇帝實錄三百七十四卷** （清）曹振鏞 戴均元等纂修 清道光四年（1824）實錄館寫本 滿文 遼寧省檔案館

20956 **大清宣宗成皇帝實錄四百七十六卷** （清）文慶 花沙納等纂修 清咸豐六年（1856）實錄館寫本 滿文 遼寧省檔案館

20957 **大清文宗顯皇帝實錄三百五十六卷** （清）賈楨 周祖培等纂修 清同治五年（1866）實錄館寫本 滿文 遼寧省檔案館

20958 **大清穆宗毅皇帝實錄三百七十四卷** （清）寶鋆 沈桂芬等纂修 清光緒六年（1880）實錄館寫本 滿文 遼寧省檔案館

20959 **上諭八旗十三卷** （清）世宗胤禛撰 （清）允祿等編 清雍正武英殿刻本 滿文 遼寧省圖書館

20960 **大清太祖高皇帝聖訓四卷** 清乾隆十一年（1746）實錄館寫本 滿文 遼寧省檔案館

20961 **大清太宗文皇帝聖訓六卷** 清乾隆十一年（1746）實錄館寫本 滿文 遼寧省檔案館

20962 **大清世祖章皇帝聖訓六卷** 清乾隆十一年（1746）實錄館寫本 滿文 遼寧省檔案館

20963 **大清聖祖仁皇帝聖訓六十卷** 清乾隆十一年（1746）實錄館寫本 滿文 遼寧省檔案館

20964 **大清世宗憲皇帝聖訓三十六卷** 清乾隆十一年（1746）實錄館寫本 滿文 遼寧省檔案館

20965 **大清高宗純皇帝聖訓三百卷** 清嘉慶十二年（1807）實錄館寫本 滿文 遼寧省檔案館

20966 **大清仁宗睿皇帝聖訓一百十卷** 清道光四年（1824）實錄館寫本 滿文 遼寧省檔案館

20967 **大清宣宗成皇帝聖訓一百三十卷** 清咸豐六年（1856）實錄館寫本 滿文 遼寧省檔案館

20968 **大清文宗顯皇帝聖訓一百十卷** 清同治五年（1866）實錄館寫本 滿文 遼寧省檔案館

20969 **大清穆宗毅皇帝聖訓一百六十卷** 清光緒六年（1880）實錄館寫本 滿文 遼寧省檔案館

20970 **八旗滿洲氏族通譜八十卷目錄二卷** （清）鄂爾泰等纂 （清）塔爾布等譯 清乾隆九年（1744）武英殿刻本 滿文 遼寧省圖書館

20971 **八旗滿洲氏族通譜八十卷目錄二卷** （清）鄂爾泰等纂 （清）塔爾布等譯 清乾隆九年（1744）武英殿刻本 滿文 大連圖書館

20972 **和碩怡賢親王行狀不分卷** （清）張廷玉撰 清雍正刻本 滿漢合璧 遼寧省圖書館

20973 **列祖子孫宗室豎格玉牒一卷** 清順治十八年（1661）

玉牒館寫本　滿文　遼寧省檔案館

20974　列祖子孫宗室豎格玉牒一卷　清康熙九年（1670）玉牒館寫本 滿文　遼寧省檔案館

20975　列祖子孫宗室豎格玉牒一卷　清康熙十八年（1679）玉牒館寫本　滿文　遼寧省檔案館

20976　列祖子孫宗室豎格玉牒一卷　清康熙二十七年(1688）玉牒館寫本　滿文　遼寧省檔案館

20977　列祖子孫宗室豎格玉牒一卷　清康熙三十六年(1697）玉牒館寫本　滿文　遼寧省檔案館

20978　列祖子孫宗室豎格玉牒一卷　清康熙四十五年(1706）玉牒館寫本　滿文　遼寧省檔案館

20979　列祖子孫宗室豎格玉牒一卷　清雍正二年（1724）玉牒館寫本 滿文　遼寧省檔案館

20980　列祖子孫宗室豎格玉牒一卷　清雍正十一年（1733）玉牒館寫本　滿文　遼寧省檔案館

20981　列祖子孫宗室豎格玉牒一卷　清乾隆七年（1742）玉牒館寫本 滿文　遼寧省檔案館

20982　列祖子孫宗室豎格玉牒一卷　清乾隆十四年（1749）玉牒館寫本　滿文　遼寧省檔案館

20983　列祖子孫宗室豎格玉牒一卷　清乾隆二十五年(1760）玉牒館寫本　滿文　遼寧省檔案館

20984　列祖子孫宗室豎格玉牒一卷　清乾隆三十三年(1768）玉牒館寫本　滿文　遼寧省檔案館

20985　列祖子孫宗室豎格玉牒一卷　清乾隆五十三年(1788）玉牒館寫本　滿文　遼寧省檔案館

20986　列祖子孫宗室豎格玉牒一卷　清嘉慶三年（1798）玉牒館寫本 滿文　遼寧省檔案館

20987　列祖子孫宗室豎格玉牒一卷　清嘉慶十二年（1807）玉牒館寫本　滿文　遼寧省檔案館

20988　列祖子孫宗室豎格玉牒一卷　清嘉慶二十三年(1818）玉牒館寫本　滿文　遼寧省檔案館

20989　列祖子孫宗室豎格玉牒一卷　清道光八年（1828）玉牒館寫本 滿文　遼寧省檔案館

20990　列祖子孫宗室豎格玉牒一卷　清道光十八年（1838）玉牒館寫本　滿文　遼寧省檔案館

20991　列祖子孫宗室豎格玉牒一卷　清道光二十八年(1848）玉牒館寫本　滿文　遼寧省檔案館

20992　列祖子孫宗室豎格玉牒一卷　清咸豐八年（1858）玉牒館寫本 滿文　遼寧省檔案館

20993　列祖子孫宗室豎格玉牒一卷　清同治六年（1867）玉牒館寫本 滿文　遼寧省檔案館

20994　列祖子孫宗室豎格玉牒一卷　清光緒三年（1877）玉牒館寫本 滿文　遼寧省檔案館

20995　列祖子孫宗室豎格玉牒一卷　清光緒十三年（1887）玉牒館寫本　滿文　遼寧省檔案館

20996　列祖子孫宗室豎格玉牒一卷　清光緒二十三年(1897）玉牒館寫本　滿文　遼寧省檔案館

20997　列祖子孫宗室豎格玉牒一卷　清光緒三十三年(1907）玉牒館寫本　滿文　遼寧省檔案館

20998　列祖女孫宗室豎格玉牒一卷　清順治十八年（1661）玉牒館寫本　滿文　遼寧省檔案館

20999　列祖女孫宗室豎格玉牒一卷　清康熙九年（1670）玉牒館寫本 滿文　遼寧省檔案館

21000　列祖女孫宗室豎格玉牒一卷　清康熙十八年（1679）玉牒館寫本　滿文　遼寧省檔案館

21001　列祖女孫宗室豎格玉牒一卷　清康熙二十七年(1688）玉牒館寫本　滿文　遼寧省檔案館

21002　列祖女孫宗室豎格玉牒一卷　清康熙三十六年(1697）玉牒館寫本　滿文　遼寧省檔案館

21003　列祖女孫宗室豎格玉牒一卷　清康熙四十五年(1706）玉牒館寫本　滿文　遼寧省檔案館

21004　列祖女孫宗室豎格玉牒一卷　清雍正二年（1724）玉牒館寫本 滿文　遼寧省檔案館

21005　列祖女孫宗室豎格玉牒一卷　清雍正十一年（1733）玉牒館寫本　滿文　遼寧省檔案館

21006　列祖女孫宗室豎格玉牒一卷　清乾隆七年（1742）玉牒館寫本 滿文　遼寧省檔案館

21007　列祖女孫宗室豎格玉牒一卷　清乾隆十四年（1749）玉牒館寫本　滿文　遼寧省檔案館

21008　列祖女孫宗室豎格玉牒一卷　清乾隆二十五年(1760）玉牒館寫本　滿文　遼寧省檔案館

21009　列祖女孫宗室豎格玉牒一卷　清乾隆三十三年(1768）玉牒館寫本　滿文　遼寧省檔案館

21010　列祖女孫宗室豎格玉牒一卷　清乾隆四十三年(1778）玉牒館寫本　滿文　遼寧省檔案館

21011　列祖女孫宗室豎格玉牒一卷　清乾隆五十三年(1788）

玉牒館寫本　滿文　遼寧省檔案館

21012 **列祖女孫宗室竪格玉牒一卷**　清嘉慶三年（1798）玉牒館寫本 滿文　遼寧省檔案館

21013 **列祖女孫宗室竪格玉牒一卷**　清嘉慶十二年（1807）玉牒館寫本　滿文　遼寧省檔案館

21014 **列祖女孫宗室竪格玉牒一卷**　清嘉慶二十三年(1818）玉牒館寫本　滿文　遼寧省檔案館

21015 **列祖女孫宗室竪格玉牒一卷**　清道光八年（1828）玉牒館寫本 滿文　遼寧省檔案館

21016 **列祖女孫宗室竪格玉牒一卷**　清道光十八年（1838）玉牒館寫本　滿文　遼寧省檔案館

21017 **列祖女孫宗室竪格玉牒一卷**　清道光二十八年(1848）玉牒館寫本　滿文　遼寧省檔案館

21018 **列祖女孫宗室竪格玉牒一卷**　清咸豐八年（1858）玉牒館寫本 滿文　遼寧省檔案館

21019 **列祖女孫宗室竪格玉牒一卷**　清同治六年（1867）玉牒館寫本 滿文　遼寧省檔案館

21020 **列祖女孫宗室竪格玉牒一卷**　清光緒三年（1877）玉牒館寫本 滿文　遼寧省檔案館

21021 **列祖女孫宗室竪格玉牒一卷**　清光緒十三年（1887）玉牒館寫本　滿文　遼寧省檔案館

21022 **列祖女孫宗室竪格玉牒一卷**　清光緒二十三年(1897）玉牒館寫本　滿文　遼寧省檔案館

21023 **列祖女孫宗室竪格玉牒一卷**　清光緒三十三年(1907）玉牒館寫本　滿文　遼寧省檔案館

21024 **御製人臣儆心録不分卷**　（清）世祖福臨撰　清順治十二年（1655）内府刻本　滿文　遼寧省圖書館

21025 **吏治輯要不分卷**　（清）高鶚撰　（清）通瑞譯　清道光二十四年（1844）三槐堂刻本　滿漢合璧　大連圖書館

21026 **欽定滿洲祭神祭天典禮六卷**　（清）允禄等纂　清乾隆十二年（1747）武英殿刻本　滿文　遼寧省圖書館

21027 **欽定滿洲祭神祭天典禮六卷**　（清）允禄等纂　清乾隆十二年（1747）武英殿刻本（有補抄）　滿文　大連圖書館

21028 **朱子節要十四卷**　（宋）朱熹撰　（明）高攀龍輯　清康熙十四年（1675）朱之弼刻本　滿漢合璧　遼寧省圖書館

21029 **翻譯忠孝二經不分卷**　（清）孟保譯　清咸豐元年（1851）刻本 滿漢合璧　大連圖書館

21030 **小學十二卷**　（清）孟保譯　清咸豐元年（1851）刻本　滿漢合璧 大連圖書館

21031 **小學集注六卷**　（宋）朱熹撰　（明）陳選注　（清）古巴岱譯　清雍正五年（1727）武英殿刻本　滿文　遼寧省圖書館

21032 **滿蒙合璧三字經註解二卷**　（清）陶格譯滿　（清）富俊英俊譯蒙　清道光十二年（1832）五雲堂刻本　滿蒙漢合璧　大連圖書館

21033 **醒世要言四卷**　（明）吕坤撰　（清）和素　孟保輯譯　清同治六年（1867）武英殿刻本　滿漢合璧　大連圖書館

21034 **呻吟語不分卷**　（明）吕坤撰　清抄本　滿漢合璧　大連圖書館

21035 **薛文清公要語二卷**（明)薛瑄撰（明)谷中虚輯（清）富達禮譯　清康熙五十三年（1714）鄭洛刻本　滿漢合璧　遼寧省圖書館

21036 **御製勸善要言不分卷**　（清）世祖福臨撰　清順治十二年（1655）内府刻本　滿文　遼寧省圖書館

21037 **御製勸善要言不分卷**　（清）世祖福臨撰　清順治十二年（1655）内府刻本　滿文　大連圖書館

21038 **訓諭八旗簡明語不分卷**　（清）仁宗顒琰撰　清嘉慶十六年（1811）拓印本　滿漢合璧　大連圖書館

21039 **聖諭廣訓不分卷**　（清）聖祖玄燁撰　（清）世宗胤禛釋　清刻本 滿漢合璧　大連圖書館

21040 **回文聖諭廣訓不分卷**　（清）聖祖玄燁撰　（清）世宗胤禛釋　清刻本　阿漢合璧　大連圖書館

21041 **三合聖諭廣訓不分卷**　（清）聖祖玄燁撰　（清）世宗胤禛釋　清同治十三年（1874）刻本　滿蒙漢合璧　大連圖書館

21042 **御製朋黨論一卷**　（清）世宗胤禛撰　清雍正二年（1724）内府刻本　滿文　遼寧省圖書館

21043 **聖祖仁皇帝庭訓格言二卷**　（清）世宗胤禛輯　清雍正八年（1730）内府刻本　滿漢合璧　遼寧省圖書館

21044 **聖祖仁皇帝庭訓格言十卷**　（清）世宗胤禛輯　清内府抄本　滿漢合璧　大連圖書館

21045 **御論不分卷**　（清）文宗奕詝等撰　清内府朱墨印本

滿漢合璧　大連圖書館

21046 **四本簡要四卷**　（清）朱潮遠編　（清）富明安譯　清乾隆三十三年（1768）山西澄妙軒刻本　滿漢合璧　大連圖書館

21047 **御纂性理精義十二卷**　（清）李光地等纂修　清康熙五十六年（1717）武英殿刻本　滿文　遼寧省圖書館

21048 **翻譯六事箴言四卷**　（清）葉玉屏輯　（清）孟保譯　清咸豐元年（1851）京都三槐堂刻文英堂印本　滿漢合璧　大連圖書館

21049 **翻譯童諺不分卷**　（明）吕得勝撰　（清）禧恩譯　清道光二十五年（1845）刻本　滿漢合璧　大連圖書館

21050 **孫子兵法四卷**　（清）耆英譯　清道光二十六年（1846）京都聚珍堂刻本　滿漢合璧　大連圖書館

21051 **黄石公素書不分卷**　題（秦）黄石公撰　清康熙赫蘇刻本　滿漢合璧　大連圖書館

21052 **射的説不分卷**　（清）常鈞撰　清乾隆三十五年（1770）刻本　滿漢合璧　大連圖書館

21053 **六祖大師法寶壇經滿文三卷漢文一卷**　（唐）釋法海集録　清刻本　滿漢合璧　大連圖書館

21054 **教款捷要不分卷**　（清）馬伯良撰　清嘉慶二十二年（1817）粤東省城刻本　阿漢合璧　大連圖書館

21055 **天方詩法不分卷**　（清）馬安禮譯　清同治元年（1862）刻本　阿漢合璧　大連圖書館

21056 **御製避暑山莊詩二卷**　（清）聖祖玄燁撰　（清）揆叙等注釋　（清）沈崳繪圖　清康熙五十一年（1712）内府刻本　滿文　遼寧省圖書館

21057 **御製盛京賦三十二卷**　（清）高宗弘曆撰　清乾隆十三年（1748）武英殿刻本　滿漢合璧　遼寧省圖書館

21058 **滿漢西厢記四卷**　（元）王實甫撰 清康熙四十九年（1710）刻本 滿漢合璧　遼寧省圖書館

21059 **世態炎凉一百回三十二卷**　（明）蘭陵笑笑生撰　清抄本　松崎鶴雄跋　滿文　大連圖書館

21060 **翻譯聊齋志異二十四卷**　（清）蒲松齡撰　（清）扎克丹譯　清道光二十八年（1848）五費居士刻本 滿漢合璧　大連圖書館

遼寧省第二批
珍貴古籍圖録

漢文珍貴古籍

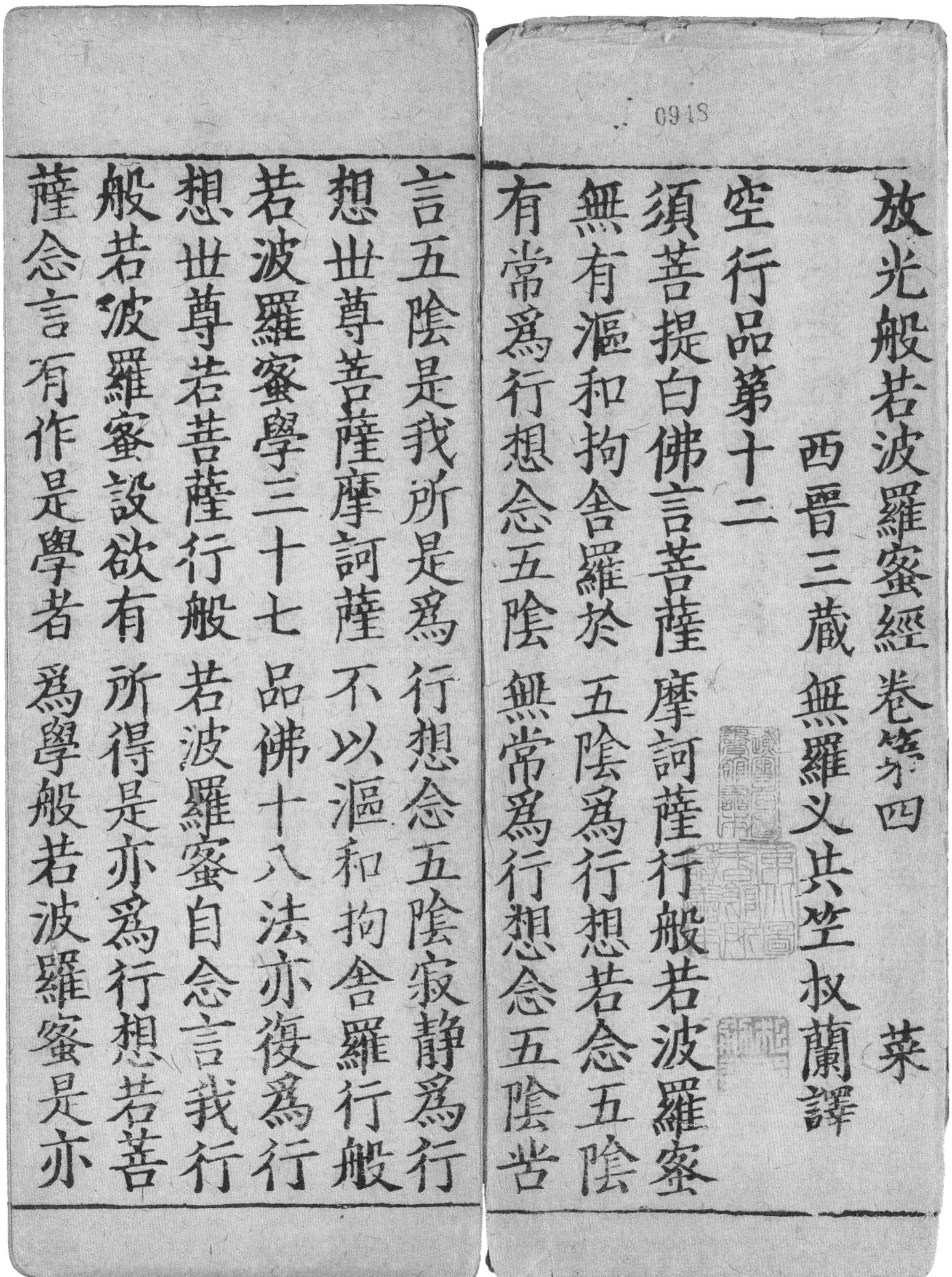

放光般若波羅蜜經卷第四　菜
西晉三藏無羅义共竺叔蘭譯
空行品第十二
須菩提白佛言菩薩摩訶薩行般若波羅蜜
無有漚和拘舍羅於五陰爲行想若念五陰
有常爲行想念五陰無常爲行想念五陰苦
言五陰是我所是爲行想念五陰寂靜爲行
想世尊菩薩摩訶薩不以漚和拘舍羅行般
若波羅蜜學三十七品佛十八法亦復爲行
想世尊若菩薩行般若波羅蜜自念言我行
般若波羅蜜設欲有所得是亦爲行想若菩
薩念言有作是學者爲學般若波羅蜜是亦

20001　放光般若波羅蜜經三十卷　（晋）釋無羅義　釋竺叔蘭譯　宋淳祐三年（1243）平江府常熟顧霆發刻磧砂藏本　遼寧省圖書館

存一卷（四）

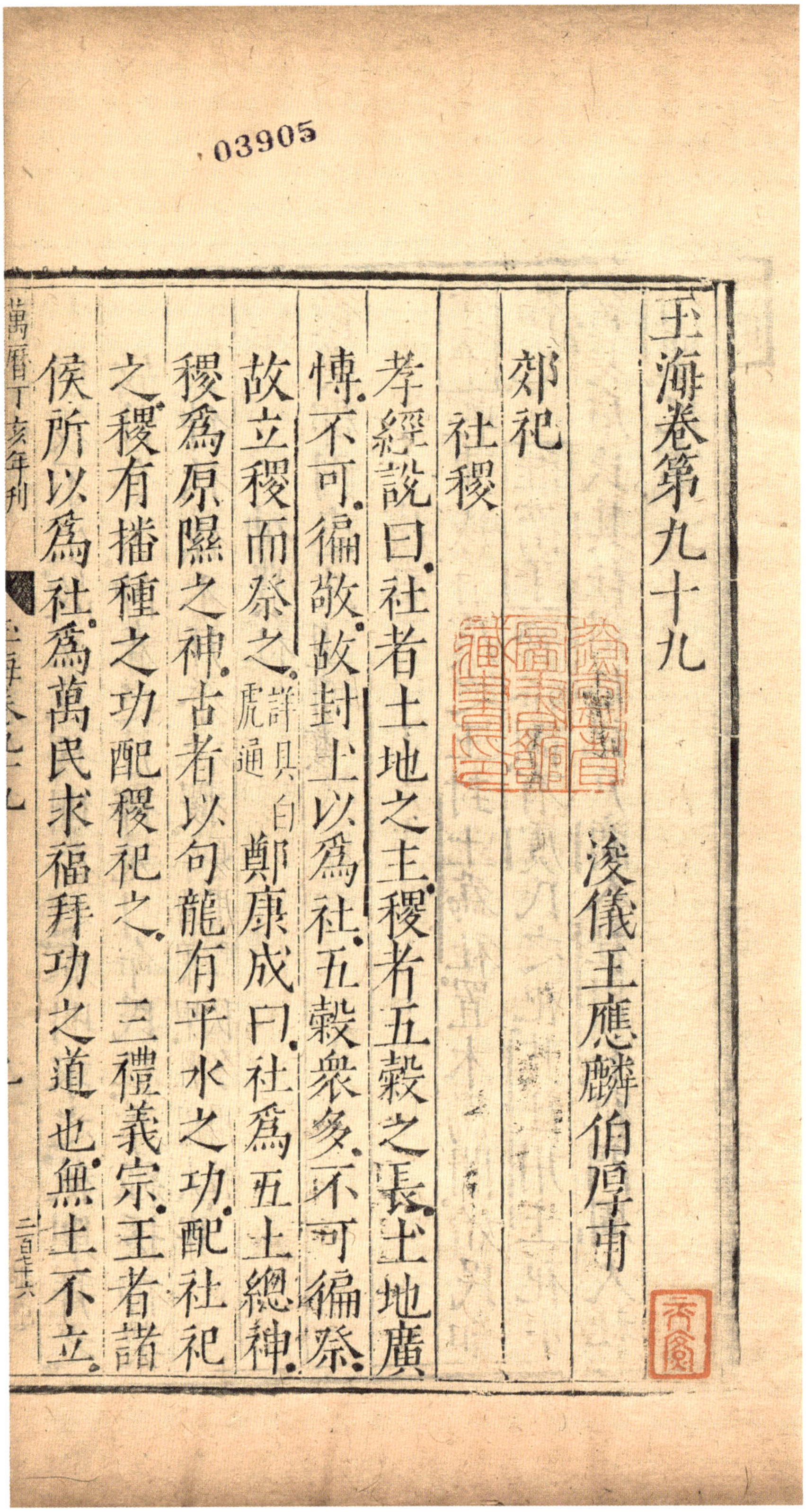

玉海卷第九十九
浚儀王應麟伯厚甫
郊祀
社稷
孝經說曰社者土地之主稷者五穀之長土地廣博不可徧敬故封土以爲社五穀衆多不可徧祭故立稷而祭之（詳見白虎通）鄭康成曰社爲五土總神稷爲原隰之神古者以句龍有平水之功配社祀之稷有播種之功配稷祀之　三禮義宗王者諸侯所以爲社爲萬民求福拜功之道也無土不立

萬曆丁亥年刊　玉海卷九十九　二百七十六

20002　玉海二百卷辭學指南四卷　（宋）王應麟撰　元至元慶元路儒學刻至正補刻明正德、嘉靖南京國子監遞修本　遼寧省圖書館

存四十五卷（九十九至一百十八、一百三十八至一百六十二）

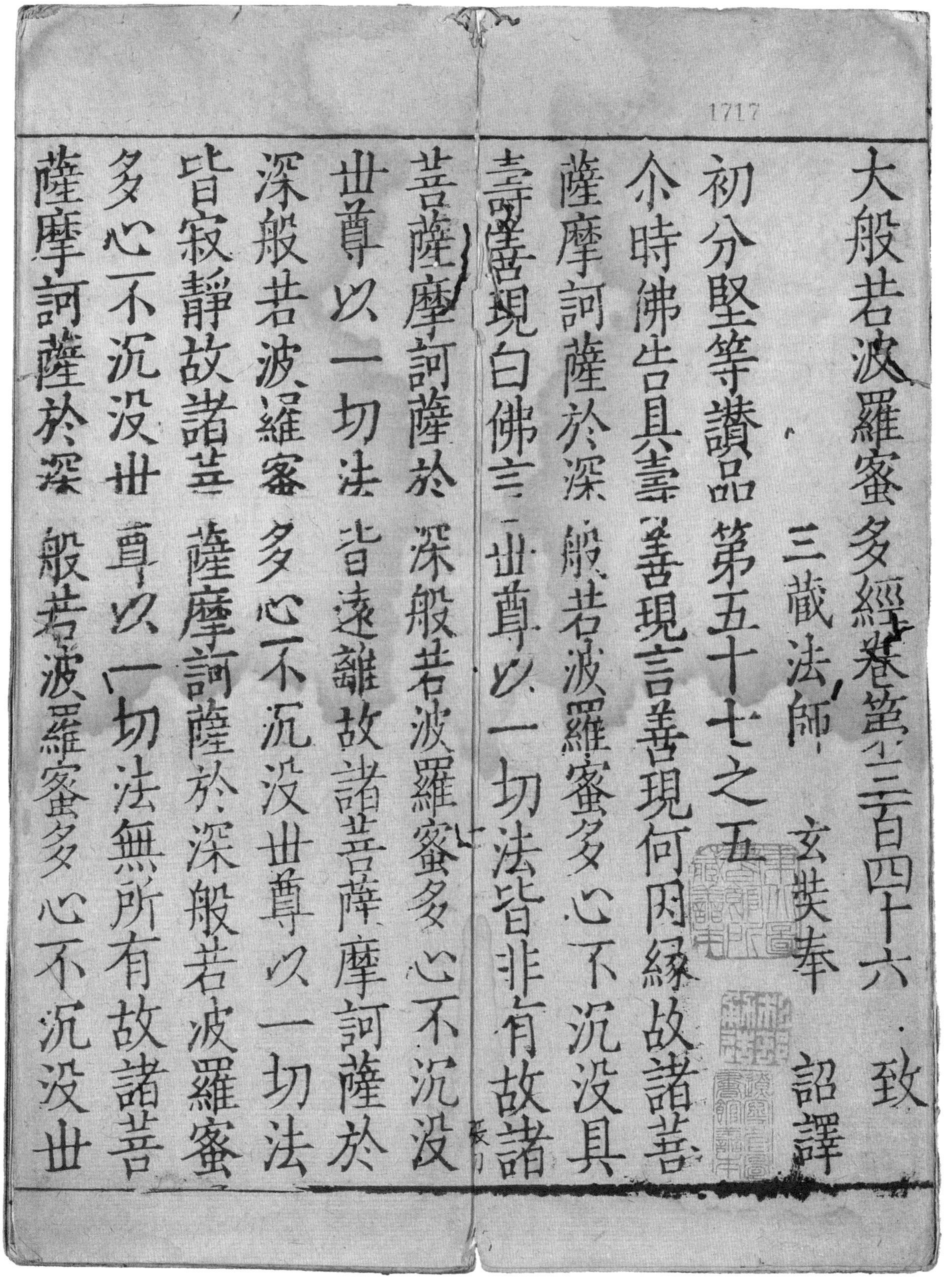

大般若波羅蜜多經卷第三百四十六　致
三藏法師　玄奘奉　詔譯
初分堅等讚品第五十七之五
尒時佛告具壽善現言善現何因緣故諸菩
薩摩訶薩於深般若波羅蜜多心不沉没具
壽善現白佛言世尊以一切法皆非有故諸
菩薩摩訶薩於深般若波羅蜜多心不沉没
世尊以一切法皆遠離故諸菩薩摩訶薩於
深般若波羅蜜多心不沉没世尊以一切法
皆寂靜故諸菩薩摩訶薩於深般若波羅蜜
多心不沉没世尊以一切法無所有故諸菩
薩摩訶薩於深般若波羅蜜多心不沉没世

20003　大般若波羅蜜多經六百卷　（唐）釋玄奘譯　元至元杭州路普寧寺刻普寧藏本　遼寧省圖書館

存一卷（三百四十六）

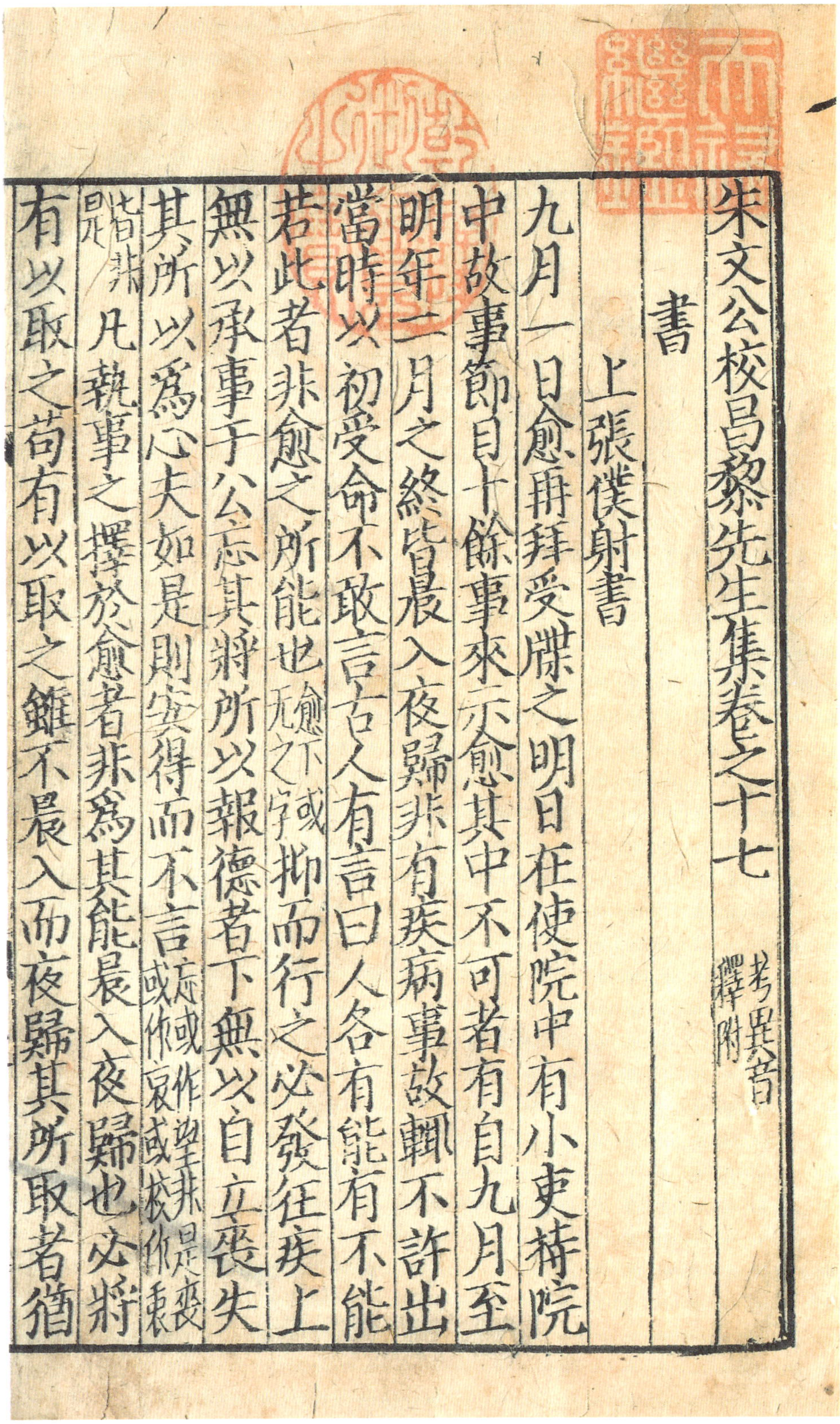
朱文公校昌黎先生集卷之十七　考異音釋附

書

上張僕射書

九月一日愈再拜受牒之明日在使院中有小吏持院中故事節目十餘事來示愈其中不可者有自九月至明年二月之終皆晨入夜歸非有疾病事故輒不許出當時以初受命不敢言古人有言曰人各有能有不能若此者非愈之所能也愈下或无之字抑而行之必發狂疾上無以承事于公忘其將所以報德者下無以自立喪失其所以爲心夫如是則安得而不言安或作寧非是喪或作哀或校作衰皆非是凡執事之擇於愈者非爲其能晨入夜歸也必將有以取之苟有以取之雖不晨入而夜歸其所取者猶

20004　朱文公校昌黎先生集四十卷　（唐）韓愈撰　（宋）朱熹考異

（宋）王伯大音釋　元刻本　遼寧省博物館

存一卷（十七）

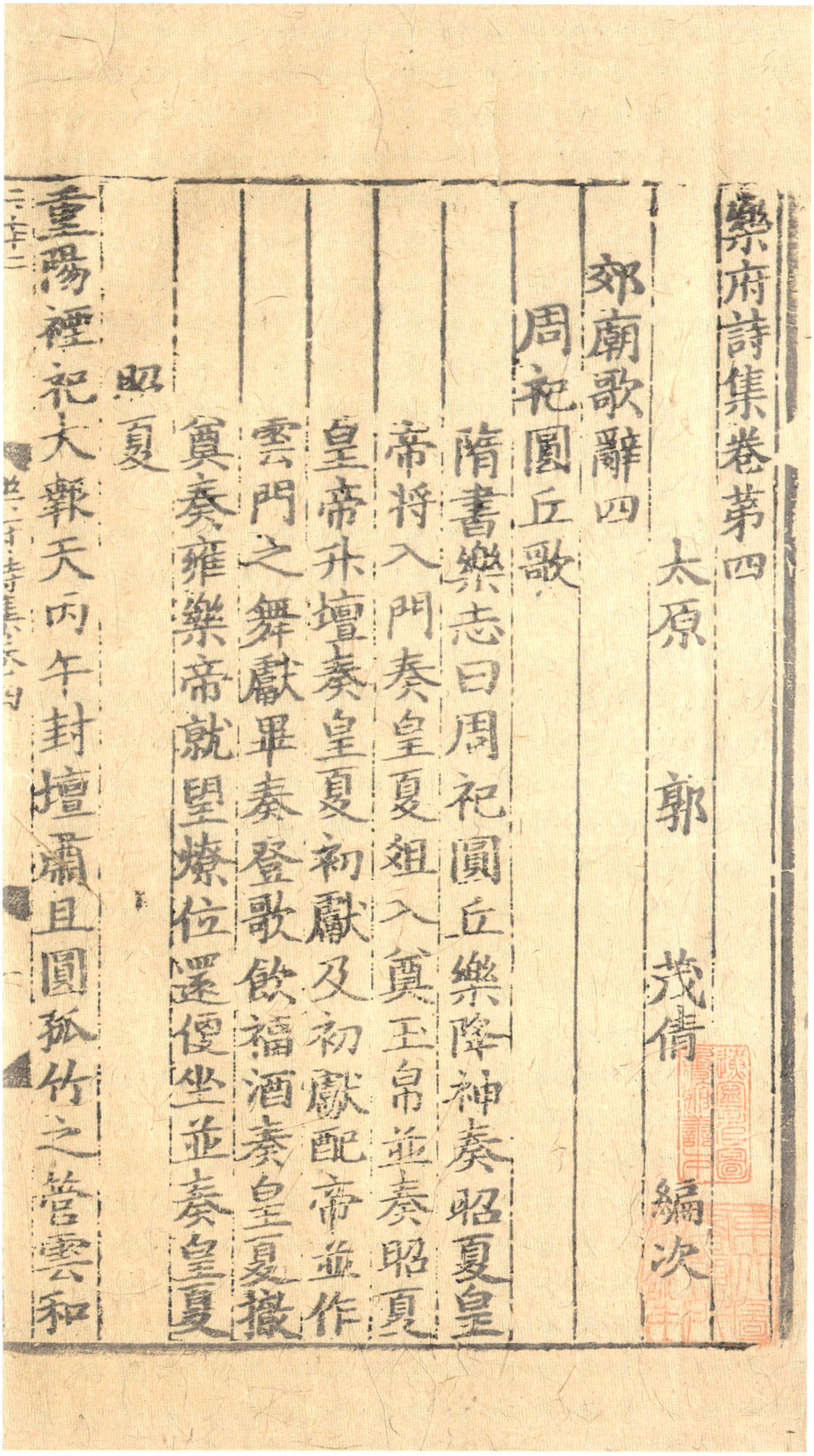

樂府詩集卷第四
太原 郭 茂倩 編次
郊廟歌辭四
周祀圜丘歌
隋書樂志曰周祀圜丘樂降神奏昭夏皇
帝將入門奏皇夏俎入奠玉帛並奏昭夏
皇帝升壇奏皇夏初獻及初獻配帝並作
雲門之舞獻畢奏登歌飲福酒奏皇夏撤
奠奏雍樂帝就望燎位還便坐並奏皇夏
昭夏
重陽禋祀大報天丙午封壇肅且圜孤竹之管雲和

20005 樂府詩集一百卷目錄二卷 （宋）郭茂倩輯 元至正元年（1341）

集慶路儒學刻明遞修本 遼寧省圖書館

存六十六卷（四至四十二、七十一至八十三、八十九至一百，目錄二卷）

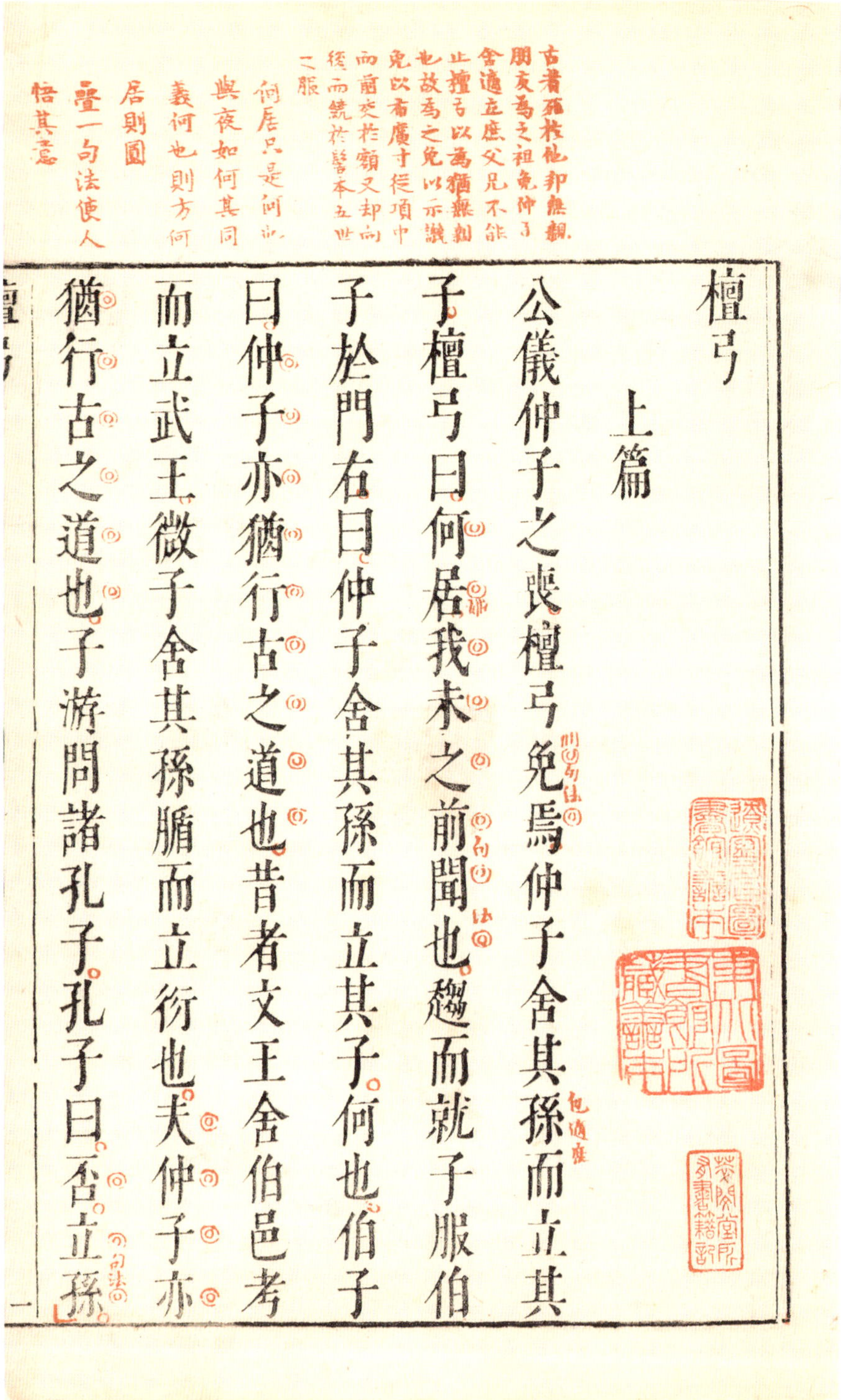
檀弓
上篇
公儀仲子之喪檀弓免焉仲子舍其孫而立其
子檀弓曰何居我未之前聞也趨而就子服伯
子於門右曰仲子舍其孫而立其子何也伯子
曰仲子亦猶行古之道也昔者文王舍伯邑考
而立武王微子舍其孫腯而立衍也夫仲子亦
猶行古之道也子游問諸孔子孔子曰否立孫

20006　三經評注五卷　（明）閔齊伋輯　明萬曆閔齊伋刻三色套印本　遼寧省圖書館

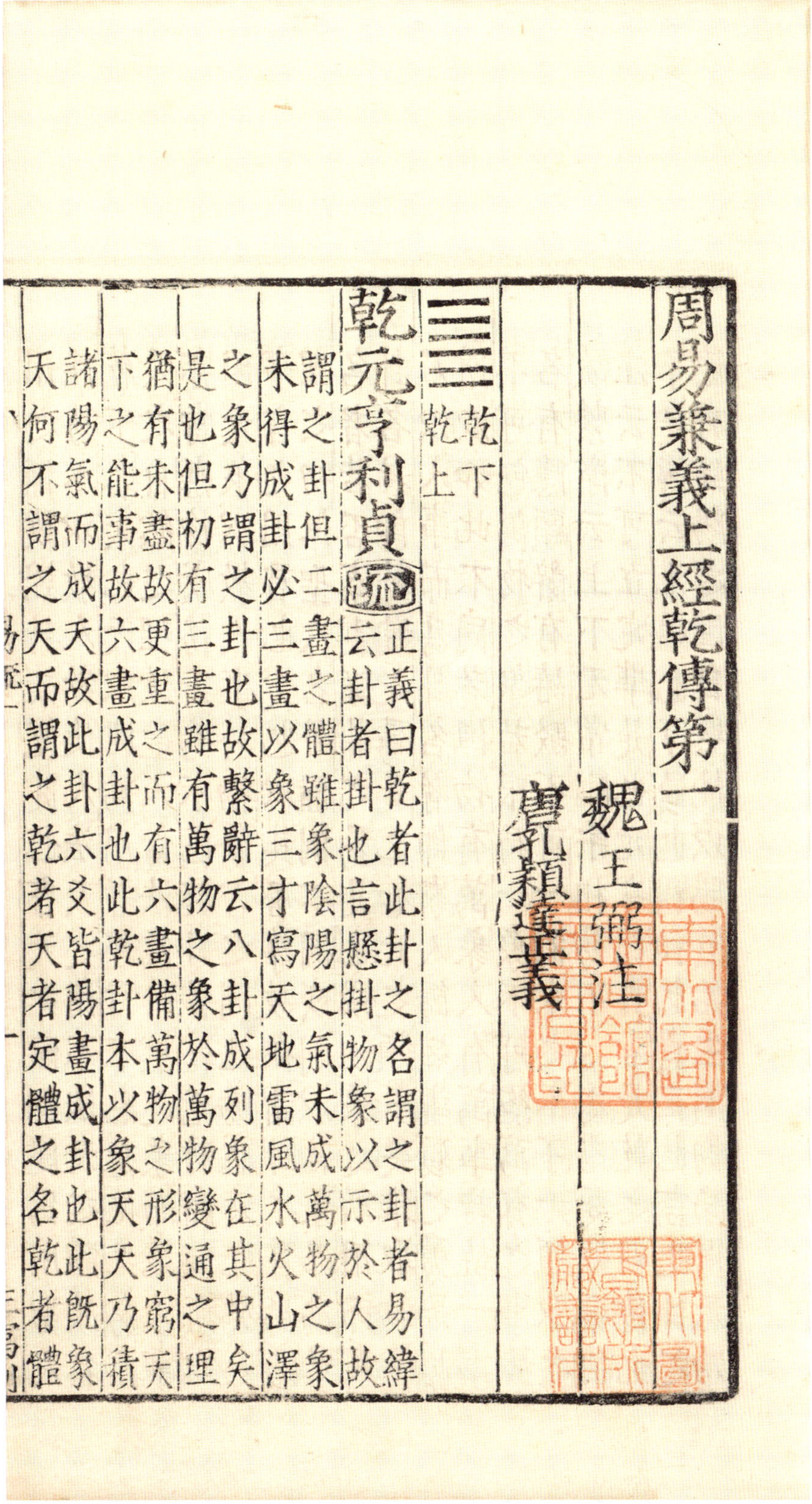

周易兼義上經乾傳第一

魏 王弼注

唐 孔穎達正義

☰ 乾下乾上

乾元亨利貞 疏 正義曰乾者此卦之名謂之卦者易緯云卦者掛也言懸掛物象以示於人故謂之卦但二畫之體雖象陰陽之氣未成萬物之象未得成卦必三畫以象三才寫天地雷風水火山澤之象乃謂之卦也故繫辭云八卦成列象在其中矣是也但初有三畫雖有萬物之象於萬物變通之理猶有未盡故更重之而有六畫備萬物之形象窮天下之能事故六畫成卦也此乾卦本以象天天乃積諸陽氣而成天故此卦六爻皆陽畫成卦也此既象天何不謂之天而謂之乾者天者定體之名乾者體

20007　周易兼義九卷　（三國魏）王弼　（晉）韓康伯注　（唐）孔穎達疏　**音義一卷**　（唐）陸德明撰　**略例一卷**　（三國魏）王弼撰　明嘉靖李元陽刻十三經注疏本　遼寧省圖書館

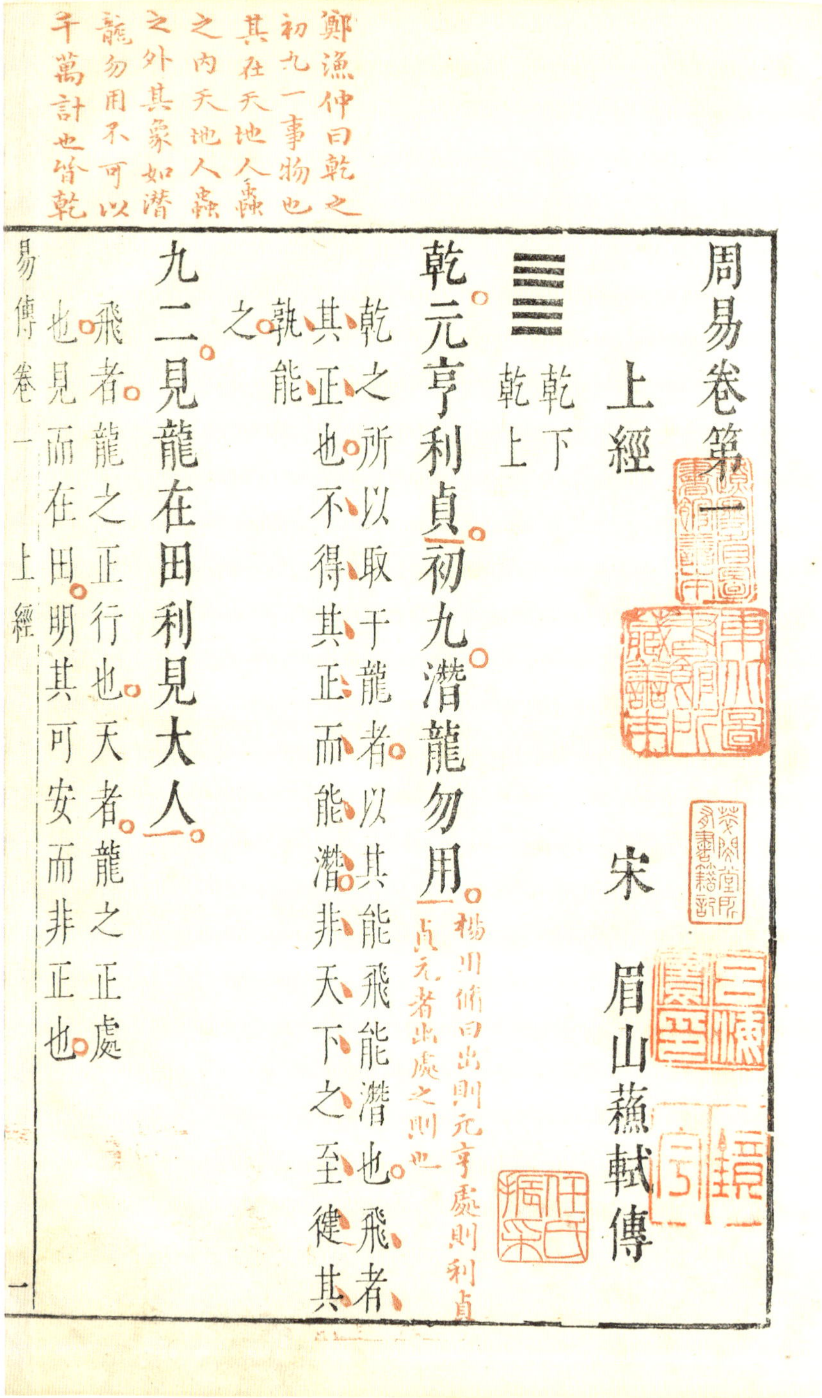
鄭漁仲曰乾之初九一事物也其在天地人蟲之內天地人蟲之外其象如潛龍勿用不可以千萬計也皆乾

周易卷第一

上經

宋　眉山蘇軾傳

☰ 乾下乾上

乾元亨利貞初九潛龍勿用

楊用修曰出則元亨處則利貞貞元者出處之則也

乾之所以取于龍者以其能飛能潛也飛者其正也不得其正而能潛非天下之至健其孰能之

九二見龍在田利見大人

飛者龍之正行也天者龍之正處也見而在田明其可安而非正也

易傳卷一　上經　一

20008　周易八卷　（宋）蘇軾傳　**王輔嗣論易一卷**　（三國魏）王弼撰

明閔齊伋刻朱墨套印本　遼寧省圖書館

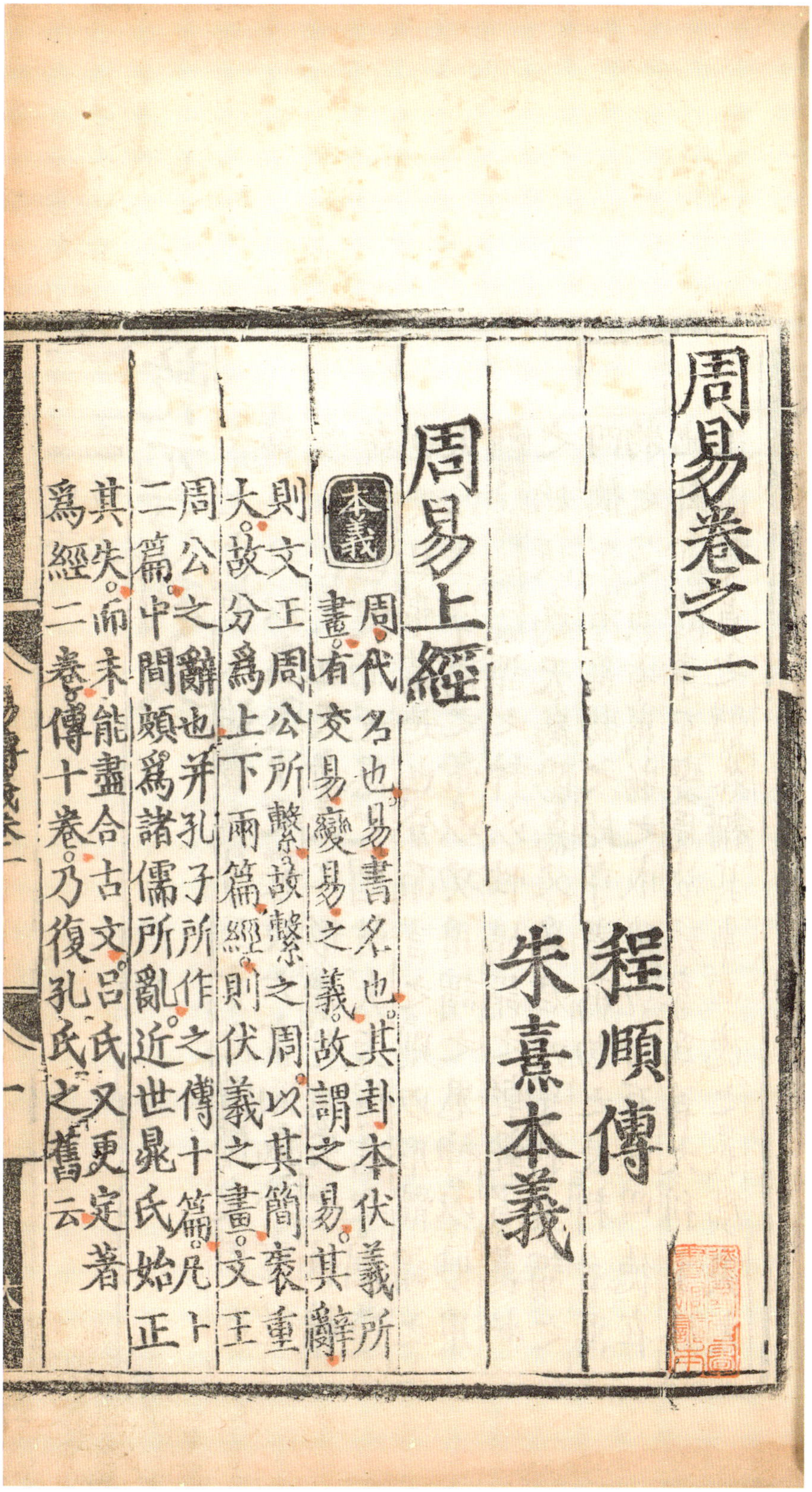
周易卷之一
程頤傳
朱熹本義
周易上經
本義 周代名也易書名也其卦本伏羲所
畫有交易變易之義故謂之易其辭
則文王周公所繫故繫之周以其簡袠重
大故分爲上下兩篇經則伏羲之畫文王
周公之辭也并孔子所作之傳十篇凡十
二篇中間頗爲諸儒所亂近世晁氏始正
其失而未能盡合古文呂氏又更定著
爲經二卷傳十卷乃復孔氏之舊云

20009　周易十卷　（宋）程頤傳　（宋）朱熹本義　**易圖一卷**　（宋）朱熹撰　**易上下篇義一卷**　（宋）程頤撰　**五贊一卷筮儀一卷易說綱領一卷**　明正統十二年（1447）司禮監刻本　遼寧省圖書館

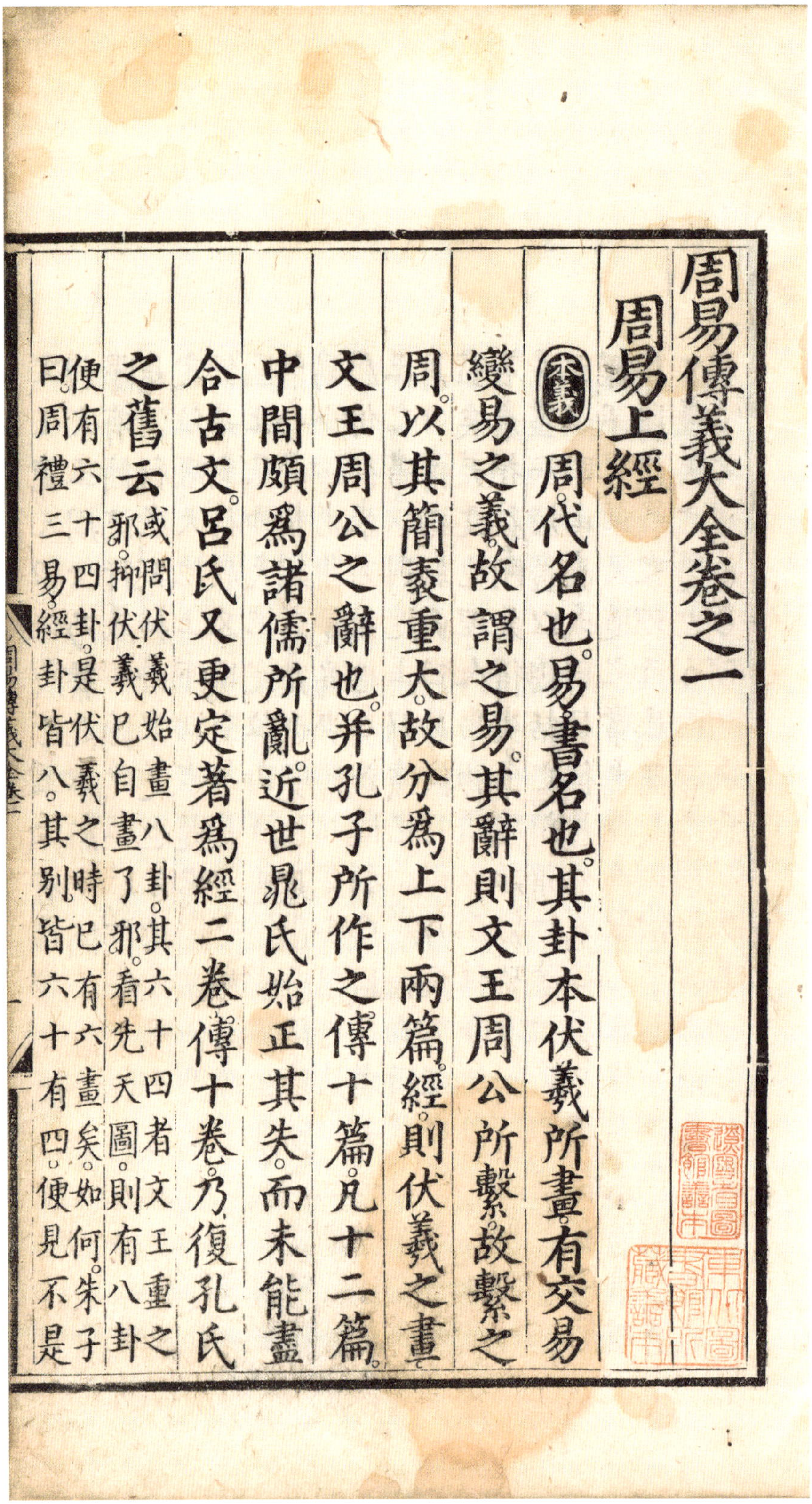

周易傳義大全卷之一

周易上經

本義 周代名也。易書名也。其卦本伏羲所畫。有交易變易之義。故謂之易。其辭則文王周公所繫。故繫之周。以其簡袠重大。故分爲上下兩篇。經則伏羲之畫文王周公之辭也。并孔子所作之傳十篇。凡十二篇。中間頗爲諸儒所亂。近世晁氏始正其失。而未能盡合古文。呂氏又更定著爲經二卷傳十卷。乃復孔氏之舊云。或問伏羲始畫八卦。其六十四者文王重之耶。抑伏羲已自畫了耶。看先天圖。則有八卦便有六十四卦。是伏羲之時已有六畫矣。如何。朱子曰。周禮三易經卦皆八。其別皆六十有四。便見不是

20010　周易傳義大全二十四卷上下篇義一卷周易朱子圖説一卷易五贊一卷筮儀一卷易説綱領一卷　（明）胡廣等輯　明内府刻本　遼寧省圖書館

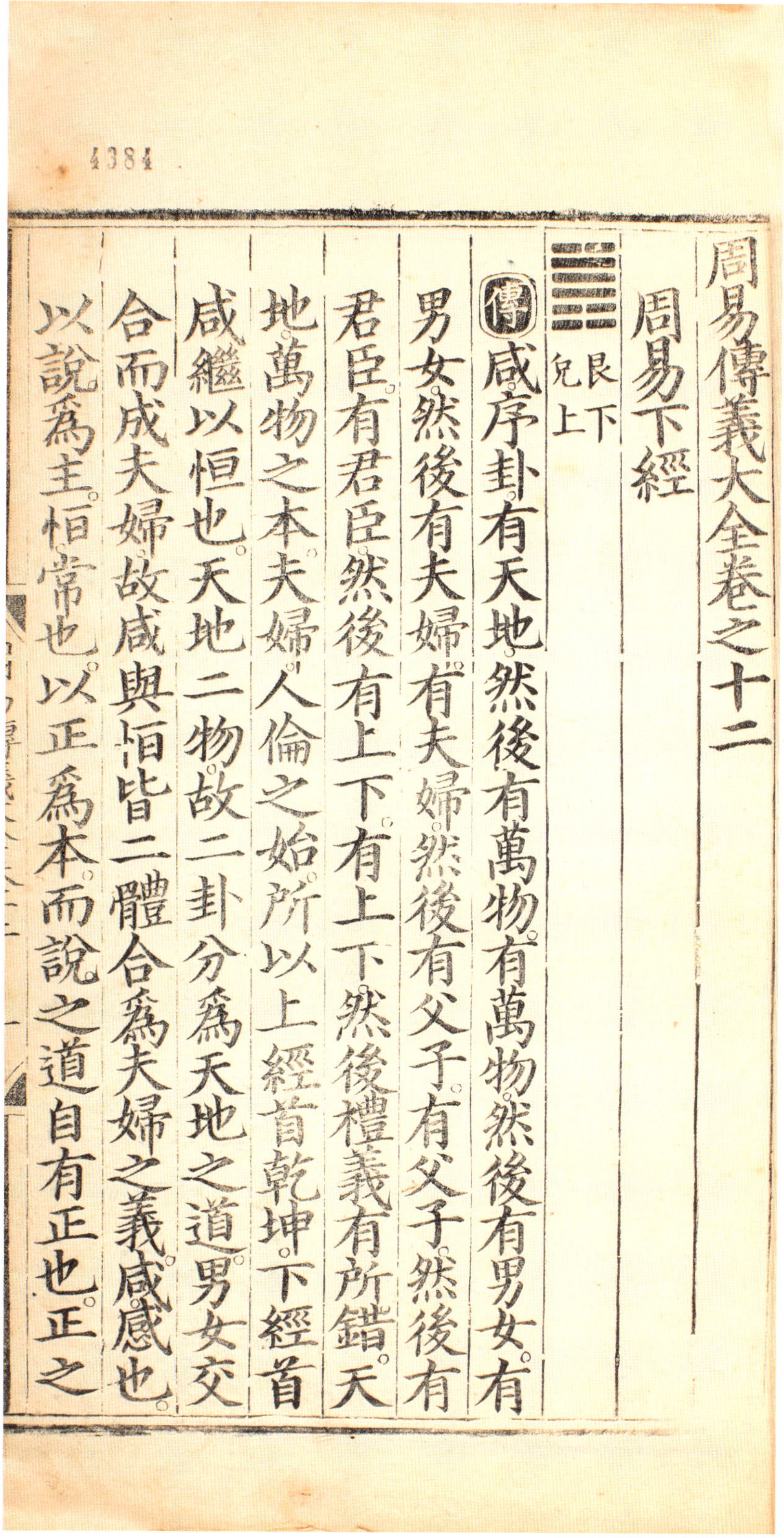
4384

周易傳義大全卷之十二

周易下經

䷞ 艮下兌上

傳 咸序卦有天地然後有萬物有萬物然後有男女有男女然後有夫婦有夫婦然後有父子有父子然後有君臣有君臣然後有上下有上下然後禮義有所錯天地萬物之本夫婦人倫之始所以上經首乾坤下經首咸繼以恒也天地二物故二卦分爲天地之道男女交合而成夫婦故咸與恒皆二體合爲夫婦之義咸感也以說爲主恒常也以正爲本而說之道自有正也正之

20011　周易傳義大全二十四卷　（明）胡廣等輯　明刻本　遼寧省博物館

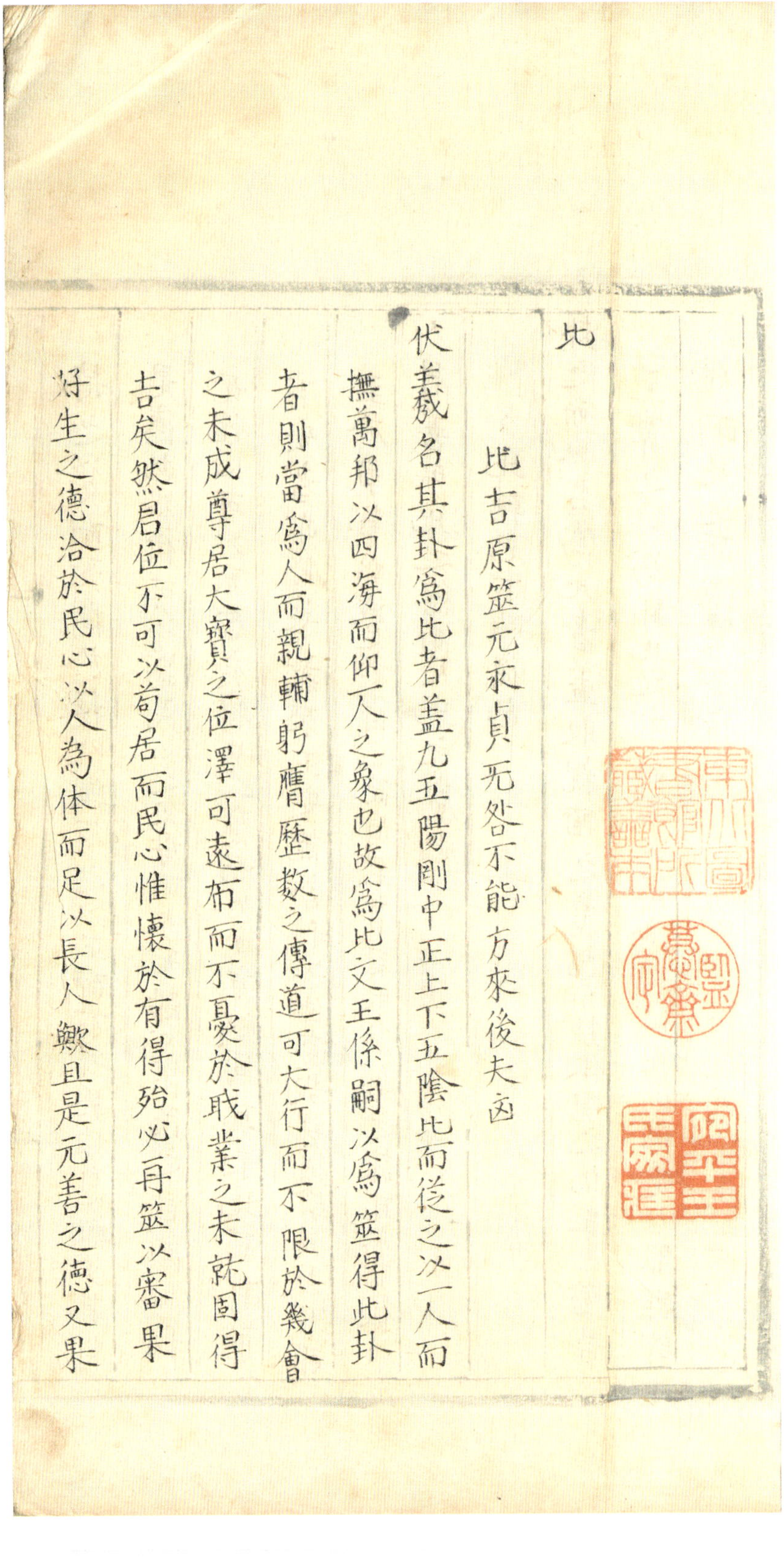
比
比吉原筮元永貞无咎不能方來後夫凶
伏羲名其卦爲比者蓋九五陽剛中正上下五陰比而從之以一人而
撫萬邦以四海而仰一人之象也故爲比文王係嗣以爲筮得此卦
者則當爲人而親輔躬膺歷數之傳道可大行而不限於幾會
之未成尊居大寶之位澤可遠布而不憂於戎業之未就固得
吉矣然居位不可以苟居而民心惟懷於有得殆必再筮以審果
好生之德洽於民心以人為体而足以長人歟且是元善之德又果

20012　易義提綱□□卷　明抄本　遼寧省圖書館

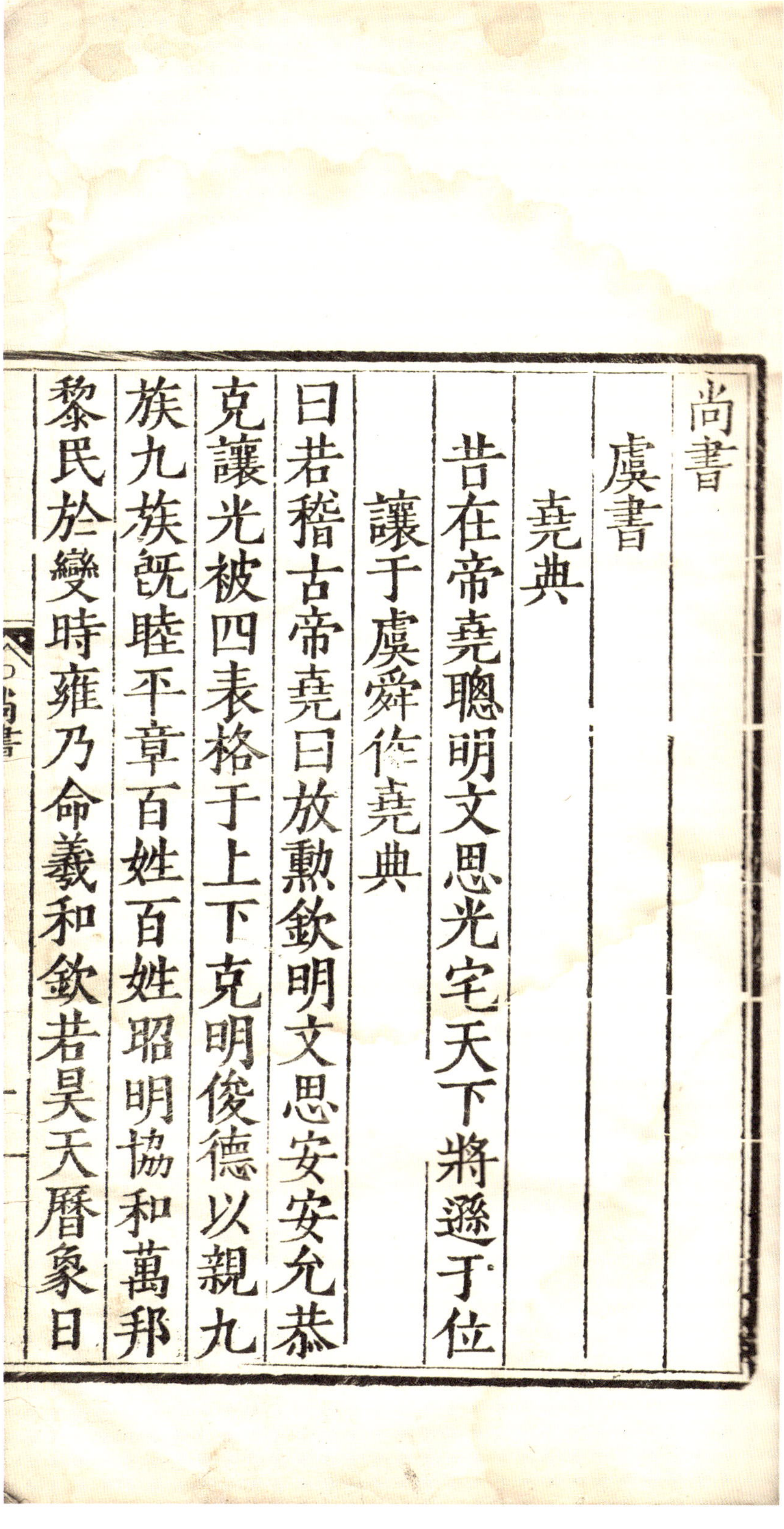
尚書
虞書
堯典
昔在帝堯聰明文思光宅天下將遜于位
讓于虞舜作堯典
曰若稽古帝堯曰放勳欽明文思安安允恭
克讓光被四表格于上下克明俊德以親九
族九族既睦平章百姓百姓昭明協和萬邦
黎民於變時雍乃命羲和欽若昊天曆象日

20013　尚書一卷　明刻本　大連圖書館

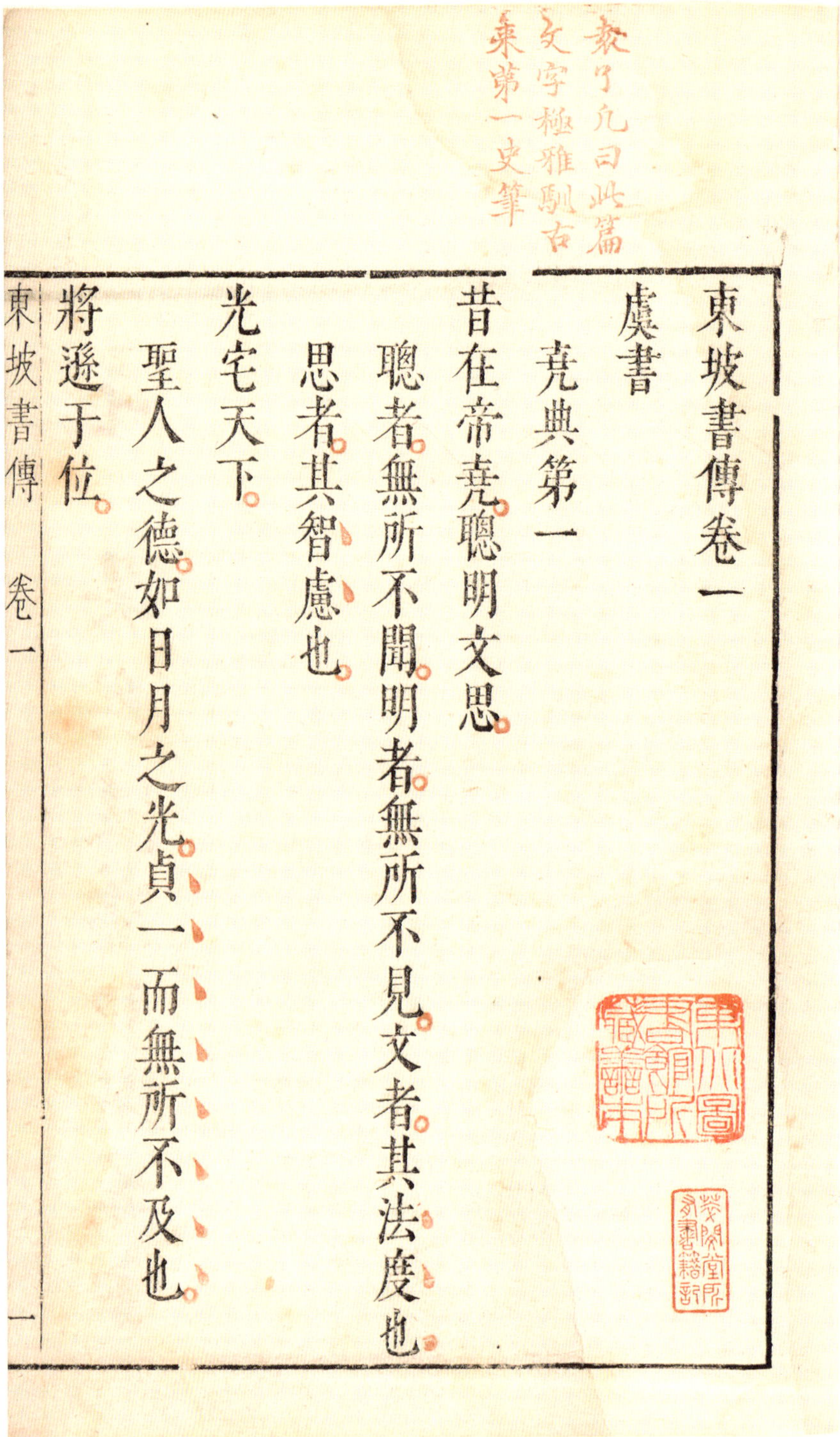
袁了凡曰此篇
文字極雅馴古
秉第一史筆

東坡書傳卷一
虞書
堯典第一
昔在帝堯聰明文思
聰者無所不聞明者無所不見文者其法度也
思者其智慮也
光宅天下
聖人之德如日月之光貞一而無所不及也
將遜于位

東坡書傳　卷一　一

20014　東坡書傳二十卷　（宋）蘇軾撰　（明）袁了凡等評　明凌濛初刻朱墨套印本　遼寧省圖書館

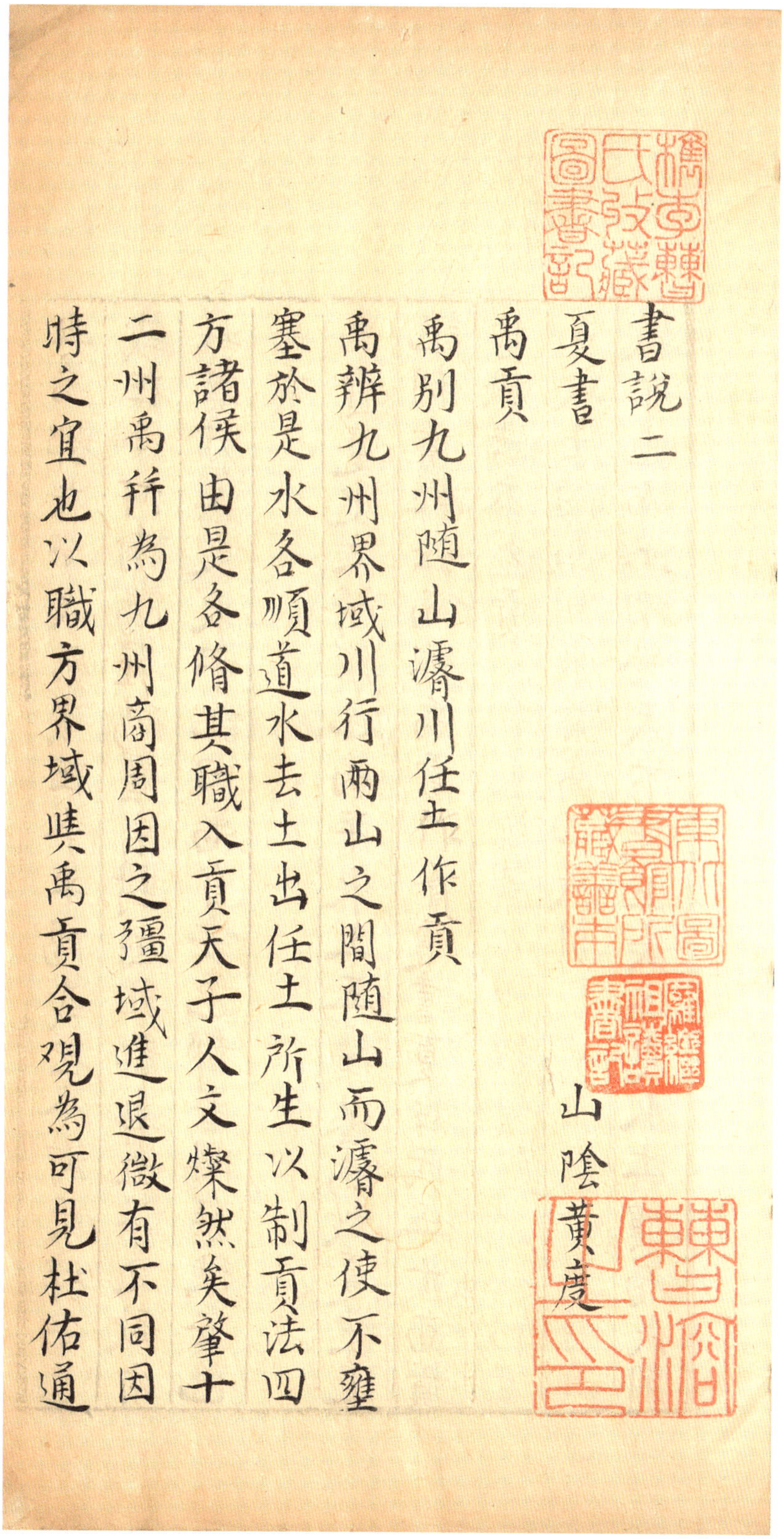

書說二
夏書
禹貢　山陰黄度
禹别九州隨山濬川任土作貢
禹辨九州界域川行兩山之間隨山而濬之使不壅
塞於是水各順道水去土出任土所生以制貢法四
方諸侯由是各脩其職入貢天子人文燦然矣肇十
二州禹幷為九州商周因之疆域進退微有不同因
時之宜也以職方界域冀禹貢合觀為可見杜佑通

20015　書說七卷　（宋）黄度撰　明抄本　遼寧省圖書館

存六卷（二至七）

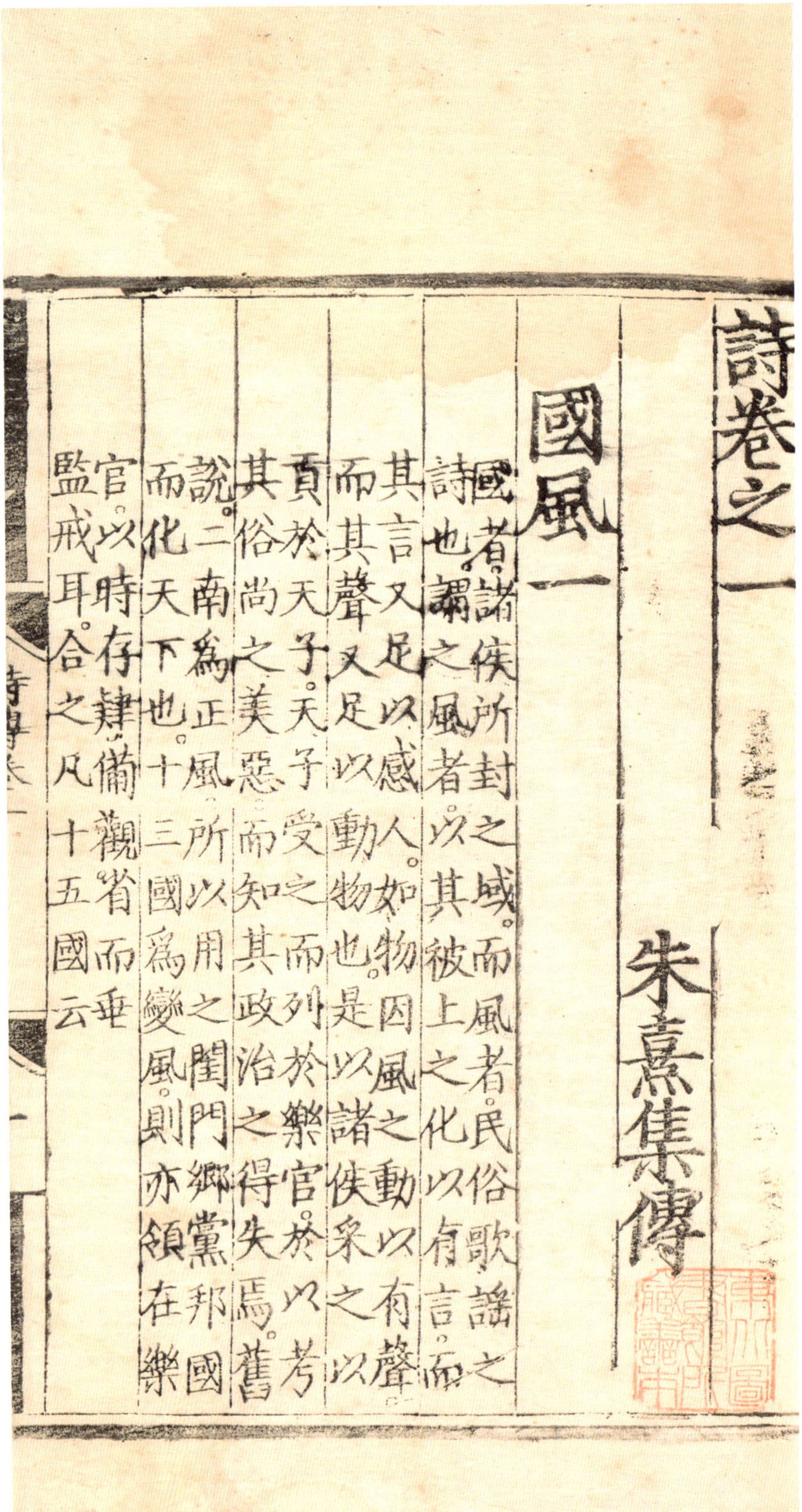

詩卷之一　朱熹集傳

國風一

國者，諸侯所封之域。而風者，民俗歌謠之詩也。謂之風者，以其被上之化以有言，而其言又足以感人，如物因風之動以有聲，而其聲又足以動物也。是以諸侯采之以貢於天子，天子受之而列於樂官，於以考其俗尚之美惡，而知其政治之得失焉。舊說，二南爲正風，所以用之閨門鄉黨邦國而化天下也。十三國爲變風，則亦領在樂官，以時存肄，備觀省而垂監戒耳。合之凡十五國云。

20016　詩集傳二十卷詩序辨說一卷詩傳綱領一卷詩圖一卷

（宋）朱熹撰　明正統十二年（1447）司禮監刻本　遼寧省圖書館

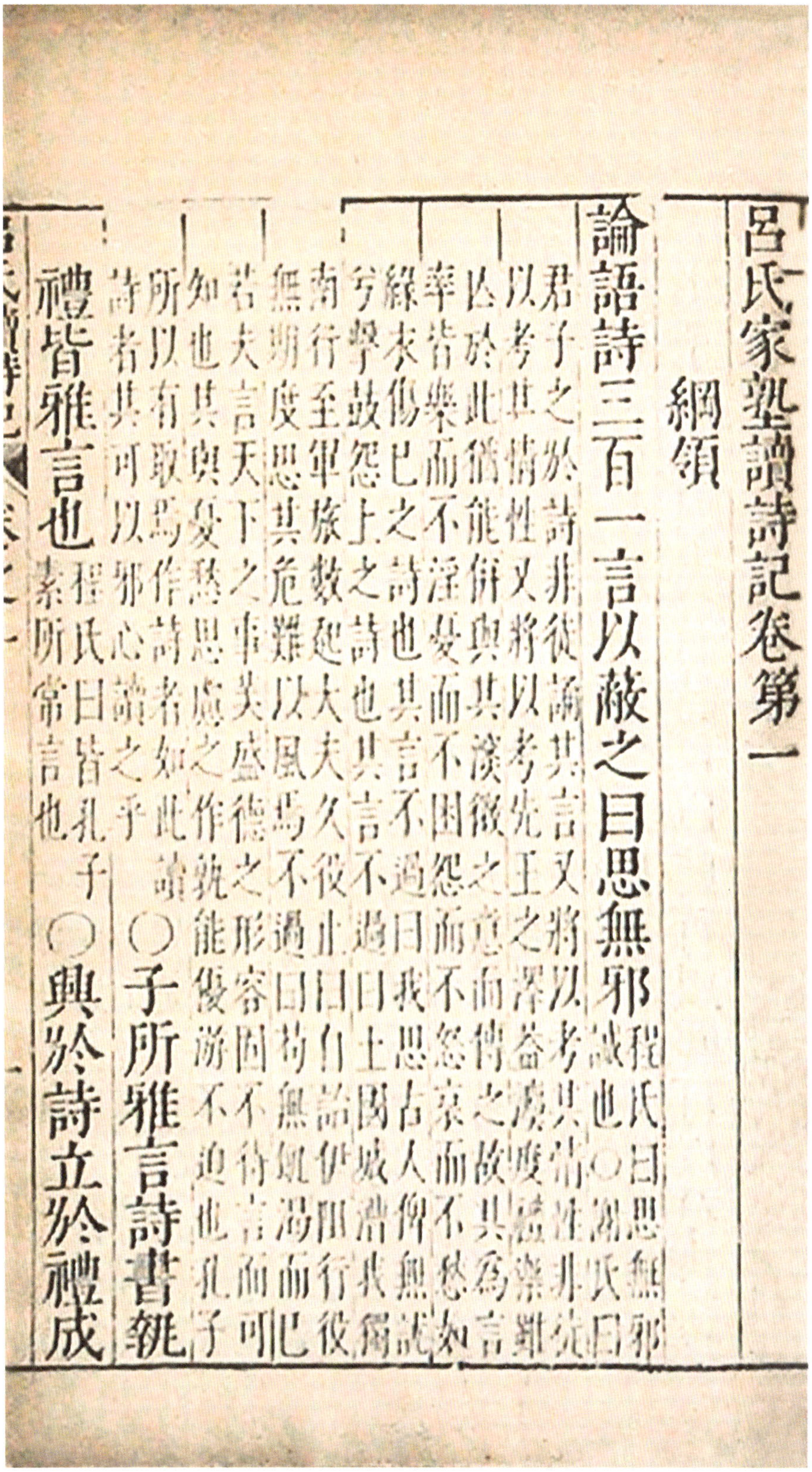

呂氏家塾讀詩記卷第一

綱領

論語詩三百一言以蔽之曰思無邪程氏曰思無邪誠也○謝氏曰君子之於詩非徒誦其言又將以考其情性非徒以考其情性又將以考先王之澤蓋法度禮樂雖亡於此猶能併與其深微之意而傳之故其為言率皆樂而不淫憂而不困怨而不怒哀而不愁如綠衣傷已之詩也其言不過曰我思古人俾無訧兮擊鼓怨上之詩也其言不過曰土國城漕我獨南行至軍旅數起大夫久役止曰自詒伊阻行役無期度思其危難以風焉不過曰苟無飢渴而已若夫言天下之事美盛德之形容固不待言而可知也其與憂愁思慮之作孰能優游不迫也孔子所以有取焉作詩者如此讀詩者其可以邪心讀之乎○子所雅言詩書執禮皆雅言也程氏曰皆孔子素所常言也○興於詩立於禮成

20017　呂氏家塾讀詩記三十二卷　（宋）呂祖謙撰　明萬曆四十一年（1613）陳龍光、蘇進等刻本　遼寧師範大學圖書館

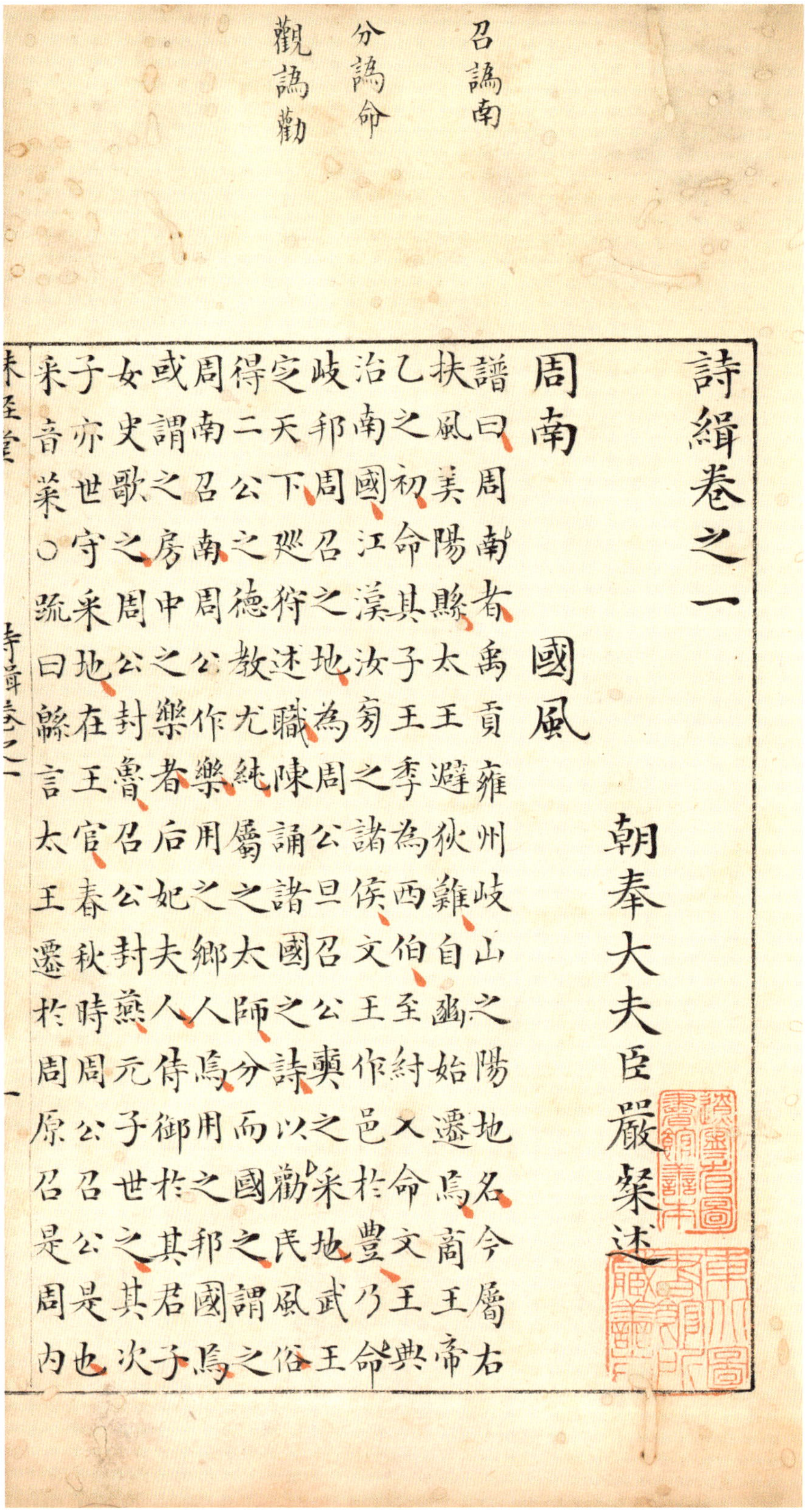

召譌南　分譌命　觀譌勸

詩緝卷之一

周南　國風

朝奉大夫臣嚴粲述

譜曰周南者禹貢雍州岐山之陽地名今屬右扶風美陽縣太王避狄難自豳始遷焉商王帝乙之初命其子王季為西伯至紂又命文王典治南國江漢汝旁之諸侯文王作邑於豐乃命岐邦周召之地為周公旦召公奭之采地武王定天下巡狩述職陳誦諸國之詩以勸民風俗得二公之德教尤純屬之太師分而國之謂之周南召南周公作樂用之鄉人焉用之邦國焉或謂之房中之樂者后妃夫人侍御於其君子女史歌之周公封魯召公封燕元子世之其次子亦世守采地在王官春秋時周公召公是也采音菜○疏曰緜言太王遷於周原召是周內

味經堂　詩緝卷之一　一

20018　詩緝三十六卷　（宋）嚴粲撰　明嘉靖趙府味經堂刻本（卷一至二、九至十二、二十八至三十、三十六抄補）　遼寧省圖書館

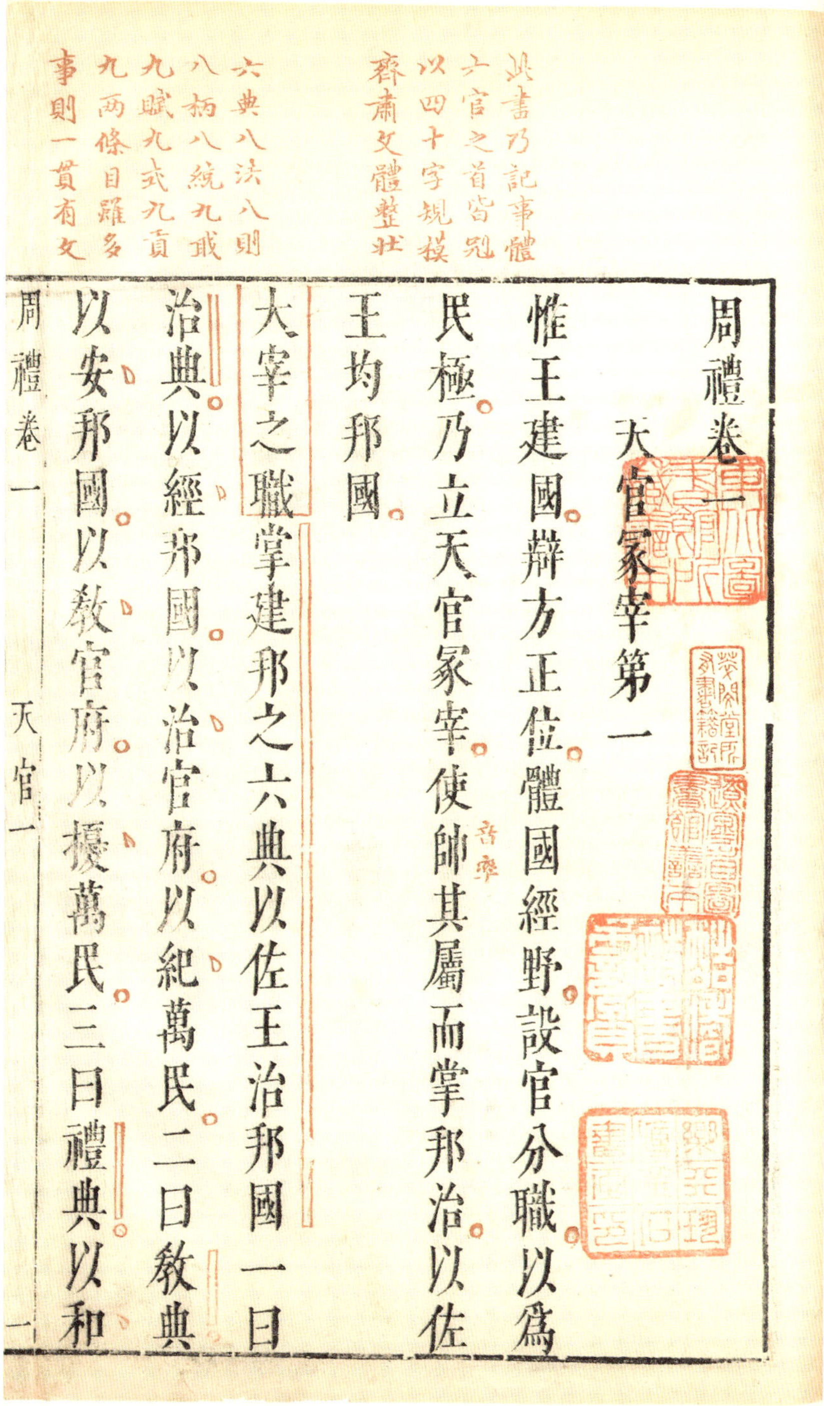

此書乃記事體六官之首當冠以四十字規模齊肅文體整壯

六典八法八則八柄八統九職九賦九式九貢九兩條目雖多事則一貫有文

周禮卷一

天官冢宰第一

惟王建國辯方正位體國經野設官分職以爲民極乃立天官冢宰使帥其屬而掌邦治以佐王均邦國

大宰之職掌建邦之六典以佐王治邦國一曰治典以經邦國以治官府以紀萬民二曰教典以安邦國以教官府以擾萬民三曰禮典以和

音率

周禮卷一　天官一　一

20019　周禮二十卷　（明）陳深批點　明凌杜若刻朱墨套印本　遼寧省圖書館

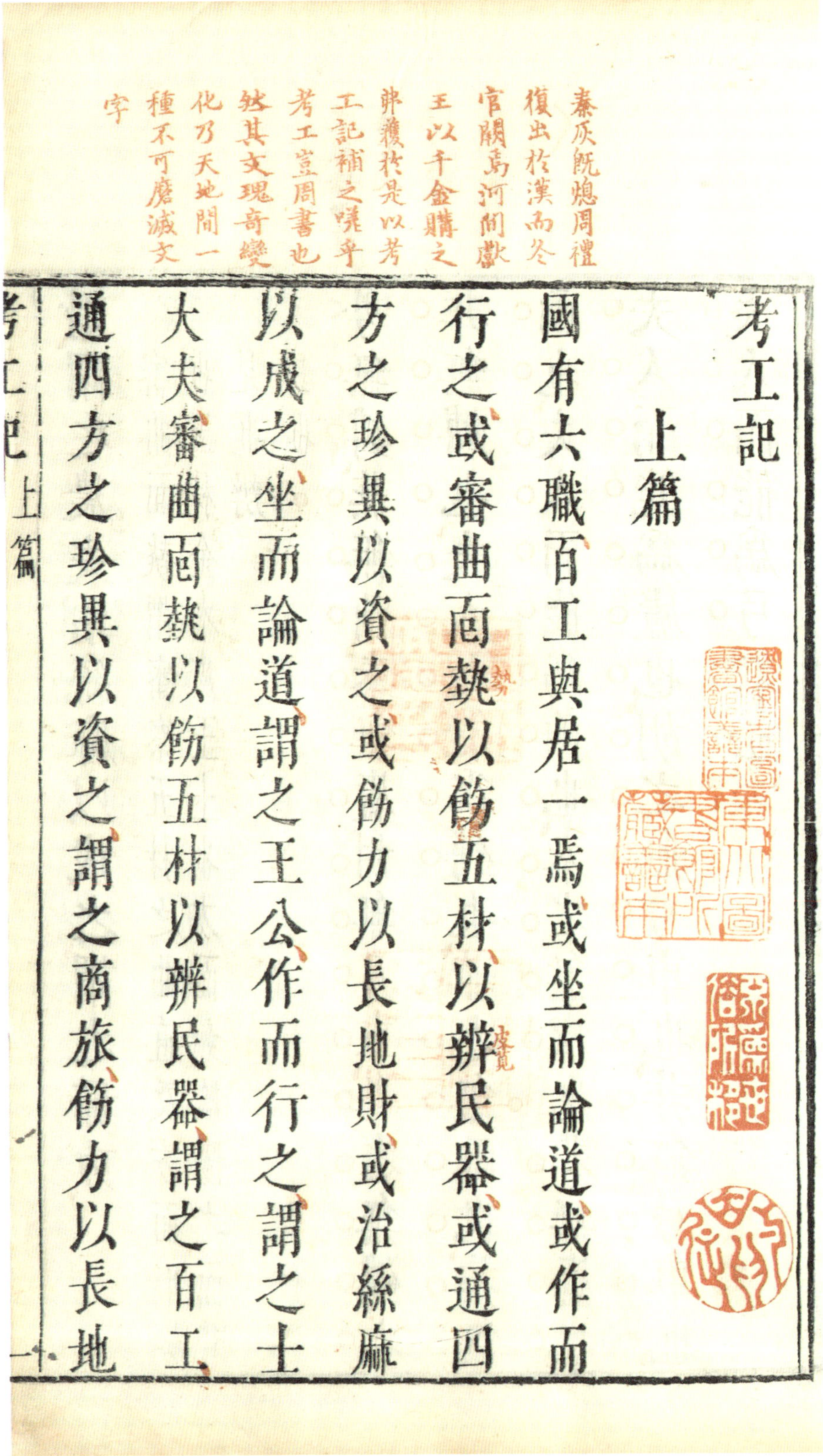
秦灰既熄周禮
復出於漢而冬
官闕焉河間獻
王以千金購之
弗獲於是以考
工記補之嗟乎
考工豈周書也
然其文瑰奇變
化乃天地間一
種不可磨滅文
字
考工記
上篇
國有六職百工與居一焉或坐而論道或作而
行之或審曲面埶以飭五材以辨民器或通四
方之珍異以資之或飭力以長地財或治絲麻
以成之坐而論道謂之王公作而行之謂之士
大夫審曲面埶以飭五材以辨民器謂之百工
通四方之珍異以資之謂之商旅飭力以長地
考工記 上篇 一

20020 考工記二卷 （明）郭正域批點 明萬曆四十四年（1616）閔齊伋刻朱墨套印本 遼寧省圖書館

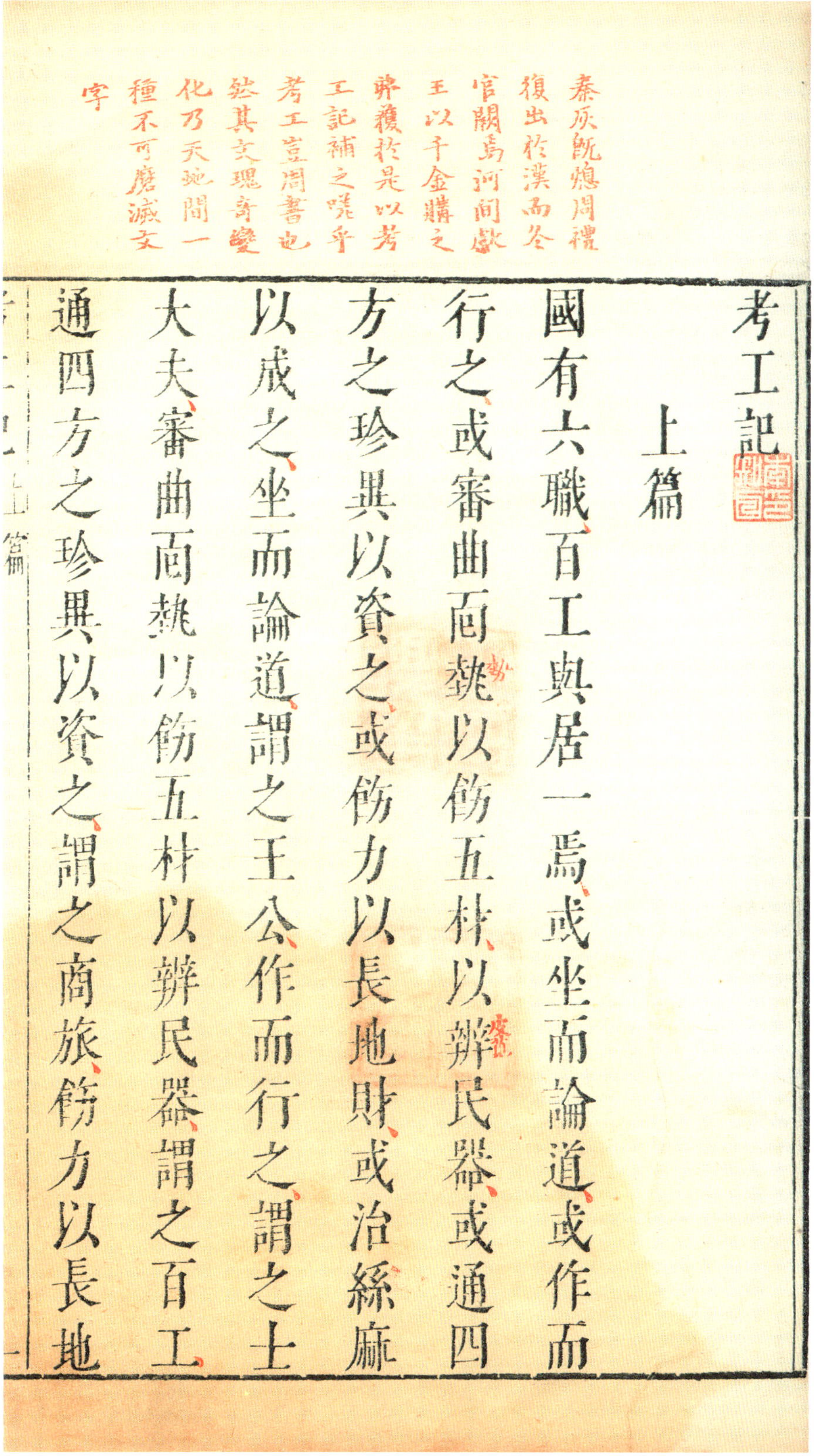

秦灰既熄周禮復出於漢而冬官闕焉河間獻王以千金購之弗獲於是以考工記補之嗟乎考工豈周書也然其文瑰奇變化乃天地間一種不可磨滅文字

考工記

上篇

國有六職百工與居一焉或坐而論道或作而行之或審曲面埶以飭五材以辨民器或通四方之珍異以資之或飭力以長地財或治絲麻以成之坐而論道謂之王公作而行之謂之士大夫審曲面埶以飭五材以辨民器謂之百工通四方之珍異以資之謂之商旅飭力以長地

20021　考工記二卷　（明）郭正域批點　明萬曆四十四年（1616）閔齊伋刻朱墨套印本　遼寧大學圖書館

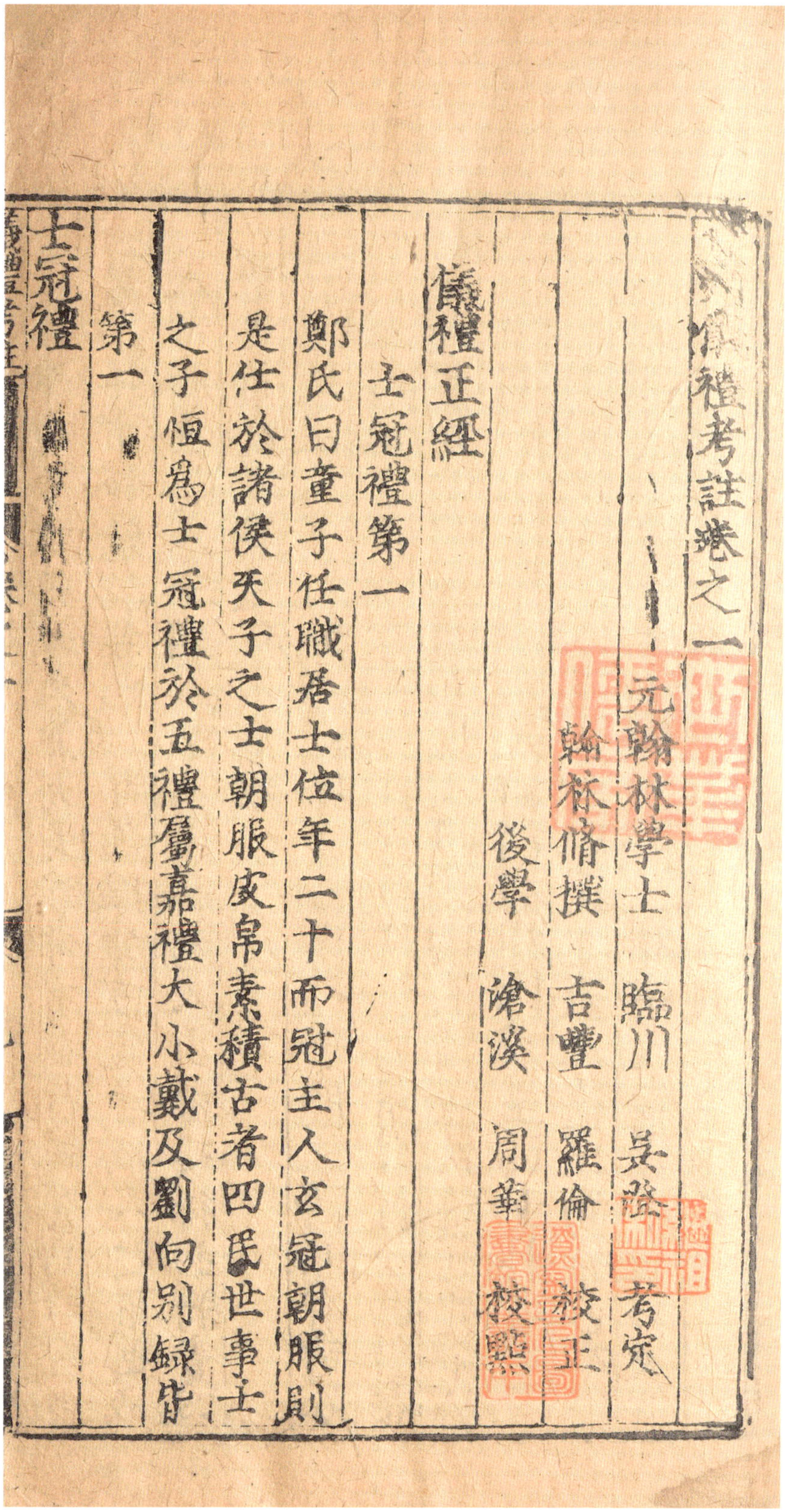
重刊儀禮考註卷之一
元翰林學士　臨川　吴澄　考定
翰林脩撰　吉豐　羅倫　校正
後學　滄溪　周華　校點
儀禮正經
士冠禮第一
鄭氏曰童子任職居士位年二十而冠主人玄冠朝服則
是仕於諸侯天子之士朝服皮弁素積古者四民世事士
之子恒爲士冠禮於五禮屬嘉禮大小戴及劉向别録皆
第一
士冠禮

20022　重刊儀禮考註十七卷　（元）吴澄撰　明嘉靖元年（1522）宗文書堂刻本　遼寧省圖書館

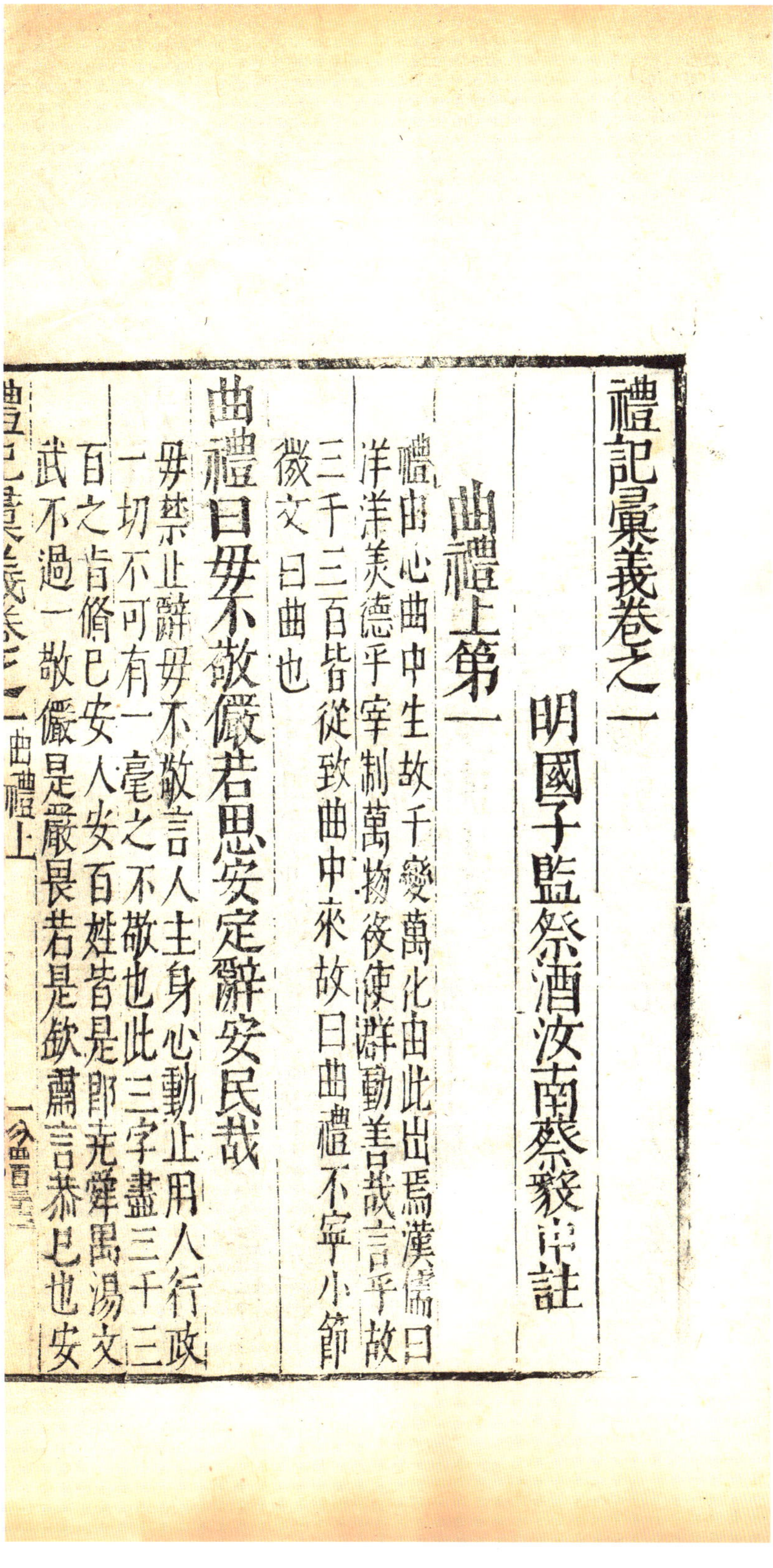

禮記彙義卷之一

明國子監祭酒汝南蔡毅中註

曲禮上第一

禮由心曲中生故千變萬化由此出焉漢儒曰洋洋美德乎宰制萬物役使羣動善哉言乎故三千三百皆從致曲中來故曰曲禮不牢小節微文曰曲也

曲禮曰毋不敬儼若思安定辭安民哉

毋禁止辭毋不敬言人主身心動止用人行政一切不可有一毫之不敬也此三字盡三千三百之旨脩已安人安百姓皆是即堯舜禹湯文武不過一敬儼是嚴畏若是欽肅言恭也安

禮記彙義卷之一 曲禮上 一

20023　禮記彙義四卷　（明）蔡毅中注　明崇禎二年（1629）刻本　大連圖書館

存三卷（一至二、四）

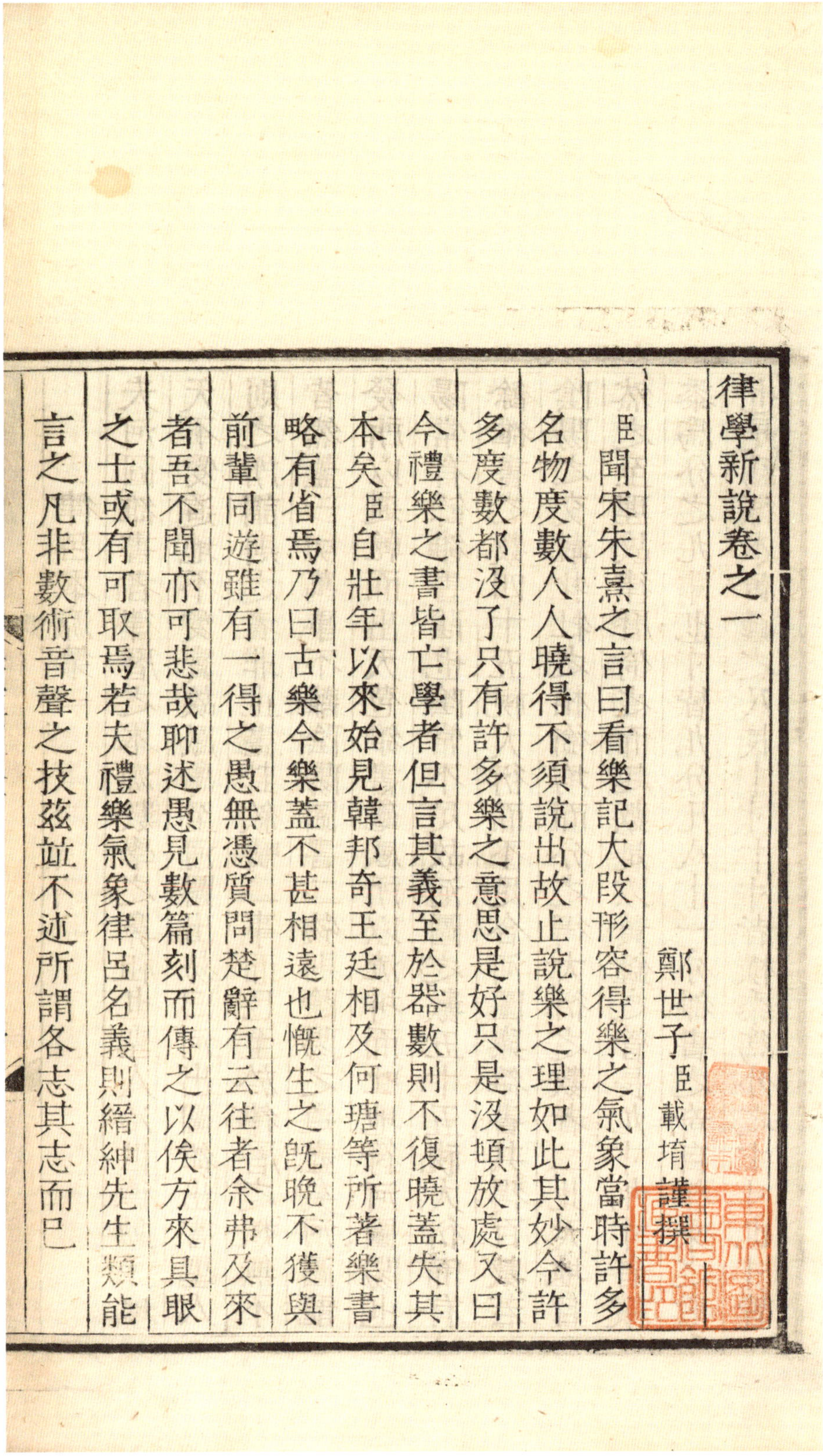

律學新說卷之一

鄭世子臣載堉謹撰

臣聞宋朱熹之言曰看樂記大段形容得樂之氣象當時許多名物度數人人曉得不須說出故止說樂之理如此其妙今許多度數都沒了只有許多樂之意思是好只是沒頓放處又曰今禮樂之書皆亡學者但言其義至於器數則不復曉蓋失其本矣臣自壯年以來始見韓邦奇王廷相及何瑭等所著樂書略有省焉乃曰古樂今樂蓋不甚相遠也慨生之既晚不獲與前輩同遊雖有一得之愚無憑質問楚辭有云往者余弗及來者吾不聞亦可悲哉聊述愚見數篇刻而傳之以俟方來具眼之士或有可取焉若夫禮樂氣象律呂名義則縉紳先生類能言之凡非數術音聲之技玆並不述所謂各志其志而已

20024　樂律全書四十八卷　（明）朱載堉撰　明萬曆鄭藩刻本　遼寧省圖書館

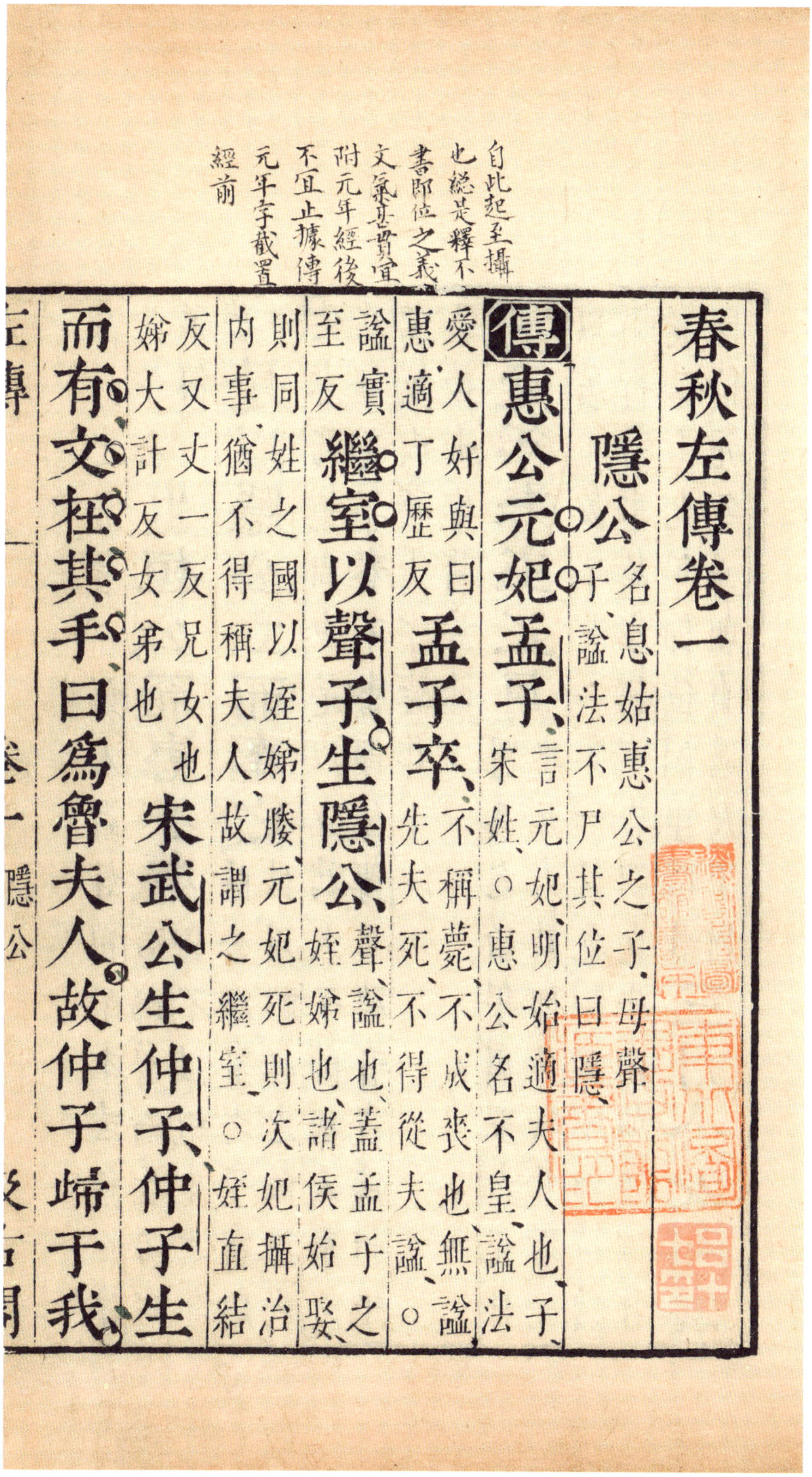

自此起至攝也總是釋不書即位之義文氣甚貫宜附元年經後不宜止據傳元年字截置經前

春秋左傳卷一

隱公名息姑惠公之子母聲子諡法不尸其位曰隱

傳惠公元妃孟子言元妃明始適夫人也子宋姓○惠公名不皇諡法愛人好與曰惠適丁歷反孟子卒不稱薨不成喪也無諡先夫死不得從夫諡○諡實至反繼室以聲子生隱公聲諡也蓋孟子之姪娣也諸侯始娶則同姓之國以姪娣媵元妃死則次妃攝治內事猶不得稱夫人故謂之繼室○姪直結反又丈一反兄女也娣大計反女弟也宋武公生仲子仲子生而有文在其手曰為魯夫人故仲子歸于我

左傳　卷一　隱公　汲古閣

20025　春秋左傳三十卷（晋）杜預注（明）鍾惺評　明崇禎四年（1631）毛氏汲古閣刻本　遼寧省圖書館

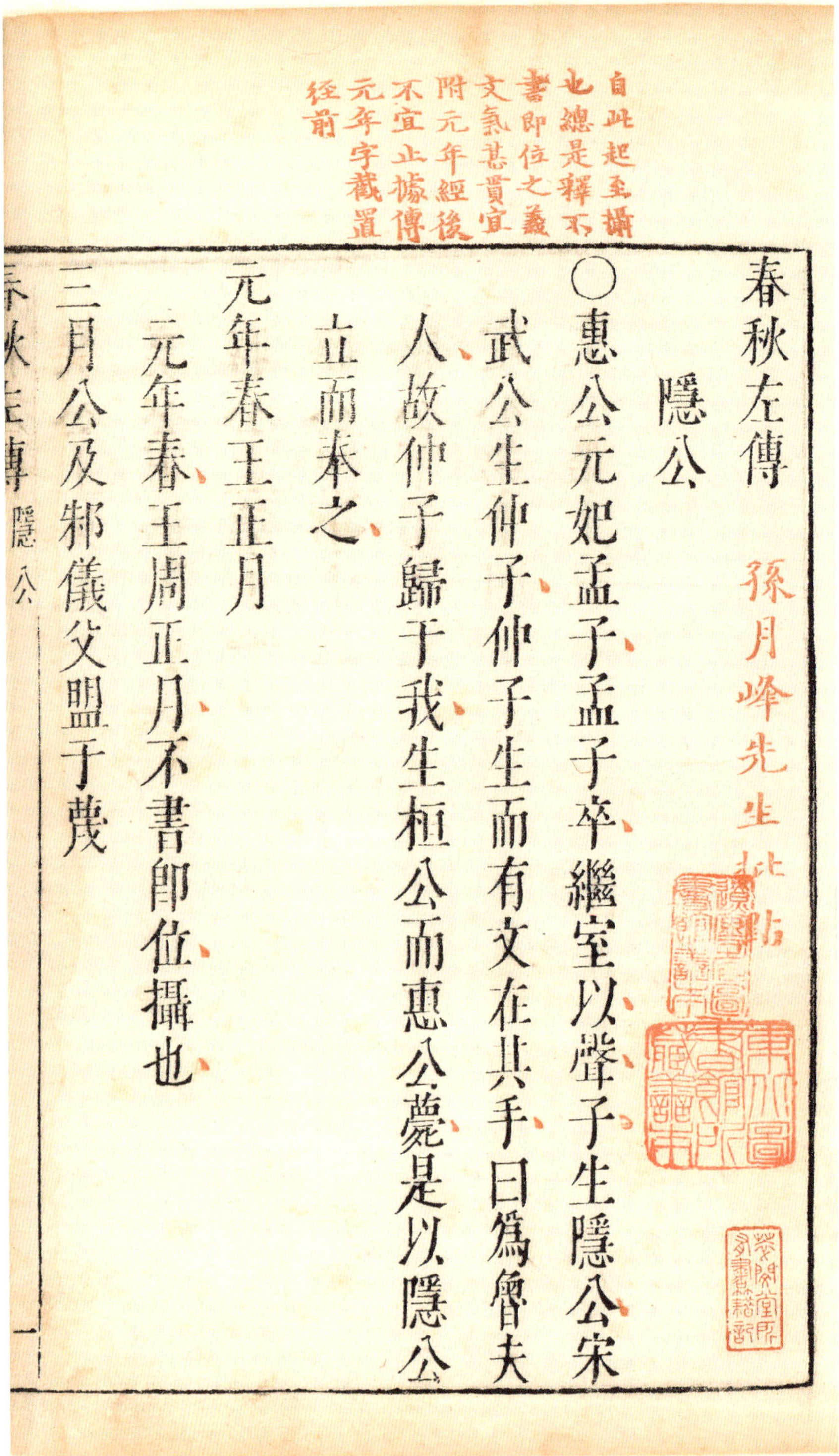

自此起至攝
也總是釋不
書即位之義
文氣甚貫宜
附元年經後
不宜止據傳
元年字截置
經前

春秋左傳　孫月峰先生批點

隱公

○惠公元妃孟子孟子卒繼室以聲子生隱公宋
武公生仲子仲子生而有文在其手曰爲魯夫
人故仲子歸于我生桓公而惠公薨是以隱公
立而奉之

元年春王正月

元年春王周正月不書即位攝也

三月公及邾儀父盟于蔑

春秋左傳　隱公　一

20026　春秋左傳十五卷　（明）孫鑛批點　明萬曆四十四年（1616）閔齊伋刻朱墨套印本　遼寧省圖書館

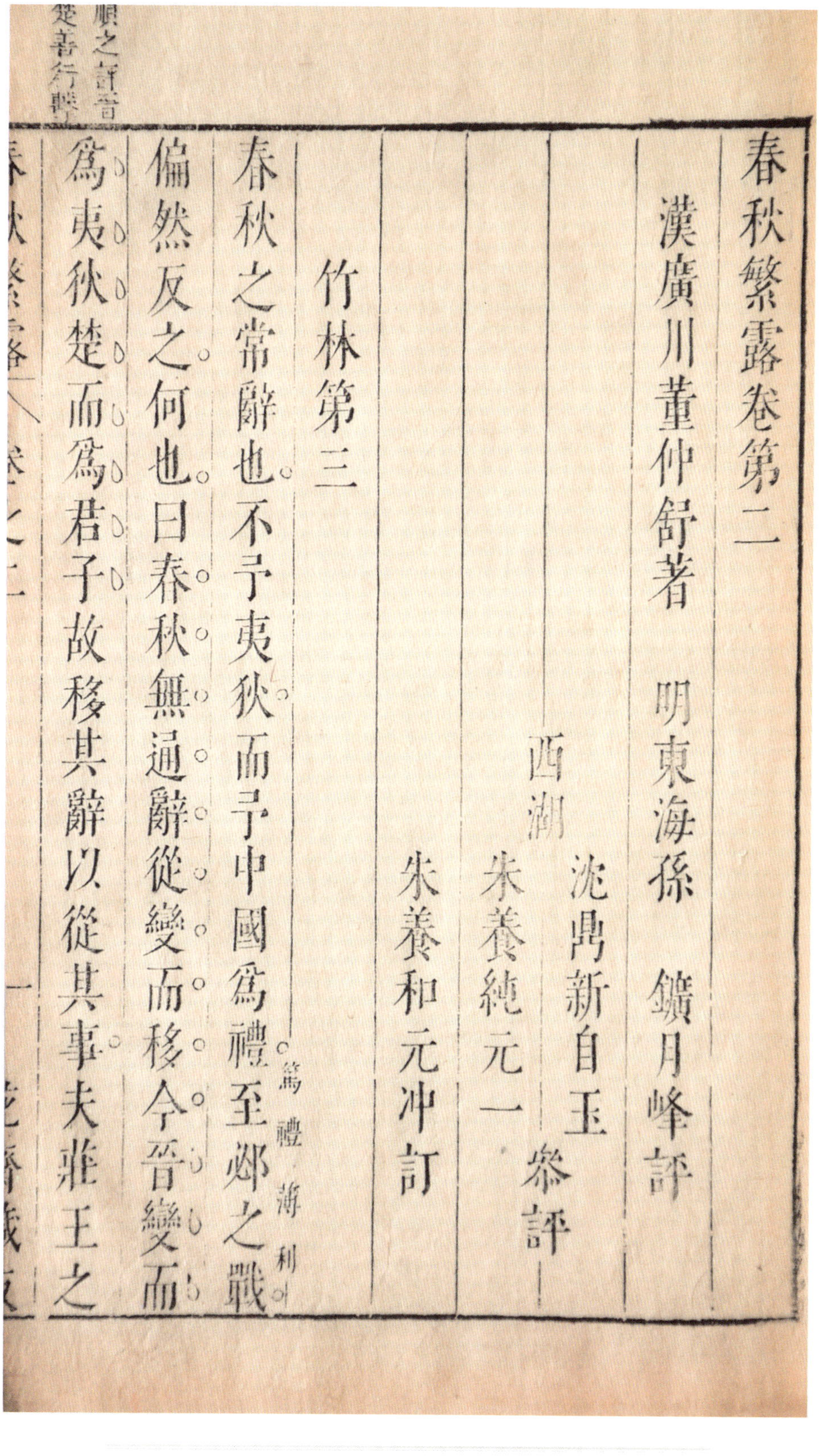
春秋繁露卷第二
漢廣川董仲舒著　明東海孫鑛月峰評
西湖　沈禹新自玉　朱養純元一　叅評
朱養和元冲訂
竹林第三
春秋之常辭也不予夷狄而予中國爲禮至邲之戰
偏然反之何也曰春秋無通辭從變而移今晉變而
爲夷狄楚變而爲君子故移其辭以從其事夫莊王之

20027　春秋繁露十七卷　（漢）董仲舒撰　（明）孫鑛評　明天啓五年（1625）花齋刻本　鞍山市圖書館

存十五卷（一至六、九至十七）

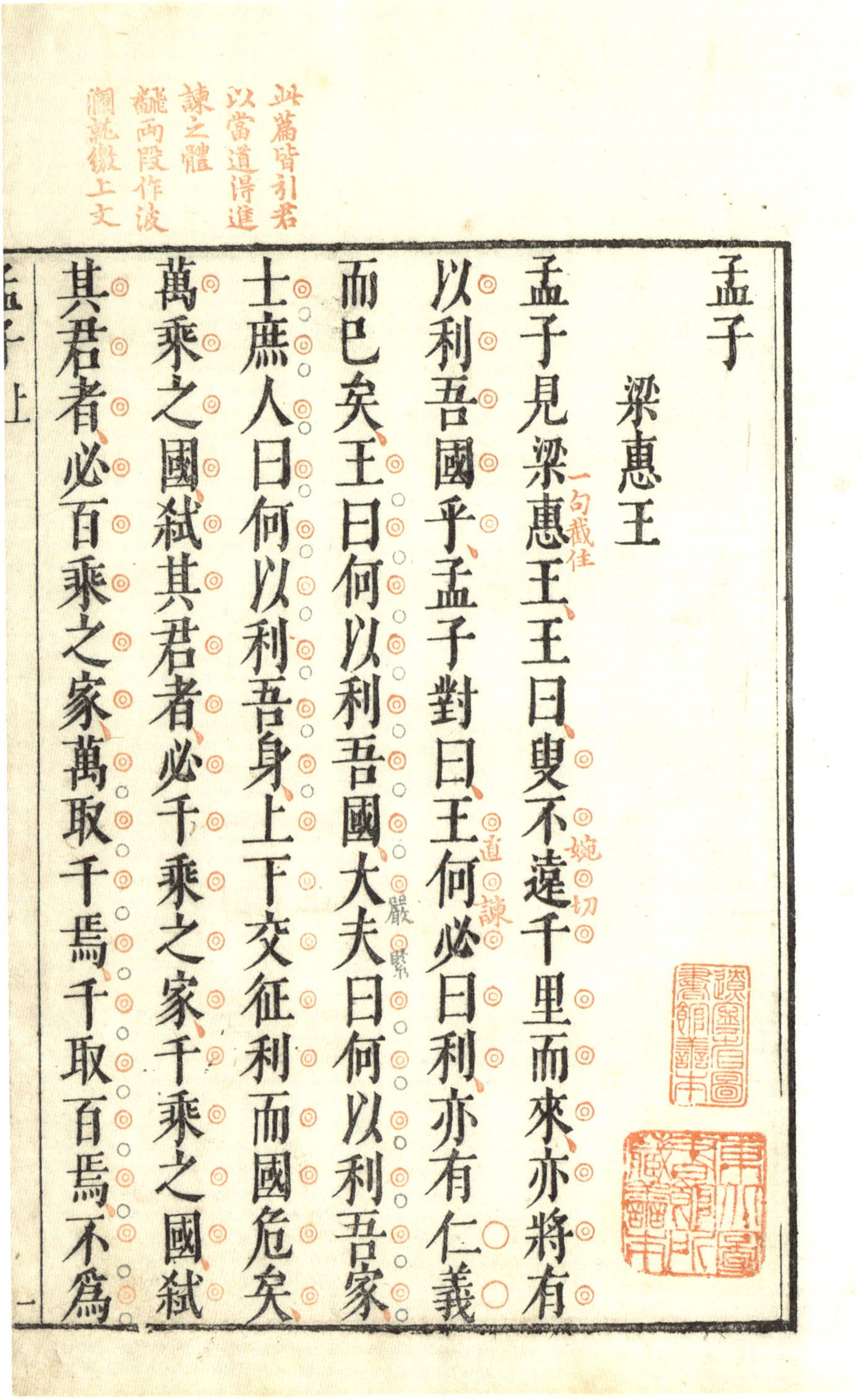
此篇皆引君以當道得進諫之體飜兩段作波瀾就繳上文

孟子

梁惠王

孟子見梁惠王王曰叟不遠千里而來亦將有以利吾國乎孟子對曰王何必曰利亦有仁義而已矣王曰何以利吾國大夫曰何以利吾家士庶人曰何以利吾身上下交征利而國危矣萬乘之國弒其君者必千乘之家千乘之國弒其君者必百乘之家萬取千焉千取百焉不爲

一句截住　婉切　直諫　嚴緊

孟子上　一

20028　孟子二卷　（宋）蘇洵批點　明萬曆四十五年（1617）閔齊伋刻三色套印本　遼寧省圖書館

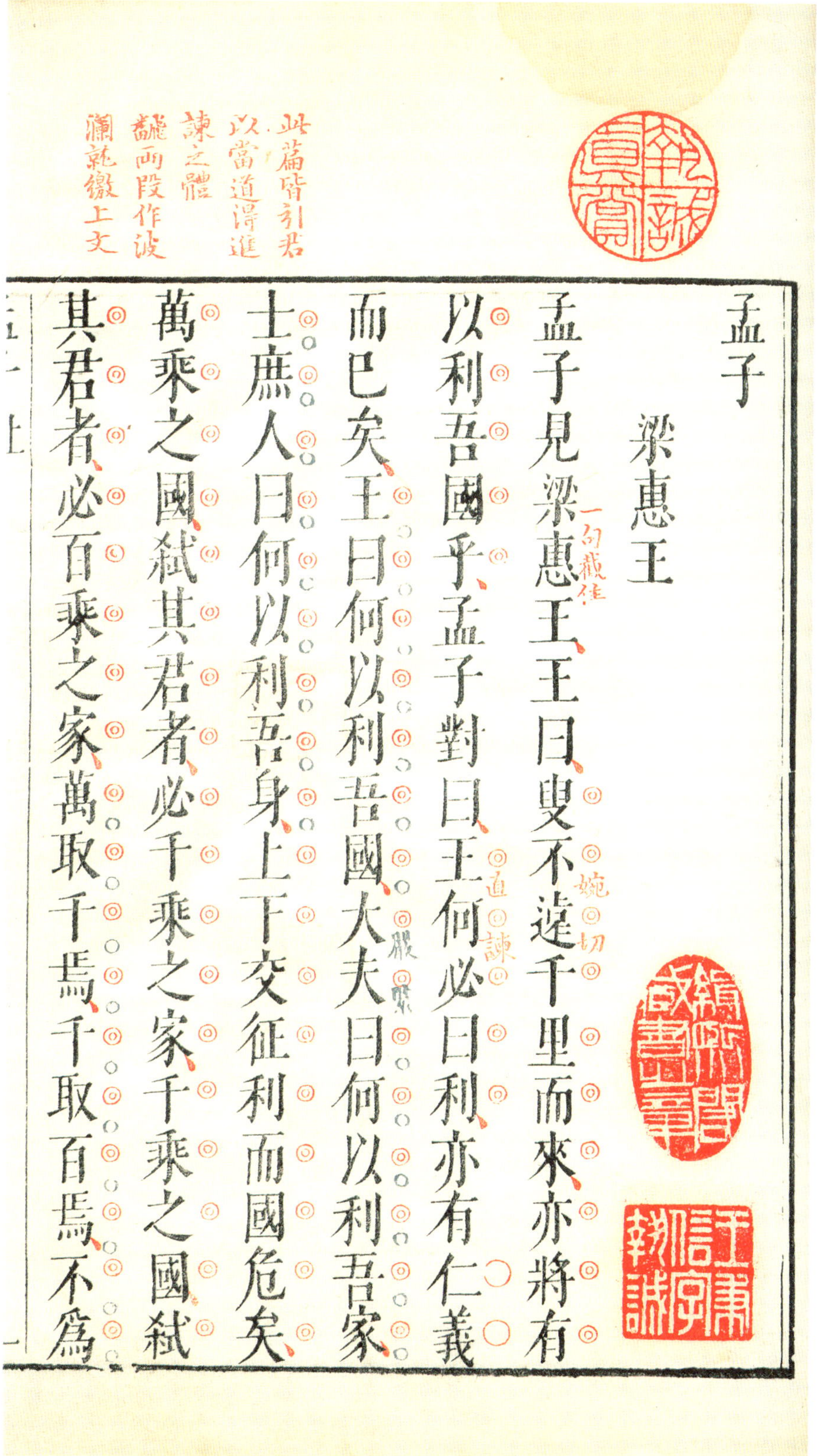
此篇皆引君以當道得進諫之體龍而段作波瀾就繳上文

孟子

梁惠王

孟子見梁惠王王曰叟不遠千里而來亦將有
以利吾國乎孟子對曰王何必曰利亦有仁義
而已矣王曰何以利吾國大夫曰何以利吾家
士庶人曰何以利吾身上下交征利而國危矣
萬乘之國弑其君者必千乘之家千乘之國弑
其君者必百乘之家萬取千焉千取百焉不爲

20029　孟子二卷　（宋）蘇洵批點　明萬曆四十五年（1617）閔齊伋刻三色套印本　遼寧大學圖書館

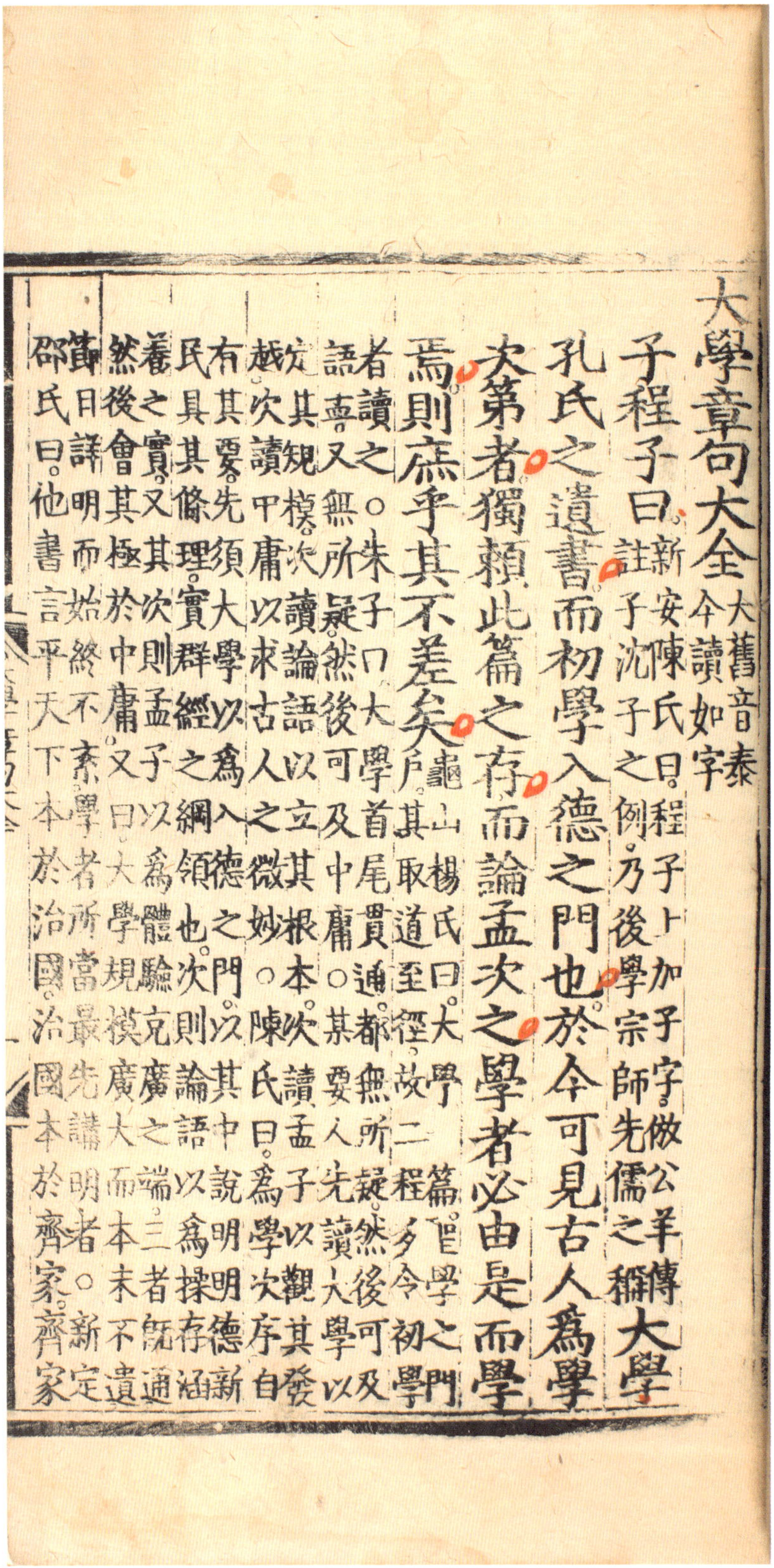

大學章句大全大舊音泰今讀如字

子程子曰新安陳氏曰程子上加子字倣公羊傳註子沈子之例乃後學宗師先儒之稱大學

孔氏之遺書而初學入德之門也於今可見古人為學

次第者獨賴此篇之存而論孟次之學者必由是而學

焉則庶乎其不差矣龜山楊氏曰大學一篇聖學之門戶其取道至徑故二程多令初學

者讀之○朱子曰大學首尾貫通都無所疑然後可及語孟又無所疑然後可及中庸○某要人先讀大學以

定其規模次讀論語以立其根本次讀孟子以觀其發越次讀中庸以求古人之微妙○陳氏曰為學次序自

有其要先須大學以為入德之門以其中說明明德新民具其條理實群經之綱領也次則論語以為操存涵

養之實又其次則孟子以為體驗充廣之端三者既通然後會其極於中庸又曰大學規模廣大而本末不遺

節目詳明而始終不紊學者所當最先講明者○新定邵氏曰他書言平天下本於治國治國本於齊家齊家

20030　四書集注大全四十二卷　（明）胡廣等輯　明内府刻本　遼寧省博物館

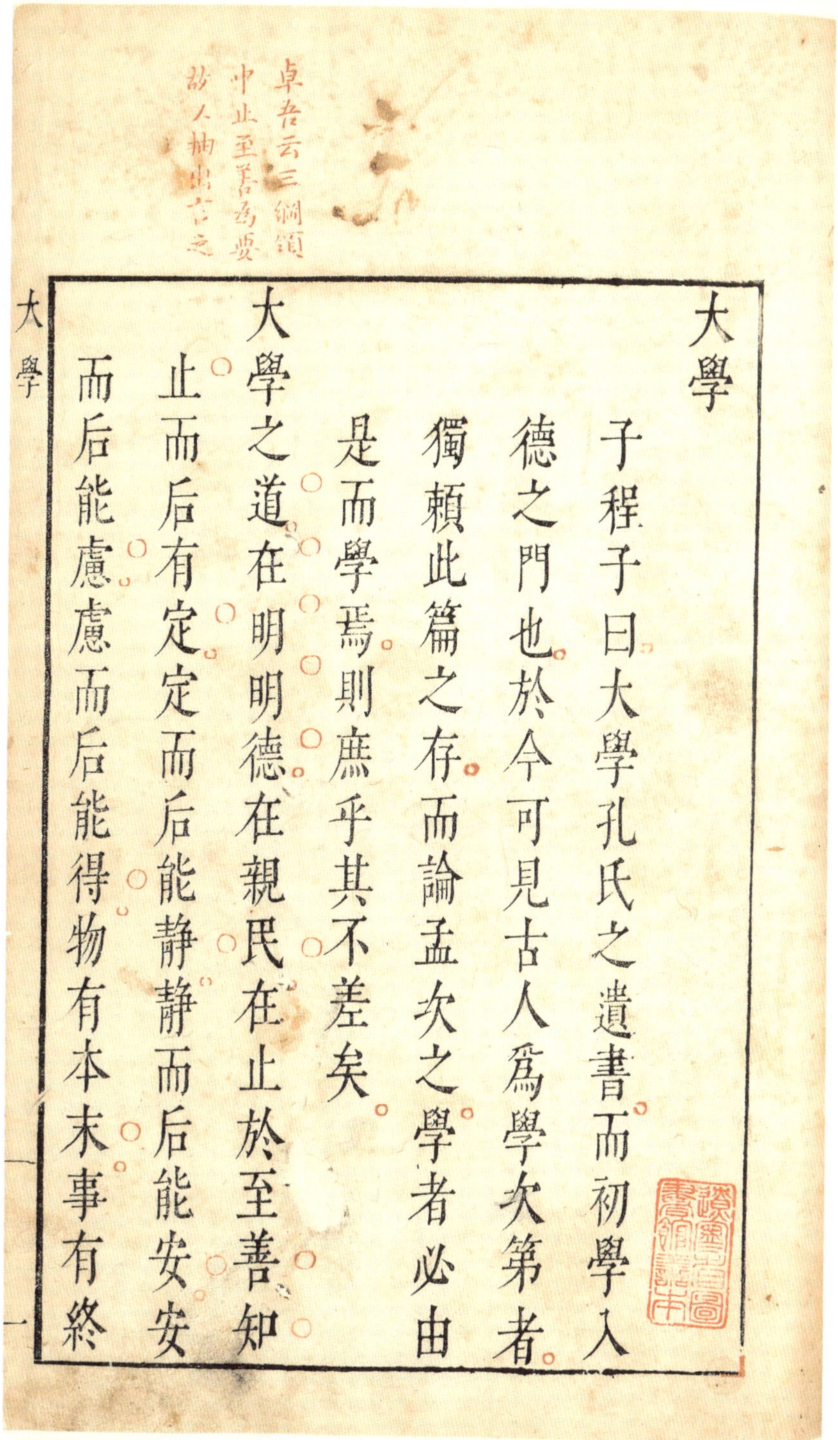

卓吾云三綱領中止至善爲要故人抽出言之

大學

子程子曰大學孔氏之遺書而初學入德之門也於今可見古人爲學次第者獨賴此篇之存而論孟次之學者必由是而學焉則庶乎其不差矣

大學之道在明明德在親民在止於至善知止而后有定定而后能靜靜而后能安安而后能慮慮而后能得物有本末事有終

大學　一

20031　四書參十九卷　（明）李贄評　（明）楊起元輯　（明）張明憲等參訂　明刻朱墨套印本　遼寧省圖書館

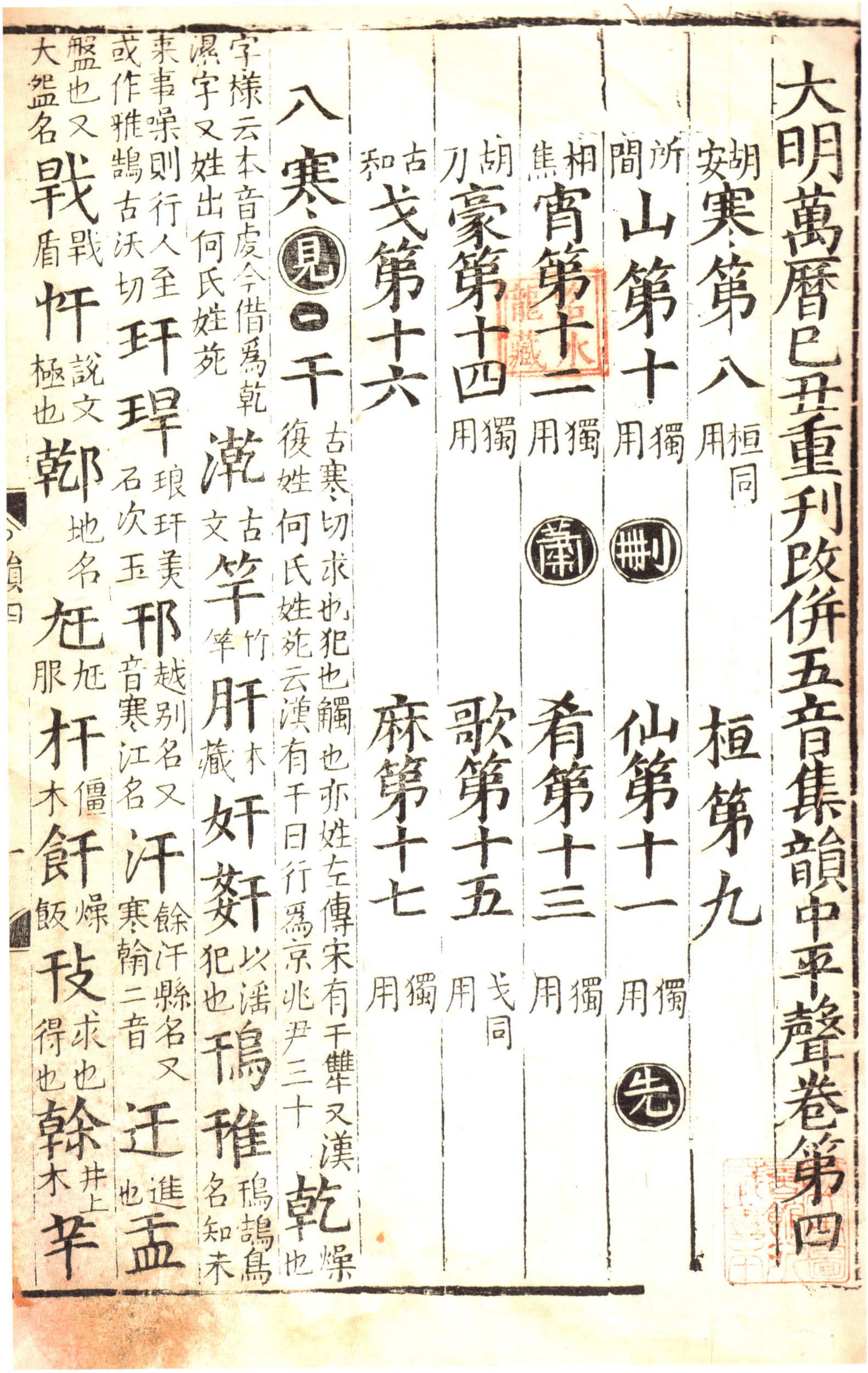

大明萬曆己丑重刊改併五音集韻中平聲卷第四

寒第八胡安切 桓同用　桓第九

山第十所間切 獨用　刪　仙第十一 獨用　先

宵第十二相焦切 獨用　蕭　肴第十三 獨用

豪第十四胡刀切 獨用　歌第十五 戈同用

戈第十六古禾切　麻第十七 獨用

入寒　見　一　干 古寒切求也犯也觸也亦姓左傳宋有干犨又漢復姓何氏姓苑云漢有干日行爲京兆尹三十　乾 燥也字様云本音虔今借爲乾　漧 古文　竿 竹竿　肝 木藏　奸 犯也　豻 以淫濕字又姓出何氏姓苑　鳱 鳱鴠鳥名知未來事　鴅 鴅則行人至或作雅鵠古沃切　玕 琅玕美石次玉　邗 越別名又音寒江名　汗 餘汗縣名又寒翰二音　迀 進也　盂　戰 戰盤也又大盤名　戰 盾　忓 說文極也　鄿 地名　尦 尦服　杆 僵木　飦 燥飯　攼 求也得也　榦 井上木　𢆉

20032　**大明萬曆己丑重刊改併五音集韻十五卷**　（金）韓道昭撰　明崇禎十年（1637）刻本　大連圖書館

存十二卷（四至十五）

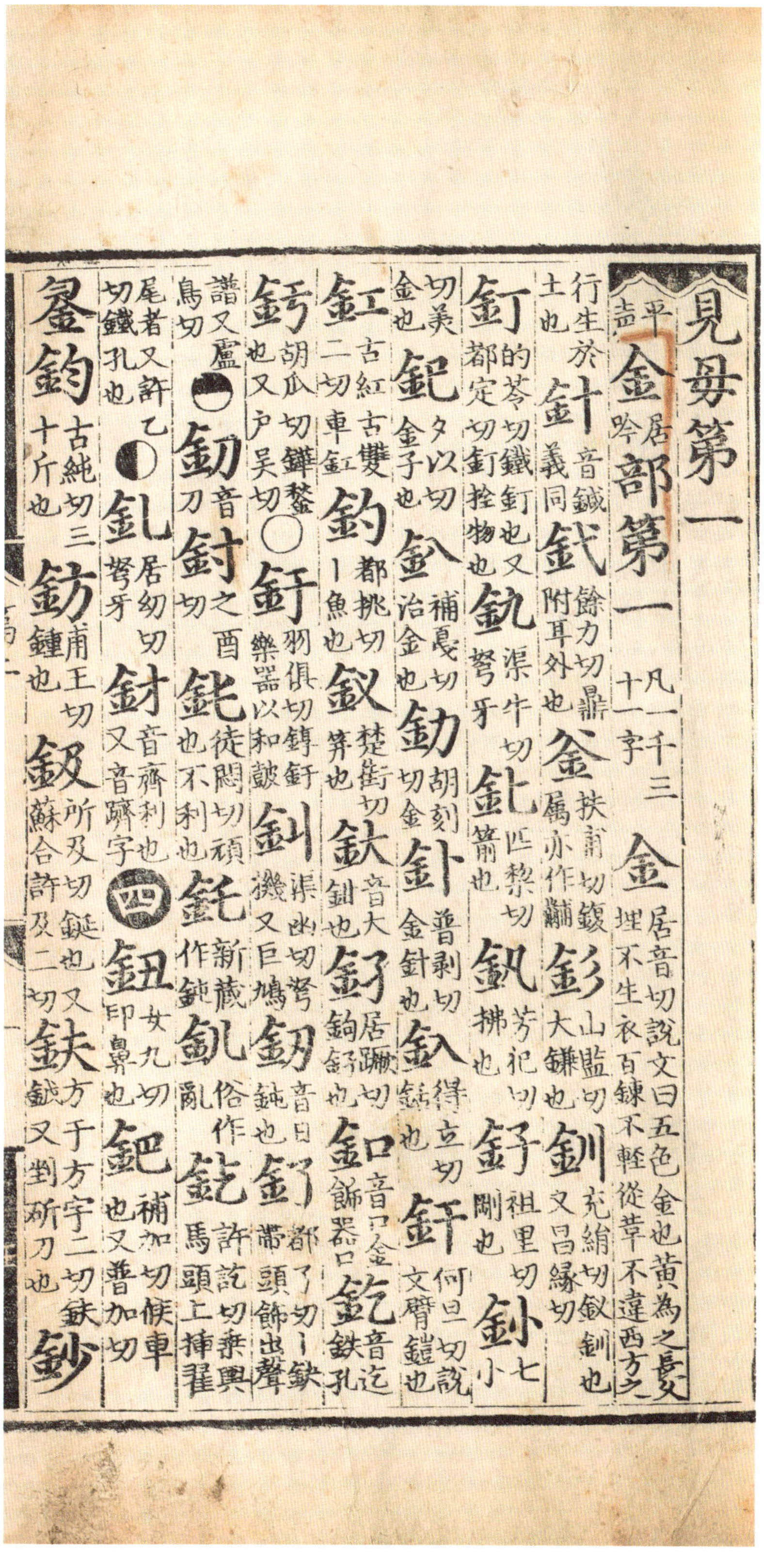
見母第一

平聲 金部第一 凡一千三十一字

20033　大明成化丁亥重刊改併五音類聚四聲篇十五卷　（金）韓道昭撰　明成化三年至七年（1467–1471）隆福寺刻本　大連圖書館　存十二卷（一至三、七至十五）

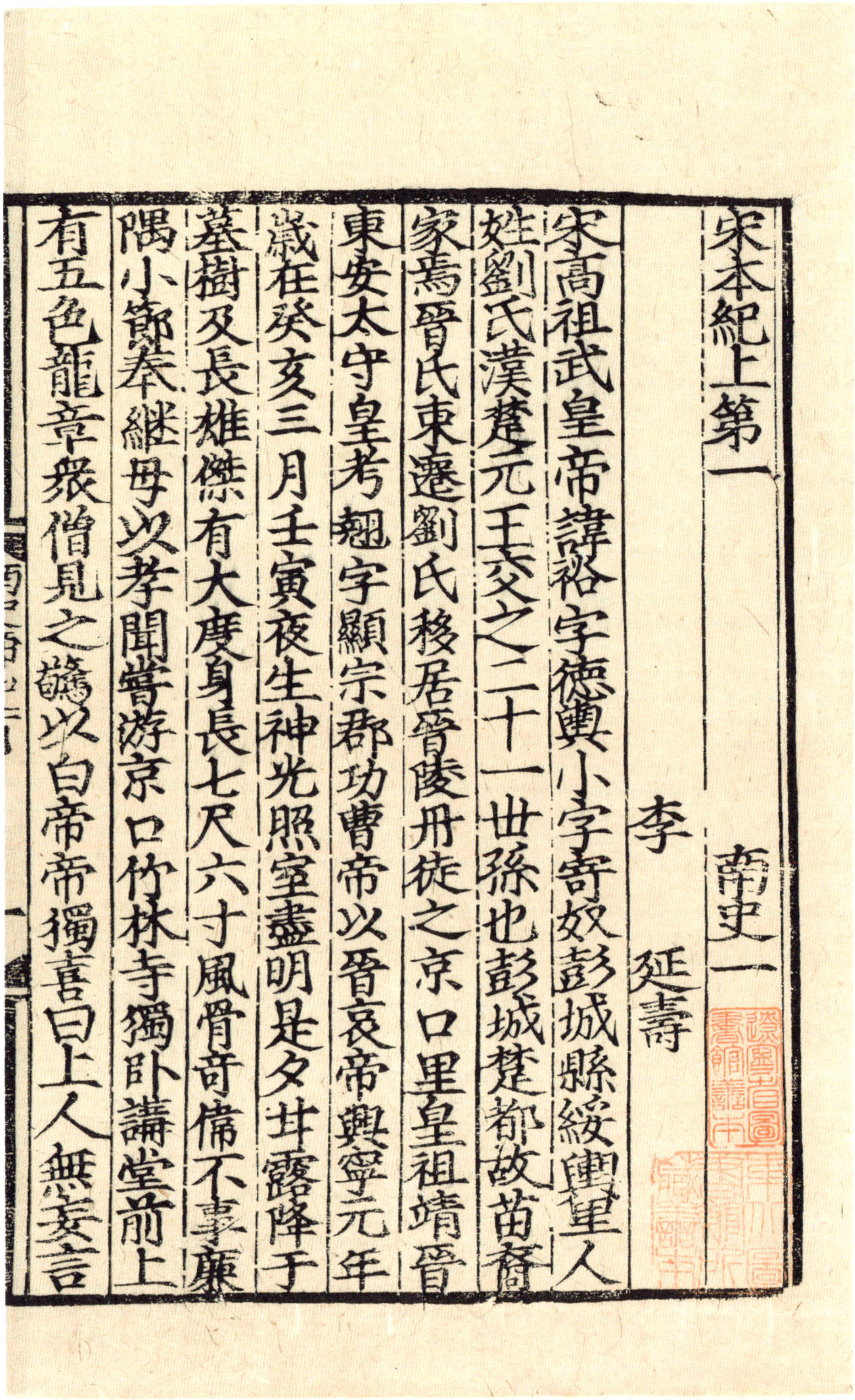
宋本紀上第一　南史一
李　延壽
宋高祖武皇帝諱裕字德輿小字寄奴彭城縣綏輿里人
姓劉氏漢楚元王交之二十一世孫也彭城楚都故苗裔
家焉晉氏東遷劉氏移居晉陵丹徒之京口里皇祖靖晉
東安太守皇考翹字顯宗郡功曹帝以晉哀帝興寧元年
歲在癸亥三月壬寅夜生神光照室盡明是夕甘露降于
墓樹及長雄傑有大度身長七尺六寸風骨奇偉不事廉
隅小節奉繼母以孝聞嘗游京口竹林寺獨卧講堂前上
有五色龍章衆僧見之驚以白帝帝獨喜曰上人無妄言

20034　南史八十卷　（唐）李延壽撰　明初刻本　遼寧省圖書館

存五十九卷（一至十四、十六至三十二、五十三至八十）

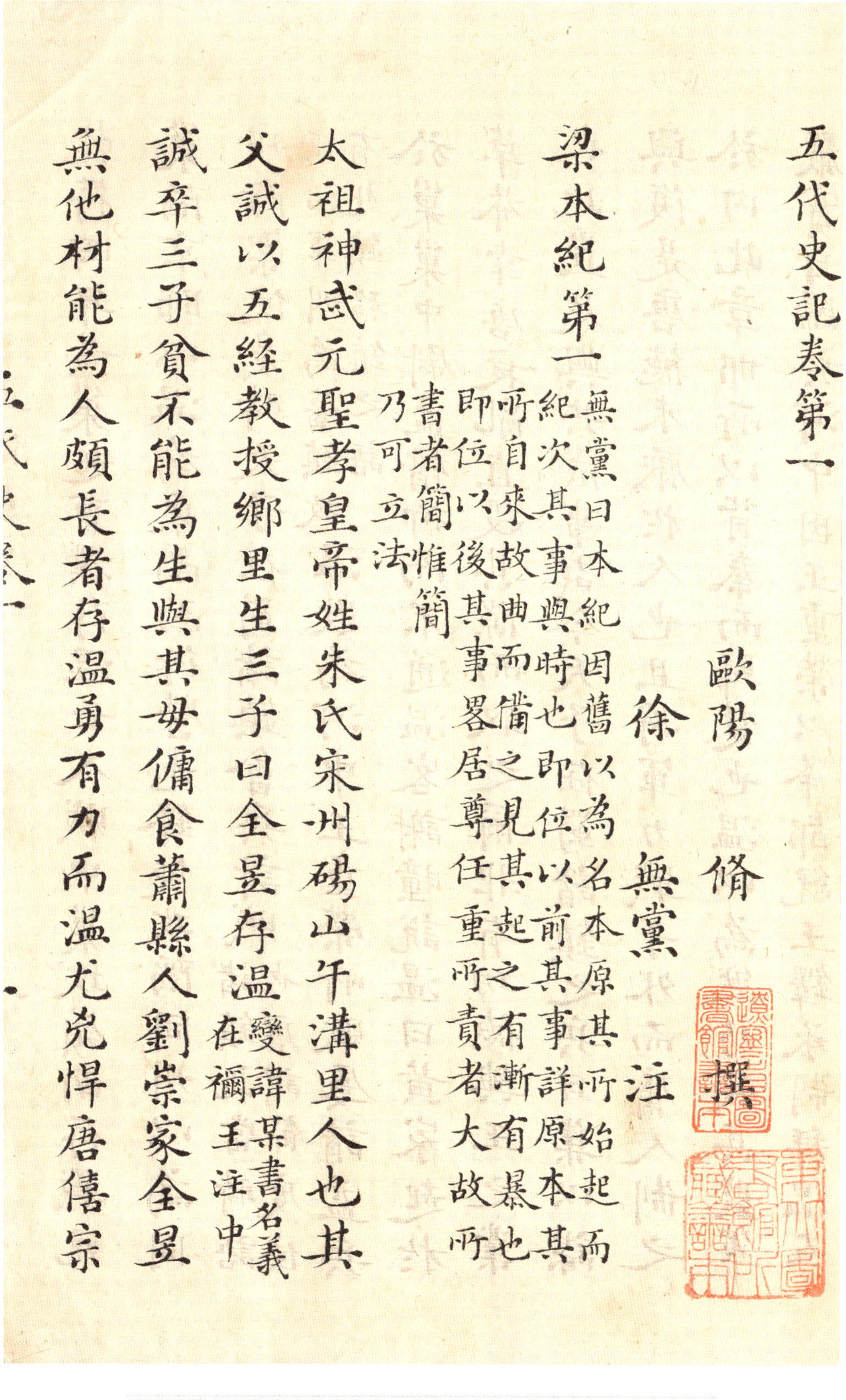
五代史記卷第一

歐陽脩撰

徐無黨注

梁本紀第一 無黨曰本紀因舊以為名本原其所始起而紀次其事與時也即位以前其事詳原本其所自來故曲而備之見其起之有漸有暴也即位以後其事畧居尊任重所責者大故所書者簡惟簡乃可立法

太祖神武元聖孝皇帝姓朱氏宋州碭山午溝里人也其父誠以五經教授鄉里生三子曰全昱存温 變諱某書名義在禰王注中 誠卒三子貧不能為生與其母傭食蕭縣人劉崇家全昱無他材能為人頗長者存温勇有力而温尤兇悍唐僖宗

20035　五代史記七十四卷　（宋）歐陽修撰　（宋）徐無黨注　元宗文書院刻明遞修本（有抄配）　遼寧省圖書館

存七十一卷（一至七十一）

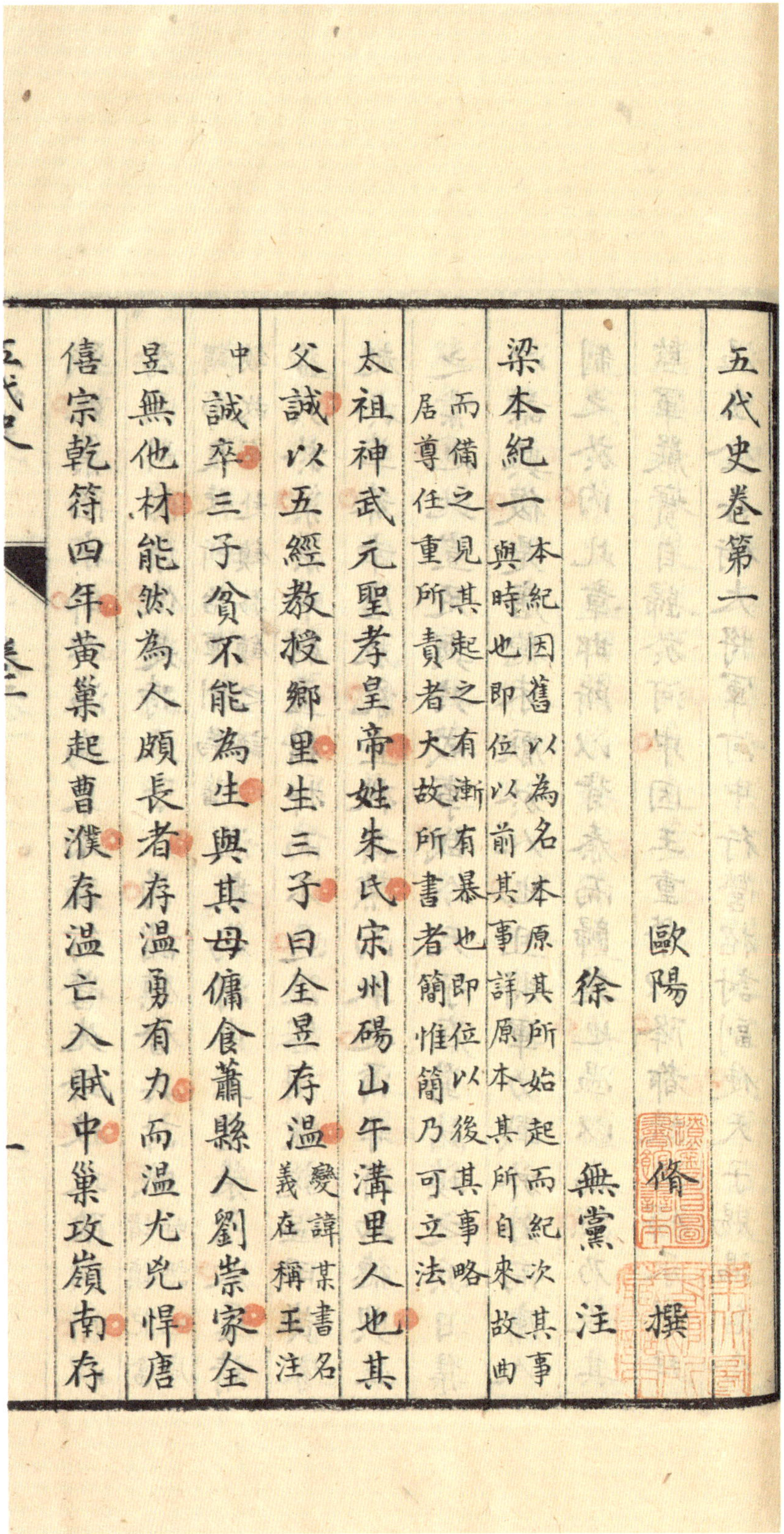

五代史卷第一
歐陽脩　撰
徐無黨　注
梁本紀一本紀因舊以為名本原其所始起而紀次其事與時也即位以前其事詳原本其所自來故曲而備之見其起之有漸有暴也即位以後其事略居尊任重所責者大故所書者簡惟簡乃可立法
太祖神武元聖孝皇帝姓朱氏宋州碭山午溝里人也其
父誠以五經教授鄉里生三子曰全昱存溫變諱某書名義在稱王注
中誠卒三子貧不能為生與其母傭食蕭縣人劉崇家全
昱無他材能然為人頗長者存溫勇有力而溫尤兇悍唐
僖宗乾符四年黃巢起曹濮存溫亡入賊中巢攻嶺南存

20036　五代史記七十四卷　（宋）歐陽修撰　（宋）徐無黨注　元刻明嘉靖修本　遼寧省圖書館

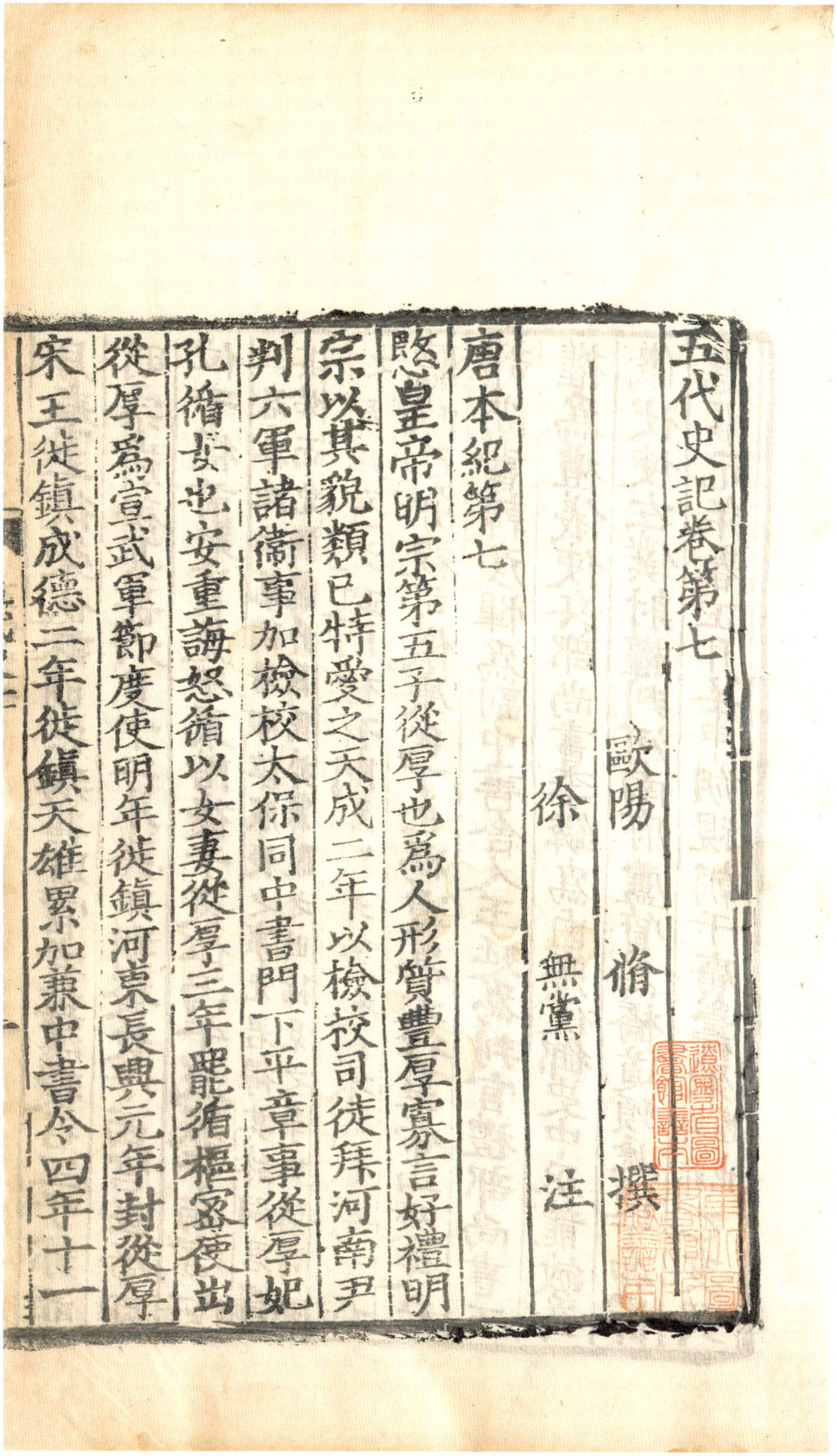
五代史記卷第七
歐陽　脩　撰
徐　無黨　注
唐本紀第七
愍皇帝明宗第五子從厚也爲人形質豐厚寡言好禮明
宗以其貌類已特愛之天成二年以檢校司徒拜河南尹
判六軍諸衛事加檢校太保同中書門下平章事從厚妃
孔循女也安重誨怒循以女妻從厚三年罷循樞密使出
從厚爲宣武軍節度使明年徙鎮河東長興元年封從厚
宋王徙鎮成德二年徙鎮天雄累加兼中書令四年十一

20037　五代史記七十四卷　（宋）歐陽修撰　（宋）徐無黨注　元刻明嘉靖修本　遼寧省圖書館

存六十四卷（七至五十六、六十一至七十四）

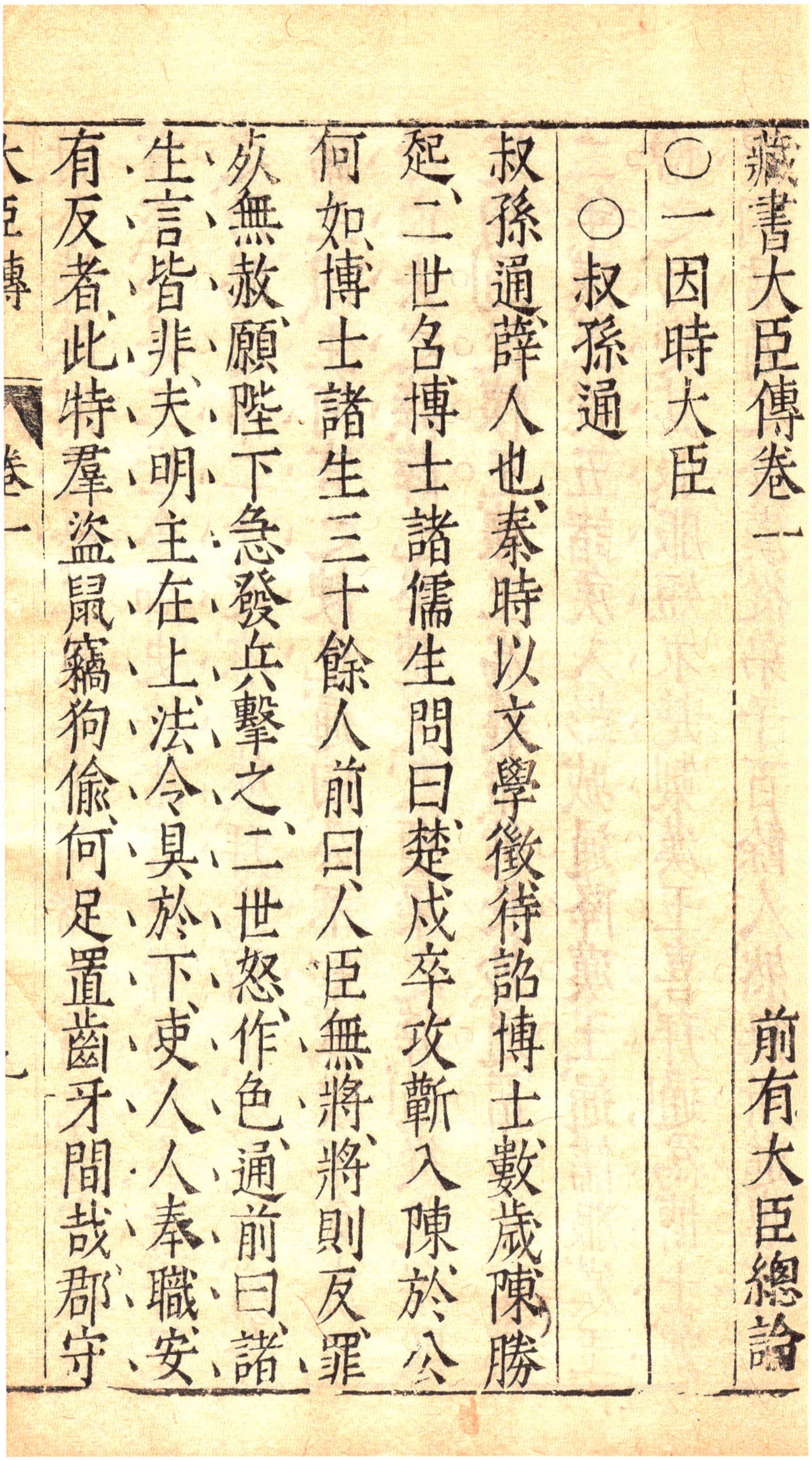
藏書大臣傳卷一　　前有大臣總論
○一因時大臣
○叔孫通
叔孫通薛人也秦時以文學徵待詔博士數歲陳勝
起二世召博士諸儒生問曰楚戍卒攻蘄入陳於公
何如博士諸生三十餘人前曰人臣無將將則反罪
死無赦願陛下急發兵擊之二世怒作色通前曰諸
生言皆非夫明主在上法令具於下吏人人奉職安
有反者此特羣盜鼠竊狗偷何足置齒牙間哉郡守
大臣傳　卷一　七

20038　藏書六十八卷　（明）李贄撰　明萬曆二十七年（1599）焦竑刻本
大連圖書館

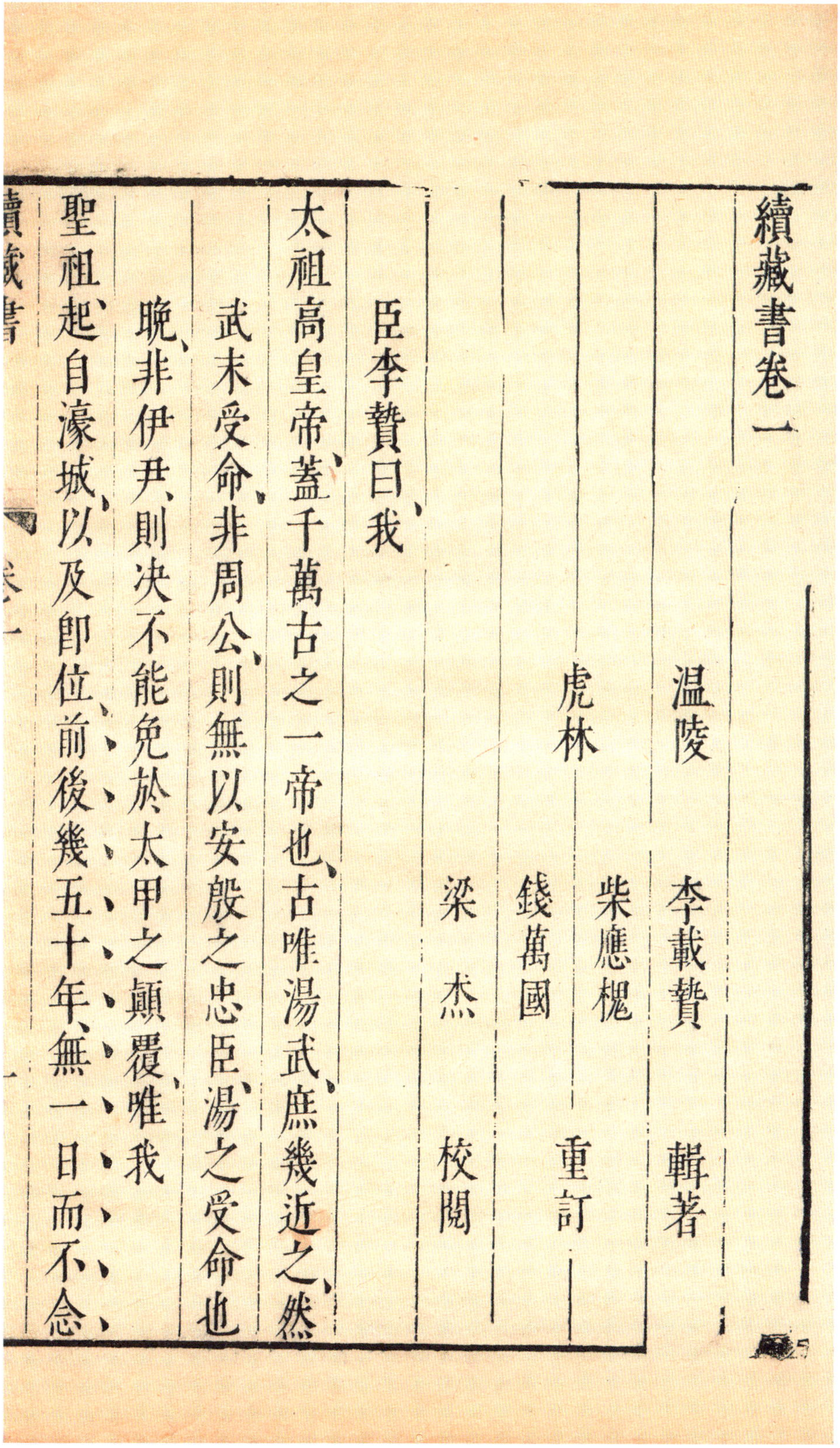

續藏書卷一

温陵　李載贄　輯著

虎林　柴應槐　錢萬國　重訂

梁　杰　校閲

臣李贄曰我

太祖高皇帝蓋千萬古之一帝也古唯湯武庶幾近之然

武末受命非周公則無以安殷之忠臣湯之受命也

晚非伊尹則决不能免於太甲之顛覆唯我

聖祖起自濠城以及即位前後幾五十年無一日而不念

續藏書　卷一

20039　續藏書二十七卷　（明）李贄撰　（明）柴應槐　錢萬國重訂　明刻本　遼寧大學圖書館

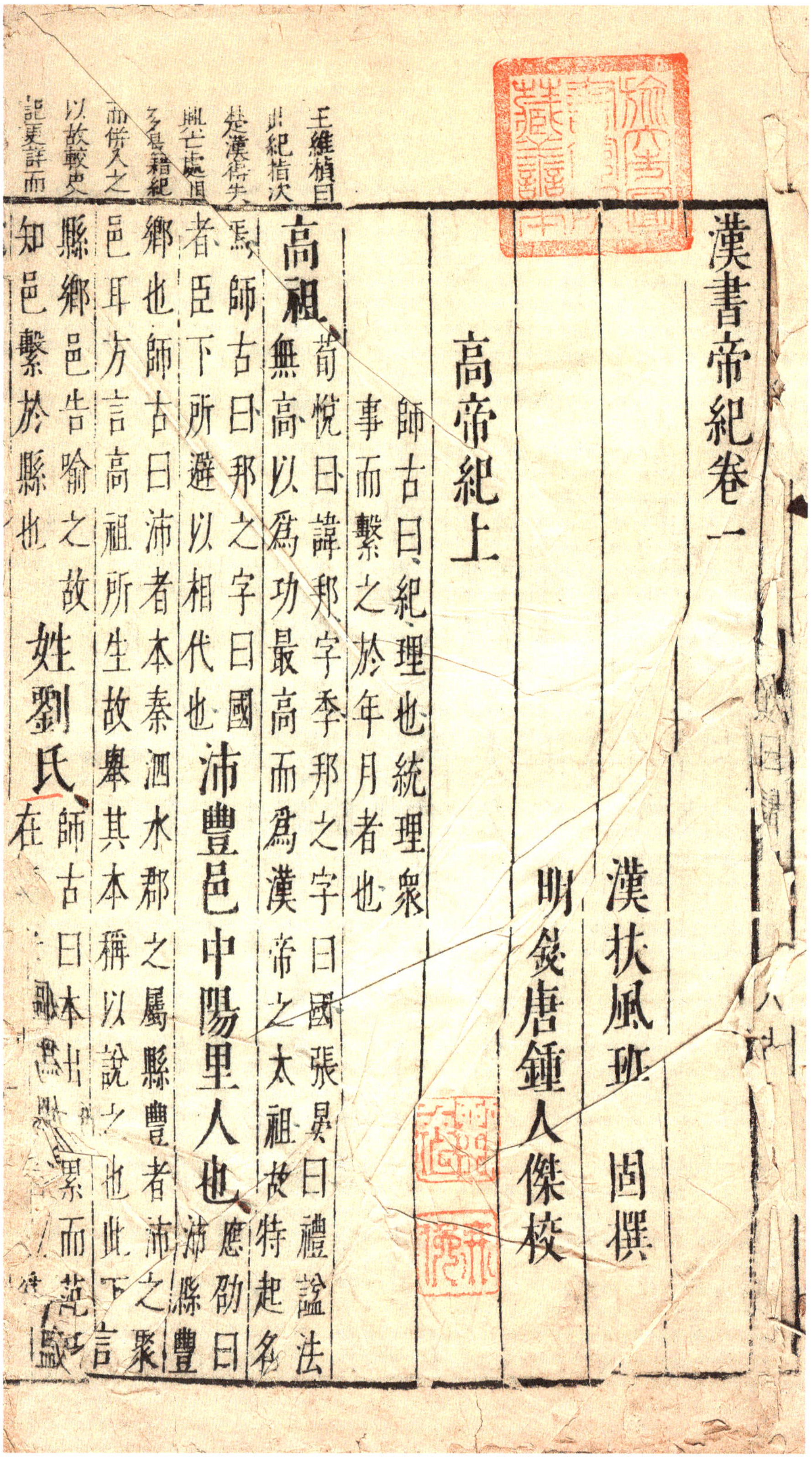

20040　漢書一百卷　（漢）班固撰　（唐）顔師古注　（明）鍾人傑輯評

明萬曆四十七年（1619）鍾人傑刻本　大連圖書館

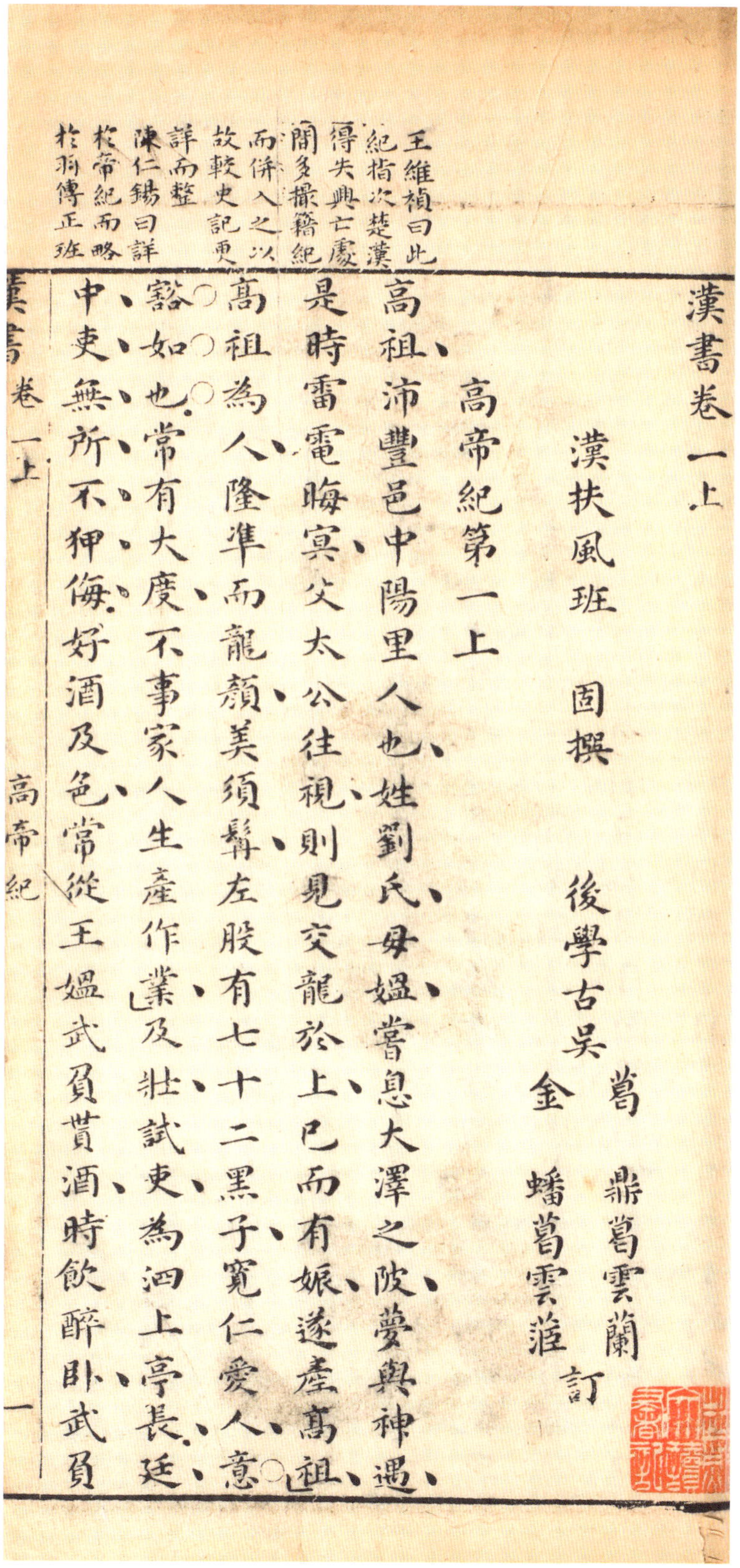

王維楨曰此紀指次楚漢得失興亡處間多撮籍紀而併入之以故較史記更詳而整陳仁錫曰詳於帝紀而略於羽傳正班

漢書卷一上

漢扶風班　固撰

後學古吳　葛　鼎　葛雲蘭
金　蟠　葛雲湼　訂

高帝紀第一上

高祖沛豐邑中陽里人也姓劉氏母媼嘗息大澤之陂夢與神遇是時雷電晦冥父太公往視則見交龍於上已而有娠遂產高祖高祖為人隆準而龍顏美須髯左股有七十二黑子寬仁愛人意豁如也常有大度不事家人生產作業及壯試吏為泗上亭長廷中吏無所不狎侮好酒及色常從王媼武負貰酒時飲醉卧武負

漢書卷一上　高帝紀　一

20041　漢書一百卷　（漢）班固撰　（明）葛錫璠彙評　明崇禎十二年（1639）葛鼎刻本　遼陽市圖書館

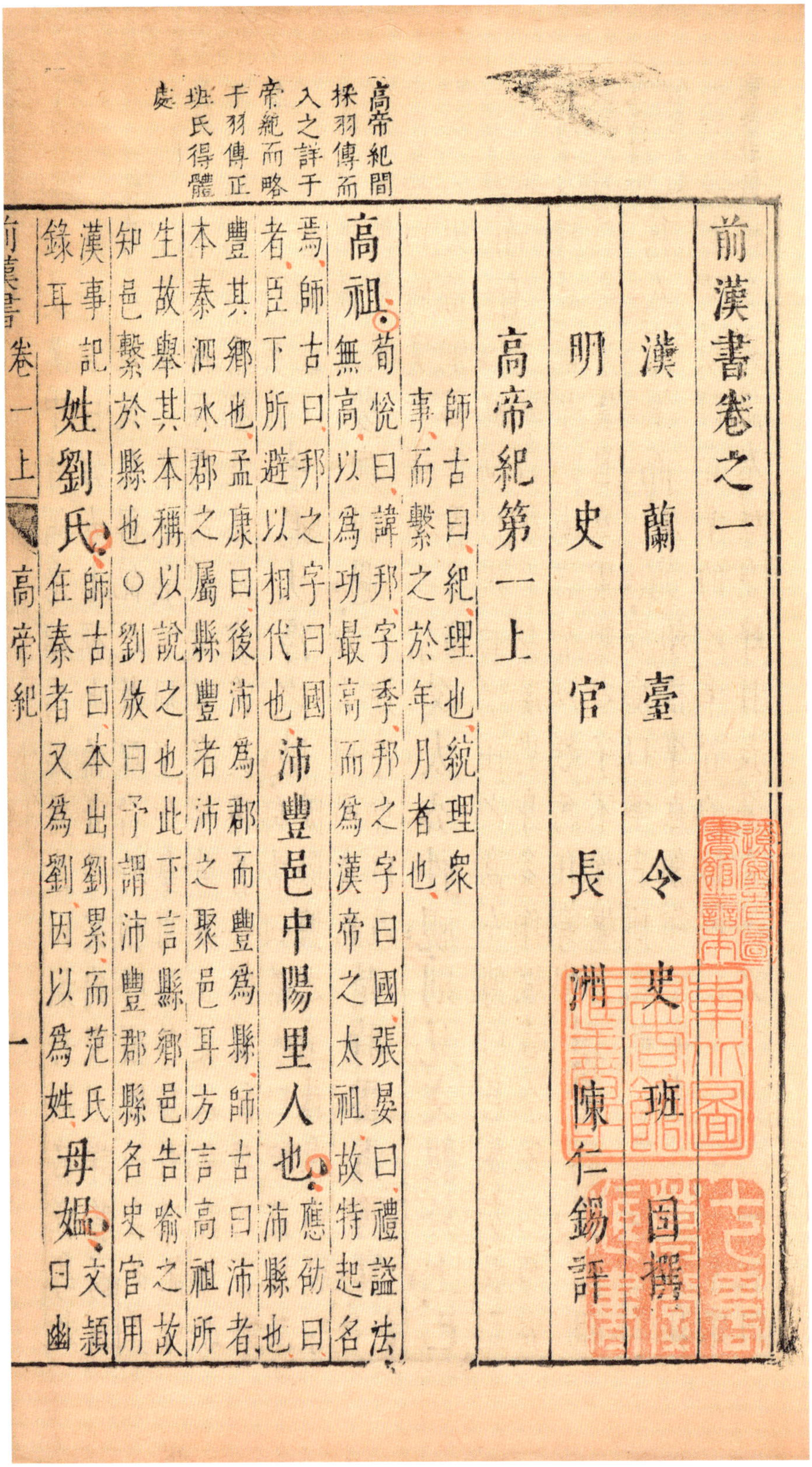
高帝紀間採羽傳而入之詳于帝紀而略于羽傳正班氏得體處

前漢書卷之一

漢　蘭臺令史班固撰

明　史官長洲陳仁錫評

高帝紀第一上

師古曰紀理也統理衆事而繫之於年月者也

高祖荀悅曰諱邦字季邦之字曰國張晏曰禮謚法無高以爲功最高而爲漢帝之太祖故特起名焉師古曰邦之字曰國者臣下所避以相代也沛豐邑中陽里人也應劭曰沛縣也豐其鄉也孟康曰後沛爲郡而豐爲縣師古曰沛者本秦泗水郡之屬縣豐者沛之聚邑耳方言高祖所生故舉其本稱以說之也此下言縣鄉邑告喻之故知邑繫於縣也○劉攽曰予謂沛豐郡縣名史官用漢事記錄耳姓劉氏師古曰本出劉累而范氏在秦者又爲劉因以爲姓母媪文穎曰幽

前漢書　卷一上　高帝紀　一

20042　前漢書一百卷　（漢）班固撰　（唐）顔師古注　（明）陳仁錫評

明崇禎刻本　遼寧省圖書館

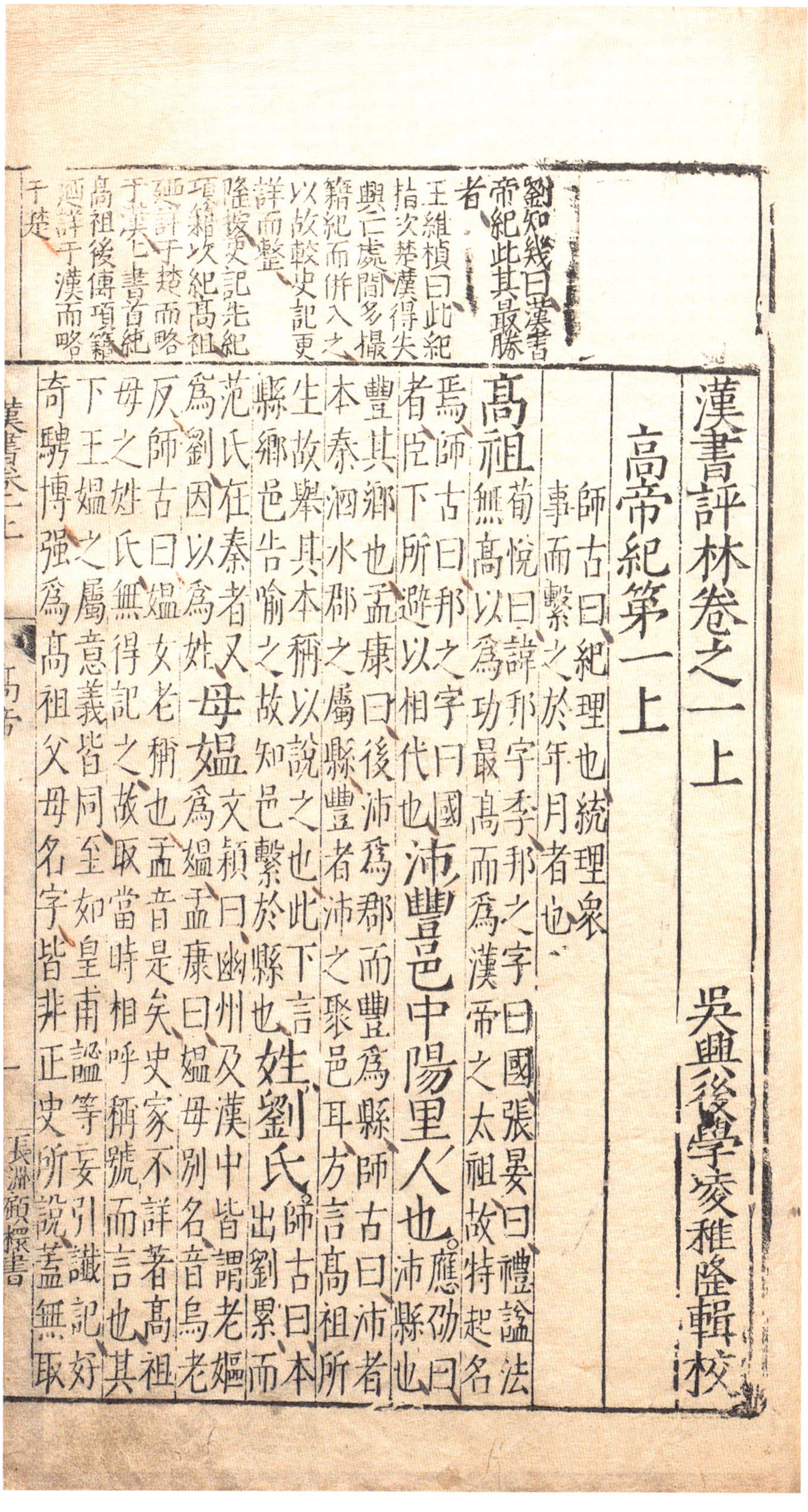
劉知幾曰漢書帝紀此其最勝者
王維楨曰此紀指次楚漢得失與亡處間多撮籍紀而併入之以故較史記更詳而整
隆按史記先紀項籍次紀高祖迺詳于楚而略于漢此書首紀高祖後傳項籍迺詳于漢而略于楚

漢書評林卷之一上　　吳興後學凌稚隆輯校

高帝紀第一上

師古曰紀理也統理衆事而繫之於年月者也

高祖荀悅曰諱邦字季邦之字曰國張晏曰禮謚法無以爲功最高而爲漢帝之太祖故特起名焉師古曰邦之字曰國者臣下所避以相代也沛豐邑中陽里人也應劭曰沛縣也豐其鄉也孟康曰後沛爲郡而豐爲縣師古曰沛者本秦泗水郡之屬縣豐者沛之聚邑耳方言高祖所生故舉其本稱以說之也此下言縣鄉邑告喻之故知邑繫於縣也姓劉氏師古曰本出劉累而范氏在秦者又爲劉因以爲姓母媼文穎曰幽州及漢中皆謂老嫗爲媼孟康曰媼母別名音烏老反師古曰媼女老稱也孟音是矣史家不詳著高祖母之姓氏無得記之故取當時相呼稱號而言也其下王媼之屬意義皆同至如皇甫謐等妄引讖記好奇騁博强爲高祖父母名字皆非正史所說蓋無取

漢書卷之一上　高帝　一　長洲顧標書

20043　漢書評林一百卷　（明）凌稚隆輯　明書林余彰德刻本　大連圖書館

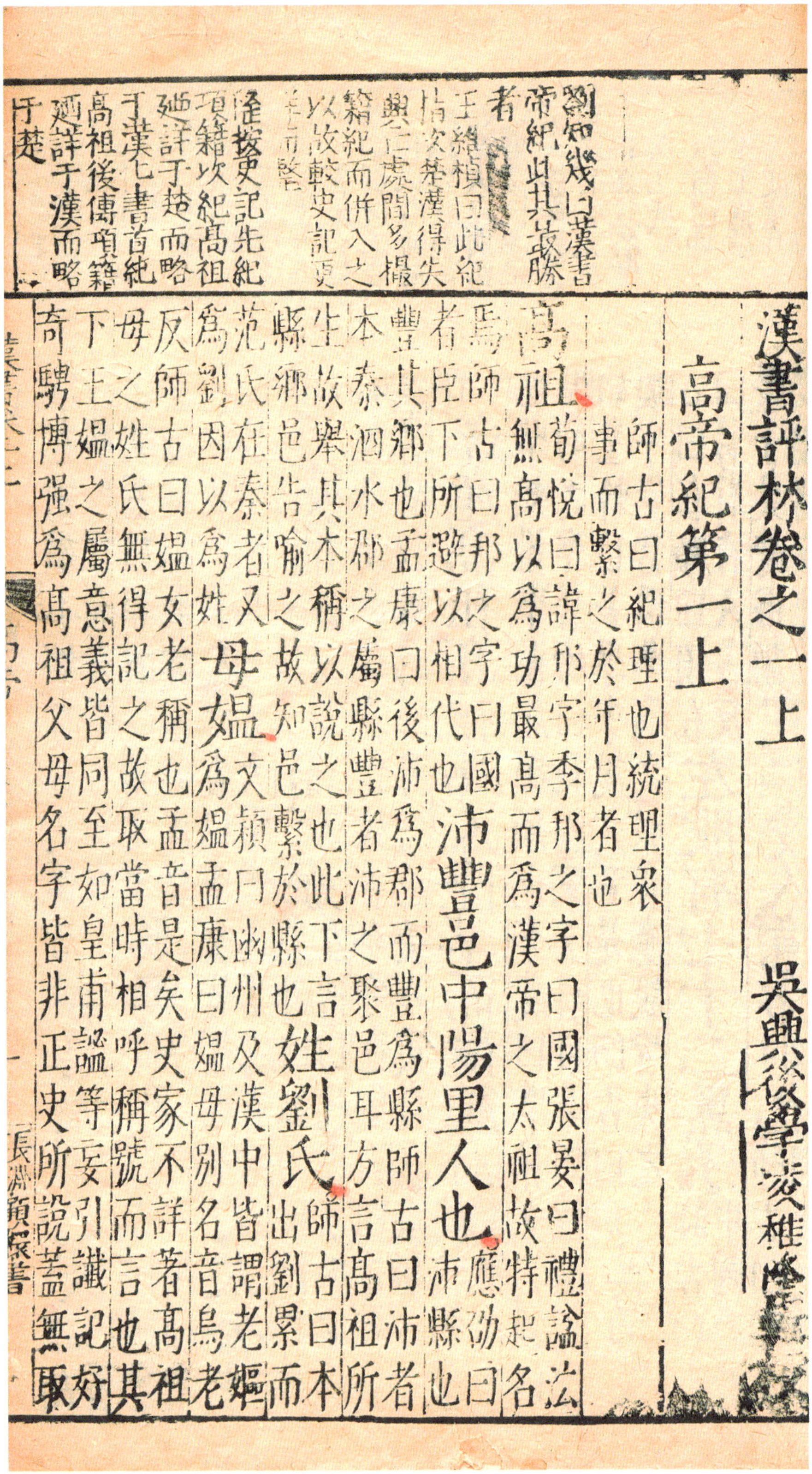
漢書評林卷之一上　　吳興後學凌稚隆輯

高帝紀第一上

師古曰紀理也統理衆事而繫之於年月者也

高祖　荀悅曰諱邦字季邦之字曰國張晏曰禮謚法無高以爲功最高而爲漢帝之太祖故特起名焉師古曰邦之字曰國者臣下所避以相代也　沛豐邑中陽里人也　應劭曰沛縣也豐其鄉也孟康曰後沛爲郡而豐爲縣師古曰沛者本秦泗水郡之屬縣豐者沛之聚邑耳方言高祖所生故舉其本稱以說之也此下言縣鄉邑告喻之故知邑繫於縣也　姓劉氏　師古曰本出劉累而范氏在秦者又爲劉因以爲姓　母媼　文穎曰幽州及漢中皆謂老嫗爲媼孟康曰媼母別名音烏老反師古曰媼女老稱也孟音是矣史家不詳著高祖母之姓氏無得記之故取當時相呼稱號而言也其下王媼之屬意義皆同至如皇甫謐等妄引讖記好奇騁博强爲高祖父母名字皆非正史所說蓋無取

劉知幾曰漢書帝紀以其叙勝者
王維楨曰此紀指次楚漢得失與仁處間多攙籍紀而併入之以故較史記更[illegible]而略
隆按史記先紀項籍次紀高祖迺詳于楚而略于漢是書首紀高祖後傳項籍迺詳于漢而略于楚

20044　漢書評林一百卷　（明）凌稚隆輯　明書林余彰德刻本　遼寧大學圖書館

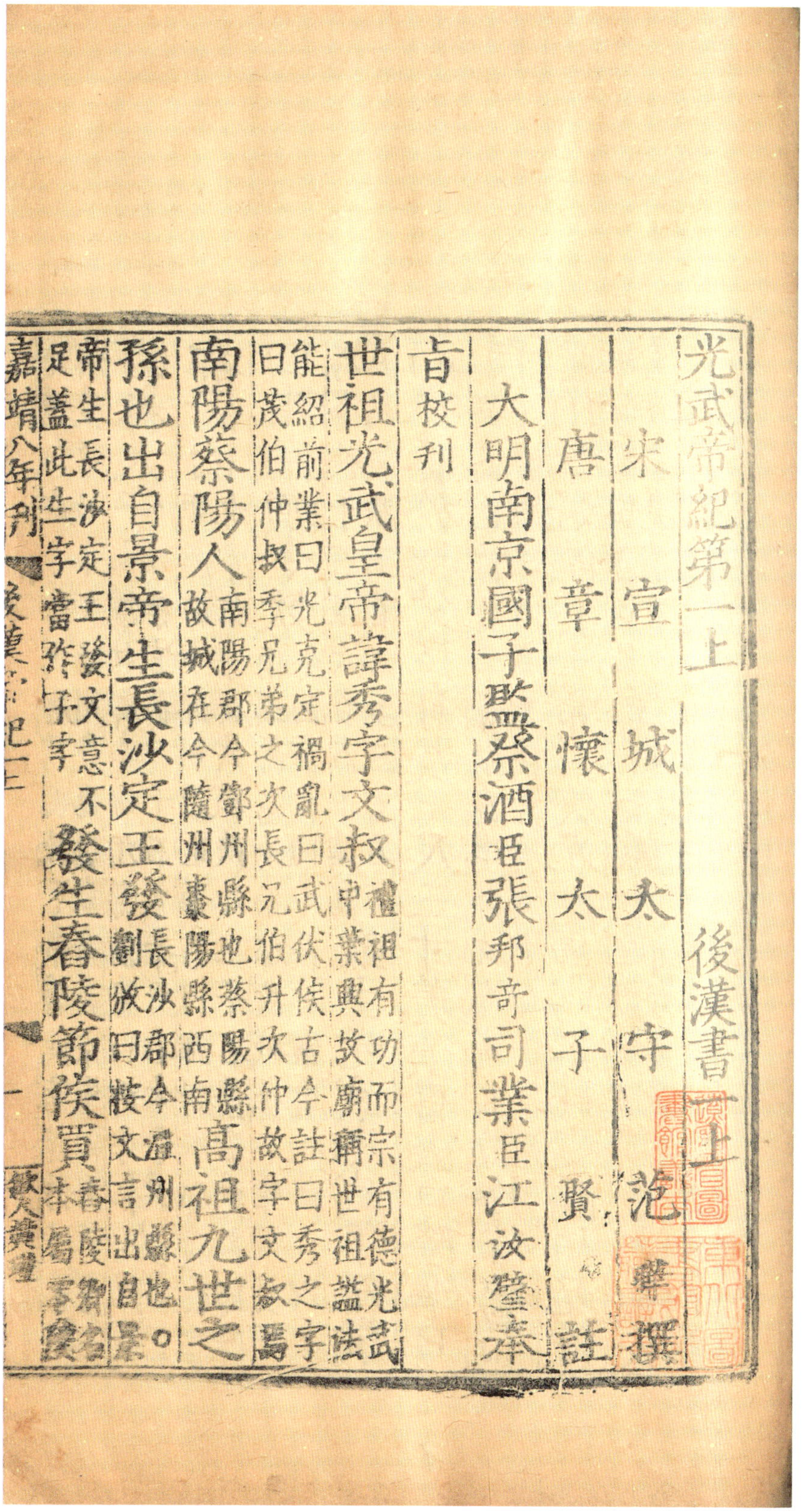

20045　後漢書九十卷（南朝宋）范曄撰　（唐）李賢注　**志三十卷**（晋）司馬彪撰　（南朝梁）劉昭注　明嘉靖七年至九年（1528–1530）南京國子監刻本　遼寧省圖書館

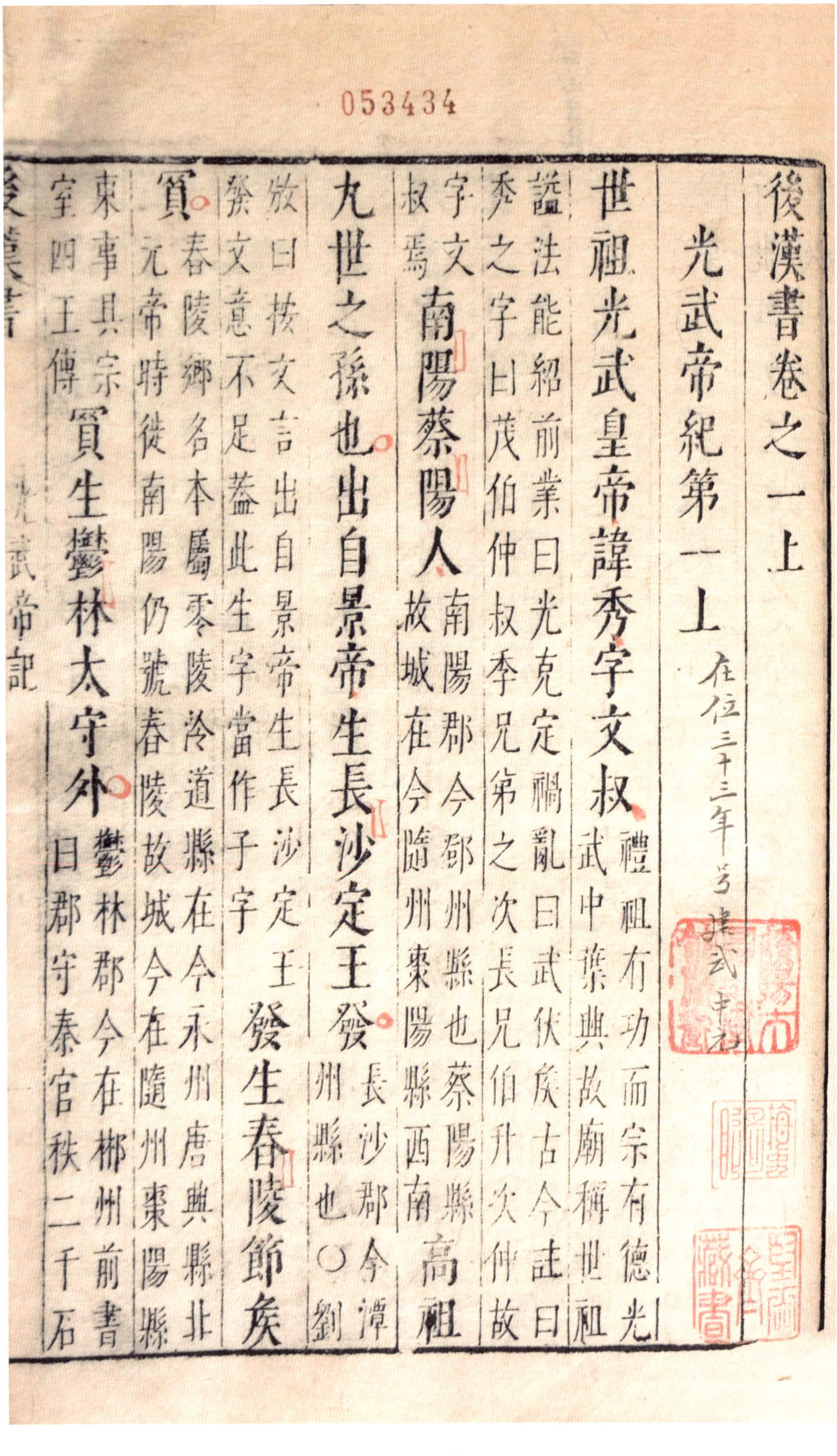
053434
後漢書卷之一上
光武帝紀第一上 在位三十三年 号建武中元
世祖光武皇帝諱秀字文叔禮祖有功而宗有德光武中葉興故廟稱世祖謚法能紹前業曰光克定禍亂曰武伏侯古今註曰秀之字曰茂伯仲叔季兄弟之次長兄伯升次仲故字文叔焉南陽蔡陽人南陽郡今鄧州縣也蔡陽縣故城在今隨州棗陽縣西南高祖九世之孫也出自景帝生長沙定王發長沙郡今潭州縣也○劉攽曰按文言出自景帝生長沙定王發文意不足蓋此生字當作子字發生舂陵節侯買舂陵鄉名本屬零陵泠道縣在今永州唐興縣北元帝時徙南陽仍號舂陵故城今在隨州棗陽縣東事具宗室四王傳買生鬱林太守外鬱林郡今在郴州前書曰郡守秦官秩二千石
後漢書 光武帝記

20046 後漢書九十卷 （南朝宋）范曄撰 （唐）李賢注 （明）陳仁錫評
志三十卷 （晉）司馬彪撰 （南朝梁）劉昭注 （明）陳仁錫評 明天啓刻本
遼陽市圖書館

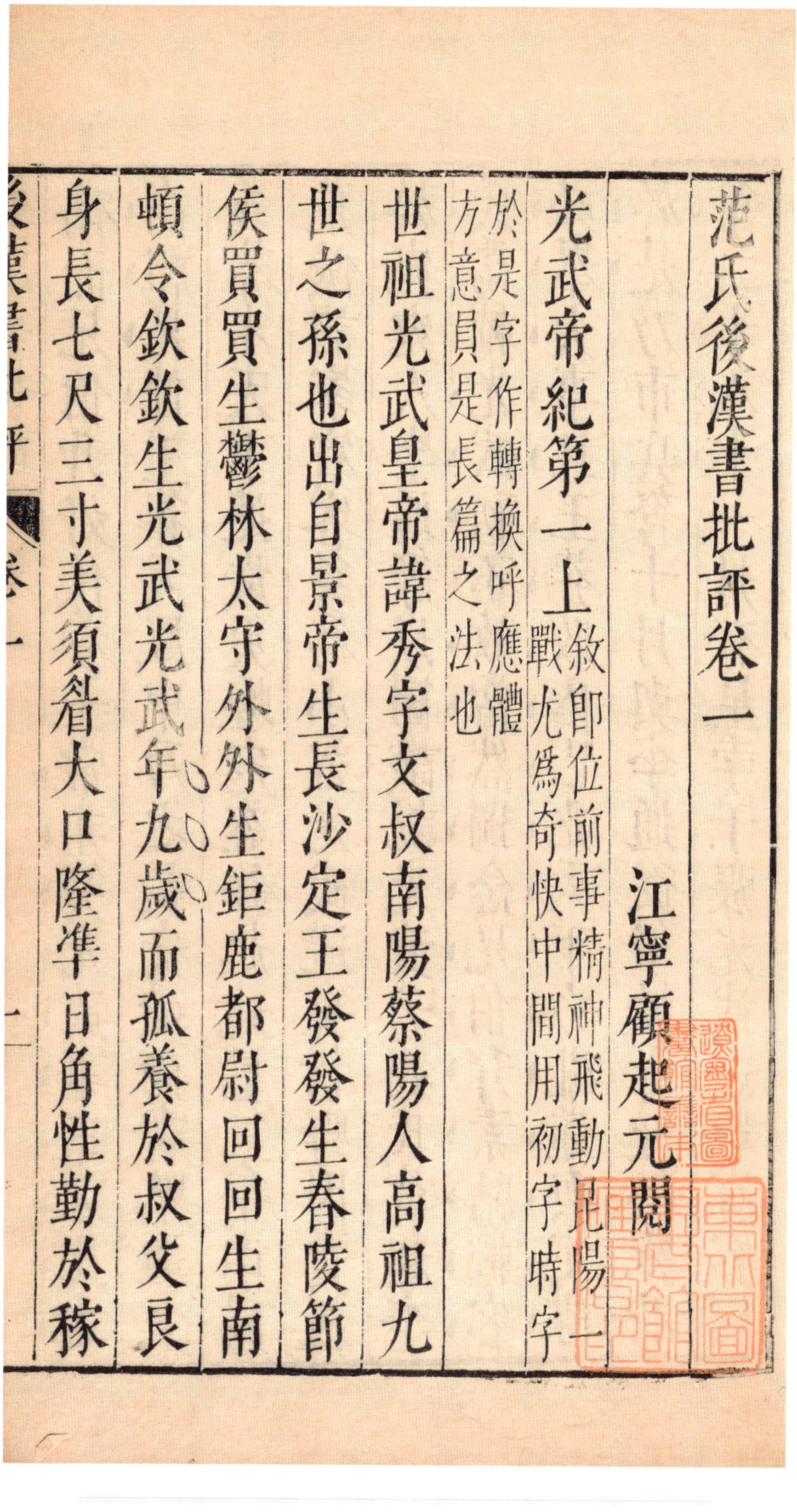
范氏後漢書批評卷一
江寧顧起元閱
光武帝紀第一上 敘即位前事精神飛動昆陽一戰尤爲奇快中間用初字時字於是字作轉換呼應體方意員是長篇之法也
世祖光武皇帝諱秀字文叔南陽蔡陽人高祖九
世之孫也出自景帝生長沙定王發發生舂陵節
侯買買生鬱林太守外外生鉅鹿都尉回回生南
頓令欽欽生光武光武年九歲而孤養於叔父良
身長七尺三寸美須眉大口隆準日角性勤於稼
後漢書批評　卷一　二

20047　范氏後漢書批評一百卷　（明）顧起元撰　明萬曆四十七年（1619）刻本　遼寧省圖書館

存八十六卷（一至八十六）

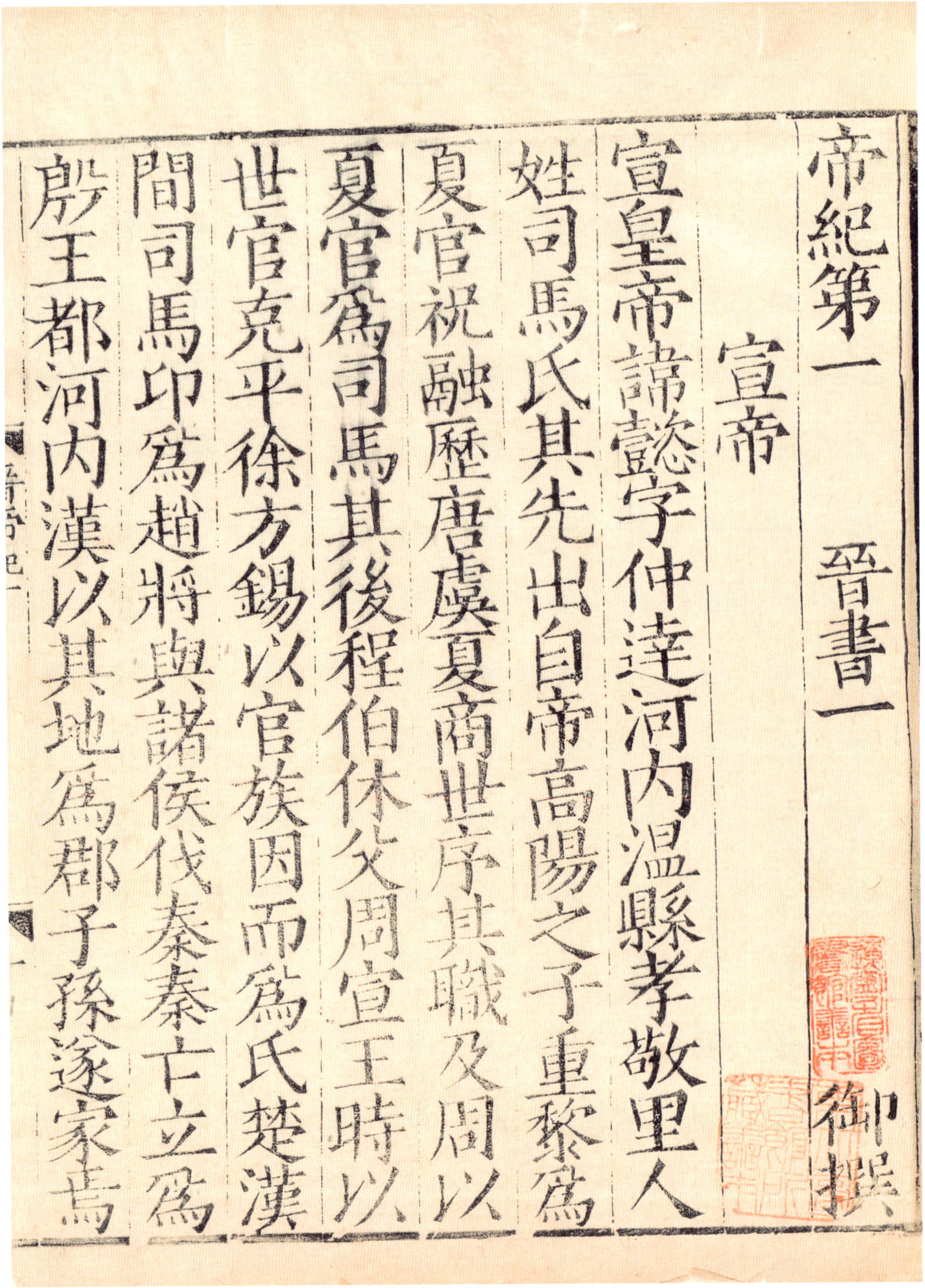
帝紀第一　晉書一　御撰

宣帝

宣皇帝諱懿字仲達河內溫縣孝敬里人姓司馬氏其先出自帝高陽之子重黎為夏官祝融歷唐虞夏商世序其職及周以夏官為司馬其後程伯休父周宣王時以世官克平徐方錫以官族因而為氏楚漢間司馬卬為趙將與諸侯伐秦秦亡立為殷王都河內漢以其地為郡子孫遂家焉

20048　晋書一百三十卷　（唐）房玄齡等撰　（唐）何超音義　明萬曆六年（1578）周若年、丁孟嘉刻本　遼寧省圖書館

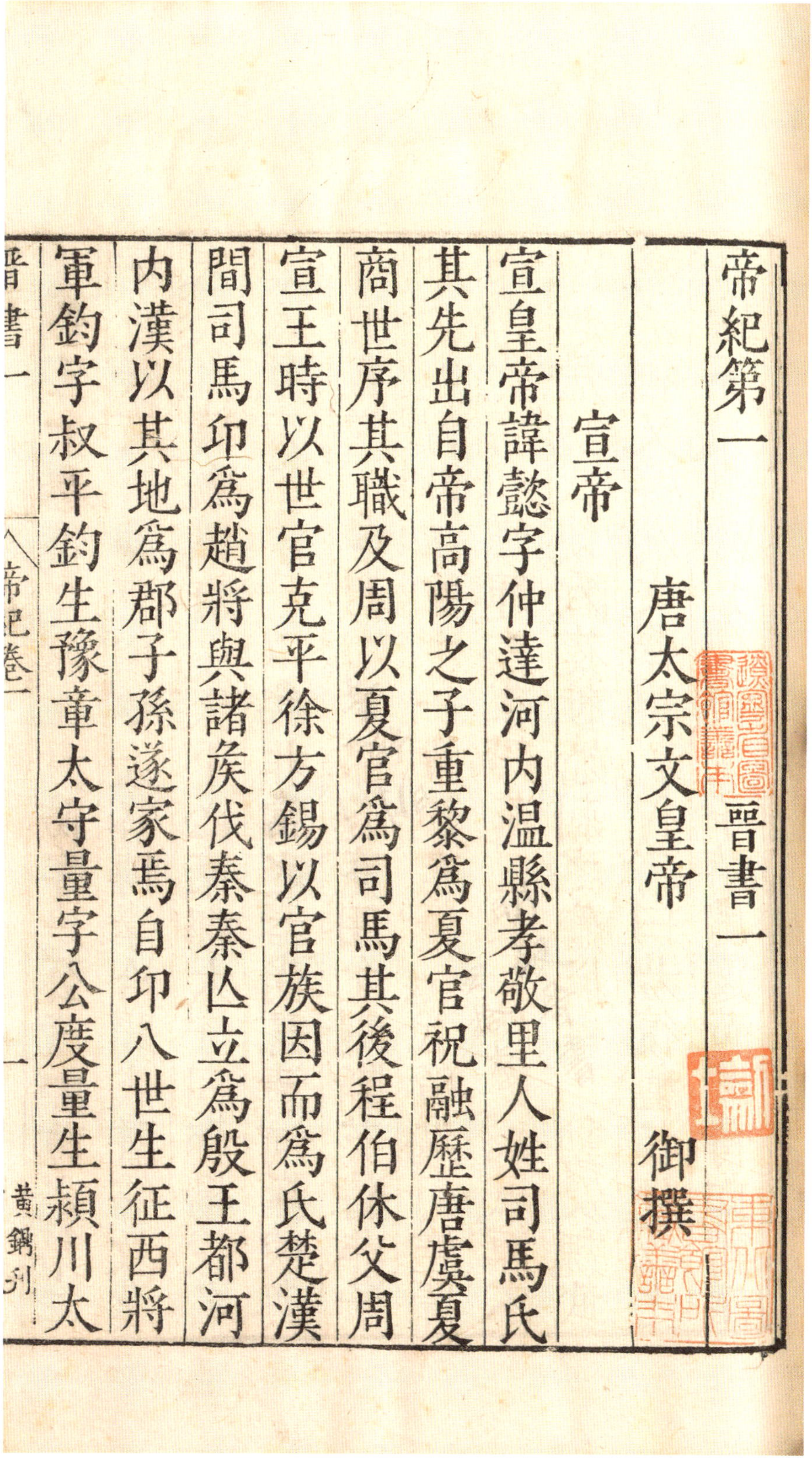
帝紀第一　晉書一
唐太宗文皇帝　御撰
宣帝
宣皇帝諱懿字仲達河内温縣孝敬里人姓司馬氏
其先出自帝高陽之子重黎爲夏官祝融歷唐虞夏
商世序其職及周以夏官爲司馬其後程伯休父周
宣王時以世官克平徐方錫以官族因而爲氏楚漢
間司馬卬爲趙將與諸侯伐秦秦亾立爲殷王都河
内漢以其地爲郡子孫遂家焉自卬八世生征西將
軍鈞字叔平鈞生豫章太守量字公度量生頴川太
晉書一　帝紀卷一　一　黄鏻刋

20049　晋書一百三十卷　（唐）房玄齡等撰　（唐）何超音義　明吴氏西爽堂刻本　遼寧省圖書館

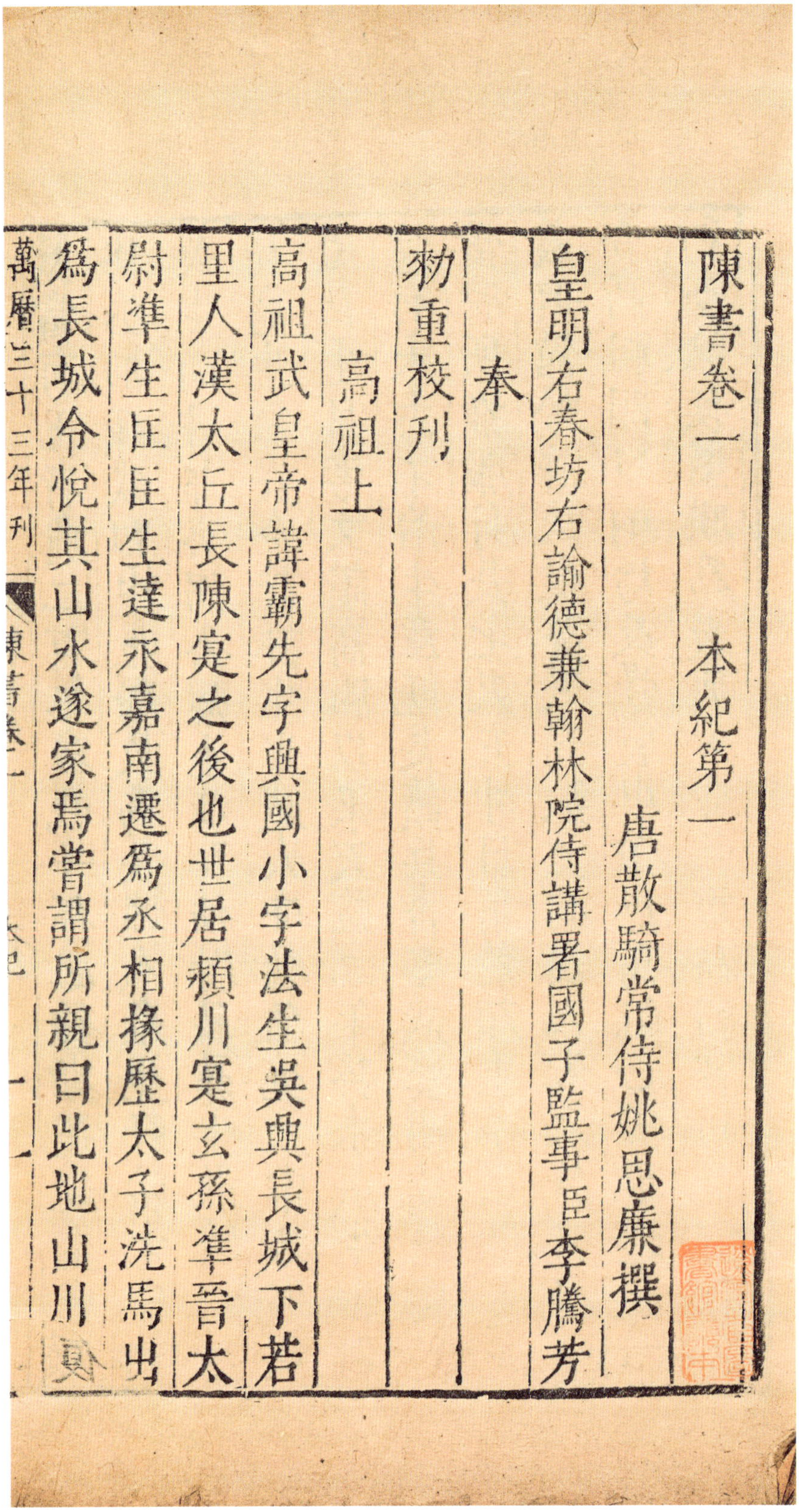
陳書卷一　本紀第一
唐散騎常侍姚思廉撰
皇明右春坊右諭德兼翰林院侍講署國子監事臣李騰芳
奉
勑重校刊
高祖上
高祖武皇帝諱霸先字興國小字法生吳興長城下若
里人漢太丘長陳寔之後也世居潁川寔玄孫準晉太
尉準生匡匡生達永嘉南遷爲丞相掾歷太子洗馬出
爲長城令悅其山水遂家焉嘗謂所親曰此地山川秀
萬曆三十三年刊　陳書卷一　本紀　一

20050　陳書三十六卷　（唐）姚思廉撰　明萬曆三十三年（1605）刻本

遼寧省圖書館

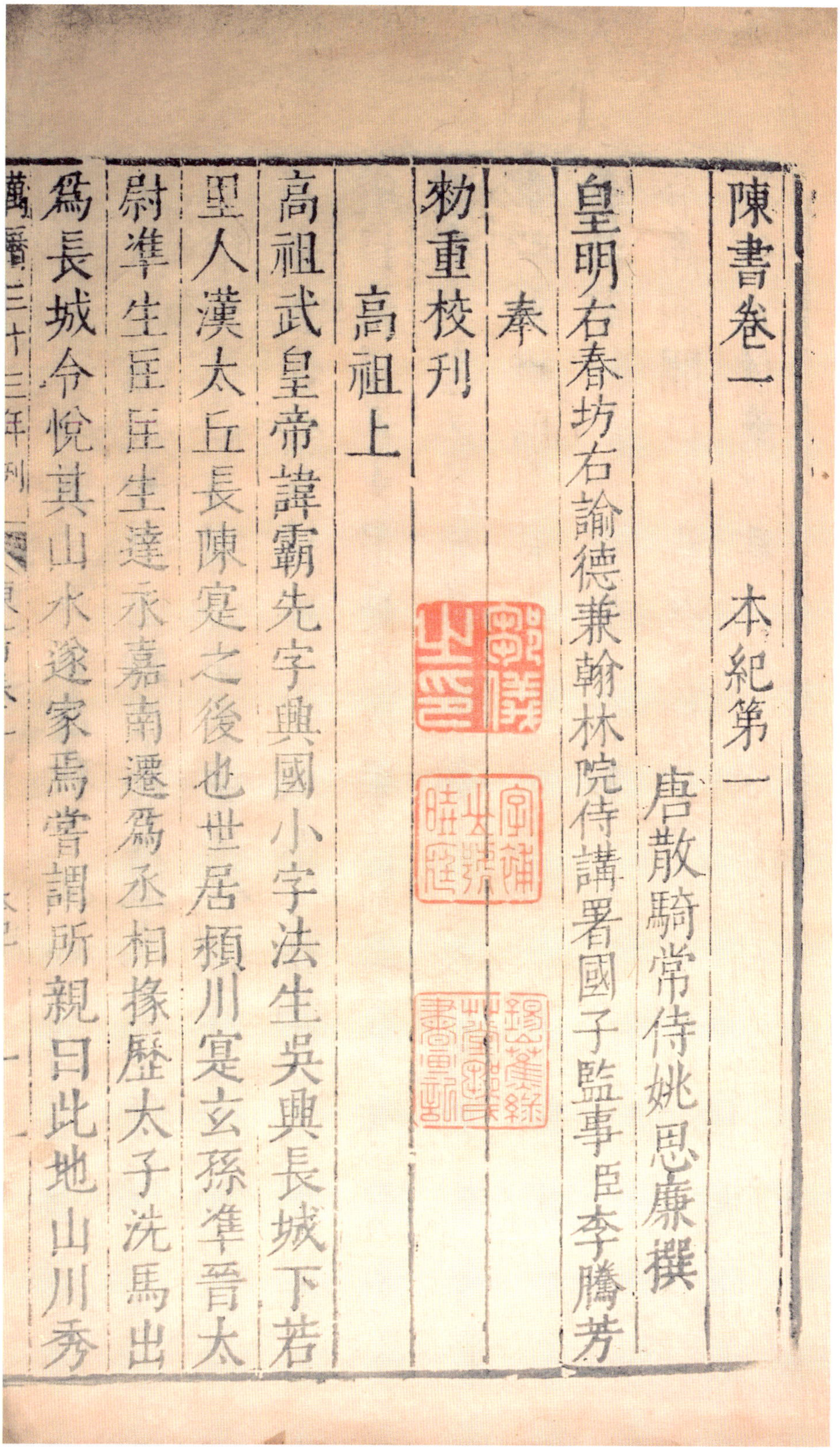

陳書卷一　本紀第一
唐散騎常侍姚思廉撰
皇明右春坊右諭德兼翰林院侍講署國子監事臣李騰芳
奉
勑重校刊
高祖上
高祖武皇帝諱霸先字興國小字法生吳興長城下若
里人漢太丘長陳寔之後也世居潁川寔玄孫準晉太
尉準生匡匡生達永嘉南遷爲丞相掾歷太子洗馬出
爲長城令悅其山水遂家焉甞謂所親曰此地山川秀
萬曆三十三年刊

20051　陳書三十六卷　（唐）姚思廉撰　明萬曆三十三年（1605）刻本

遼陽市圖書館

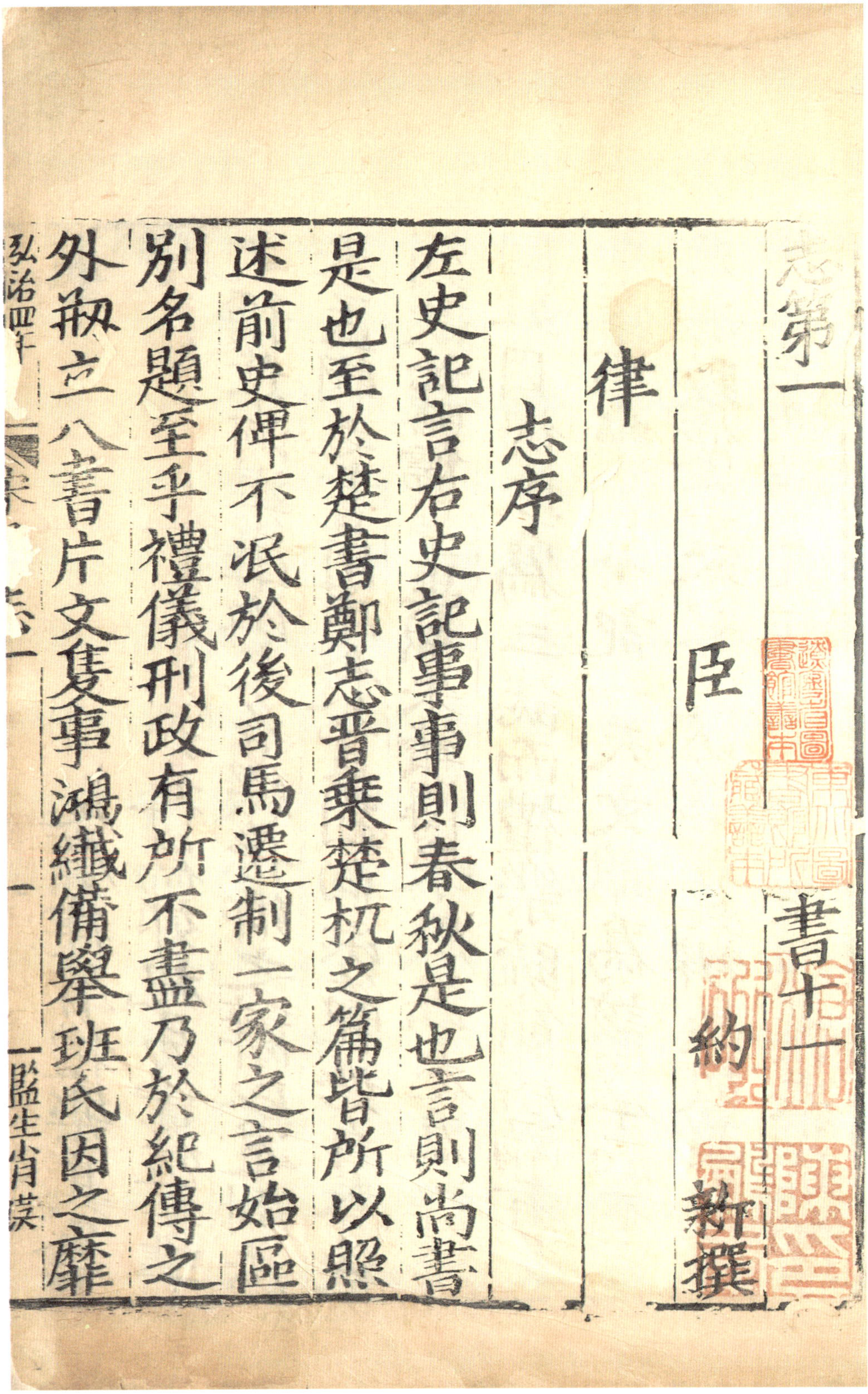
志第一　　宋書十一
臣　約　新撰
律
志序
左史記言右史記事事則春秋是也言則尚書
是也至於楚書鄭志晉乘楚杌之篇皆所以照
述前史俾不泯於後司馬遷制一家之言始區
別名題至乎禮儀刑政有所不盡乃於紀傳之
外敘立八書片文隻事鴻纖備舉班氏因之靡
弘治四年
監生肖漢

20052　宋書一百卷　（南朝梁）沈約撰　宋刻宋元明遞修本　遼寧省圖書館

存九十四卷（三至七十八、八十三至一百）

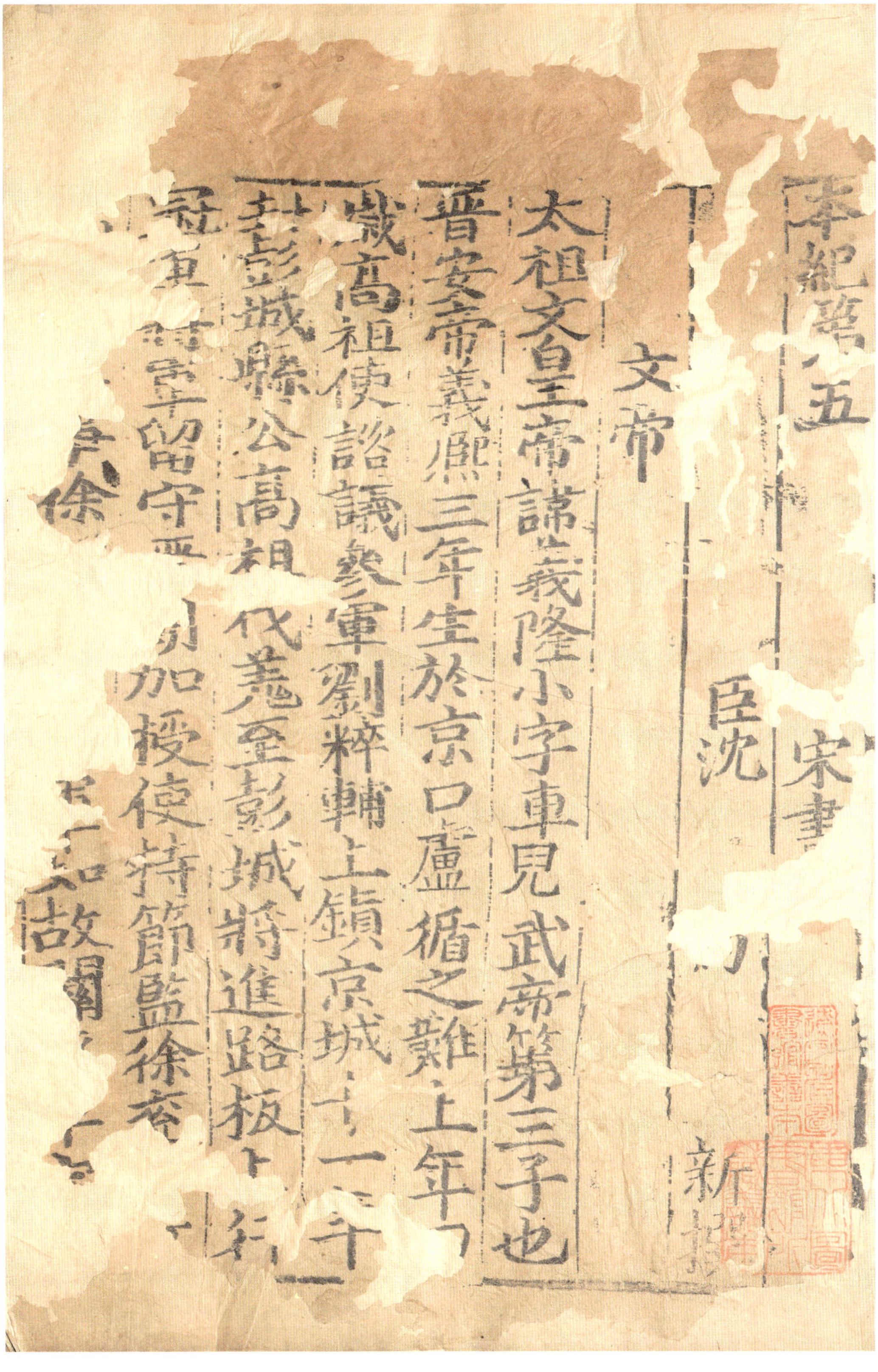

20053 宋書一百卷 （南朝梁）沈約撰 宋刻宋元明遞修本 遼寧省圖書館

存七十二卷（本紀五至十，志一至六、九至十、十七至三十，列傳八至十七、二十至三十六、四十至五十六）

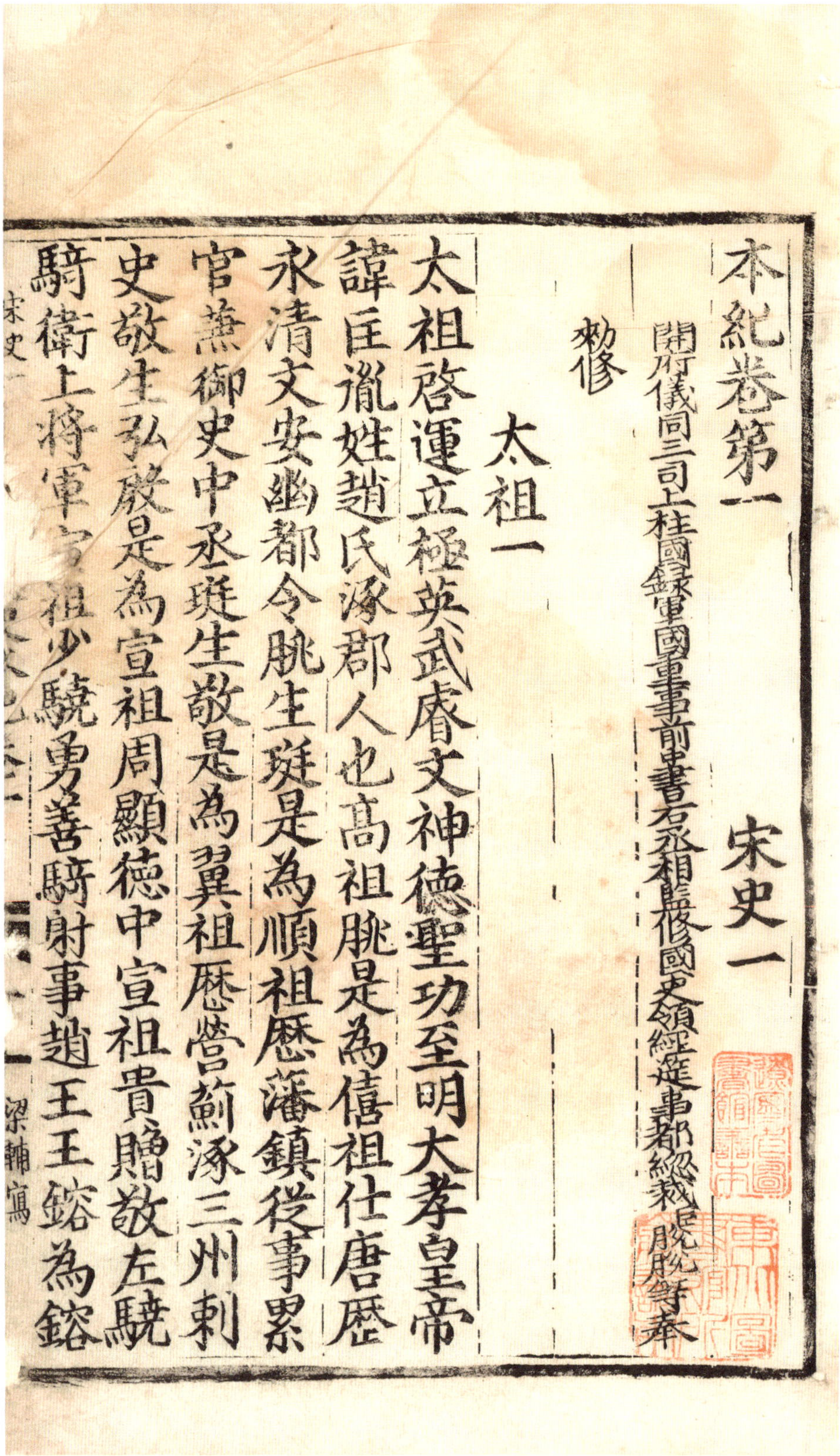
本紀卷第一　宋史一
開府儀同三司上柱國錄軍國重事前中書右丞相監修國史領經筵事都總裁臣脫脫等奉
敕修
太祖一
太祖啓運立極英武睿文神德聖功至明大孝皇帝
諱匡胤姓趙氏涿郡人也高祖朓是為僖祖仕唐歷
永清文安幽都令朓生珽是為順祖歷藩鎮從事累
官兼御史中丞珽生敬是為翼祖歷營薊涿三州刺
史敬生弘殷是為宣祖周顯德中宣祖貴贈敬左驍
騎衛上將軍宣祖少驍勇善騎射事趙王王鎔為鎔
宋史一
梁輔寫

20054　宋史四百九十六卷目錄三卷　（元）脫脫等撰　明成化七年至十六年（1471–1480）朱英刻嘉靖、萬曆南京國子監遞修本　遼寧省圖書館

存四百七十四卷（一至二百七十六、二百八十至三百三十三、三百五十三至四百四十二、四百四十六至四百九十六，目錄三卷）

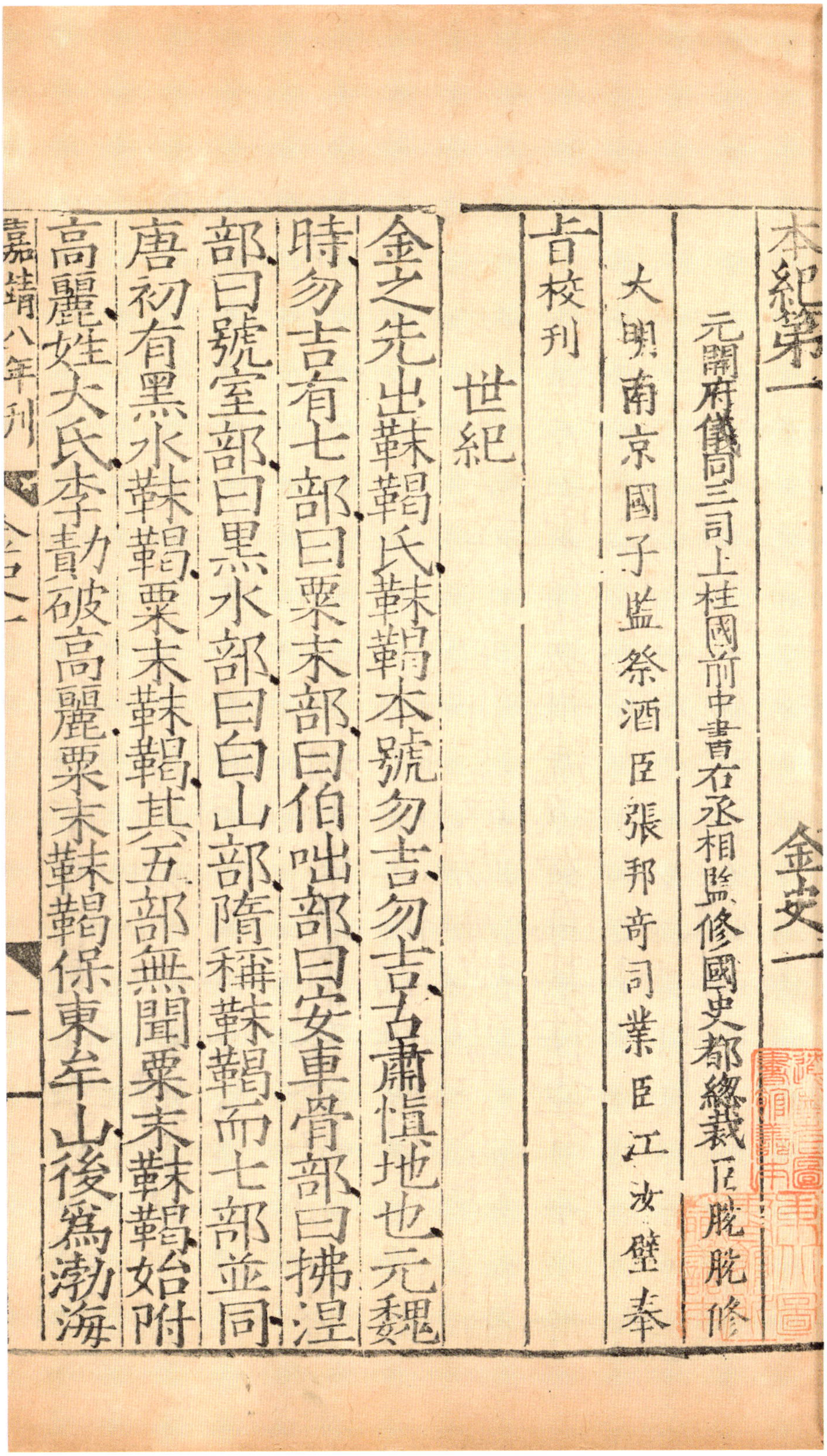

本紀第一　　金史一

元開府儀同三司上柱國前中書右丞相監修國史都總裁臣脫脫修

大明南京國子監祭酒臣張邦奇司業臣江汝璧奉

旨校刊

世紀

金之先出靺鞨氏靺鞨本號勿吉勿吉古肅愼地也元魏時勿吉有七部曰粟末部曰伯咄部曰安車骨部曰拂涅部曰號室部曰黑水部曰白山部隋稱靺鞨而七部並同唐初有黑水靺鞨粟末靺鞨其五部無聞粟末靺鞨始附高麗姓大氏李勣破高麗粟末靺鞨保東牟山後爲渤海

嘉靖八年刊　金史一　一

20055　金史一百三十五卷目錄二卷（元）脫脫等撰　明嘉靖八年（1529）南京國子監刻本　遼寧省圖書館

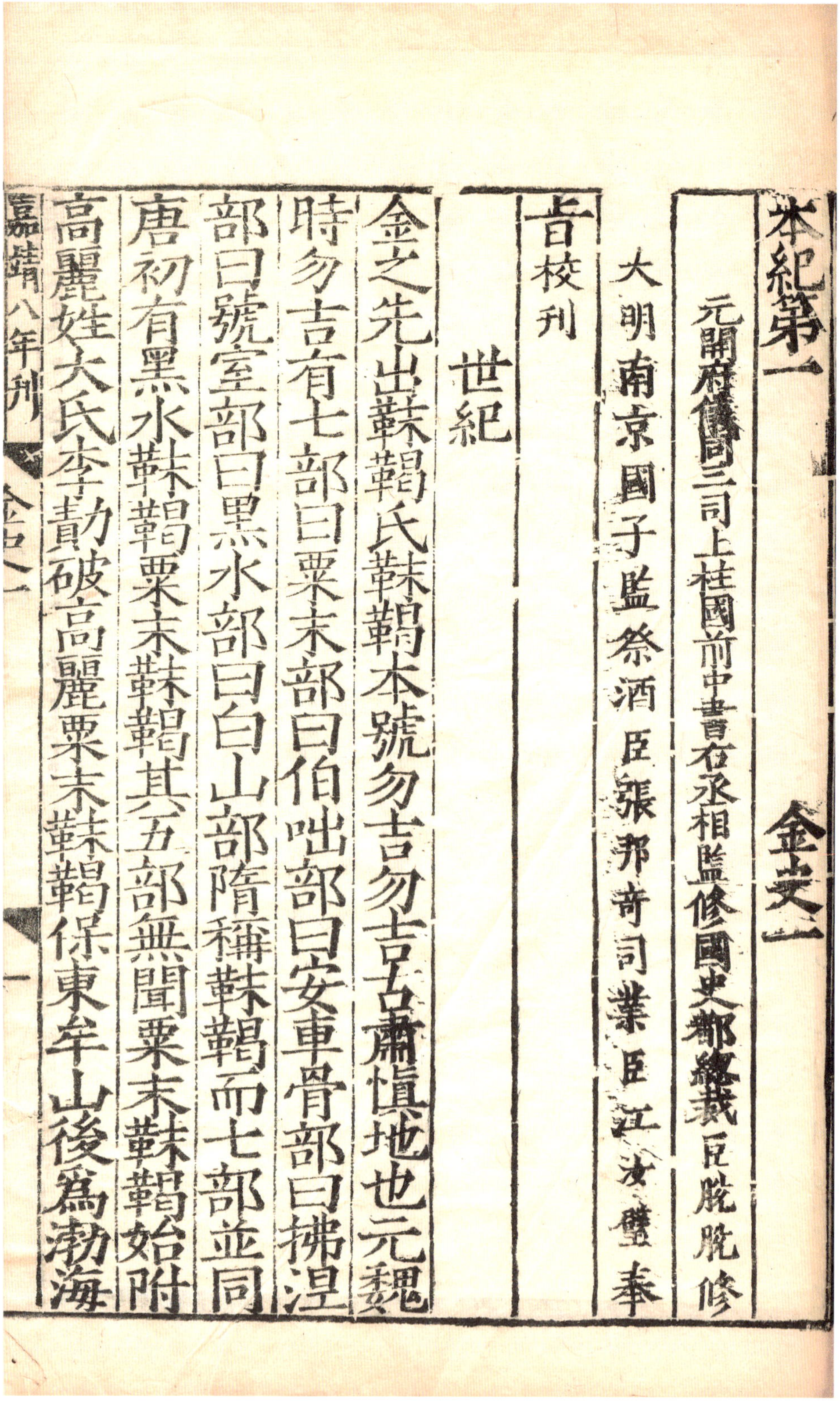
本紀第一　金史一
元開府儀同三司上柱國前中書右丞相監修國史都總裁臣脫脫修
大明南京國子監祭酒臣張邦奇司業臣江汝璧奉
旨校刊
世紀
金之先出靺鞨氏靺鞨本號勿吉勿吉古肅慎地也元魏
時勿吉有七部曰粟末部曰伯咄部曰安車骨部曰拂涅
部曰號室部曰黑水部曰白山部隋稱靺鞨而七部並同
唐初有黑水靺鞨粟末靺鞨其五部無聞粟末靺鞨始附
高麗姓大氏李勣破高麗粟末靺鞨保東牟山後爲渤海
嘉靖八年刊　金史一　一

20056　金史一百三十五卷目録二卷（元）脱脱等撰　明嘉靖八年（1529）

南京國子監刻萬曆、崇禎遞修本　大連圖書館

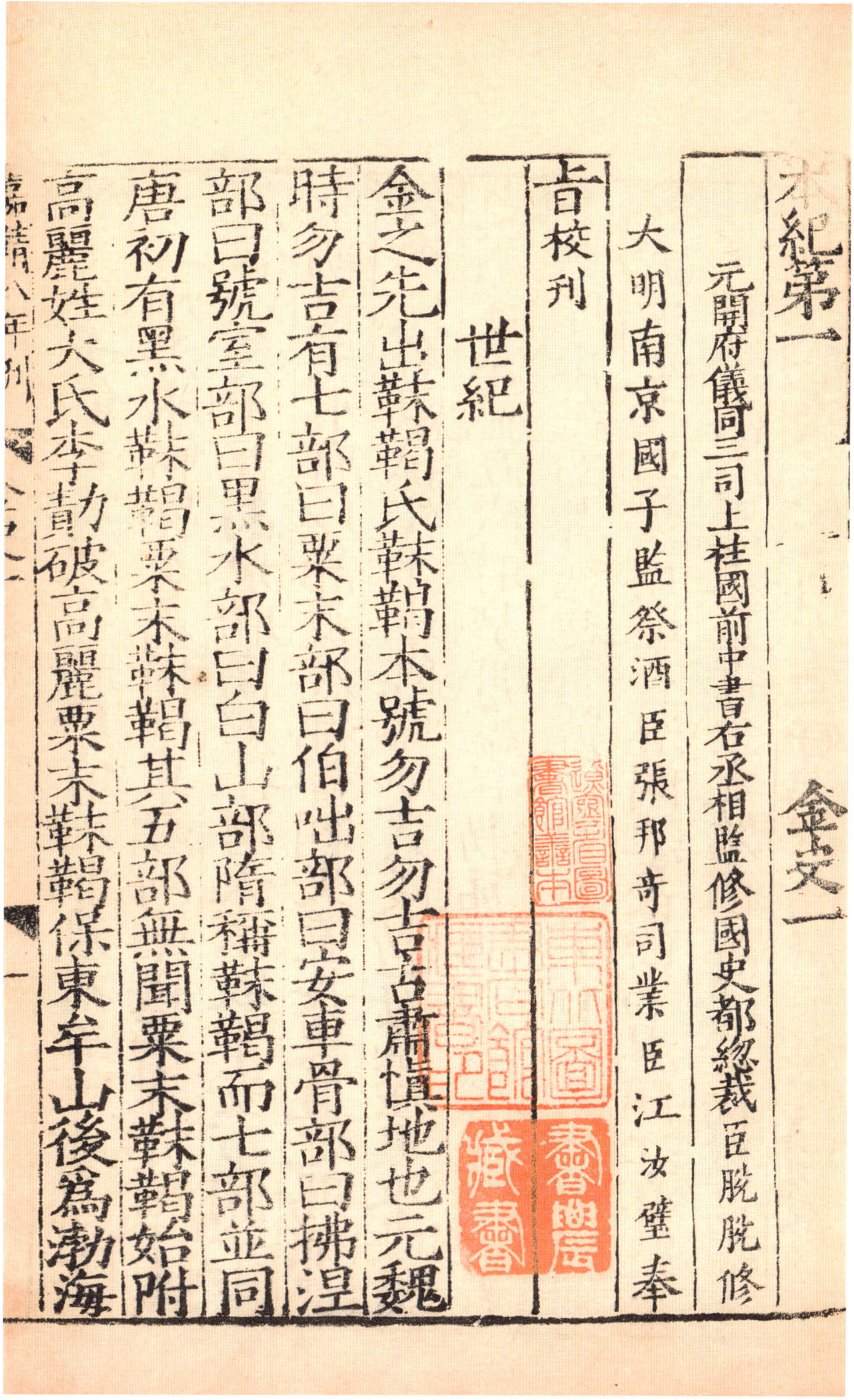

本紀第一　金史一

元開府儀同三司上柱國前中書右丞相監修國史都總裁臣脫脫修
大明南京國子監祭酒臣張邦奇司業臣江汝璧奉
旨校刊

世紀

金之先出靺鞨氏靺鞨本號勿吉勿吉古肅慎地也元魏時勿吉有七部曰粟末部曰伯咄部曰安車骨部曰拂涅部曰號室部曰黑水部曰白山部隋稱靺鞨而七部並同唐初有黑水靺鞨粟末靺鞨其五部無聞粟末靺鞨始附高麗姓大氏李勣破高麗粟末靺鞨保東牟山後爲渤海

嘉靖八年刊

20057　金史一百三十五卷目錄二卷（元）脫脫等撰　明嘉靖八年（1529）南京國子監刻明清遞修本　遼寧省圖書館

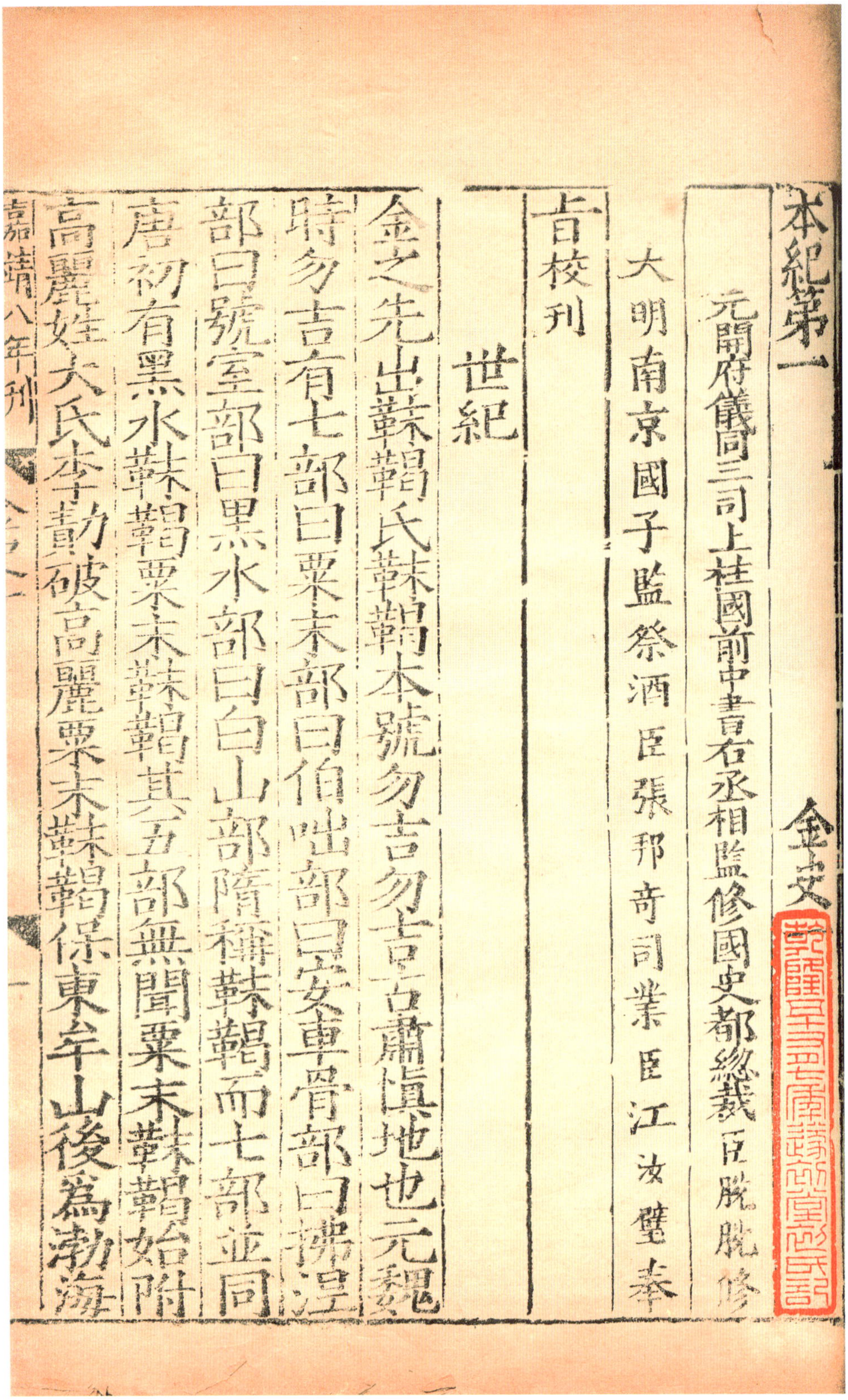
本紀第一　　金史一
元開府儀同三司上柱國前中書右丞相監修國史都總裁臣脫脫修
大明南京國子監祭酒臣張邦奇司業臣江汝璧奉
旨校刊
世紀
金之先出靺鞨氏靺鞨本號勿吉勿吉古肅慎地也元魏
時勿吉有七部曰粟末部曰伯咄部曰安車骨部曰拂涅
部曰號室部曰黑水部曰白山部隋稱靺鞨而七部並同
唐初有黑水靺鞨粟末靺鞨其五部無聞粟末靺鞨始附
高麗姓大氏李勣破高麗粟末靺鞨保東牟山後爲渤海
嘉靖八年刊

20058　金史一百三十五卷目錄二卷（元）脫脫等撰　明嘉靖八年(1529)
南京國子監刻明清遞修本　遼寧大學圖書館

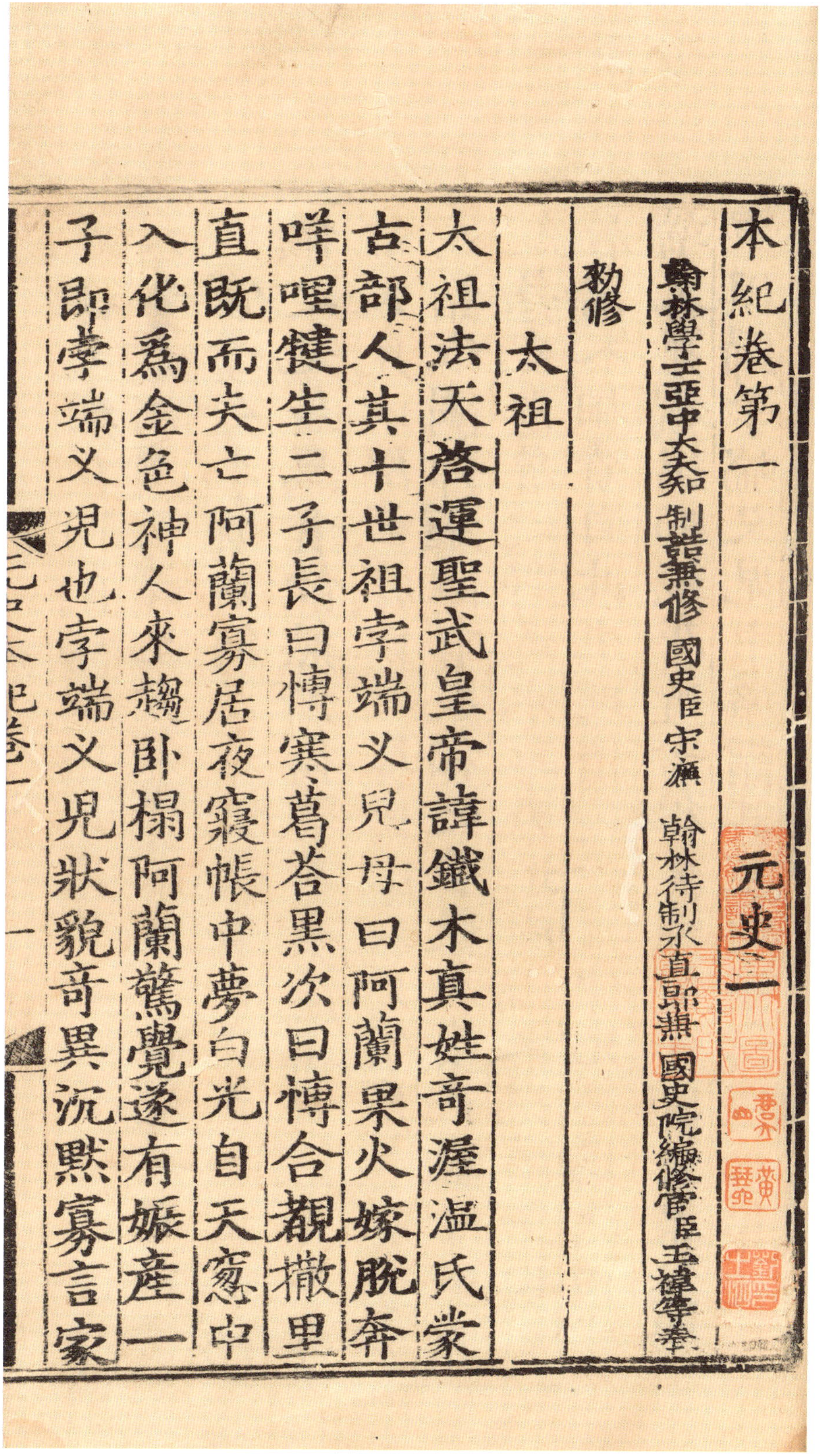
本紀卷第一　　元史一
翰林學士亞中大夫知制誥兼修國史臣宋濂　翰林待制承直郎同知制誥兼國史院編修官臣王褘等奉
勅修
太祖
太祖法天啓運聖武皇帝諱鐵木真姓奇渥溫氏蒙
古部人其十世祖孛端叉兒母曰阿蘭果火嫁脫奔
咩哩犍生二子長曰博寒葛荅黑次曰博合覩撒里
直既而夫亡阿蘭寡居夜寢帳中夢白光自天窻中
入化爲金色神人來趨卧榻阿蘭驚覺遂有娠產一
子即孛端叉兒也孛端叉兒狀貌奇異沉默寡言家

20059　元史二百十卷目錄二卷　（明）宋濂等撰　明洪武三年（1370）內府刻嘉靖、萬曆南京國子監遞修本　遼寧省圖書館

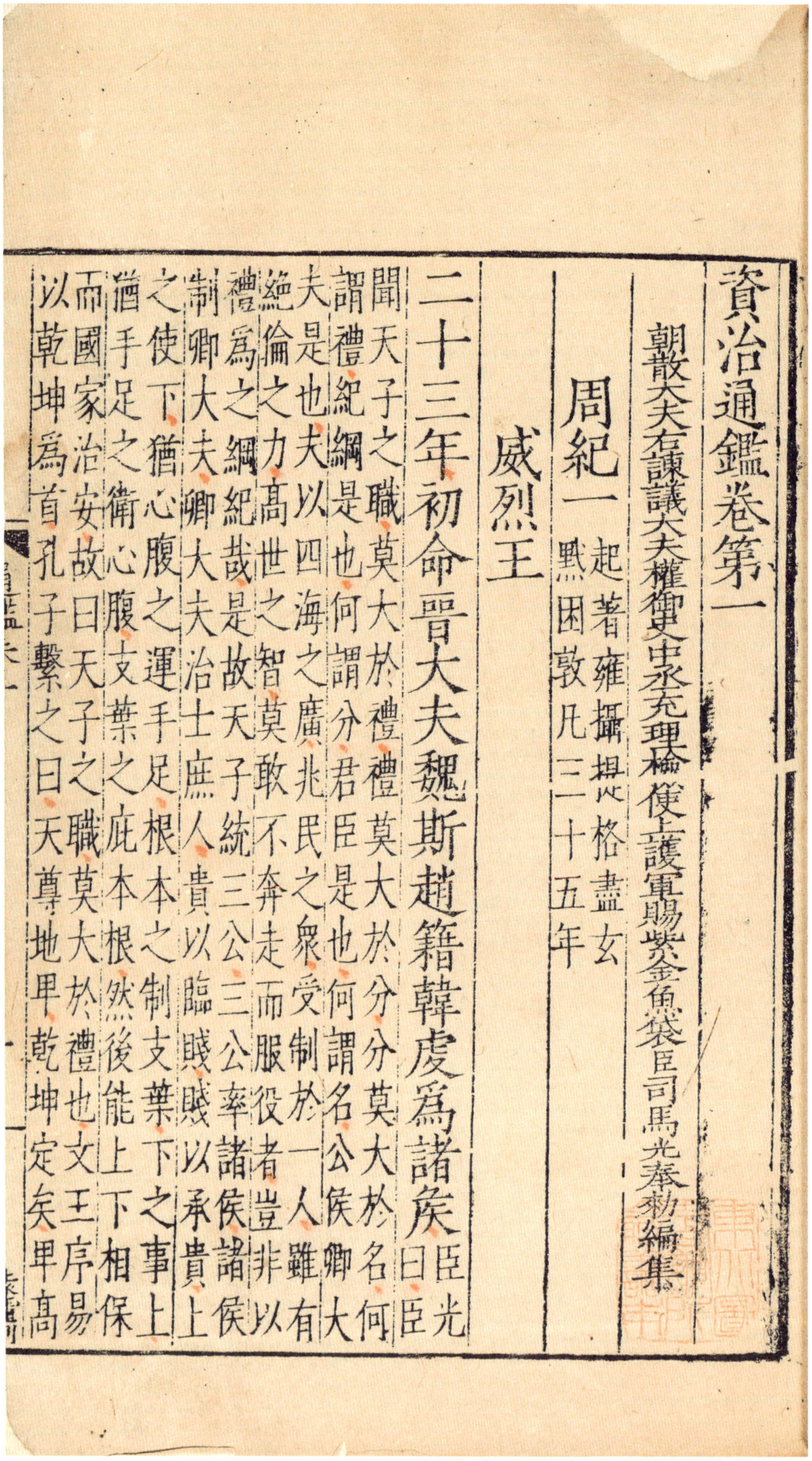
資治通鑑卷第一
朝散大夫右諫議大夫權御史中丞充理檢使上護軍賜紫金魚袋臣司馬光奉勅編集
周紀一 起著雍攝提格盡玄黓困敦凡三十五年
威烈王
二十三年初命晉大夫魏斯趙籍韓虔爲諸侯 臣光曰臣聞天子之職莫大於禮禮莫大於分分莫大於名何謂禮紀綱是也何謂分君臣是也何謂名公侯卿大夫是也夫以四海之廣兆民之衆受制於一人雖有絶倫之力高世之智莫敢不奔走而服役者豈非以禮爲之紀綱哉是故天子統三公三公率諸侯諸侯制卿大夫卿大夫治士庶人貴以臨賤賤以承貴上之使下猶心腹之運手足根本之制支葉下之事上猶手足之衛心腹支葉之庇本根然後能上下相保而國家治安故曰天子之職莫大於禮也文王序易以乾坤爲首孔子繫之曰天尊地卑乾坤定矣卑高

20060　資治通鑑二百九十四卷　（宋）司馬光撰　明嘉靖二十三年至二十四年（1544–1545）孔天胤刻本　遼寧省圖書館

存二百九十卷（一至二、五至一百十八、一百二十一至二百九十四）

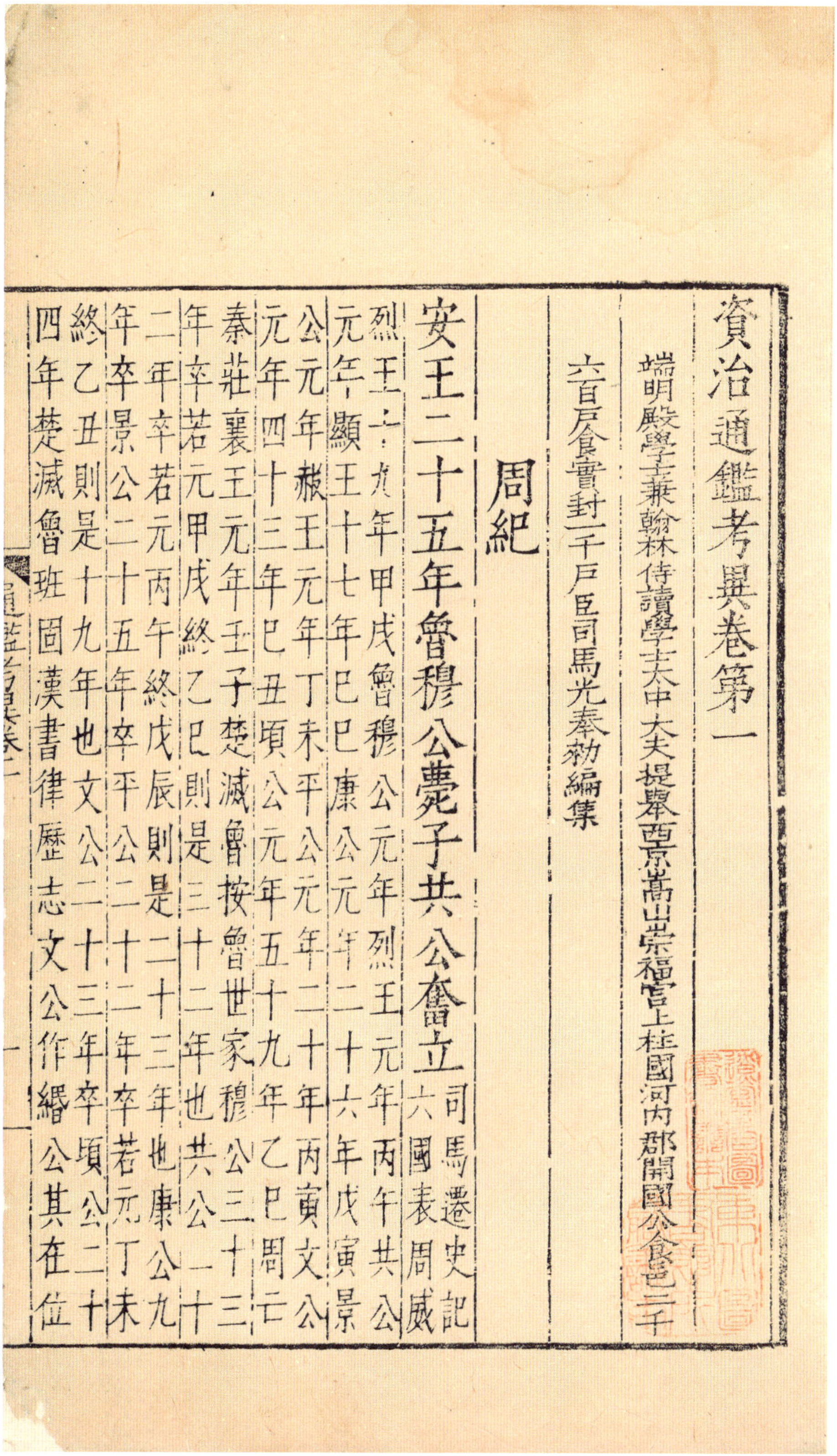
資治通鑑考異卷第一
端明殿學士兼翰林侍讀學士太中大夫提舉西京嵩山崇福宮上柱國河内郡開國公食邑三千
六百戶食實封一千戶臣司馬光奉勑編集
周紀
安王二十五年魯穆公薨子共公奮立司馬遷史記六國表周威
烈王十九年甲戌魯穆公元年烈王元年丙午共公
元年顯王十七年己巳康公元年二十六年戊寅景
公元年赧王元年丁未平公元年二十年丙寅文公
元年四十三年己丑頃公元年五十九年乙巳周亡
秦莊襄王元年壬子楚滅魯按魯世家穆公三十三
年卒若元甲戌終乙巳則是三十二年也共公二十
二年卒若元丙午終戊辰則是二十三年也康公九
年卒景公二十五年卒平公二十二年卒若元丁未
終乙丑則是十九年也文公二十三年卒頃公二十
四年楚滅魯班固漢書律歷志文公作緡公其在位

20061　資治通鑑考異三十卷　（宋）司馬光撰　明嘉靖二十三年至二十四年（1544–1545）孔天胤刻本　遼寧省圖書館

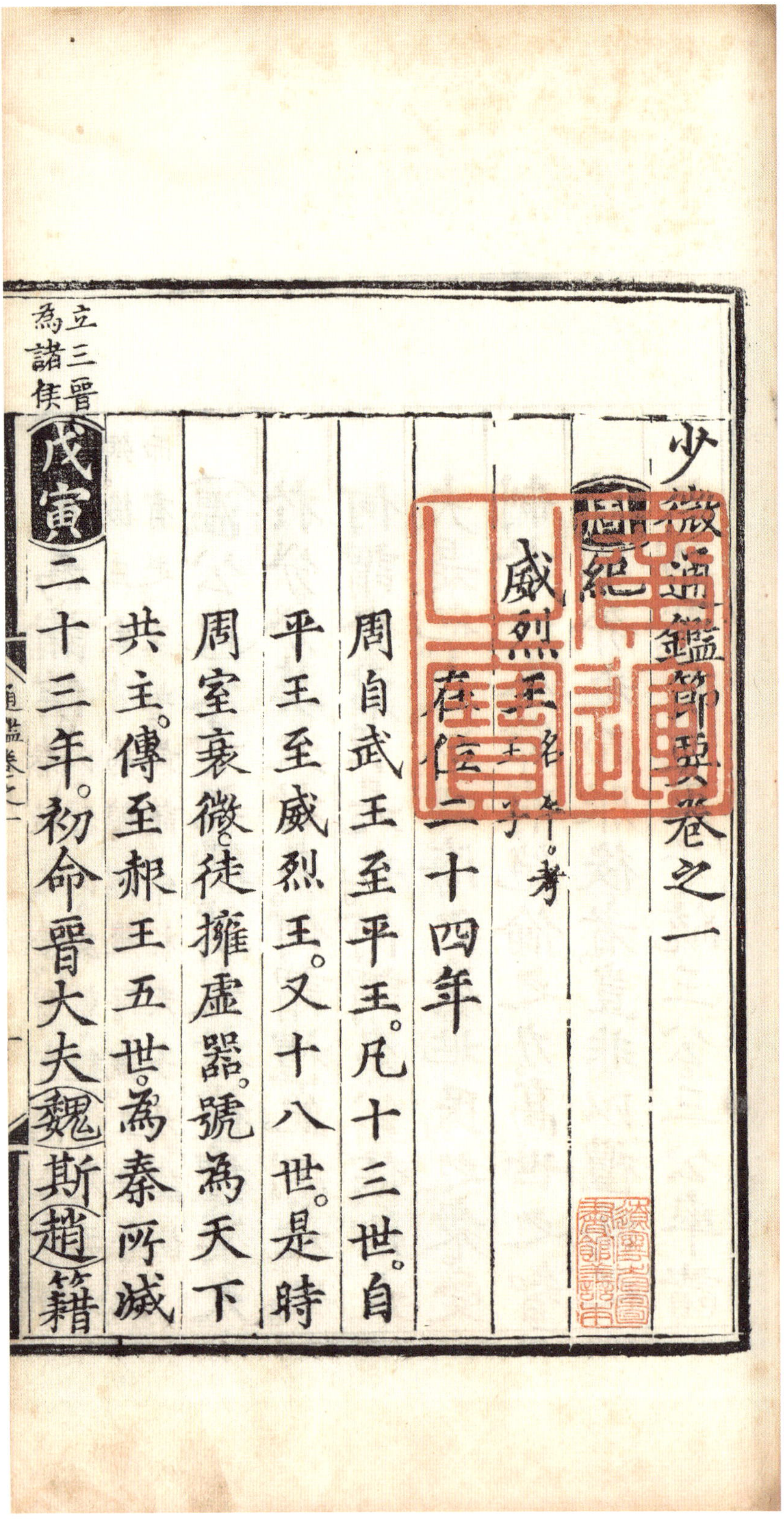
少微通鑑節要卷之一
周紀
威烈王名午。考王子
在位二十四年
周自武王至平王。凡十三世。自平王至威烈王。又十八世。是時周室衰微。徒擁虛器。號為天下共主。傳至赧王五世。為秦所滅
戊寅二十三年。初命晉大夫魏斯趙籍
立三晉為諸侯

20062　少微通鑑節要五十卷外紀四卷　（宋）江贄撰　明正德九年（1514）司禮監刻本　遼寧省圖書館

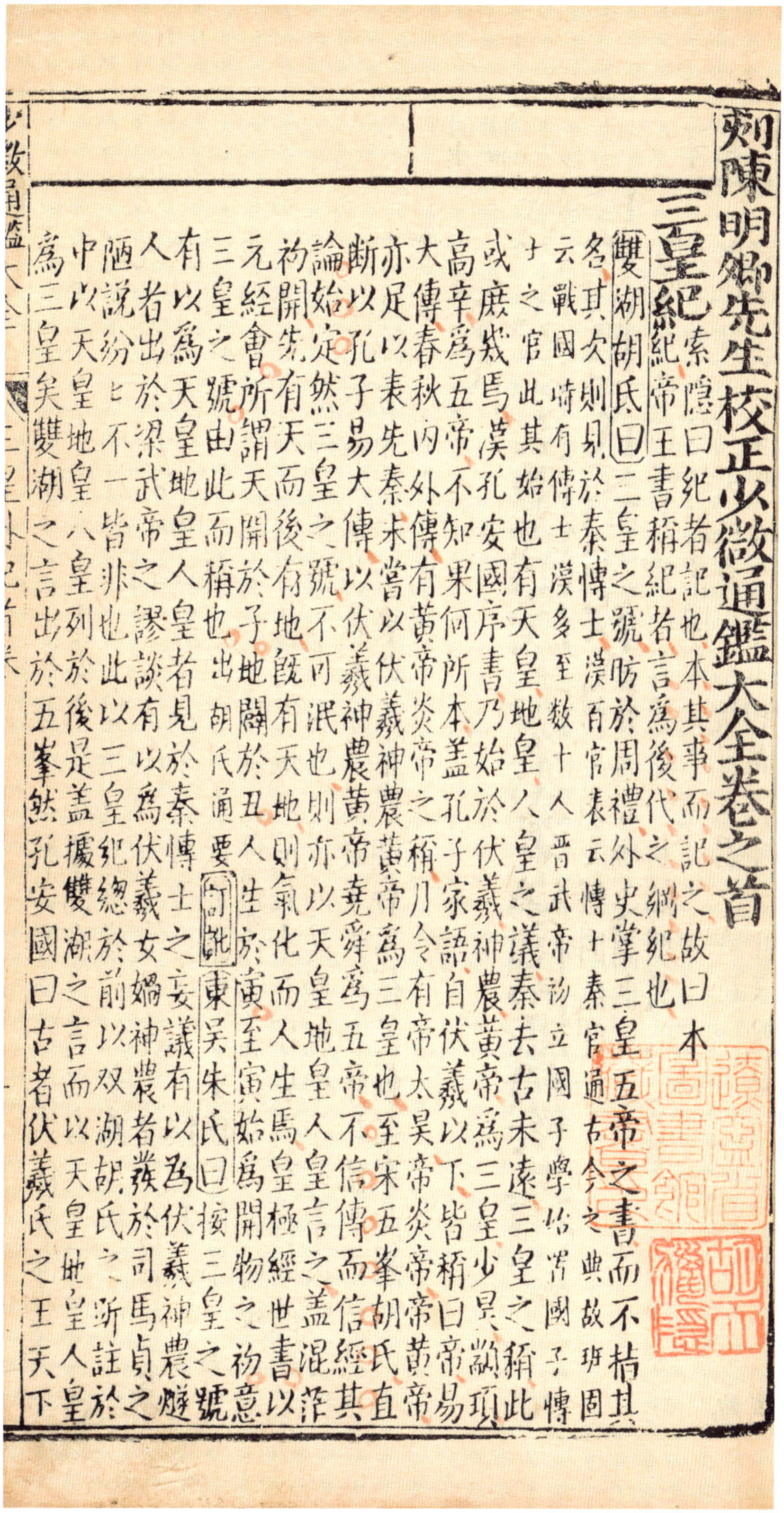
刻陳明卿先生校正少微通鑑大全卷之首

三皇紀 索隱曰紀者記也本其事而記之故曰本紀紀帝王書稱紀若言爲後代之綱紀也

雙湖胡氏曰三皇之號昉於周禮外史掌三皇五帝之書而不指其名其次則見於秦博士漢百官表云博士秦官通古今之典故班固云戰國時有博士漢多至數十人晉武帝初立國子學始置國子博士之官此其始也有天皇地皇人皇之議秦去古未遠三皇之稱此或庶幾焉漢孔安國序書乃始於伏羲神農黃帝爲三皇少昊顓頊高辛爲五帝不知果何所本蓋孔子家語自伏羲以下皆稱曰帝易大傳春秋內外傳有黃帝炎帝之稱月令有帝太昊帝炎帝黃帝亦足以表先秦未嘗以伏羲神農黃帝爲三皇也至宋五峯胡氏直斷以孔子易大傳以伏羲神農黃帝堯舜爲五帝不信傳而信經其論始定然三皇之號不可泯也則亦以天皇地皇人皇言之蓋混茫初開先有天而後有地既有天地則氣化而人生焉皇極經世書以元經會所謂天開於子地闢於丑人生於寅至寅始爲開物之初意三皇之號由此而稱也 出胡氏通要

句訛 東吳朱氏曰按三皇之號有以爲天皇地皇人皇者見於秦博士之妄議有以爲伏羲神農燧人者出於梁武帝之謬談有以爲伏羲女媧神農者發於司馬貞之陋說紛紛不一皆非也此以三皇紀總於前以雙湖胡氏之所註於中以天皇地皇人皇列於後是蓋據雙湖之言而以天皇地皇人皇爲三皇矣雙湖之言出於五峯然孔安國曰古者伏羲氏之王天下

20063　重刻翰林校正少微通鑑大全二十卷首二卷（宋）江贄撰（明）唐順之删定　明閩建邑書林楊璧卿刻本　遼寧省圖書館

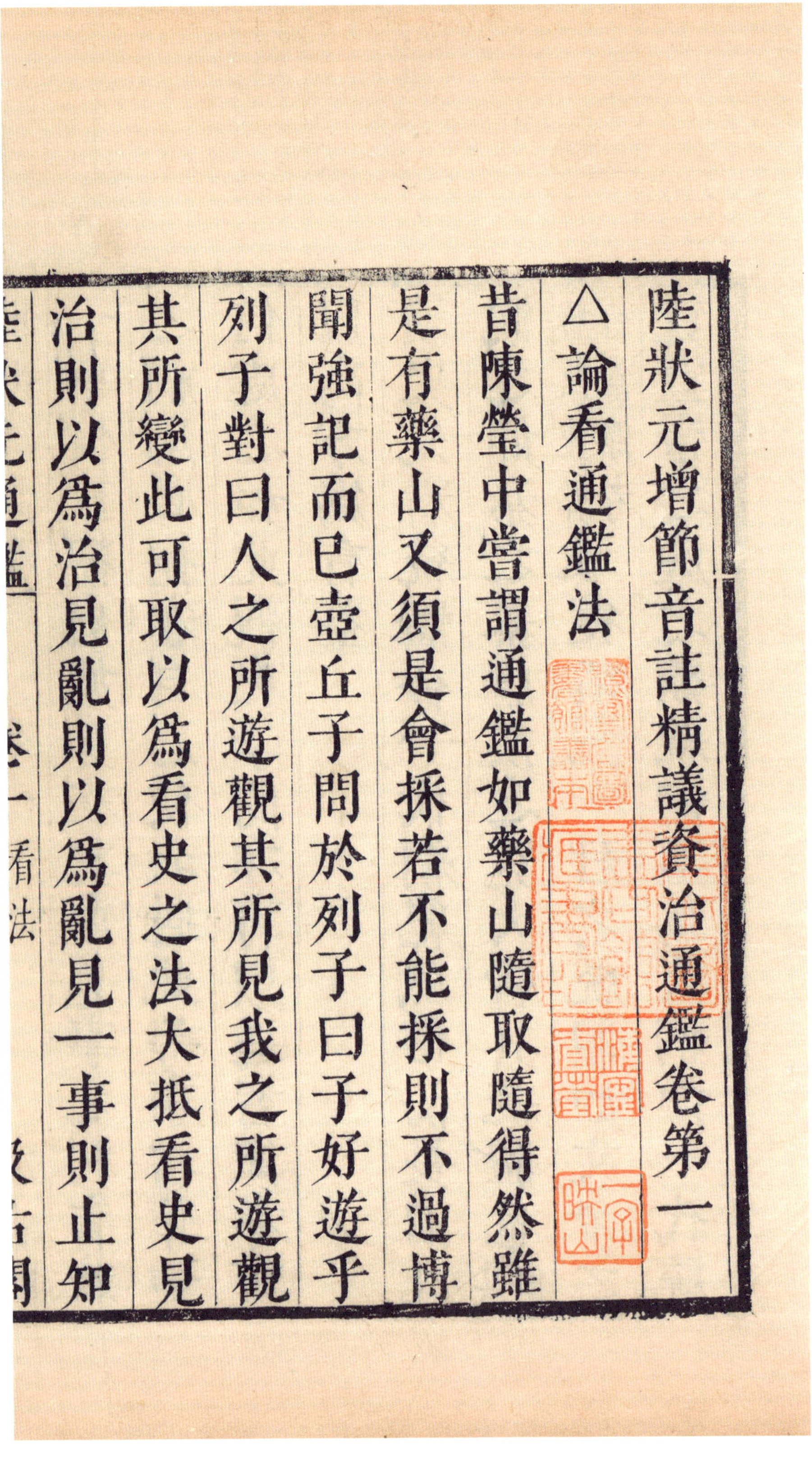

陸狀元增節音註精議資治通鑑卷第一
△論看通鑑法
昔陳瑩中嘗謂通鑑如藥山隨取隨得然雖
是有藥山又須是會採若不能採則不過博
聞強記而已壺丘子問於列子曰子好遊乎
列子對曰人之所遊觀其所見我之所遊觀
其所變此可取以爲看史之法大抵看史見
治則以爲治見亂則以爲亂見一事則止知
陸狀元通鑑　卷一　看法

20064　陸狀元增節音註精議資治通鑑一百二十卷目錄三卷

（宋）陸唐老集注　明末毛氏汲古閣刻本　遼寧省圖書館

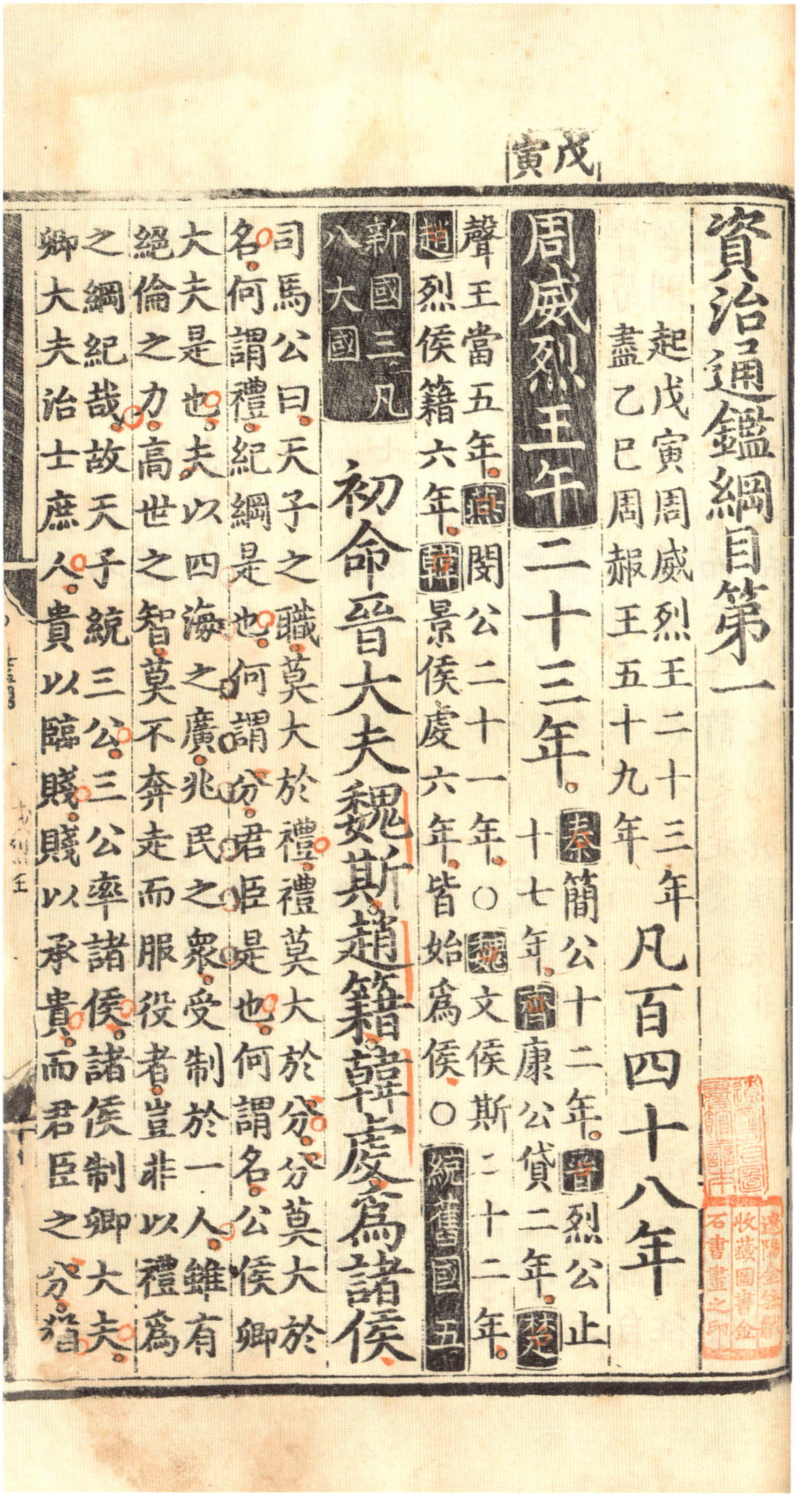
戊寅
資治通鑑綱目第一
起戊寅周威烈王二十三年盡乙巳周赧王五十九年凡百四十八年
周威烈王午二十三年。秦簡公十二年。晉烈公止十七年。齊康公貸二年。楚聲王當五年。燕閔公二十一年。○魏文侯斯二十二年。趙烈侯籍六年。韓景侯虔六年。皆始爲侯。○統舊國五新國三。凡八大國
初命晉大夫魏斯趙籍韓虔爲諸侯
司馬公曰天子之職莫大於禮禮莫大於分分莫大於
名何謂禮紀綱是也何謂分君臣是也何謂名公侯卿
大夫是也夫以四海之廣兆民之衆受制於一人雖有
絕倫之力高世之智莫不奔走而服役者豈非以禮爲
之綱紀哉故天子統三公三公率諸侯諸侯制卿大夫
卿大夫治士庶人貴以臨賤賤以承貴而君臣之分猶

20065　資治通鑑綱目五十九卷（宋）朱熹撰　明成化九年（1473）内府刻本　遼寧省圖書館

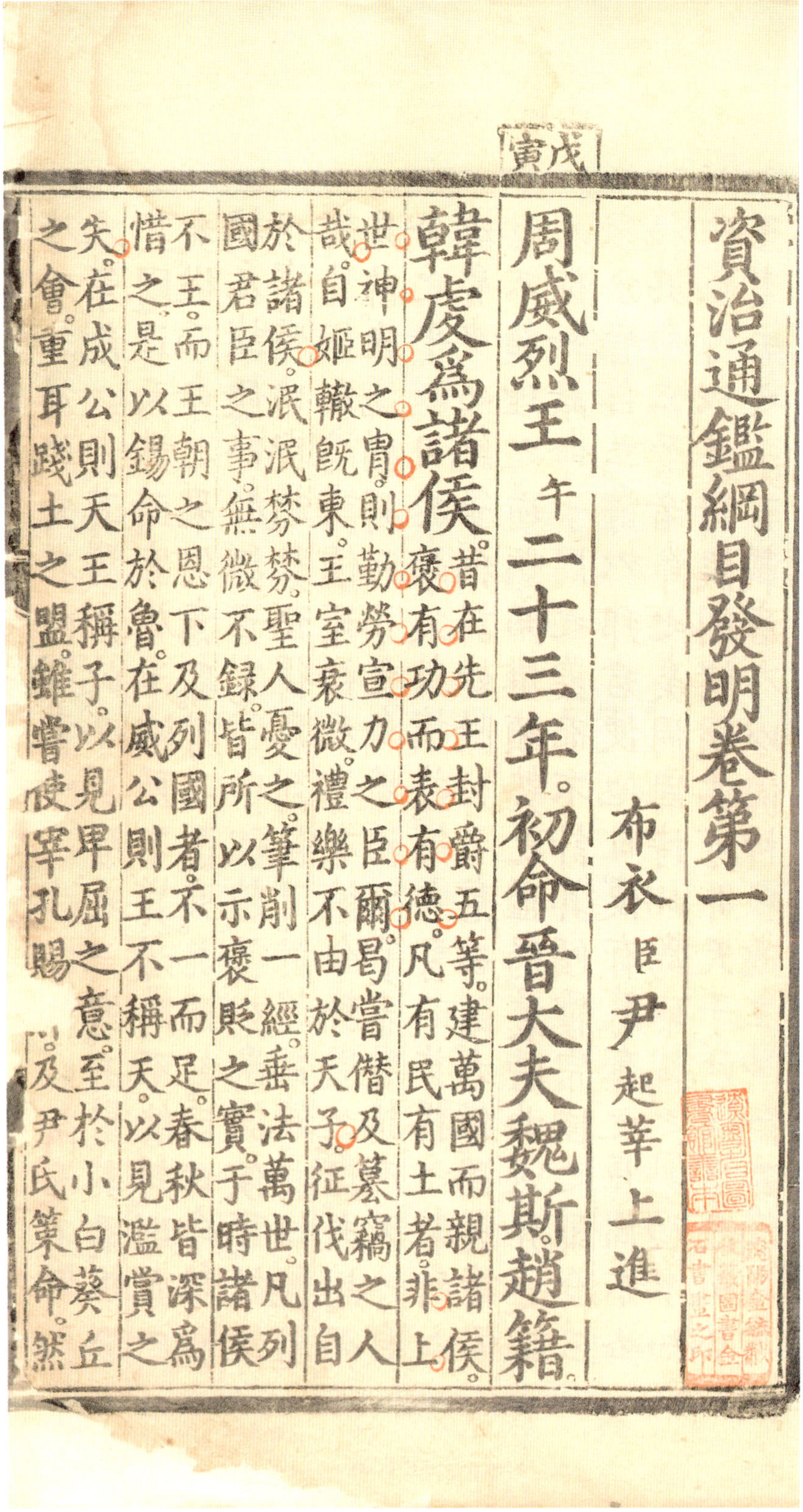
戊寅

資治通鑑綱目發明卷第一
布衣臣尹起莘上進
周威烈王午二十三年。初命晉大夫魏斯趙籍
韓虔爲諸侯。昔在先王封爵五等。建萬國而親諸侯。
襃有功而表有德。凡有民有土者。非上
世神明之冑。則勤勞宣力之臣。爾曷嘗僭及篡竊之人
哉。自姬轍既東。王室衰微。禮樂不由於天子。征伐出自
於諸侯。泯泯棼棼。聖人憂之。筆削一經。垂法萬世。凡列
國君臣之事。無微不録。皆所以示褒貶之實。于時諸侯
不王。而王朝之恩下及列國者。不一而足。春秋皆深爲
惜之。是以錫命於魯。在威公則王不稱天。以見濫賞之
失。在成公則天王稱子。以見卑屈之意。至於小白葵丘
之會。重耳踐土之盟。雖嘗使宰孔賜[illegible]及尹氏策命。然

20066　資治通鑑綱目發明五十九卷　（宋）尹起莘撰　明内府刻本

遼寧省圖書館

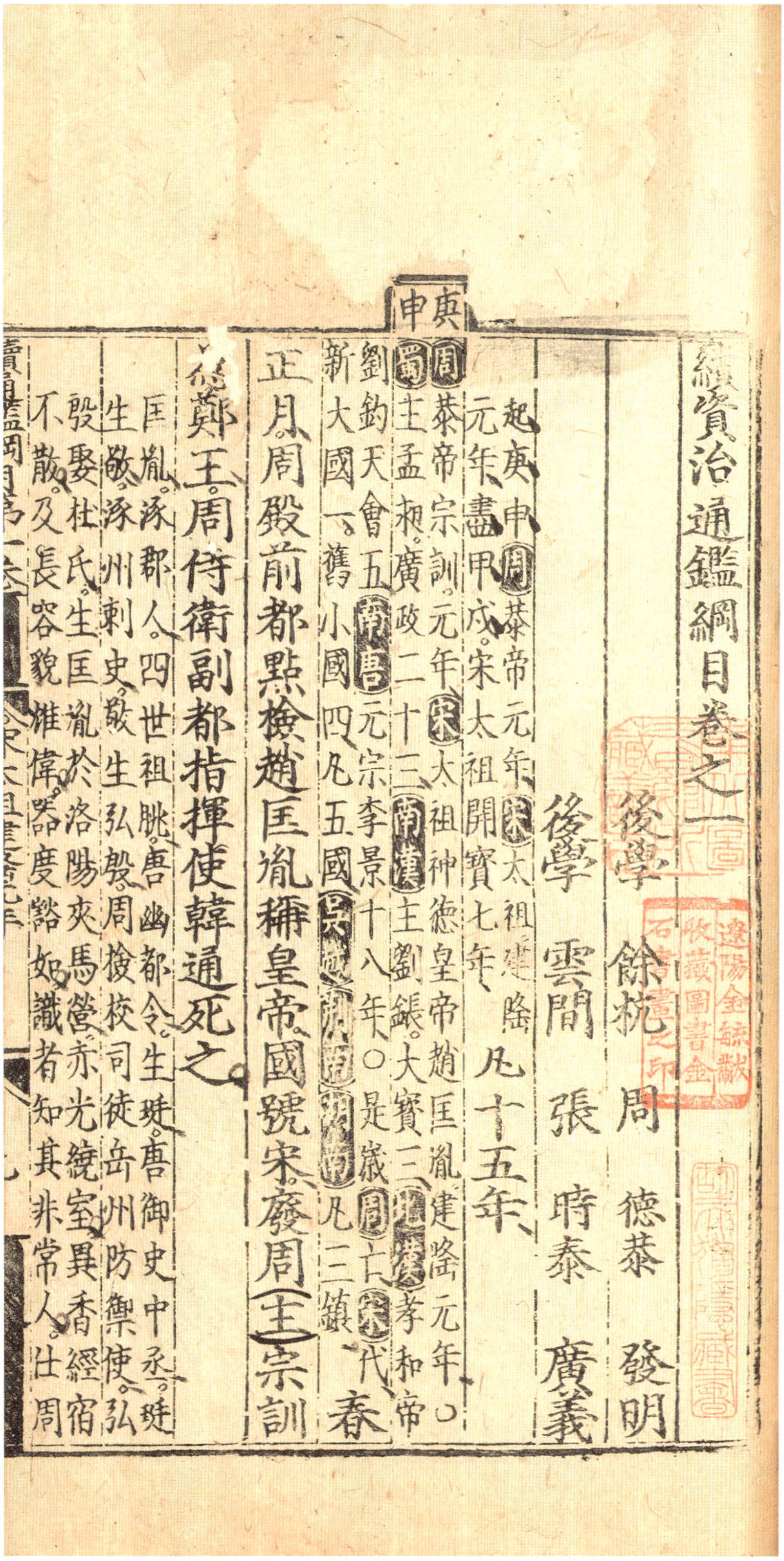

續資治通鑑綱目卷之一
後學 餘杭 周 德恭 發明
後學 雲間 張 時泰 廣義
庚申
起庚申周恭帝元年宋太祖建隆凡十五年
元年盡甲戌。宋太祖開寶七年
周恭帝宗訓。元年。宋太祖神德皇帝趙匡胤建隆元年○
蜀主孟昶。廣政二十三。南漢主劉鋹。大寶三。北漢孝和帝
劉鈞天會五。南唐元宗李景十八年○是歲周亡宋代
新大國一。舊小國四。凡五國。吳越 荊南 湖南 凡二鎮
春
正月。周殿前都點檢趙匡胤稱皇帝。國號宋。廢周主宗訓
爲鄭王。周侍衛副都指揮使韓通死之○
匡胤。涿郡人。四世祖朓。唐幽都令。生珽。唐御史中丞。珽
生敬。涿州刺史。敬生弘殷。周撿校司徒岳州防禦使。弘
殷娶杜氏。生匡胤於洛陽夾馬營。赤光繞室。異香經宿
不散。及長容貌雄偉。器度豁如。識者知其非常人。仕周

20067　續資治通鑑綱目二十七卷（明）商輅等撰　（明）周禮發明　（明）張時泰廣義　明弘治十七年（1504）慎獨齋刻本　遼寧省圖書館

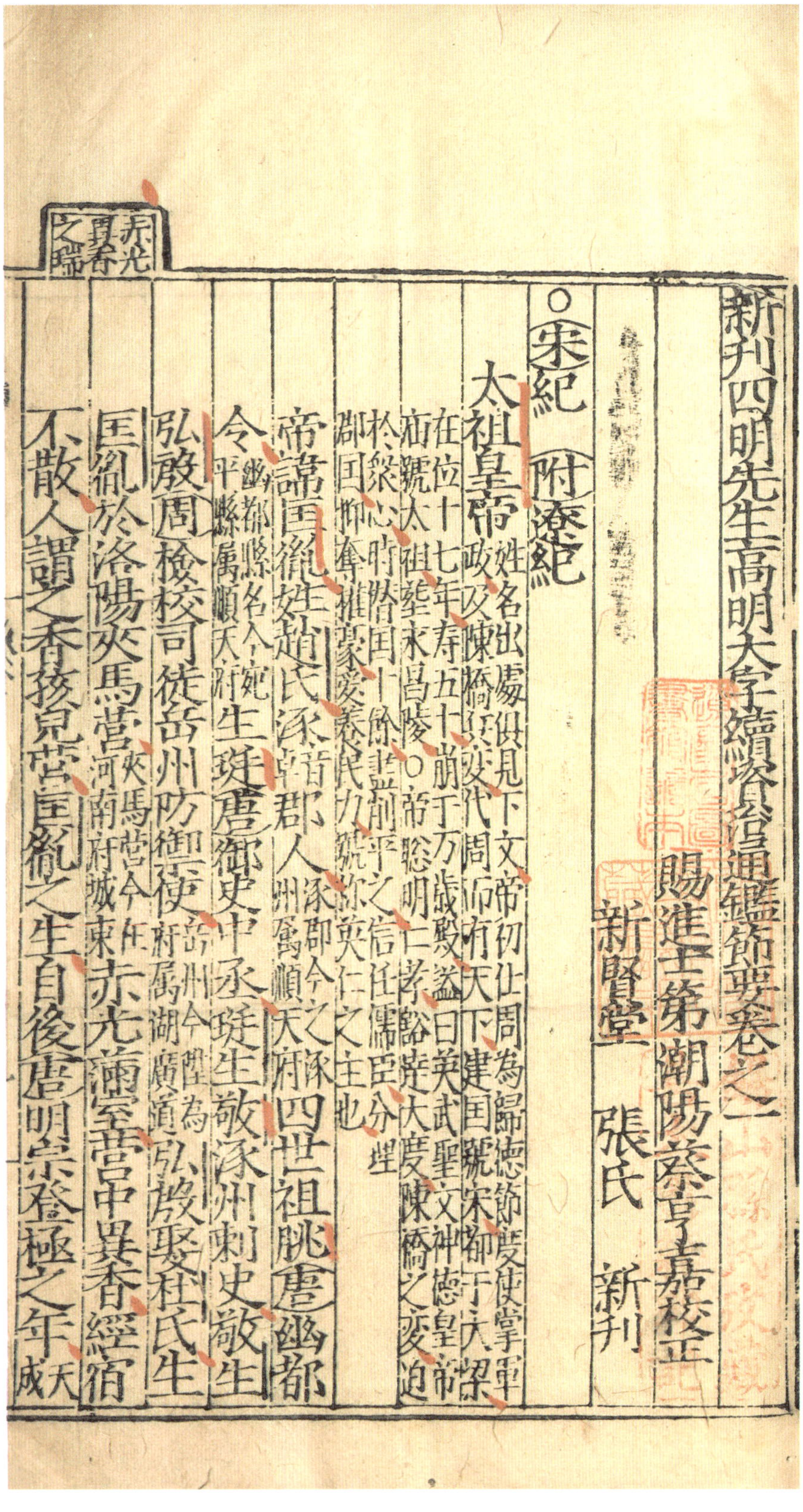
新刊四明先生高明大字續資治通鑑節要卷之一
賜進士第潮陽蔡亨嘉校正
新賢堂　張氏　新刊
○宋紀　附遼紀
太祖皇帝姓名出處俱見下文帝初仕周為歸德節度使掌軍政及陳橋兵變代周而有天下建國號宋都于大梁在位十七年壽五十一崩于萬歲殿謚曰英武聖文神德皇帝廟號太祖葬永昌陵○帝聰明仁孝豁達大度陳橋之變迫於衆心時階國十餘世割平之信任儒臣分埋御國抑奪權豪愛養民力號稱英仁之主也
帝諱匡胤姓趙氏涿音卓郡人涿郡今之涿州屬順天府四世祖朓唐幽都令幽都縣名今宛平縣屬順天府生珽唐御史中丞珽生敬涿州刺史敬生弘殷周檢校司徒岳州防禦使岳州今陞為府屬湖廣道弘殷娶杜氏生匡胤於洛陽夾馬營夾馬營今在河南府城東赤光滿室營中異香經宿不散人謂之香孩兒營匡胤之生自後唐明宗登極之年天成
赤光異香之瑞

20068　新刊四明先生高明大字續資治通鑑節要二十卷　（明）劉剡輯　（明）蔡亨嘉校正　明嘉靖張氏新賢堂刻本　遼寧省圖書館

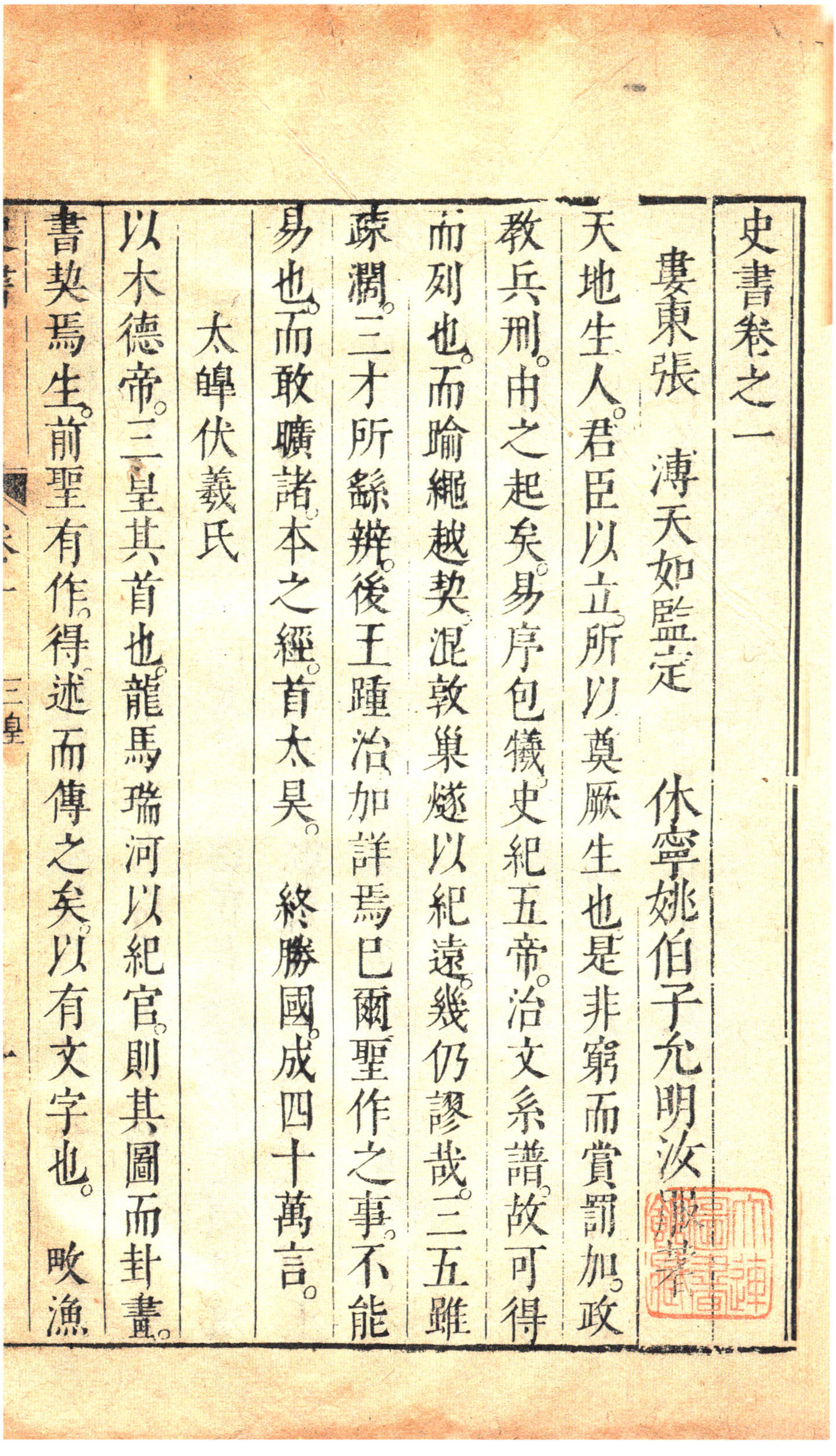
史書卷之一
婁東張　溥天如監定　休寧姚伯子允明汝明撰
天地生人。君臣以立。所以奠厥生也。是非窮而賞罰加。政
教兵刑。由之起矣。易序包犧。史紀五帝。治文系譜。故可得
而列也。而踰繩越契。混敦巢燧。以紀遠。幾仍謬哉。三五雖
疎濶。三才所繇辨。後王踵治。加詳焉。已爾聖作之事。不能
易也。而敢曠諸本之經。首太昊。　終勝國。成四十萬言。
太皡伏羲氏
以木德帝。三皇其首也。龍馬瑞河以紀官。則其圖而卦畫。
書契焉生。前聖有作。得述而傳之矣。以有文字也。　畋漁
史書　卷一　三皇　一

20069　史書十卷　（明）姚允明撰　明崇禎十年（1637）刻本　大連圖書館

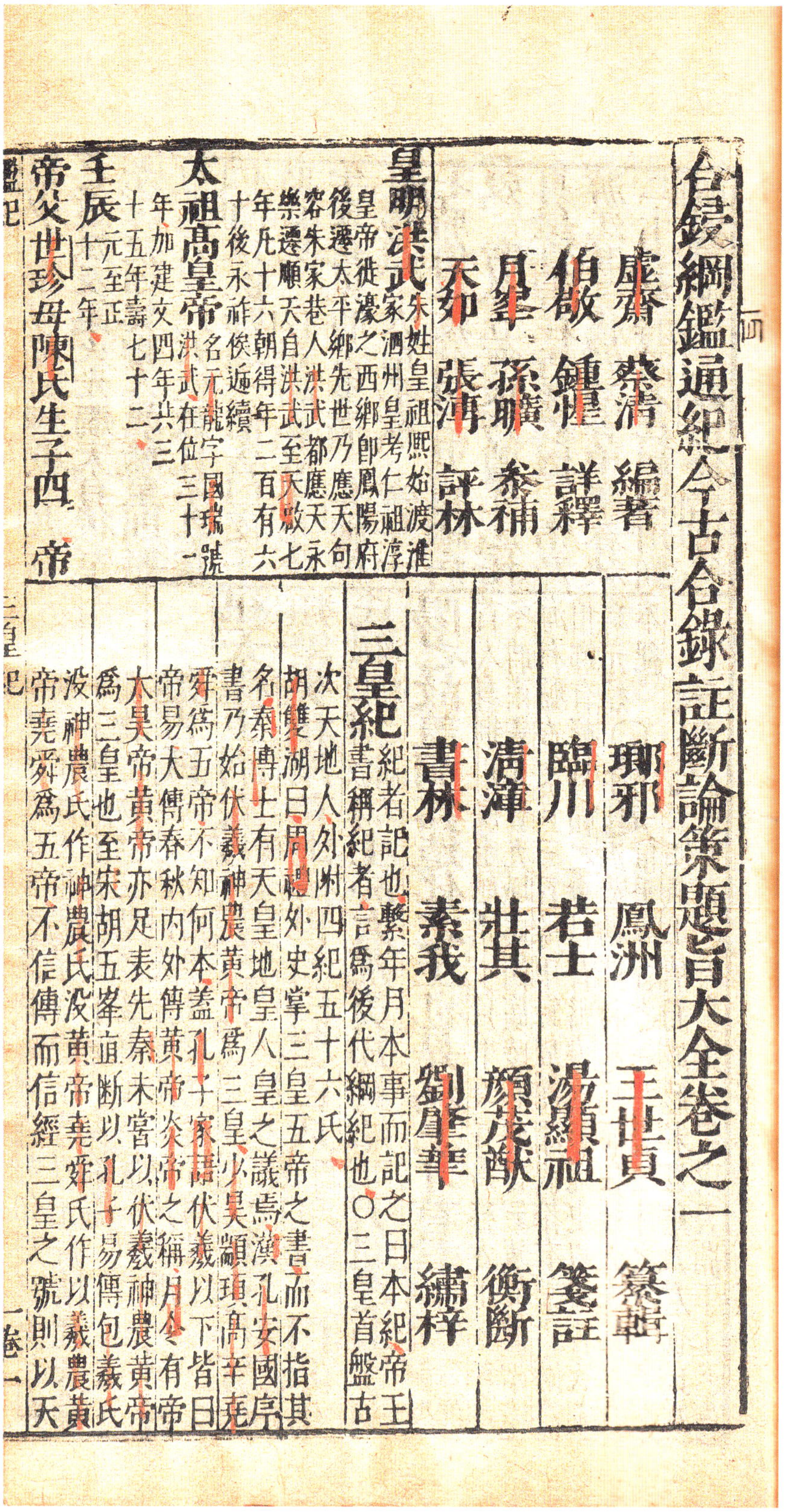

合鍥綱鑑通紀今古合錄註斷論策題旨大全卷之一

虛齋　蔡清　編著
伯敬　鍾惺　詳釋
月峯　孫鑛　參補
天如　張溥　評林

皇明洪武朱姓皇祖熙始渡淮家泗州皇考仁祖淳皇帝徙濠之西鄉即鳳陽府後遷太平鄉先世乃應天句容朱家巷人洪武都應天永樂遷順天自洪武至天啟七年凡十六朝得年二百有六十後永祚俟遁續

太祖高皇帝名元龍字國瑞號洪武在位三十一年加建文四年共三十五年壽七十二

壬辰元至正十二年

帝父世珍母陳氏生子四帝

瑯琊　鳳洲　王世貞　纂輯
臨川　若士　湯顯祖　箋註
清漳　壯其　顏茂猷　衡斷
書林　素我　劉肇華　繡梓

三皇紀紀者記也繫年月本事而記之曰本紀帝王書稱紀者言爲後代綱紀也○三皇首盤古次天地人外附四紀五十六氏

胡雙湖曰周禮外史掌三皇五帝之書而不指其名秦博士有天皇地皇人皇之議焉漢孔安國序書乃始伏羲神農黃帝爲三皇少昊顓頊高辛堯舜爲五帝不知何本蓋孔子家語伏羲以下皆曰帝易大傳春秋内外傳黃帝炎帝之稱月令有帝大昊帝黃帝亦足表先秦未嘗以伏羲神農黃帝爲三皇也至宋胡五峯直斷以孔子易傳包羲氏沒神農氏作神農氏沒黃帝堯舜氏作以羲農黃帝堯舜爲五帝不信傳而信經三皇之號則以天

鑑紀　三皇紀　卷一

20070　合鍥綱鑑通紀今古合錄註斷論策題旨大全二十卷首一卷

（明）張溥輯　明崇禎刻本　大連圖書館

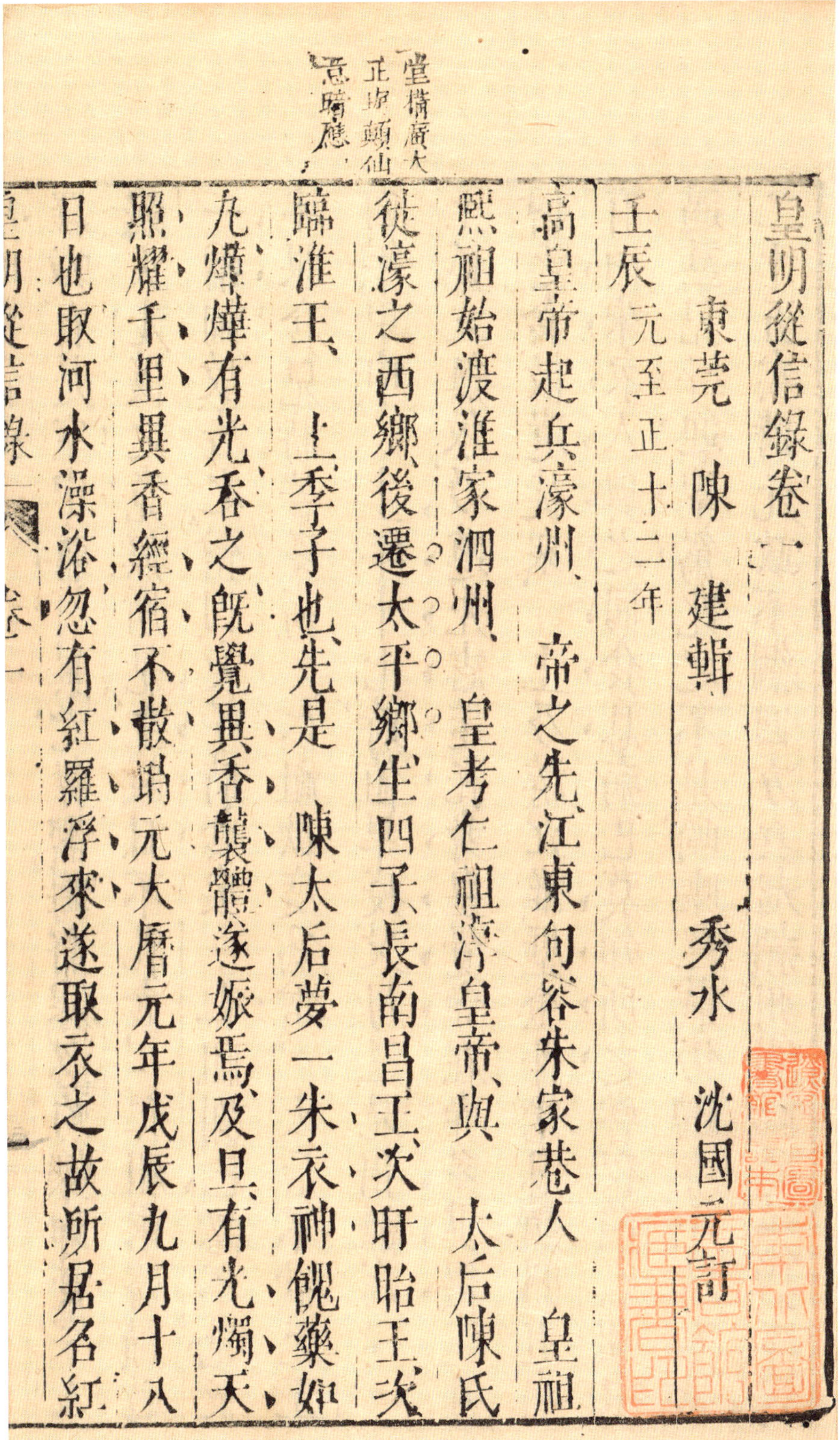
皇明從信錄卷一
東莞 陳 建輯 秀水 沈國元訂
壬辰 元至正十二年
高皇帝起兵濠州、帝之先江東句容朱家巷人 皇祖
熙祖始渡淮家泗州、皇考仁祖淳皇帝、與 太后陳氏
徙濠之西鄉、後遷太平鄉、生四子、長南昌王、次盱眙王、次
臨淮王、 上季子也、先是 陳太后夢一朱衣神饋藥如
丸燁燁有光、吞之、既覺異香襲體、遂娠焉、及旦、有光燭天、
照耀千里、異香經宿不散、蓋元大曆元年戊辰九月十八
日也、取河水澡浴、忽有紅羅浮來、遂取衣之、故所居名紅
皇明從信錄 卷一

20071 皇明從信錄四十卷 （明）陳建撰 （明）沈國元補訂 明末刻本

遼寧省圖書館

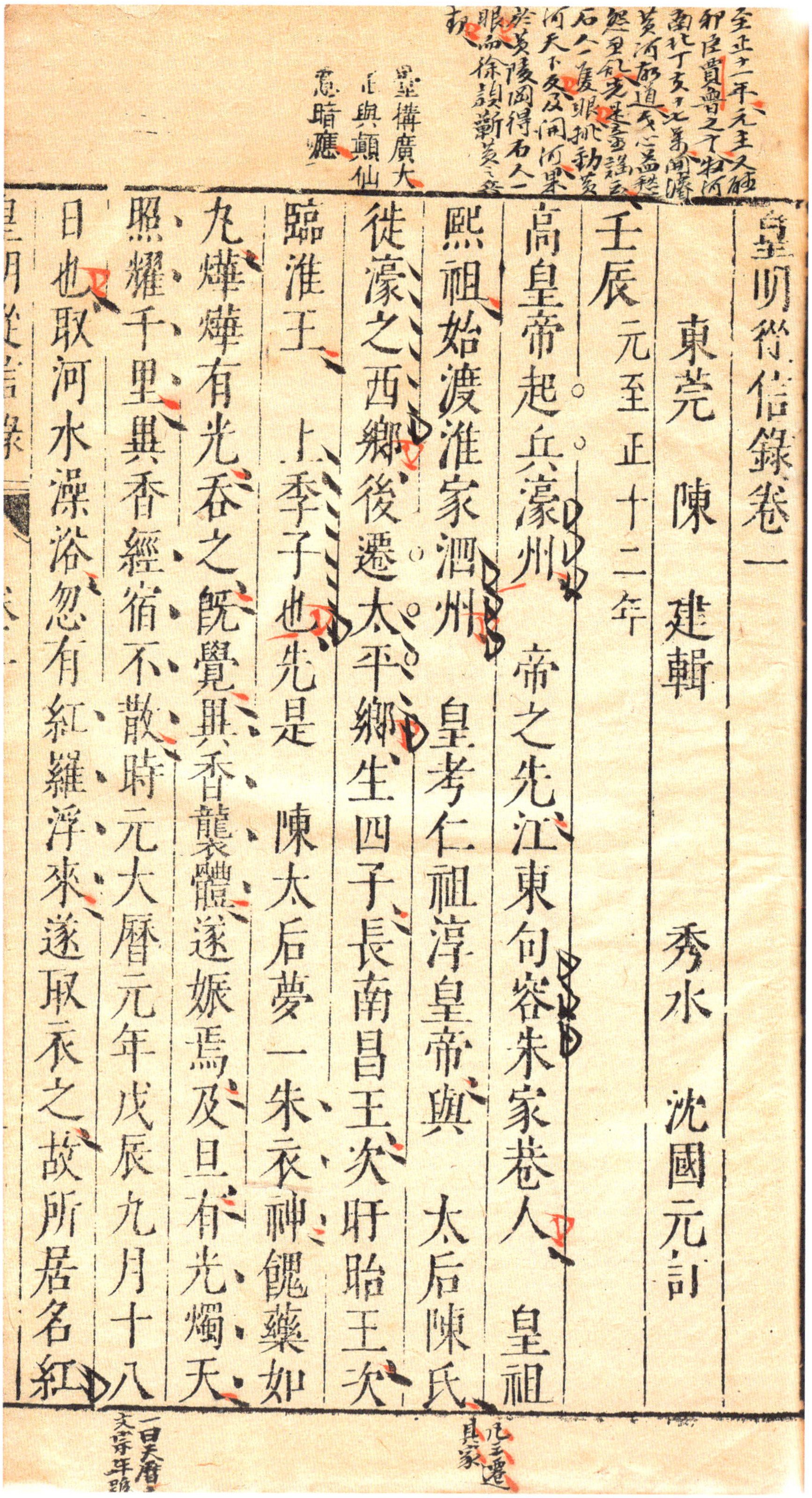
皇明從信錄卷一
東莞　陳　建輯　　秀水　沈國元訂
壬辰　元至正十二年
高皇帝起兵濠州　帝之先江東句容朱家巷人　皇祖
熙祖始渡淮家泗州　皇考仁祖淳皇帝與　太后陳氏
徙濠之西鄉後遷太平鄉生四子長南昌王次盱眙王次
臨淮王　上季子也先是　陳太后夢一朱衣神饋藥如
丸燁燁有光吞之既覺異香襲體遂娠焉及旦有光燭天
照耀千里異香經宿不散時元大曆元年戊辰九月十八
日也取河水澡浴忽有紅羅浮來遂取衣之故所居名紅
皇明從信錄　卷一

20072　皇明從信錄四十卷　（明）陳建撰　（明）沈國元補訂　明末刻本
大連圖書館

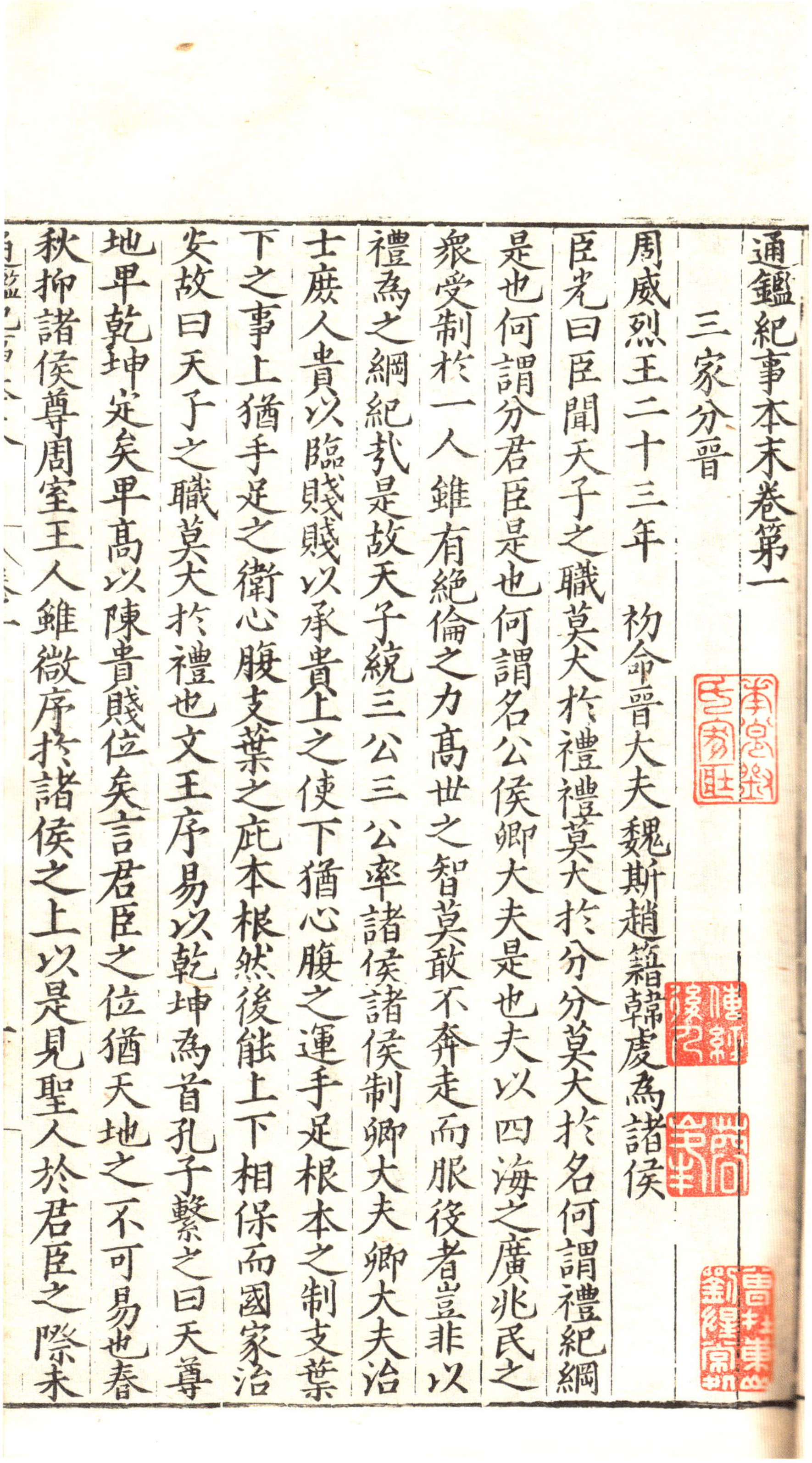

通鑑紀事本末卷第一

三家分晉

周威烈王二十三年　初命晉大夫魏斯趙籍韓虔為諸侯

臣光曰臣聞天子之職莫大於禮禮莫大於分分莫大於名何謂禮紀綱是也何謂分君臣是也何謂名公侯卿大夫是也夫以四海之廣兆民之衆受制於一人雖有絶倫之力高世之智莫敢不奔走而服役者豈非以禮為之綱紀哉是故天子統三公三公率諸侯諸侯制卿大夫卿大夫治士庶人貴以臨賤賤以承貴上之使下猶心腹之運手足根本之制支葉下之事上猶手足之衛心腹支葉之庇本根然後能上下相保而國家治安故曰天子之職莫大於禮也文王序易以乾坤為首孔子繫之曰天尊地卑乾坤定矣卑高以陳貴賤位矣言君臣之位猶天地之不可易也春秋抑諸侯尊周室王人雖微序於諸侯之上以是見聖人於君臣之際未

20073　通鑑紀事本末四十二卷　（宋）袁樞撰　明萬曆二年（1574）李栻刻本　大連圖書館

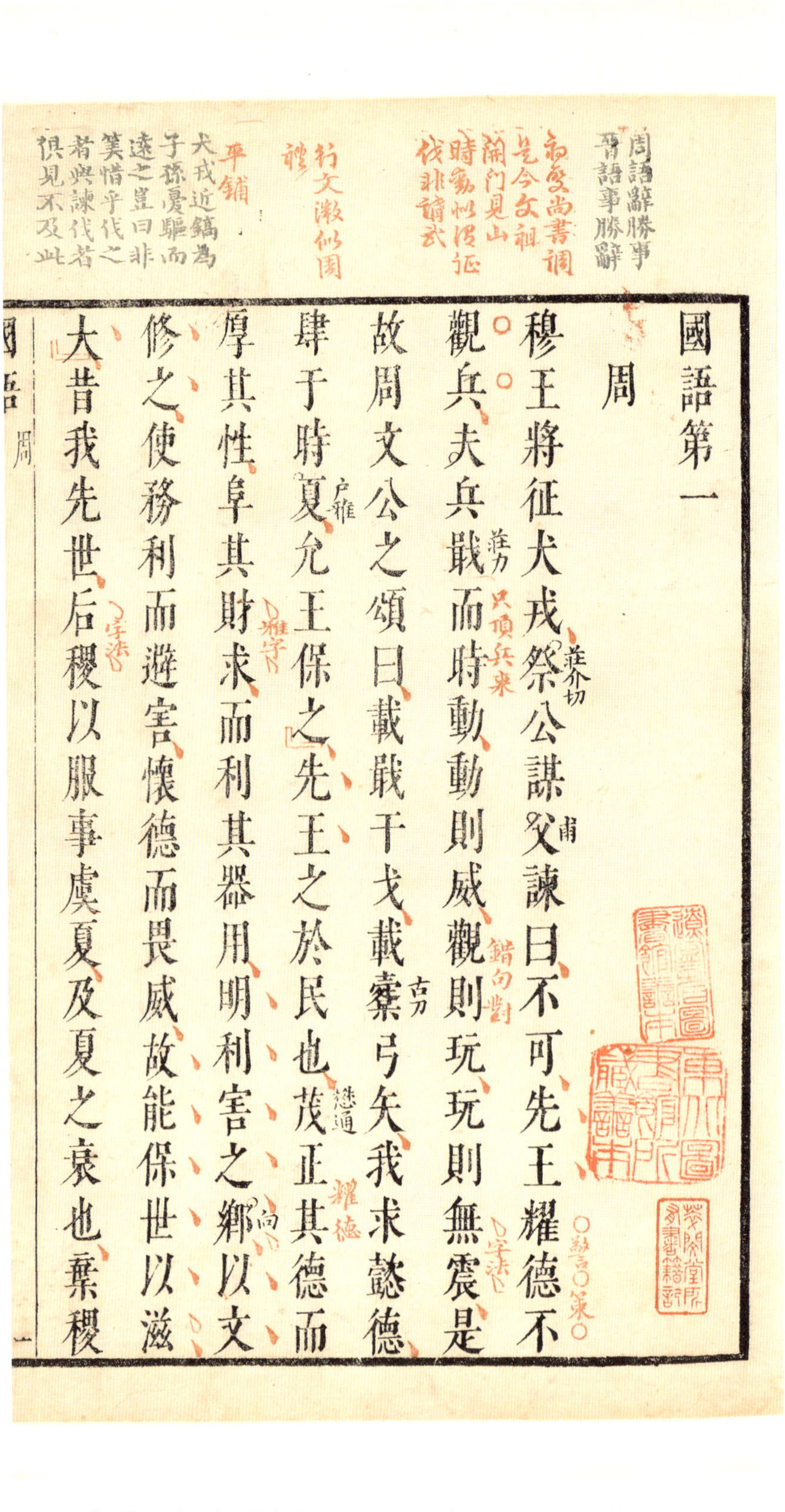
周語辭勝事
晉語事勝辭
犬戎近鎬為子孫憂驅而遠之豈曰非策惜乎伐之者與諫伐者俱見不及此

國語第一

周

穆王將征犬戎祭公謀父諫曰不可先王耀德不觀兵夫兵戢而時動動則威觀則玩玩則無震是故周文公之頌曰載戢干戈載櫜弓矢我求懿德肆于時夏允王保之先王之於民也茂正其德而厚其性阜其財求而利其器用明利害之鄉以文修之使務利而避害懷德而畏威故能保世以滋大昔我先世后稷以服事虞夏及夏之衰也棄稷

國語　周　一

20074　國語九卷　（明）閔齊伋裁注　明萬曆四十七年（1619）閔齊伋刻三色套印本　遼寧省圖書館

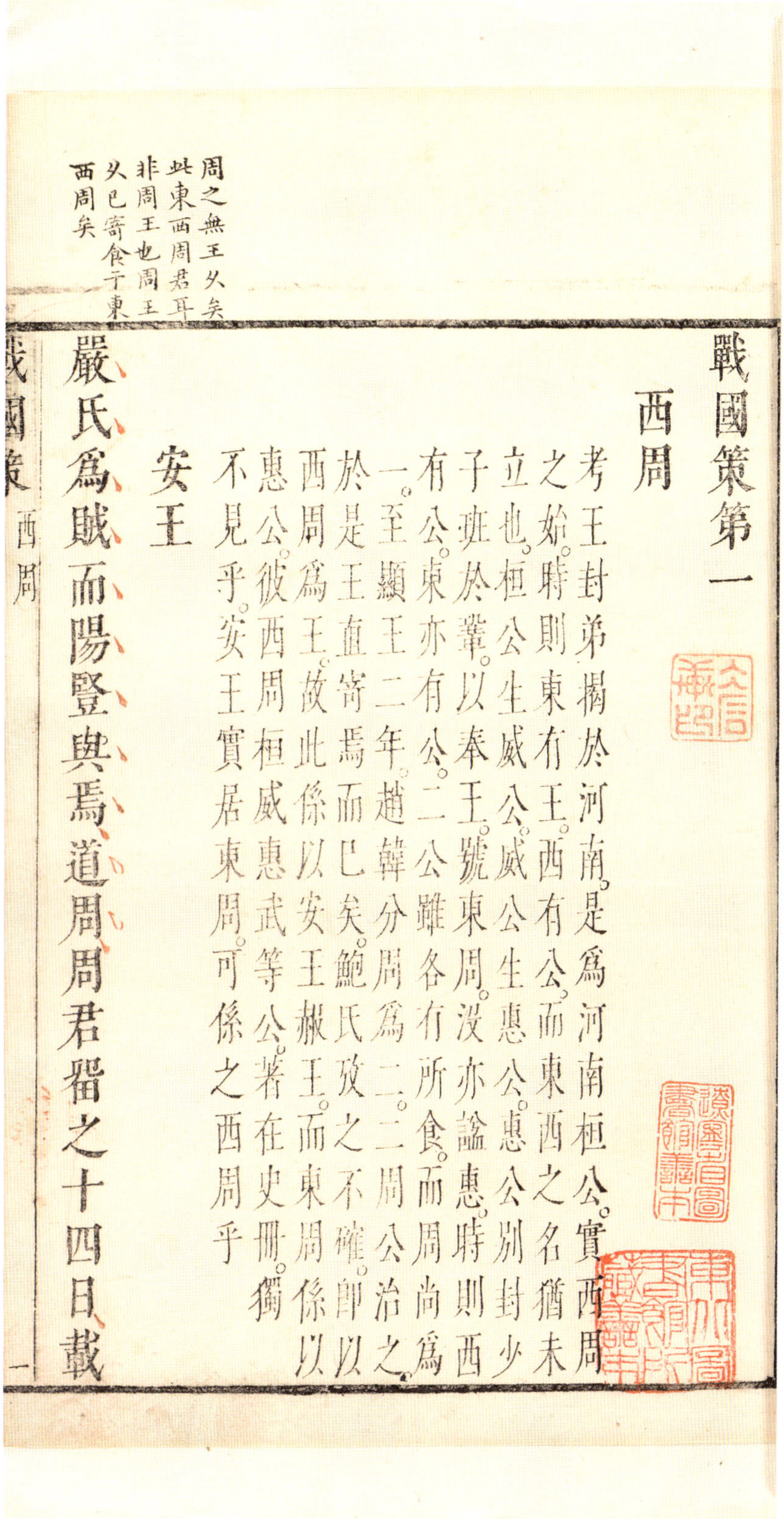
周之無王久矣此東西周君耳非周王也周王久已寄食于東西周矣

戰國策第一

西周

考王封弟揭於河南。是爲河南桓公。實西周之始。時則東有王。西有公。而東西之名猶未立也。桓公生威公。威公生惠公。惠公別封少子班於鞏。以奉王。號東周。沒亦謚惠。時則西有公。東亦有公。二公雖各有所食。而周尚爲一。至顯王二年。趙韓分周爲二。二周公治之。於是王直寄焉而已矣。鮑氏攻之不確。即以西周爲王。故此係以安王赧王。而東周係以惠公。彼西周桓威惠武等公。著在史冊。獨不見乎。安王實居東周。可係之西周乎

安王

嚴氏爲賊而陽豎與焉道周周君留之十四日載

戰國策　西周　一

20075　戰國策十二卷　（明）閔齊伋裁注　**元本目録一卷**　明萬曆四十八年（1620）閔齊伋刻三色套印本　遼寧省圖書館

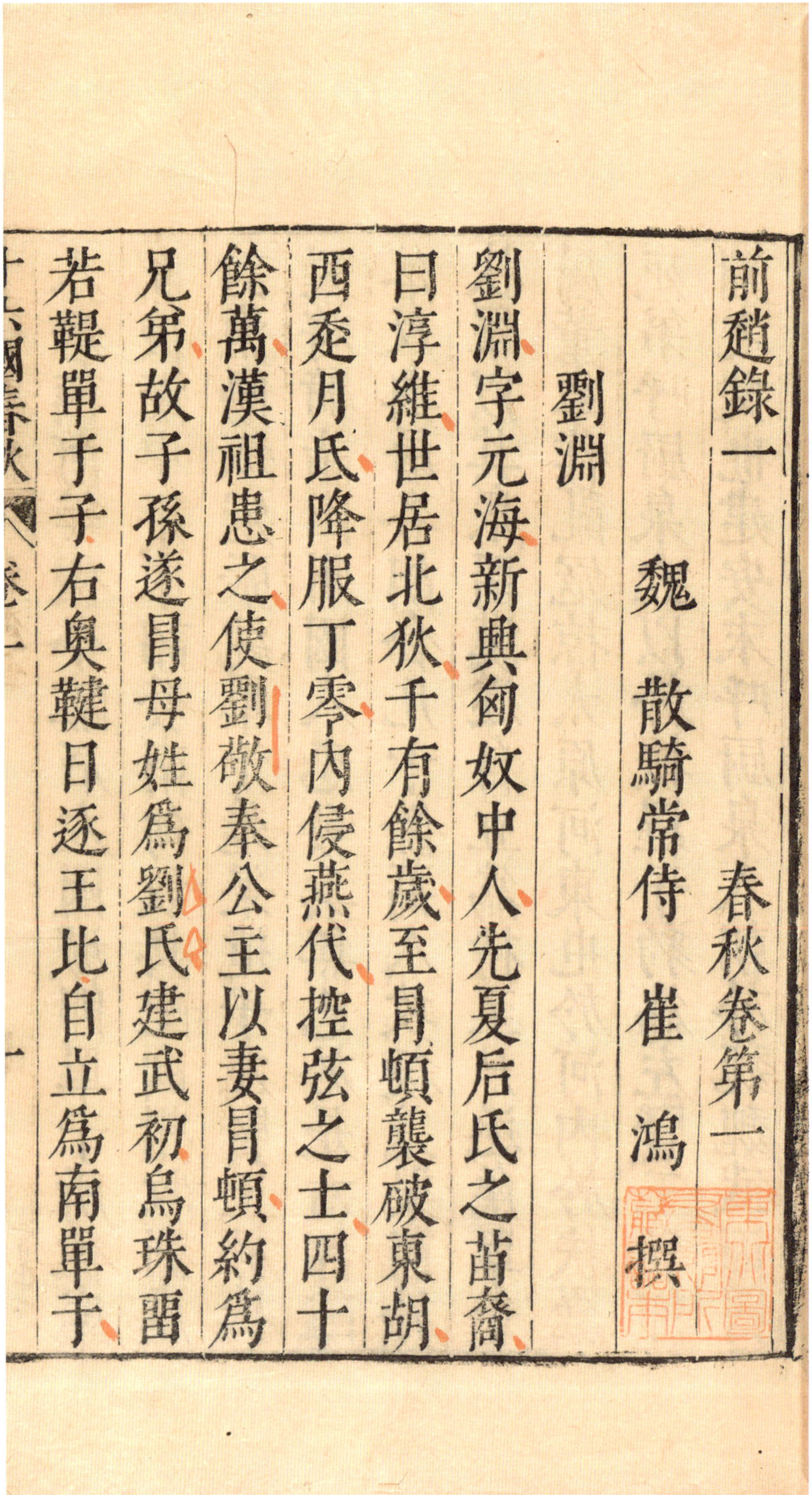
前趙錄一　春秋卷第一
魏　散騎常侍　崔　鴻　撰
劉淵
劉淵字元海新興匈奴中人先夏后氏之苗裔曰淳維世居北狄千有餘歲至冒頓襲破東胡西逐月氏降服丁零內侵燕代控弦之士四十餘萬漢祖患之使劉敬奉公主以妻冒頓約爲兄弟故子孫遂冒母姓爲劉氏建武初烏珠留若鞮單于子右奧鞬日逐王比自立爲南單于

十六國春秋　卷一　一

20076　十六國春秋一百卷　題（北魏）崔鴻撰　明萬曆三十七年（1609）屠氏蘭輝堂刻本　遼寧省圖書館

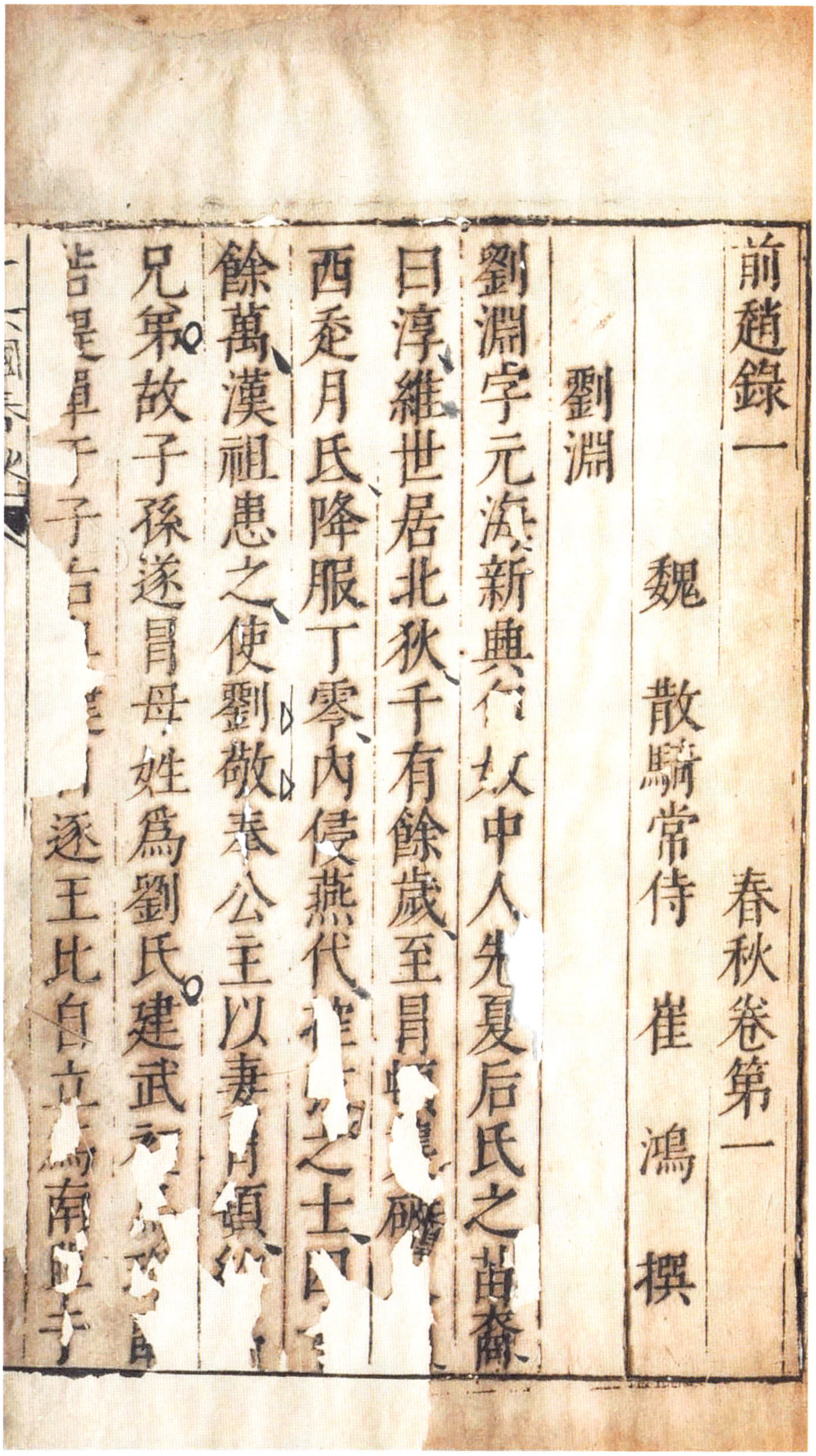
前趙録一　春秋卷第一
魏　散騎常侍　崔　鴻　撰
劉淵
劉淵字元海新興匈奴中人先夏后氏之苗裔
曰淳維世居北狄千有餘歲至冒[illegible]
西[illegible]月氏降服丁零内侵燕代[illegible]之士[illegible]
餘萬漢祖患之使劉敬奉公主以妻冒頓[illegible]
兄弟故子孫遂冒母姓爲劉氏建武[illegible]
[illegible]單于子[illegible]逐王比自立爲南單于

20077　十六國春秋一百卷　題（北魏）崔鴻撰　明萬曆三十七年（1609）屠氏蘭輝堂刻本　丹東市圖書館

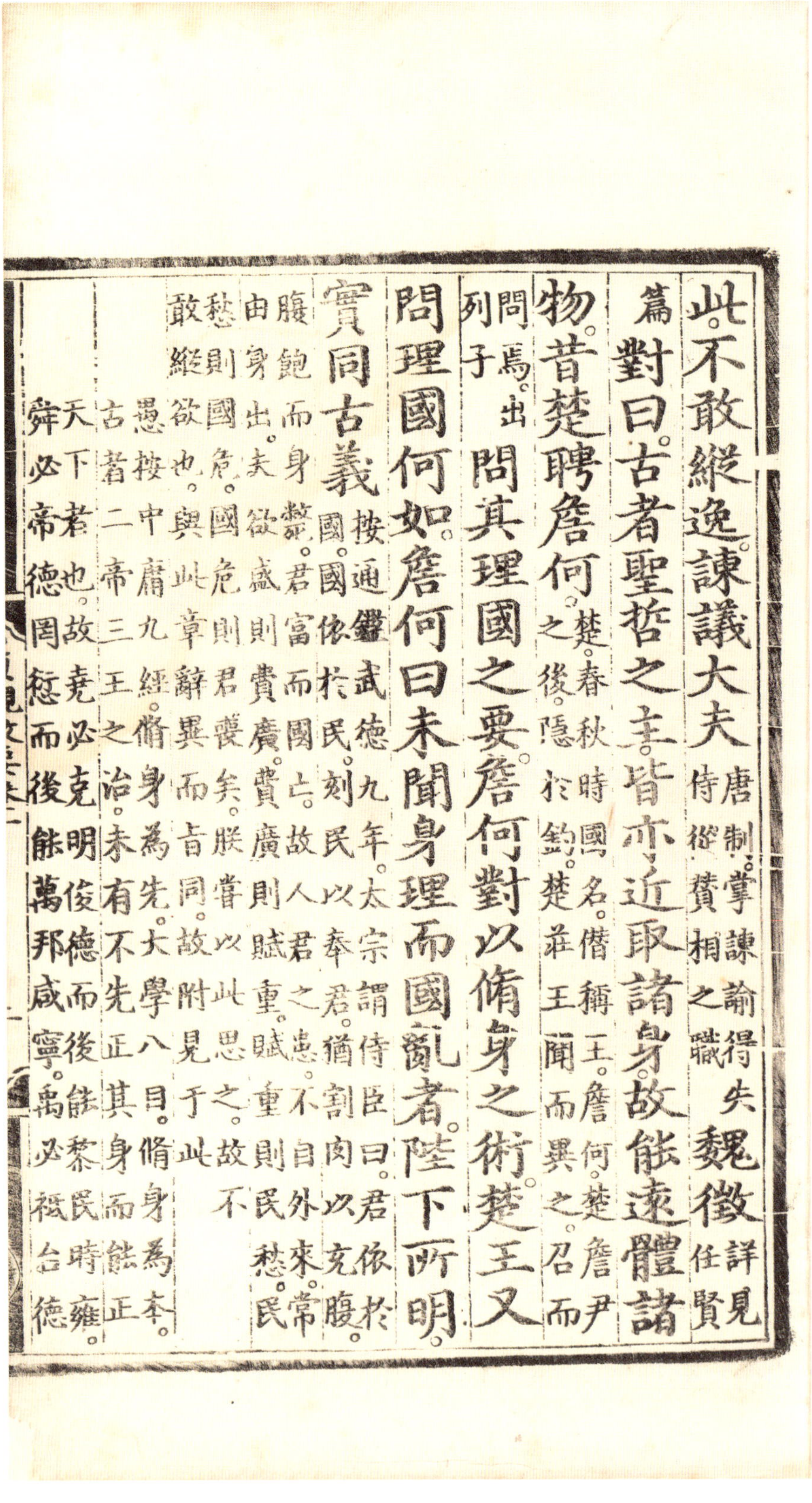
此不敢縱逸諫議大夫唐制掌諫諭得失侍從贊相之職魏徵詳見任賢
篇對曰古者聖哲之主皆亦近取諸身故能遠體諸
物昔楚聘詹何楚春秋時國名僭稱王詹何楚詹尹之後隱於釣楚莊王聞而異之召而
問焉出列子問其理國之要詹何對以脩身之術楚王又
問理國何如詹何曰未聞身理而國亂者陛下所明
實同古義按通鑑武德九年太宗謂侍臣曰君依於國國依於民刻民以奉君猶割肉以充腹
腹飽而身斃君富而國亡故人君之患不自外來常由身出夫欲盛則費廣費廣則賦重賦重則民愁民
愁則國危國危則君喪矣朕常以此思之故不敢縱欲也與此章辭異而旨同故附見于此
愚按中庸九經脩身為先大學八目脩身為本古者二帝三王之治未有不先正其身而能正
天下者也故堯必克明俊德而後能黎民時雍舜必帝德罔愆而後能萬邦咸寧禹必祗台德

20078　貞觀政要十卷　（唐）吴兢撰　（元）戈直集論　明成化元年（1465）内府刻本　周壽昌題識　遼寧省圖書館

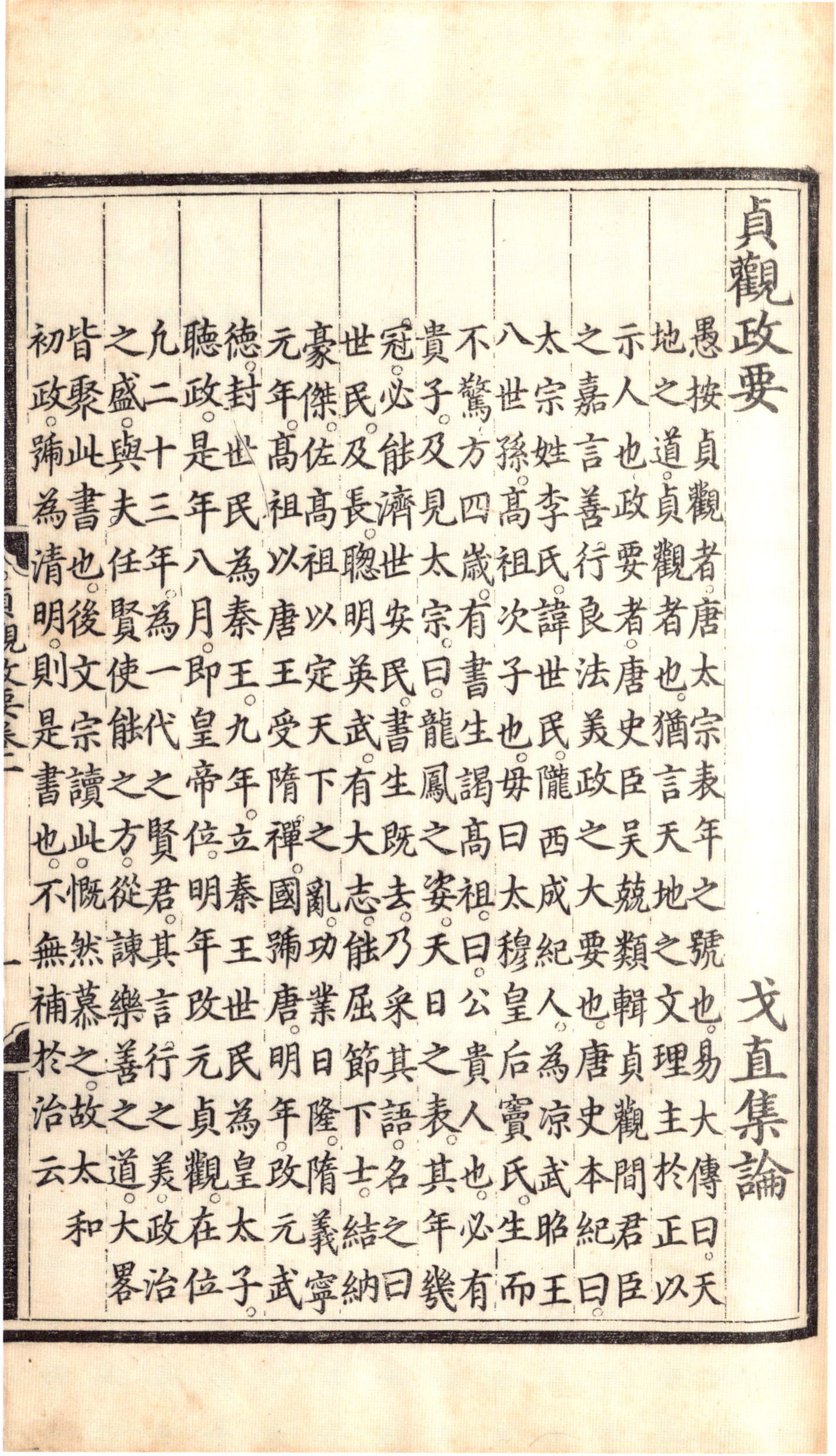

貞觀政要　　戈直集論

愚按貞觀者唐太宗表年之號也易大傳曰天地之道貞觀者也猶言天地之文理主於正以示人也政要者唐史臣吳兢類輯貞觀間君臣之嘉言善行良法美政之大要也唐史本紀曰太宗姓李氏諱世民隴西成紀人也為涼武昭王八世孫高祖次子也母曰太穆皇后竇氏生而不驚方四歲有書生謁高祖曰公貴人也必有貴子及見太宗曰龍鳳之姿天日之表其年幾冠必能濟世安民書生既去乃采其語名之曰世民及長聰明英武有大志能屈節下士結納豪傑佐高祖以定天下之亂功業日隆隋義寧元年高祖以唐王受隋禪國號唐明年改元武德封世民為秦王九年立秦王世民為皇太子聽政是年八月即皇帝位明年改元貞觀在位凡二十三年為一代之賢君其言行之美政治之盛與夫任賢使能之方從諫樂善之道大畧皆聚此書也後文宗讀此慨然慕之故太和初政號為清明則是書也不無補於治云

20079　貞觀政要十卷　（唐）吴兢撰　（元）戈直集論　明成化元年（1465）內府刻本　翟文選跋　遼寧省圖書館

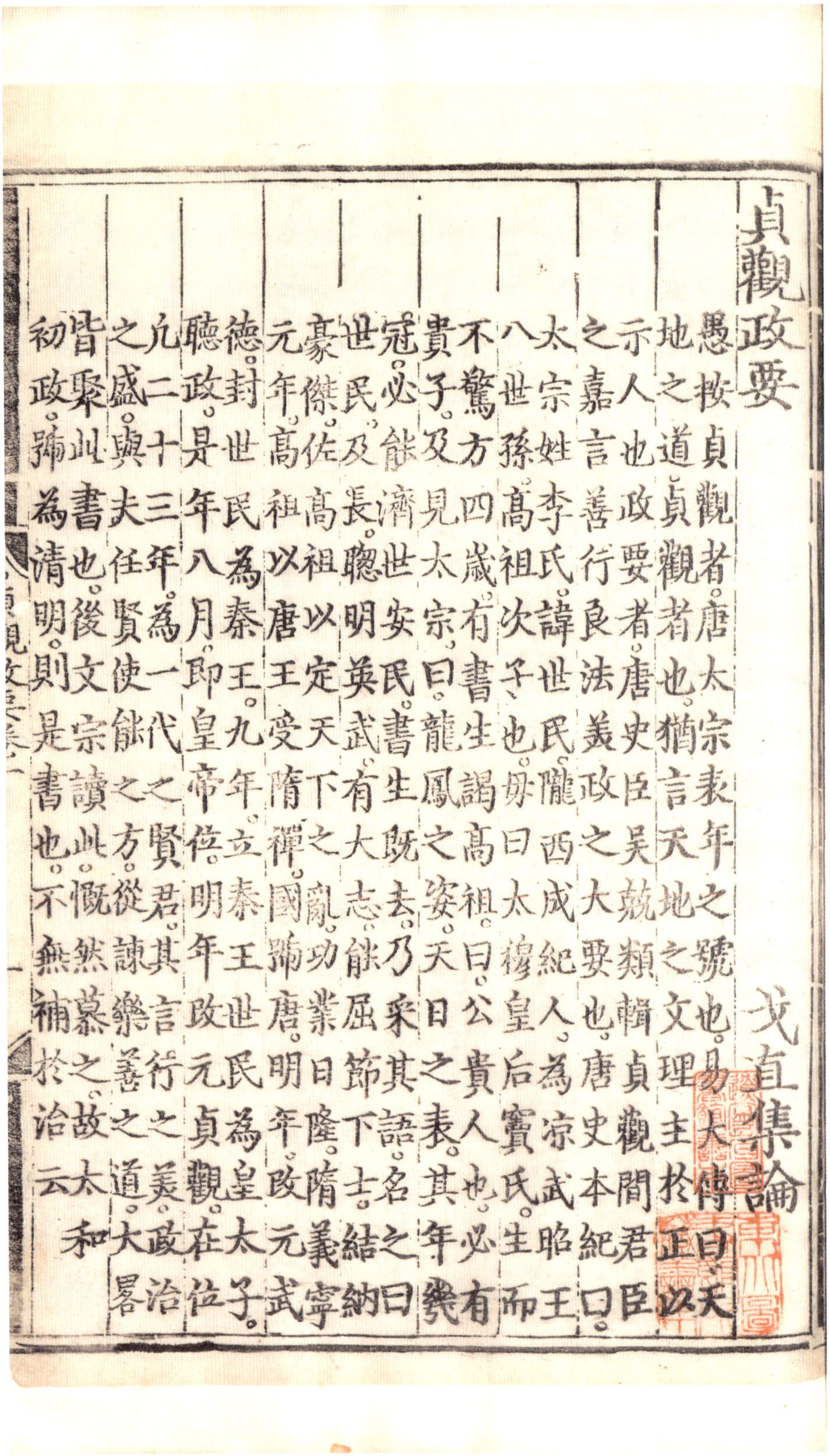

貞觀政要　　戈直集論

愚按貞觀者唐太宗表年之號也易大傳曰天地之道貞觀者也猶言天地之文理主於正以示人也政要者唐史臣吴兢類輯貞觀間君臣之嘉言善行良法美政之大要也唐史本紀曰太宗姓李氏諱世民隴西成紀人為凉武昭王八世孫高祖次子也母曰太穆皇后竇氏生而不驚方四歲有書生謁高祖曰公貴人也必有貴子及見太宗曰龍鳳之姿天日之表其年幾冠必能濟世安民書生既去乃采其語名之曰世民及長聰明英武有大志能屈節下士結納豪傑佐高祖以定天下之亂功業日隆隋義寧元年高祖以唐王受隋禪國號唐明年改元武德封世民為秦王九年立秦王世民為皇太子聽政是年八月即皇帝位明年改元貞觀在位凡二十三年為一代之賢君其言行之美政治之盛與夫任賢使能之方從諫樂善之道大畧皆聚此書也後文宗讀此慨然慕之故太和初政號為清明則是書也不無補於治云

20080　貞觀政要十卷（唐）吴兢撰（元）戈直集論　明成化十二年（1476）崇府刻本　遼寧省圖書館

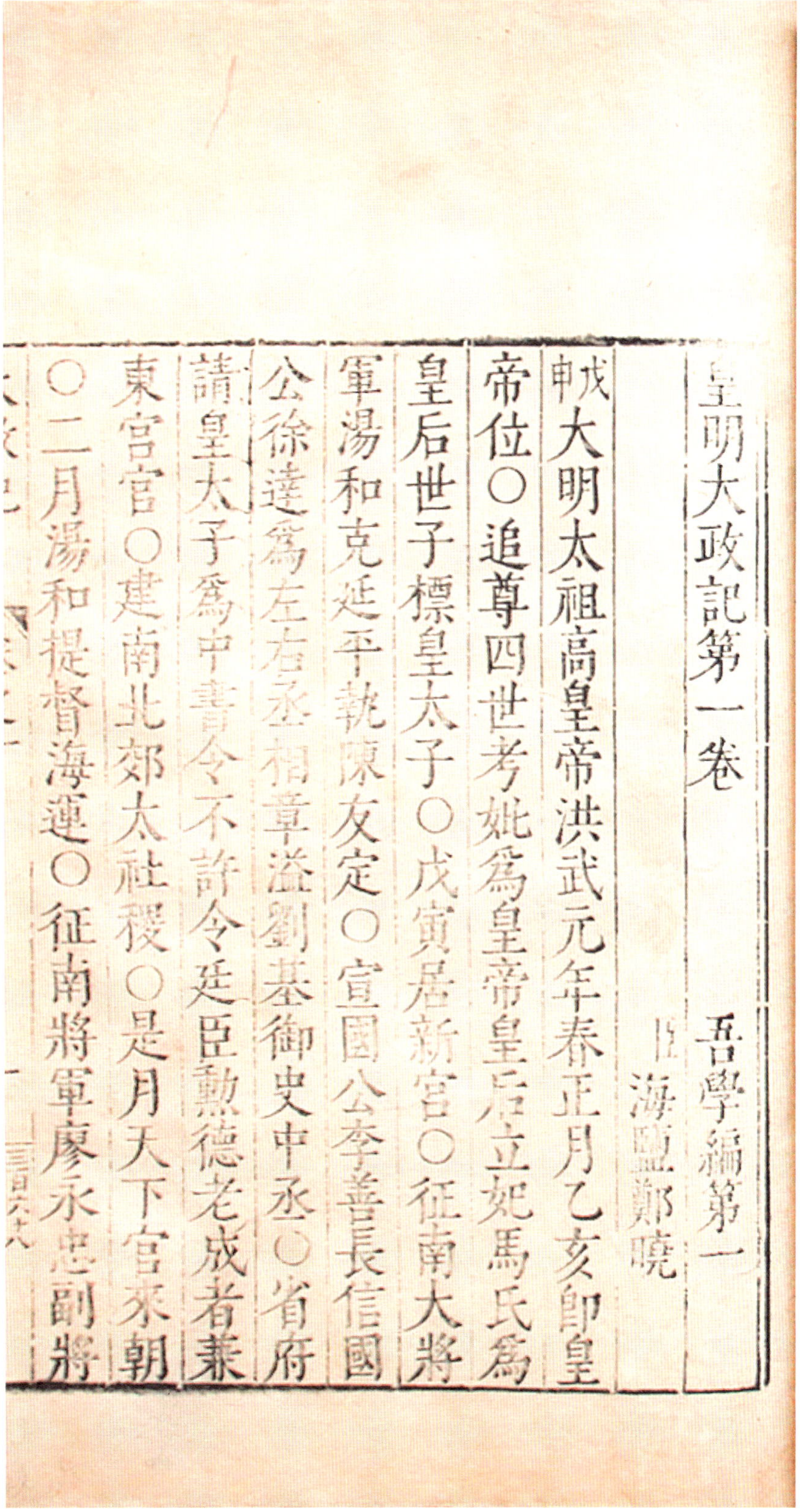

20081　吾學編六十九卷　（明）鄭曉撰　明萬曆二十七年（1599）鄭心材刻本　大連圖書館

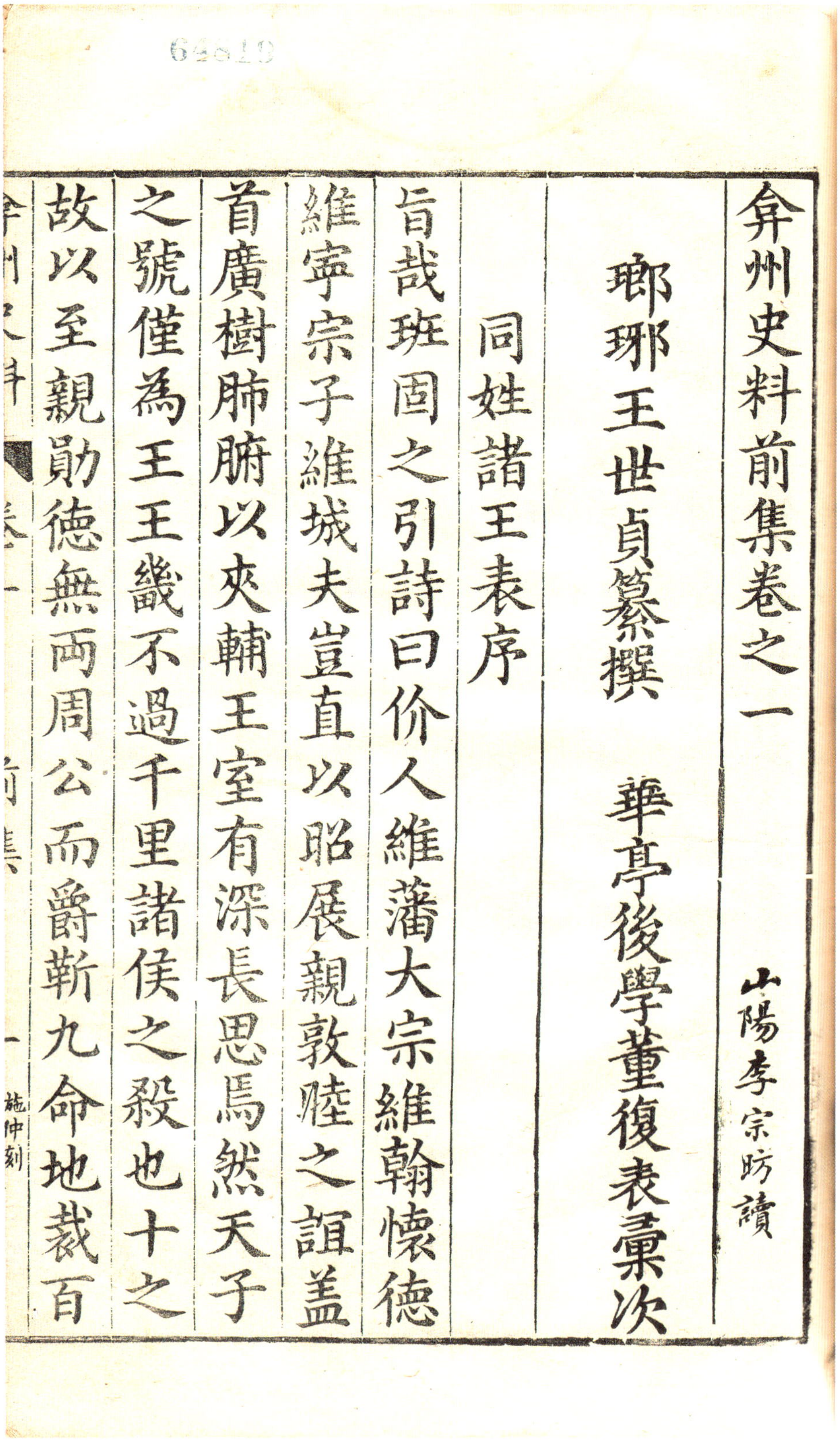

弇州史料前集卷之一
山陽李宗昉讀
瑯琊王世貞纂撰　華亭後學董復表彙次
同姓諸王表序
旨哉班固之引詩曰价人維藩大宗維翰懷德
維寧宗子維城夫豈直以昭展親敦睦之誼蓋
首廣樹肺腑以夾輔王室有深長思焉然天子
之號僅為王王畿不過千里諸侯之殺也十之
故以至親勛德無兩周公而爵靳九命地裁百
弇州史料　卷一　前集　一　施仲刻

20082　弇州史料前集三十卷後集七十卷　（明）王世貞撰　（明）董復表輯　明萬曆四十二年（1614）楊鶴等刻本　大連圖書館

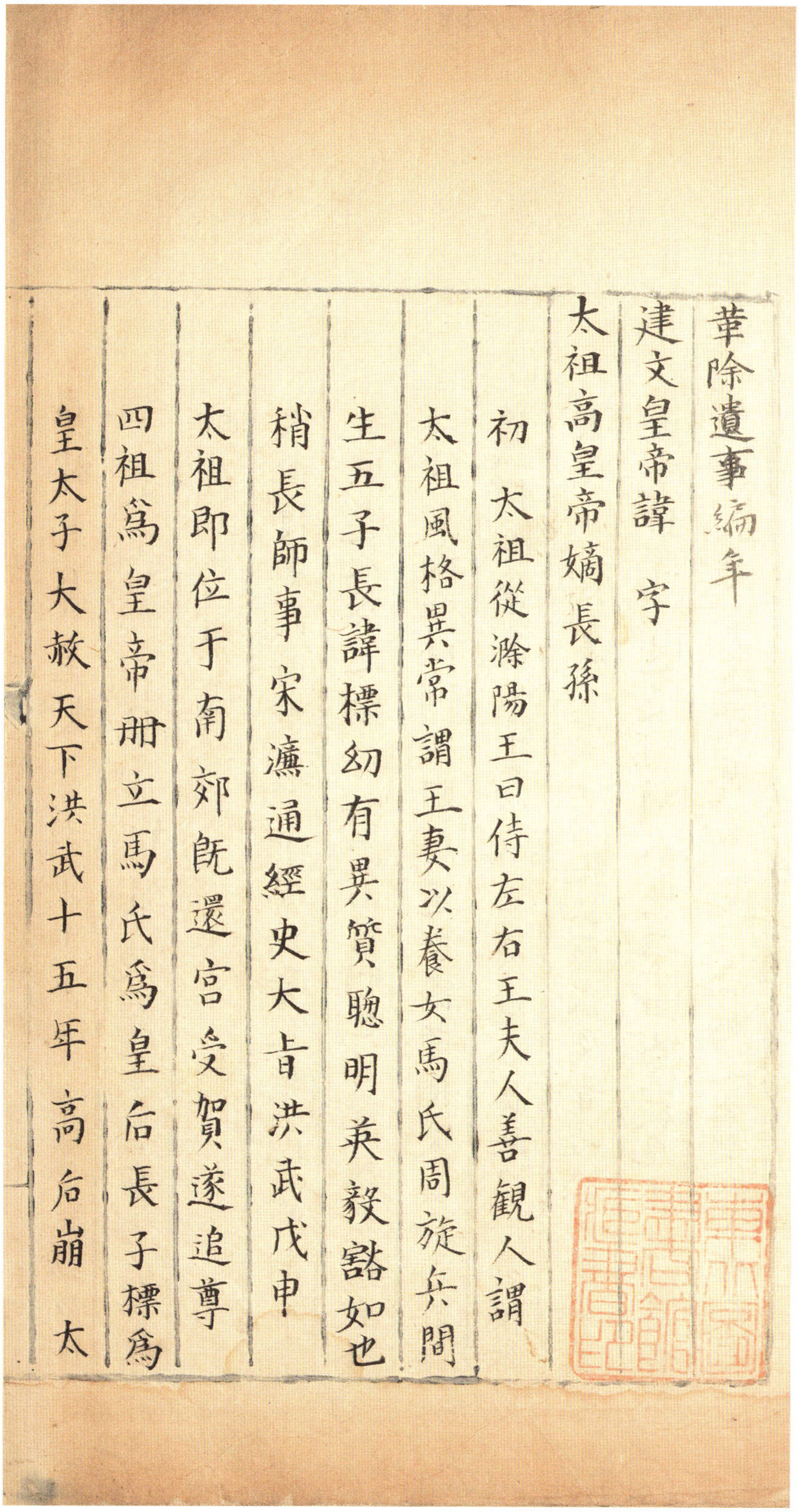

革除遺事編年
建文皇帝諱　字
太祖高皇帝嫡長孫
初　太祖從滁陽王曰侍左右王夫人善觀人謂
太祖風格異常謂王妻以養女馬氏周旋兵間
生五子長諱標幼有異質聰明英毅豁如也
稍長師事宋濂通經史大旨洪武戊申
太祖即位于南郊既還宮受賀遂追尊
四祖爲皇帝册立馬氏爲皇后長子標爲
皇太子大赦天下洪武十五年　高后崩　太

20083　革除編年不分卷　明抄本　遼寧省圖書館

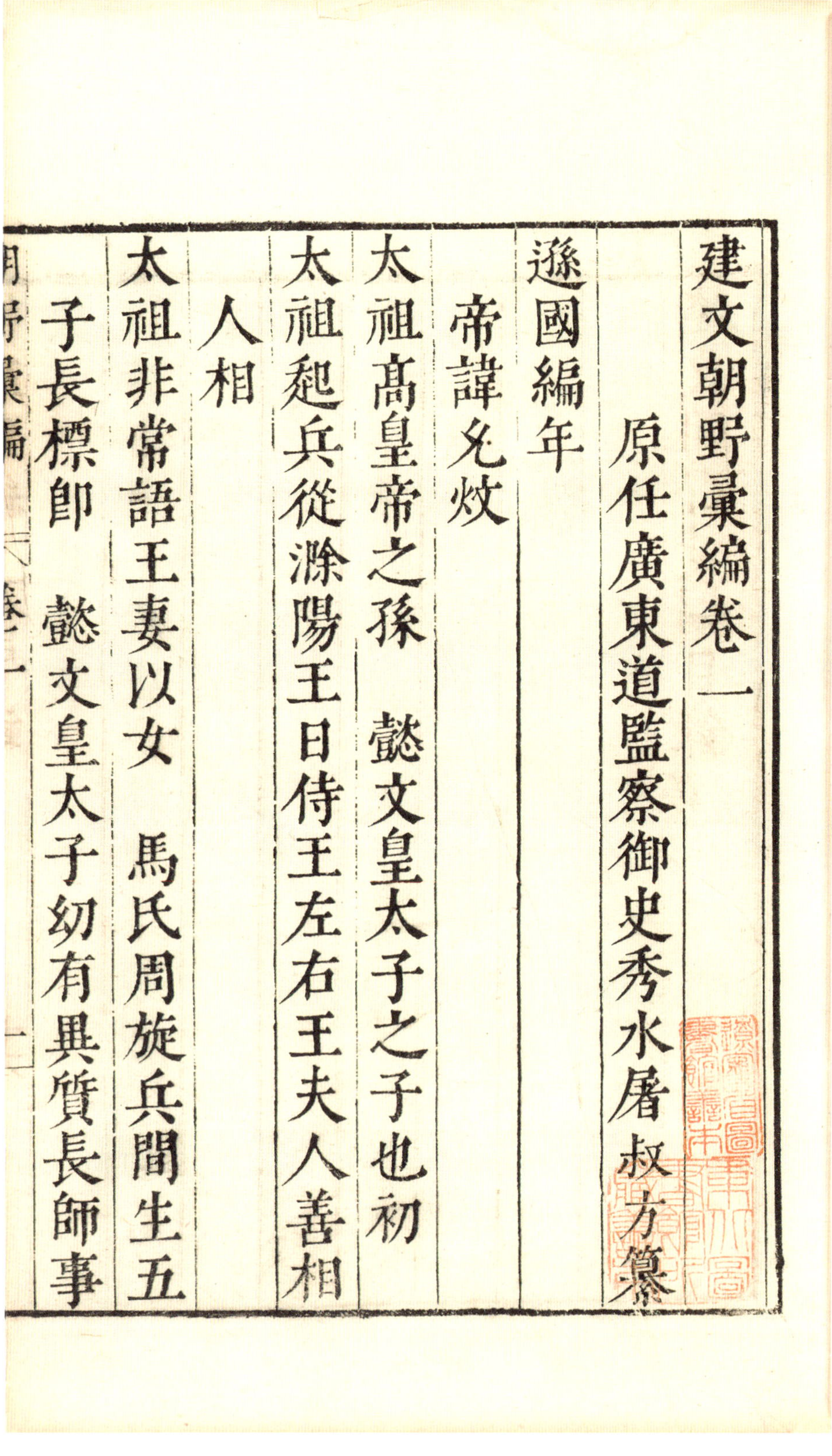
建文朝野彙編卷一
原任廣東道監察御史秀水屠叔方纂
遜國編年
帝諱允炆
太祖高皇帝之孫　懿文皇太子之子也初
太祖起兵從滁陽王日侍王左右王夫人善相
人相
太祖非常語王妻以女　馬氏周旋兵間生五
子長標即　懿文皇太子幼有異質長師事

20084　建文朝野彙編二十卷　（明）屠叔方撰　明萬曆刻本（卷一缺末三頁）　遼寧省圖書館

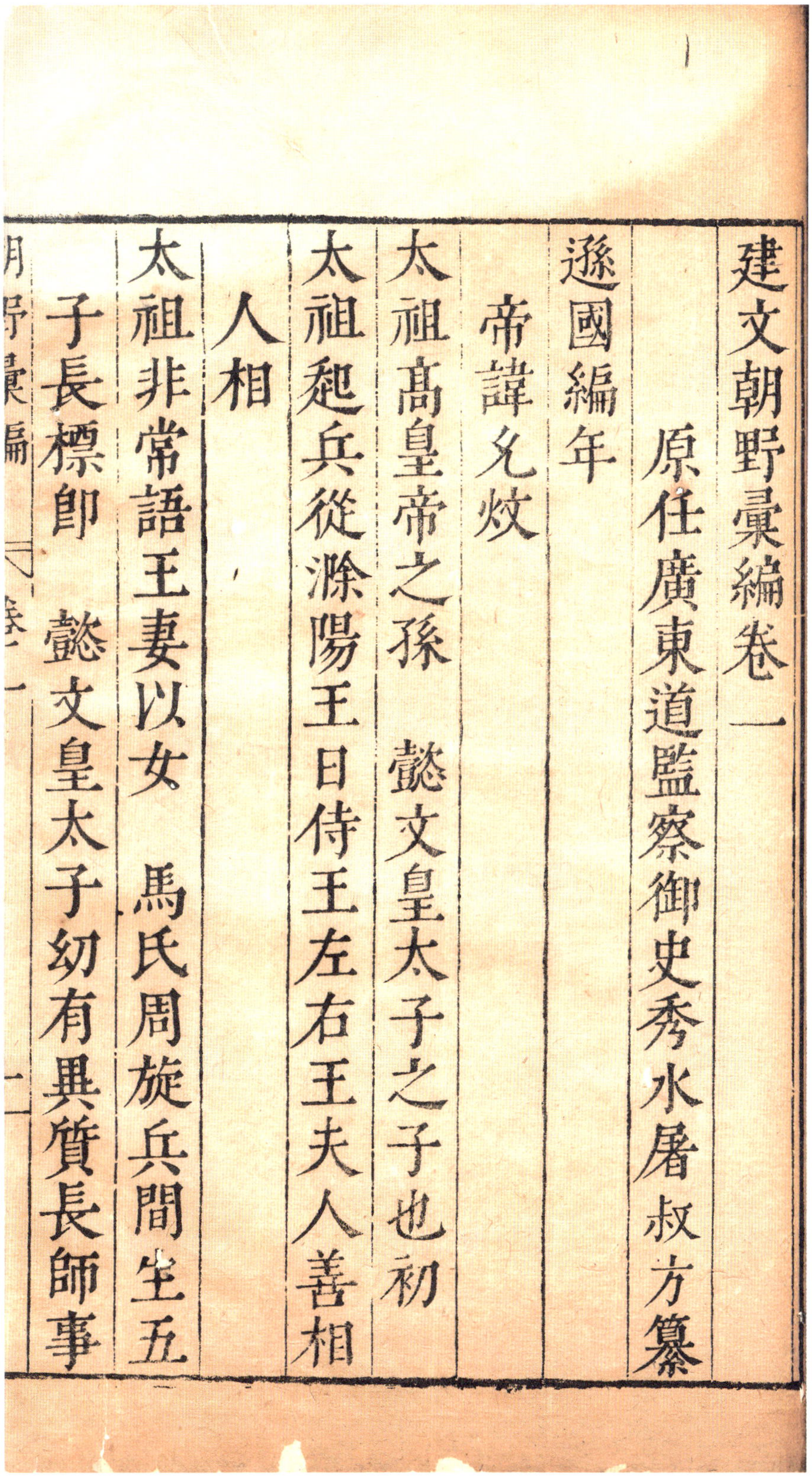

建文朝野彙編卷一
原任廣東道監察御史秀水屠叔方纂
遜國編年
帝諱允炆
太祖高皇帝之孫　懿文皇太子之子也初
太祖起兵從滁陽王日侍王左右王夫人善相
人相
太祖非常語王妻以女　馬氏周旋兵間生五
子長標即　懿文皇太子幼有異質長師事

20085　建文朝野彙編二十卷　（明）屠叔方撰　明萬曆刻本　大連圖書館

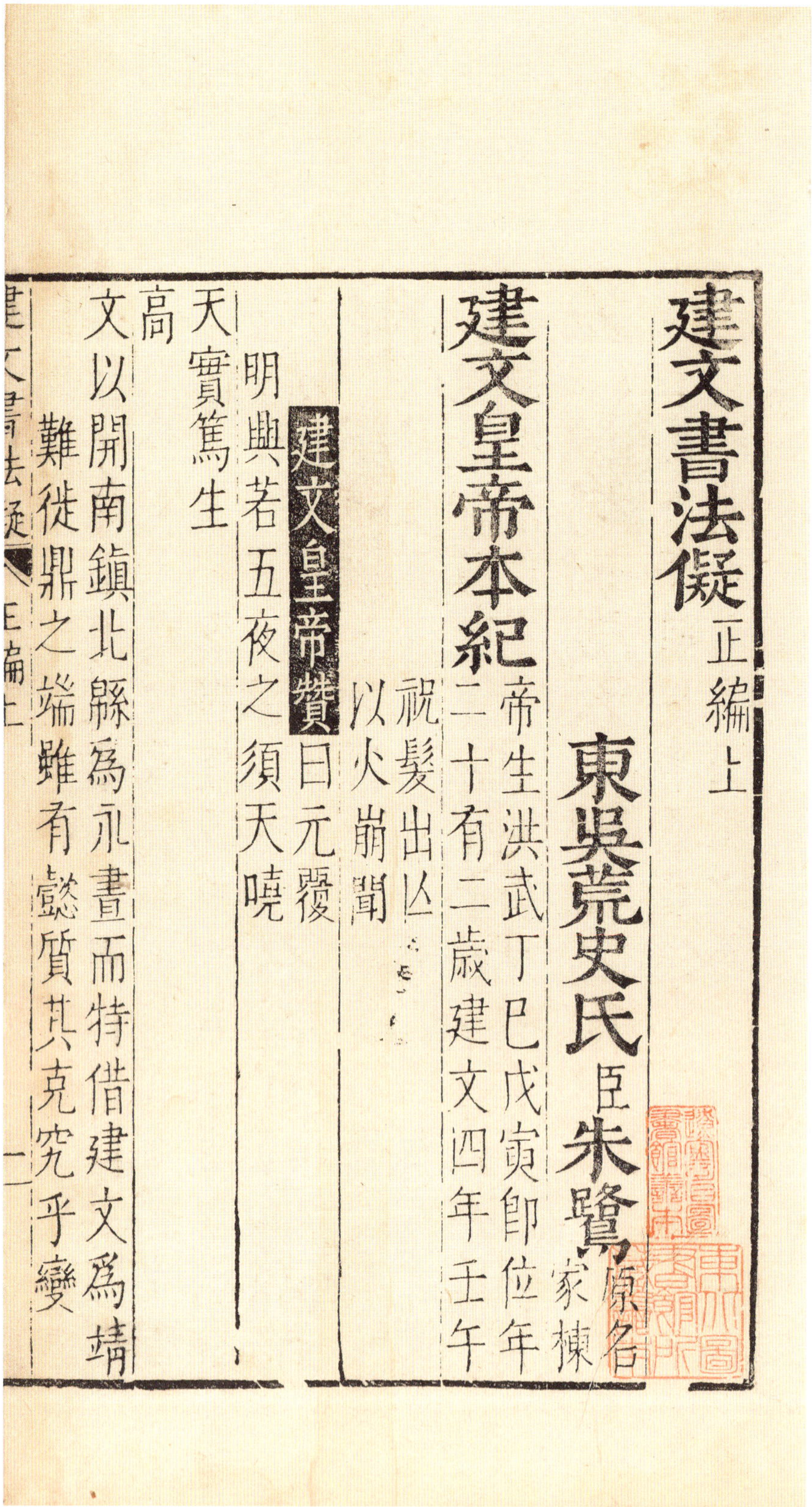
建文書法儗 正編上
東吳荒史氏 臣朱鷺 原名家楝
建文皇帝本紀 帝生洪武丁巳戊寅即位年二十有二歲建文四年壬午
祝髮出亾
以火崩聞
建文皇帝贊曰元覆
明興若五夜之須天曉
天實篤生
高
文以開南鎮北縣爲永畫而特借建文爲靖
難徙鼎之端雖有懿質其克究乎變
建文書法儗 正編上 一

20086　建文書法儗前編一卷正編二卷附編二卷　（明）朱鷺撰　明萬曆刻本　遼寧省圖書館

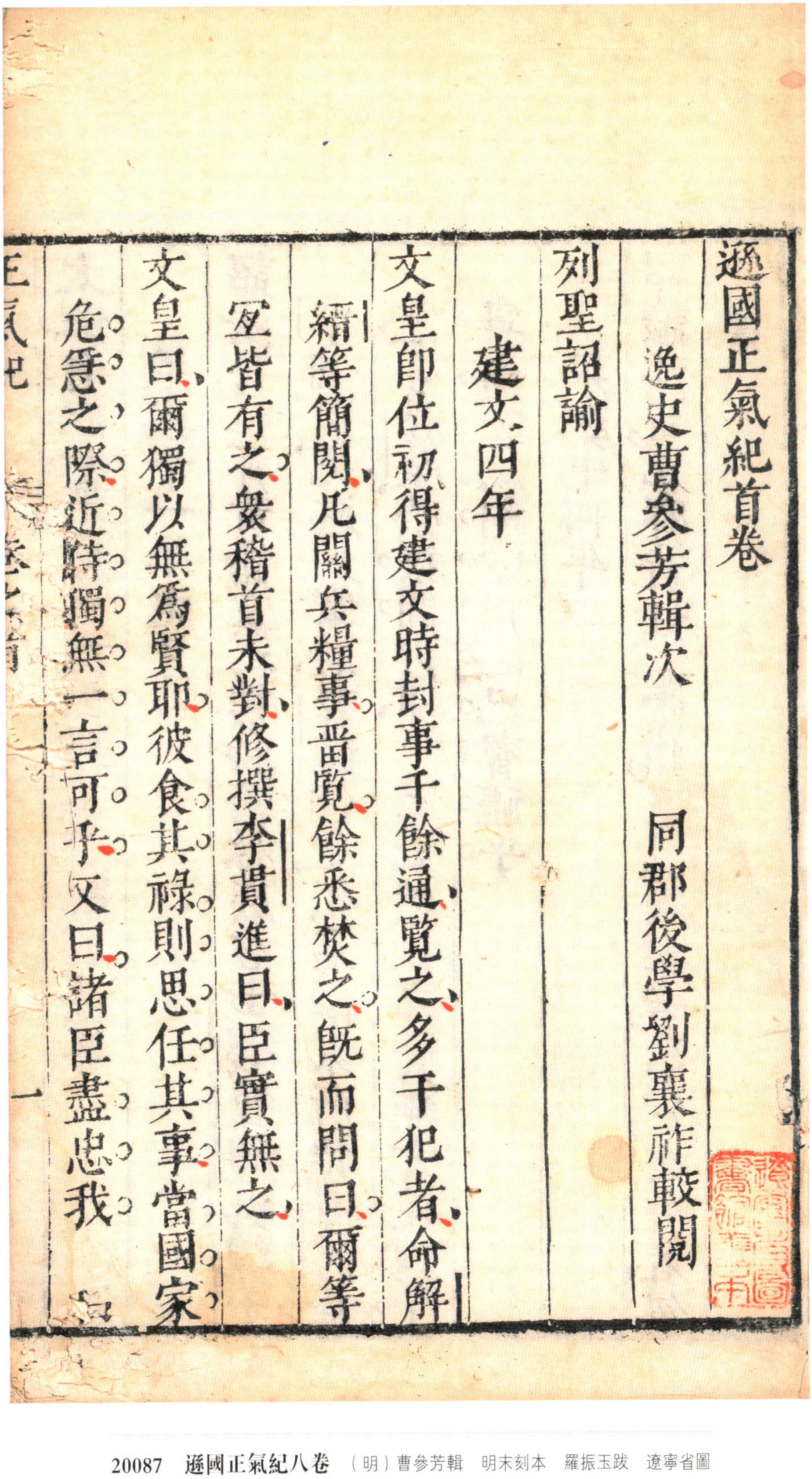
遜國正氣紀首卷
逸史曹參芳輯次　同郡後學劉裹祚較閱
列聖詔諭
建文四年
文皇即位初得建文時封事千餘通覽之多干犯者命解
縉等簡閱凡關兵糧事留覽餘悉焚之既而問曰爾等
冝皆有之衆稽首未對修撰李貫進曰臣實無之
文皇曰爾獨以無爲賢耶彼食其祿則思任其事當國家
危急之際近時獨無一言可乎又曰諸臣盡忠我
正氣紀　卷之首　一

20087　遜國正氣紀八卷　（明）曹参芳輯　明末刻本　羅振玉跋　遼寧省圖書館

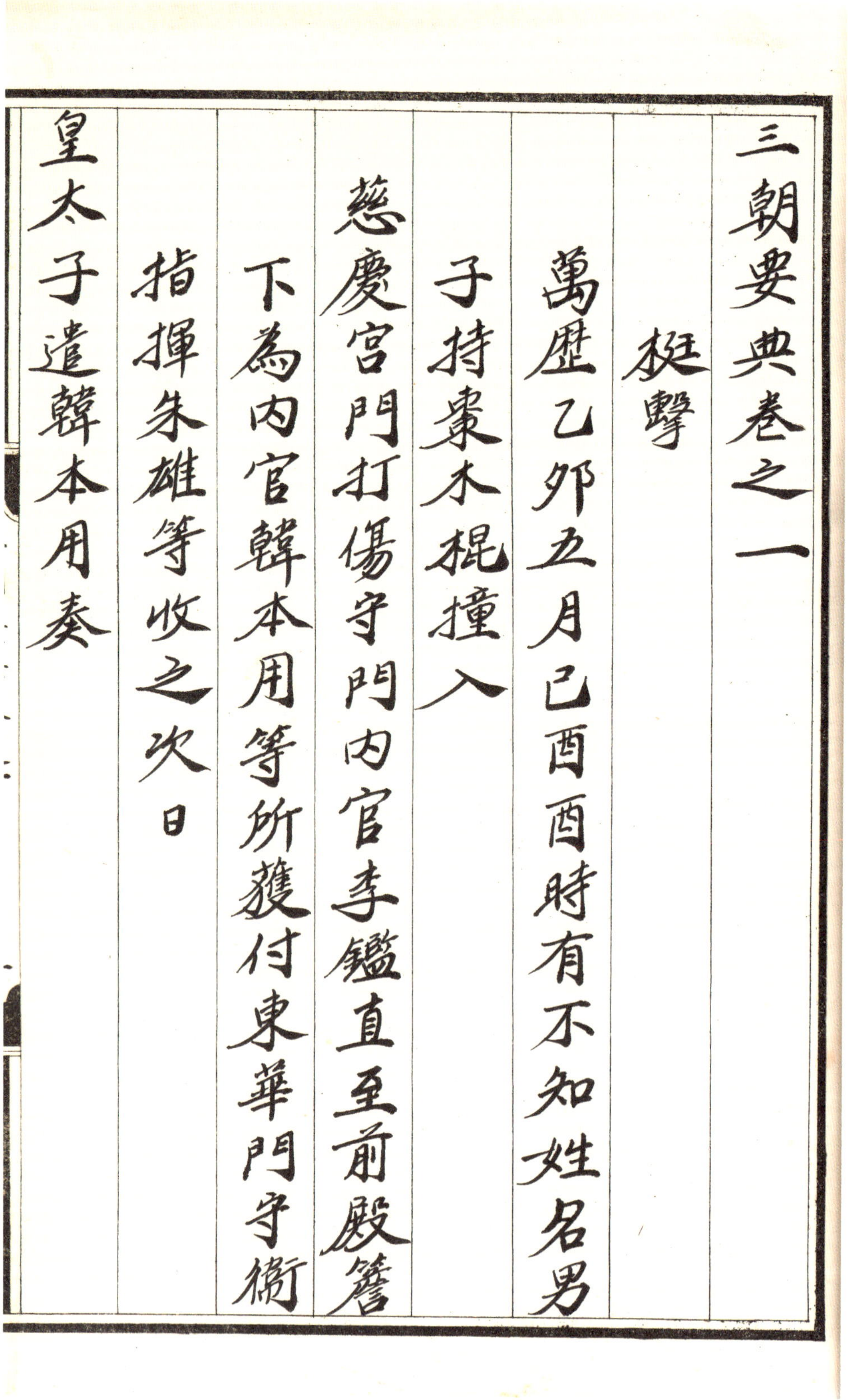

三朝要典卷之一

梃擊

萬曆乙夘五月己酉酉時有不知姓名男子持棗木棍撞入

慈慶宮門打傷守門内官李鑑直至前殿簷下爲内官韓本用等所獲付東華門守衛指揮朱雄等收之次日

皇太子遣韓本用奏

20088　三朝要典二十四卷三朝要典原始一卷　（明）顧秉謙等纂　明天啓刻本（有抄配）　大連圖書館

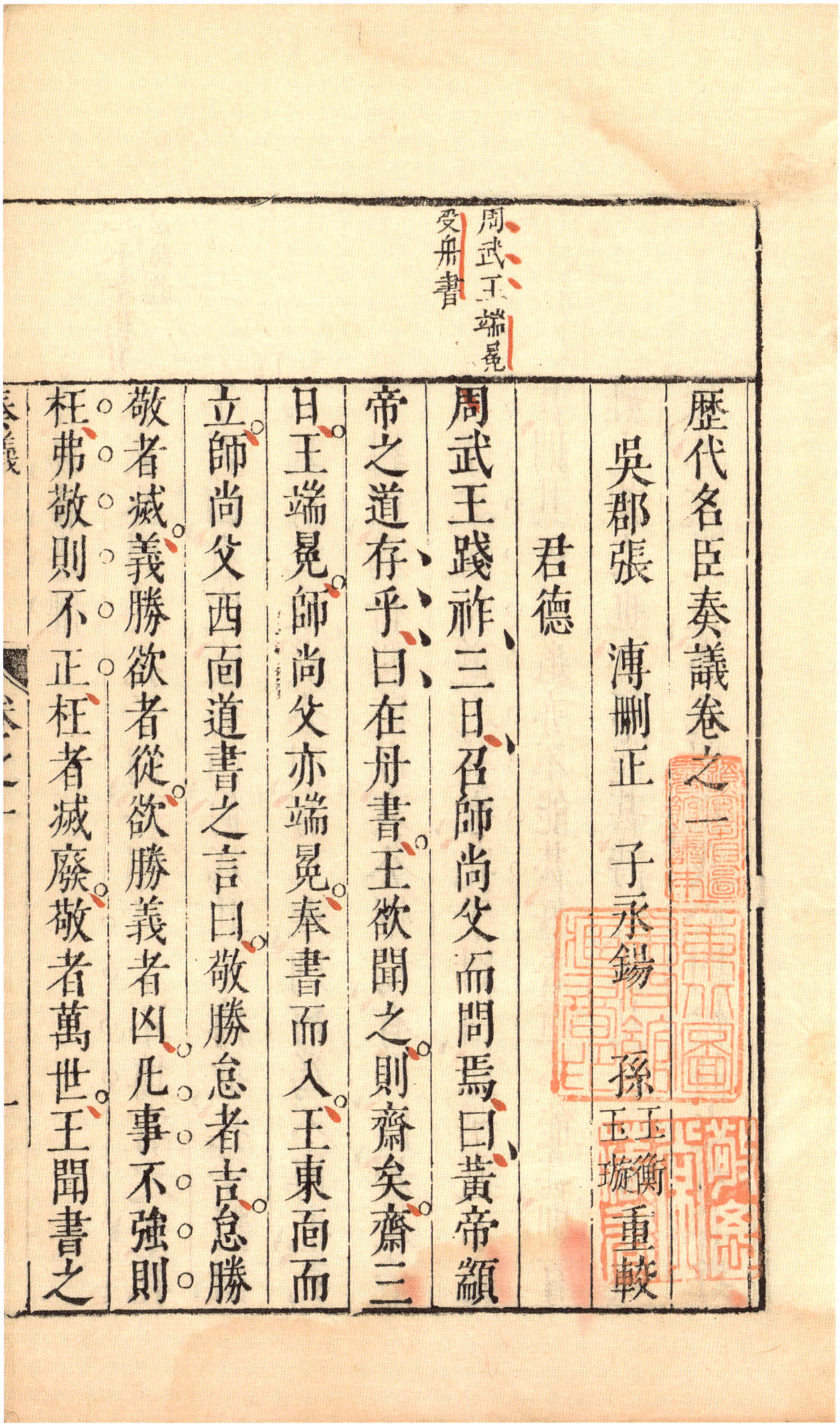

周武王端冕受丹書

歷代名臣奏議卷之一

吳郡張溥刪正　子丞錫　孫王衡 王璇 重較

君德

周武王踐祚三日召師尚父而問焉曰黃帝顓帝之道存乎曰在丹書王欲聞之則齊矣齊三日王端冕師尚父亦端冕奉書而入王東面而立師尚父西面道書之言曰敬勝怠者吉怠勝敬者滅義勝欲者從欲勝義者凶凡事不強則枉弗敬則不正枉者滅廢敬者萬世王聞書之

20089　歷代名臣奏議三百五十卷　（明）黃淮　楊士奇等輯　（明）張溥刪正　明崇禎八年（1635）刻本　遼寧省圖書館

存三百十九卷（一至三百十九）

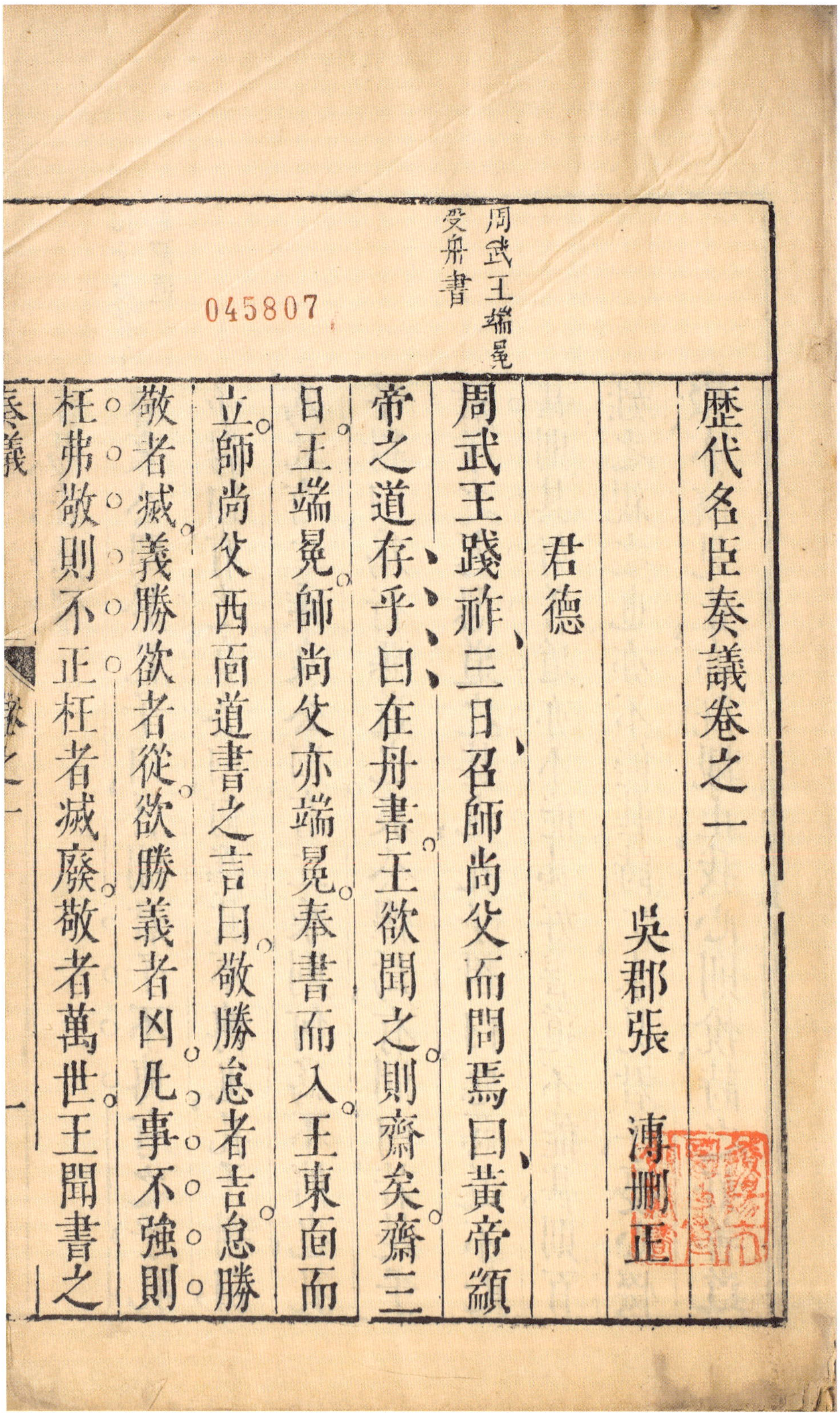
周武王端冕受丹書

045807

歷代名臣奏議卷之一
吳郡張　溥刪正
君德
周武王踐祚三日召師尚父而問焉曰黃帝顓
帝之道存乎曰在丹書王欲聞之則齋矣齋三
日王端冕師尚父亦端冕奉書而入王東面而
立師尚父西面道書之言曰敬勝怠者吉怠勝
敬者滅義勝欲者從欲勝義者凶凡事不強則
枉弗敬則不正枉者滅廢敬者萬世王聞書之

奏議　卷之一　一

20090　歷代名臣奏議三百五十卷　（明）黃淮　楊士奇等輯　（明）張溥刪正　明崇禎八年（1635）刻清康熙二十四年（1685）重修本　遼陽市圖書館

存二百八十九卷（一至七十九、八十三至九十七、一百一至一百二十、一百二十三至一百二十七、一百三十二至一百七十五、一百九十二至二百、二百三至三百十九）

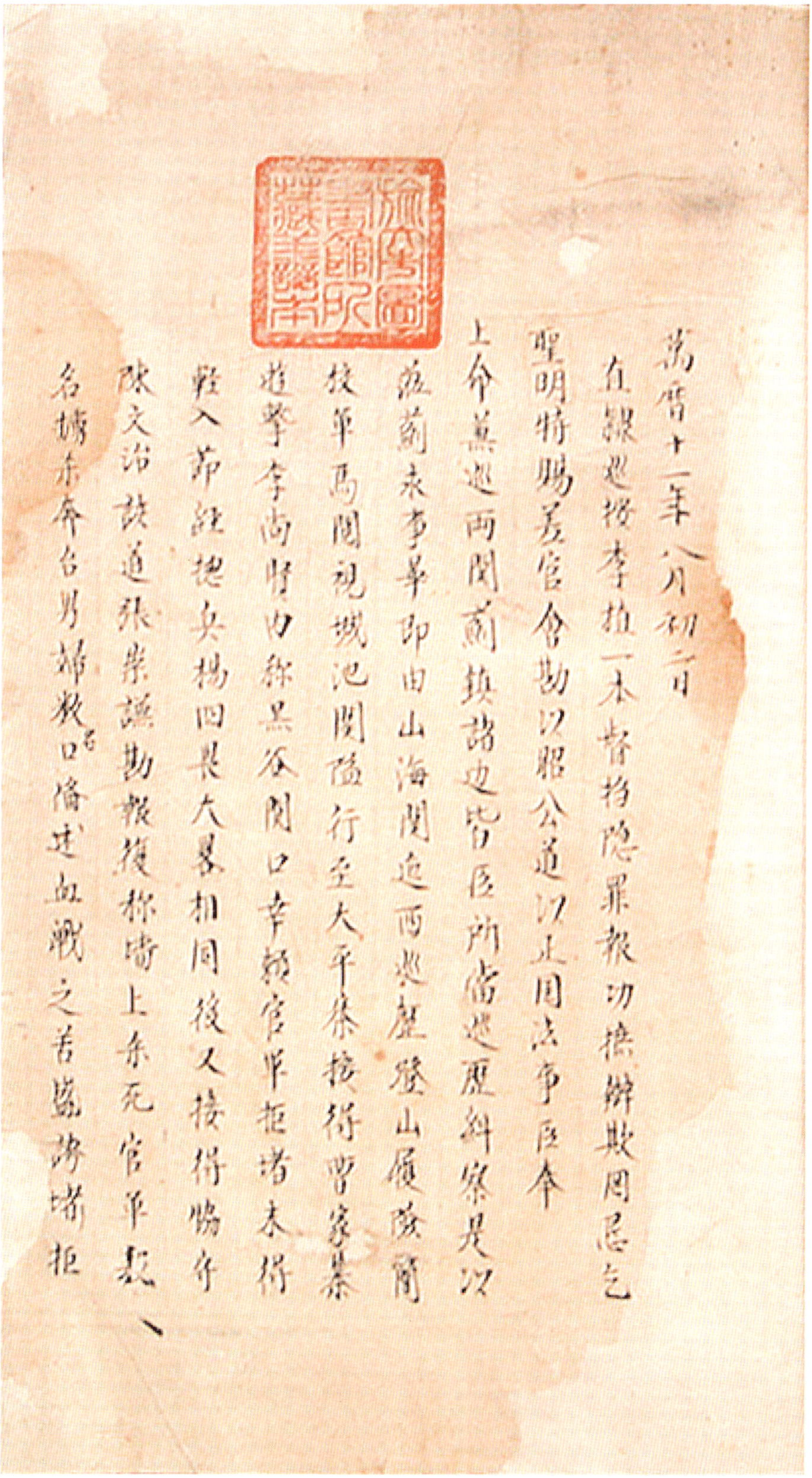
萬曆十一年八月初六日
直隸巡按李植一本督撫隱罪報功掩飾欺罔懇乞
聖明特賜差官會勘以昭公道以正國法事臣奉
上命兼巡西關薊鎮諸邊皆臣所當巡歷糾察是以
巡薊永事畢即由山海關迤西巡歷燕山履險關
技單馬閱視城池關隘行至太平寨接得曾家寨
遊擊李尚賢內開黑谷關口幸賴官軍拒堵未得
鞋入節經總兵楊四畏大略相同後又接得協守
陳文治該道張崇謙勘報復稱嚮上系死官軍數、
名擄去本台男婦救口倫述血戰之苦臨時堵拒

20091　萬曆科抄一卷　明抄本　大連圖書館

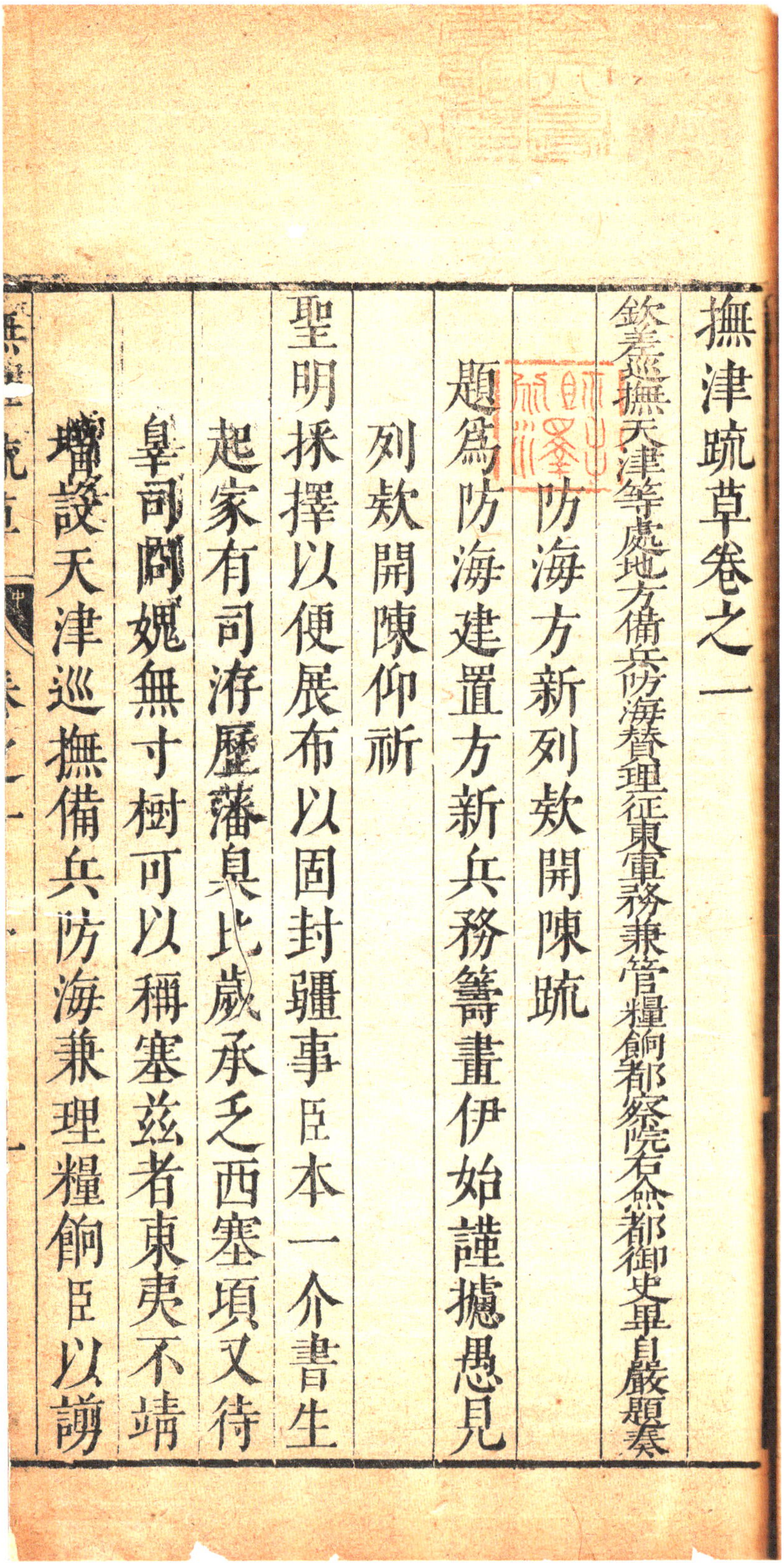
撫津疏草卷之一
欽差巡撫天津等處地方備兵防海贊理征東軍務兼管糧餉都察院右僉都御史畢自嚴題奏
防海方新列款開陳疏
題爲防海建置方新兵務籌畫伊始謹攄愚見
列款開陳仰祈
聖明採擇以便展布以固封疆事臣本一介書生
起家有司洊歷藩臬比歲承乏西塞頃又待
皐司闕媿無寸樹可以稱塞茲者東夷不靖
增設天津巡撫備兵防海兼理糧餉臣以譾

20092 **撫津疏草不分卷** （明）畢自嚴撰 明末抄本 大連圖書館

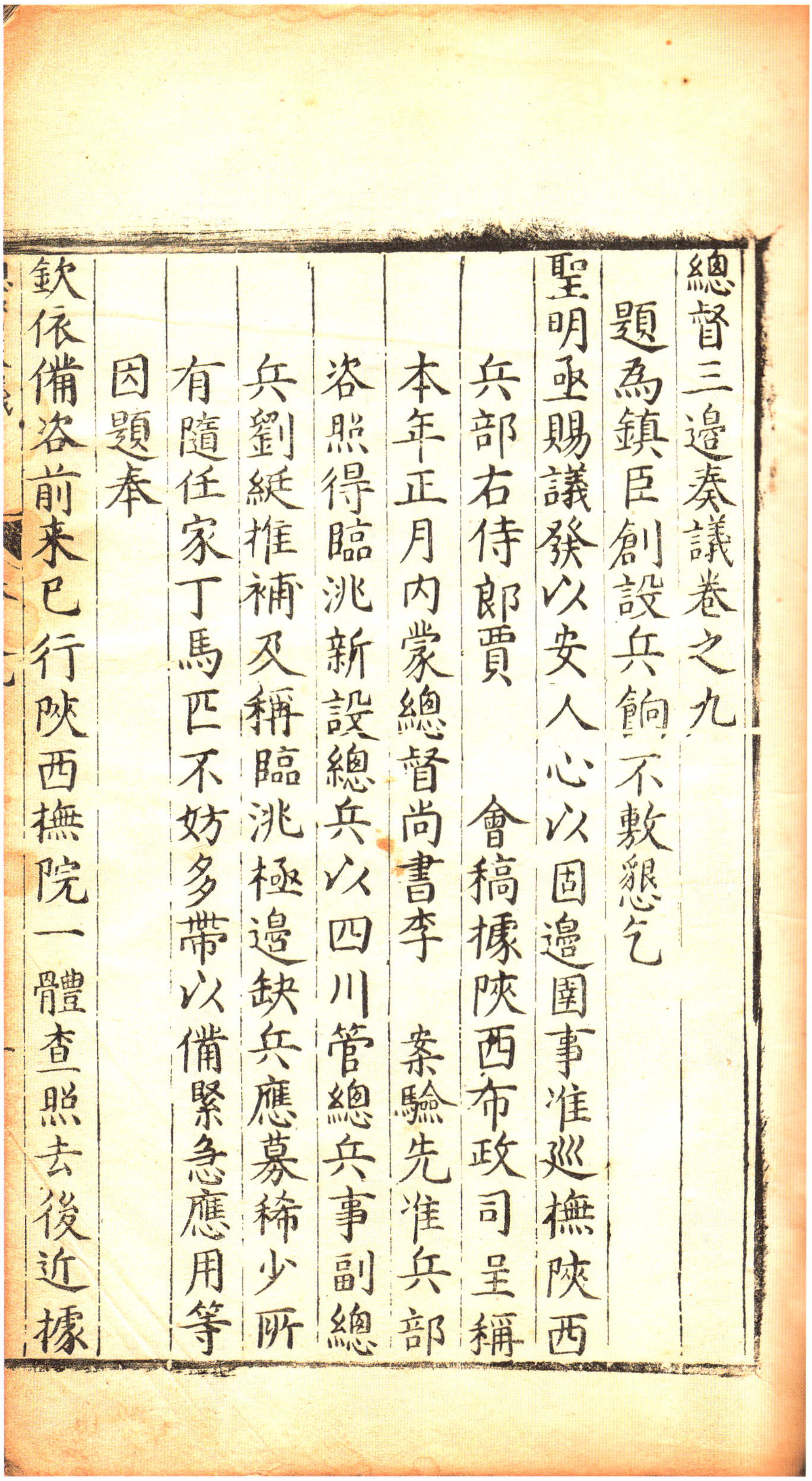
總督三邊奏議卷之九
題為鎮臣創設兵餉不敷懇乞
聖明亟賜議發以安人心以固邊圉事准巡撫陝西
兵部右侍郎賈　會稿據陝西布政司呈稱
本年正月内蒙總督尚書李　案驗先准兵部
咨照得臨洮新設總兵以四川管總兵事副總
兵劉綎推補及稱臨洮極邊缺兵應募稀少所
有隨任家丁馬匹不妨多帶以備緊急應用等
因題奉
欽依備咨前來已行陝西撫院一體查照去後近據

20093　總督三邊奏議□□卷　明萬曆刻本　大連圖書館

存十卷（九至十、十四、十六至十八、三十八至四十、四十二）

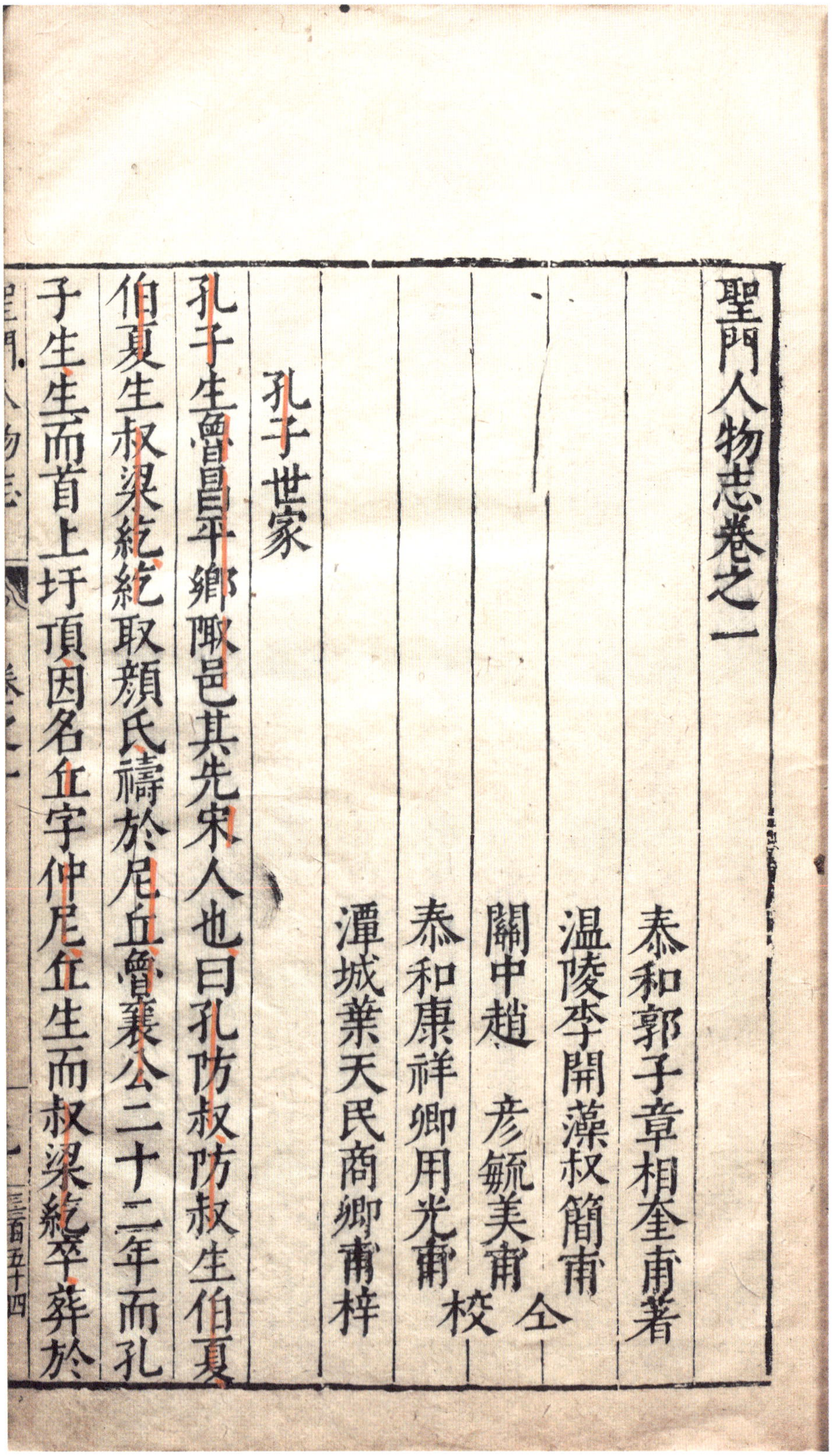
聖門人物志卷之一
泰和郭子章相奎甫著
温陵李開藻叔簡甫
關中趙　彥毓美甫　仝校
泰和康祥卿用光甫
潭城葉天民商卿甫梓
孔子世家
孔子生魯昌平鄉陬邑其先宋人也曰孔防叔防叔生伯夏伯夏生叔梁紇紇取顏氏禱於尼丘會襄公二十二年而孔子生生而首上圩頂因名丘字仲尼丘生而叔梁紇卒葬於
聖門人物志　卷之一　一　三百五十四

20094　聖門人物志十二卷　（明）郭子章撰　明萬曆葉天民刻本　明葉台廷題識　大連圖書館

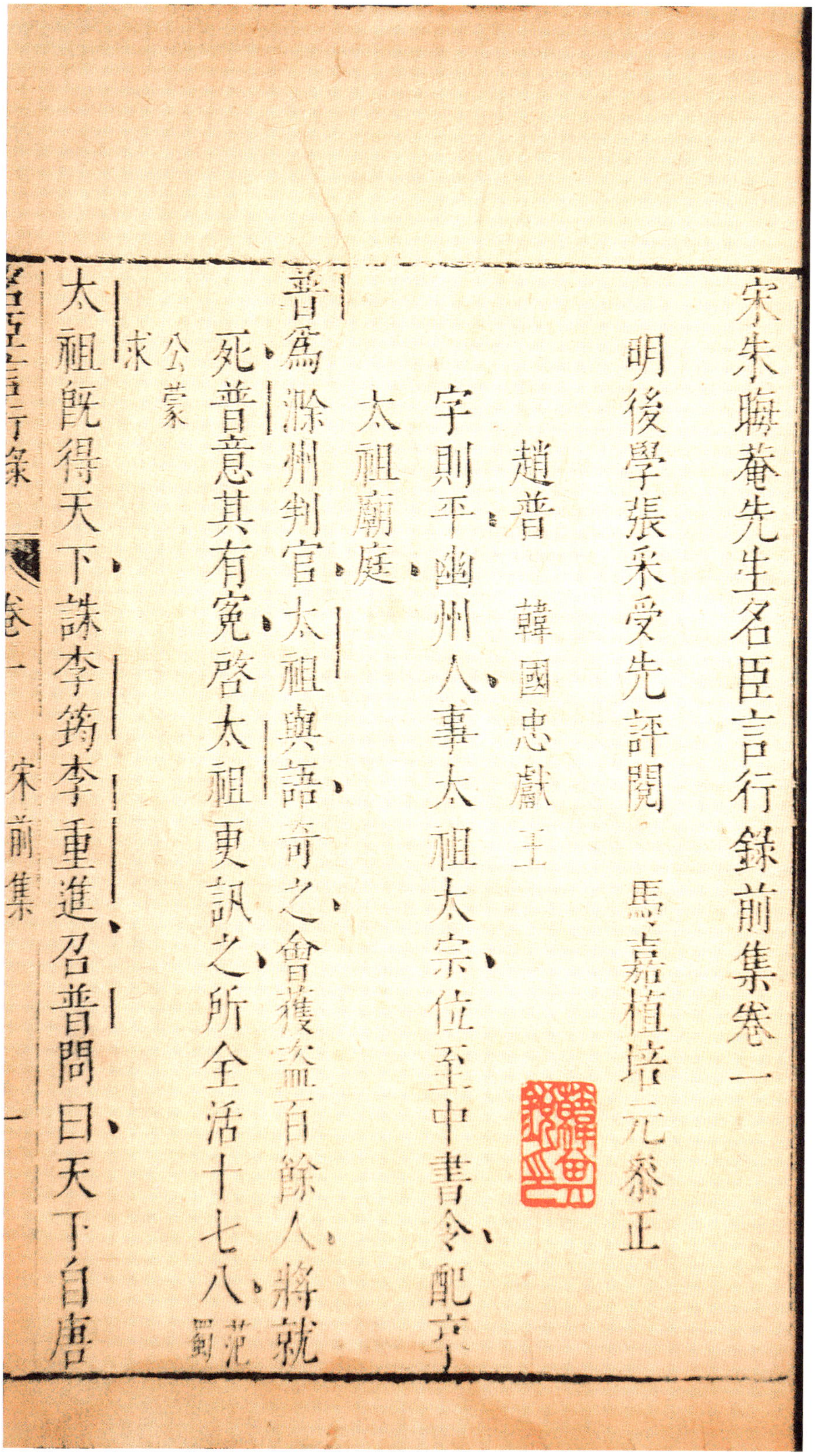
宋朱晦菴先生名臣言行錄前集卷一
明後學張采受先評閱　馬嘉植培元恭正
趙普　韓國忠獻王
字則平幽州人事太祖太宗位至中書令配享
太祖廟庭
普爲滁州判官太祖與語奇之會獲盜百餘人將就
死普意其有寃啓太祖更訊之所全活十七八范蜀公蒙求
太祖既得天下誅李筠李重進召普問曰天下自唐
名臣言行錄　卷一　宋前集　一

20095　宋朱晦庵先生名臣言行錄前集十卷後集十四卷（宋）朱熹輯　**續集八卷別集十三卷外集十七卷**（宋）李幼武輯　（明）張采評閱
明崇禎十一年（1638）張采、宋學顯等刻本　瀋陽市圖書館
存四十五卷（前集十卷、後集十四卷、續集八卷、別集十三卷）

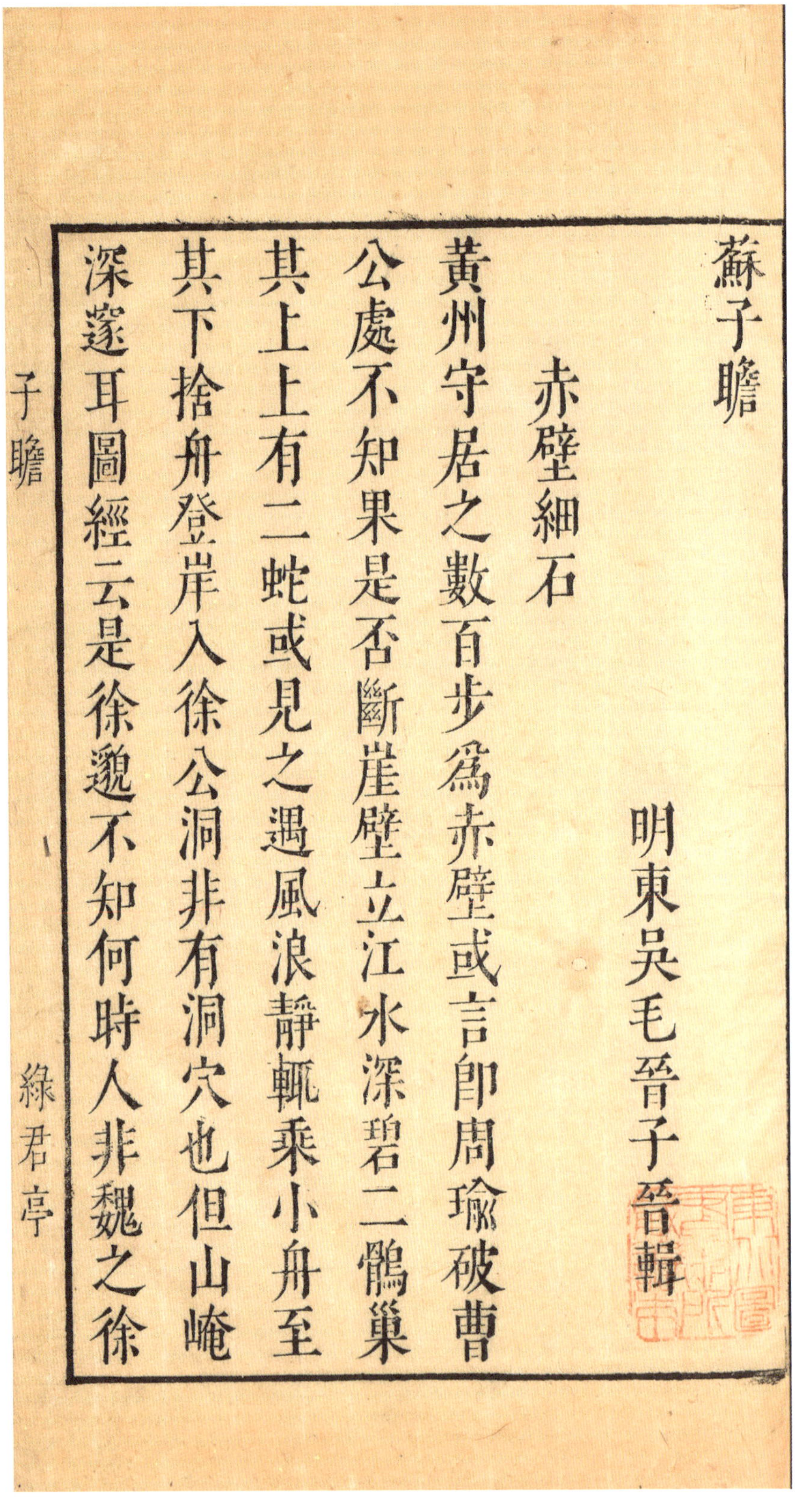
蘇子瞻
明東吳毛晉子晉輯
赤壁細石
黃州守居之數百步爲赤壁或言卽周瑜破曹
公處不知果是否斷崖壁立江水深碧二鶻巢
其上上有二蛇或見之遇風浪靜輒乘小舟至
其下捨舟登岸入徐公洞非有洞穴也但山崦
深邃耳圖經云是徐邈不知何時人非魏之徐

子瞻　一　綠君亭

20096　蘇米志林三卷　（明）毛晉輯　明天啓五年（1625）毛氏綠君亭刻本　遼寧省圖書館

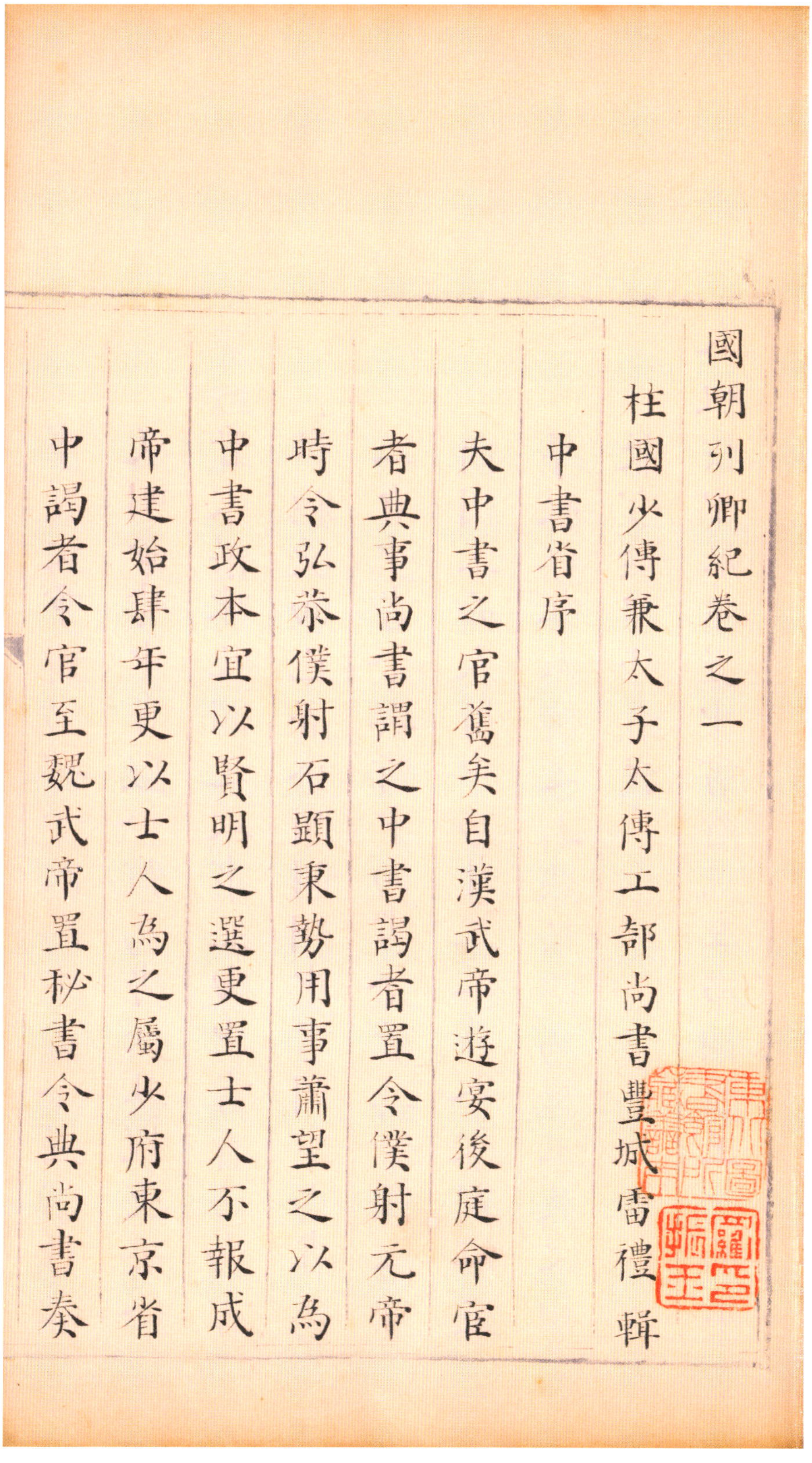
國朝列卿紀卷之一
柱國少傅兼太子太傅工部尚書豐城雷禮輯
中書省序
夫中書之官舊矣自漢武帝遊宴後庭命宦
者典事尚書謂之中書謁者置令僕射元帝
時令弘恭僕射石顯秉勢用事蕭望之以為
中書政本宜以賢明之選更置士人不報成
帝建始肆年更以士人為之屬少府東京省
中謁者令官至魏武帝置秘書令典尚書奏

20097　國朝列卿紀一百六十六卷　（明）雷禮輯　明末抄本　羅振玉跋

遼寧省圖書館

存一百八卷（一至三十、四十七至六十四、一百五至一百二十六、一百二十九至一百六十六）

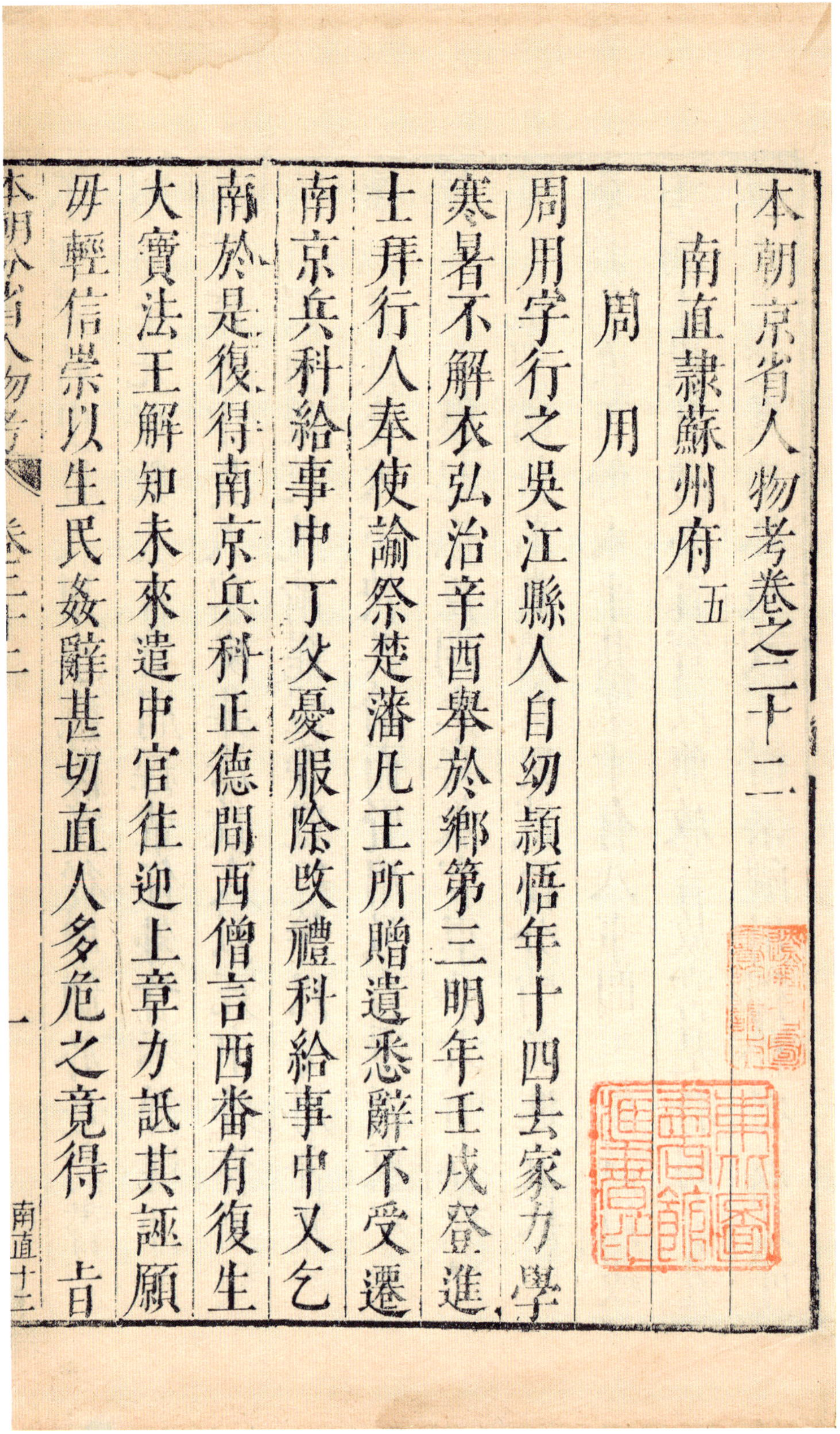

本朝京省人物考卷之二十二

南直隸蘇州府五

周用

周用字行之吳江縣人自幼穎悟年十四去家力學寒暑不解衣弘治辛酉舉於鄉第三明年壬戌登進士拜行人奉使諭祭楚藩凡王所贈遺悉辭不受遷南京兵科給事中丁父憂服除改禮科給事中又乞南於是復得南京兵科正德間西僧言西番有復生大寶法王解知未來遣中官往迎上章力詆其誣願毋輕信崇以生民姦辭甚切直人多危之竟得 吉

本朝京省人物考 卷二十二 一 南直十二

20098 本朝京省人物考一百十五卷 （明）過庭訓撰 明天啓二年（1622）

刻本 遼寧省圖書館

存九十一卷（二十二至一百十二）

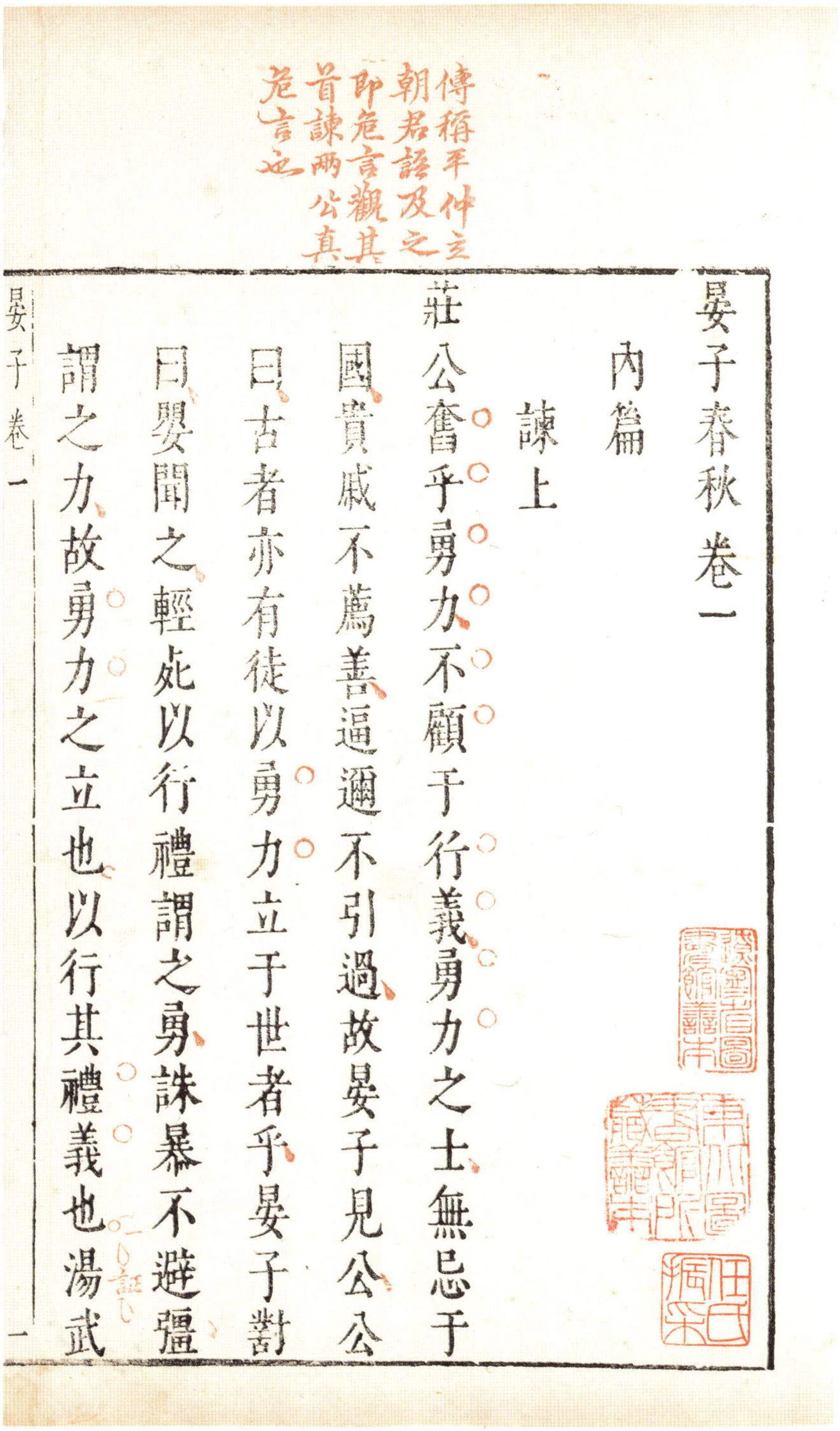
傳稱平仲立朝君語及之即危言觀其首諫兩公真危言也

晏子春秋卷一
内篇
諫上
莊公奮乎勇力不顧于行義勇力之士無忌于
國貴戚不薦善逼邇不引過故晏子見公公
曰古者亦有徒以勇力立于世者乎晏子對
曰嬰聞之輕死以行禮謂之勇誅暴不避彊
謂之力故勇力之立也以行其禮義也湯武

晏子 卷一 一

20099 晏子春秋六卷 明凌澄初刻朱墨套印本 遼寧省圖書館

20100　孔聖全書三十五卷　（明）蔡復賞撰　明萬曆三十六年（1608）葉氏金陵書坊德星堂刻本　遼寧省圖書館

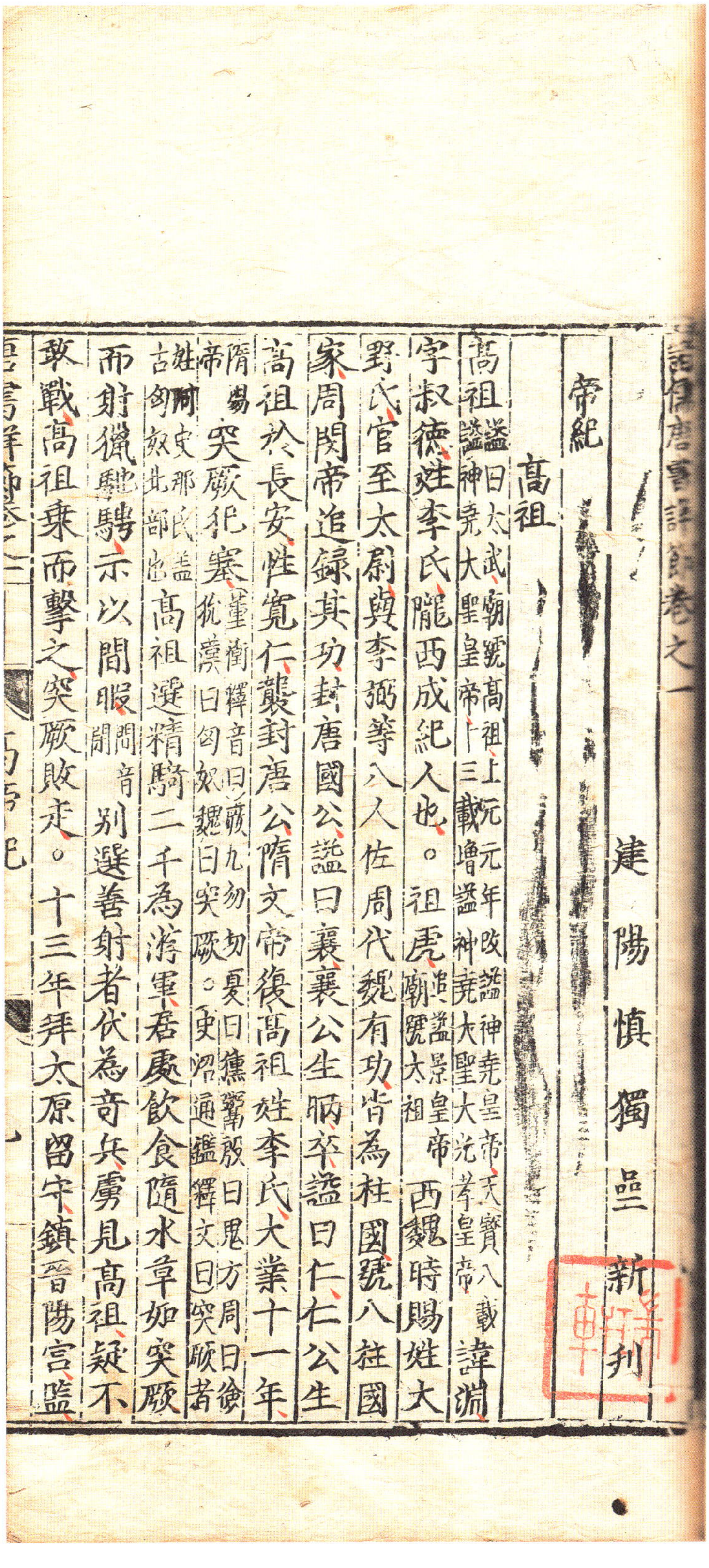
諸儒唐書詳節卷之一　建陽慎獨齋新刊
帝紀
高祖
高祖謚曰太武，廟號高祖。上元元年改謚神堯皇帝，天寶八載謚神堯大聖皇帝，十三載增謚神堯大聖大光孝皇帝。諱淵，字叔德，姓李氏，隴西成紀人也。祖虎，唐追謚景皇帝，廟號太祖。西魏時賜姓大野氏，官至太尉，與李弼等八人佐周代魏有功，皆為柱國，號八柱國家。周閔帝追錄其功，封唐國公，謚曰襄。襄公生昞，卒謚曰仁。仁公生高祖於長安。性寬仁，襲封唐公。隋文帝後高祖姓李氏。大業十一年，隋煬帝突厥犯塞。董衡釋音曰厥九勿切，夏曰獯鬻，殷曰鬼方，周曰獫狁，漢曰匈奴，魏曰突厥。○史炤通鑑釋文曰突厥者，姓阿史那氏，蓋古匈奴北部也。高祖選精騎二千為游軍，居處飲食隨水草，如突厥，而射獵馳騁示以閒暇，閒音閑。別選善射者伏為奇兵。虜見高祖，疑不敢戰。高祖乘而擊之，突厥敗走。十三年，拜太原留守，鎮晉陽宮監
唐書詳節卷之一　高帝紀　一

20101　諸儒唐書詳節六十卷　（宋）吕祖謙輯　明正德十一年（1516）劉弘毅慎獨齋刻十七史詳節本　大連圖書館

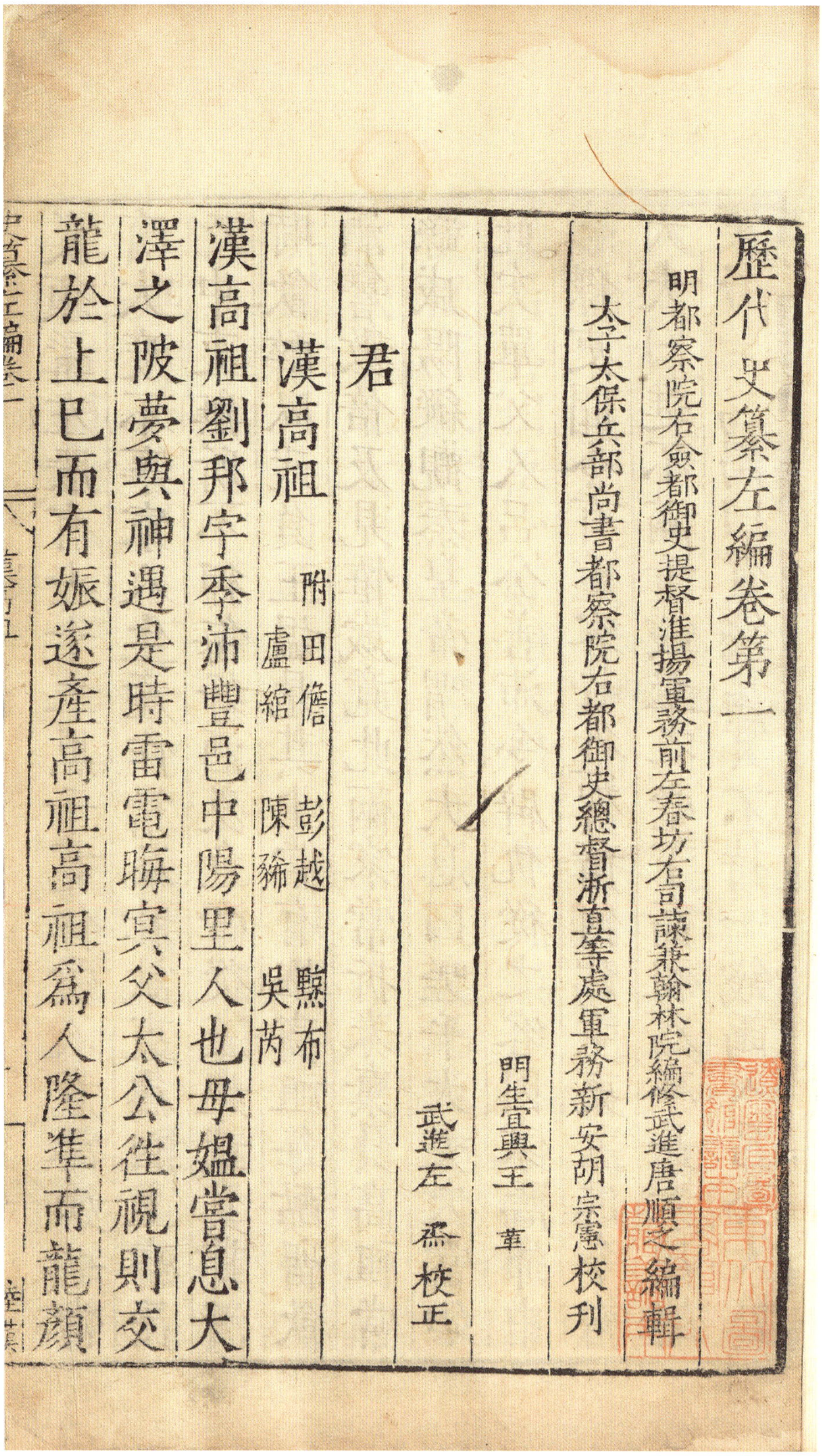
歷代史纂左編卷第一
明都察院右僉都御史提督淮揚軍務前左春坊右司諫兼翰林院編修武進唐順之編輯
太子太保兵部尚書都察院右都御史總督浙直等處軍務新安胡宗憲校刊
門生宜興王　章
武進左　烝　校正
君
漢高祖　附田儋　彭越　黥布　盧綰　陳豨　吳芮
漢高祖劉邦字季沛豐邑中陽里人也母媼嘗息大澤之陂夢與神遇是時雷電晦冥父太公往視則交龍於上已而有娠遂產高祖高祖爲人隆準而龍顔

20102　歷代史纂左編一百四十二卷　（明）唐順之輯　明嘉靖四十年（1561）胡宗憲刻本　遼寧省圖書館

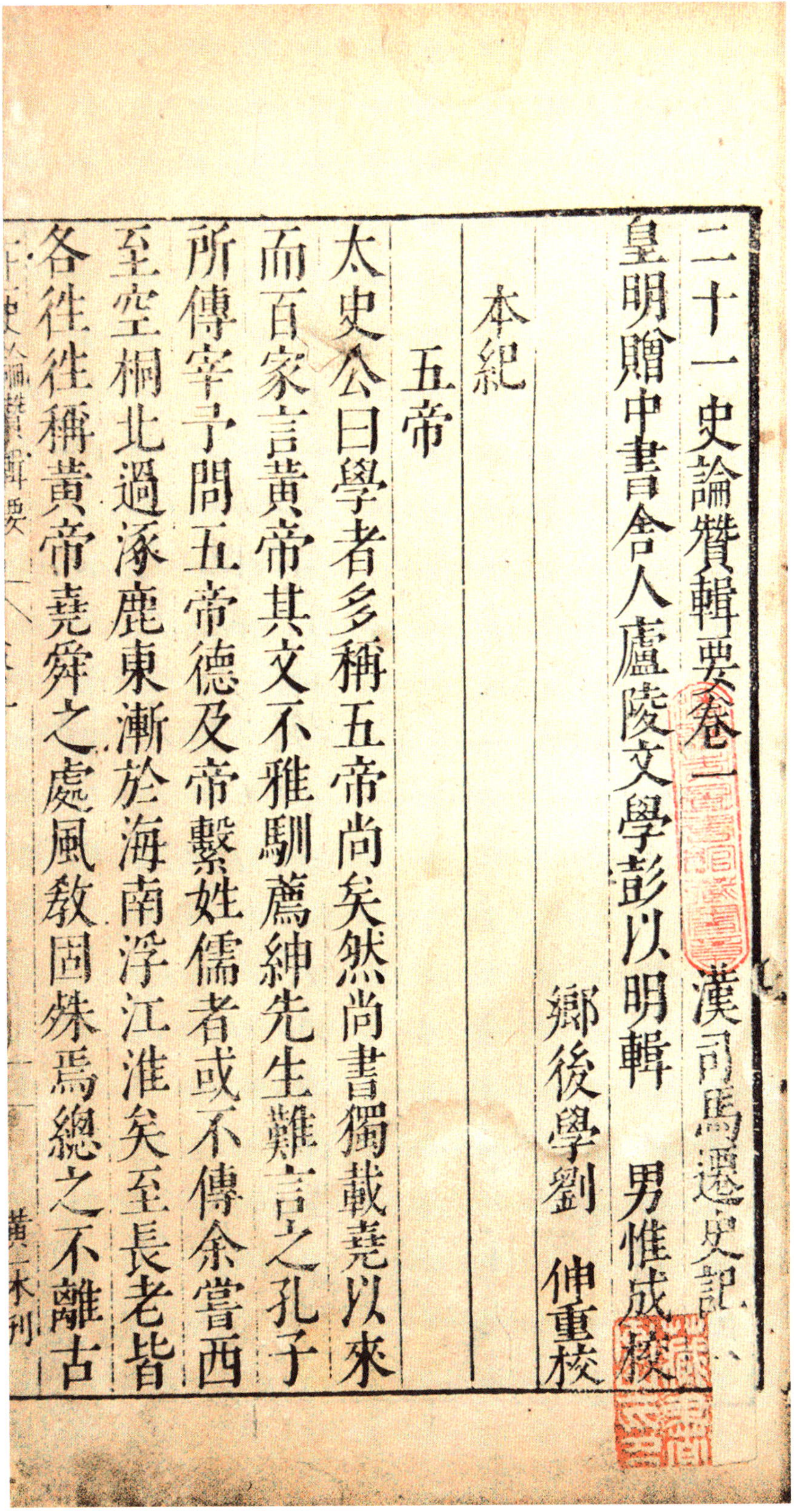

二十一史論贊輯要卷一　漢司馬遷史記
皇明贈中書舍人盧陵文學彭以明輯　男惟成校
鄉後學劉　伸重校
本紀
五帝
太史公曰學者多稱五帝尚矣然尚書獨載堯以來
而百家言黃帝其文不雅馴薦紳先生難言之孔子
所傳宰予問五帝德及帝繫姓儒者或不傳余嘗西
至空桐北過涿鹿東漸於海南浮江淮矣至長老皆
各往往稱黃帝堯舜之處風教固殊焉總之不離古

20103　二十一史論贊輯要三十六卷　（明）彭以明輯　明萬曆吴洵美刻本　瀋陽市圖書館

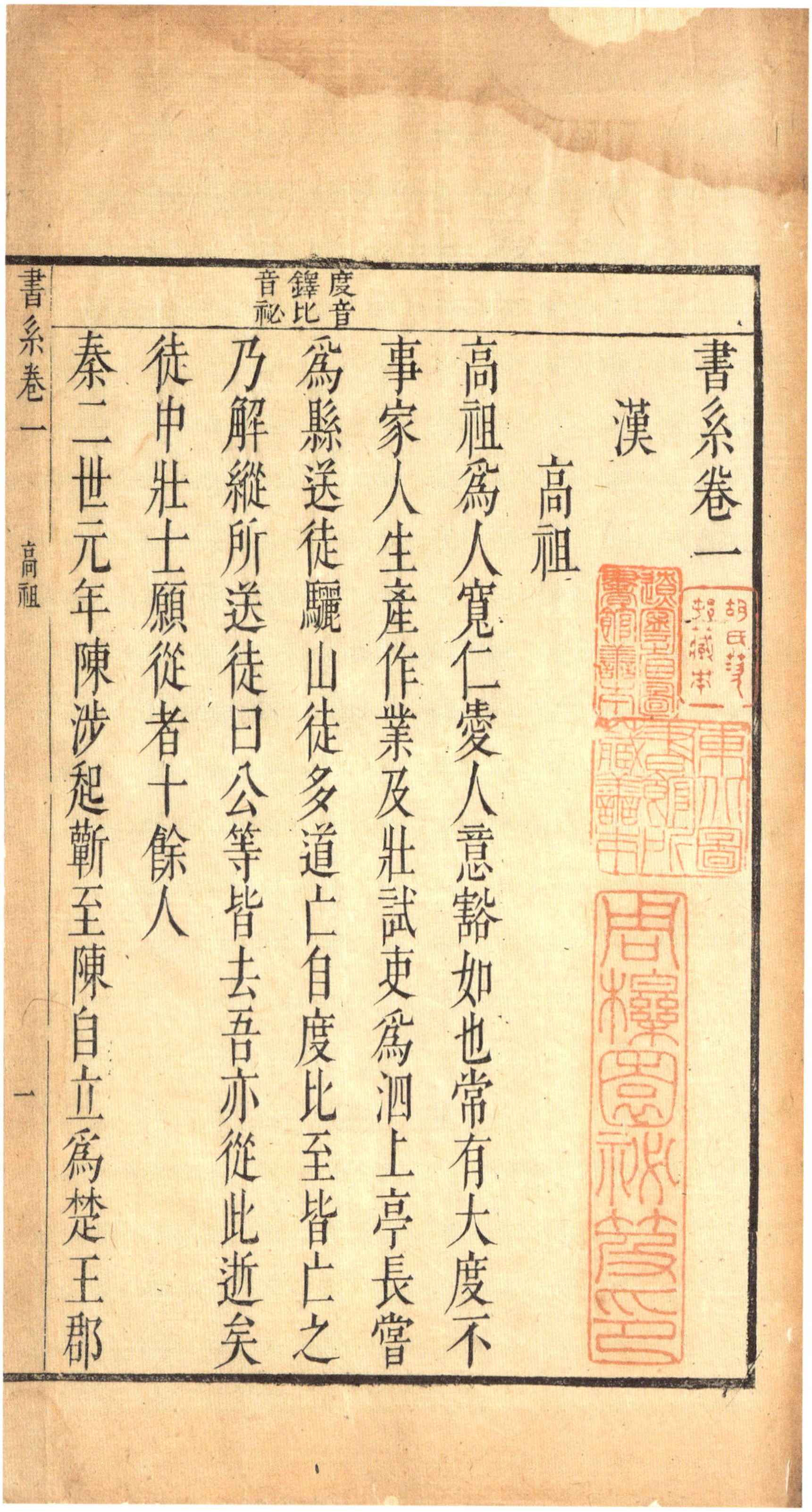
度音鐸比音秘
書系卷一
漢
高祖
高祖爲人寬仁愛人意豁如也常有大度不
事家人生産作業及壯試吏爲泗上亭長嘗
爲縣送徒驪山徒多道亡自度比至皆亡之
乃解縱所送徒曰公等皆去吾亦從此逝矣
徒中壯士願從者十餘人
秦二世元年陳涉起蘄至陳自立爲楚王郡
書系卷一　高祖　一

20104　書系十六卷　（明）唐大章撰　明隆武三年（1647）刻本　遼寧省圖書館

存十三卷（一至十三）

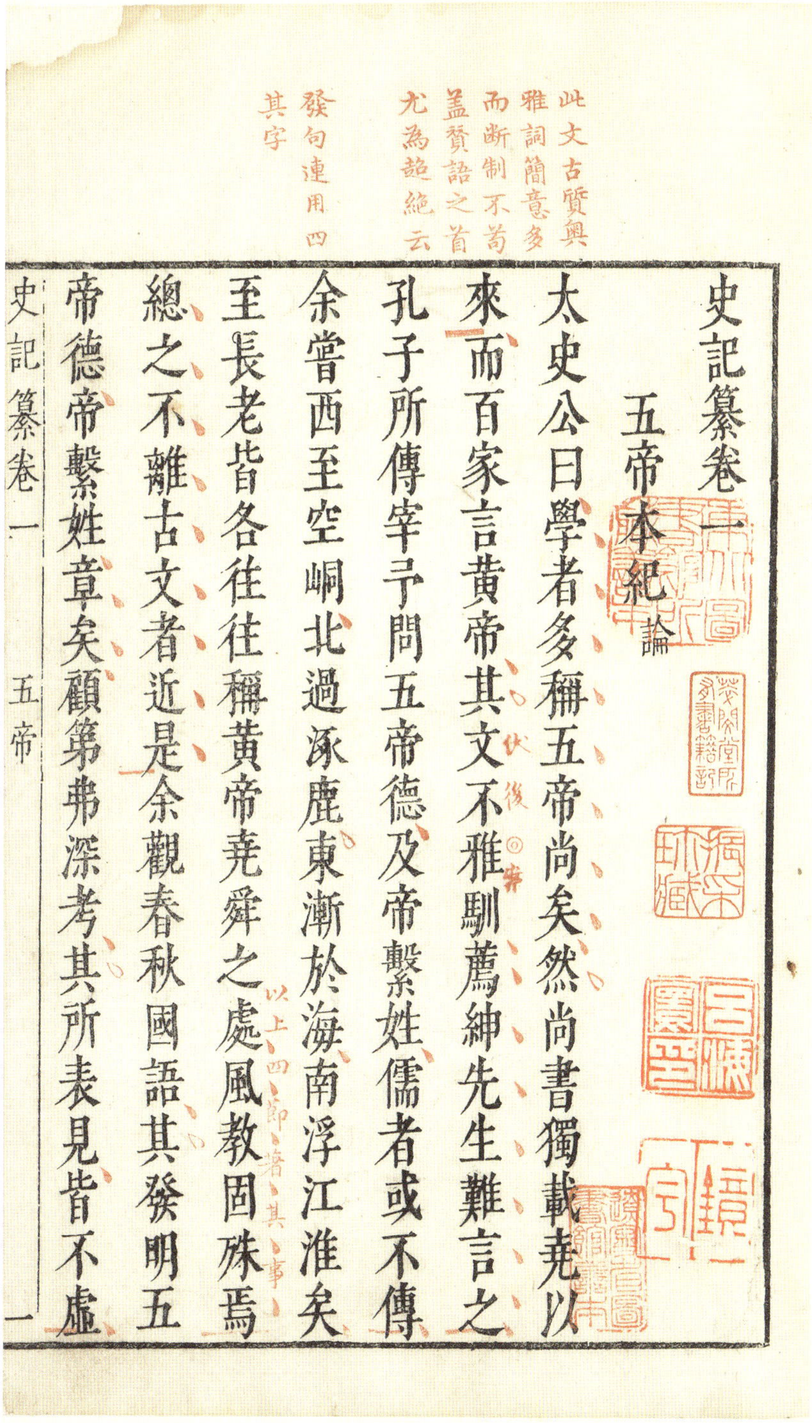
此文古質典雅詞簡意多而斷制不苟蓋贊語之首尤為超絕云
發句連用四其字
史記纂卷一
五帝本紀 論
太史公曰學者多稱五帝尚矣然尚書獨載堯以
來而百家言黃帝其文不雅馴薦紳先生難言之
孔子所傳宰予問五帝德及帝繫姓儒者或不傳
余嘗西至空峒北過涿鹿東漸於海南浮江淮矣
至長老皆各往往稱黃帝堯舜之處風教固殊焉
總之不離古文者近是余觀春秋國語其發明五
帝德帝繫姓章矣顧第弗深考其所表見皆不虛
以上四節著其事
史記纂卷一 五帝 一

20105 史記纂二十四卷 （明）凌稚隆輯 明萬曆凌稚隆刻朱墨套印本 遼寧省圖書館

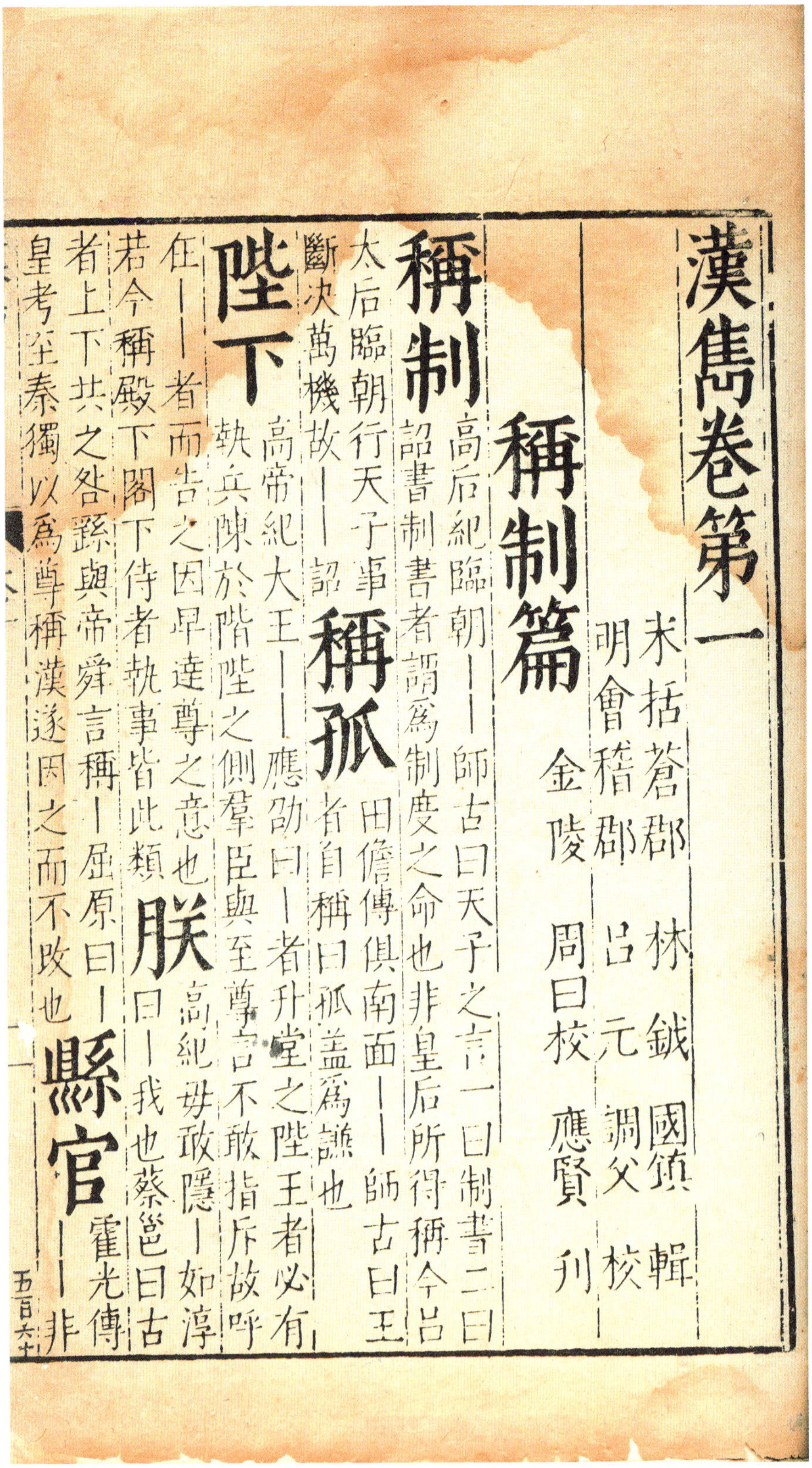

漢雋卷第一

宋括蒼郡林鉞國鎮輯
明會稽郡呂元調父校
金陵周曰校應賢刊

稱制篇

稱制高后紀臨朝——師古曰天子之言一曰制書二曰詔書制書者謂爲制度之命也非皇后所得稱今呂太后臨朝行天子事斷決萬機故——詔稱孤田儋傳俱南面——師古曰王者自稱曰孤蓋爲謙也陛下高帝紀大王——應劭曰——者升堂之陛王者必有執兵陳於階陛之側羣臣與至尊言不敢指斥故呼在——者而告之因卑達尊之意也若今稱殿下閣下侍者執事皆此類朕高紀毋敢隱——如淳曰——我也蔡邕曰古者上下共之咎繇與帝舜言稱——屈原曰——皇考至秦獨以爲尊稱漢遂因之而不改也縣官霍光傳——非

五百六十

20106　漢雋十卷　（宋）林鉞輯　（明）呂元校　明萬曆十三年（1585）周曰校刻本　遼寧大學圖書館

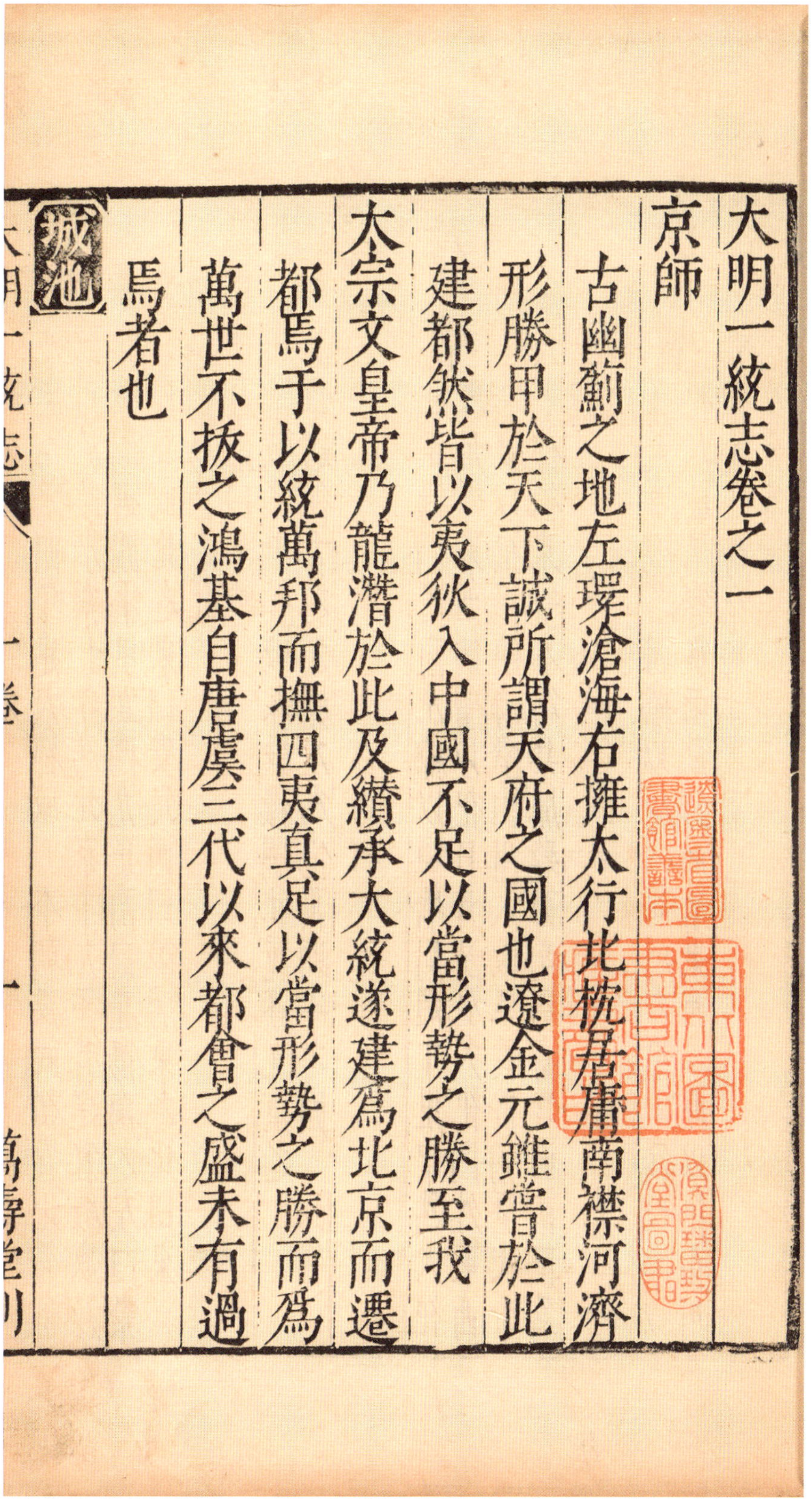
大明一統志卷之一
京師
古幽薊之地左環滄海右擁太行北枕居庸南襟河濟
形勝甲於天下誠所謂天府之國也遼金元雖嘗於此
建都然皆以夷狄入中國不足以當形勢之勝至我
太宗文皇帝乃龍潛於此及纘承大統遂建爲北京而遷
都焉于以統萬邦而撫四夷真足以當形勢之勝而爲
萬世不拔之鴻基自唐虞三代以來都會之盛未有過
焉者也
城池
大明一統志 一卷 一 萬壽堂刊

20107　大明一統志九十卷　（明）李賢撰　（明）萬安等修　明萬壽堂刻本　遼寧省圖書館

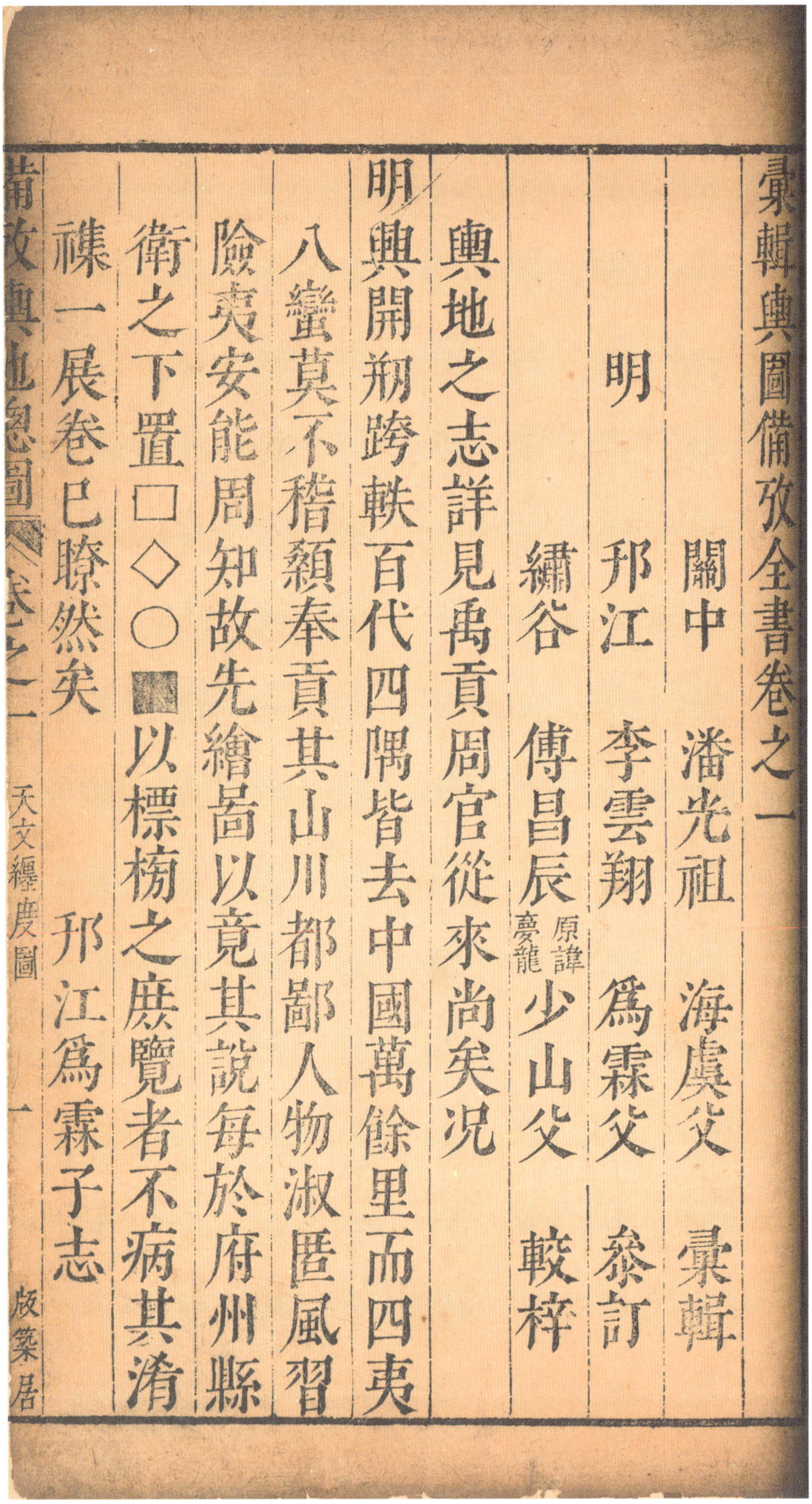

彙輯輿圖備攷全書卷之一

關中　潘光祖　海虞父　彙輯

明　邦江　李雲翔　為霖父　叅訂

繡谷　傅昌辰原諱夔龍　少山父　較梓

輿地之志詳見禹貢周官從來尚矣況

明興開朔跨軼百代四隅皆去中國萬餘里而四夷

八蠻莫不稽顙奉貢其山川都鄙人物淑慝風習

險夷安能周知故先繪啚以竟其說每於府州縣

衛之下置□◇○■以標榜之庶覽者不病其淆

襍一展卷已瞭然矣

邦江為霖子志

備攷輿地總圖　卷之一　天文經度圖　一　版築居

20108　彙輯輿圖備攷全書十八卷　（明）潘光祖撰　明崇禎六年（1633）傅昌辰版築居刻本　大連圖書館

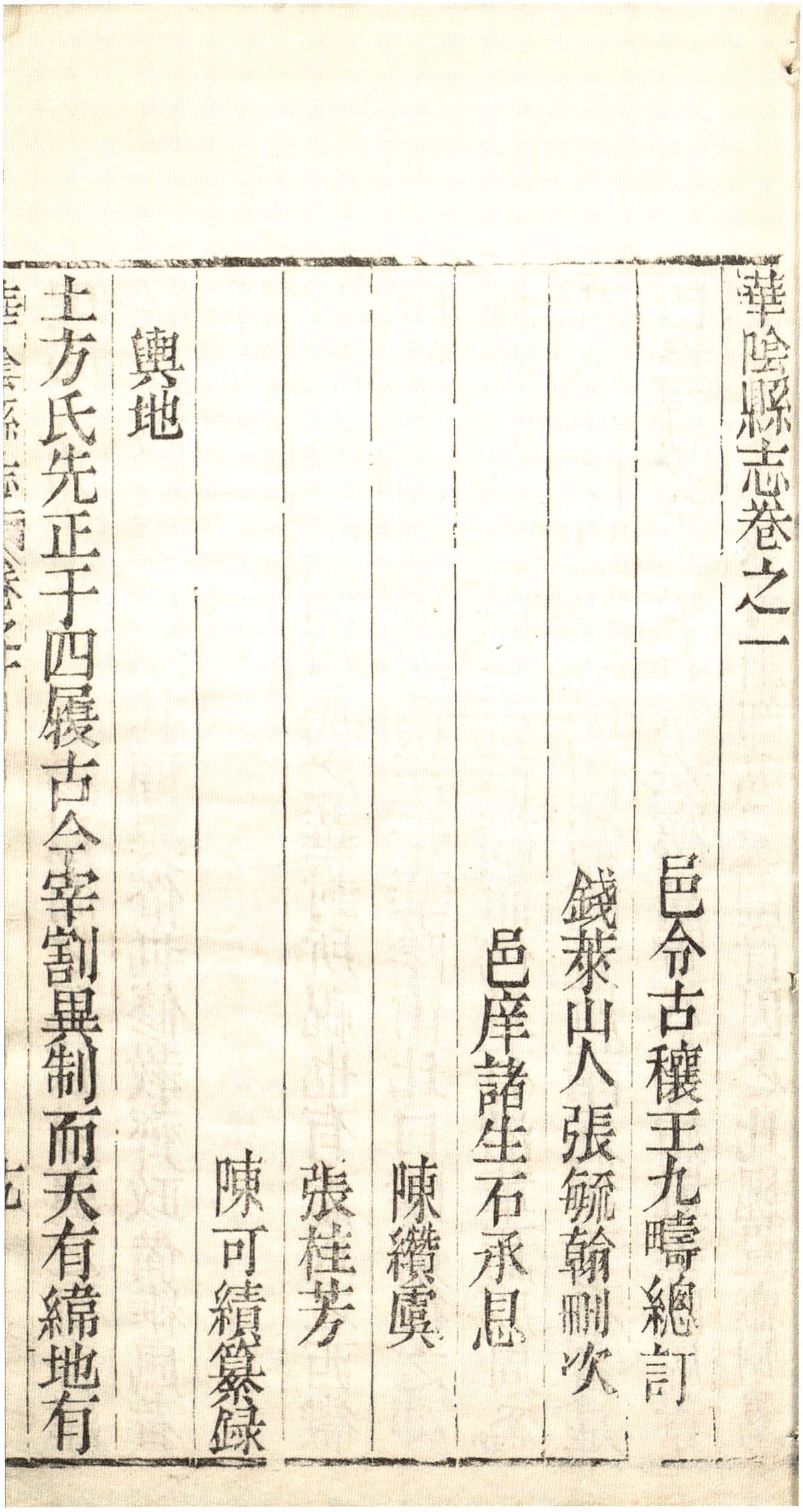
華陰縣志卷之一
邑令古穰王九疇總訂
錢桼山人張毓翰刪次
邑庠諸生石承息
陳纘虞
張桂芳
陳可績纂錄
輿地
土方氏先正于四履古今宰割異制而天有綿地有

20109　華陰縣志九卷　（明）王九疇　張毓翰纂修　明萬曆刻本　大連圖書館

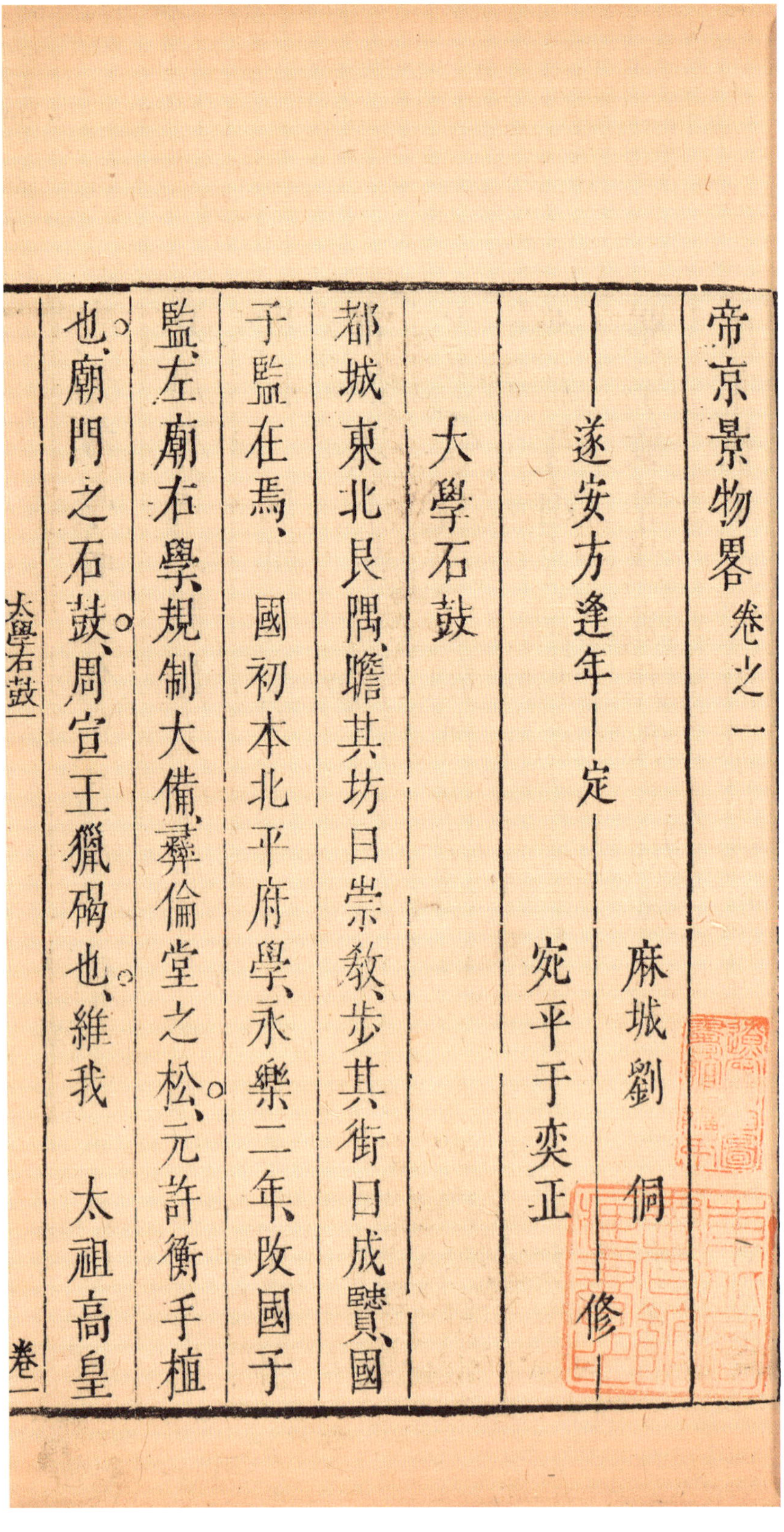
帝京景物畧卷之一

麻城劉　侗　修

遂安方逢年　定

宛平于奕正

大學石鼓

都城東北艮隅、瞻其坊曰崇教、步其街曰成賢、國子監在焉、　國初本北平府學、永樂二年、改國子監、左廟右學、規制大備、彝倫堂之松、元許衡手植也、廟門之石鼓、周宣王獵碣也、維我　太祖高皇

大學石鼓　卷一

20110　帝京景物略八卷　（明）劉侗　于奕正撰　明崇禎刻本　遼寧省圖書館

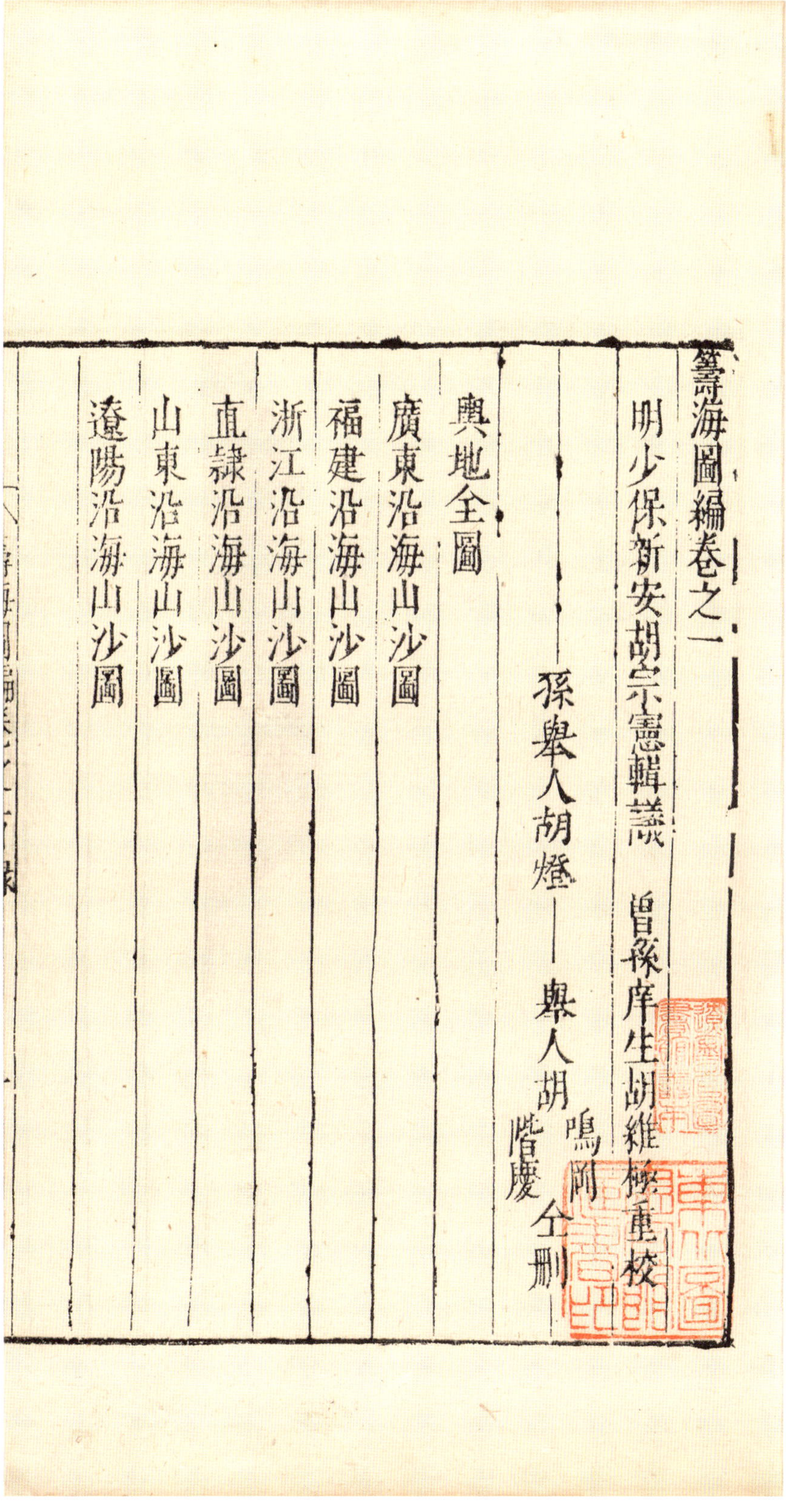
籌海圖編卷之一
明少保新安胡宗憲輯議　曾孫庠生胡維極重校
孫舉人胡燈　舉人胡鳴岡 階慶　仝刪
輿地全圖
廣東沿海山沙圖
福建沿海山沙圖
浙江沿海山沙圖
直隸沿海山沙圖
山東沿海山沙圖
遼陽沿海山沙圖

20111　籌海圖編十三卷　（明）胡宗憲撰　明天啓四年（1624）胡維極刻本　遼寧省圖書館

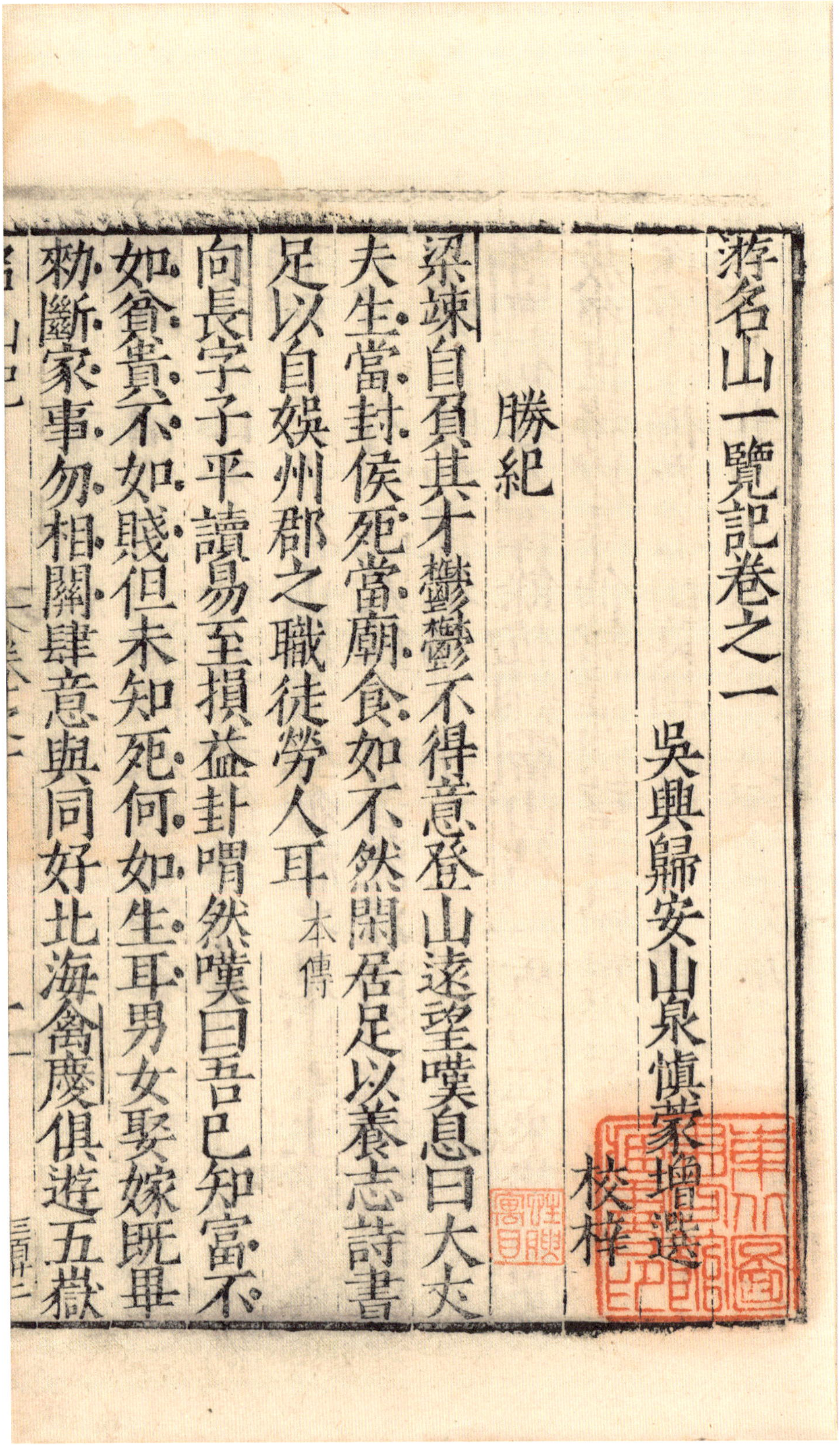
游名山一覽記卷之一
吳興歸安山泉愼蒙增選
校梓
勝紀
梁竦自負其才鬱鬱不得意登山遠望嘆息曰大丈夫生當封侯死當廟食如不然閒居足以養志詩書足以自娛州郡之職徒勞人耳本傳
向長字子平讀易至損益卦喟然嘆曰吾已知富不如貧貴不如賤但未知死何如生耳男女娶嫁既畢勑斷家事勿相關肆意與同好北海禽慶俱遊五嶽

20112　名山諸勝一覽記十六卷　（明）愼蒙撰　明萬曆四年（1576）吳興愼蒙歸安刻本　遼寧省圖書館

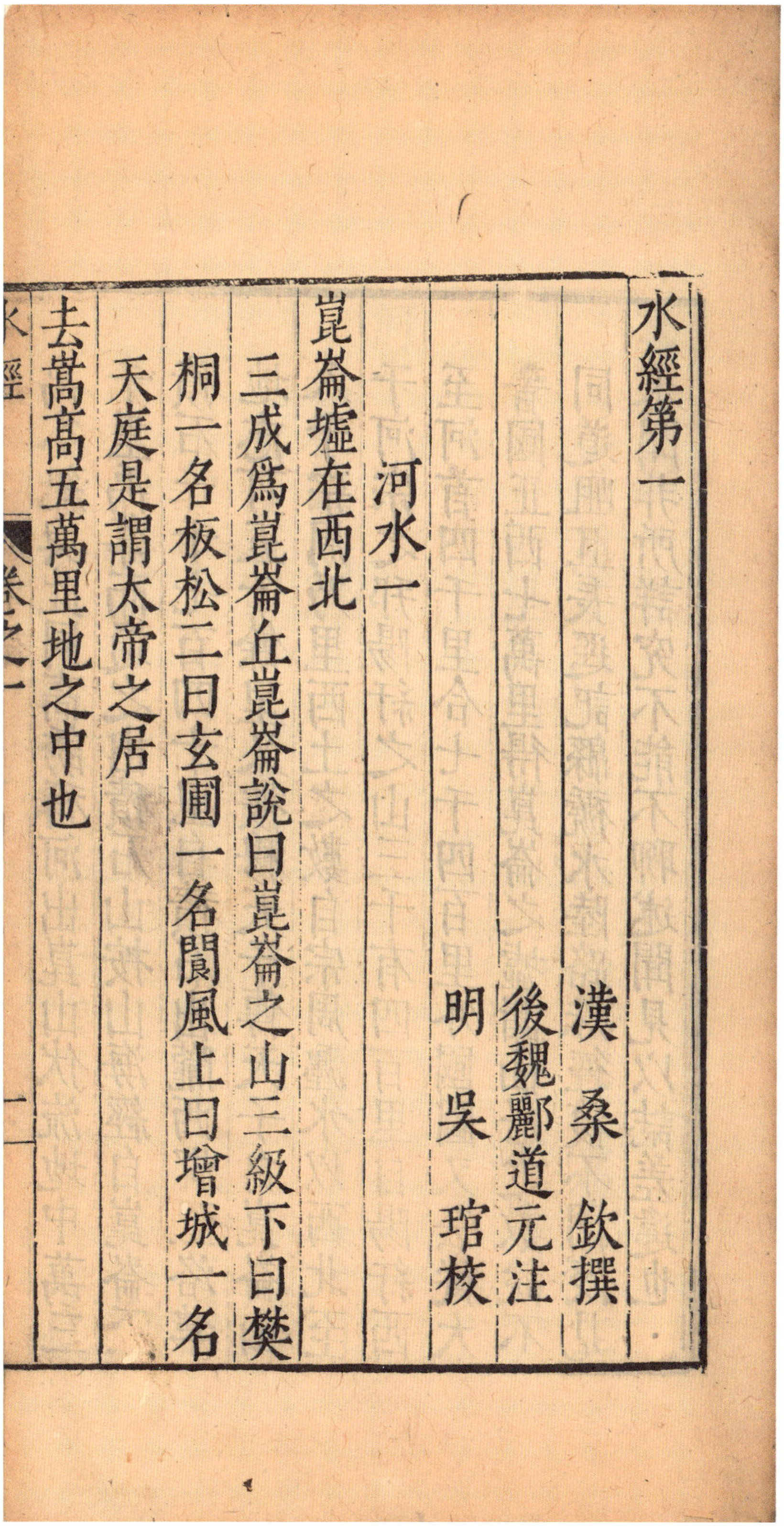

水經第一

漢　桑　欽撰

後魏酈道元注

明　吴　琯校

河水一

崑崙墟在西北

三成爲崑崙丘崑崙説曰崑崙之山三級下曰樊桐一名板松二曰玄圃一名閬風上曰增城一名天庭是謂太帝之居

去嵩高五萬里地之中也

水經　卷之一　一

20113　水經注四十卷　（北魏）酈道元撰　明萬曆十三年（1585）吴琯刻本　大連圖書館

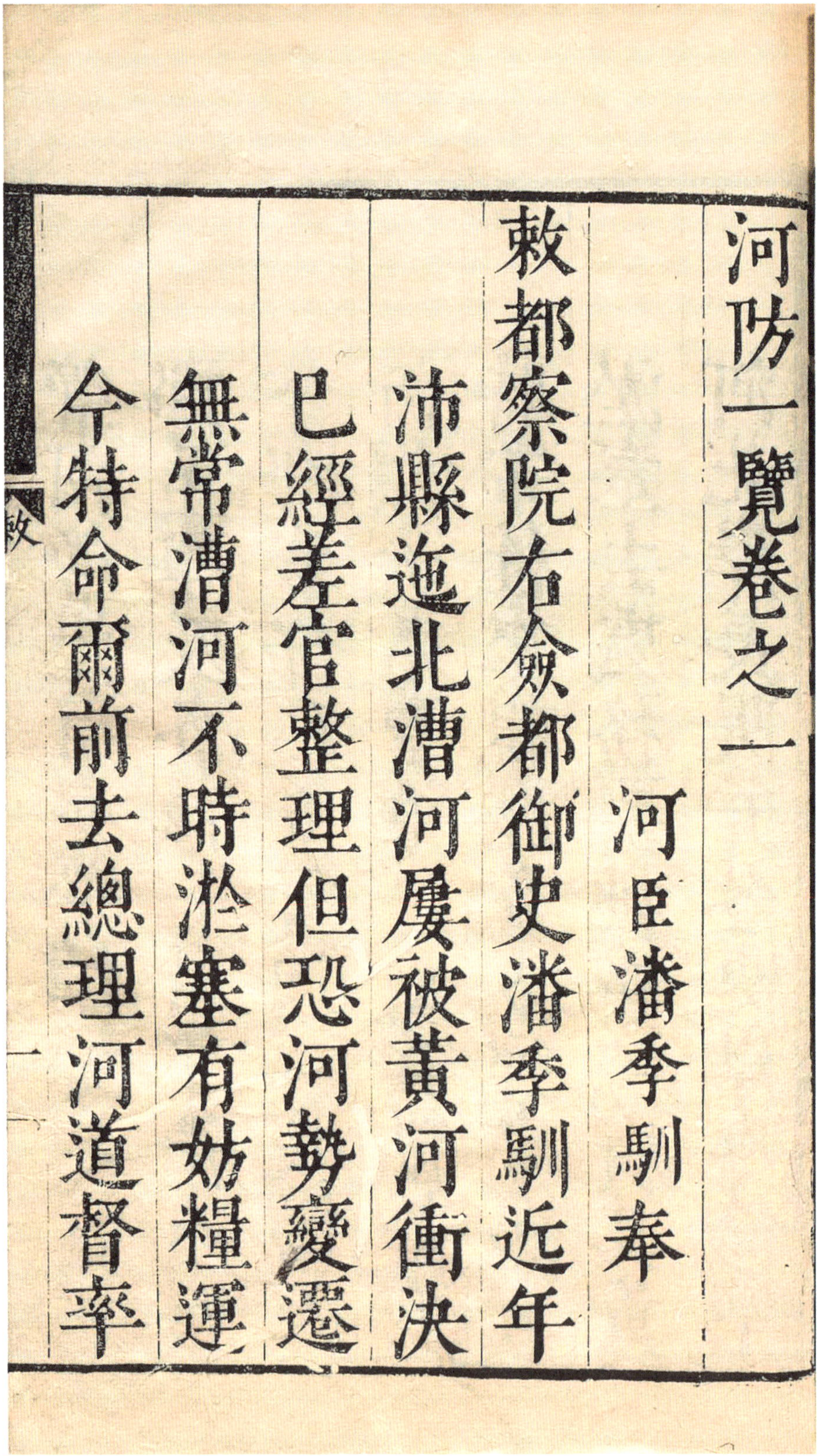
河防一覽卷之一
河臣潘季馴奉
勅都察院右僉都御史潘季馴近年
沛縣迤北漕河屢被黄河衝決
已經差官整理但恐河勢變遷
無常漕河不時淤塞有妨糧運
今特命爾前去總理河道督率

20114　河防一覽十四卷　（明）潘季馴撰　明萬曆十八年（1590）潘季馴刻清順治遞修本　大連圖書館

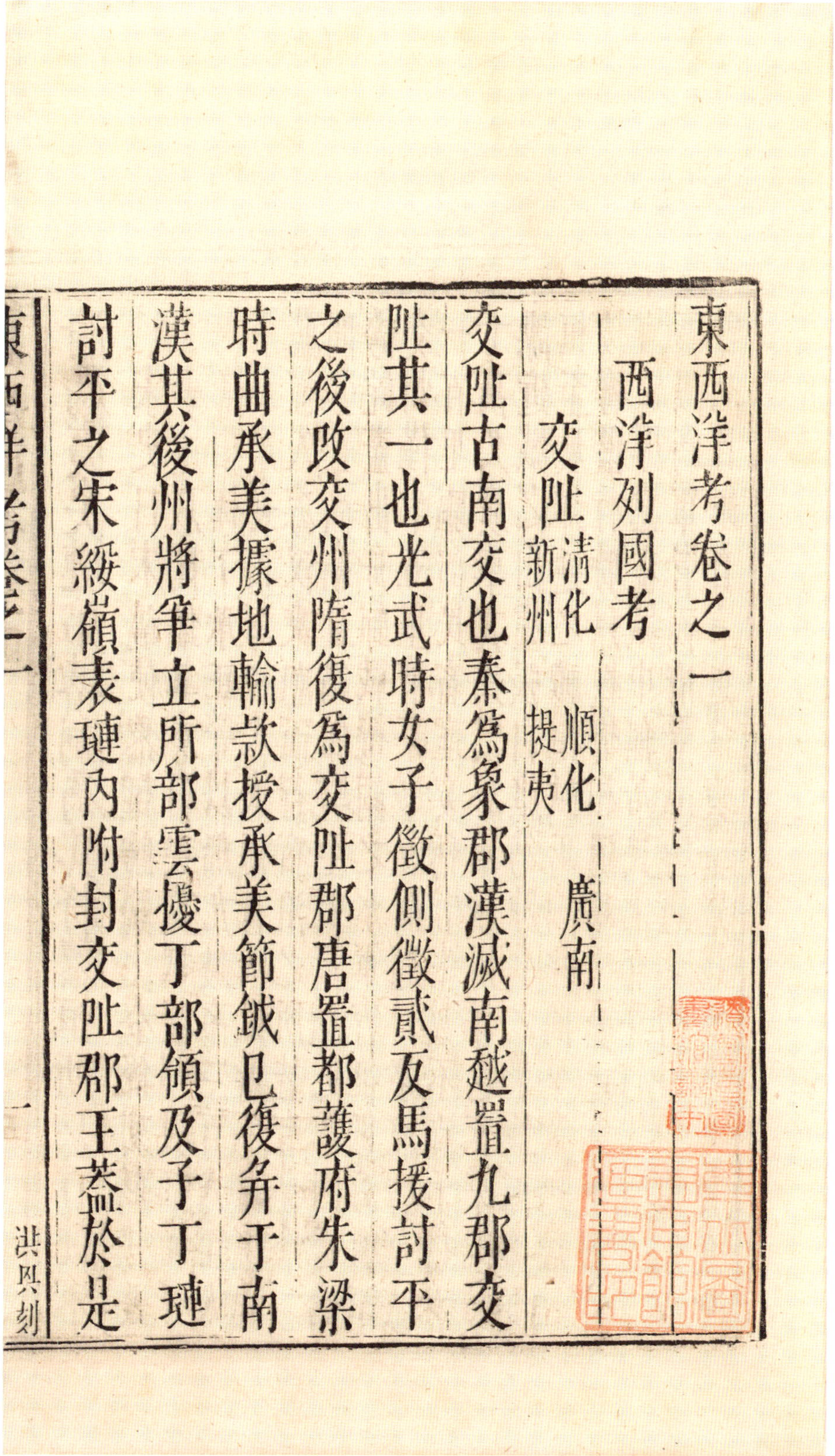
東西洋考卷之一

西洋列國考

交阯 清化 順化 廣南
新州 提夷

交阯古南交也秦爲象郡漢滅南越置九郡交阯其一也光武時女子徵側徵貳反馬援討平之後改交州隋復爲交阯郡唐置都護府朱梁時曲承美據地輸款授承美節鉞已復弁于南漢其後州將爭立所部雲擾丁部領及子丁璉討平之宋綏嶺表璉內附封交阯郡王蓋於是

東西洋考卷之一 一 洪兴刻

20115 東西洋考十二卷 （明）張燮撰 明萬曆四十六年（1618）王起宗刻本 遼寧省圖書館

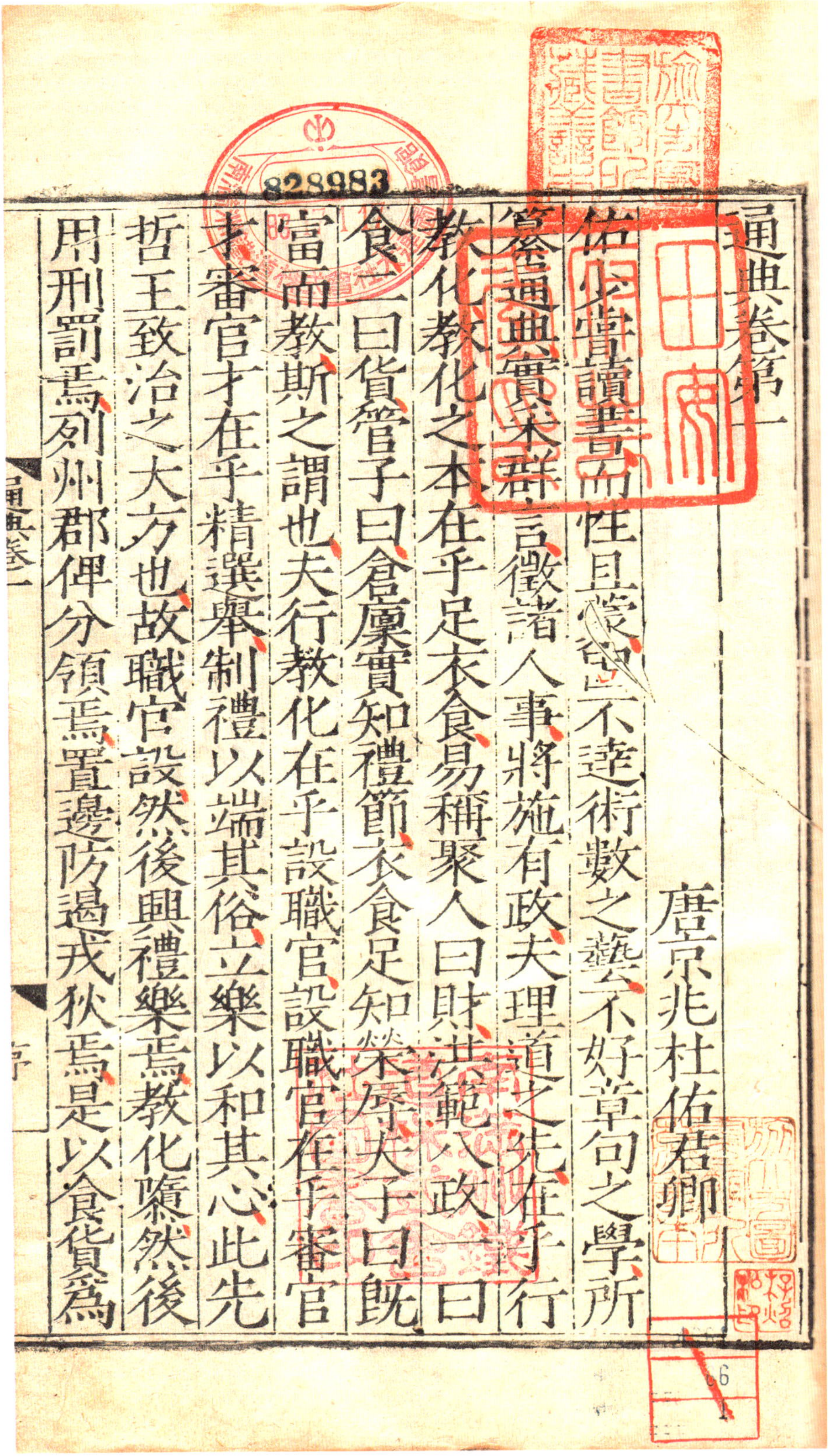
通典卷第一
唐京兆杜佑君卿
佑少嘗讀書而性且蒙固不達術數之藝不好章句之學所
纂通典實采群言徵諸人事將施有政夫理道之先在乎行
教化教化之本在乎足衣食易稱聚人曰財洪範八政曰
食二曰貨管子曰倉廩實知禮節衣食足知榮辱夫子曰既
富而教斯之謂也夫行教化在乎設職官設職官在乎審官
才審官才在乎精選舉制禮以端其俗立樂以和其心此先
哲王致治之大方也故職官設然後興禮樂焉教化隳然後
用刑罰焉列州郡俾分領焉置邊防遏戎狄焉是以食貨爲

通典卷一　序

20116　通典二百卷　（唐）杜佑撰　明刻本　大連圖書館

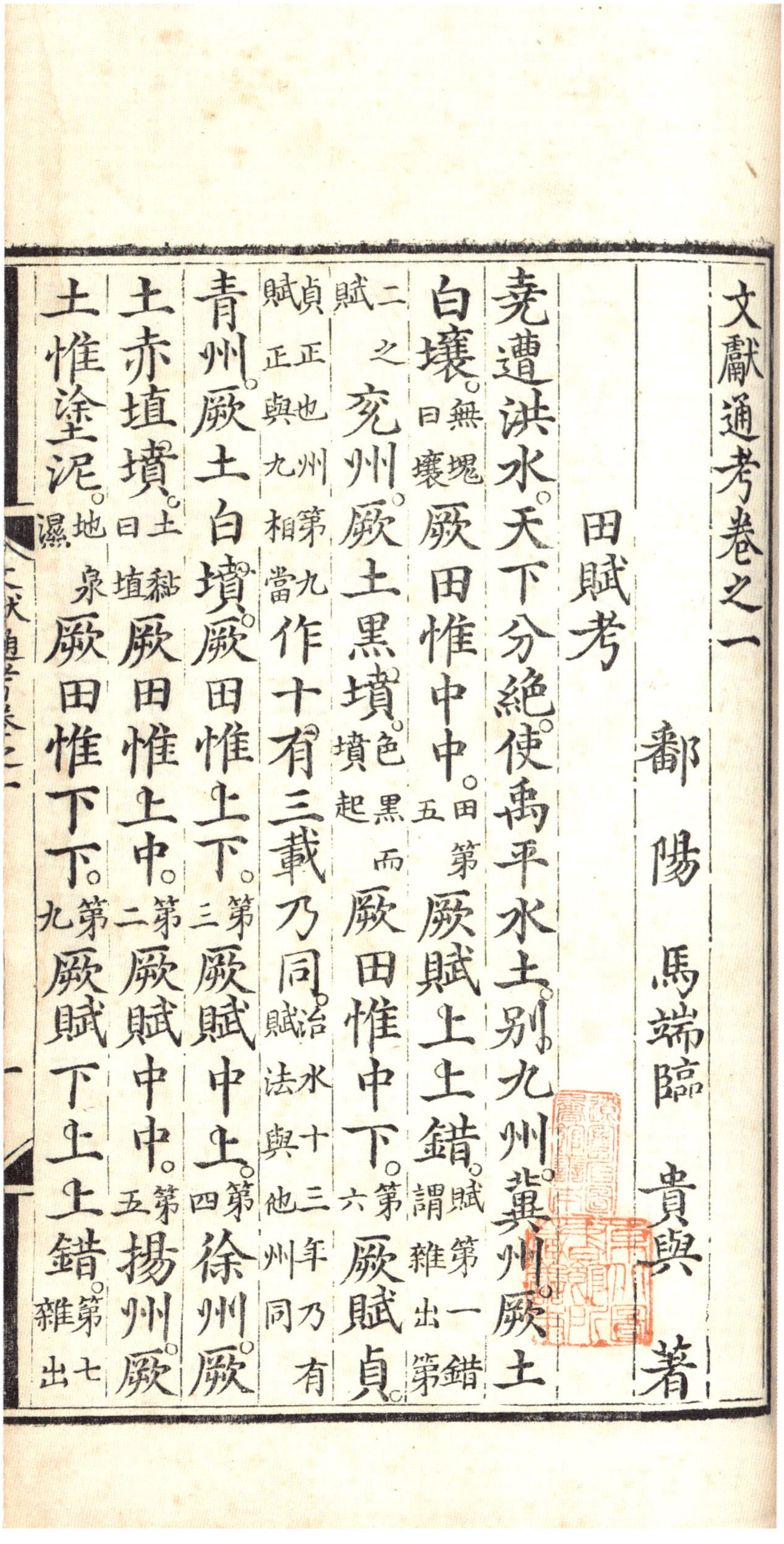
文獻通考卷之一

鄱陽　馬端臨　貴與　著

田賦考

堯遭洪水。天下分絶。使禹平水土。别九州。冀州。厥土白壤。無塊曰壤 厥田惟中中。田第五 厥賦上上錯。賦第一錯謂雜出第二之賦 兖州。厥土黑墳。色黑而墳起 厥田惟中下。第六 厥賦貞。貞正也州第九賦正與九州相當 作十有三載乃同。治水十三年乃有賦法與他州同 青州。厥土白墳。厥田惟上下。第三 厥賦中上。第四 徐州。厥土赤埴墳。土黏曰埴 厥田惟上中。第二 厥賦中中。第五 揚州。厥土惟塗泥。地泉濕 厥田惟下下。第九 厥賦下上上錯。第七雜出

20117　文獻通考三百四十八卷　（元）馬端臨撰　明嘉靖三年（1524）司禮監刻本　遼寧省圖書館

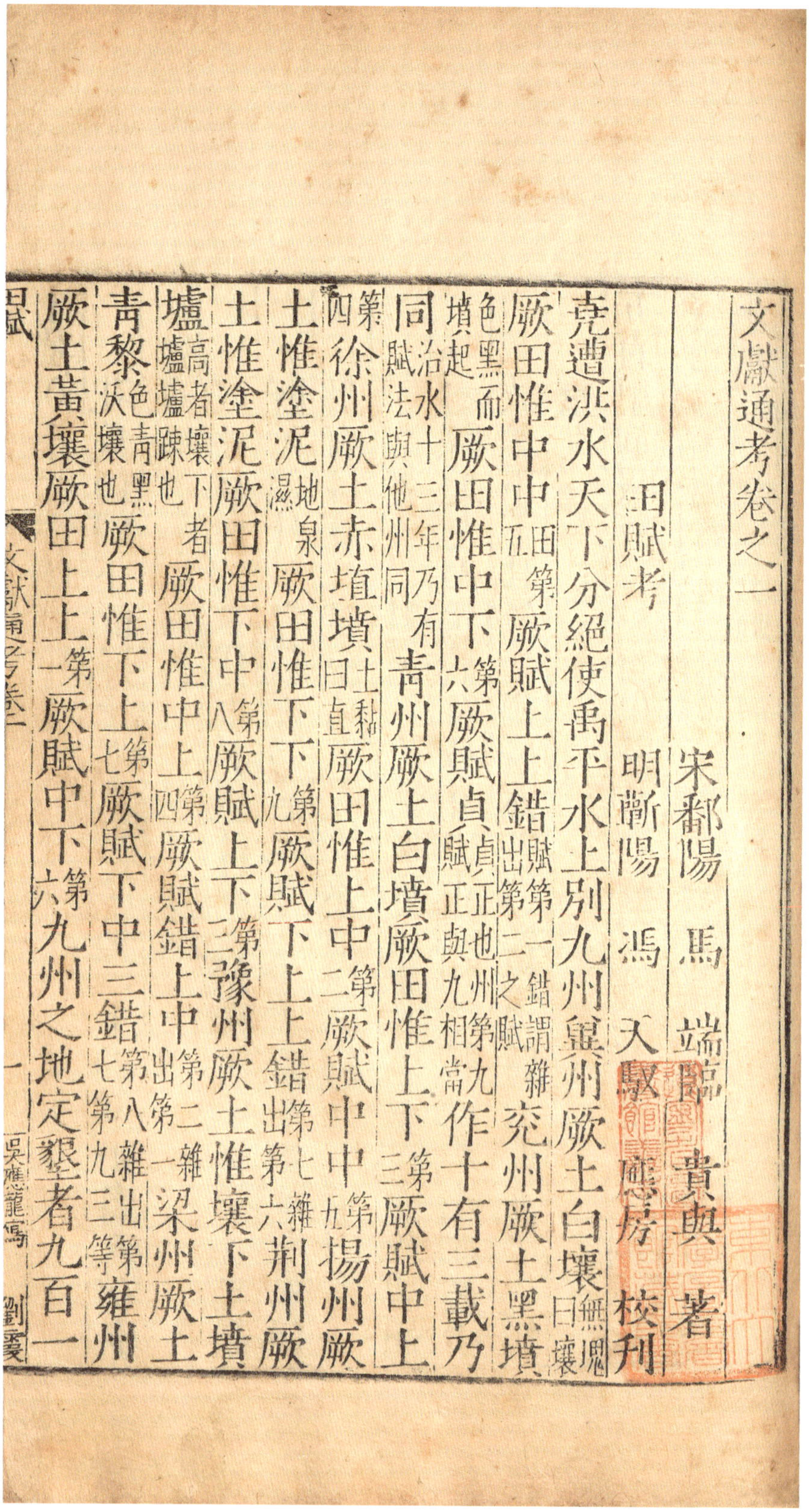
文獻通考卷之一
宋鄱陽　馬　端臨　貴與　著
明鄞陽　馮　天馭　應房　校刊
田賦考
堯遭洪水天下分絶使禹平水土別九州冀州厥土白壤(無塊曰壤)厥田惟中中(田第五)厥賦上上錯(賦第一錯謂雜出第二之賦)兖州厥土黑墳(色黑而墳起)厥田惟中下(第六)厥賦貞(貞正也州第九賦正與九州相當)作十有三載乃同(治水十三年乃有賦法與他州同)青州厥土白墳厥田惟上下(第三)厥賦中上(第四)徐州厥土赤埴墳(土黏曰埴)厥田惟上中(第二)厥賦中中(第五)揚州厥土惟塗泥(地泉濕)厥田惟下下(第九)厥賦下上上錯(第七雜出第六)荊州厥土惟塗泥厥田惟下中(第八)厥賦上下(第三)豫州厥土惟壤下土墳壚(高者壤下者壚壚疏也)厥田惟中上(第四)厥賦錯上中(出第二雜第一)梁州厥土青黎(色青黑沃壤也)厥田惟下上(第七)厥賦下中三錯(第八雜出第七第九三等)雍州厥土黃壤厥田上上(第一)厥賦中下(第六)九州之地定墾者九百一
田賦　文獻通考卷一　一　吳應龍寫　劉爱

20118　文獻通考三百四十八卷　（元）馬端臨撰　明嘉靖馮天馭刻本

遼寧省圖書館

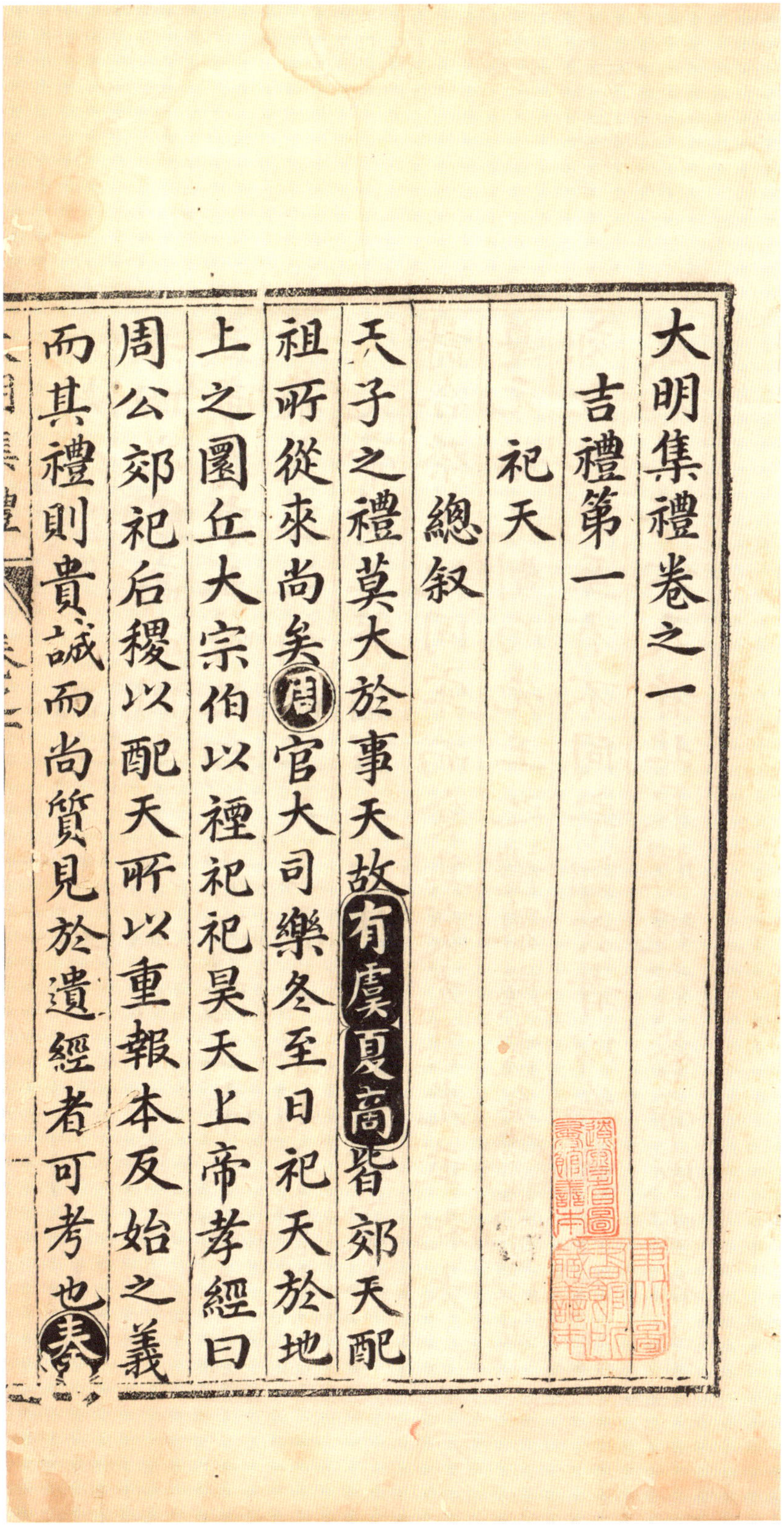
大明集禮卷之一
吉禮第一
祀天
總叙
天子之禮莫大於事天故有虞夏商皆郊天配
祖所從來尚矣周官大司樂冬至日祀天於地
上之圜丘大宗伯以禋祀祀昊天上帝孝經曰
周公郊祀后稷以配天所以重報本反始之義
而其禮則貴誠而尚質見於遺經者可考也秦

20119　大明集禮五十三卷目錄一卷　（明）徐一夔等撰　明嘉靖九年（1530）内府刻本（卷一及目録抄補）　遼寧省圖書館

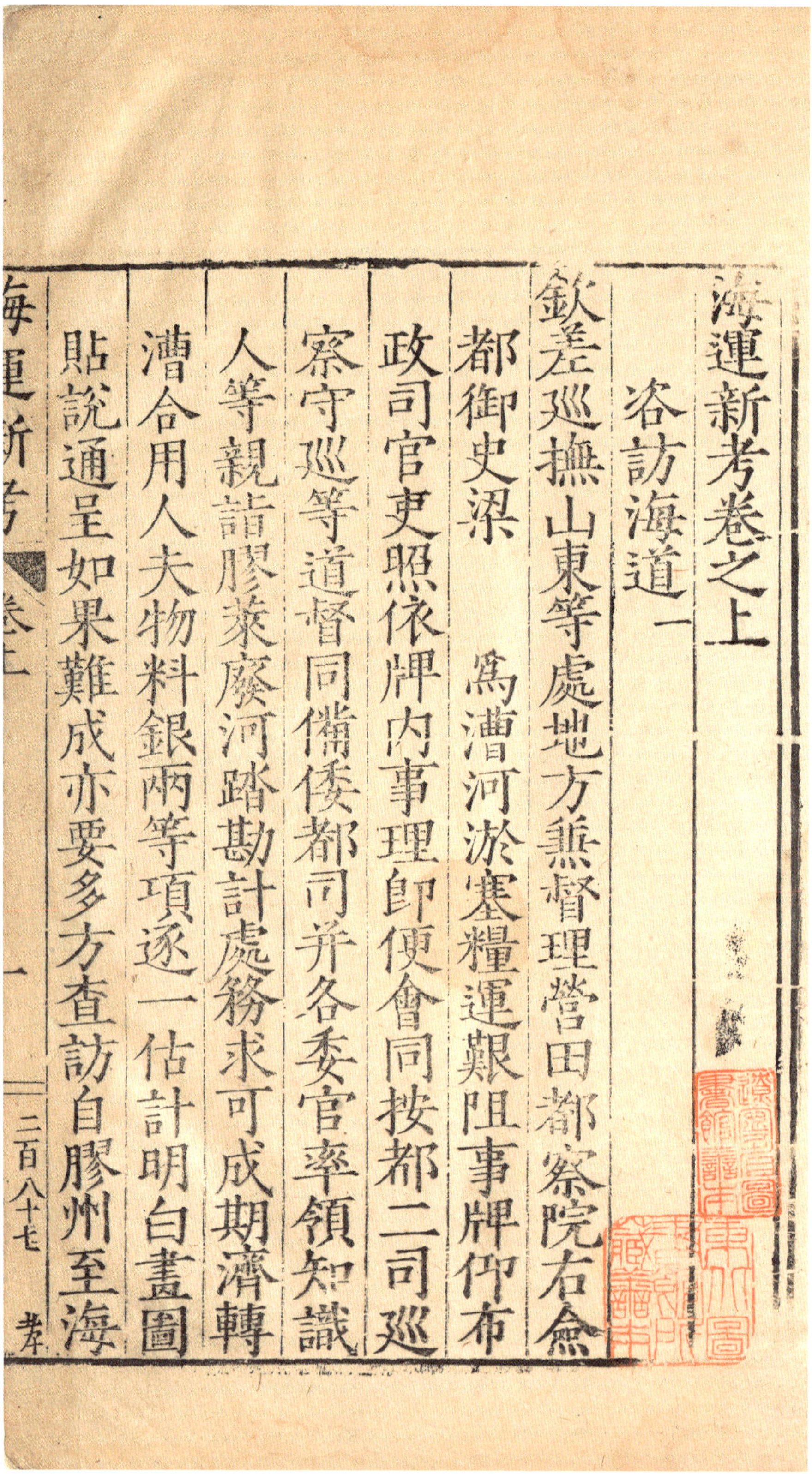
海運新考卷之上
洛訪海道一
欽差巡撫山東等處地方兼督理營田都察院右僉
都御史梁　為漕河淤塞糧運艱阻事牌仰布
政司官吏照依牌内事理即便會同按都二司巡
察守巡等道督同備倭都司并各委官率領知識
人等親詣膠萊廢河踏勘計處務求可成期濟轉
漕合用人夫物料銀兩等項逐一估計明白畫圖
貼說通呈如果難成亦要多方查訪自膠州至海

海運新考　卷上　一　二百八十七　孝

20120　海運新考三卷　（明）梁夢龍撰　明萬曆七年（1579）刻本　遼寧省圖書館

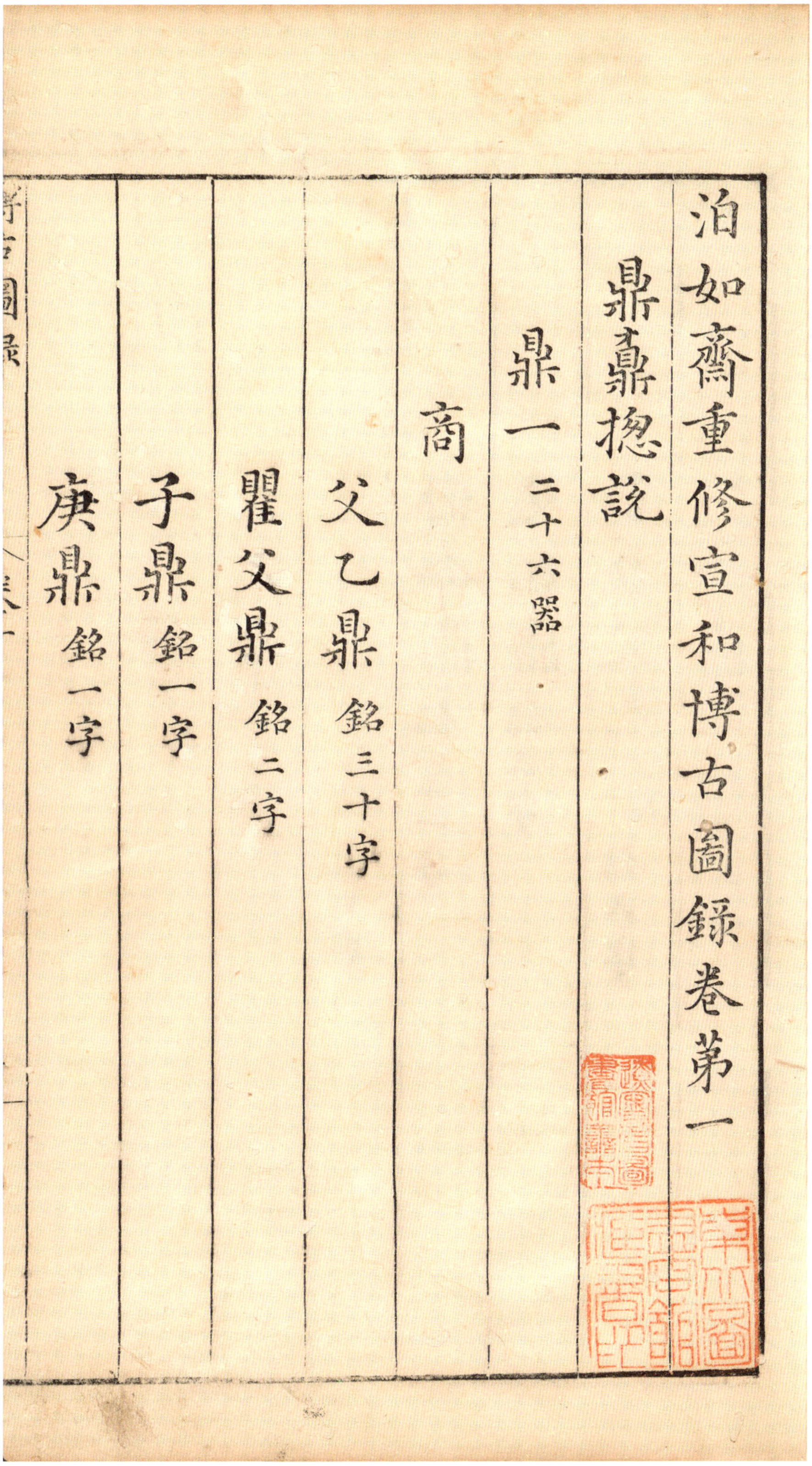

泊如齋重修宣和博古圖録卷第一

鼎鼒總説

鼎一 二十六器

商

父乙鼎 銘三十字

瞿父鼎 銘二字

子鼎 銘一字

庚鼎 銘一字

20121 泊如齋重修宣和博古圖録三十卷 （宋）王黼等撰 明萬曆十六年（1588）泊如齋刻本 遼寧省圖書館

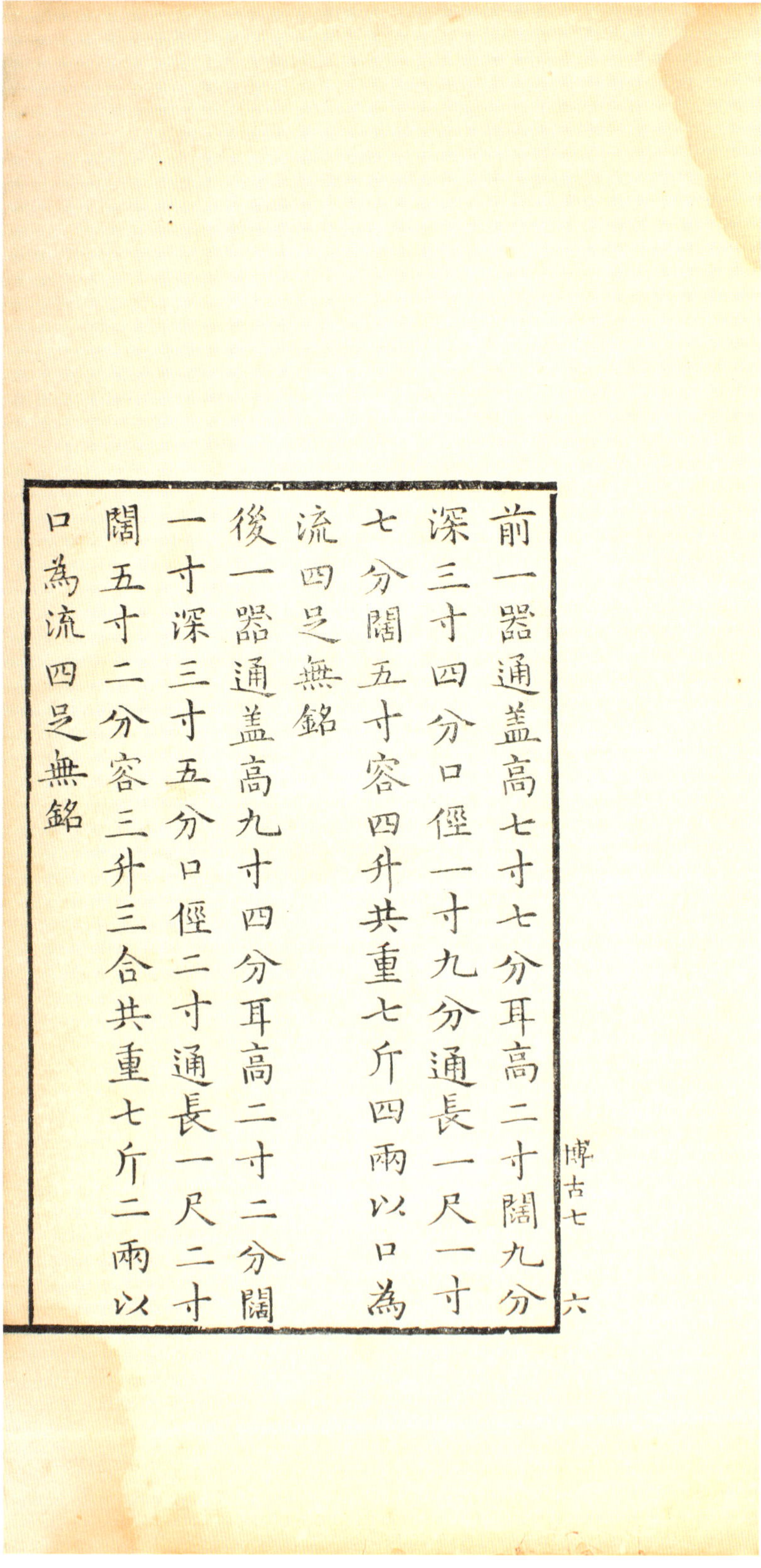
前一器通蓋高七寸七分耳高二寸闊九分
深三寸四分口徑一寸九分通長一尺一寸
七分闊五寸容四升共重七斤四兩以口為
流四足無銘
後一器通蓋高九寸四分耳高二寸二分闊
一寸深三寸五分口徑二寸通長一尺二寸
闊五寸二分容三升三合共重七斤二兩以
口為流四足無銘
博古七　六

20122　泊如齋重修宣和博古圖錄三十卷　（宋）王黼等撰　明萬曆十六年（1588）泊如齋刻本　遼寧省博物館
存二十卷（一至四、十至二十、二十六至三十）

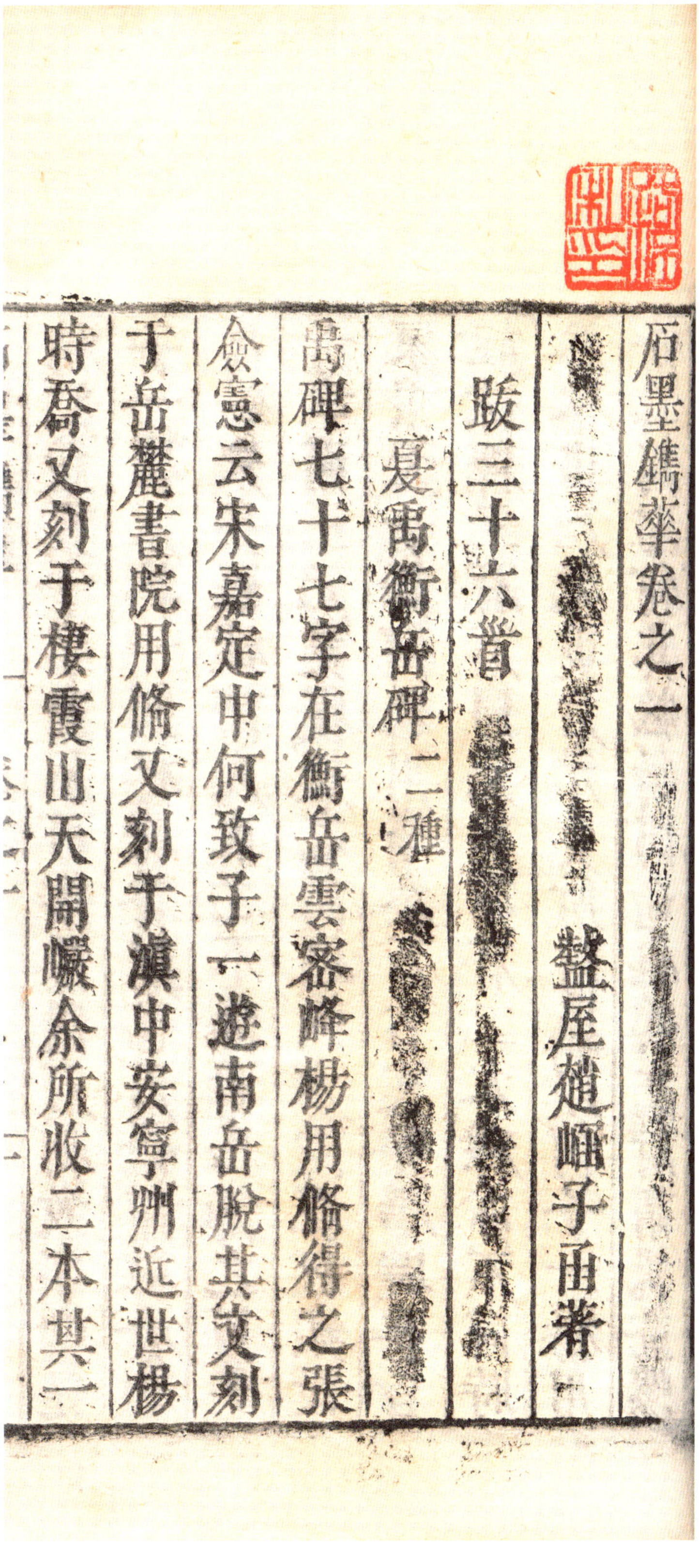

石墨鐫華卷之一　　盩厔趙崡子函著

跋三十六首

夏禹衡岳碑二種

禹碑七十七字在衡岳雲密峰楊用脩得之張僉憲云宋嘉定中何致子一遊南岳脫其文刻于岳麓書院用脩又刻于滇中安寧州近世楊時喬又刻于棲霞山天開巖余所收二本其一

20123　石墨鐫華八卷　（明）趙崡撰　明萬曆四十六年（1618）刻本　馮□題跋　遼寧大學圖書館

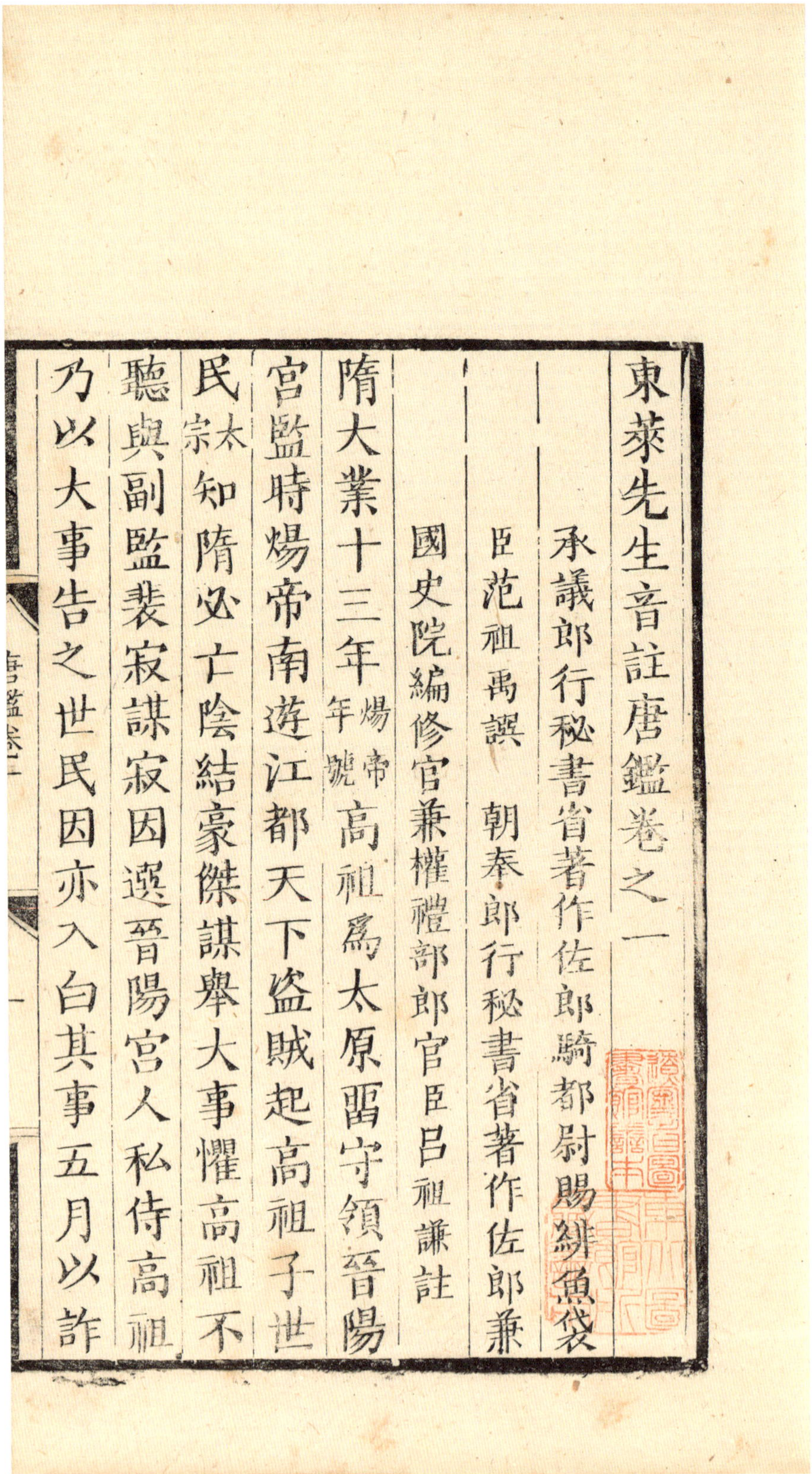
東萊先生音註唐鑑卷之一
承議郎行秘書省著作佐郎騎都尉賜緋魚袋
臣范祖禹譔　朝奉郎行秘書省著作佐郎兼
國史院編修官兼權禮部郎官臣吕祖謙註
隋大業十三年煬帝年號高祖爲太原留守領晉陽
宮監時煬帝南遊江都天下盜賊起高祖子世
民太宗知隋必亡陰結豪傑謀舉大事懼高祖不
聽與副監裴寂謀寂因選晉陽宮人私侍高祖
乃以大事告之世民因亦入白其事五月以詐

20124　東萊先生音註唐鑑二十四卷　（宋）范祖禹撰　（宋）吕祖謙注

明刻本　遼寧省圖書館

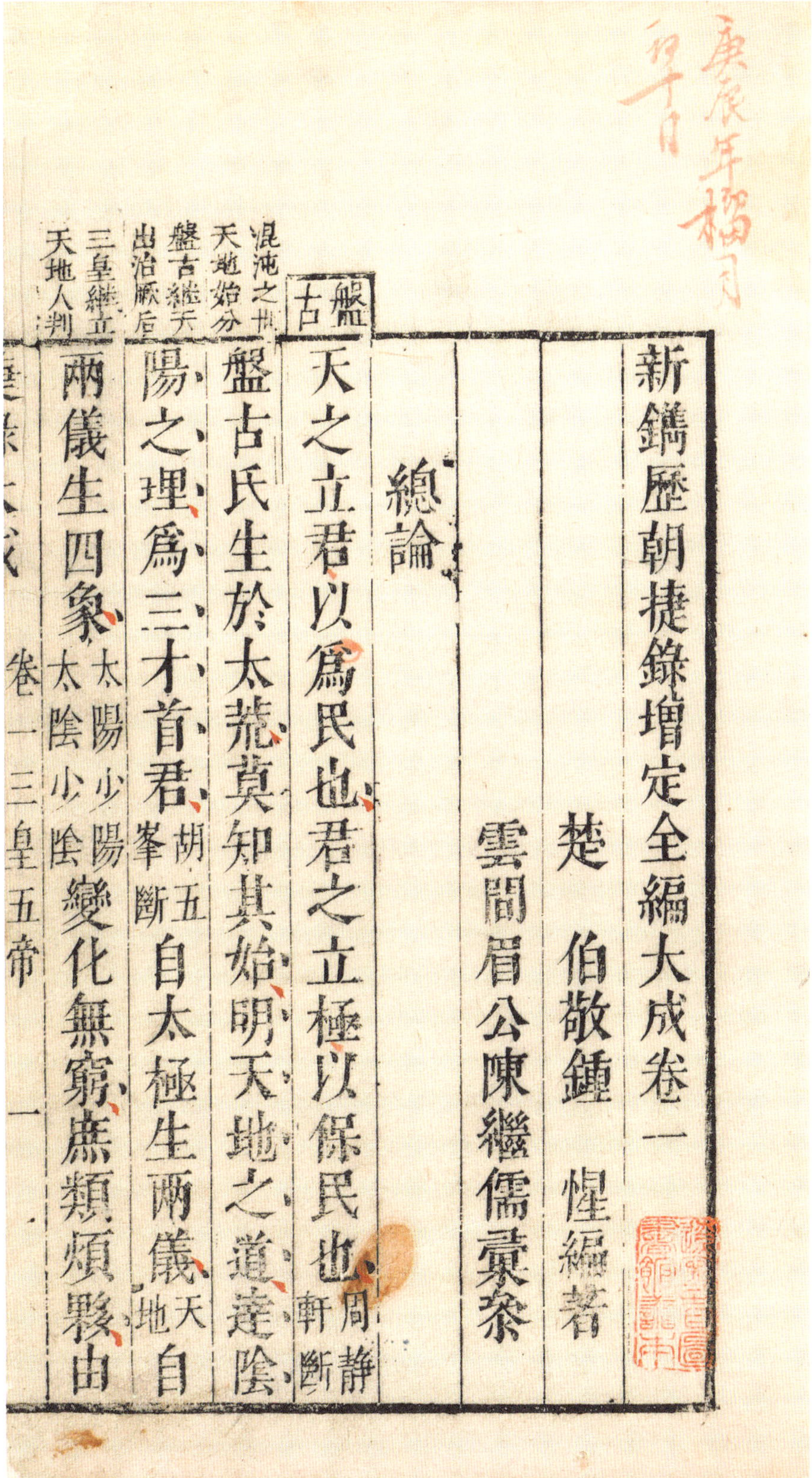

20125　**新鐫歷朝捷錄增定全編大成四卷**　（明）顧充撰　（明）鍾惺補輯　明末刻本　遼寧省圖書館

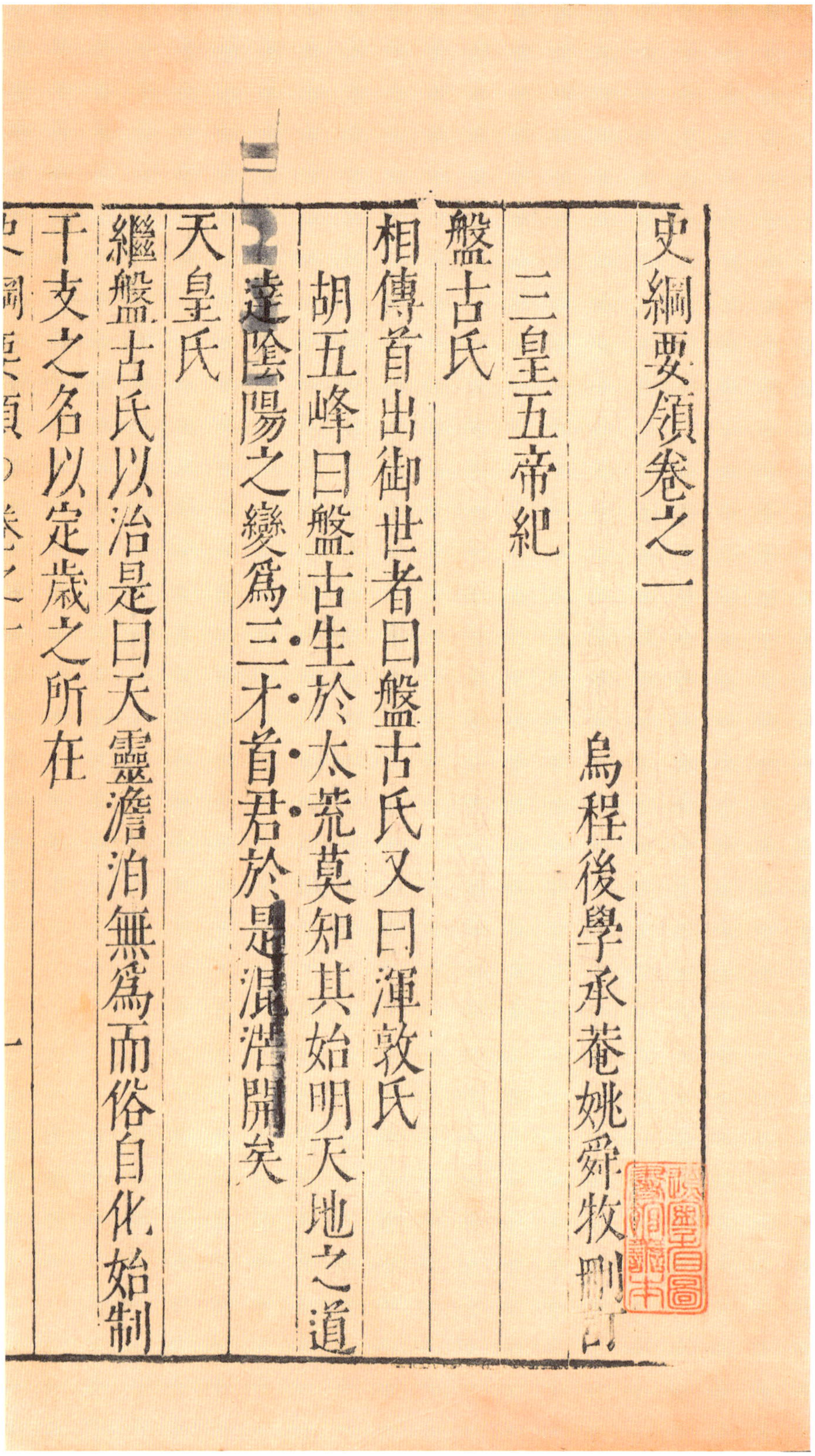

史綱要領卷之一

烏程後學承菴姚舜牧刪訂

三皇五帝紀

盤古氏

相傳首出御世者曰盤古氏又曰渾敦氏

胡五峰曰盤古生於太荒莫知其始明天地之道達陰陽之變爲三才首君於是混茫開矣

天皇氏

繼盤古氏以治是曰天靈澹泊無爲而俗自化始制干支之名以定歲之所在

史綱要領卷之一　一

20126　史綱要領三十六卷　（明）姚舜牧撰　明萬曆三十八年（1610）刻本　遼寧省圖書館

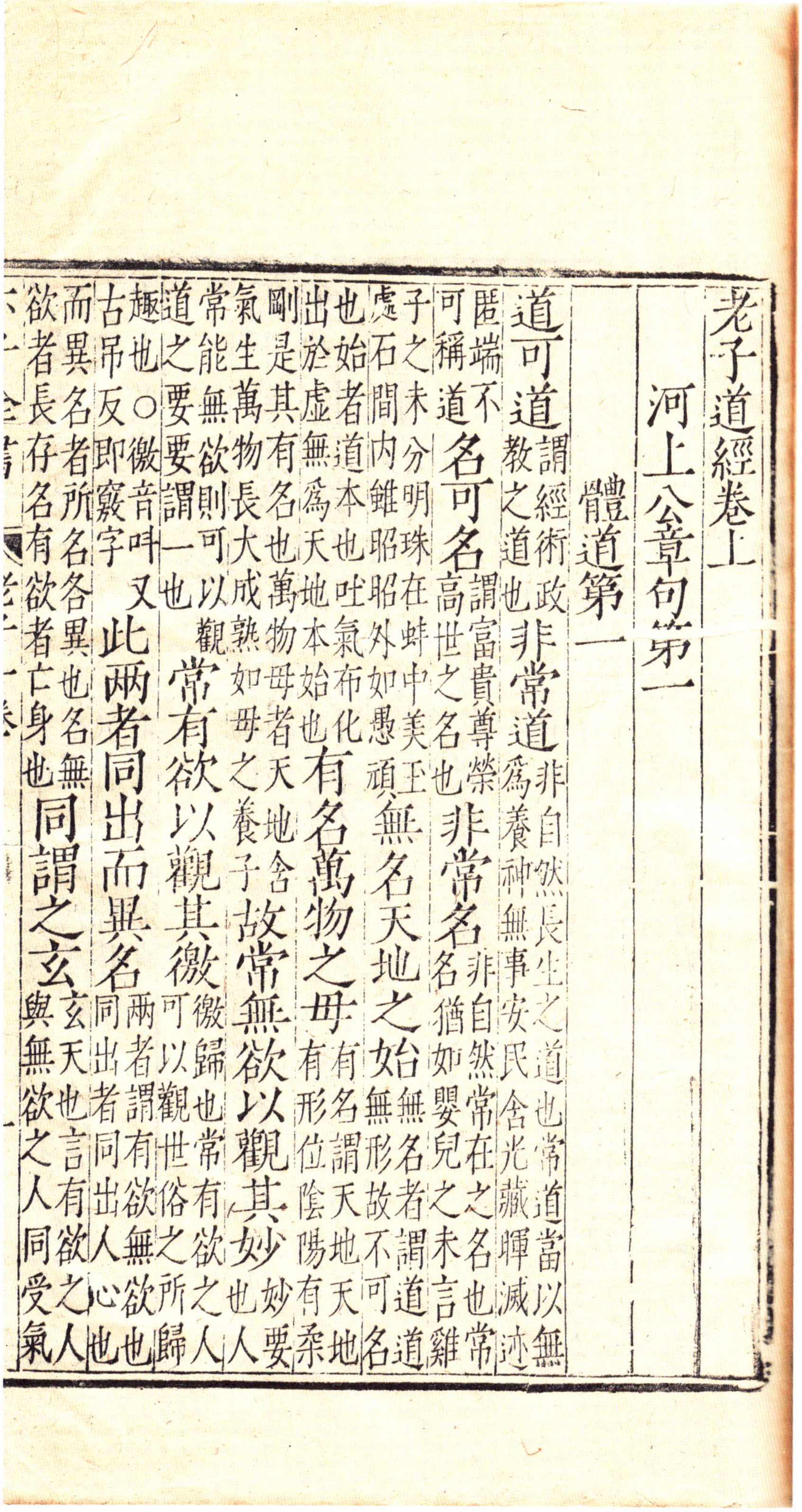

老子道經卷上

河上公章句第一

體道第一

道可道謂經術政教之道也非常道非自然長生之道也常道當以無爲養神無事安民含光藏暉滅迹
匿端不可稱道名可名謂富貴尊榮高世之名也非常名非自然常在之名也常名猶如嬰兒之未言雞
子之未分明珠在蚌中美玉處石間內雖昭昭外如愚頑無名天地之始無名者謂道道無形故不可名
也始者道本也吐氣布化出於虛無爲天地本始也有名萬物之母有名謂天地天地有形位陰陽有柔
剛是其有名也萬物母者天地含氣生萬物長大成熟如母之養子故常無欲以觀其妙妙要也人
常能無欲則可以觀道之要要謂一也常有欲以觀其徼徼歸也常有欲之人可以觀世俗之所歸
趣也○徼音叫又古吊反即竅字此兩者同出而異名兩者謂有欲無欲也同出者同出人心也
而異名者所名各異也名無欲者長存名有欲者亡身也同謂之玄玄天也言有欲之人與無欲之人同受氣

20127　六子全書六十卷　明萬曆十一年（1583）金陵胡東塘刻本　大連圖書館

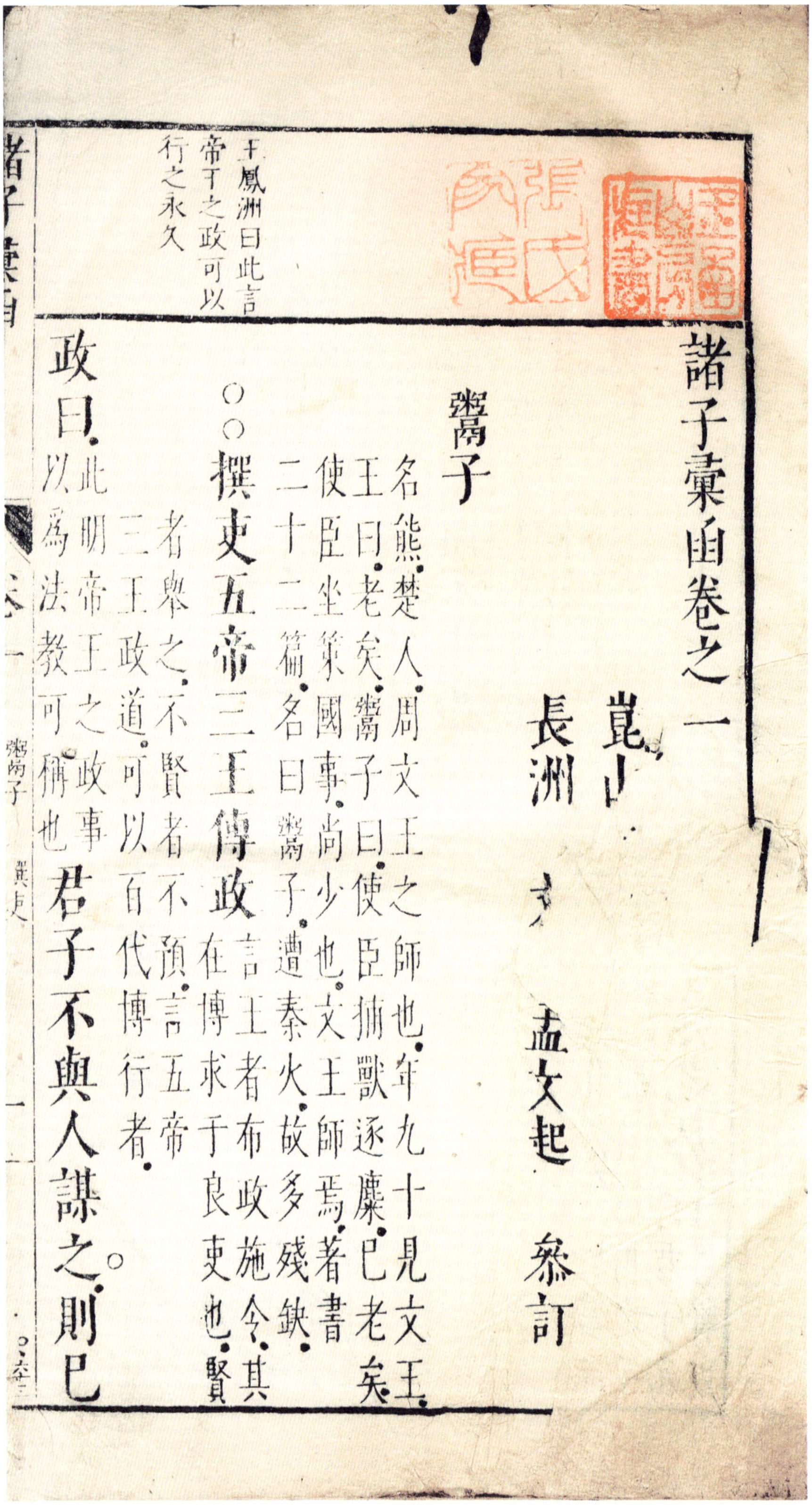
王鳳洲曰此言帝王之政可以行之永久

諸子彙函卷之一

崑山

長洲 孟文起 參訂

鬻子

名熊楚人周文王之師也年九十見文王文王曰老矣鬻子曰使臣捕獸逐麋已老矣使臣坐策國事尚少也文王師焉著書二十二篇名曰鬻子遭秦火故多殘缺

○○撰吏五帝三王傳政言王者布政施令其在博求于良吏也賢者舉之不賢者不預言五帝三王政道可以百代博行者

政曰此明帝王之政事以爲法教可稱也君子不與人謀之則已

諸子彙函 卷一 鬻子 撰吏 一

20128 **諸子彙函二十六卷** （明）歸有光輯 明刻本 錦州市圖書館

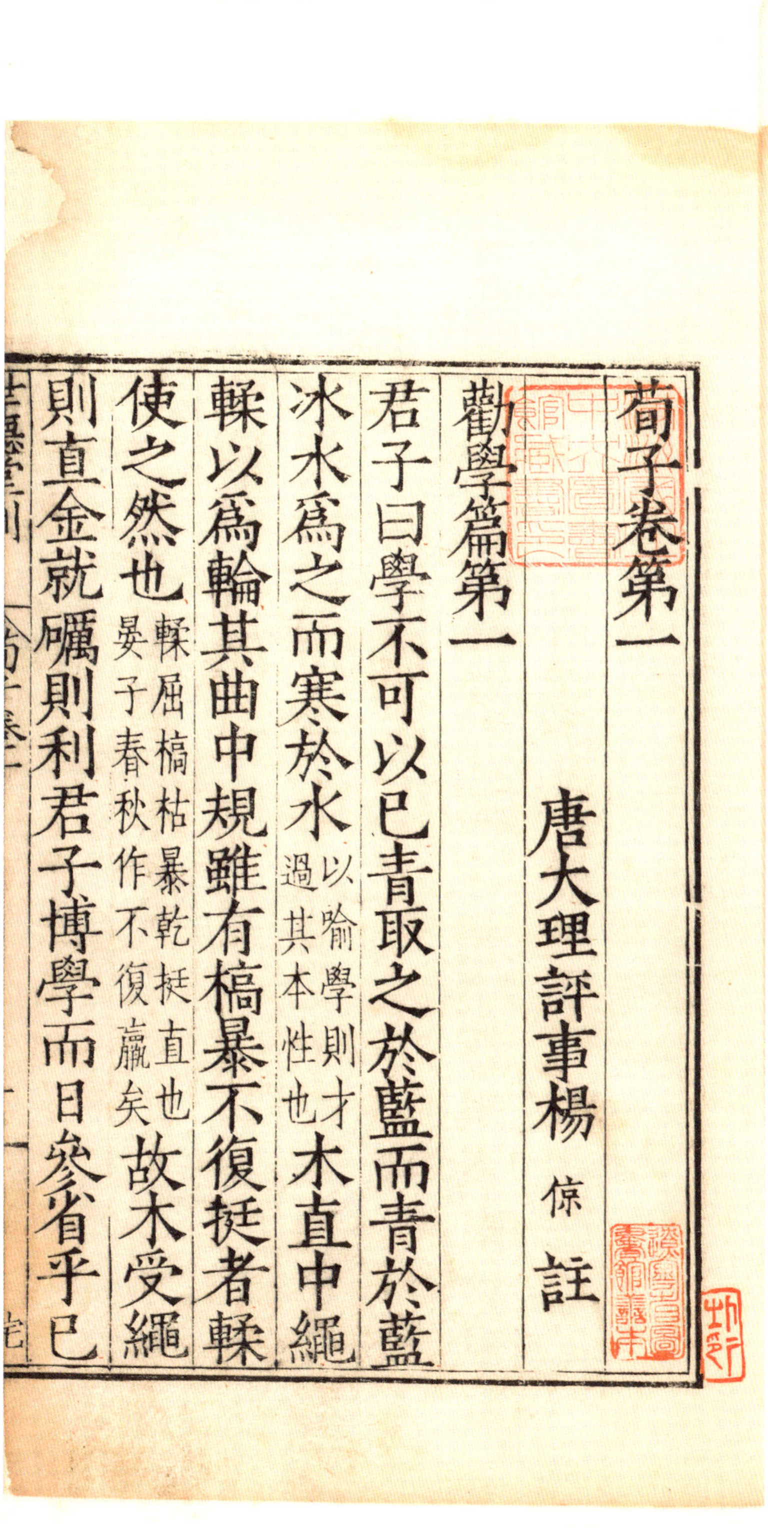
荀子卷第一
唐大理評事楊倞註
勸學篇第一
君子曰學不可以已青取之於藍而青於藍冰水爲之而寒於水以喻學則才過其本性也木直中繩輮以爲輪其曲中規雖有槁暴不復挺者輮使之然也輮屈槁枯暴乾挺直也晏子春秋作不復贏矣故木受繩則直金就礪則利君子博學而日參省乎已

20129　荀子二十卷　（唐）楊倞注　明嘉靖十二年（1533）顧春世德堂刻六子書本（卷二十末抄補半頁）　遼寧省圖書館

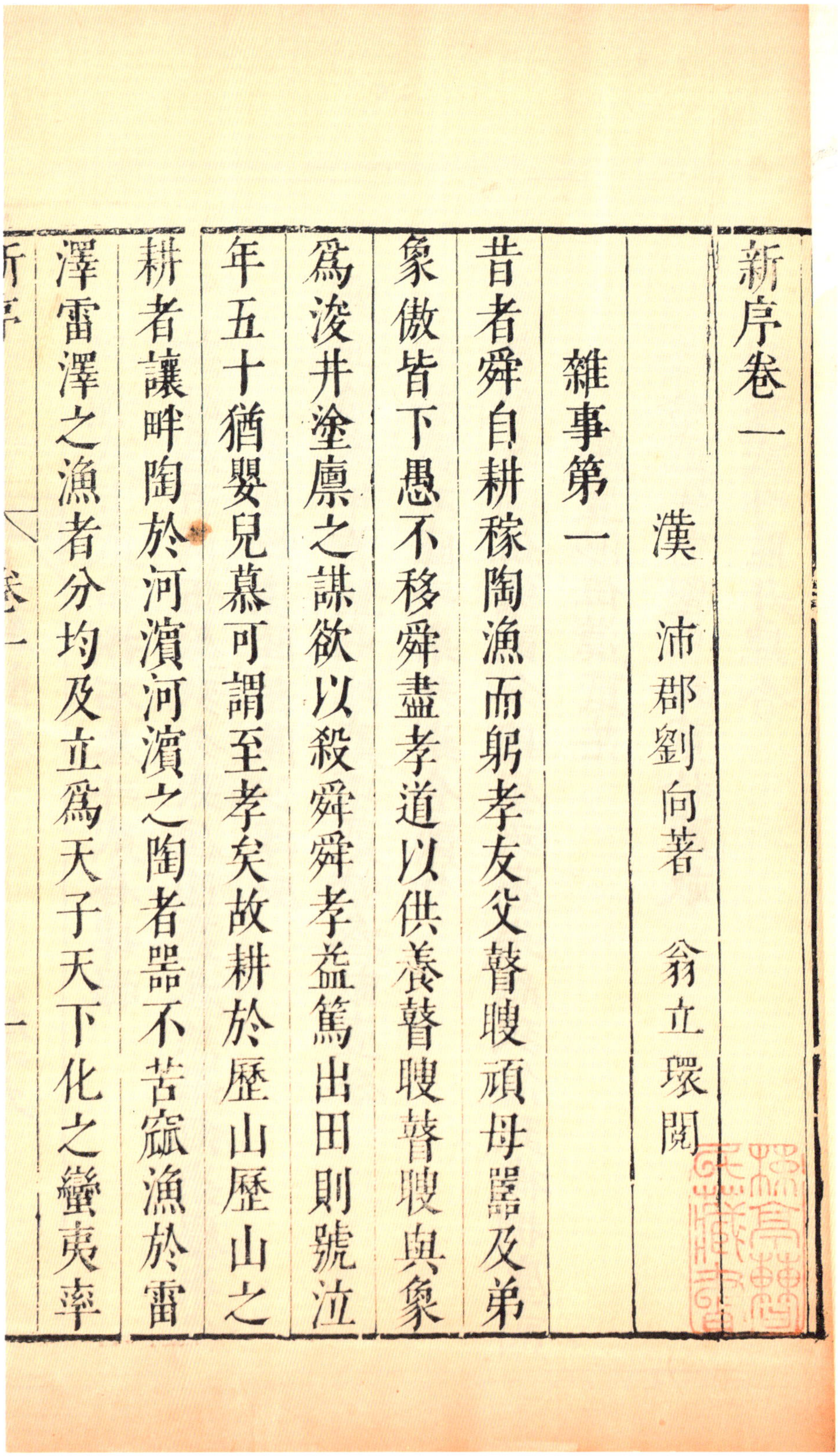
新序卷一
漢　沛郡劉向著　翁立環閱
雜事第一
昔者舜自耕稼陶漁而躬孝友父瞽瞍頑母嚚及弟
象傲皆下愚不移舜盡孝道以供養瞽瞍瞽瞍與象
爲浚井塗廩之謀欲以殺舜舜孝益篤出田則號泣
年五十猶嬰兒慕可謂至孝矣故耕於歷山歷山之
耕者讓畔陶於河濱河濱之陶者器不苦窳漁於雷
澤雷澤之漁者分均及立爲天子天下化之蠻夷率
新序　卷一　一

20130　新序十卷　（漢）劉向撰　明萬曆何允中刻漢魏叢書本　大連大學圖書館

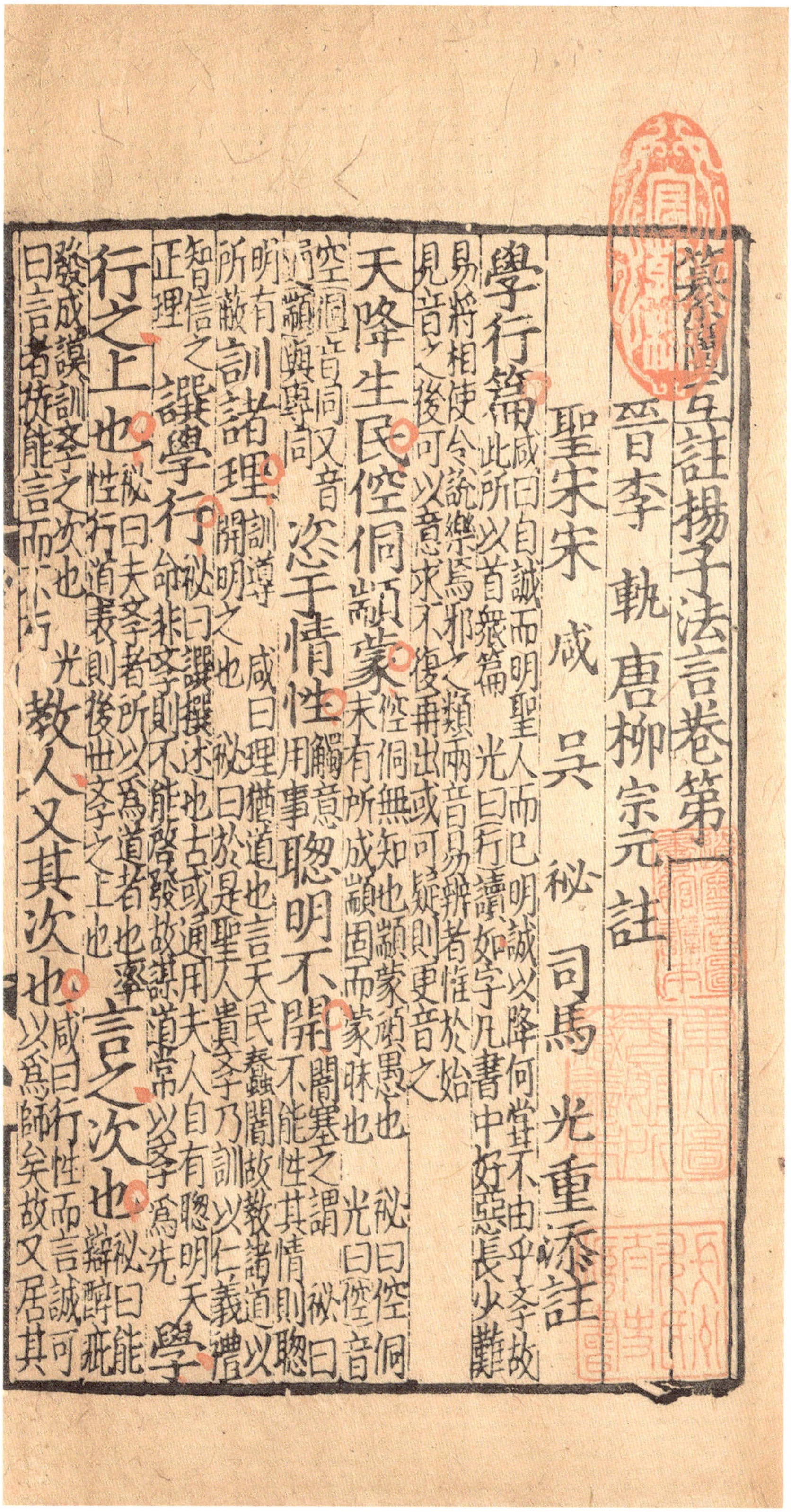

纂圖互註揚子法言卷第一
晉李軌 唐柳宗元註
聖宋宋咸 吴秘 司馬光重添註
學行篇咸曰自誠而明聖人而已明誠以降何嘗不由乎學故此所以首衆篇 光曰行讀如字凡書中好惡長少難易將相使令說樂焉邪之類兩音易辨者惟於始見音之後可以意求不復再出或可疑則更音之
天降生民倥侗顓蒙倥侗無知也顓蒙頑愚也 秘曰倥侗未有所成顓固而蒙昧也 光曰倥音空侗音同又音通顓與專同
恣于情性觸意用事聰明不開闇塞之謂 秘曰不能性其情則聰明有所蔽
訓諸理訓導開明之也 咸曰理猶道也言天民蠢闇故教諸道以正理 秘曰於是聖人貴學乃訓以仁義禮智信之
譔學行秘曰譔撰述也古或通用夫人自有聰明天命非學則不能啓發故謀道常以學爲先
學行之上也秘曰夫學者所以爲道者也率性行道表則後世學之上也
言之次也秘曰能辯辭飛發成謨訓學之次也 光曰言者旋能言而不行
教人又其次也咸曰行性而言誠可以爲師矣故又居其

20131 纂圖互註揚子法言十卷 （漢）揚雄撰 （晉）李軌 （唐）柳宗元 （宋）宋咸 吴秘 司馬光注 明初刻本 遼寧省圖書館

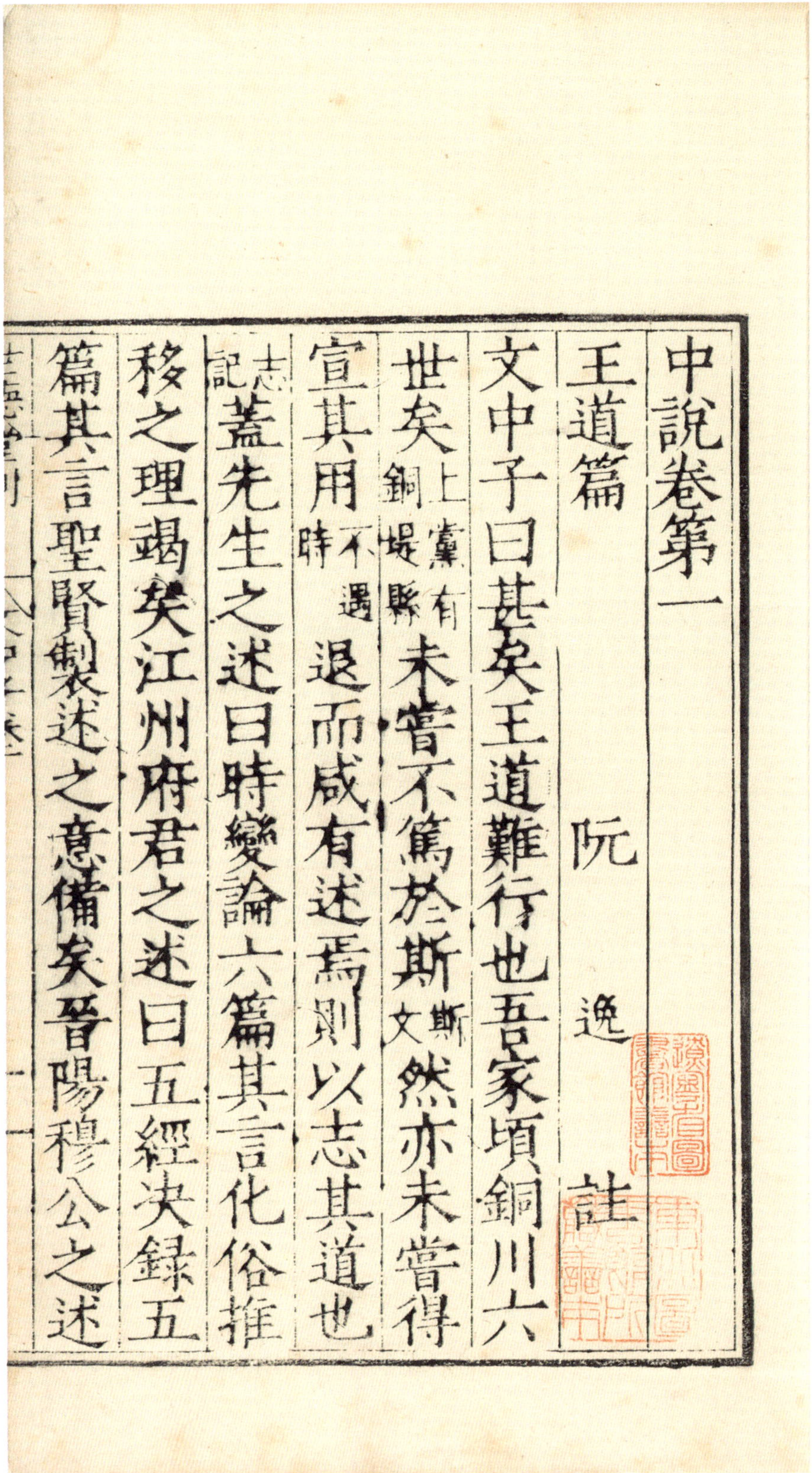
中說卷第一
王道篇　阮逸註
文中子曰甚矣王道難行也吾家頃銅川六世矣上黨有銅堤縣未嘗不篤於斯斯文然亦未嘗得宣其用不遇時退而咸有述焉則以志其道也志記蓋先生之述曰時變論六篇其言化俗推移之理竭矣江州府君之述曰五經決錄五篇其言聖賢製述之意備矣晉陽穆公之述

20132　中說十卷　題（隋）王通撰　（宋）阮逸注　明嘉靖十二年（1533）顧春世德堂刻六子書本　遼寧省圖書館

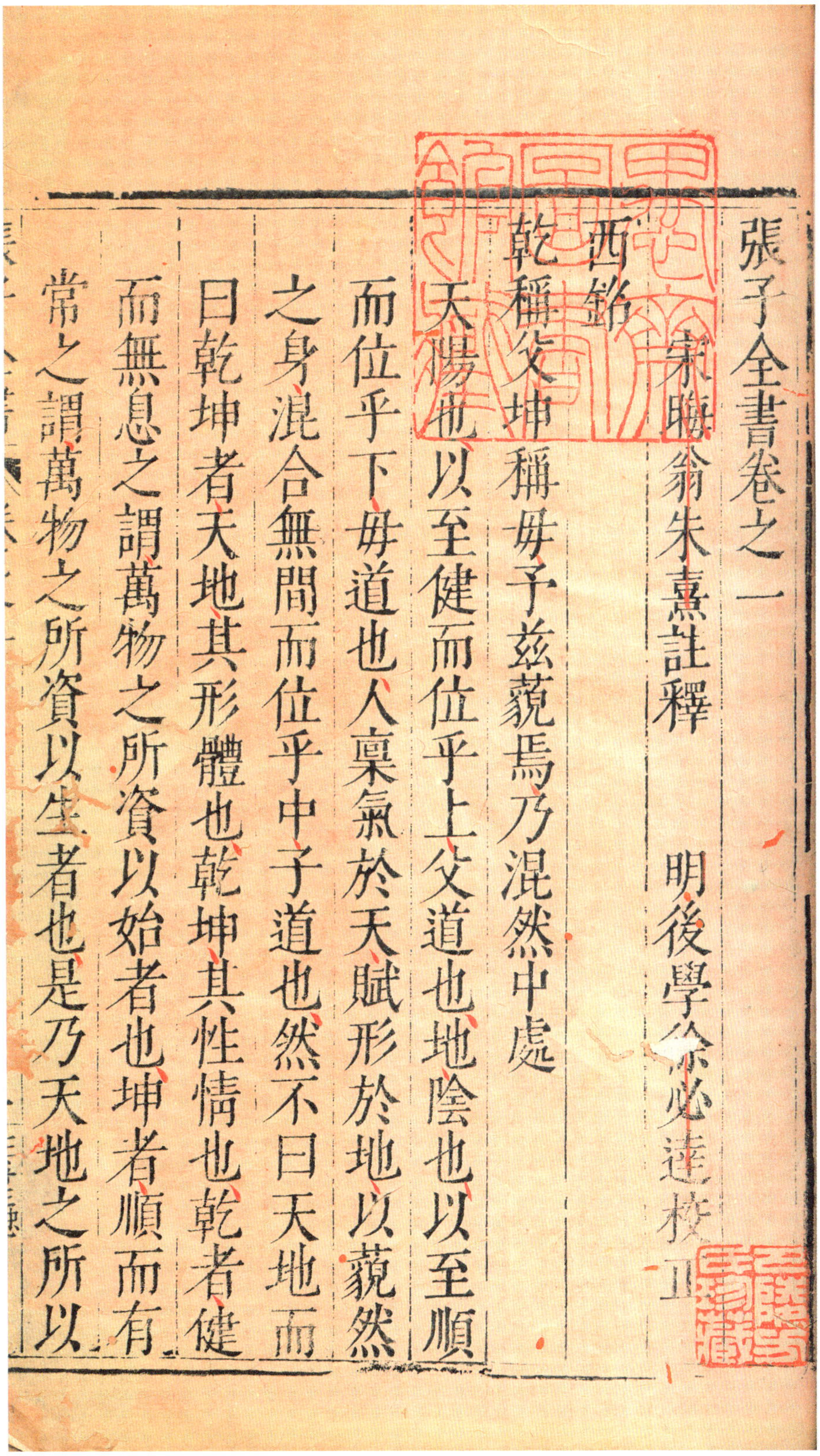
張子全書卷之一

宋晦翁朱熹註釋　明後學徐必達校正

西銘

乾稱父坤稱母予玆藐焉乃混然中處

天陽也以至健而位乎上父道也地陰也以至順而位乎下母道也人稟氣於天賦形於地以藐然之身混合無間而位乎中子道也然不曰天地而曰乾坤者天地其形體也乾坤其性情也乾者健而無息之謂萬物之所資以始者也坤者順而有常之謂萬物之所資以生者也是乃天地之所以

20133　合刻周張兩先生全書二十二卷　（宋）朱熹注釋　（明）徐必達校正　明萬曆三十四年（1606）徐必達刻本　遼寧大學圖書館

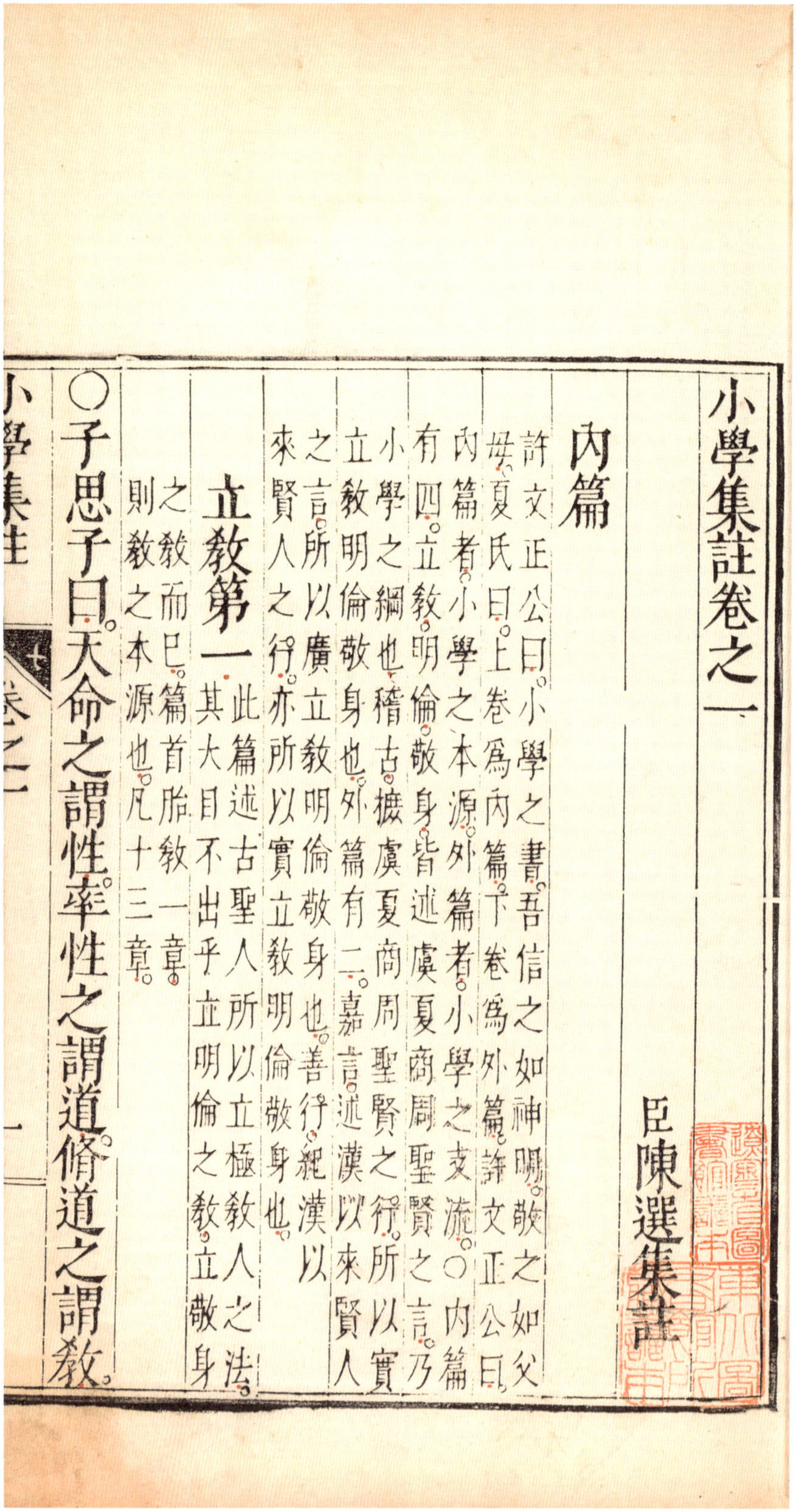

小學集註卷之一
臣陳選集註
内篇
許文正公曰小學之書吾信之如神明敬之如父母夏氏曰上卷爲内篇下卷爲外篇許文正公曰内篇者小學之本源外篇者小學之支流○内篇有四立教明倫敬身皆述虞夏商周聖賢之言乃小學之綱也稽古摭虞夏商周聖賢之行所以實立教明倫敬身也外篇有二嘉言述漢以來賢人之言所以廣立教明倫敬身也善行紀漢以來賢人之行亦所以實立教明倫敬身也
立教第一 此篇述古聖人所以立極敎人之法其大目不出乎立明倫之教立敬身之教而已篇首胎教一章則教之本源也凡十三章
○子思子曰天命之謂性率性之謂道脩道之謂教
小學集註 卷之一 一

20134　小學集註六卷　（宋）朱熹撰　（明）陳選注　明崇禎八年（1635）刻本　遼寧省圖書館

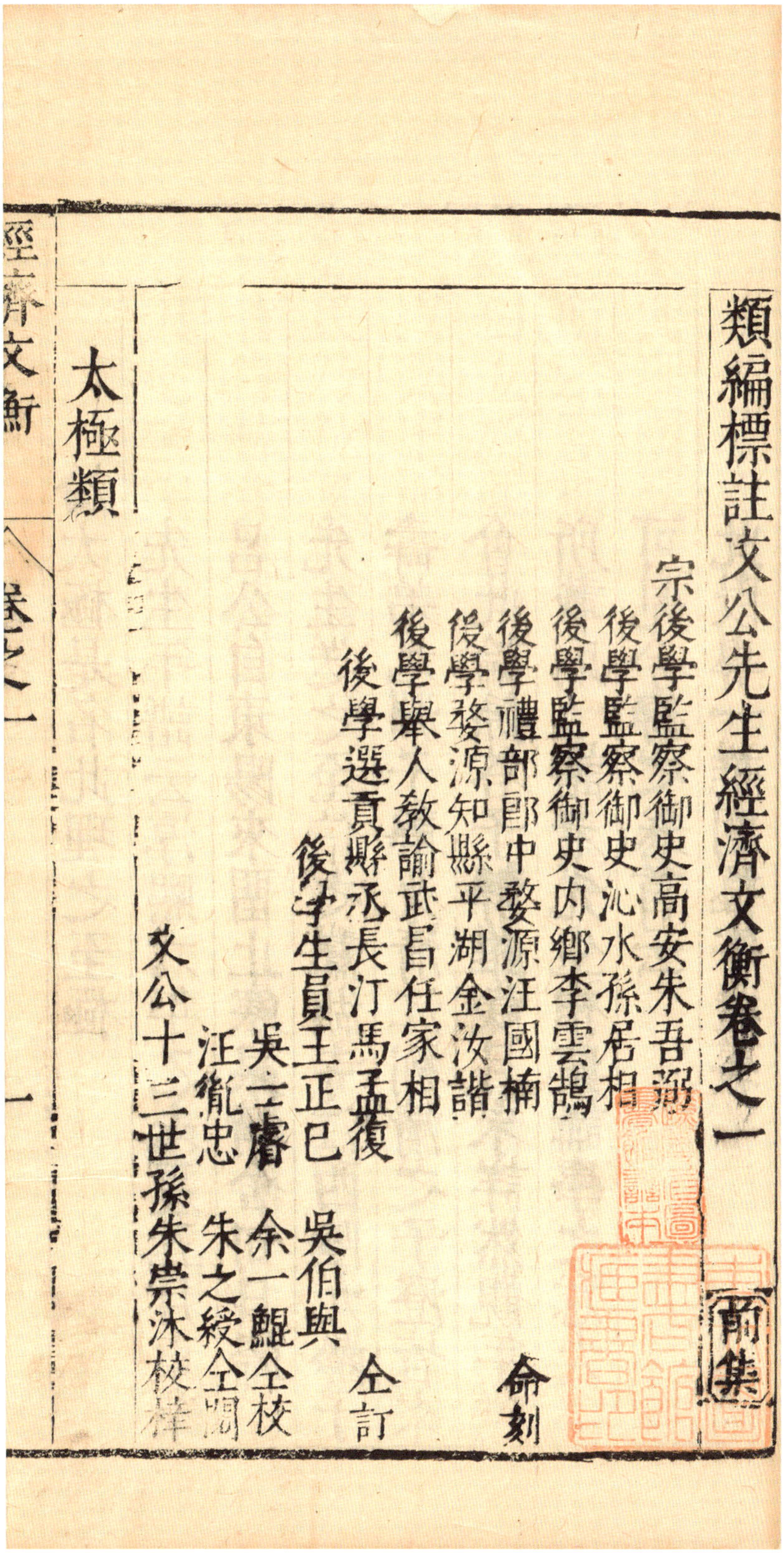

類編標註文公先生經濟文衡卷之一 前集

宗後學監察御史高安朱吾弼
後學監察御史沁水孫居相
後學監察御史内鄉李雲鵠
後學禮部郎中婺源汪國楠
後學婺源知縣平湖金汝諧
後學舉人教諭武昌任家相 命刻
後學選貢縣丞長汀馬孟復 仝訂
後學生員王正巳 吳伯與
吳一濬 余一鯤 仝校
汪衡忠 朱之綬 仝閱
文公十三世孫朱崇沐校梓

太極類

經濟文衡 卷之一 一

20135 類編標註文公先生經濟文衡前集二十五卷後集二十五卷續集二十二卷 （宋）朱熹撰 （宋）滕洪輯 明萬曆三十四年（1606）朱吾弼、朱崇沐等刻本 遼寧省圖書館

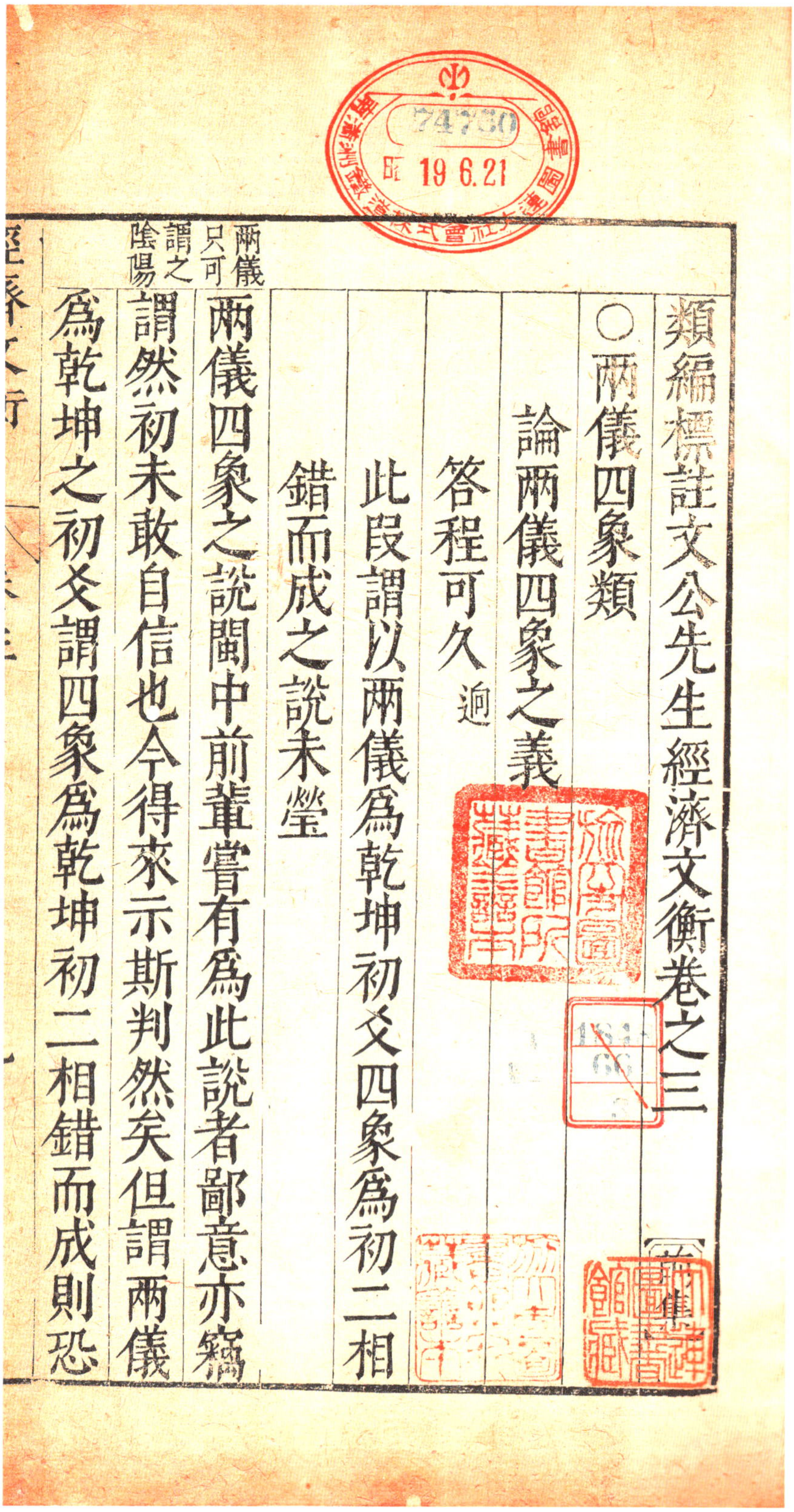
類編標註文公先生經濟文衡卷之三

○兩儀四象類

論兩儀四象之義

答程可久 迥

此段謂以兩儀爲乾坤初爻四象爲初二相

錯而成之說未瑩

兩儀只可謂之陰陽

兩儀四象之說閩中前輩嘗有爲此說者鄙意亦竊謂然初未敢自信也今得來示斯判然矣但謂兩儀爲乾坤之初爻謂四象爲乾坤初二相錯而成則恐

20136　類編標註文公先生經濟文衡前集二十五卷後集二十五卷續集二十二卷　（宋）朱熹撰　（宋）滕珙輯　明萬曆三十四年（1606）朱吾弼、朱崇沐等刻本　大連圖書館

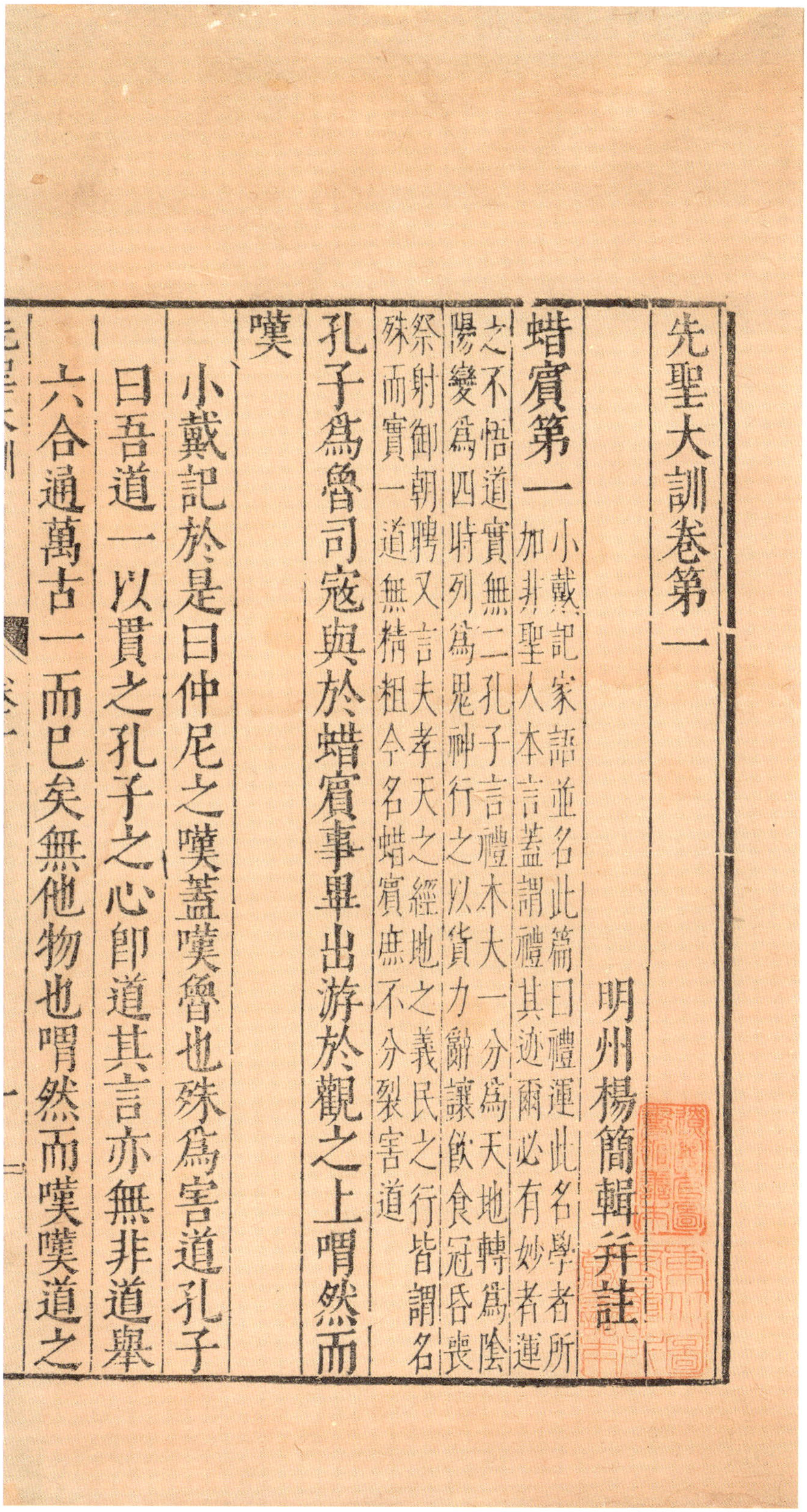
先聖大訓卷第一
明州楊簡輯幷註
蜡賓第一 小戴記家語並名此篇曰禮運此名學者所加非聖人本言蓋謂禮其迹爾必有妙者運之不悟道實無二孔子言禮本大一分爲天地轉爲陰陽變爲四時列爲鬼神行之以貨力辭讓飲食冠昏喪祭射御朝聘又言夫孝天之經地之義民之行皆謂名殊而實一道無精粗今名蜡賓庶不分裂害道
孔子爲魯司寇與於蜡賓事畢出游於觀之上喟然而嘆
小戴記於是曰仲尼之嘆蓋嘆魯也殊爲害道孔子曰吾道一以貫之孔子之心卽道其言亦無非道舉六合通萬古一而已矣無他物也喟然而嘆嘆道之

20137 先聖大訓六卷 （宋）楊簡撰　明刻本　遼寧省圖書館

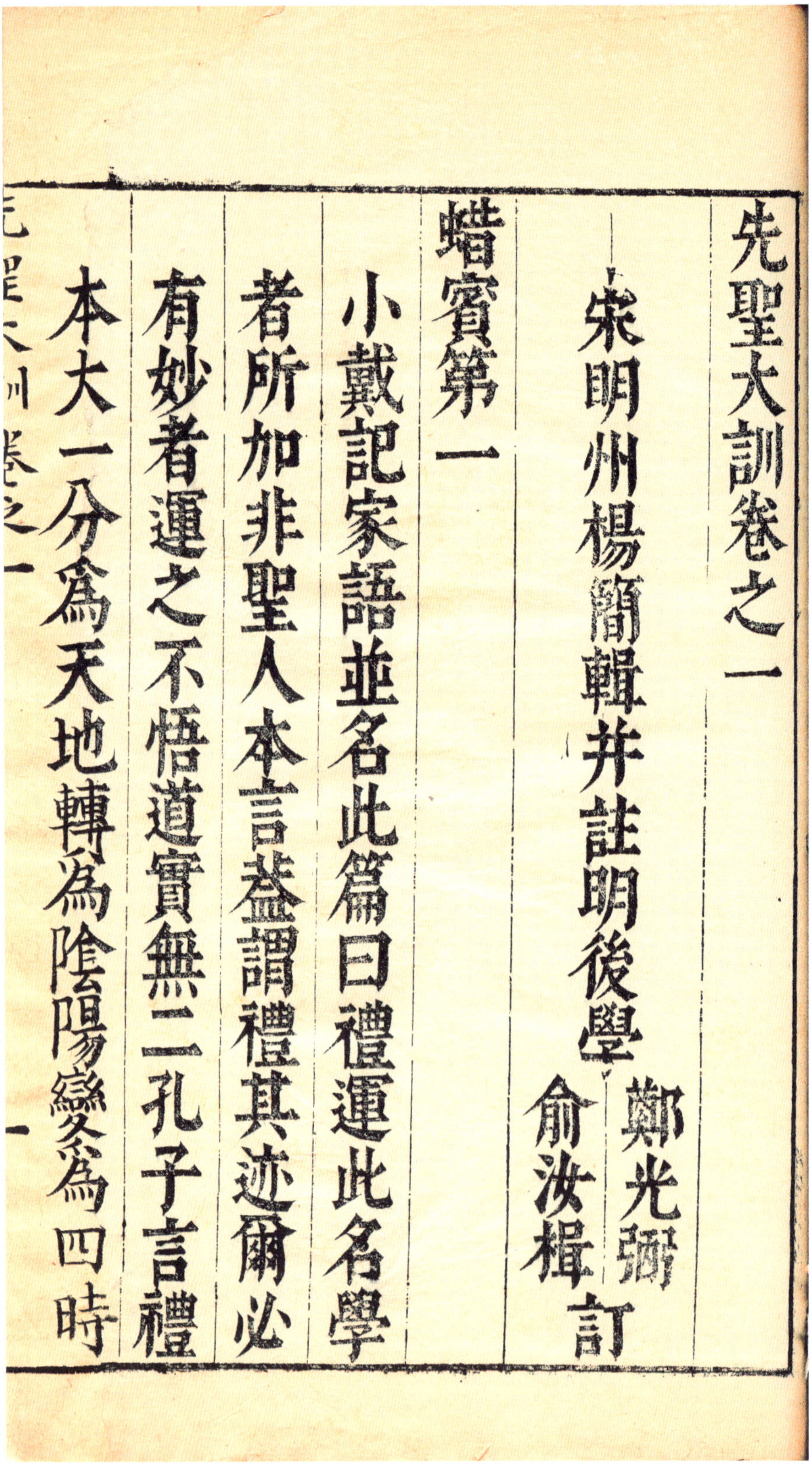
先聖大訓卷之一
宋明州楊簡輯并註明後學鄭光弼
俞汝楫訂
蜡賓第一
小戴記家語並名此篇曰禮運此名學
者所加非聖人本言蓋謂禮其迹爾必
有妙者運之不悟道實無二孔子言禮
本大一分爲天地轉爲陰陽變爲四時
先聖大訓卷之一　一

20138　先聖大訓六卷　（宋）楊簡撰　明萬曆四十三年（1615）刻本　遼寧大學圖書館

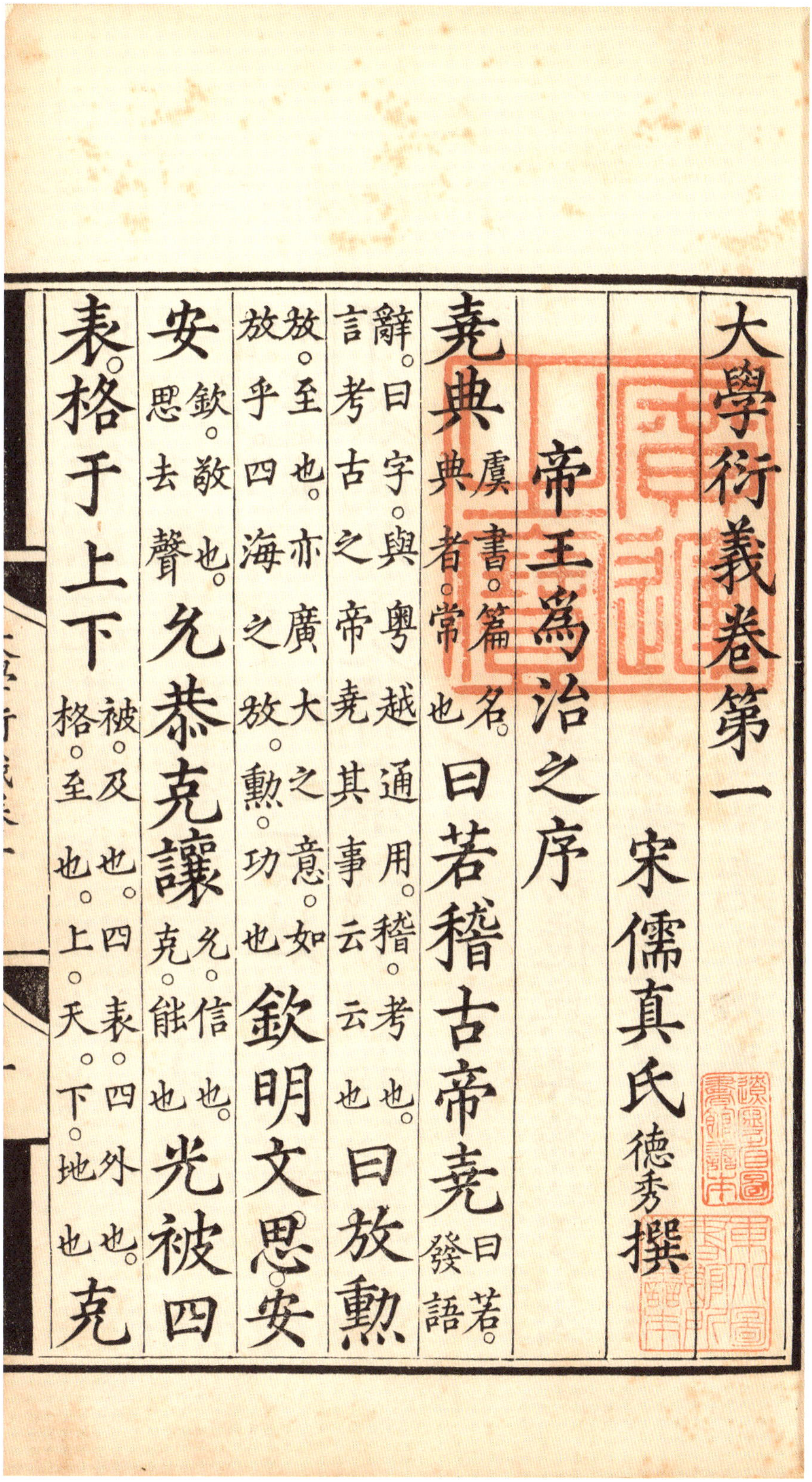
大學衍義卷第一

宋儒真氏德秀撰

帝王爲治之序

堯典虞書。篇名。典者。常也。曰若稽古帝堯曰若。發語辭。曰字。與粵越通用。稽。考也。言考古之帝堯其事云云也。曰放勳放。至也。亦廣大之意。如放乎四海之放。勳。功也。欽明文思安安欽。敬也。思去聲。允恭克讓允。信也。克。能也。光被四表格于上下被。及也。四表。四外也。格。至也。上。天。下。地也。克

20139　大學衍義四十三卷　（宋）真德秀撰　明嘉靖六年（1527）司禮監刻本　遼寧省圖書館

存四十卷（一至十八、二十至二十一、二十四至四十三）

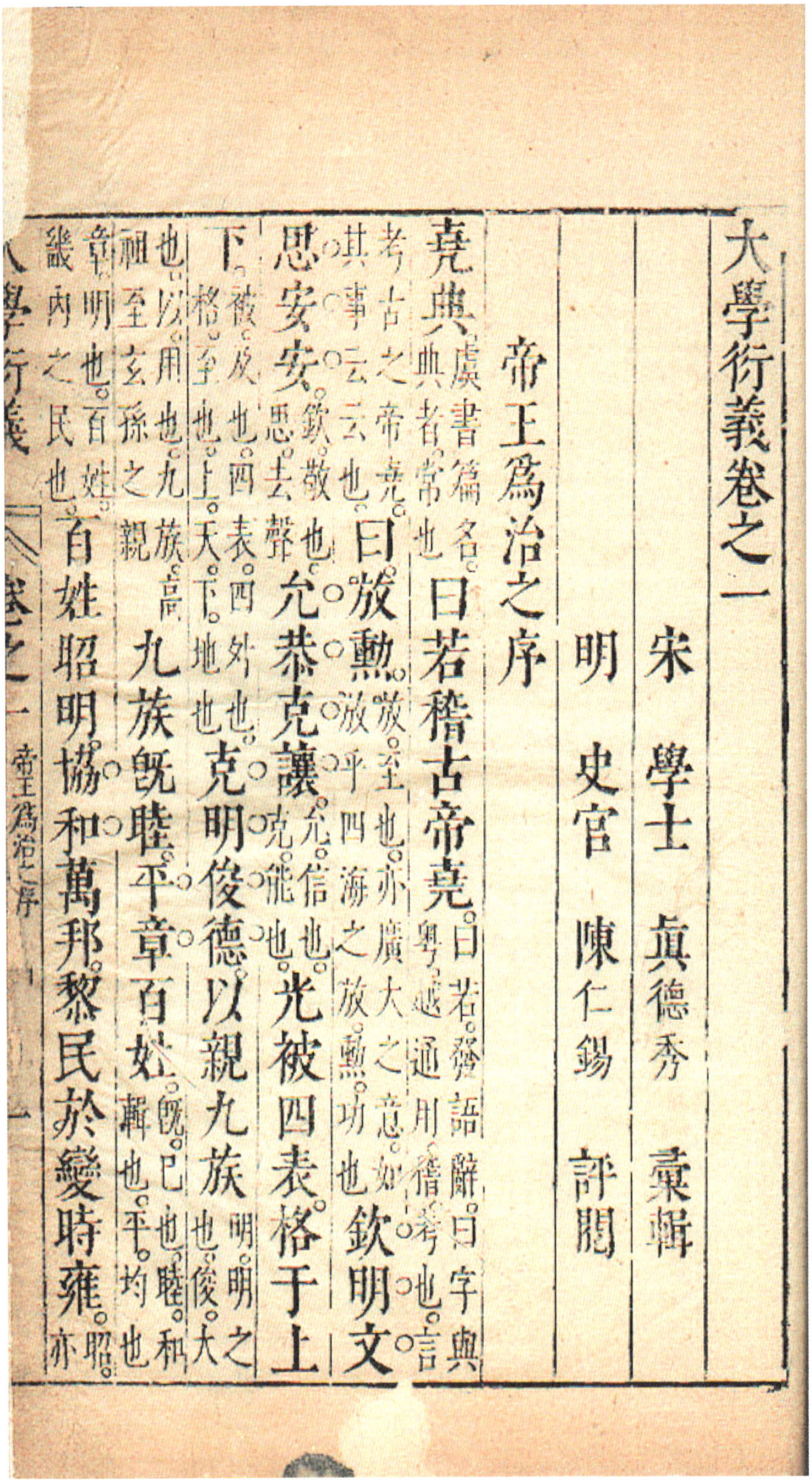
大學衍義卷之一
宋　學士　真德秀　彙輯
明　史官　陳仁錫　評閱
帝王爲治之序
堯典虞書篇名典者常也曰若稽古帝堯曰若發語辭曰字與粵越通用稽考也言考古之帝堯其事云云也曰放勳放至也亦廣大之意如放乎四海之放勳功也欽明文思安安欽敬也思去聲允恭克讓允信也克能也光被四表格于上下被及也四表四外也格至也上天下地也克明俊德以親九族明明之也俊大也以用也九族高祖至玄孫之親九族既睦平章百姓既已也睦和輯也平均也章明也百姓畿內之民也百姓昭明協和萬邦黎民於變時雍昭亦
大學衍義　卷之一　帝王爲治之序　一

20140　大學衍義四十三卷　（宋）真德秀撰　（明）陳仁錫評　明崇禎五年（1632）陳仁錫刻本　瀋陽市圖書館

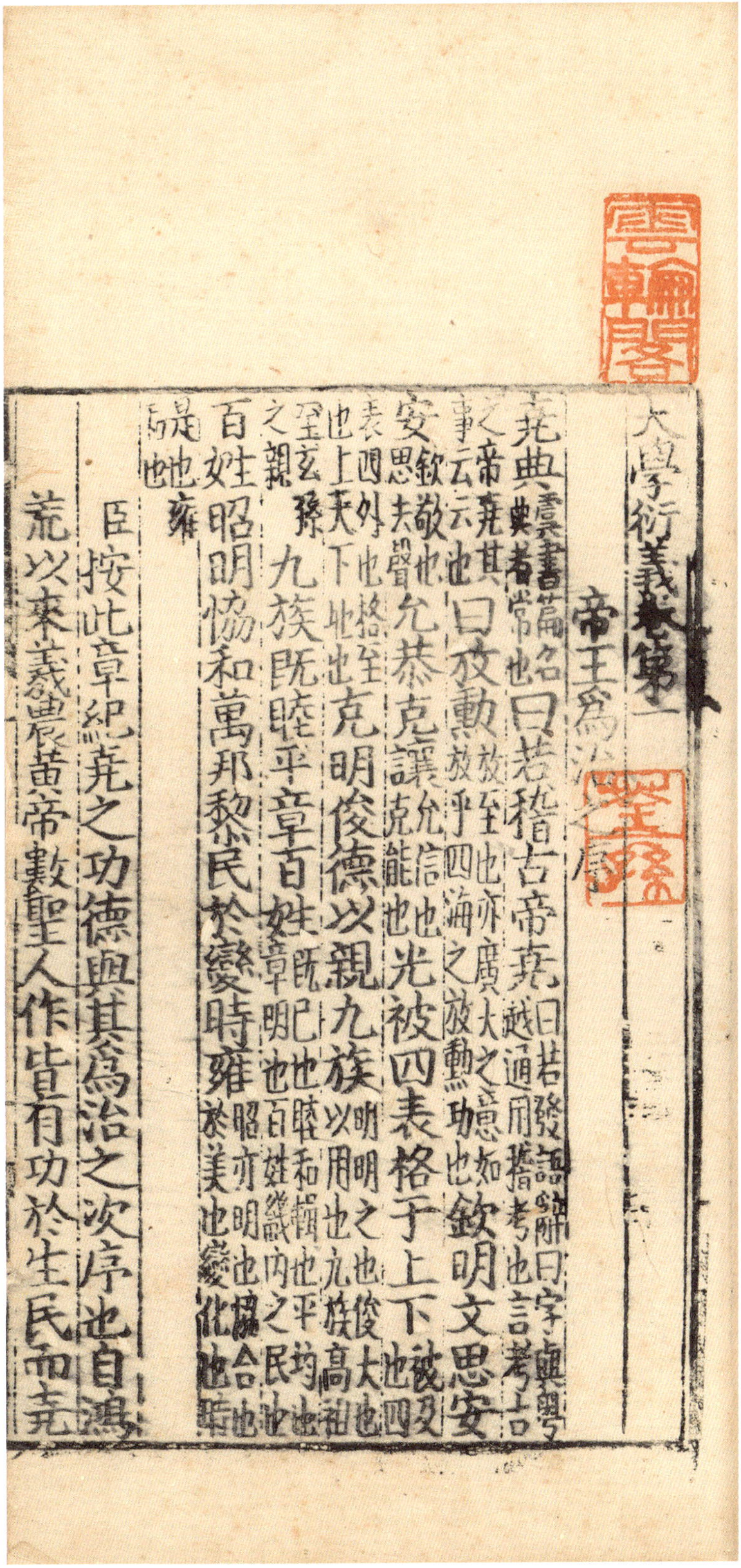
大學衍義卷第一
帝王爲治之序
堯典[虞書篇名典者常也]曰若稽古帝堯[曰若發語辭曰字與粤越通用稽考也言考古
之帝堯其事云云也]曰放勳[放至也亦廣大之意如放乎四海之放勳功也]欽明文思安
安[欽敬也思去聲]允恭克讓[允信也克能也]光被四表格于上下[被及也四
表四外也格至也上天下地也]克明俊德以親九族[明明之也俊大也以用也九族高祖
至玄孫之親]九族既睦平章百姓[既已也睦和輯也平均也章明也百姓畿内之民也]
百姓昭明協和萬邦黎民於變時雍[昭亦明也協合也於美也變化也時
是也雍和也]
臣按此章紀堯之功德與其爲治之次序也自鴻
荒以來羲農黃帝數聖人作皆有功於生民而堯

20141 大學衍義四十三卷 （宋）真德秀撰　明刻本　遼寧省圖書館

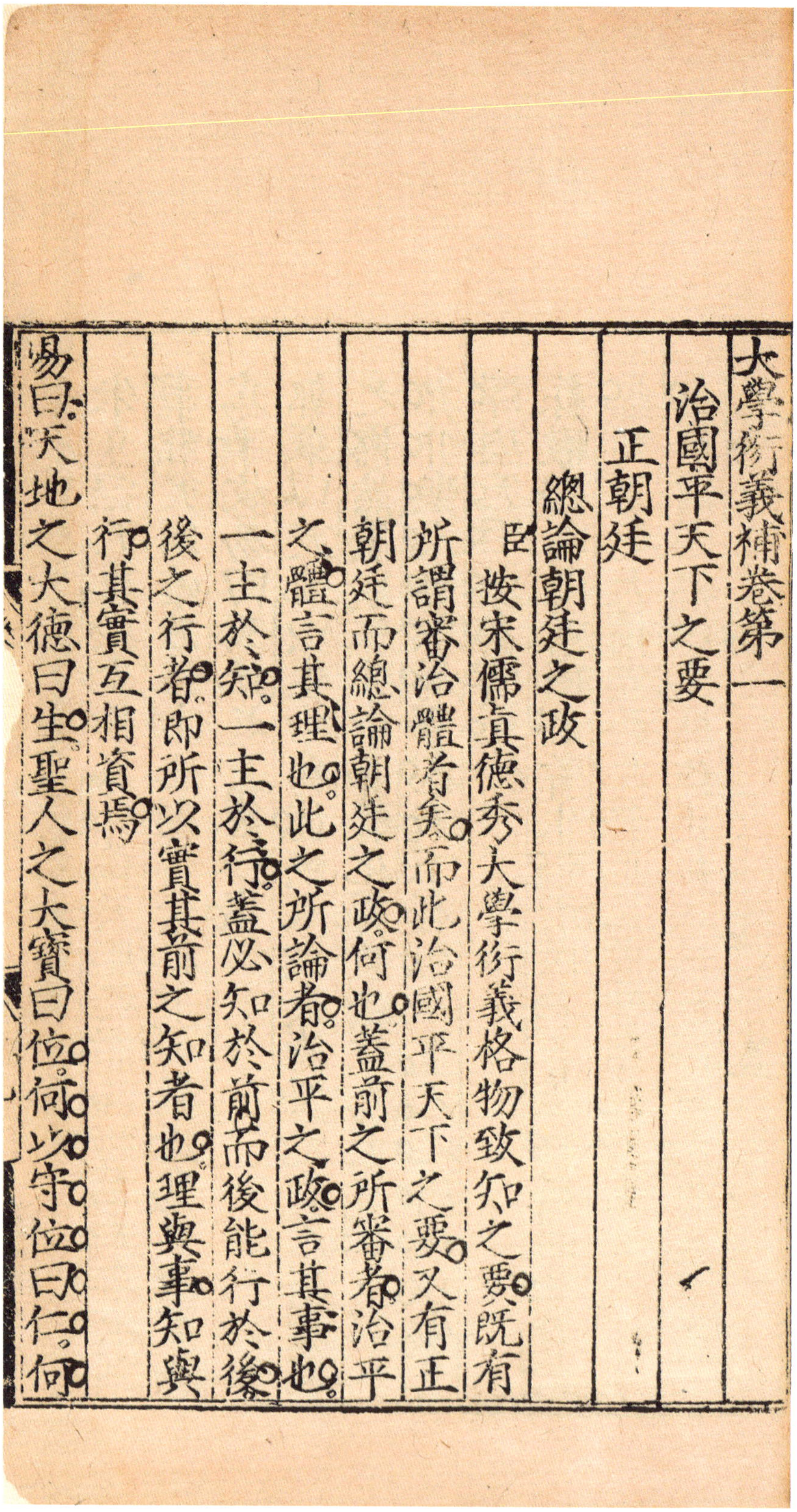
大學衍義補卷第一
治國平天下之要
正朝廷
總論朝廷之政
臣按宋儒真德秀大學衍義格物致知之要既有所謂審治體者矣而此治國平天下之要又有正朝廷而總論朝廷之政何也蓋前之所審者治平之體言其理也此之所論者治平之政言其事也一主於知一主於行蓋必知於前而後能行於後後之行者即所以實其前之知者也理與事知與行其實互相資焉
易曰天地之大德曰生聖人之大寶曰位何以守位曰仁何

20142　大學衍義補一百六十卷首一卷　（明）丘濬撰　明刻本　遼寧省圖書館

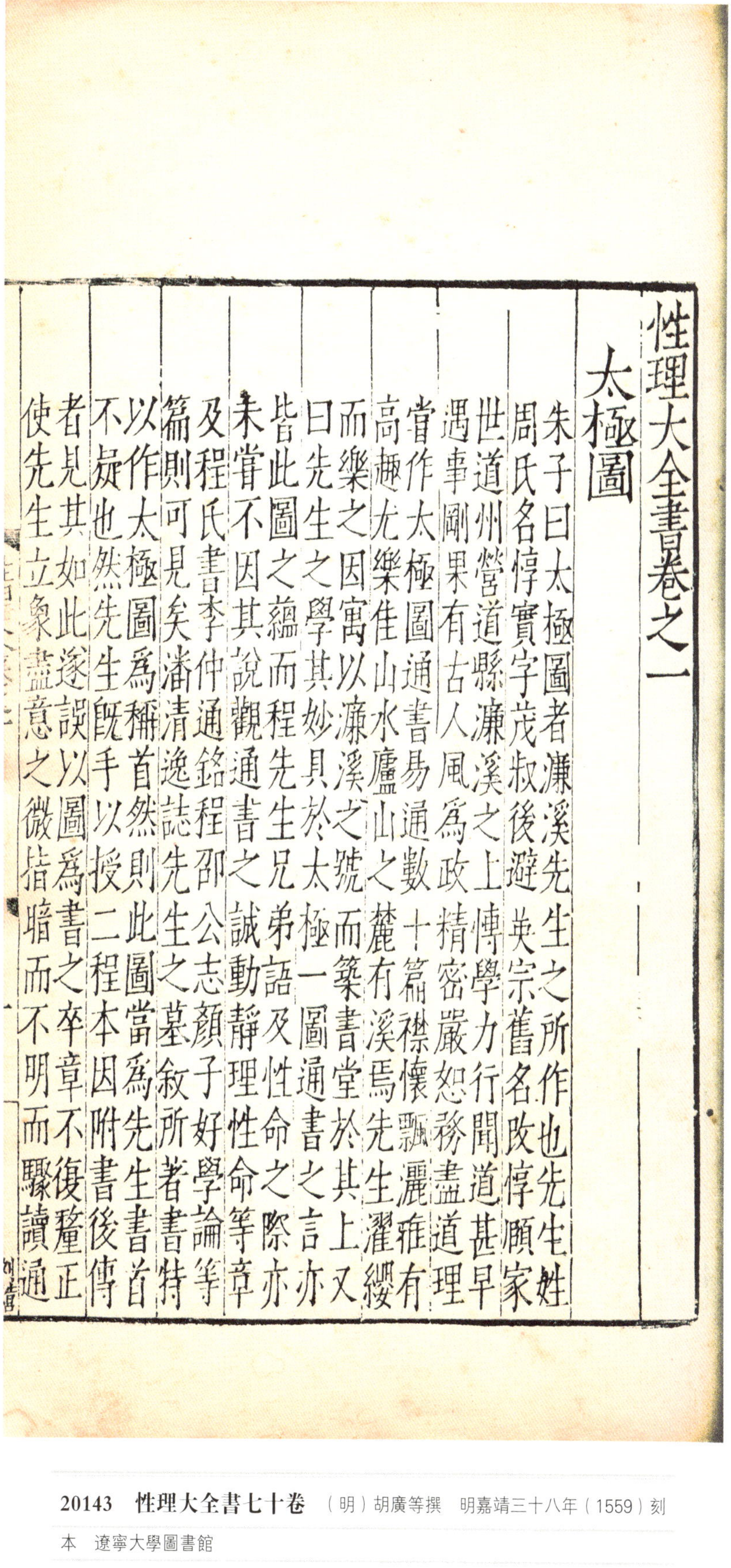
性理大全書卷之一
太極圖
朱子曰太極圖者濂溪先生之所作也先生姓
周氏名惇實字茂叔後避英宗舊名改惇頤家
世道州營道縣濂溪之上傳學力行聞道甚早
遇事剛果有古人風爲政精密嚴恕務盡道理
嘗作太極圖通書易通數十篇襟懷飄灑雅有
高趣尤樂佳山水廬山之麓有溪焉先生濯纓
而樂之因寓以濂溪之號而築書堂於其上又
曰先生之學其妙具於太極一圖通書之言亦
皆此圖之蘊而程先生兄弟語及性命之際亦
未嘗不因其說觀通書之誠動靜理性命等章
及程氏書李仲通銘程邵公志顏子好學論等
篇則可見矣潘清逸誌先生之墓敘所著書特
以作太極圖爲稱首然則此圖當爲先生書首
不疑也然先生既手以授二程本因附書後傳
者見其如此遂誤以圖爲書之卒章不復釐正
使先生立象盡意之微旨暗而不明而驟讀通

20143　性理大全書七十卷　（明）胡廣等撰　明嘉靖三十八年（1559）刻本　遼寧大學圖書館

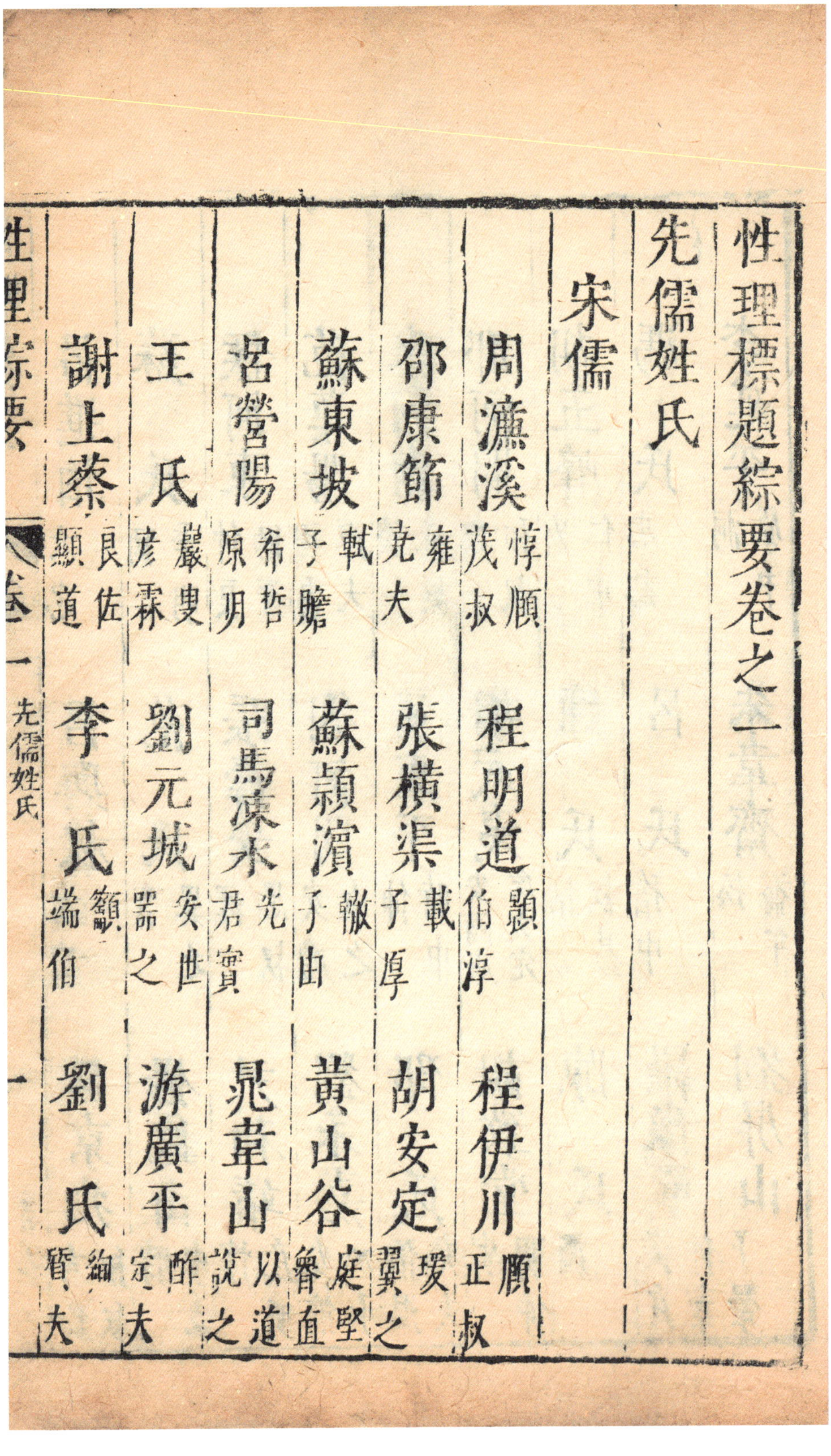
性理標題綜要卷之一
先儒姓氏
宋儒
周濂溪 惇頤 茂叔　程明道 顥 伯淳　程伊川 頤 正叔
邵康節 雍 堯夫　張橫渠 載 子厚　胡安定 瑗 翼之
蘇東坡 軾 子瞻　蘇潁濱 轍 子由　黃山谷 庭堅 魯直
呂滎陽 希哲 原明　司馬涑水 光 君實　晁韋山 以道 說之
王 氏 巖叟 彥霖　劉元城 安世 器之　游廣平 酢 定夫
謝上蔡 良佐 顯道　李 氏 顥 端伯　劉 氏 絢 質夫
性理綜要 卷一 先儒姓氏 一

20144　性理標題綜要二十二卷　（明）詹淮纂輯　（明）陳仁錫訂正　明崇禎刻翼聖堂印本　瀋陽市圖書館

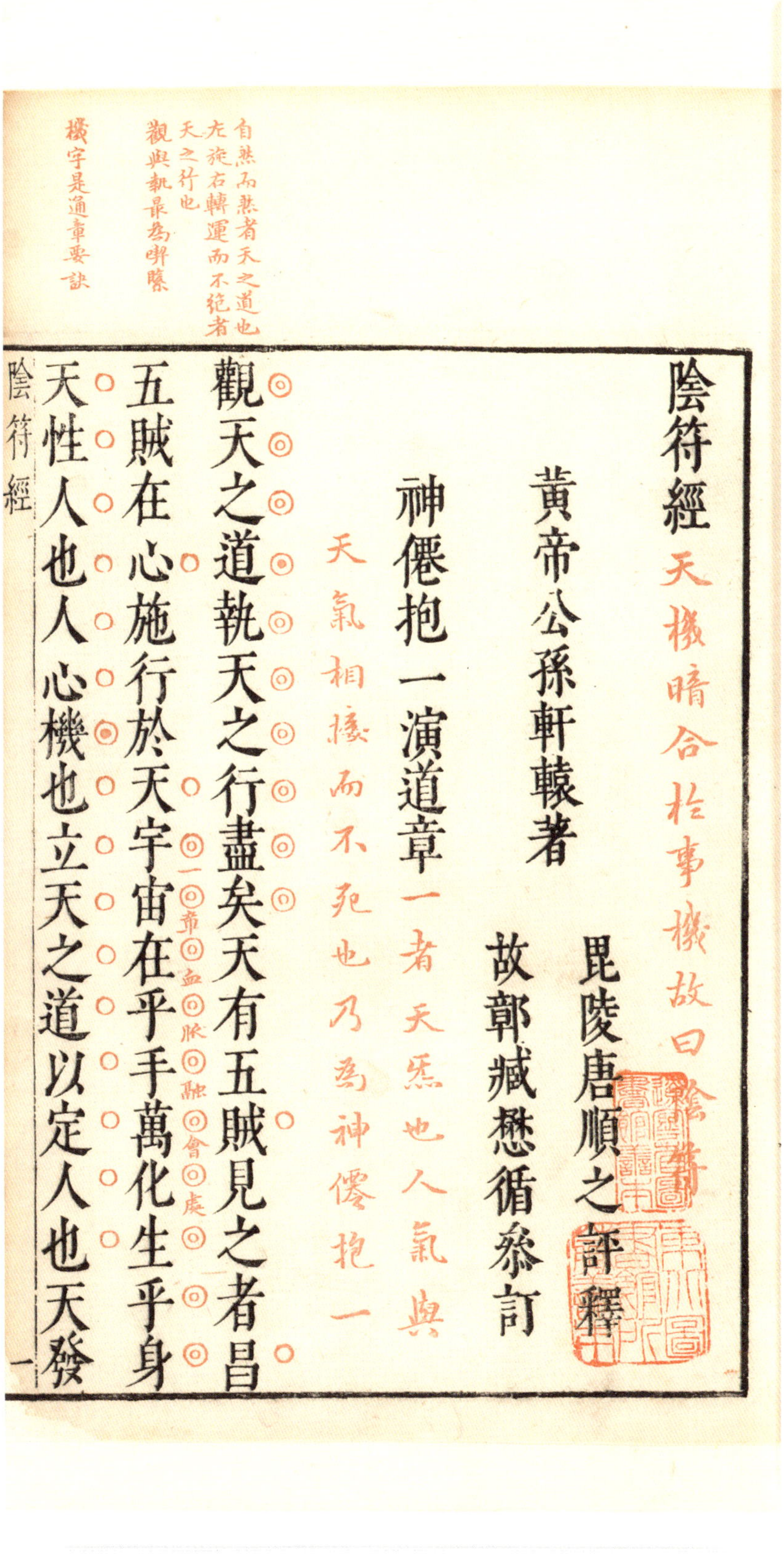

20145 兵垣四編四卷附四種四卷 （明）閔聲编 明天啓元年（1621）閔氏刻朱墨套印本 遼寧省圖書館

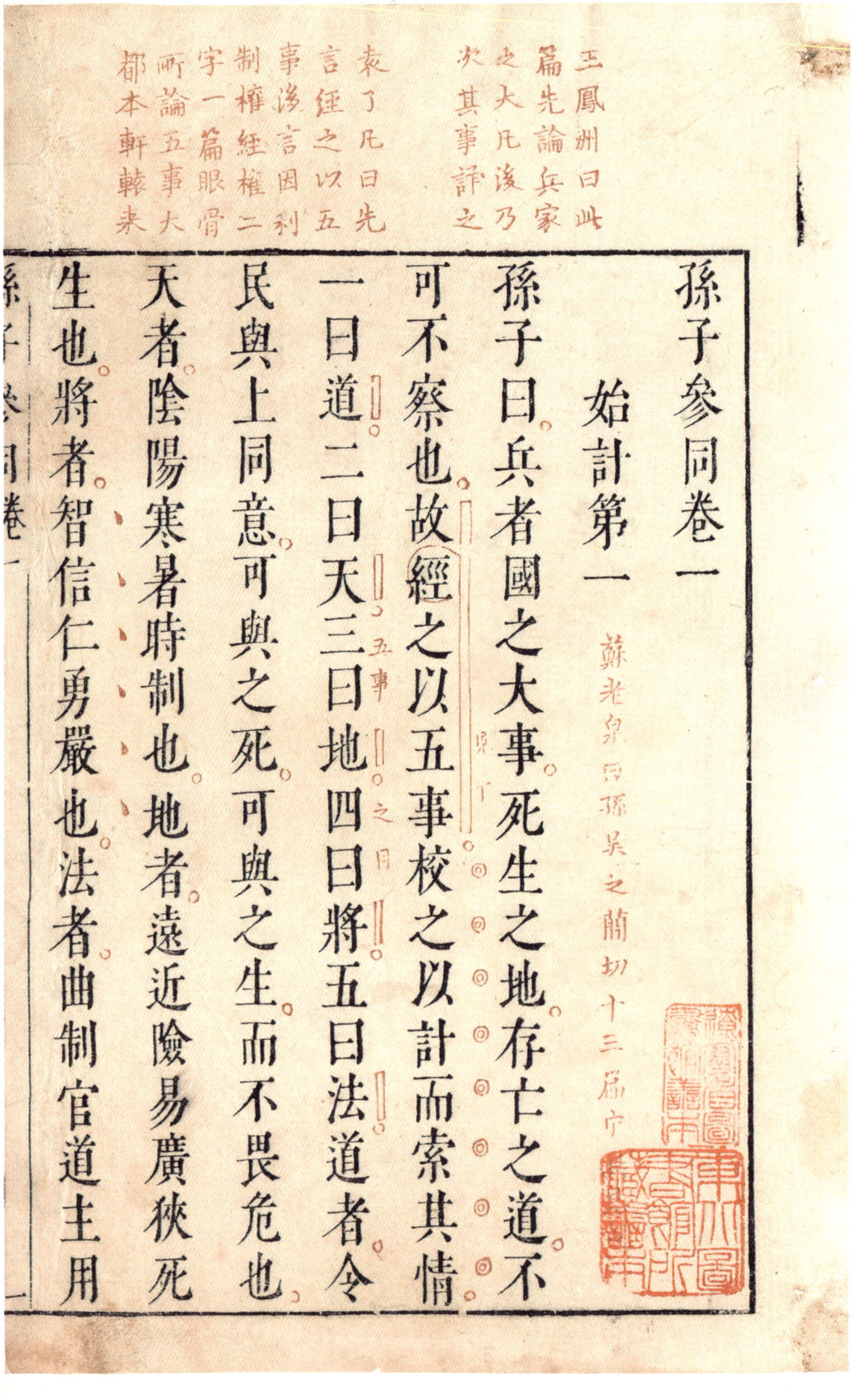

王鳳洲曰此篇先論兵家之大凡後乃次其事詳之

袁了凡曰先言經之以五事後言因利制權經權二字一篇眼骨所論五事大都本軒轅來

孫子參同卷一

始計第一　蘇老泉曰孫吳之簡切十三篇

孫子曰兵者國之大事死生之地存亡之道不可不察也故經之以五事校之以計而索其情一曰道二曰天三曰地四曰將五曰法道者令民與上同意可與之死可與之生而不畏危也天者陰陽寒暑時制也地者遠近險易廣狹死生也將者智信仁勇嚴也法者曲制官道主用

孫子參同卷一

20146　孫子參同五卷　（明）閔于忱輯　明萬曆四十八年（1620）閔于忱松筠館刻朱墨套印本　遼寧省圖書館

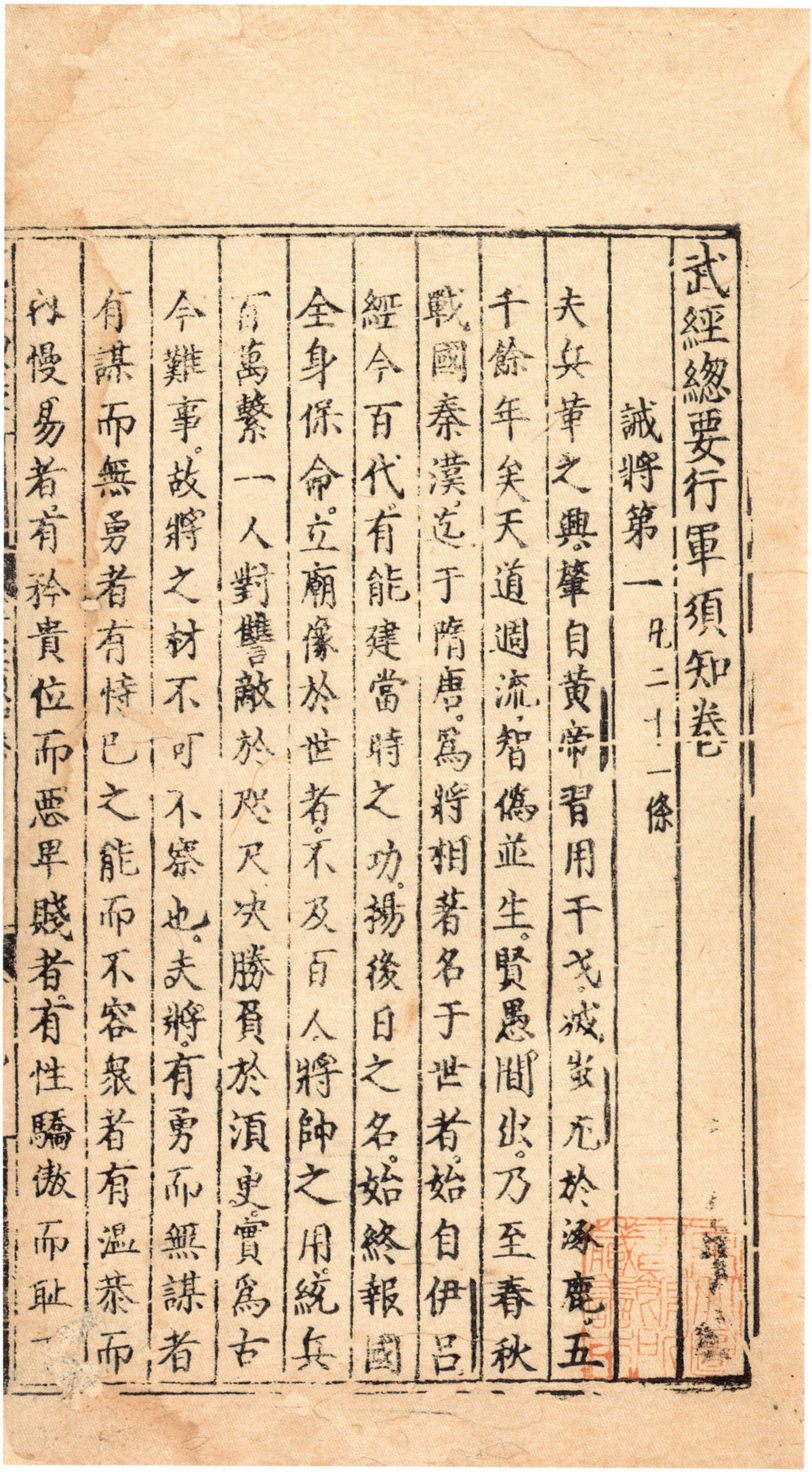
武經總要行軍須知卷上
誠將第一 凡二十一條
夫兵革之興肇自黃帝習用干戈滅蚩尤於涿鹿五千餘年矣天道迴流智偽並生賢愚間出乃至春秋戰國秦漢迄于隋唐為將相著名于世者始自伊呂經今百代有能建當時之功揚後日之名始終報國全身保命立廟像於世者不及百人將帥之用統兵有萬繫一人對讐敵於咫尺決勝負於須臾實為古今難事故將之材不可不察也夫將有勇而無謀者有謀而無勇者有恃己之能而不容衆者有溫恭而狎慢易者有矜貴位而惡卑賤者有性驕傲而恥一

20147　武經總要前集二十二卷後集二十一卷　（宋）曾公亮　丁度等撰　**行軍須知二卷百戰奇法二卷**　明弘治十七年（1504）李贊刻本　遼寧省圖書館

存三十四卷（前集四至九、十八至二十二，後集三至二十一，行軍須知二卷，百戰奇法二卷）

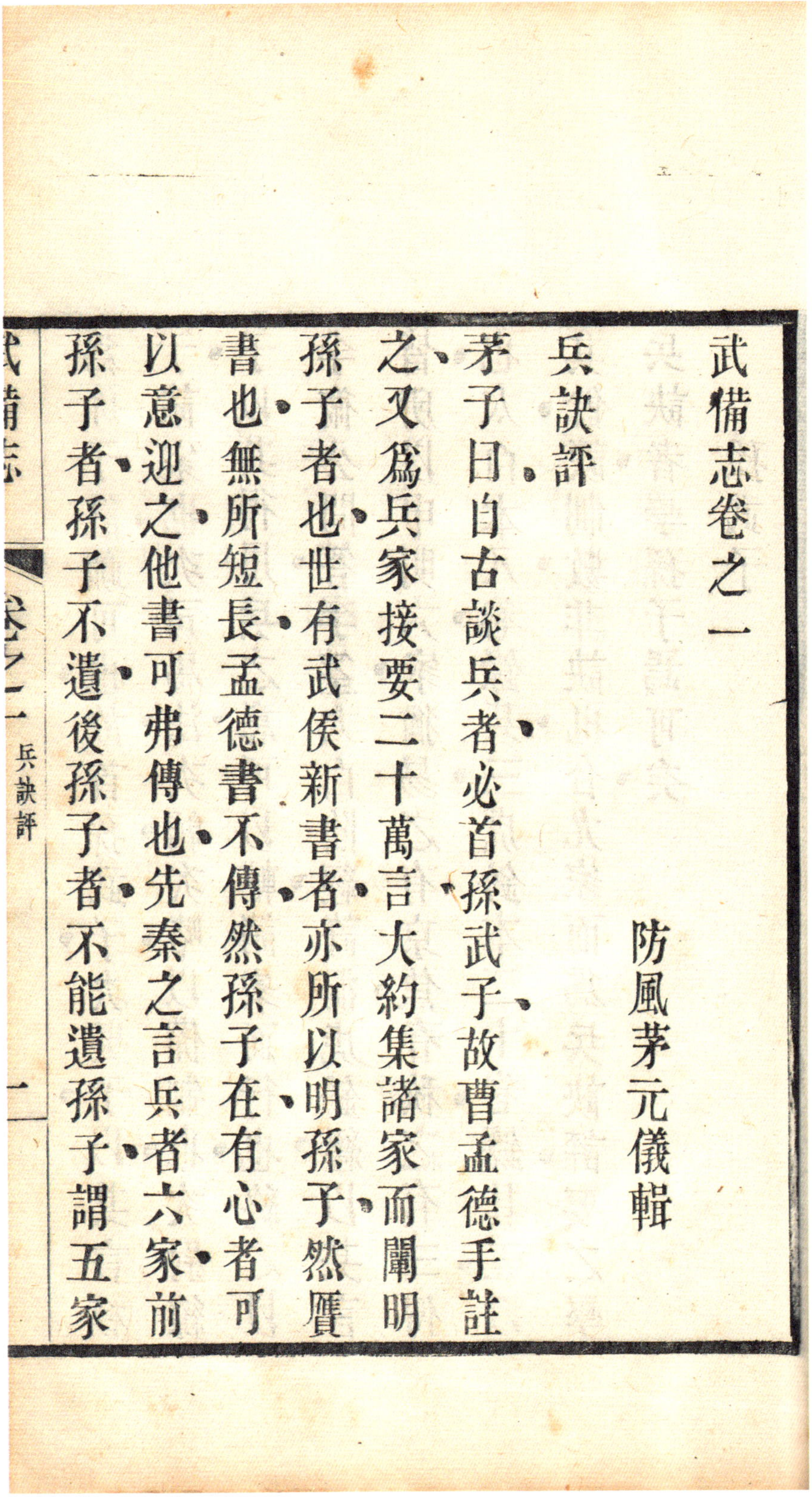
武備志卷之一

兵訣評　　防風茅元儀輯

茅子曰自古談兵者必首孫武子故曹孟德手註之又爲兵家接要二十萬言大約集諸家而闡明孫子者也世有武侯新書者亦所以明孫子然贋書也無所短長孟德書不傳然孫子在有心者可以意迎之他書可弗傳也先秦之言兵者六家前孫子者孫子不遺後孫子者不能遺孫子謂五家

武備志　卷之一　兵訣評　一

20148　武備志二百四十卷　（明）茅元儀輯　明天啓元年（1621）刻本

大連圖書館

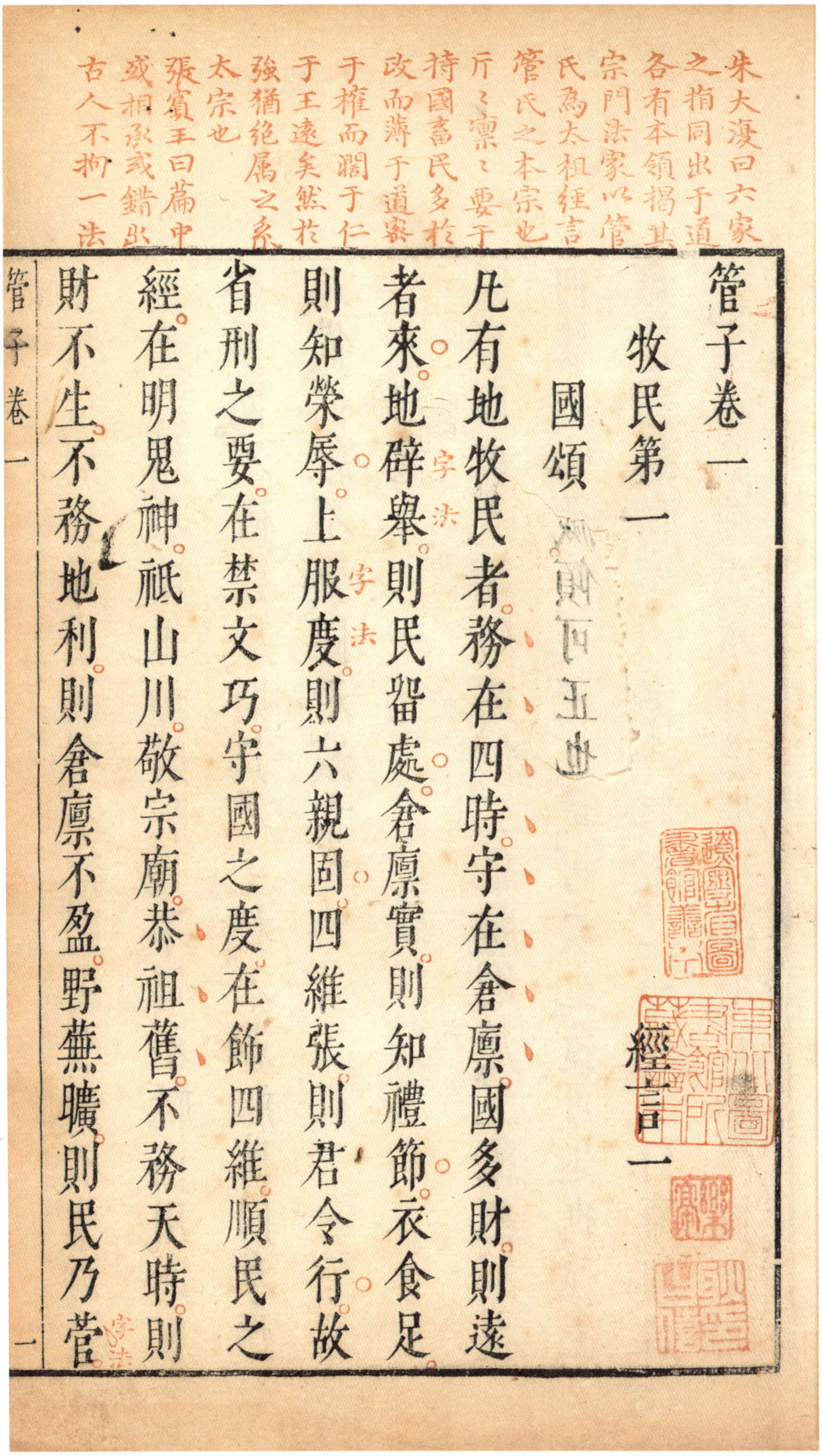
朱大復曰六家之指同出于道各有本領揭其宗門法家以管氏為太祖經言管氏之本宗也斤斤凛凛要于持國畜民多於政而薄于道德于權而潤于仁于王遠矣然於強猶絶屬之系太宗也
張賓王曰篇中或相承或錯出古人不拘一法
管子卷一
牧民第一
國頌
經言一
凡有地牧民者務在四時守在倉廩國多財則遠者來地辟舉則民留處倉廩實則知禮節衣食足則知榮辱上服度則六親固四維張則君令行故省刑之要在禁文巧守國之度在飾四維順民之經在明鬼神祇山川敬宗廟恭祖舊不務天時則財不生不務地利則倉廩不盈野蕪曠則民乃菅
管子卷一 一

20149 管子二十四卷 （明）凌汝亨集評 明萬曆四十八年（1620）凌汝亨刻朱墨套印本 遼寧省圖書館

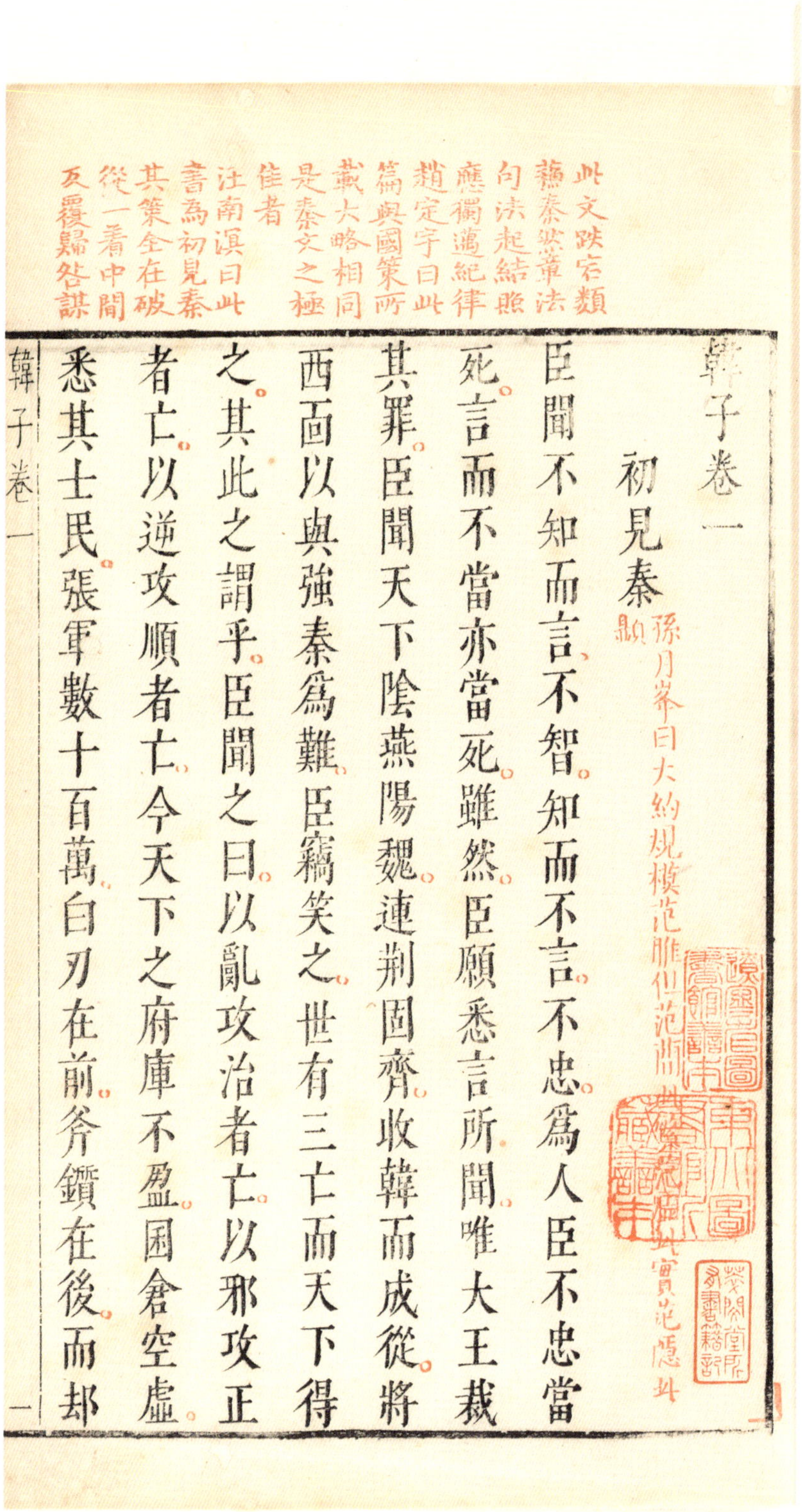

此文跌宕類蘇秦然筆法句法起結照應獨邁絕律
趙定宇曰此篇與國策所載大略相同是秦文之極佳者
汪南溟曰此書爲初見秦其策全在破從一着中間反覆歸咎謀

韓子卷一

初見秦

孫月峯曰大約規模范雎但范淵

臣聞不知而言不智知而不言不忠爲人臣不忠當死言而不當亦當死雖然臣願悉言所聞唯大王裁其罪臣聞天下陰燕陽魏連荆固齊收韓而成從將西面以與強秦爲難臣竊笑之世有三亡而天下得之其此之謂乎臣聞之曰以亂攻治者亡以邪攻正者亡以逆攻順者亡今天下之府庫不盈囷倉空虛悉其士民張軍數十百萬白刃在前斧鑕在後而却

韓子卷一　一

20150　韓子迂評二十卷　題（明）門無子撰　明凌氏刻朱墨套印本　遼寧省圖書館

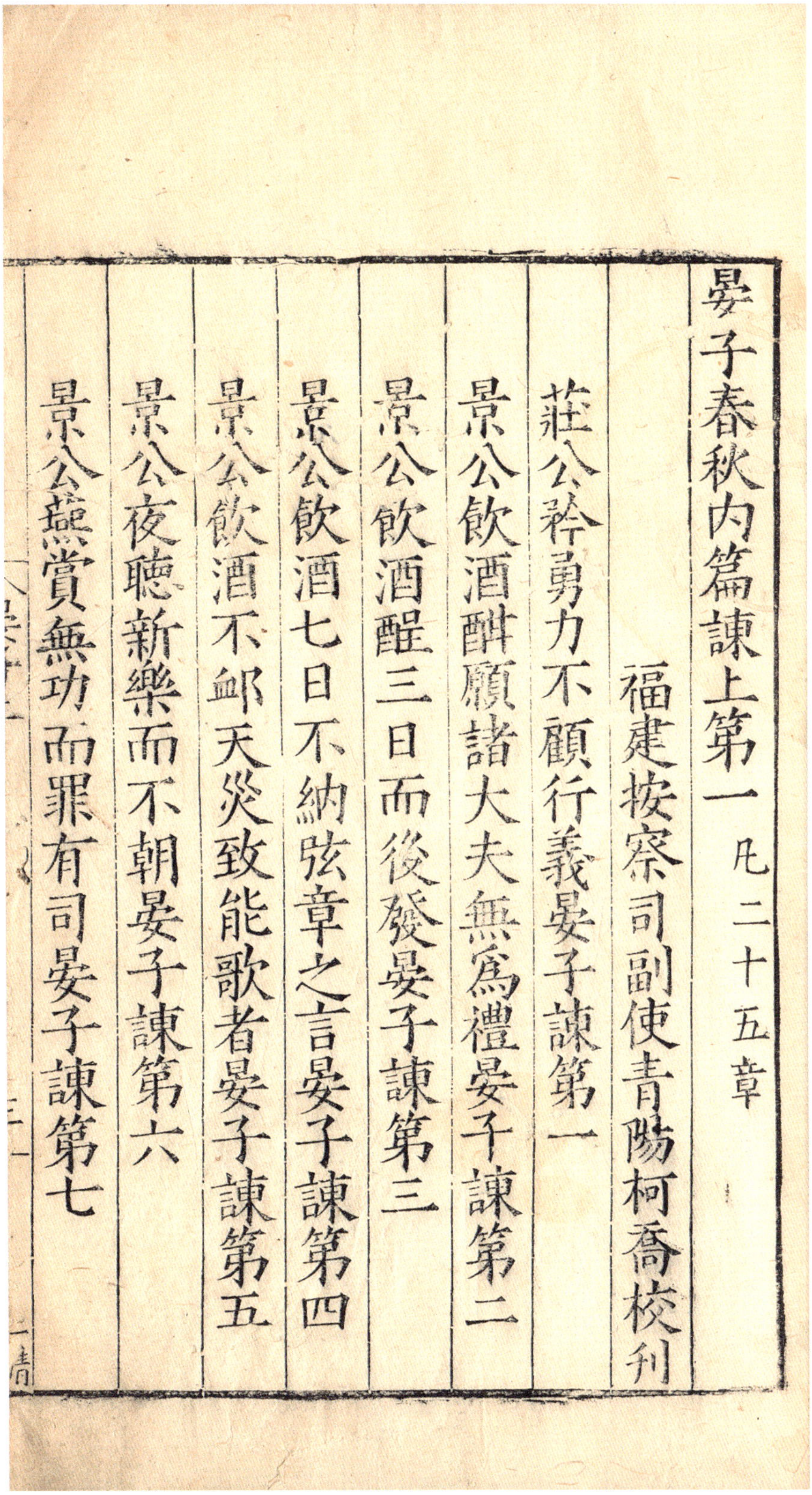

晏子春秋内篇諫上第一　凡二十五章
福建按察司副使青陽柯喬校刊
莊公矜勇力不顧行義晏子諫第一
景公飲酒酣願諸大夫無爲禮晏子諫第二
景公飲酒醒三日而後發晏子諫第三
景公飲酒七日不納弦章之言晏子諫第四
景公飲酒不卹天災致能歌者晏子諫第五
景公夜聽新樂而不朝晏子諫第六
景公燕賞無功而罪有司晏子諫第七

20151　晏子春秋内篇二卷　（春秋）晏嬰撰　明嘉靖福建按察司刻本（序爲抄補）　大連圖書館

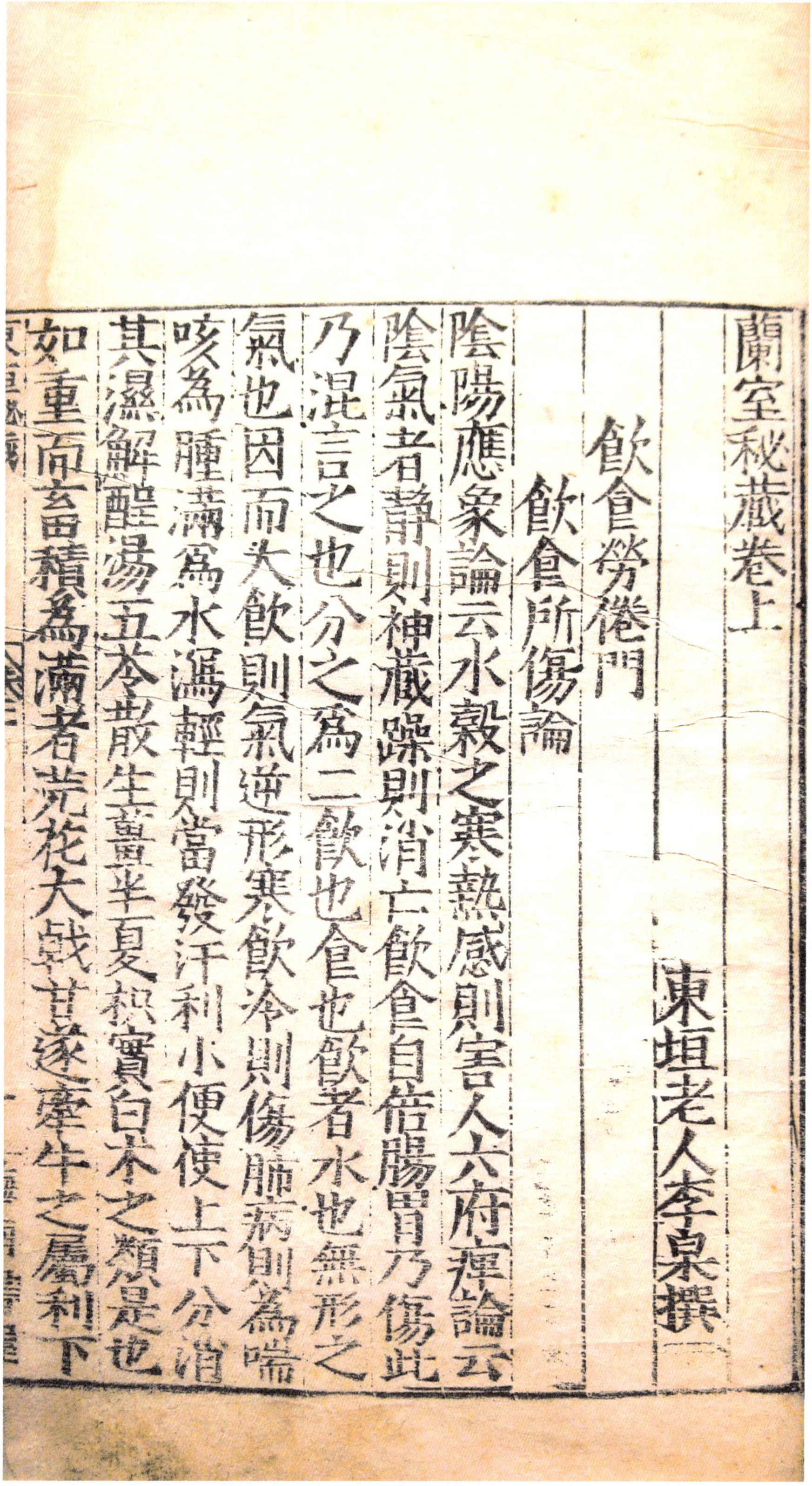
蘭室秘藏卷上
東垣老人李杲撰
飲食勞倦門
飲食所傷論
陰陽應象論云水穀之寒熱感則害人六府痺論云
陰氣者靜則神藏躁則消亡飲食自倍腸胃乃傷此
乃混言之也分之爲二飲也食也飲者水也無形之
氣也因而大飲則氣逆形寒飲冷則傷肺病則爲喘
咳爲腫滿爲水瀉輕則當發汗利小便使上下分消
其濕解醒湯五苓散生薑半夏枳實白朮之類是也
如重而蓄積爲滿者芫花大戟甘遂牽牛之屬利下

20152　蘭室秘藏三卷　（金）李杲撰　明嘉靖八年（1529）梅南書屋刻本

中國醫科大學圖書館

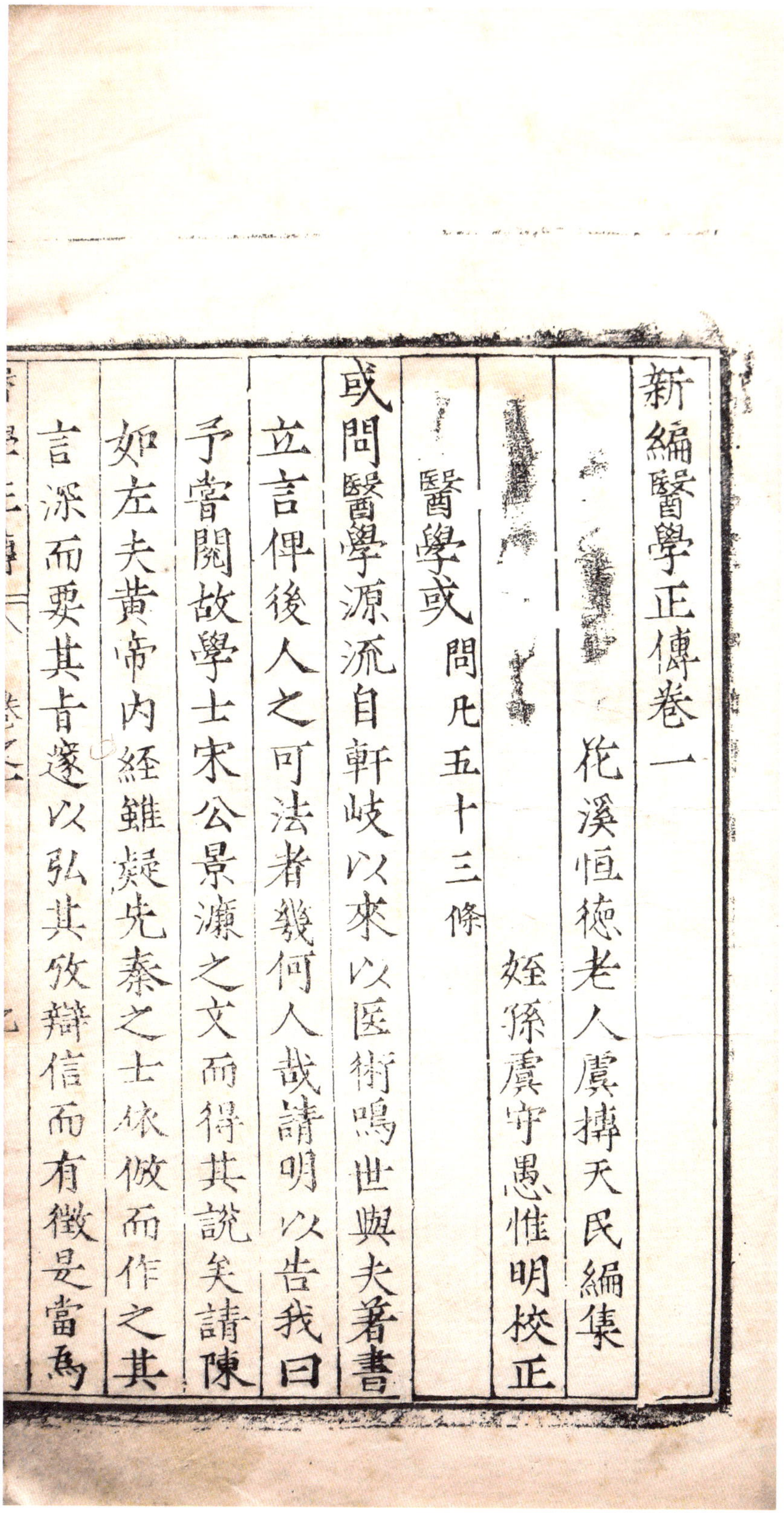
新編醫學正傳卷一
花溪恒德老人虞摶天民編集
姪孫虞守愚惟明校正
醫學或問凡五十三條
或問醫學源流自軒岐以來以醫術鳴世與夫著書
立言俾後人之可法者幾何人哉請明以告我曰
予嘗閱故學士宋公景濂之文而得其說矣請陳
如左夫黃帝內經雖疑先秦之士依倣而作之其
言深而要其旨邃以弘其攷辯信而有徵是當爲

20153　新編醫學正傳八卷　（明）虞摶集　（明）虞守愚校　明萬曆刻本

中國醫科大學圖書館

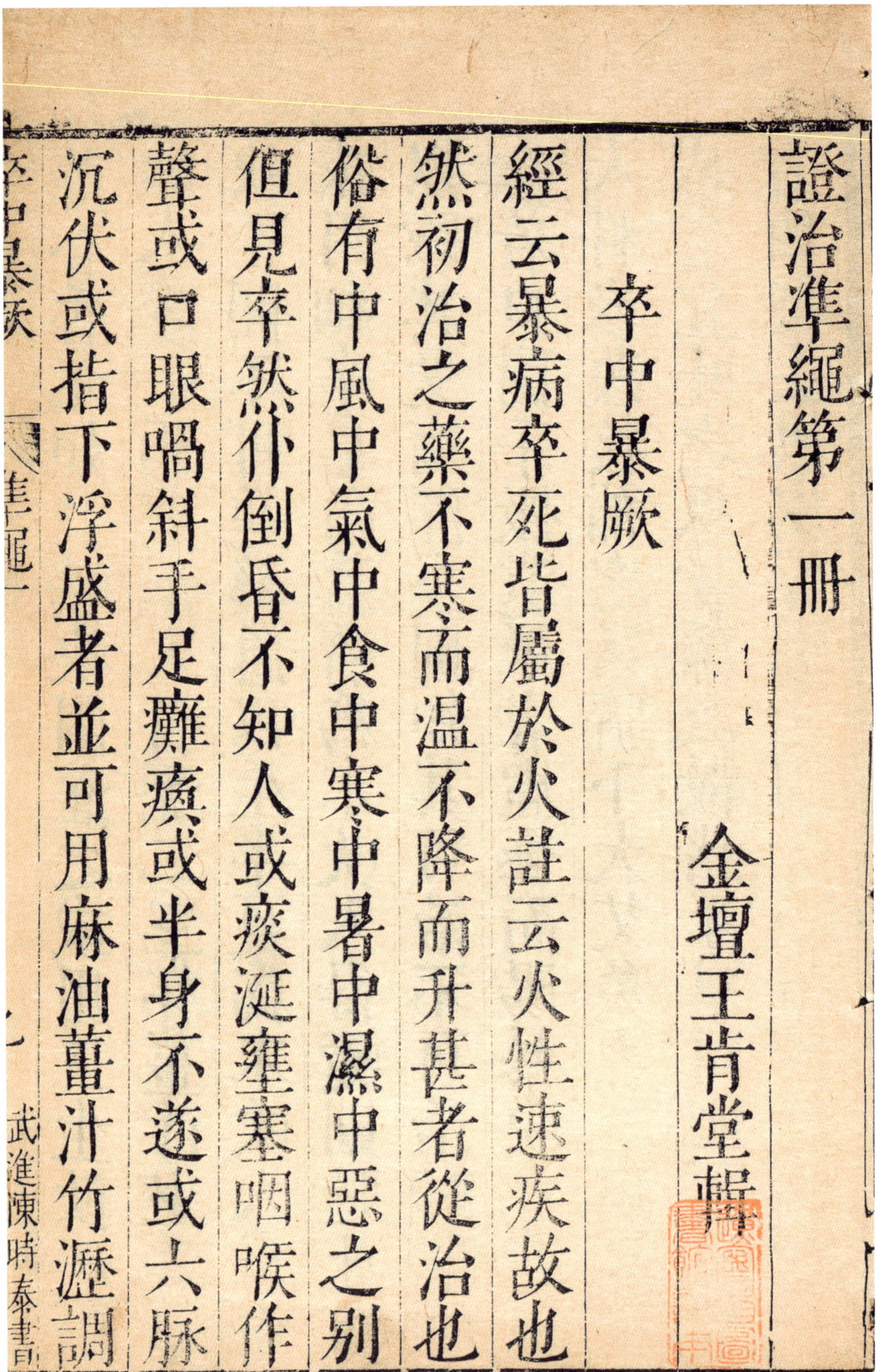

證治準繩第一冊

金壇王肯堂輯

卒中暴厥

經云暴病卒死皆屬於火註云火性速疾故也然初治之藥不寒而溫不降而升甚者從治也倘有中風中氣中食中寒中暑中濕中惡之別但見卒然仆倒昏不知人或痰涎壅塞咽喉作聲或口眼喎斜手足癱瘓或半身不遂或六脉沉伏或指下浮盛者並可用麻油薑汁竹瀝調

卒中暴厥　準繩一　武進陳時泰書

20154　證治準繩六種四十四卷　（明）王肯堂輯　明萬曆三十年至三十六年（1602–1608）刻本　遼寧省圖書館

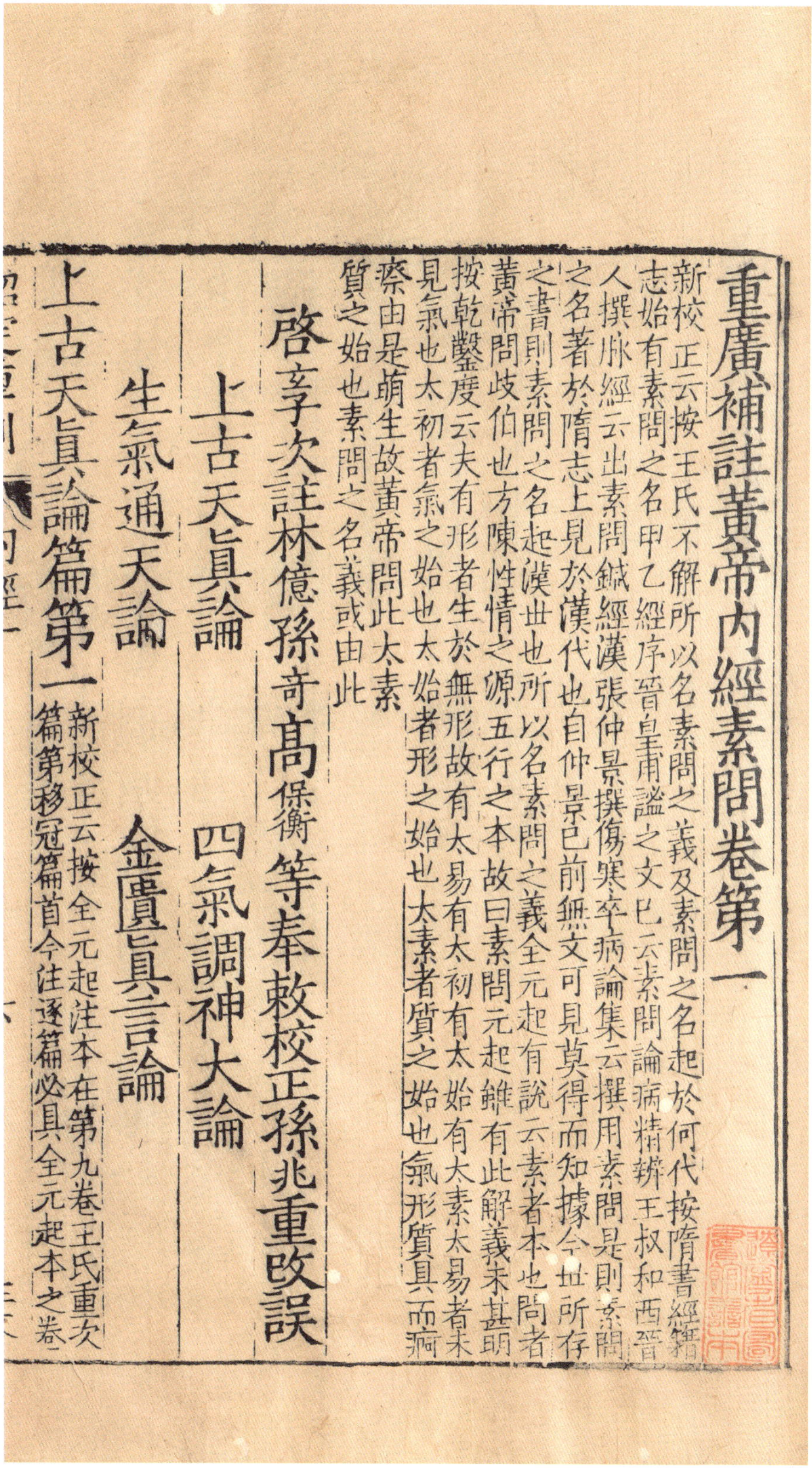
重廣補註黃帝内經素問卷第一
新校正云按王氏不解所以名素問之義及素問之名起於何代按隋書經籍志始有素問之名甲乙經序晉皇甫謐之文已云素問論病精辨王叔和西晉人撰脉經云出素問鍼經漢張仲景撰傷寒卒病論集云撰用素問是則素問之名著於隋志上見於漢代也自仲景已前無文可見莫得而知據今世所存之書則素問之名起漢世也所以名素問之義全元起有說云素者本也問者黃帝問岐伯也方陳性情之源五行之本故曰素問元起雖有此解義未甚明按乾鑿度云夫有形者生於無形故有太易有太初有太始有太素太易者未見氣也太初者氣之始也太始者形之始也太素者質之始也氣形質具而痾瘵由是萌生故黃帝問此太素質之始也素問之名義或由此
啓玄子次註林億孫奇高保衡等奉敕校正孫兆重改誤
上古天真論　四氣調神大論
生氣通天論　金匱真言論
上古天真論篇第一 新校正云按全元起注本在第九卷王氏重次篇第移冠篇首今注逐篇必具全元起本之卷

20155　重廣補註黃帝内經素問二十四卷　（唐）王冰注　（宋）林億等校正　（宋）孫兆改誤　明嘉靖二十九年（1550）顧從德刻本　遼寧省圖書館

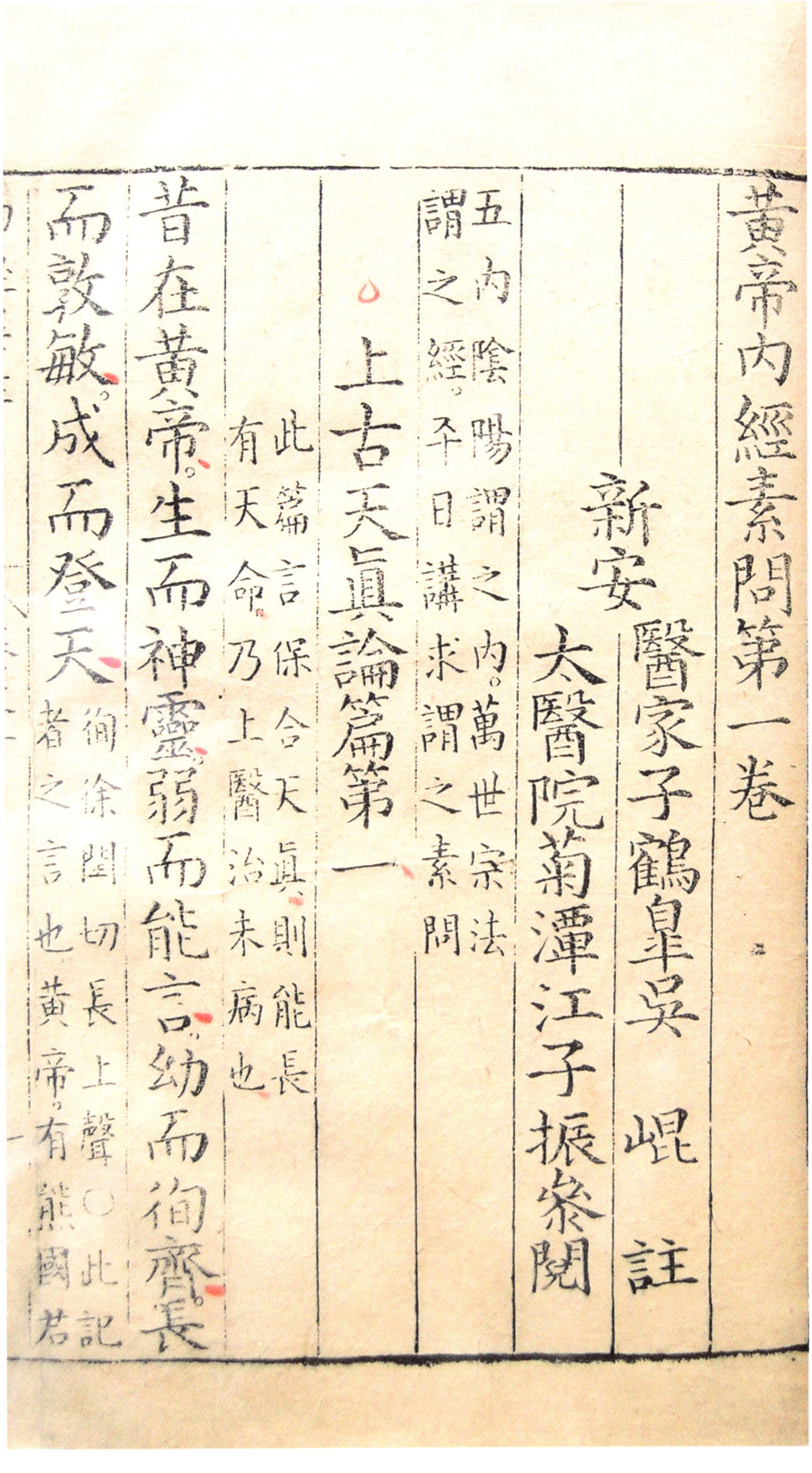
黄帝内經素問第一卷
新安 醫家子鶴皐吴 崐 註
太醫院菊潭江子振 參閱
五内陰陽謂之内。萬世宗法謂之經。平日講求謂之素問
上古天眞論篇第一
此篇言保合天眞則能長有天命乃上醫治未病也
昔在黄帝。生而神靈。弱而能言。幼而徇齊。長
而敦敏。成而登天。徇徐閏切長上聲○此記者之言也。黄帝。有熊國君

20156　黄帝内經素問二十四卷　（明）吴昆注　明萬曆三十七年（1609）刻本　中國醫科大學圖書館

存五種三十六卷（證治準繩八卷、雜病證治類方八卷、瘍醫準繩六卷、幼科證治準繩九卷、女科證治準繩五卷）

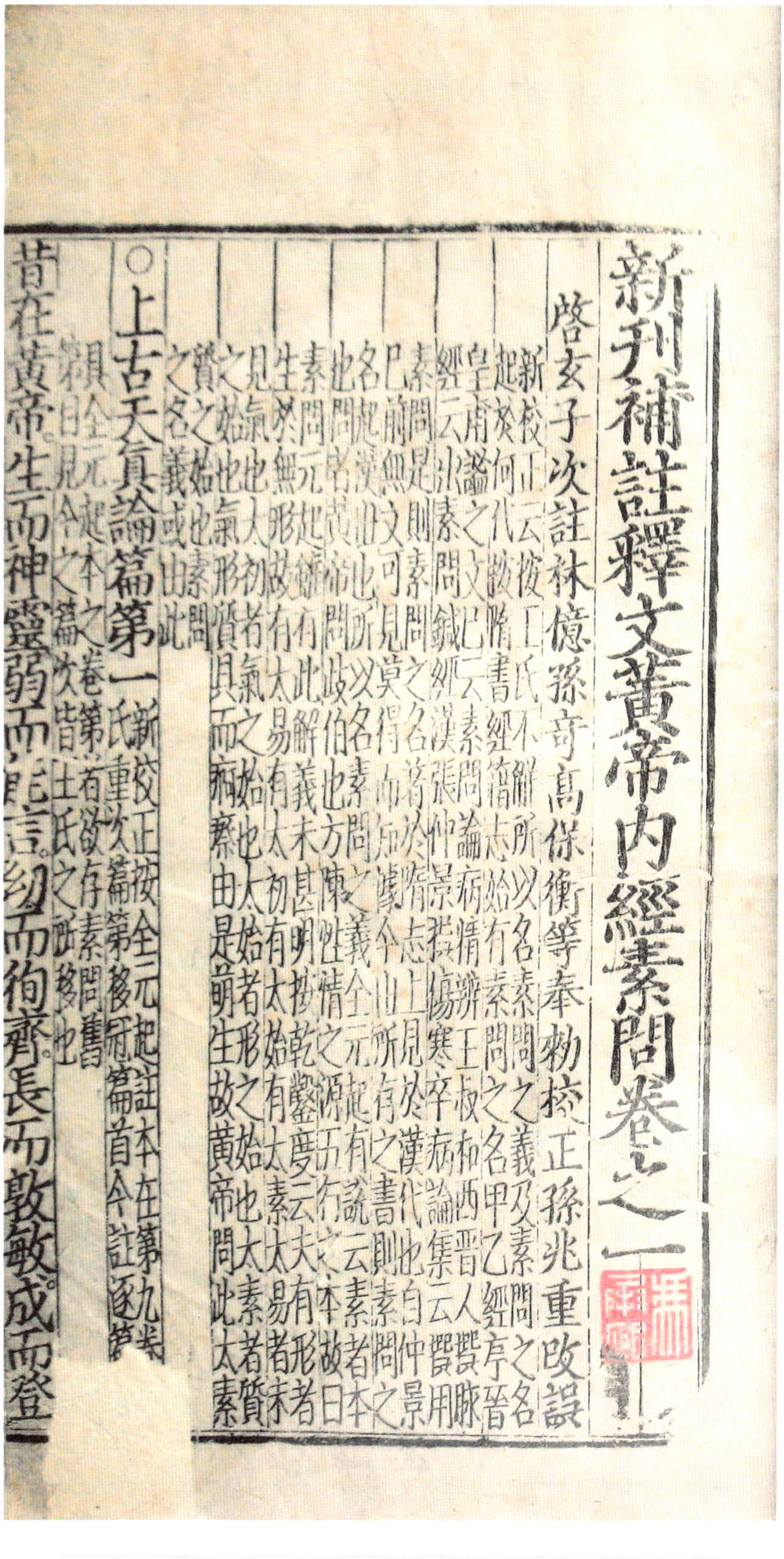
新刊補註釋文黄帝内經素問卷之一
啓玄子次註林億孫奇高保衡等奉勑校正孫兆重改誤
新校正云按王氏不解所以名素問之義及素問之名起於何代按隋書經籍志始有素問之名甲乙經序晉皇甫謐之文已云素問論病精辨王叔和西晉人撰脉經云出素問鍼經漢張仲景撰傷寒卒病論集云撰用素問是則素問之名著於隋志上見於漢代也自仲景已前無文可見莫得而知據今世所存之書則素問之名起漢世也所以名素問之義全元起有說云素者本也問者黄帝問岐伯也方陳性情之源五行之本故曰素問元起雖有此解義未甚明按乾鑿度云夫有形者生於無形故有太易有太初有太始有太素太易者未見氣也太初者氣之始也太始者形之始也太素者質之始也氣形質具而痾瘵由是萌生故黄帝問此太素質之始也素問之名義或由此
○上古天真論篇第一 新校正按全元起註本在第九卷王氏重次篇第移冠篇首今註逐篇必具全元起本之卷第者欲存素問舊第目見今之篇次皆王氏之所移也
昔在黄帝生而神靈弱而能言幼而徇齊長而敦敏成而登

20157　新刊補註釋文黄帝内經素問十二卷　（唐）王冰注　（宋）林億等校正　（宋）孫兆改誤　**新刊黄帝内經靈樞十二卷黄帝内經素問遺篇一卷　新刊素問入式運氣論奥三卷**　（宋）劉溫舒撰　**素問運氣圖括定局立成一卷黄帝内經素問靈樞運氣音釋補遺一卷**　（明）熊宗立輯　明刻本　中國醫科大學圖書館

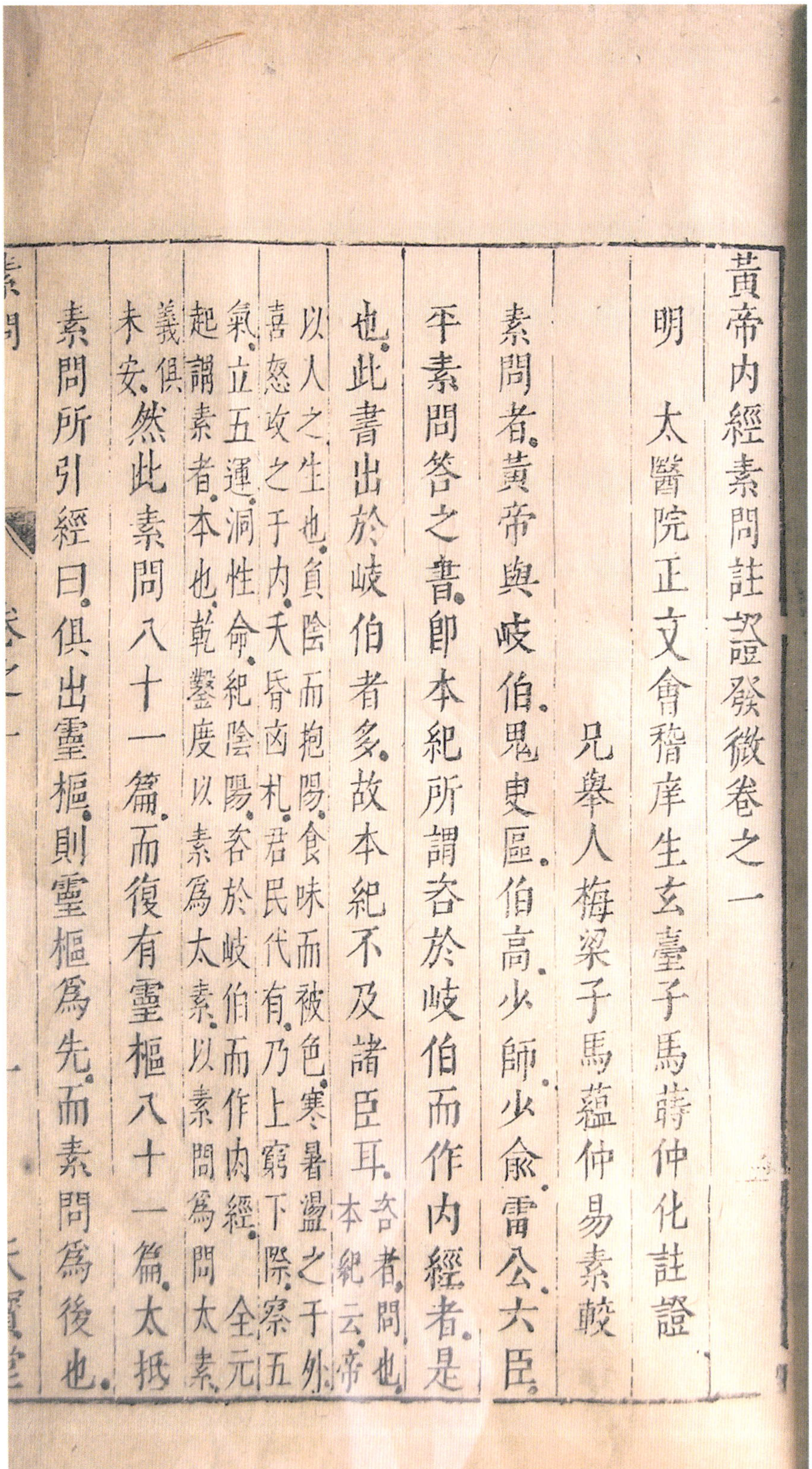
黃帝内經素問註證發微卷之一
明　太醫院正文會稽庠生玄臺子馬蒔仲化註證
兄舉人梅粱子馬蘊仲易素較
素問者黃帝與岐伯鬼臾區伯高少師少俞雷公六臣
平素問答之書即本紀所謂咨於岐伯而作内經者是
也此書出於岐伯者多故本紀不及諸臣耳咨者問也本紀云帝
以人之生也負陰而抱陽食味而被色寒暑盪之于外
喜怒攻之于内夭昏凶札君民代有乃上窮下際察五
氣立五運洞性命紀陰陽咨於岐伯而作内經全元
起謂素者本也乾鑿度以素爲太素以素問爲問太素
義俱未安然此素問八十一篇而復有靈樞八十一篇太抵
素問所引經曰俱出靈樞則靈樞爲先而素問爲後也

20158　黃帝内經素問註證發微九卷補遺一卷黃帝内經靈樞註證發微九卷　（明）馬蒔撰　明萬曆十四年（1586）王元敬天寶堂刻本　中國醫科大學圖書館

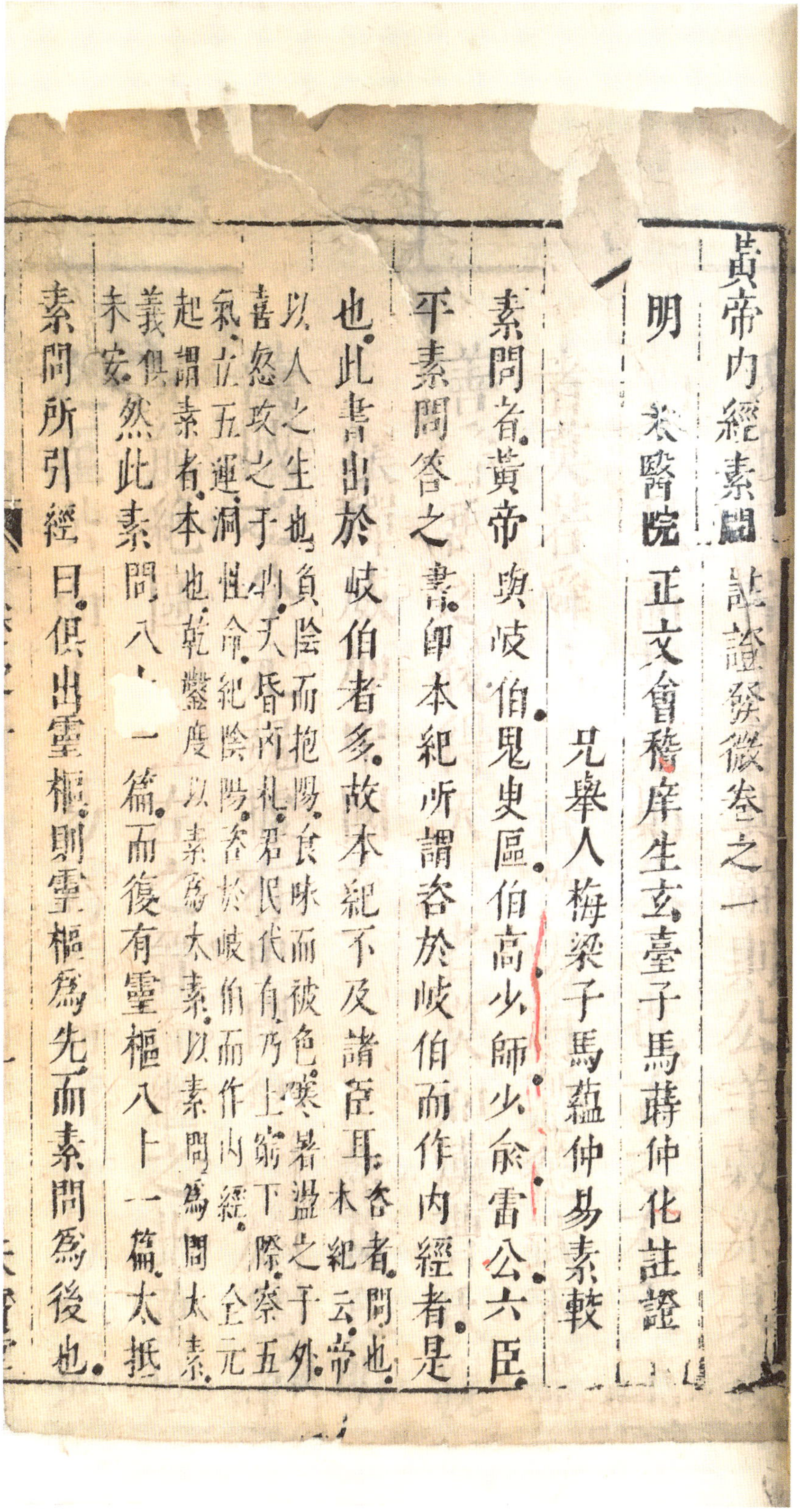

黃帝内經素問註證發微卷之一

明　太醫院正文會稽庠生玄臺子馬蒔仲化註證

兄舉人梅梁子馬蘊仲易素較

素問者，黃帝與岐伯、鬼臾區、伯高、少師、少俞、雷公六臣平素問答之書，即本紀所謂咨於岐伯而作内經者是也。此書出於岐伯者多，故本紀不及諸臣耳。咨者，問也。本紀云：帝以人之生也，負陰而抱陽，食味而被色，寒暑盪之于外，喜怒攻之于内，夭昏凶札，君民代有，乃上窮下際，察五氣，立五運，洞性命，紀陰陽，咨於岐伯而作内經。全元起謂素者本也，乾鑿度以素為太素，以素問為問太素，義俱未安。然此素問八十一篇，而復有靈樞八十一篇，大抵素問所引經曰，俱出靈樞，則靈樞為先，而素問為後也。

20159　黃帝内經素問註證發微九卷　（明）馬蒔撰　明萬曆十四年（1586）王元敬天寶堂刻本　遼寧中醫藥大學圖書館

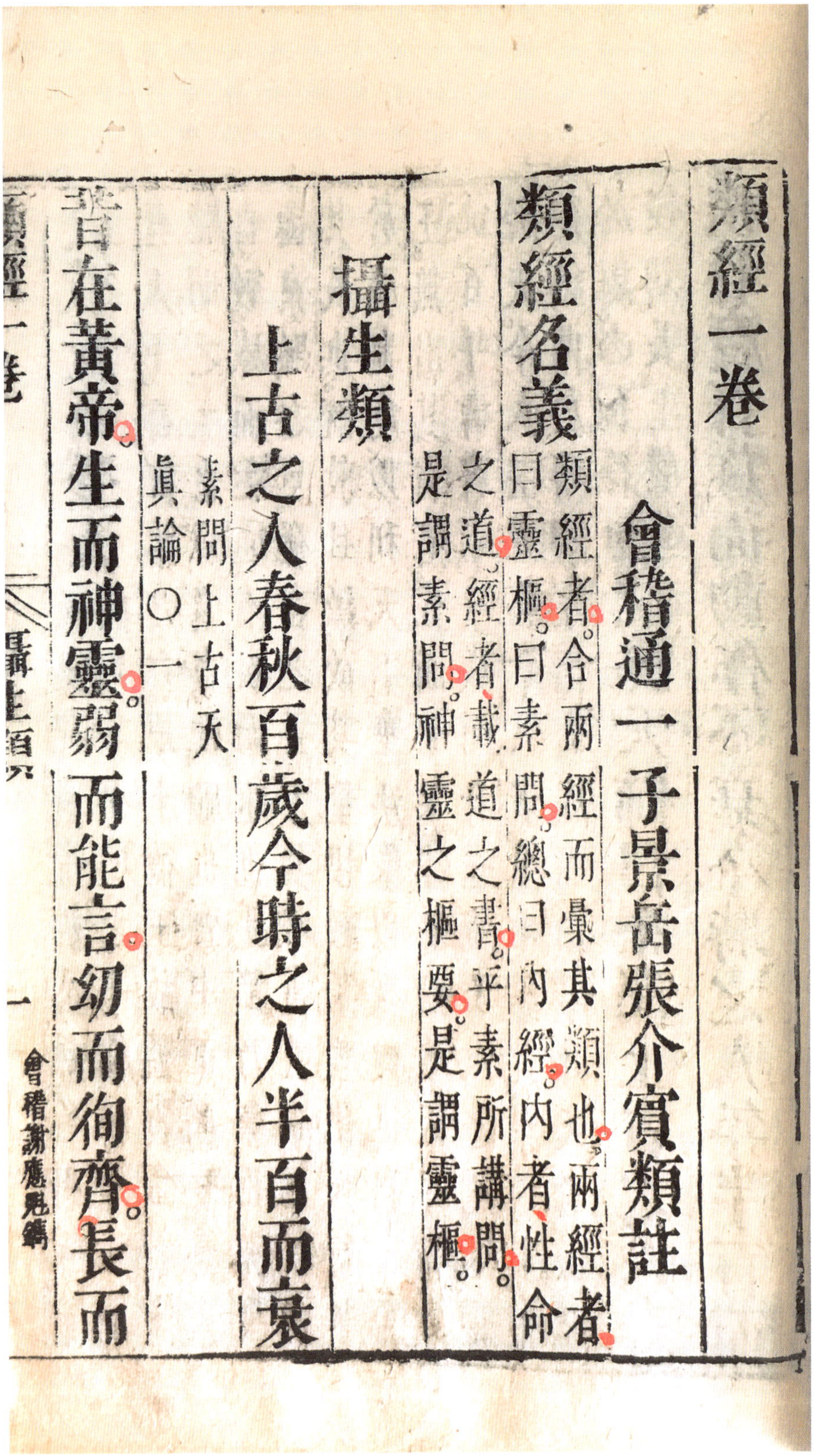

類經一卷

會稽通一子景岳張介賓類註

類經名義　類經者。合兩經而彙其類也。兩經者。曰靈樞。曰素問。總曰內經。內者。性命之道。經者。載道之書。平素所講問。是謂素問。神靈之樞要。是謂靈樞。

攝生類

上古之人春秋百歲今時之人半百而衰　素問上古天眞論〇一

昔在黃帝生而神靈弱而能言幼而徇齊長而

類經一卷　攝生類　一　會稽謝應魁鐫

20160　類經三十二卷圖翼十一卷附翼四卷　（明）張介賓類注　明天啓四年（1624）天德堂刻本　遼寧中醫藥大學圖書館

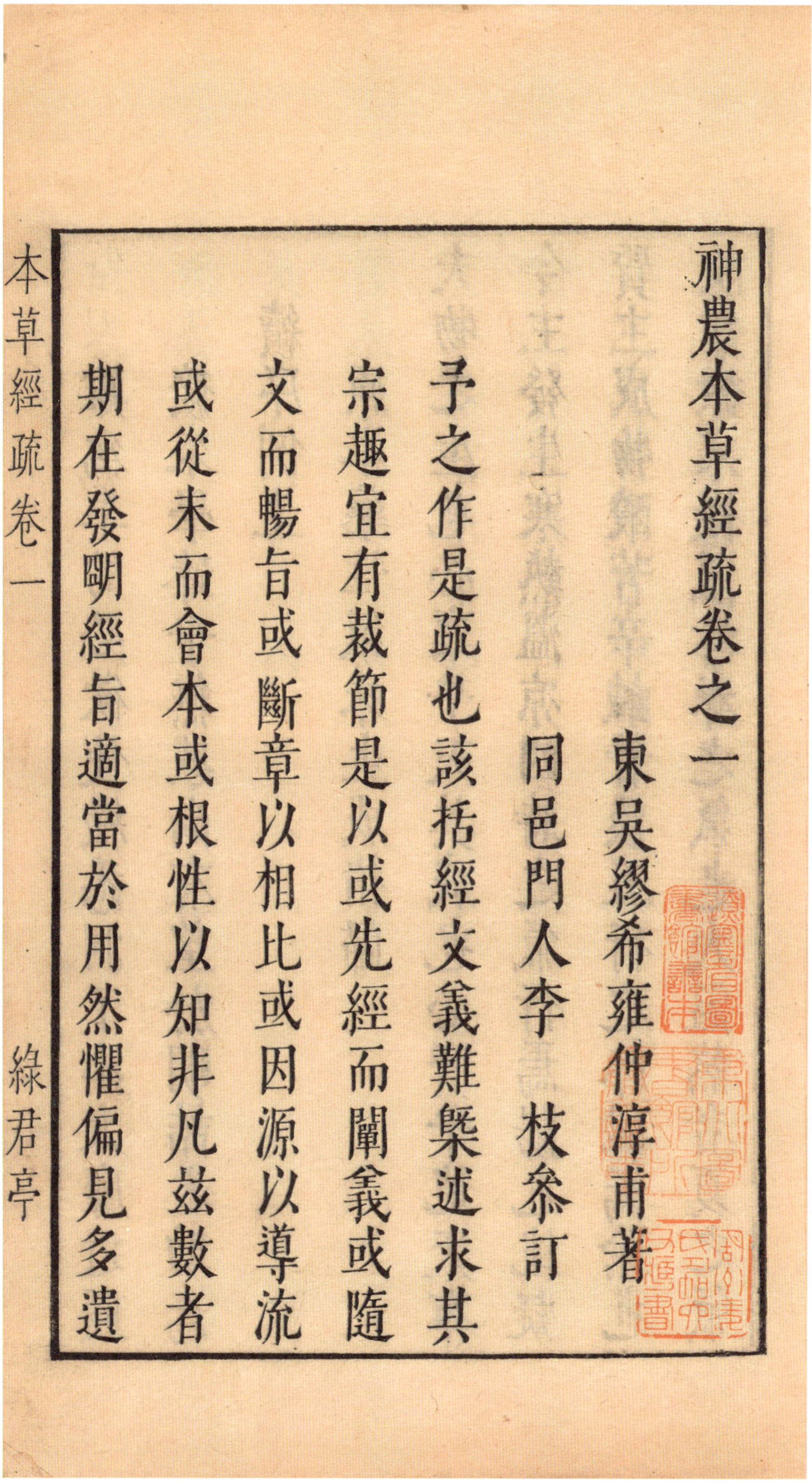

神農本草經疏卷之一

東吳繆希雍仲淳甫著

同邑門人李　枝參訂

予之作是疏也該括經文義難槩述求其宗趣宜有裁節是以或先經而闡義或隨文而暢旨或斷章以相比或因源以導流或從末而會本或根性以知非凡兹數者期在發明經旨適當於用然懼偏見多遺

本草經疏卷一　綠君亭

20161　神農本草經疏三十卷　（明）繆希雍撰　（明）李枝參訂　明天啓五年（1625）毛晋綠君亭刻本　遼寧省圖書館

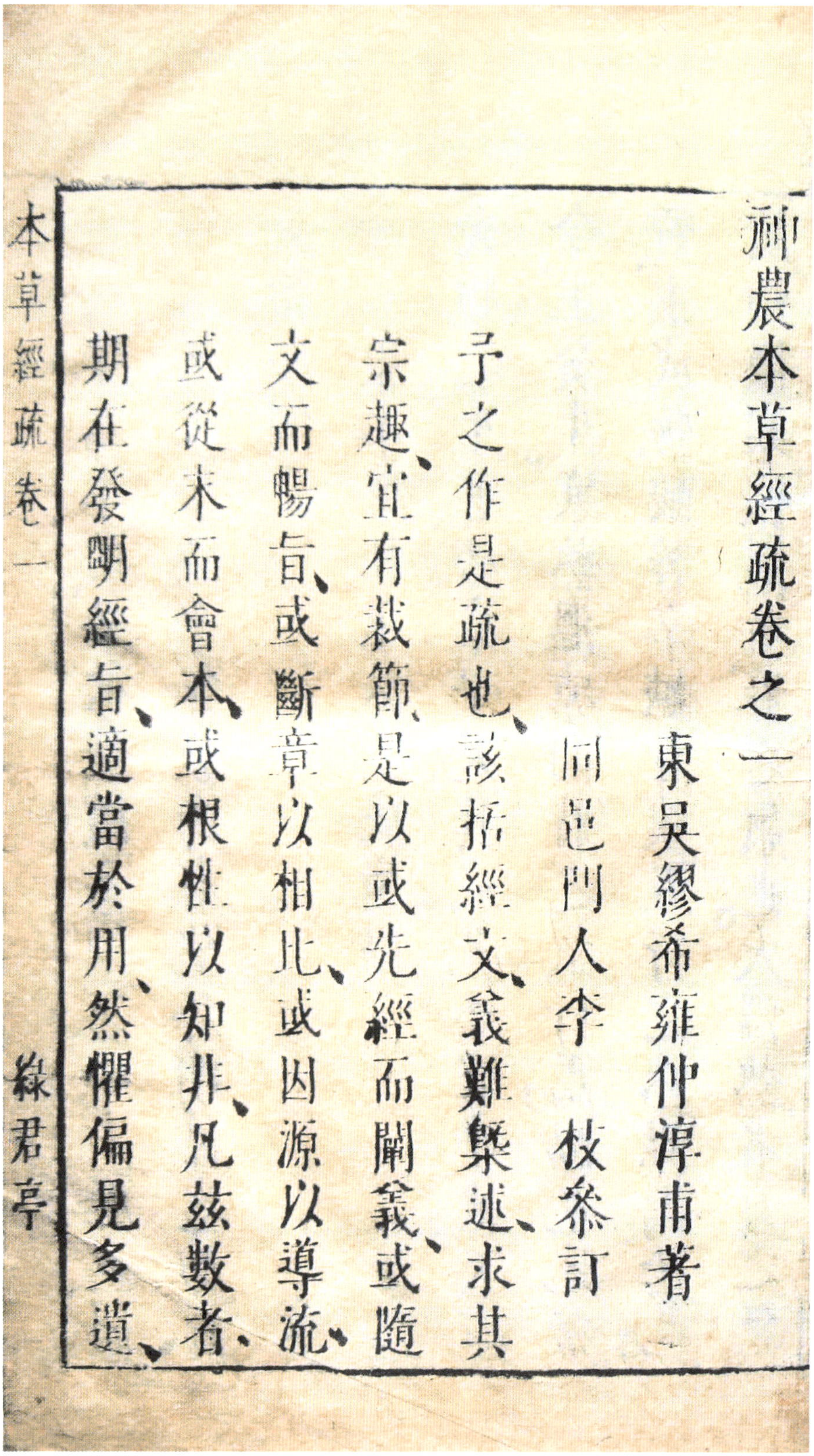
神農本草經疏卷之一
東吳繆希雍仲淳甫著
同邑門人李　枝參訂
予之作是疏也、該括經文、義難槩述、求其
宗趣、宜有裁節、是以或先經而闡義、或隨
文而暢旨、或斷章以相比、或因源以導流、
或從末而會本、或根性以知非、凡兹數者、
期在發明經旨、適當於用、然懼偏見多遺、
本草經疏卷一　綠君亭

20162　神農本草經疏三十卷　（明）繆希雍撰　明天啓五年（1625）毛晋綠君亭刻本　中國醫科大學圖書館

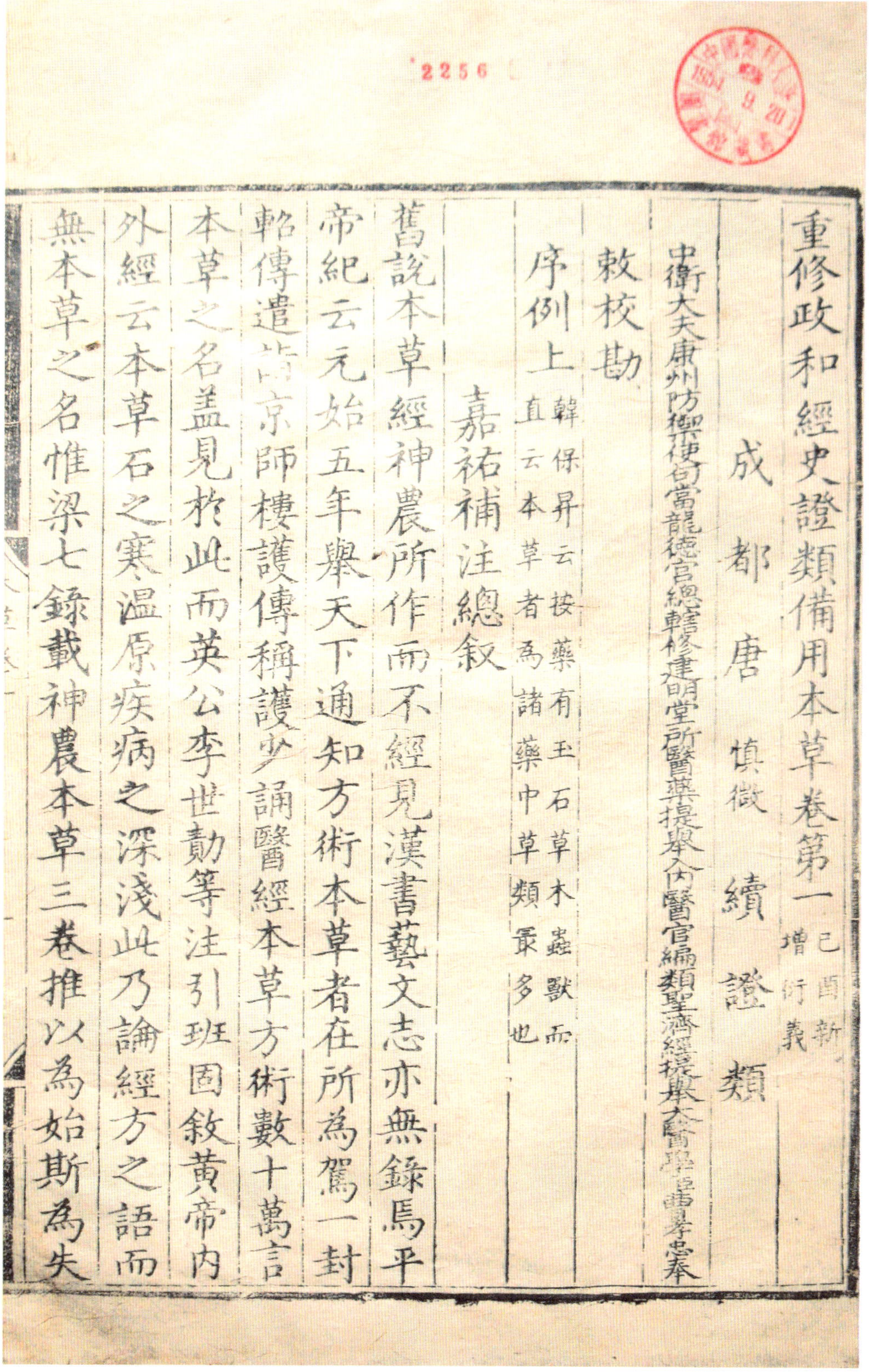

重修政和經史證類備用本草卷第一 己酉新增衍義

成都唐慎微續證類

中衛大夫康州防禦使句當龍德宫總轄修建明堂所醫藥提舉入内醫官編類聖濟經提舉太醫學臣曹孝忠奉

敕校勘

序例上 韓保昇云按藥有玉石草木蟲獸而直云本草者為諸藥中草類最多也

嘉祐補注總叙

舊說本草經神農所作而不經見漢書藝文志亦無錄焉平帝紀云元始五年舉天下通知方術本草者在所為駕一封軺傳遣詣京師樓護傳稱護少誦醫經本草方術數十萬言本草之名蓋見於此而英公李世勣等注引班固敘黄帝内外經云本草石之寒温原疾病之深淺此乃論經方之語而無本草之名惟梁七錄載神農本草三卷推以為始斯為失

20163　重修政和經史證類備用本草三十卷　（宋）唐慎微撰　（宋）寇宗奭衍義　明萬曆十五年（1587）内府刻本　中國醫科大學圖書館

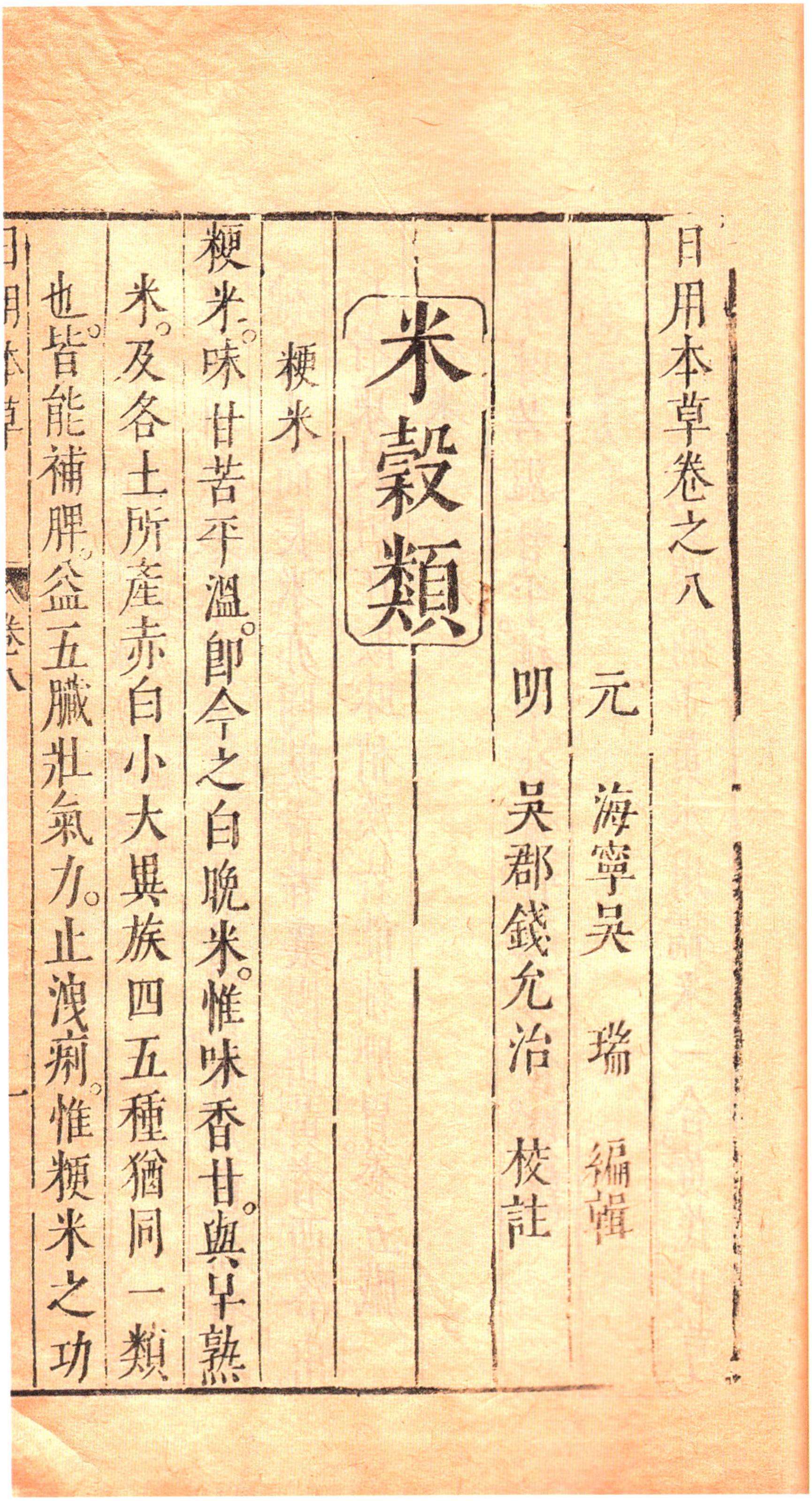

日用本草卷之八

元　海寧吳瑞　編輯

明　吳郡錢允治　校註

米穀類

粳米

粳米。味甘苦平溫。即今之白晚米。惟味香甘。與早熟米。及各土所產赤白小大異族四五種。猶同一類也。皆能補脾。益五臟。壯氣力。止洩痢。惟粳米之功

日用本草　卷八　一

20164　食物本草七卷　（金）李杲輯　**日用本草三卷**　（元）吳瑞輯

明萬曆四十八年（1620）世慶堂刻本　大連圖書館

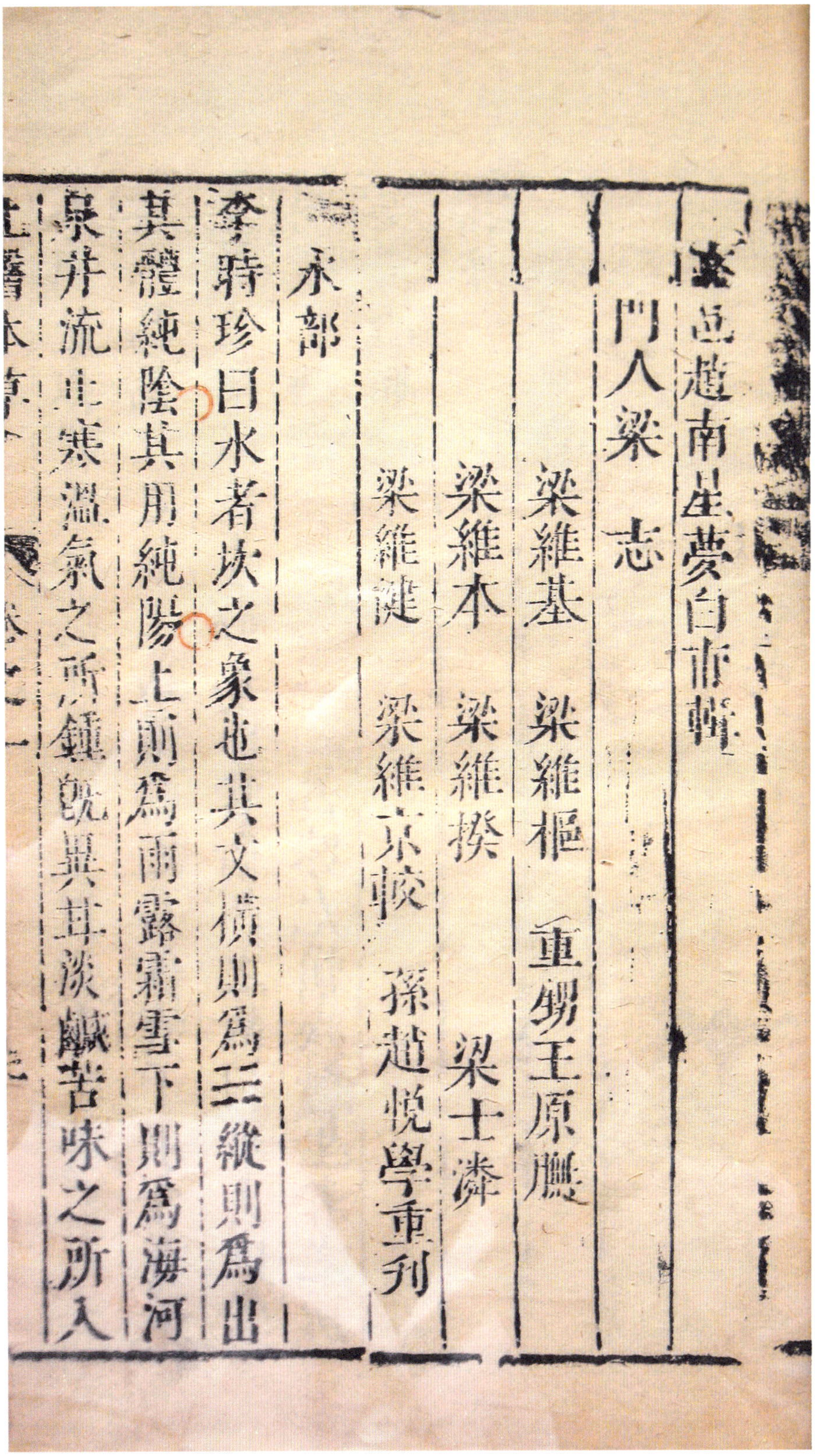

20165　上醫本草四卷　（明）趙南星輯　明泰昌元年（1620）刻本　中國醫科大學圖書館

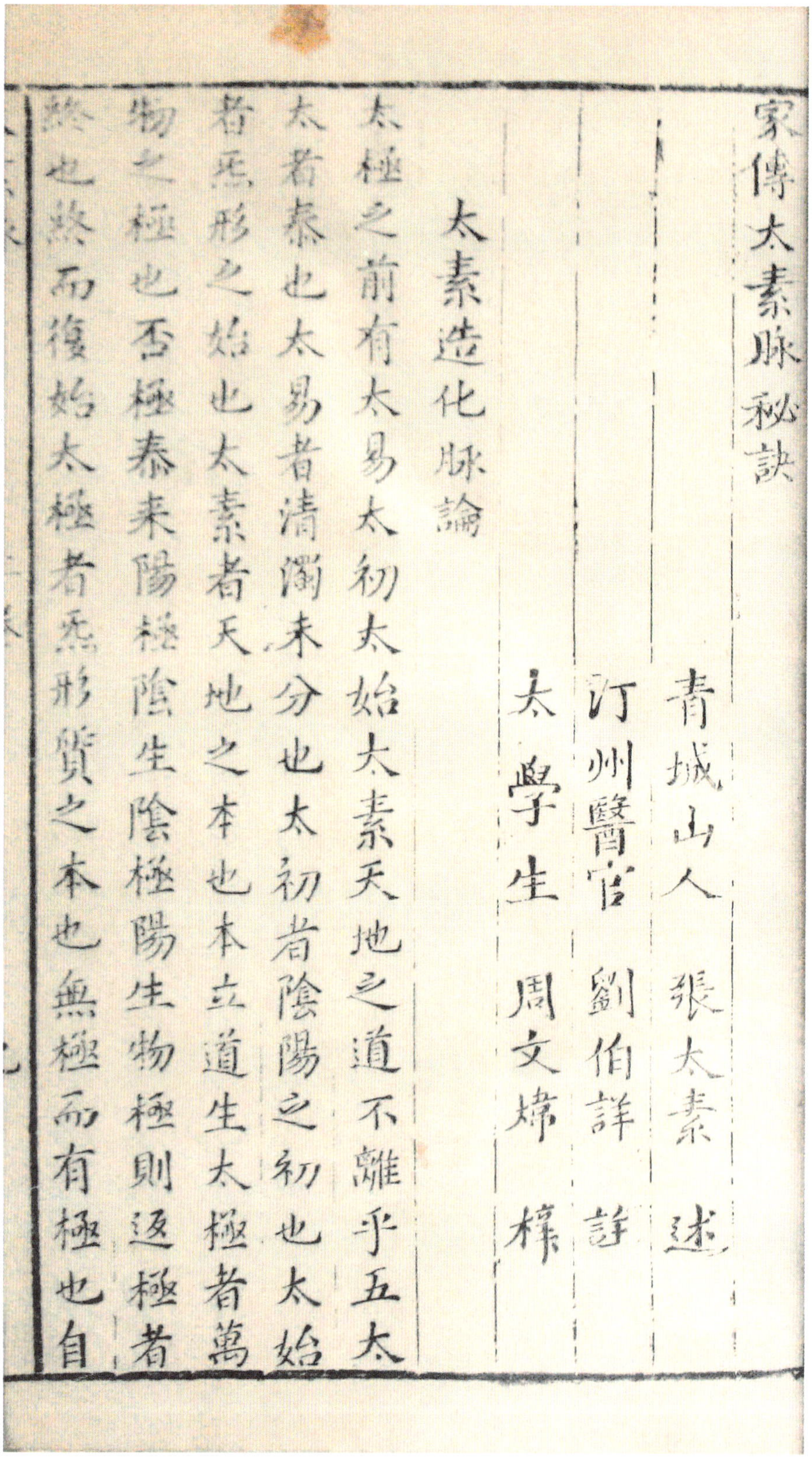

家傳太素脉秘訣

青城山人　張太素　述

汀州醫官　劉伯詳　註

太學生　周文煒　梓

太素造化脉論

太極之前有太易太初太始太素天地之道不離乎五太太者泰也太易者清濁未分也太初者陰陽之初也太始者炁形之始也太素者天地之本也本立道生太極者萬物之極也否極泰来陽極陰生陰極陽生物極則返極者終也終而復始太極者炁形質之本也無極而有極也自

20166　家傳太素脉秘訣二卷　（明）劉伯詳注　明致和堂刻本　中國醫科大學圖書館

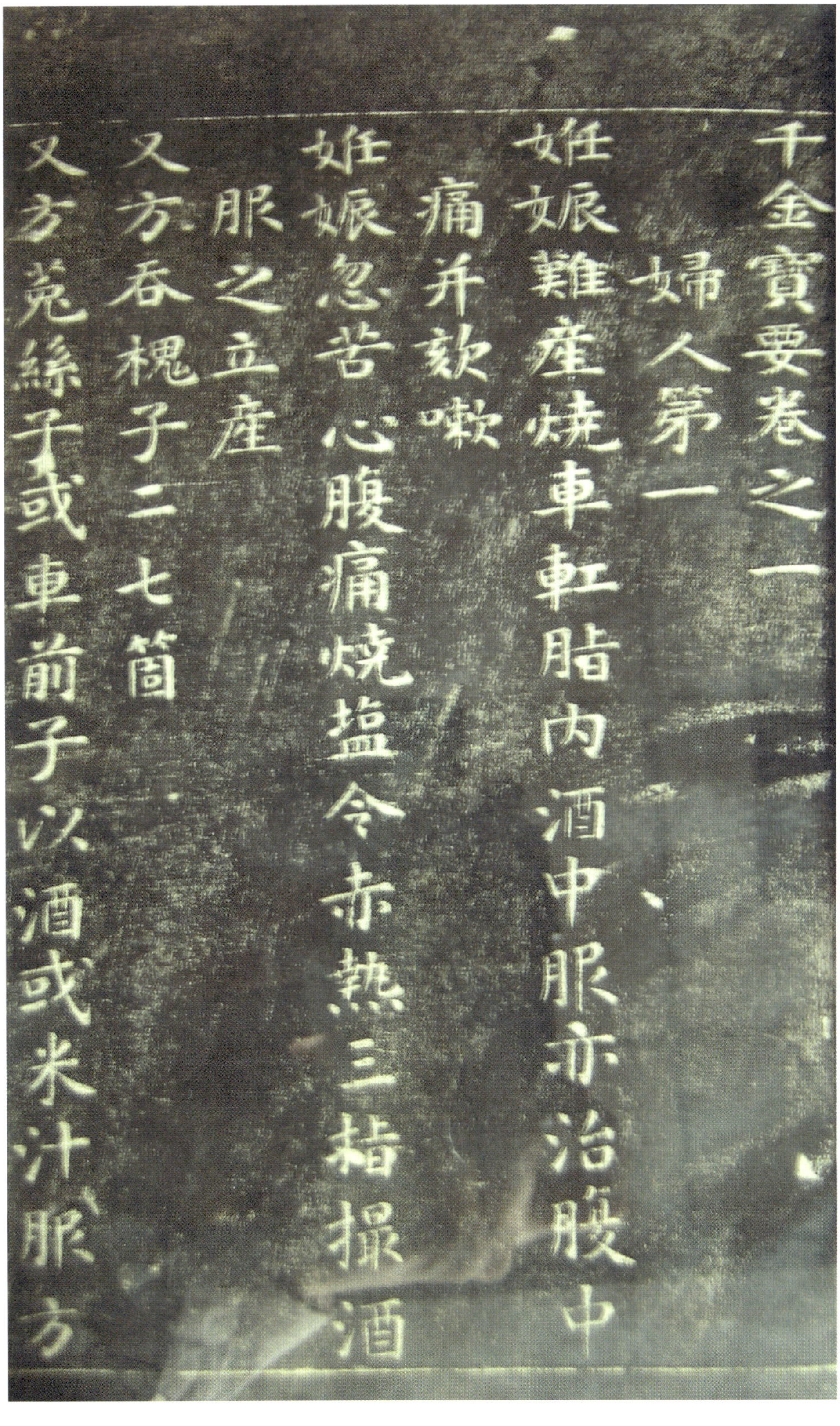
千金寶要卷之一
婦人第一、
姙娠難產燒車釭脂内酒中服亦治腹中
痛并欬嗽
姙娠忽苦心腹痛燒塩令赤熱三指撮酒
服之立產
又方吞槐子二七箇
又方菟絲子或車前子以酒或米汁服方

20167　石刻墨拓本千金寶要六卷　（唐）孫思邈撰　（宋）郭思纂集　明隆慶六年（1572）秦藩拓本　中國醫科大學圖書館

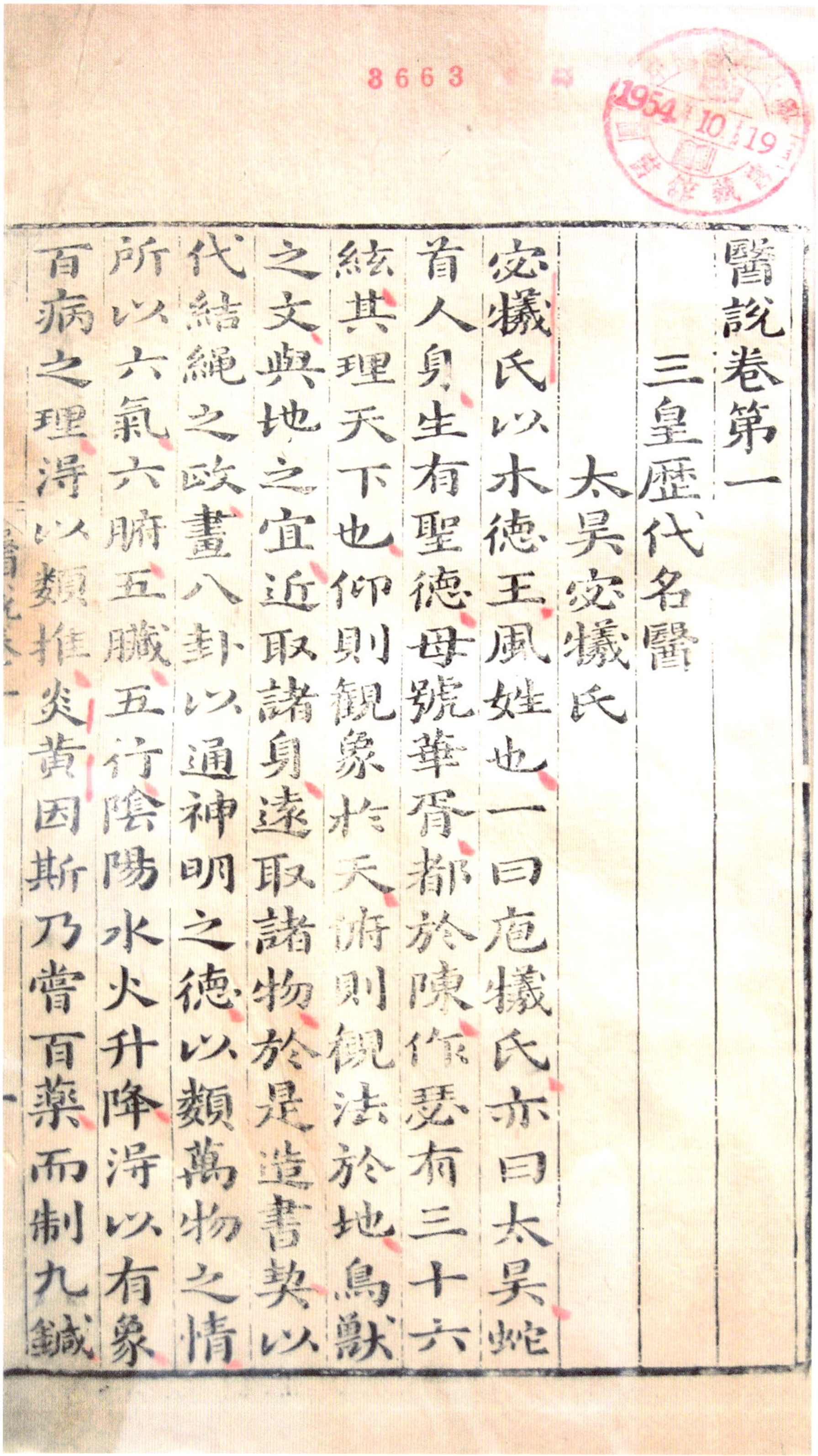

醫說卷第一
三皇歷代名醫
太昊宓犧氏
宓犧氏以木德王風姓也一曰庖犧氏亦曰太昊蛇
首人身生有聖德母號華胥都於陳作瑟有三十六
絃其理天下也仰則觀象於天俯則觀法於地鳥獸
之文與地之宜近取諸身遠取諸物於是造書契以
代結繩之政畫八卦以通神明之德以類萬物之情
所以六氣六腑五臟五行陰陽水火升降得以有象
百病之理得以類推炎黃因斯乃嘗百藥而制九鍼

20168　醫說十卷　（宋）張杲撰　明萬曆十三年（1585）刻本　中國醫科大學圖書館

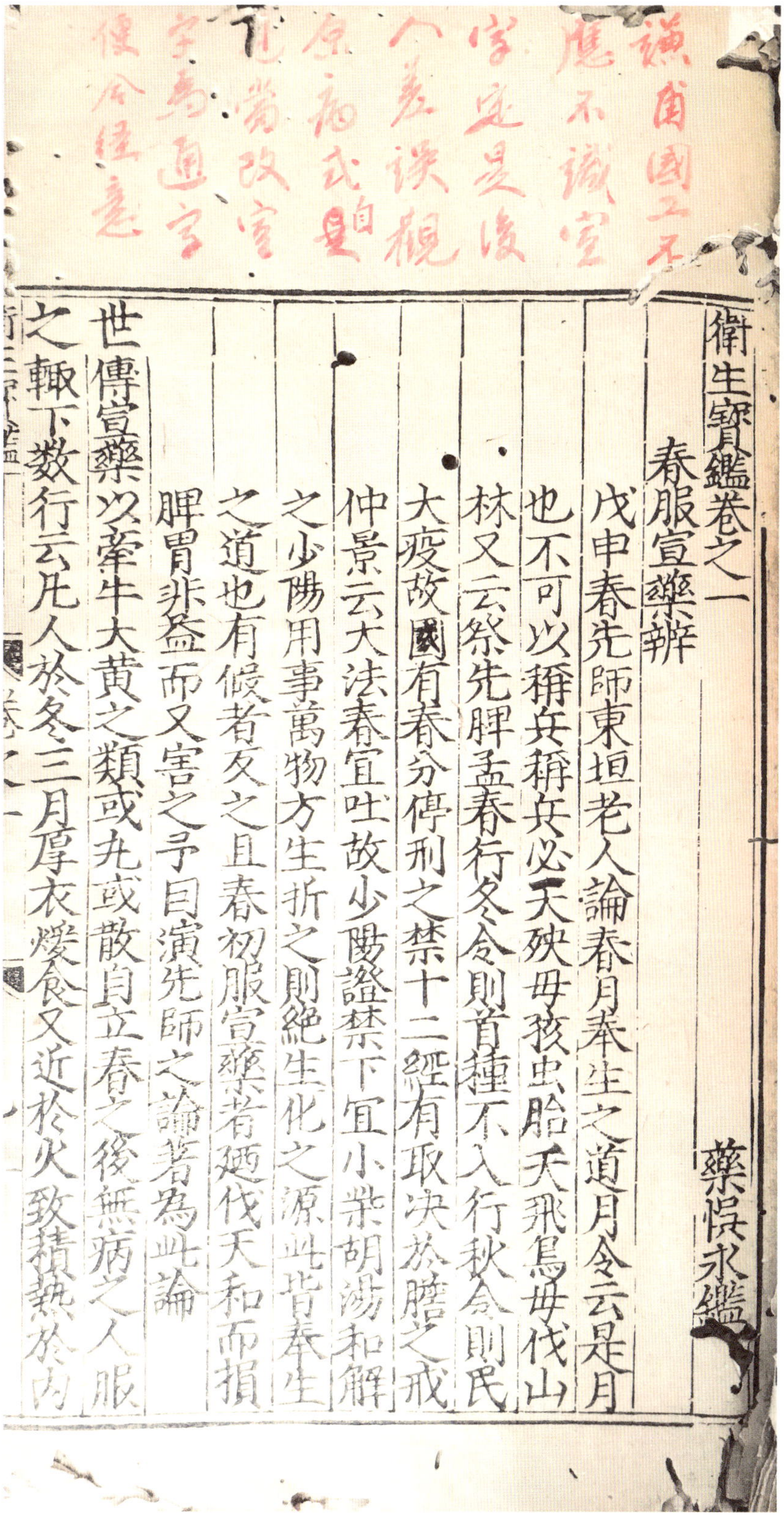

衛生寶鑑卷之一　　　　　藥侯永鑑
春服宣藥辨
戊申春先師東垣老人論春月奉生之道月令云是月
也不可以稱兵稱兵必天殃毋孩虫胎夭飛鳥毋伐山
林又云祭先脾孟春行冬令則首種不入行秋令則民
大疫故國有春分停刑之禁十二經有取决於膽之戒
仲景云大法春宜吐故少陽證禁下宜小柴胡湯和解
之少陽用事萬物方生折之則絕生化之源此皆奉生
之道也有假者反之且春初服宣藥者逓伐天和而損
脾胃非益而又害之予曰演先師之論著為此論
世傳宣藥以牽牛大黄之類或丸或散自立春之後無病之人服
之輒下數行云凡人於冬三月厚衣煖食又近於火致積熱於內

20169　衛生寶鑑二十四卷（元）羅天益撰　**補遺一卷**　明嘉靖十四年（1535）刻本　遼寧中醫藥大學圖書館

存十一卷（一至七、十二至十三、十八至十九）

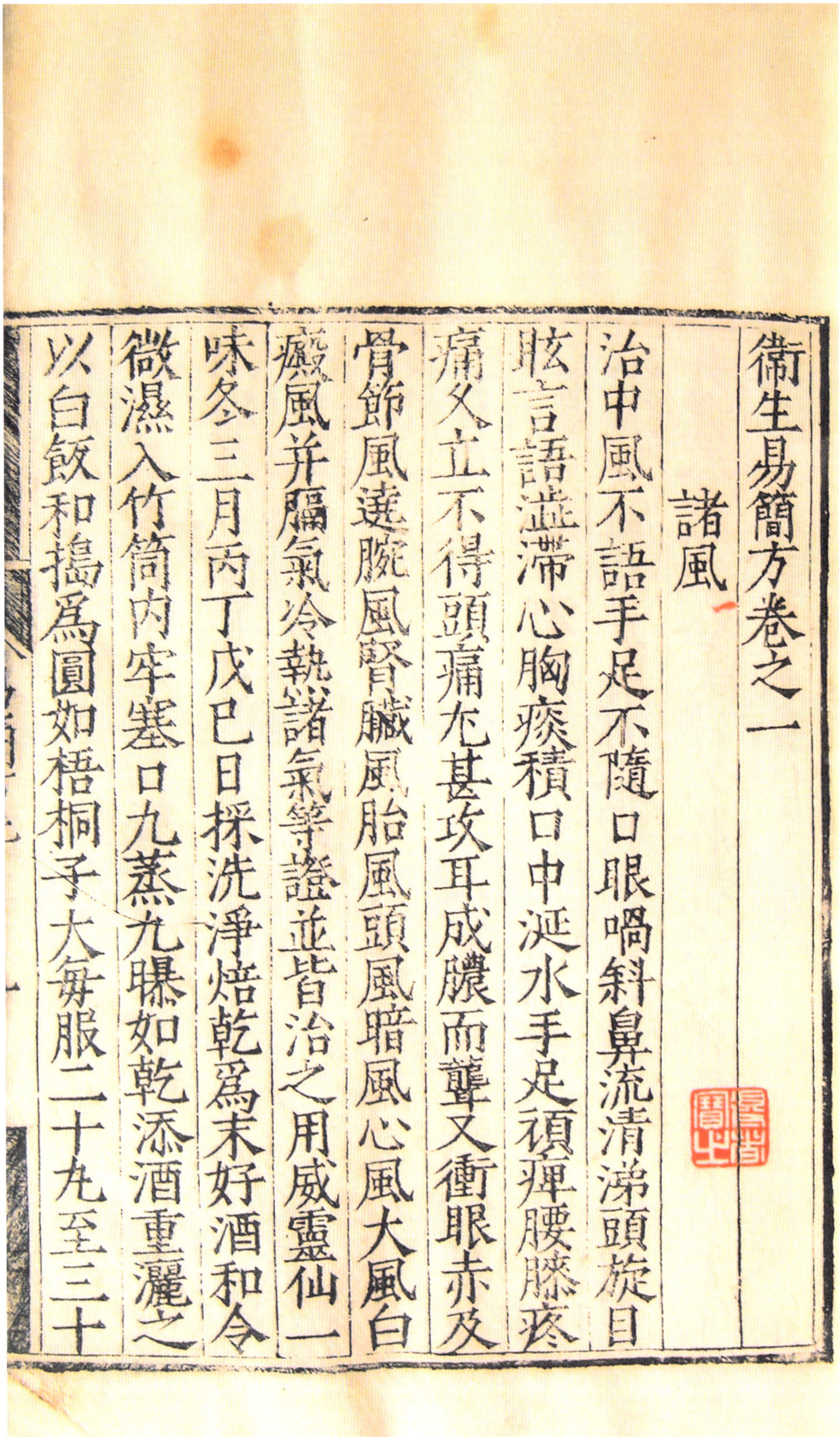

衛生易簡方卷之一

諸風

治中風不語手足不隨口眼喎斜鼻流清涕頭旋目
眩言語澁滯心胸痰積口中涎水手足頑痺腰膝疼
痛久立不得頭痛尤甚攻耳成膿而聾又衝眼赤及
骨節風蓮腕風腎臓風胎風頭風瘖風心風大風白
癜風并偏氣冷熱諸氣等證並皆治之用威靈仙一
味冬三月丙丁戊巳日採洗淨焙乾爲末好酒和令
微濕入竹筒内牢塞口九蒸九曝如乾添酒重灑之
以白飯和擣爲圓如梧桐子大每服二十九至三十

20170　衛生易簡方十二卷　（明）胡濙撰　明刻本　中國醫科大學圖書館

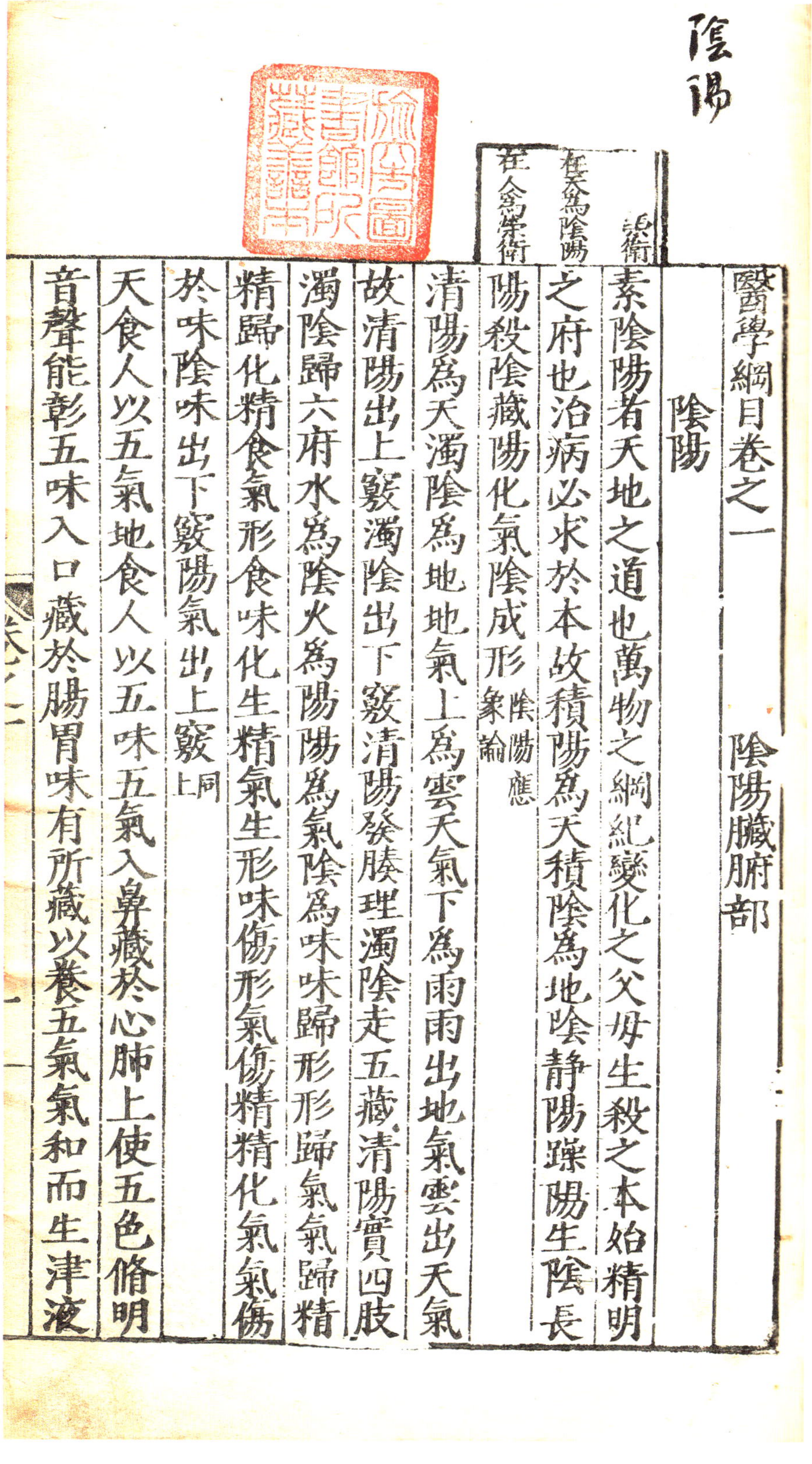
陰陽

張衛
在天爲陰陽
在人爲榮衛

醫學綱目卷之一　　陰陽臟腑部

陰陽

素陰陽者天地之道也萬物之綱紀變化之父母生殺之本始精明之府也治病必求於本故積陽爲天積陰爲地陰靜陽躁陽生陰長陽殺陰藏陽化氣陰成形陰陽應象論

清陽爲天濁陰爲地地氣上爲雲天氣下爲雨雨出地氣雲出天氣故清陽出上竅濁陰出下竅清陽發腠理濁陰走五藏清陽實四肢濁陰歸六府水爲陰火爲陽陽爲氣陰爲味味歸形形歸氣氣歸精精歸化精食氣形食味化生精氣生形味傷形氣傷精精化氣氣傷於味陰味出下竅陽氣出上竅同上

天食人以五氣地食人以五味五氣入鼻藏於心肺上使五色脩明音聲能彰五味入口藏於腸胃味有所藏以養五氣氣和而生津液

20171　醫學綱目四十卷　（明）樓英撰　明刻本　大連圖書館
存三十八卷（一至十三、十六至四十）

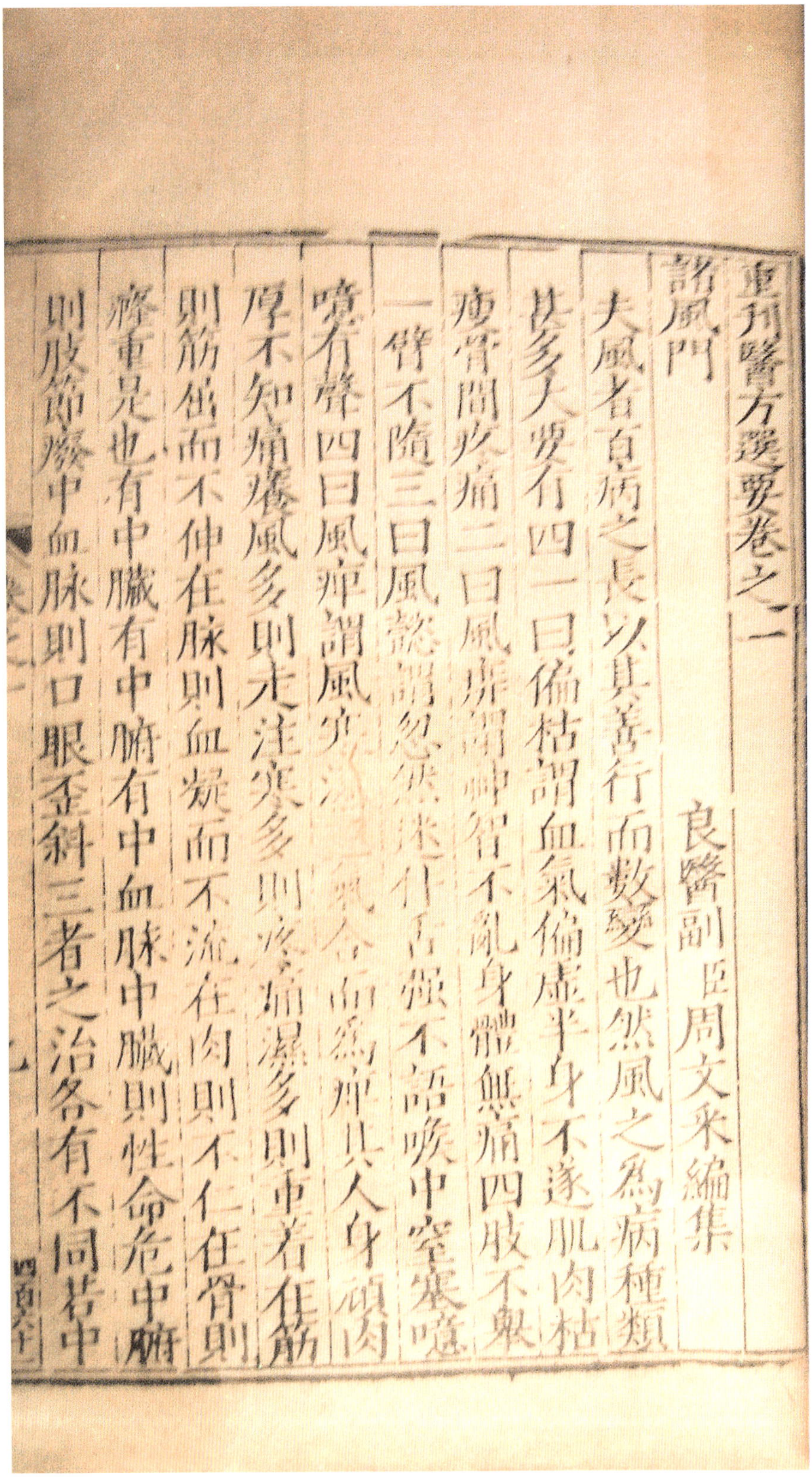

重刊醫方選要卷之二

諸風門　　良醫副臣周文采編集

夫風者百病之長以其善行而數變也然風之爲病種類甚多大要有四一曰偏枯謂血氣偏虛半身不遂肌肉枯瘦骨間疼痛二曰風痱謂神智不亂身體無痛四肢不收一臂不隨三曰風懿謂忽然迷仆舌強不語喉中窒塞噫噫有聲四曰風痺謂風寒濕三氣合而爲痺其人身頑肉厚不知痛癢風多則走注寒多則疼痛濕多則重著在筋則筋屈而不伸在脉則血凝而不流在肉則不仁在骨則瘠重是也有中臟有中腑有中血脉中臟則性命危中腑則肢節廢中血脉則口眼歪斜三者之治各有不同若中

20172　醫方選要六卷　（明）周文采撰　明隆慶四年（1570）　金陵東塘胡氏刻本　中國醫科大學圖書館

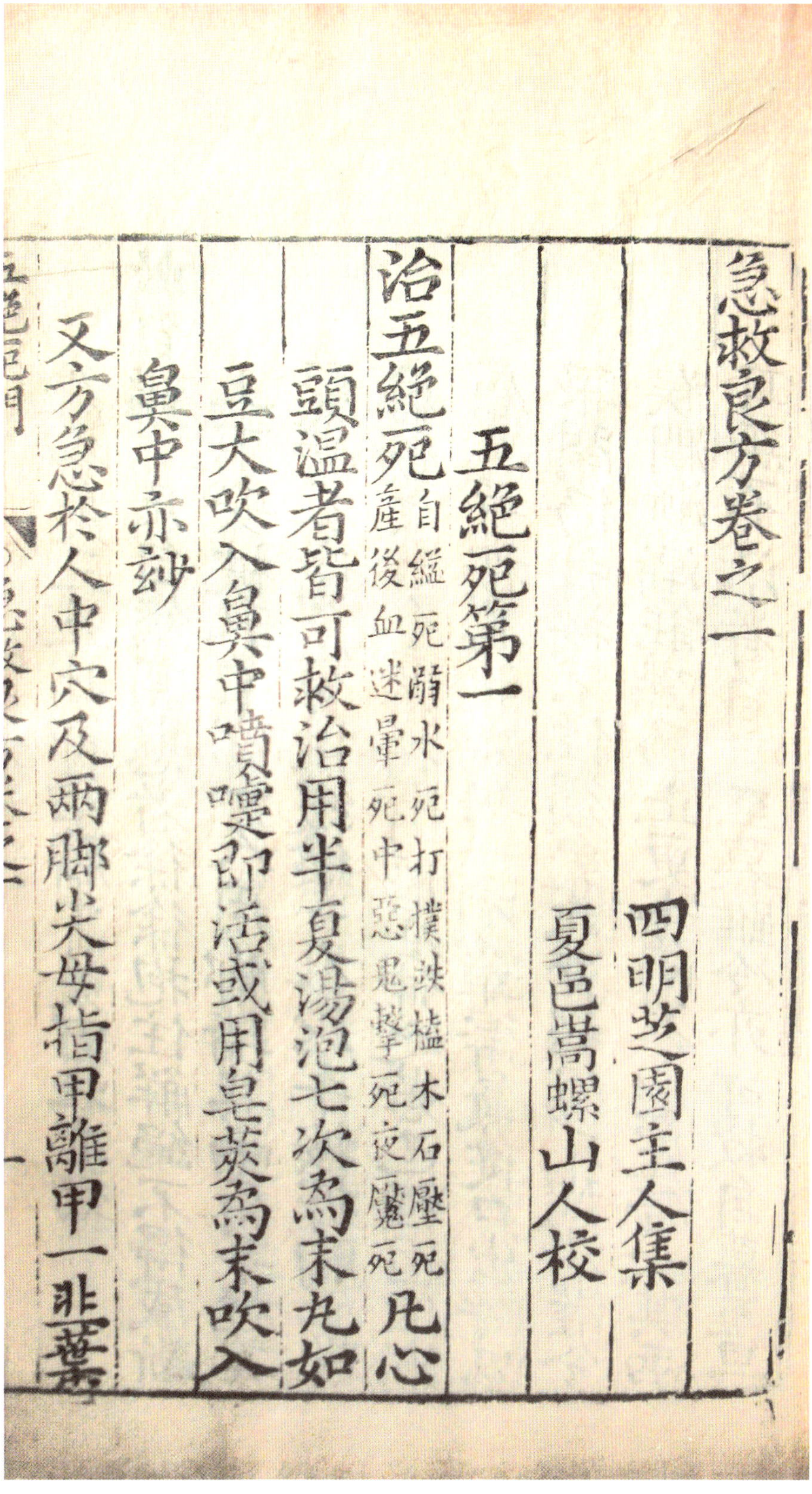

急救良方卷之一

四明芝園主人集

夏邑嵩螺山人校

五絶死第一

治五絶死自縊死溺水死打撲跌磕木石壓死産後血迷暈死中惡鬼撃死夜魘死凡心頭温者皆可救治用半夏湯泡七次為末丸如豆大吹入鼻中噴嚏即活或用皂莢為末吹入鼻中亦妙

又方急於人中穴及兩脚大母指甲離甲一韭葉

五絶死門　急救良方卷之一　一

20173　急救良方二卷　（明）張時徹輯　明嘉靖二十九年（1550）刻本　中國醫科大學圖書館

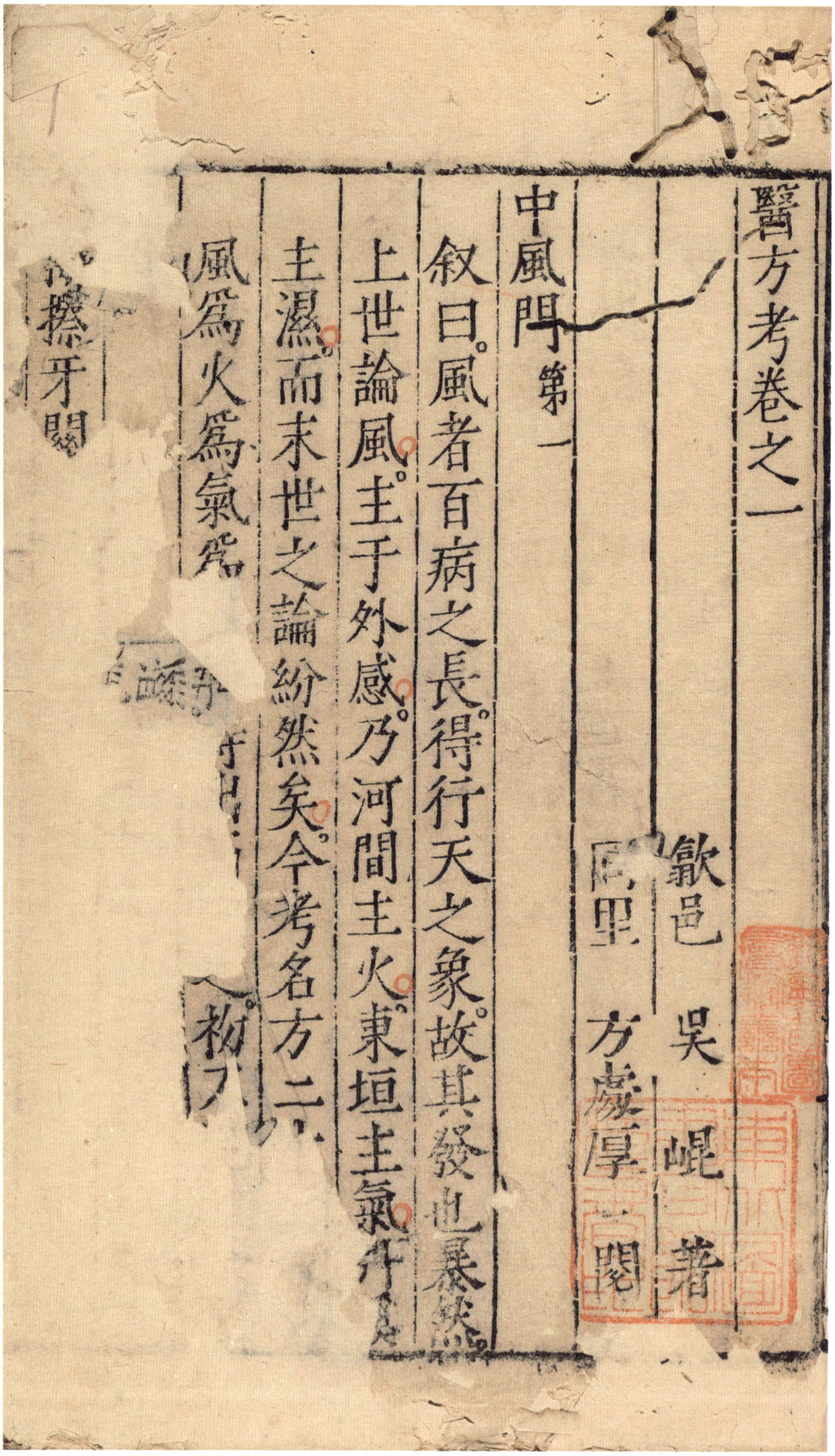

醫方考卷之一

歙邑　吴　崐　著

同里　方處厚　閲

中風門第一

叙曰風者百病之長得行天之象故其發也暴然

上世論風主于外感乃河間主火東垣主氣

主濕而末世之論紛然矣今考名方二十

風爲火爲氣爲

20174　醫方考六卷脉語二卷　（明）吴崐撰　明刻本　遼寧省圖書館

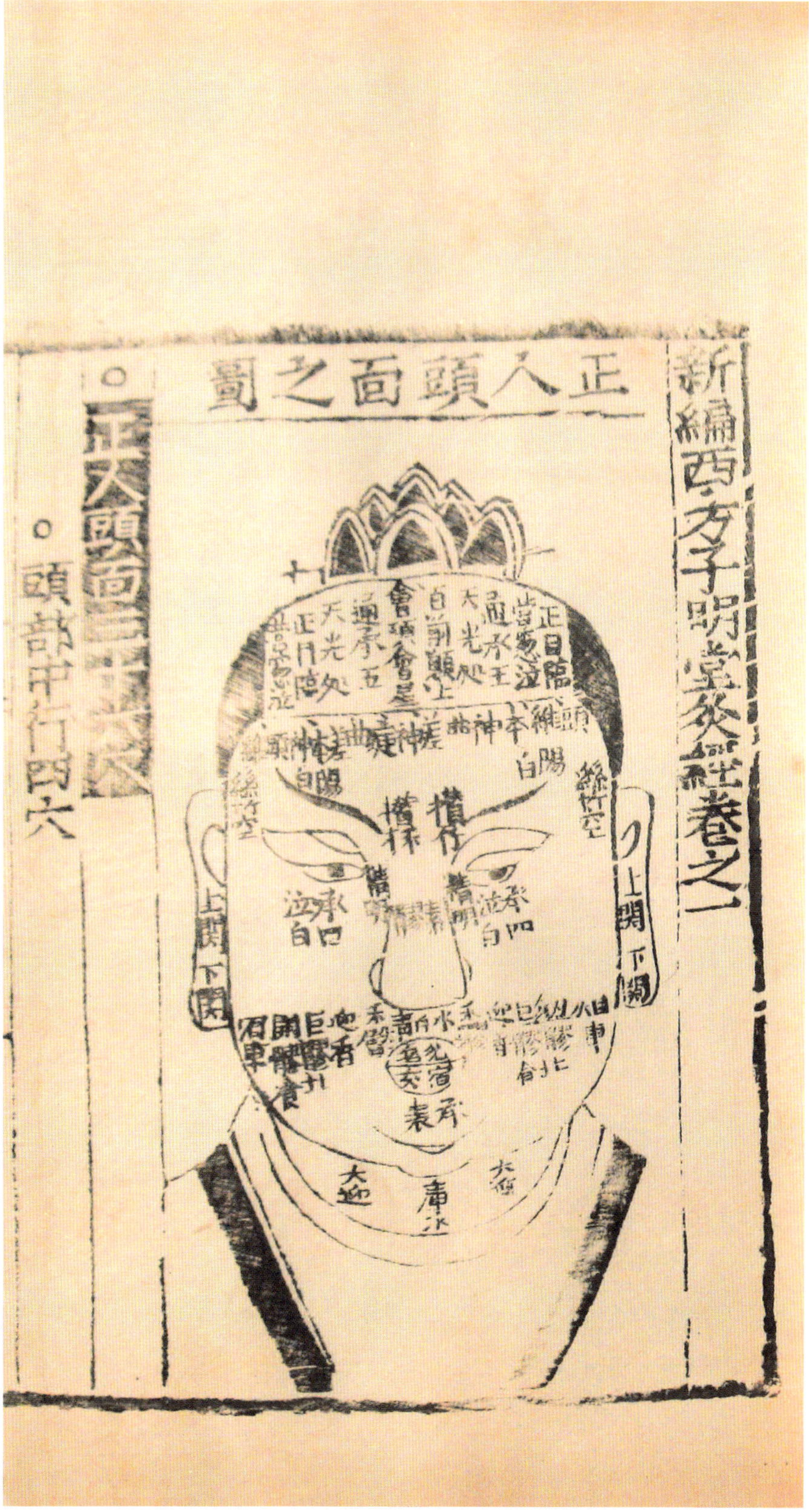

20175　新刊銅人針灸經七卷新編西方子明堂灸經八卷　明正德山西平陽府刻平陽府所刻醫書六種本　中國醫科大學圖書館

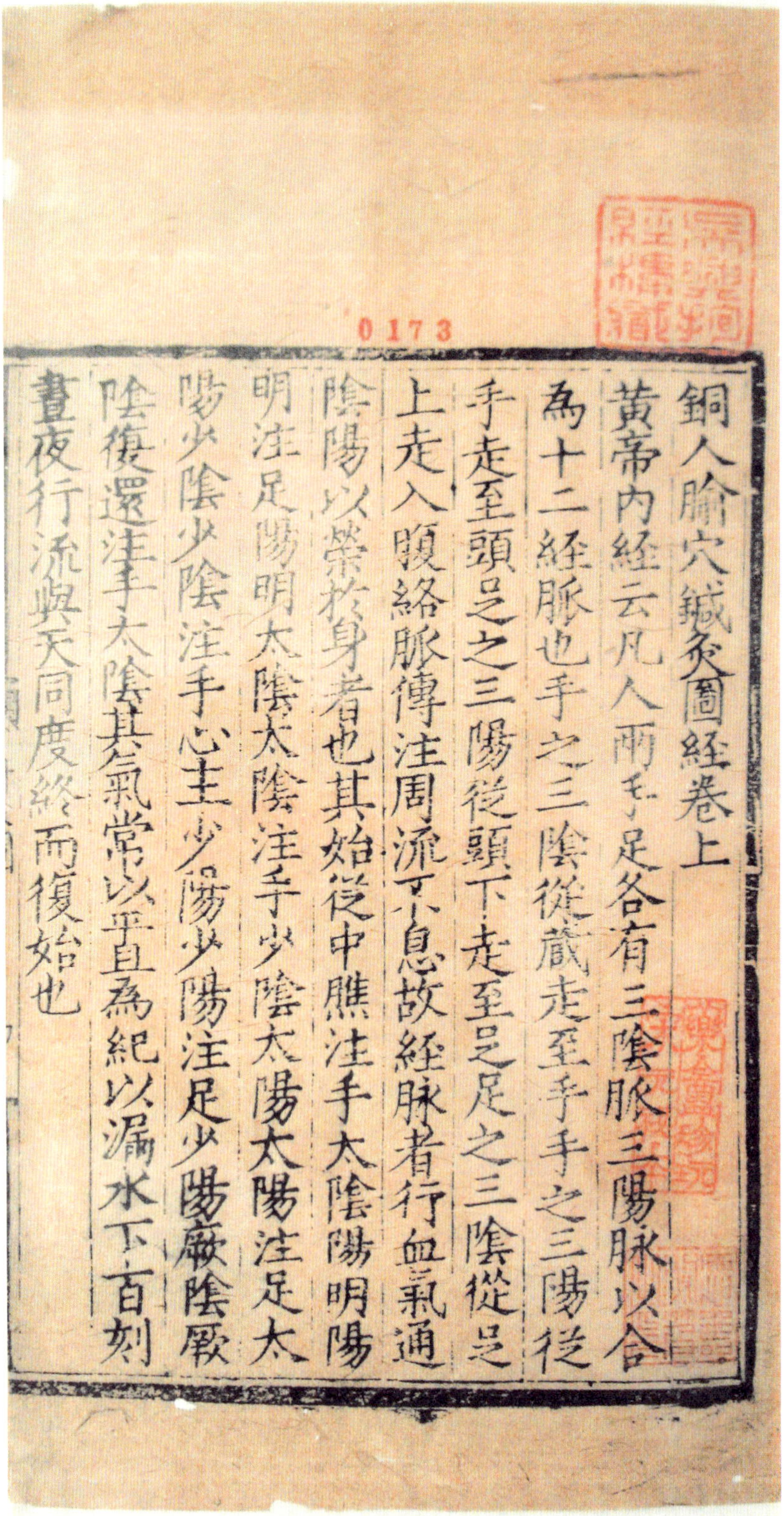

銅人腧穴鍼灸圖經卷上

黄帝内經云凡人兩手足各有三陰脉三陽脉以合為十二經脉也手之三陰從藏走至手手之三陽從手走至頭足之三陽從頭下走至足足之三陰從足上走入腹絡脉傳注周流不息故經脉者行血氣通陰陽以榮於身者也其始從中焦注手太陰陽明陽明注足陽明太陰太陰注手少陰太陽太陽注足太陽少陰少陰注手心主少陽少陽注足少陽厥陰厥陰復還注手太陰其氣常以平旦為紀以漏水下百刻晝夜行流與天同度終而復始也

20176　銅人腧穴針灸圖經三卷　（宋）王惟一輯　明刻本　中國醫科大學圖書館

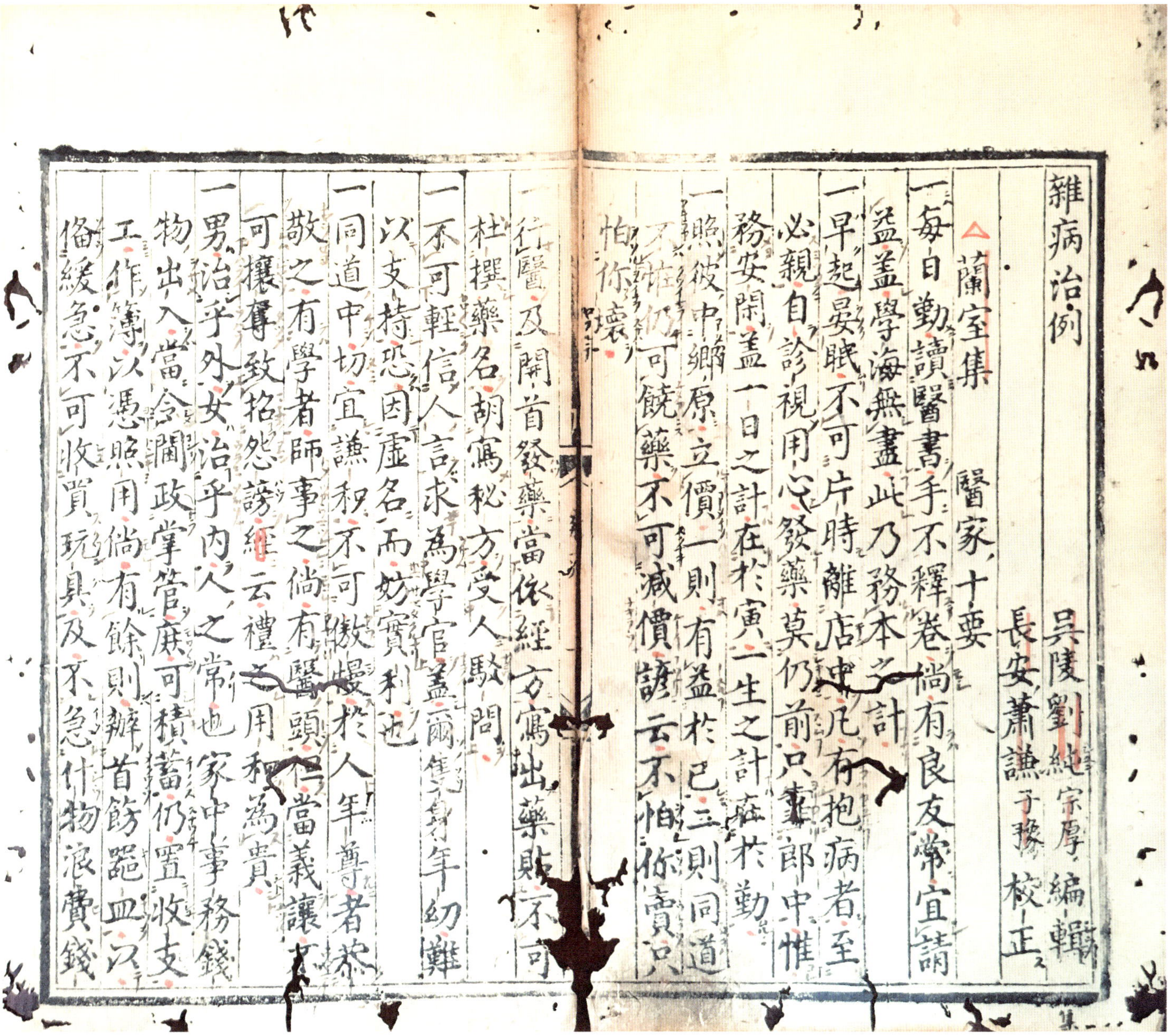
雜病治例

吳陵劉純宗厚編輯
長安蕭謙子豫校正

△蘭室集　醫家十要

一每日勤讀醫書手不釋卷尚有良友常宜請益蓋學海無盡此乃務本之計

一早起晏眠不可片時離店中凡有抱病者至必親自診視用心發藥莫仍前只靠郎中惟務安閑蓋一日之計在於寅一生之計在於勤

一照彼中鄉原立價一則有益於己二則同道不妒仍可饒藥不可減價諺云不怕你賣只怕你壞

一行醫及開首發藥當依經方寫出藥貼不可杜撰藥名胡寫秘方受人駁問

一不可輕信人言求為學官蓋爾隻身年幼難以支持恐因虛名而妨實利也

一同道中切宜謙和不可傲慢於人年尊者恭敬之有學者師事之倘有醫頭但當義讓不可攘奪致招怨謗經云禮之用和為貴

一男治乎外女治乎內人之常也家中事務錢物出入當令閫政掌管庶可積蓄仍置收支工作簿以憑照用倘有餘則辦首飾器皿以備緩急不可收買玩具及不急什物浪費錢

20177　雜病治例不分卷　（明）劉純編輯　明成化十五年（1479）蕭謙刻本　遼寧中醫藥大學圖書館

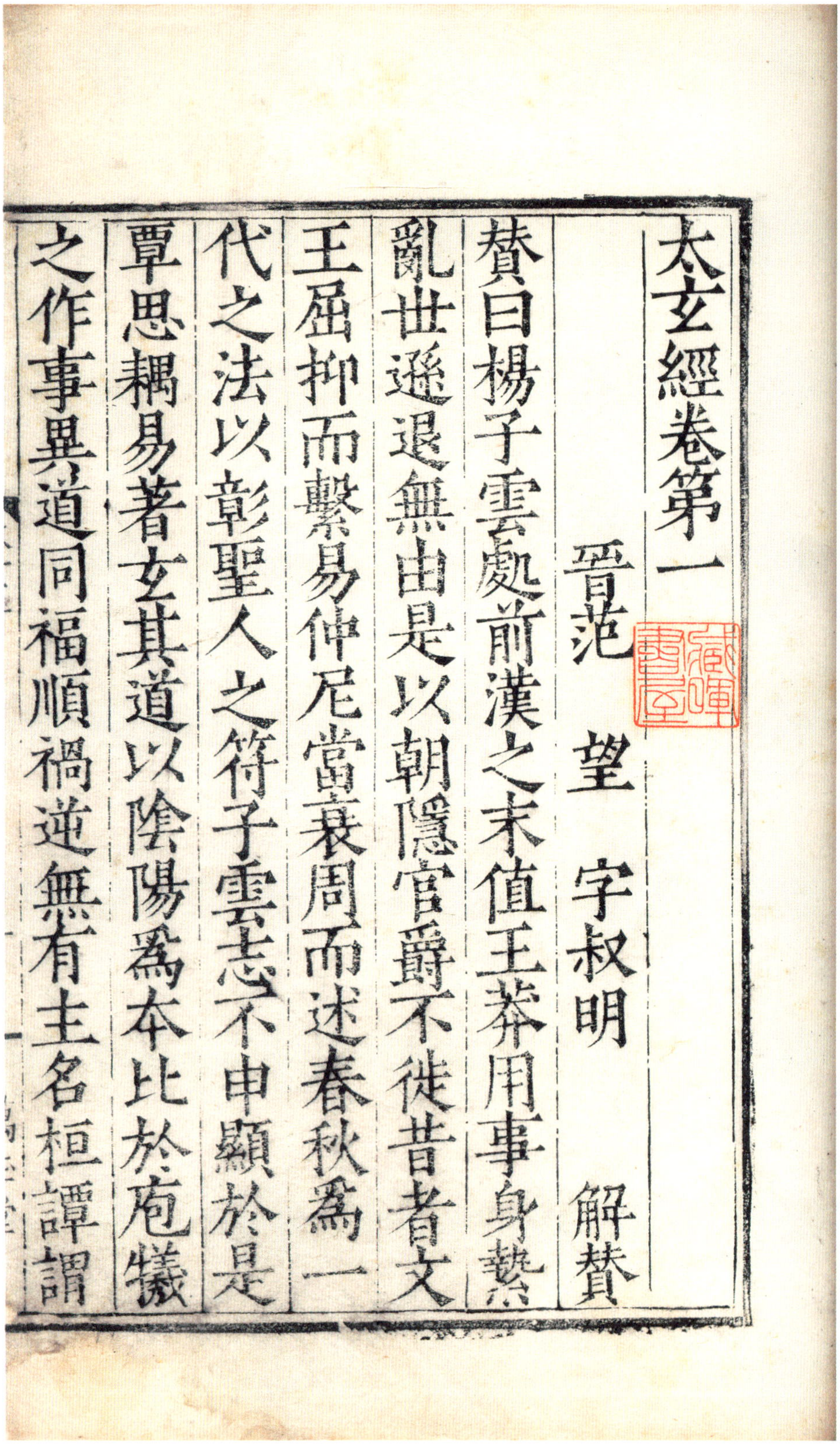
太玄經卷第一
晉范　望　字叔明　解贊
贊曰楊子雲處前漢之末值王莽用事身縶
亂世遜退無由是以朝隱官爵不徙昔者文
王屈抑而繫易仲尼當衰周而述春秋爲一
代之法以彰聖人之符子雲志不申顯於是
覃思耦易著玄其道以陰陽爲本比於庖犧
之作事異道同福順禍逆無有主名桓譚謂

20178　太玄經十卷　（漢）揚雄撰　（晉）范望解贊　明嘉靖萬玉堂刻本

遼寧大學圖書館

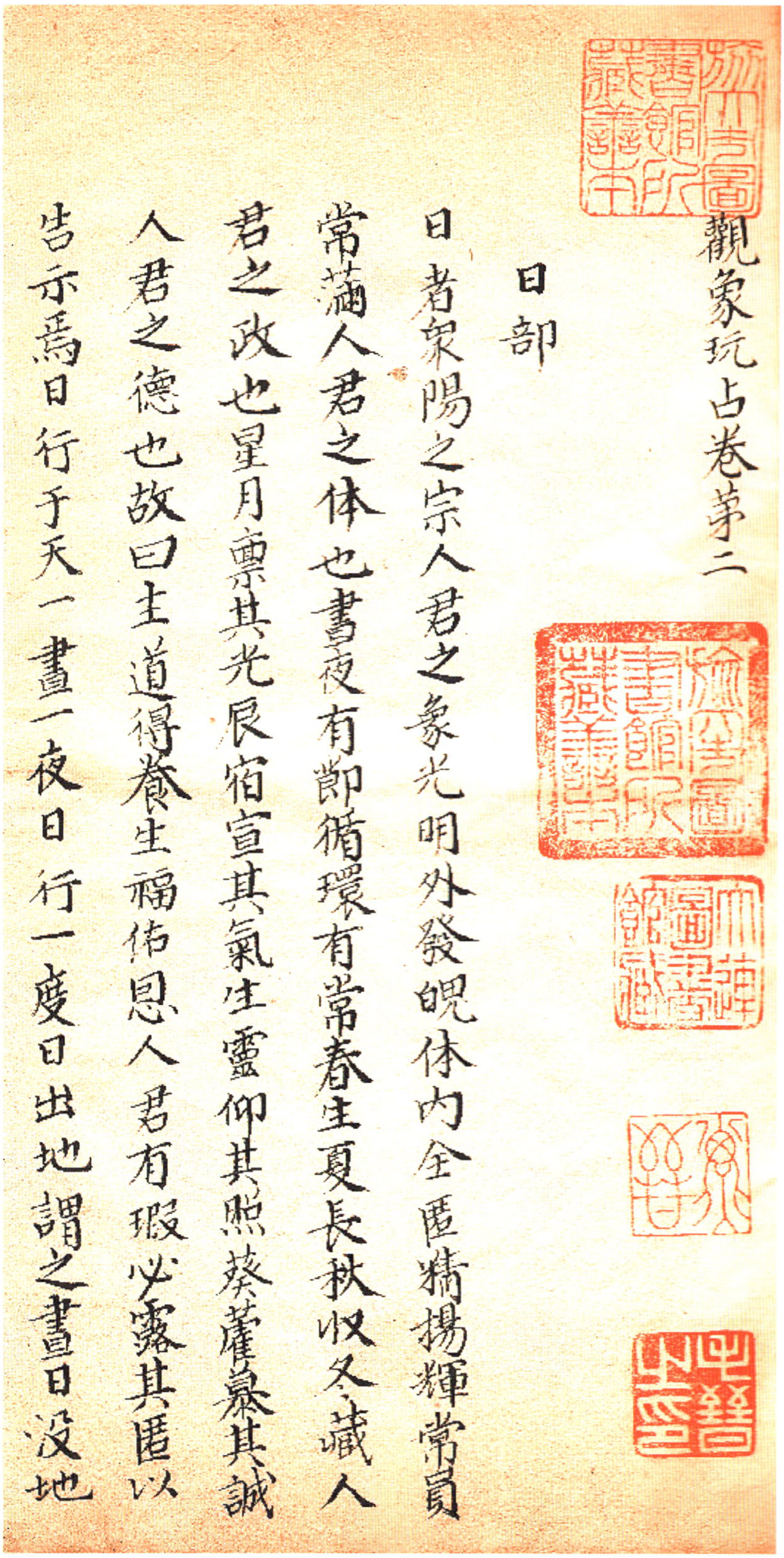

觀象玩占卷第二

日部

日者衆陽之宗人君之象光明外發晲体內全匿精揚輝常員
常滿人君之体也晝夜有節循環有常春生夏長秋收冬藏人
君之政也星月禀其光辰宿宣其氣生靈仰其照葵藿慕其誠
人君之德也故曰主道得養生福佑恩人君有瑕必露其匿以
告示焉日行于天一晝一夜日行一度日出地謂之晝日没地

20179　觀象玩占五十卷　題（唐）李淳風撰　明抄本　大連圖書館

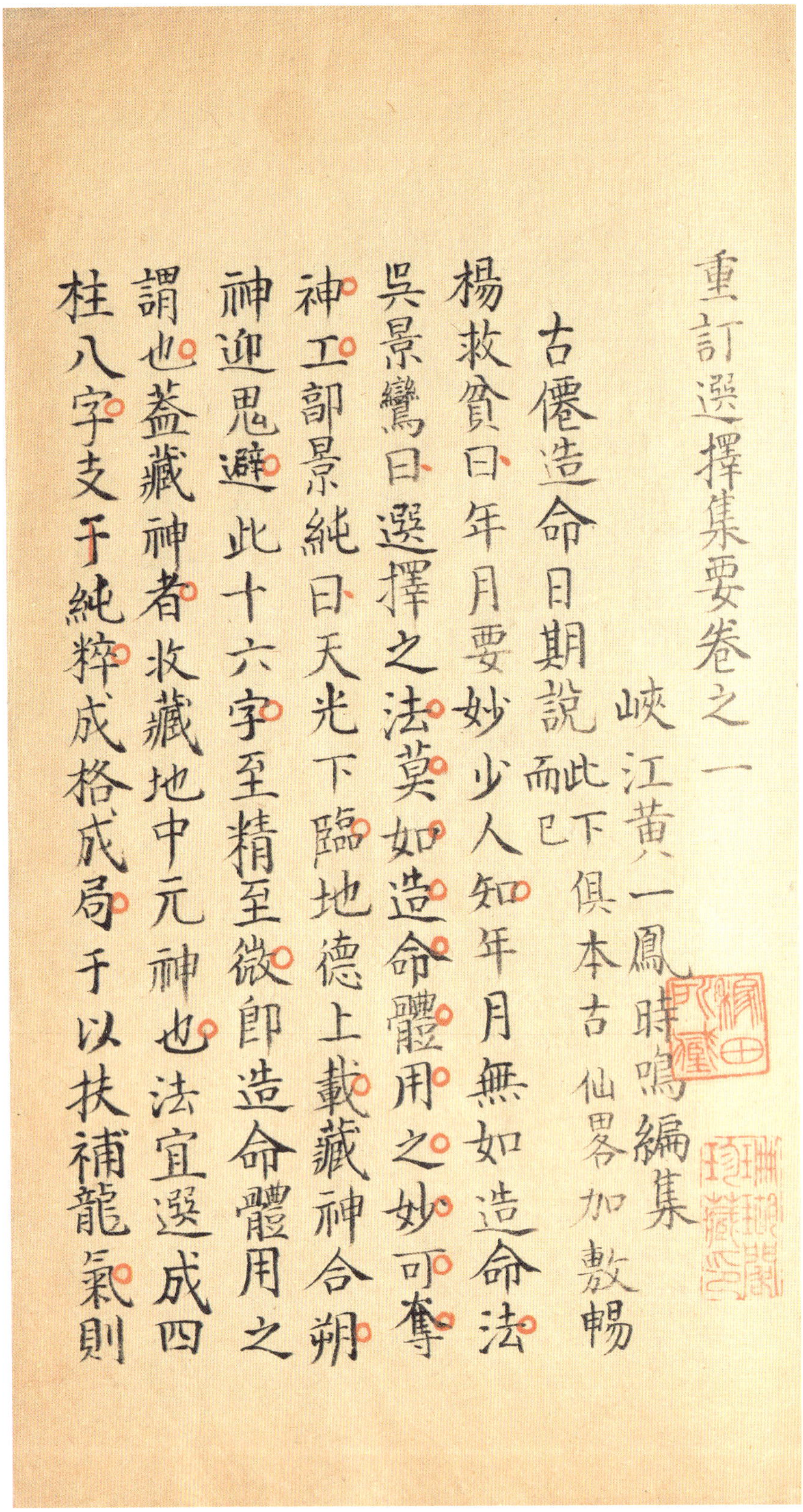

重訂選擇集要卷之一
峽江黃一鳳時鳴編集
古僊造命日期說此下俱本古仙畧加敷暢而已
楊救貧曰年月要妙少人知年月無如造命法
吳景鸞曰選擇之法莫如造命體用之妙可奪
神工部景純曰天光下臨地德上載藏神合朔
神迎鬼避此十六字至精至微即造命體用之
謂也葢藏神者收藏地中元神也法宜選成四
柱八字支干純粹成格成局于以扶補龍氣則

20180　重訂選擇集要七卷　（明）黃一鳳編集　明抄本　遼寧省圖書館

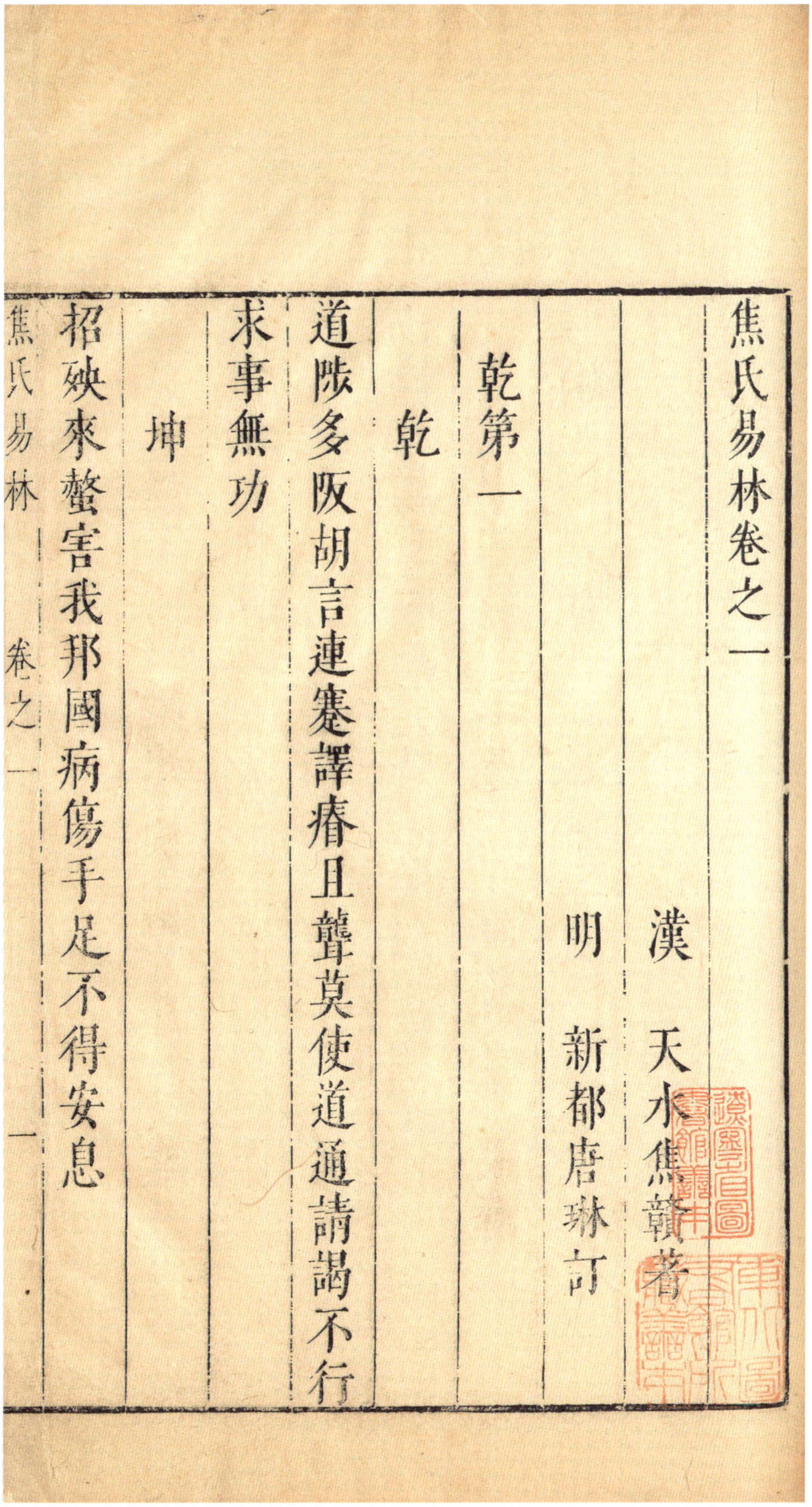

焦氏易林卷之一

漢　天水焦贛著

明　新都唐琳訂

乾第一

乾

道陟多阪胡言連蹇譯瘖且聾莫使道通請謁不行求事無功

坤

招殃來螫害我邦國病傷手足不得安息

焦氏易林　卷之一　一

20181　焦氏易林十六卷　題（漢）焦延壽撰　明天啓六年（1626）唐瑜、唐琳刻本　遼寧省圖書館

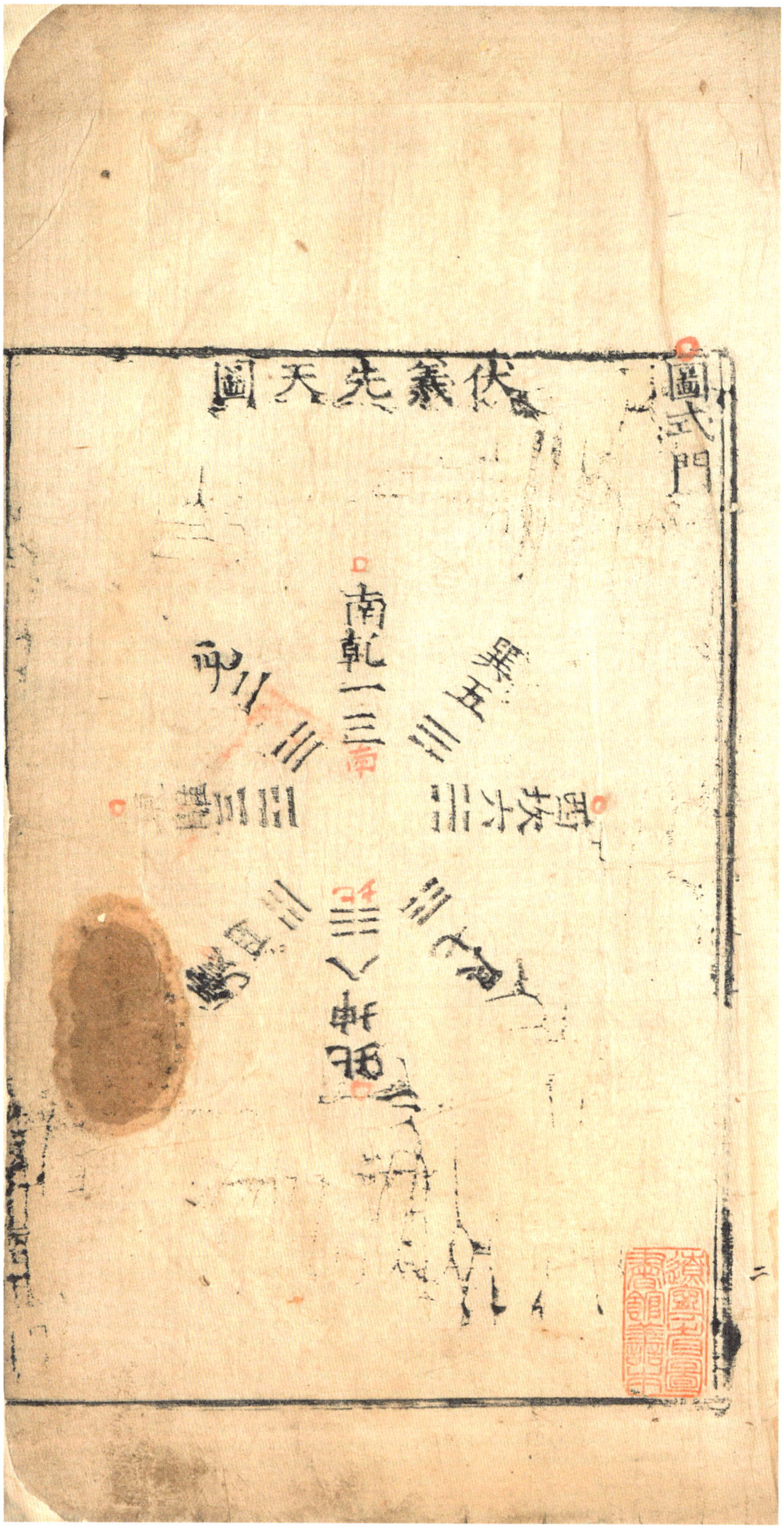

20182　**範圍數不分卷**　（明）趙迎撰　明嘉靖刻本　遼寧省圖書館

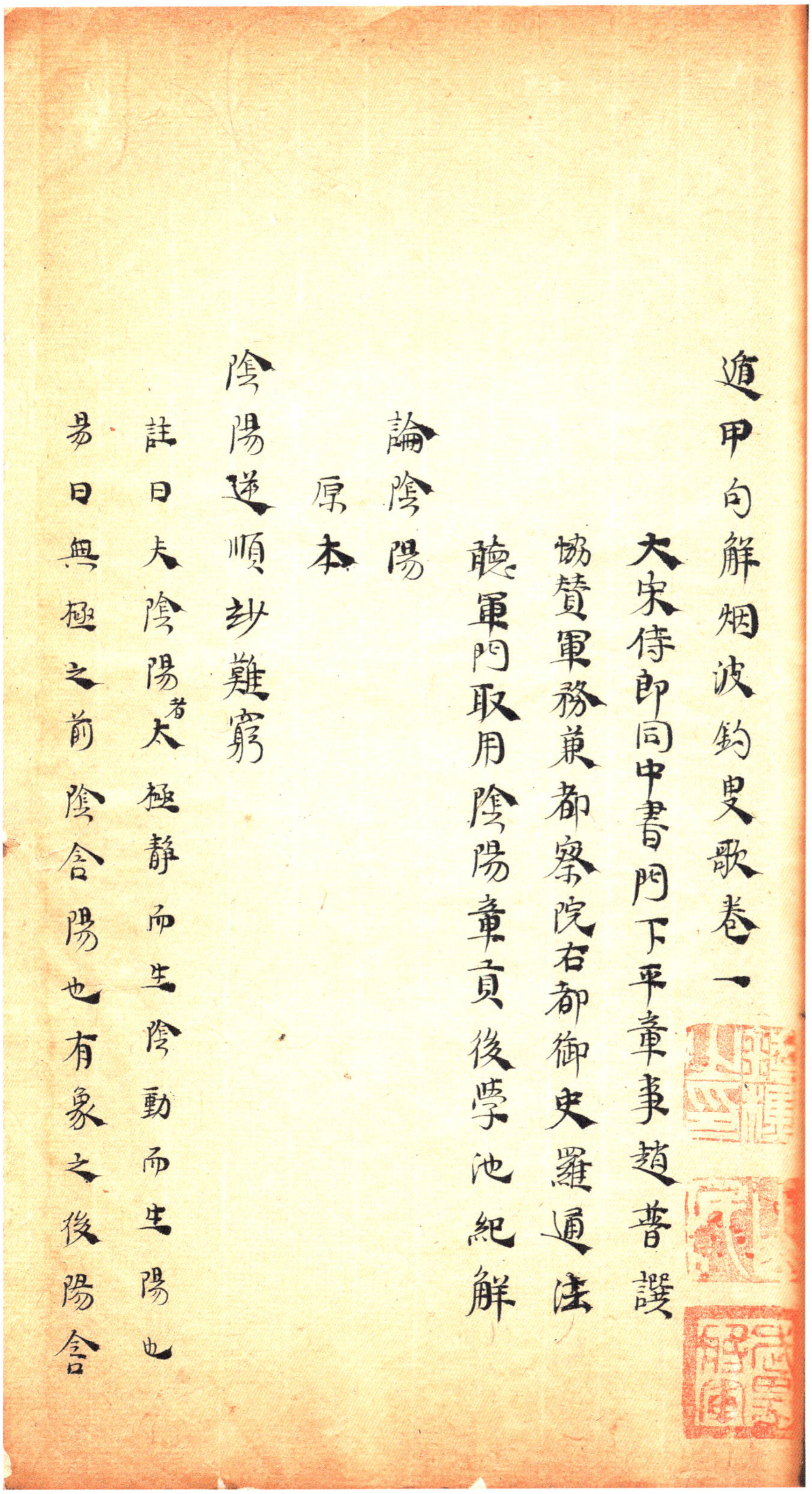

遁甲句解烟波釣叟歌卷一

大宋侍郎同中書門下平章事趙普譔

協贊軍務兼都察院右都御史羅通法

聽軍門取用陰陽童頁後學池紀解

論陰陽

原本

陰陽逆順妙難窮

註曰夫陰陽者太極靜而生陰動而生陽也

易曰無極之前陰含陽也有象之後陽含

20183 遁甲句解烟波釣叟歌十二卷 題（宋）趙普撰 （明）羅通法 （明）池紀解 明抄本 大連圖書館

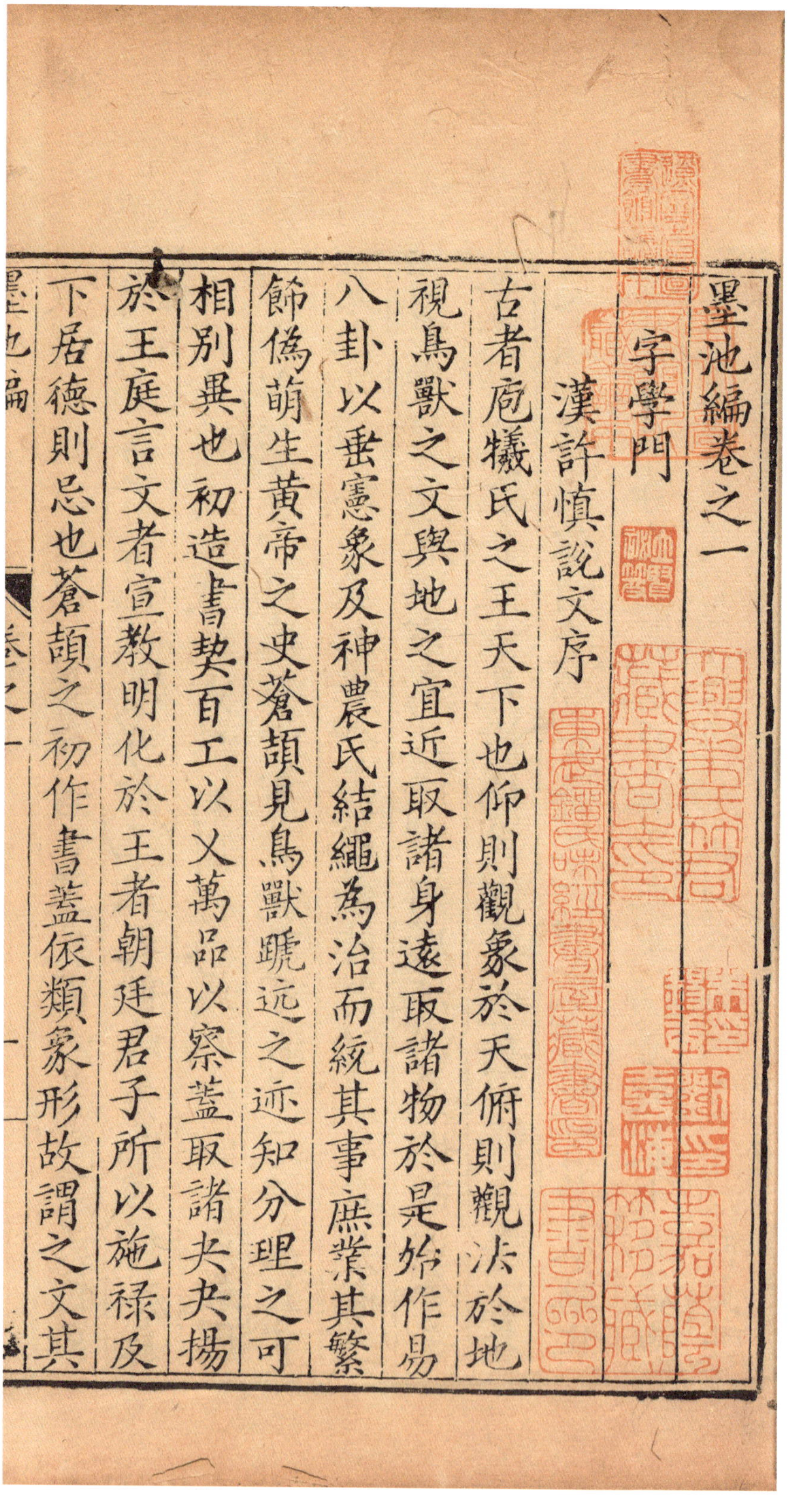
墨池編卷之一
字學門
漢許慎說文序
古者庖犧氏之王天下也仰則觀象於天俯則觀法於地視鳥獸之文與地之宜近取諸身遠取諸物於是始作易八卦以垂憲象及神農氏結繩為治而統其事庶業其繁飾偽萌生黃帝之史蒼頡見鳥獸蹏迒之迹知分理之可相別異也初造書契百工以乂萬品以察蓋取諸夬夬揚於王庭言文者宣教明化於王者朝廷君子所以施祿及下居德則忌也蒼頡之初作書蓋依類象形故謂之文其
墨池編　卷之一　一

20184　墨池編六卷　（明）朱長文輯　明萬曆八年（1580）虞德燁等刻本

遼寧省圖書館

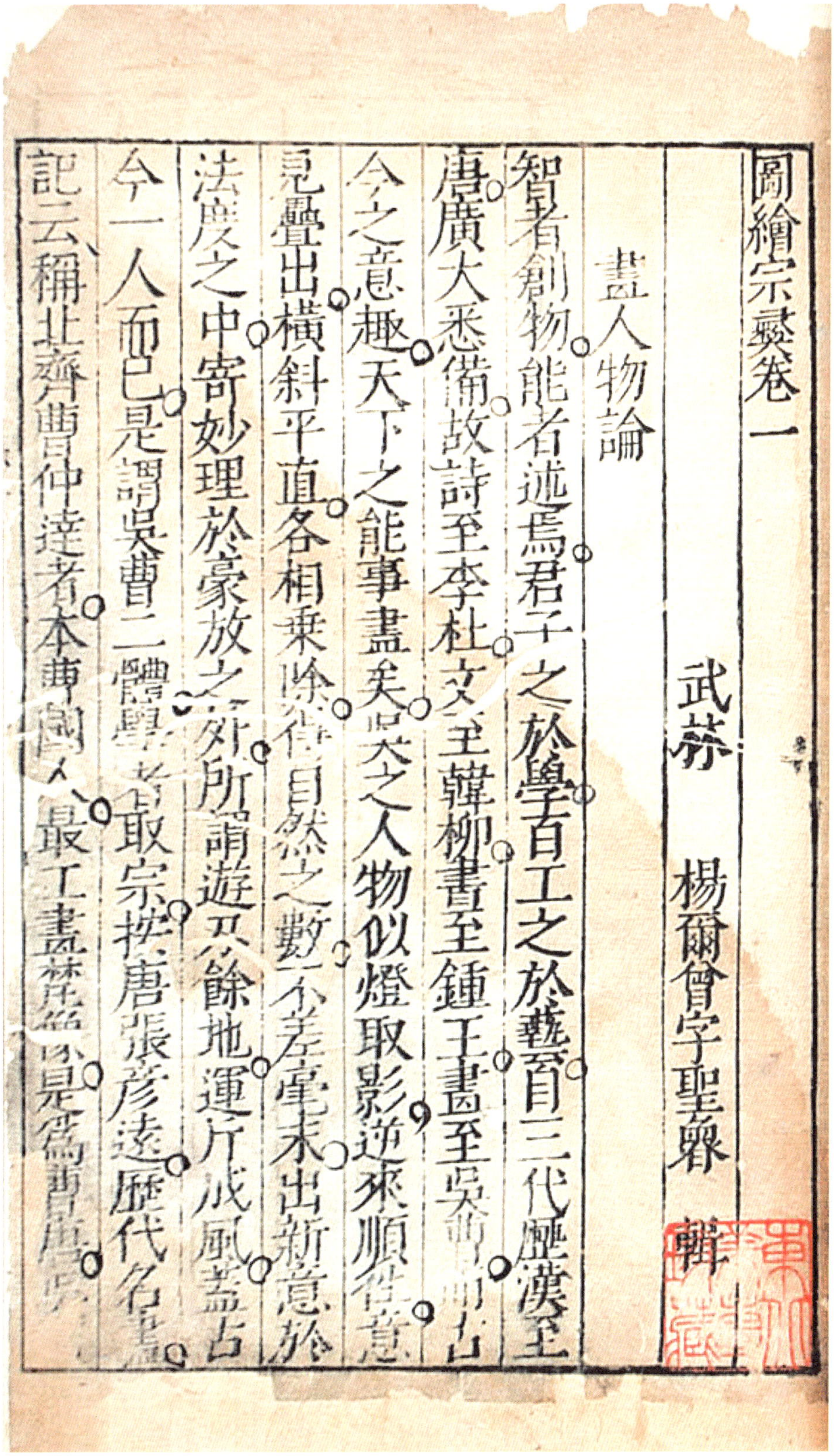
圖繪宗彝卷一
武林　楊爾曾字聖魯　輯
畫人物論
智者創物能者述焉君子之於學百工之於藝自三代歷漢至
唐廣大悉備故詩至李杜文至韓柳書至鍾王畫至吳道子而古
今之意趣天下之能事畢矣吳道子之人物似燈取影逆來順往意
見疊出橫斜平直各相乘除得自然之數不差毫末出新意於
法度之中寄妙理於豪放之外所謂遊刃餘地運斤成風蓋古
今一人而已是謂吳曹二體學者取宗按唐張彥遠歷代名畫
記云稱北齊曹仲達者本曹國人最工畫梵像是爲曹

20185　圖繪宗彝八卷　（明）楊爾曾輯　明萬曆三十五年（1607）夷白堂刻本　魯迅美術學院圖書館

存六卷（一至六）

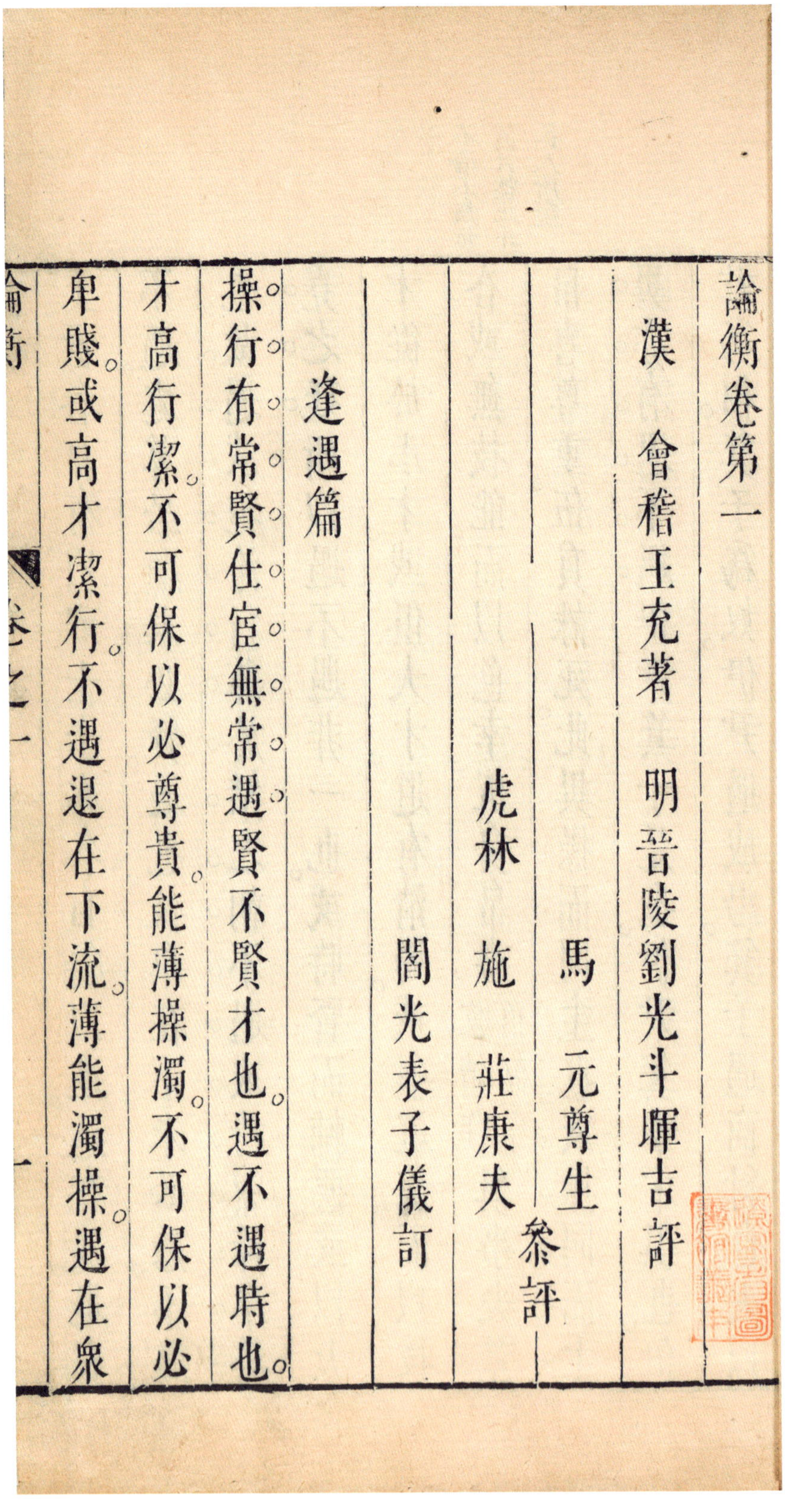

論衡卷第一

漢 會稽王充著　明 晉陵劉光斗暉吉評

馬　元尊生

虎林 施　莊康夫　叅評

閻光表子儀訂

逢遇篇

操行有常賢仕宦無常遇賢不賢才也遇不遇時也才高行潔不可保以必尊貴能薄操濁不可保以必卑賤或高才潔行不遇退在下流薄能濁操遇在衆

論衡　卷之一　一

20186　論衡三十卷　（漢）王充撰　（明）劉光斗評　明天啓六年（1626）閻光表刻本　遼寧省圖書館

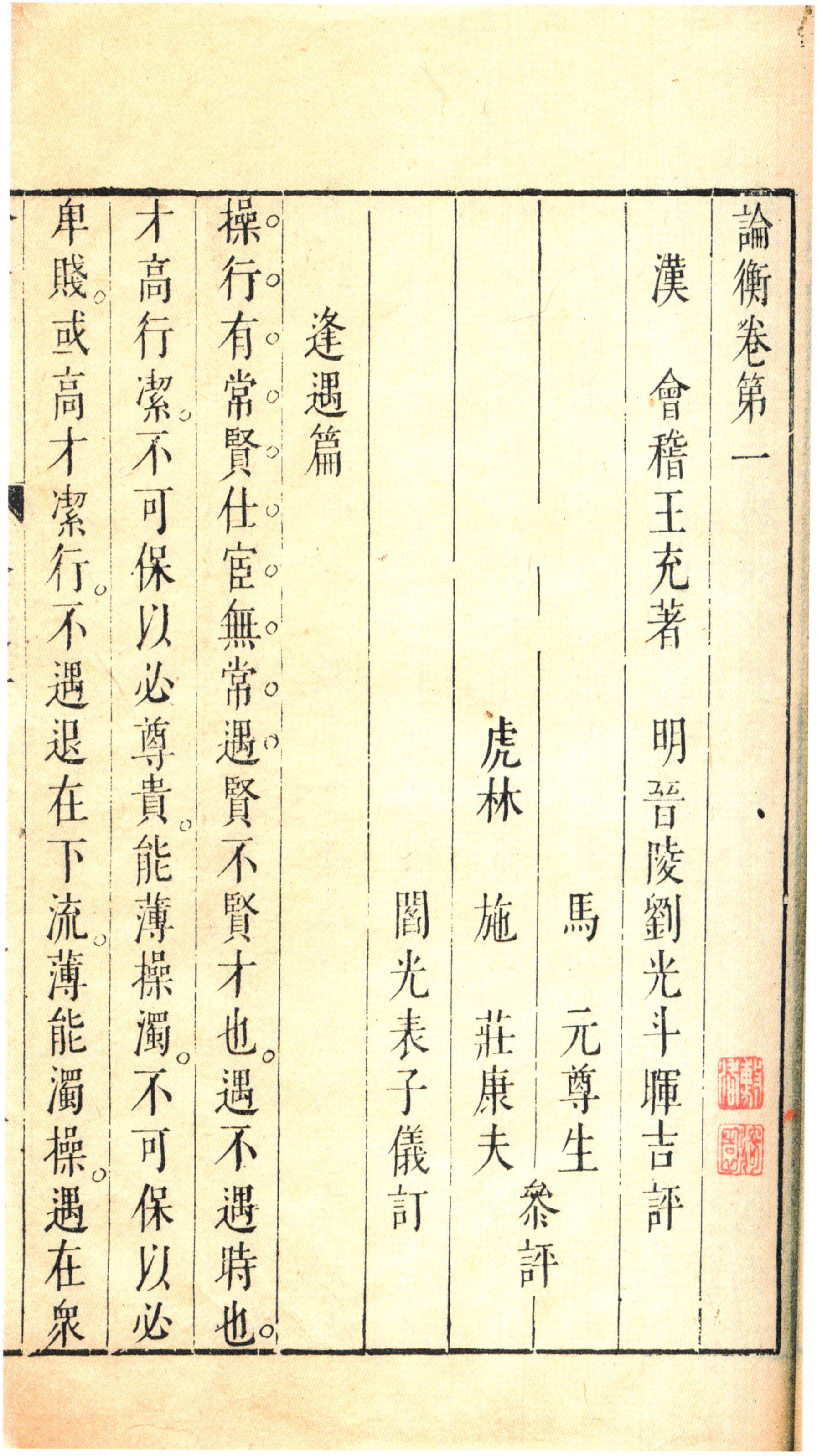

論衡卷第一

漢　會稽王充著　明晉陵劉光斗暉吉評

馬　元尊生

虎林　施　莊康夫　參評

閻光表子儀訂

逢遇篇

操行有常賢仕宦無常遇賢不賢才也遇不遇時也才高行潔不可保以必尊貴能薄操濁不可保以必卑賤或高才潔行不遇退在下流薄能濁操遇在衆

20187　論衡三十卷　（漢）王充撰　（明）劉光斗評　明天啓六年（1626）閻光表刻本　遼寧大學圖書館

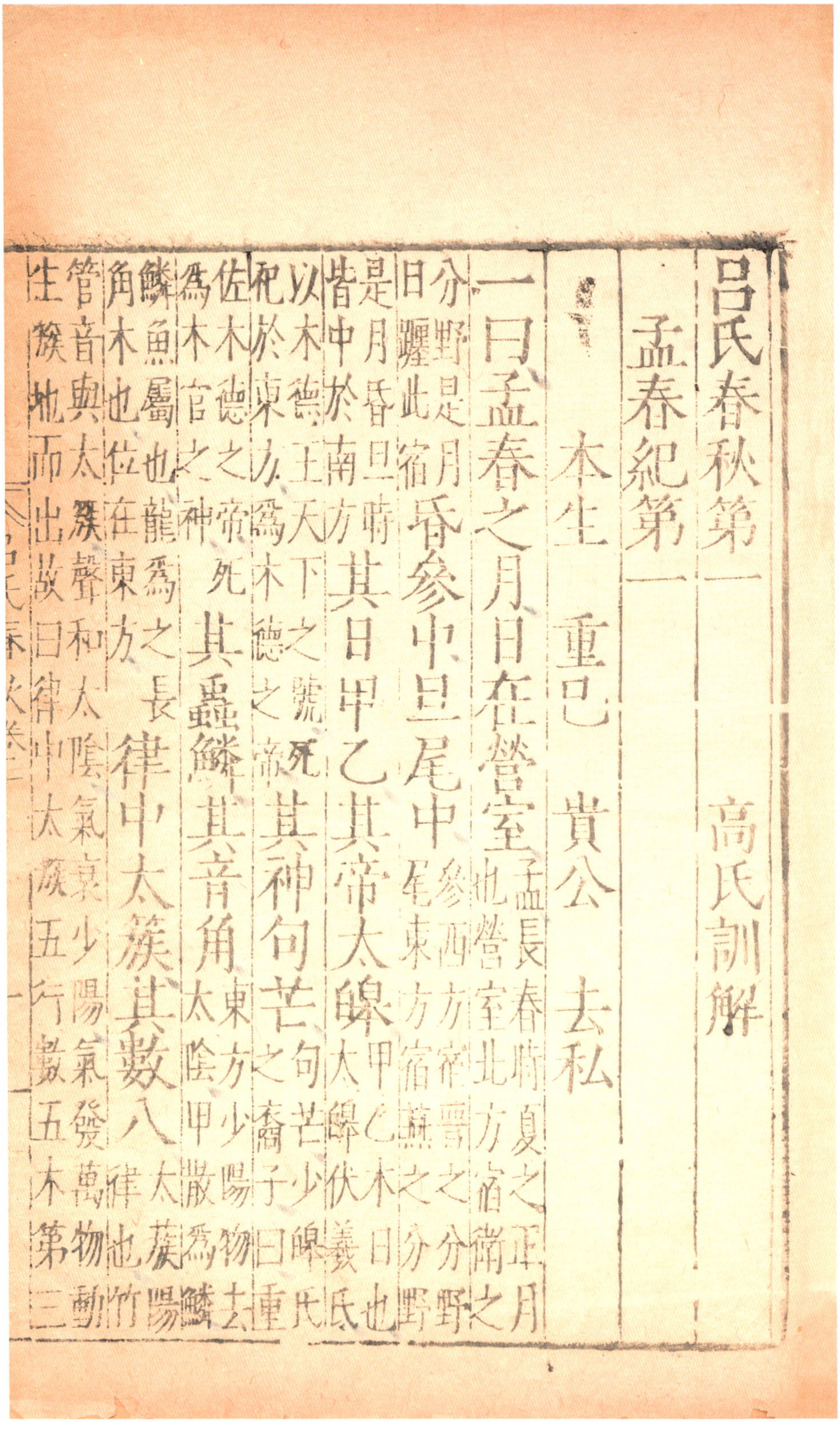

呂氏春秋第一　　高氏訓解
孟春紀第一
本生　重己　貴公　去私
一曰孟春之月日在營室孟長春時夏之正月也營室北方宿衛之分野是月日躔此宿昏參中旦尾中參西方宿晉之分野尾東方宿燕之分野是月昏旦時皆中於南方其日甲乙甲乙木日也太皞伏羲氏其帝太皞以木德王天下之號死祀於東方爲木德之帝其神句芒句芒少皞氏之裔子曰重佐木德之帝死爲木官之神其蟲鱗其音角東方少陽物去太陰甲散爲鱗鱗魚屬也龍爲之長角木也位在東方律中太蔟其數八太蔟陽律也竹管音與太蔟聲和太陰氣衰少陽氣發萬物動生蔟地而出故曰律中太蔟五行數五木第三

20188　呂氏春秋二十六卷　（秦）呂不韋撰　（漢）高誘訓解　明萬曆七年（1579）刻本　遼寧大學圖書館

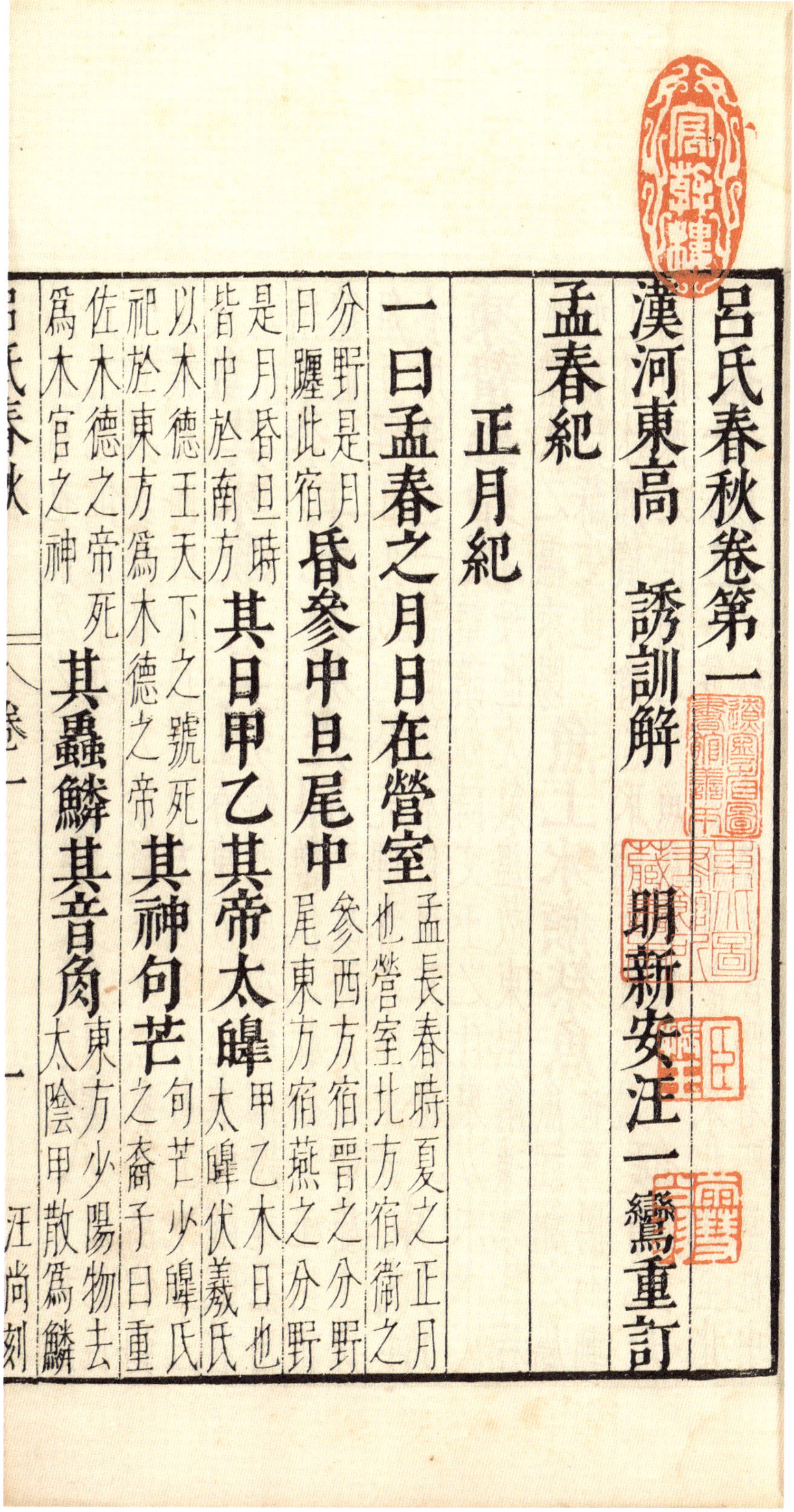

呂氏春秋卷第一

漢河東高　誘訓解　明新安汪一鸞重訂

孟春紀

正月紀

一曰孟春之月日在營室孟長春時夏之正月也營室北方宿衛之分野是月日躔此宿昏參中旦尾中參西方宿晉之分野尾東方宿燕之分野是月昏旦時皆中於南方其日甲乙其帝太皞甲乙木日也太皞伏羲氏以木德王天下之號死祀於東方爲木德之帝其神句芒句芒少皞氏之裔子曰重佐木德之帝死爲木官之神其蟲鱗其音角東方少陽物去太陰甲散爲鱗

呂氏春秋　卷一　一　汪尚刻

20189　呂氏春秋二十六卷　（秦）呂不韋撰　（漢）高誘訓解　（明）汪一鸞重訂　明萬曆三十三年（1605）汪一鸞刻本　遼寧省圖書館

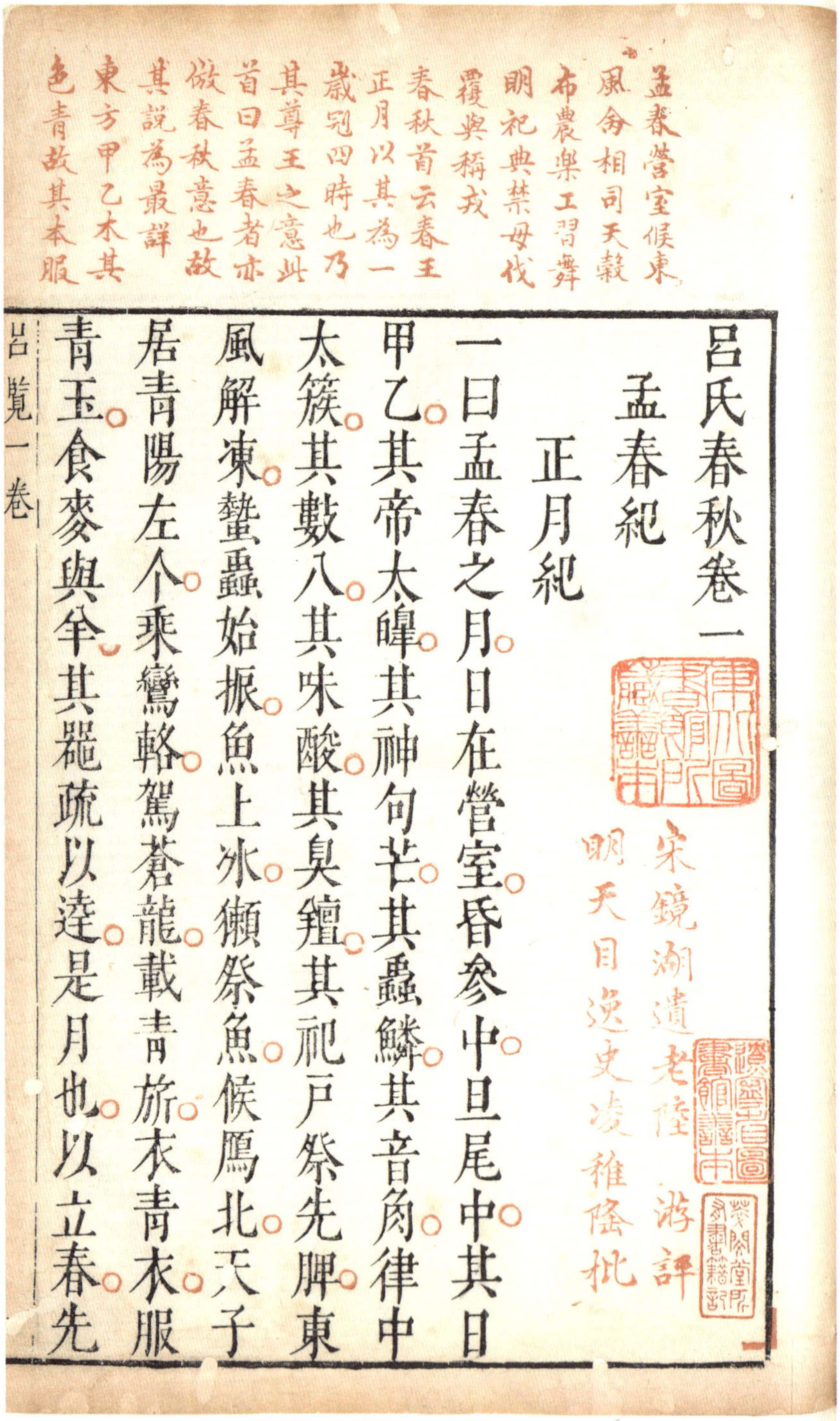
孟春營室候東
風令相司天穀
布農樂工習舞
明祀典禁毋伐
覆與稱戎
春秋首云春王
正月以其為一
歲冠四時也乃
其尊王之意與
首曰孟春者亦
倣春秋意也故
其説為最詳
東方甲乙木其
色青故其本服

呂氏春秋卷一
孟春紀
正月紀
一曰孟春之月日在營室昏參中旦尾中其日
甲乙其帝太皞其神句芒其蟲鱗其音角律中
太簇其數八其味酸其臭羶其祀戶祭先脾東
風解凍蟄蟲始振魚上冰獺祭魚候鴈北天子
居青陽左个乘鸞輅駕蒼龍載青旂衣青衣服
青玉食麥與羊其器疏以達是月也以立春先

宋鏡湖遺老陸游評
明天目逸史凌稚隆批

呂覽一卷

20190　呂氏春秋二十六卷　題（宋）陸游評　（明）凌稚隆批　明萬曆四十八年（1620）凌毓枏刻朱墨套印本　遼寧省圖書館

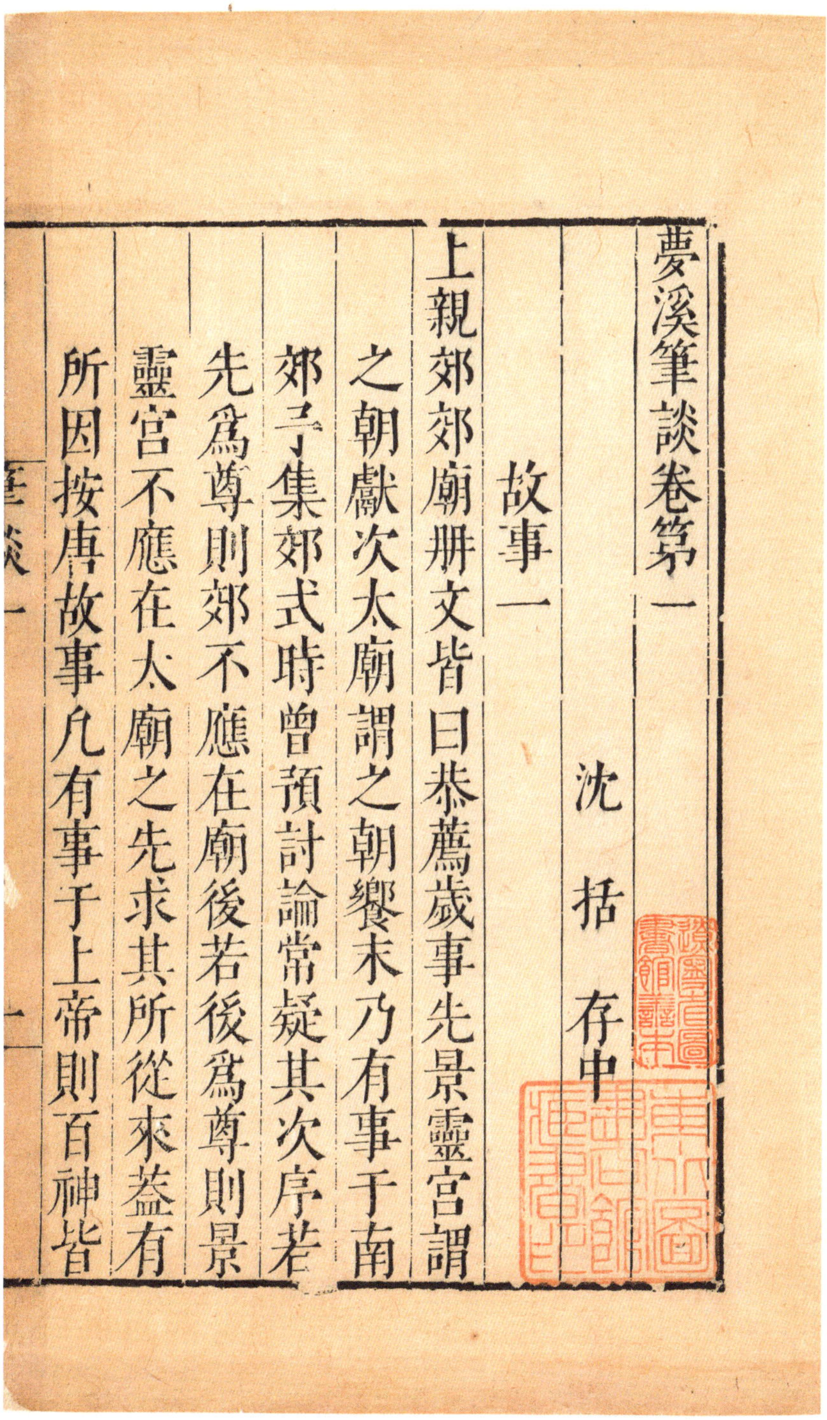
夢溪筆談卷第一
沈括存中
故事一
上親郊郊廟冊文皆曰恭薦歲事先景靈宮謂
之朝獻次太廟謂之朝饗末乃有事于南
郊予集郊式時曾預討論常疑其次序若
先爲尊則郊不應在廟後若後爲尊則景
靈宮不應在太廟之先求其所從來葢有
所因按唐故事凡有事于上帝則百神皆
筆談一
一

20191　夢溪筆談二十六卷補筆談三卷續筆談一卷　（宋）沈括撰

明崇禎四年（1631）馬元調刻本　遼寧省圖書館

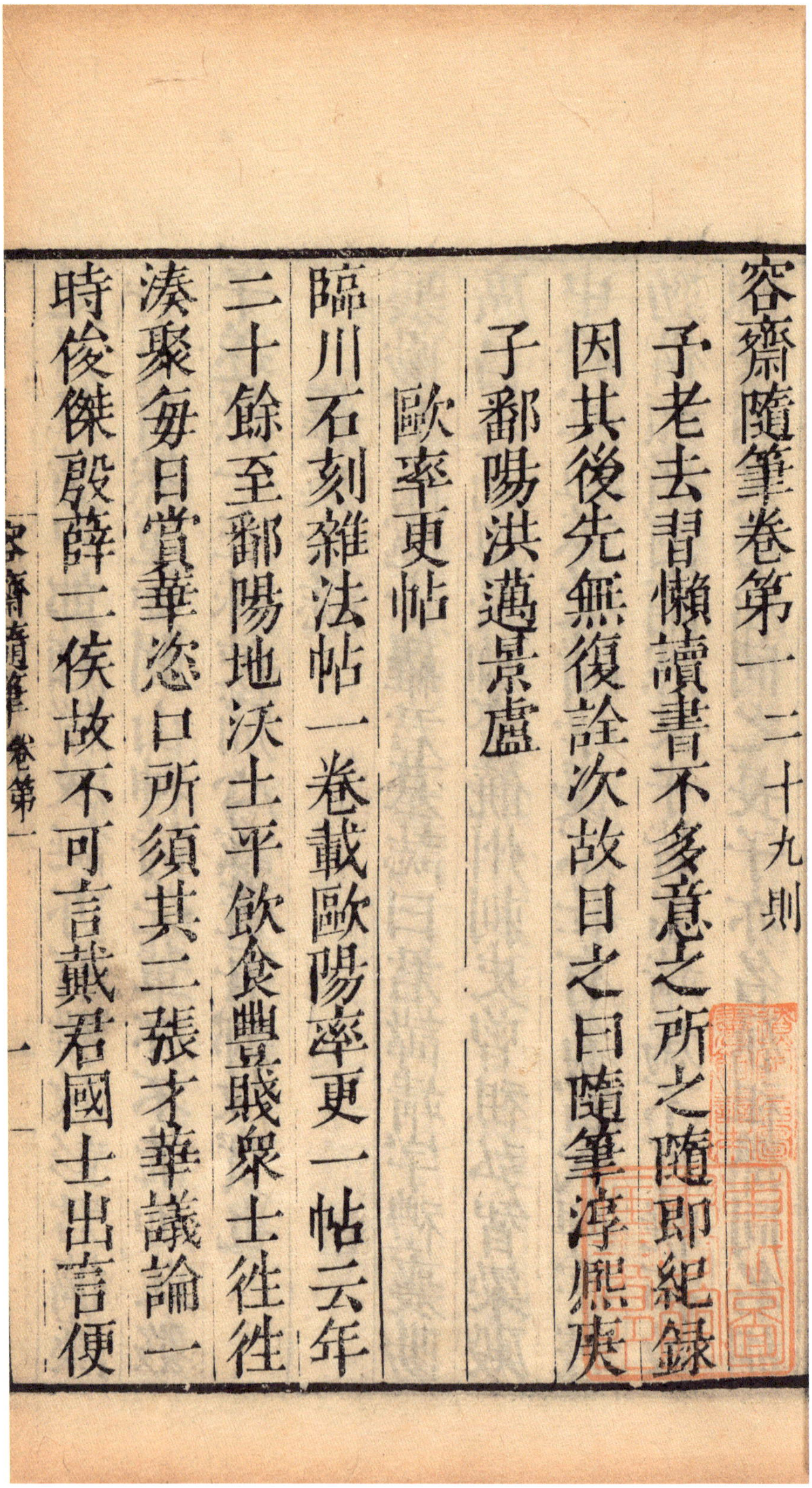
容齋隨筆卷第一　二十九則
予老去習懶讀書不多意之所之隨即紀錄
因其後先無復詮次故目之曰隨筆淳熙庚
子鄱陽洪邁景盧
歐率更帖
臨川石刻雜法帖一卷載歐陽率更一帖云年
二十餘至鄱陽地沃土平飲食豐賤衆士往往
湊聚每日賞華恣口所須其二張才華議論一
時俊傑殷薛二侯故不可言戴君國士出言便
容齋隨筆　卷第一　一

20192　容齋隨筆十六卷續筆十六卷三筆十六卷四筆十六卷五筆十卷　（宋）洪邁撰　明崇禎三年（1630）馬元調刻本　遼寧省圖書館

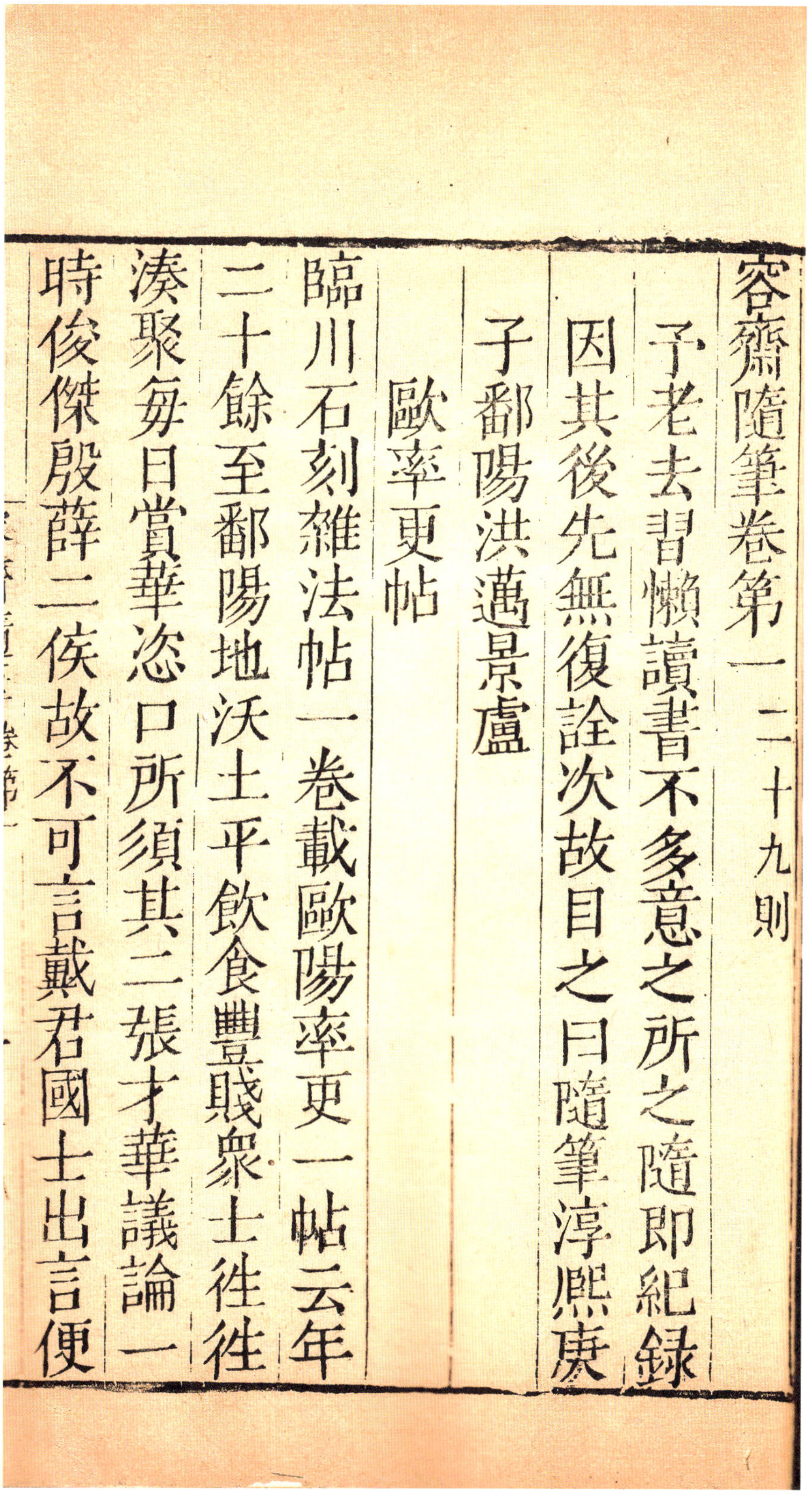
容齋隨筆卷第一　二十九則
予老去習懶讀書不多意之所之隨即紀錄
因其後先無復詮次故目之曰隨筆淳熙庚
子鄱陽洪邁景盧
歐率更帖
臨川石刻雜法帖一卷載歐陽率更一帖云年
二十餘至鄱陽地沃土平飲食豐賤衆士往往
湊聚每日賞華恣口所須其二張才華議論一
時俊傑殷薛二侯故不可言戴君國士出言便

20193　容齋隨筆十六卷續筆十六卷三筆十六卷四筆十六卷五筆十卷　（宋）洪邁撰　明崇禎三年（1630）馬元調刻本　大連圖書館

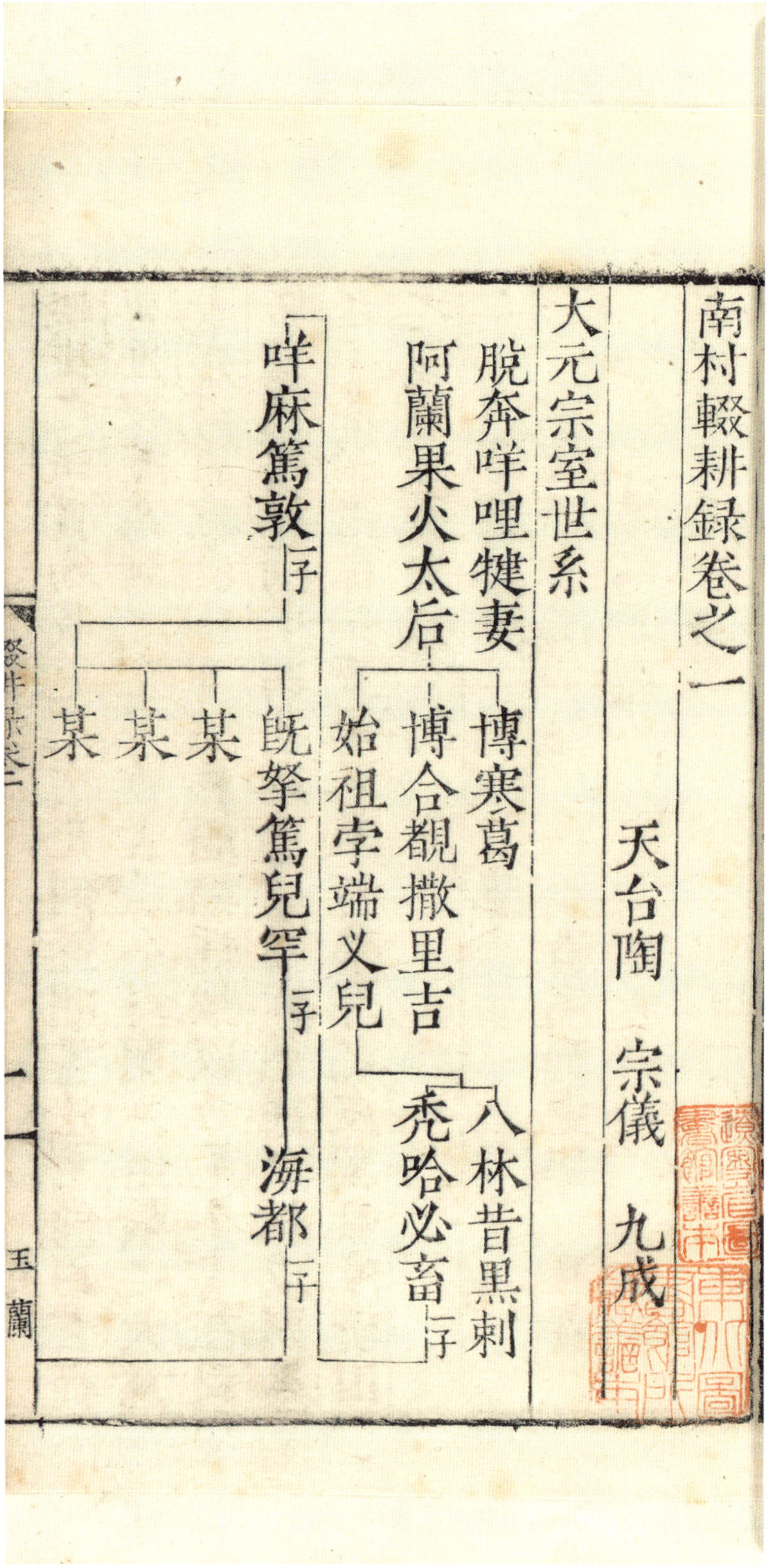
南村輟耕録卷之一
天台陶　宗儀　九成
大元宗室世系
脱奔咩哩犍妻
阿蘭果火太后
博寒葛
博合覩撒里吉
始祖孛端义兒
八林昔黑剌　子
秃哈必畜　子
咩麻篤敦　子
既拏篤兒罕　子
海都　子
某
某
某
輟耕録卷一
玉蘭

20194　南村輟耕録三十卷　（明）陶宗儀撰　明玉蘭草堂刻本　遼寧省圖書館

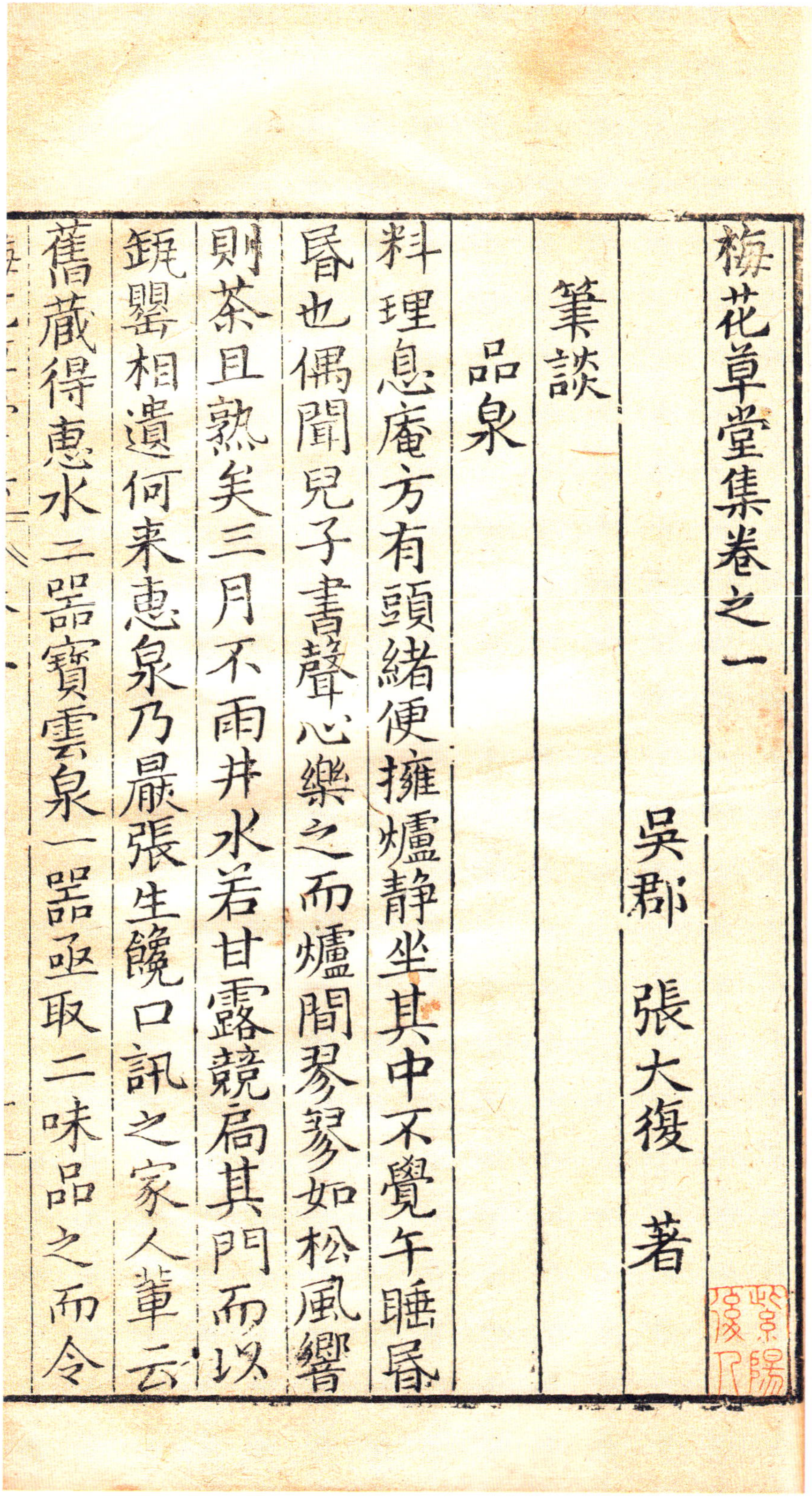
梅花草堂集卷之一
吳郡　張大復　著
筆談
品泉
料理息庵方有頭緒便擁爐靜坐其中不覺午睡昏
昏也偶聞兒子書聲心樂之而爐間㣇㣇如松風響
則茶且熟矣三月不雨井水若甘露競扃其門而以
瓶罌相遺何來惠泉乃㝡張生饞口訊之家人輩云
舊藏得惠水二器寶雲泉一器亟取二味品之而令

20195　梅花草堂集十四卷（明）張大復撰　明崇禎刻清順治十二年（1655）張安淳重修本　大連圖書館

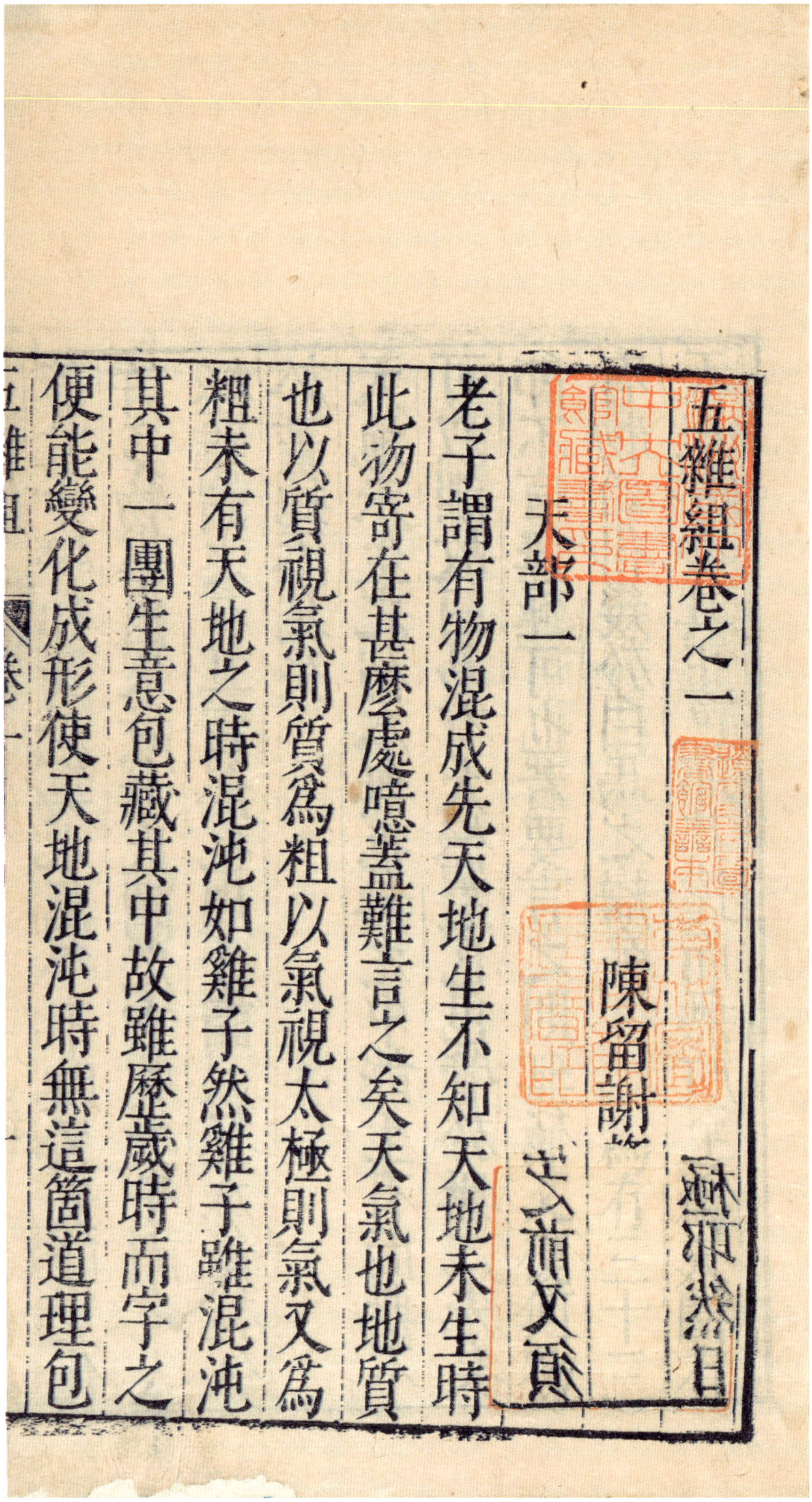
五雜組卷之一
天部一
陳留謝
老子謂有物混成先天地生不知天地未生時
此物寄在甚麽處噫蓋難言之矣天氣也地質
也以質視氣則質爲粗以氣視太極則氣又爲
粗未有天地之時混沌如雞子然雞子雖混沌
其中一團生意包藏其中故雖歷歲時而字之
便能變化成形使天地混沌時無這箇道理包
五雜組 卷一

20196　五雜組十六卷　（明）謝肇淛撰　明刻本　遼寧省圖書館

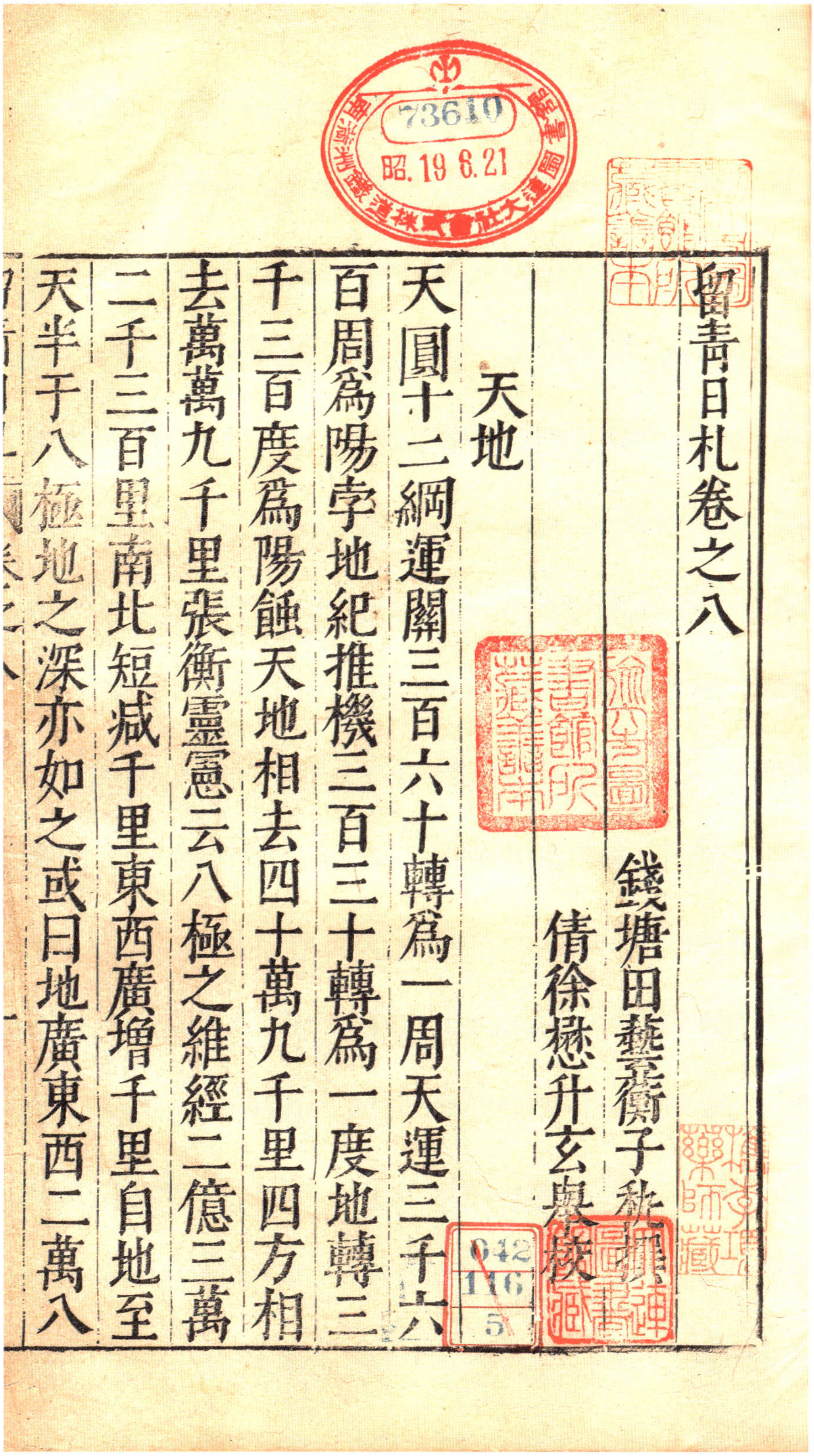
留青日札卷之八
錢塘田藝蘅子秇甫撰
倩徐懋升玄臯校
天地
天圓十二綱運關三百六十轉爲一周天運三千六
百周爲陽孛地紀推機三百三十轉爲一度地轉三
千三百度爲陽[illegible]天地相去四十萬九千里四方相
去萬萬九千里張衡靈憲云八極之維經二億三萬
二千三百里南北短減千里東西廣增千里自地至
天半于八極地之深亦如之或曰地廣東西二萬八

20197　留青日札三十九卷　（明）田藝蘅撰　明萬曆三十七年（1609）徐懋升刻本　大連圖書館

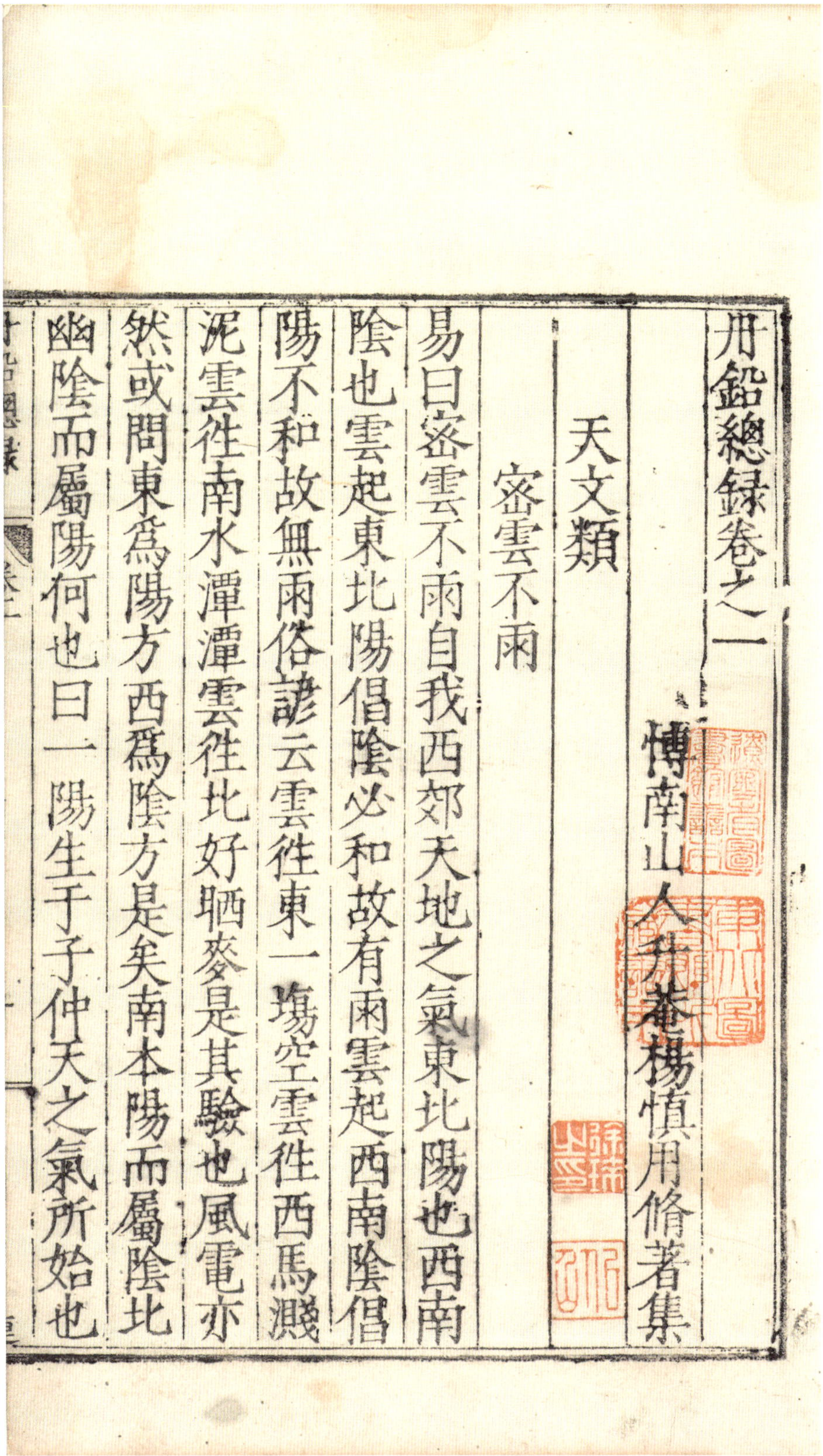
丹鉛總録卷之一
博南山人升菴楊慎用修著集
天文類
密雲不雨
易曰密雲不雨自我西郊天地之氣東北陽也西南陰也雲起東北陽倡陰必和故有雨雲起西南陰倡陽不和故無雨俗諺云雲往東一場空雲往西馬濺泥雲往南水潭潭雲往北好晒麥是其驗也風雹亦然或問東爲陽方西爲陰方是矣南本陽而屬陰北幽陰而屬陽何也曰一陽生于子仲天之氣所始也

20198　丹鉛總録二十七卷　（明）楊慎撰　明隆慶凌雲翼、黄思近刻本

遼寧省圖書館

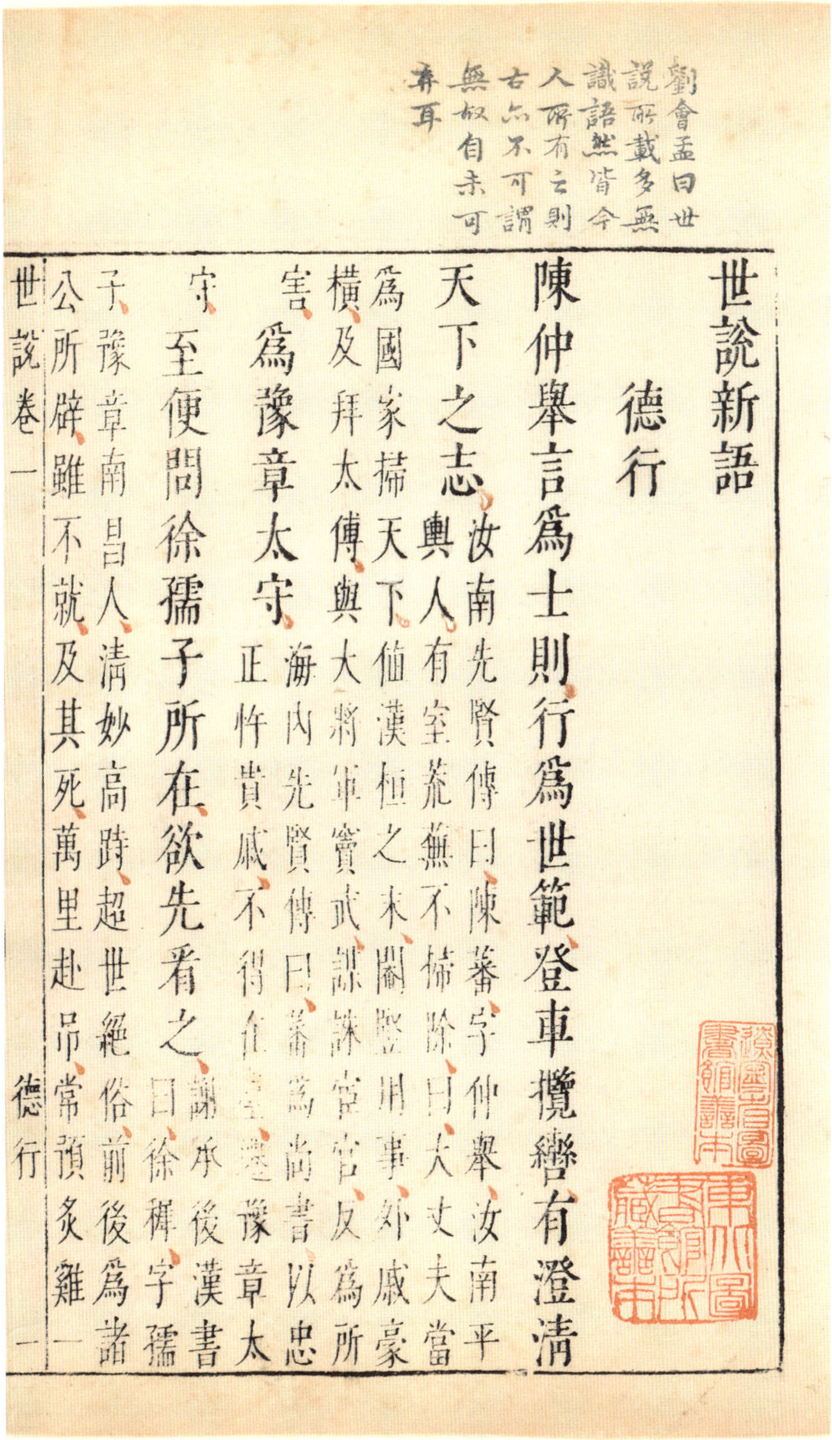

劉會孟曰世說所載多無識語然皆今人所有之則古亦不可謂無故自未可棄耳

世說新語

德行

陳仲舉言爲士則行爲世範登車攬轡有澄清天下之志 汝南先賢傳曰陳蕃字仲舉汝南平輿人有室荒蕪不掃除曰大丈夫當爲國家掃天下值漢桓之末閹豎用事外戚豪橫及拜太傅與大將軍竇武謀誅宦官反爲所害 爲豫章太守 海內先賢傳曰蕃爲尚書以忠正忤貴戚不得在臺遷豫章太守 至便問徐孺子所在欲先看之 謝承後漢書曰徐稺字孺子豫章南昌人清妙高跱超世絕俗前後爲諸公所辟雖不就及其死萬里赴弔常預炙雞一

世說卷一 德行 一

20199 世說新語八卷 （南朝宋）劉義慶撰 （南朝梁）劉孝標注 （宋）劉辰翁 （宋）劉應登 （明）王世懋評 明凌瀛初刻四色套印本 遼寧省圖書館

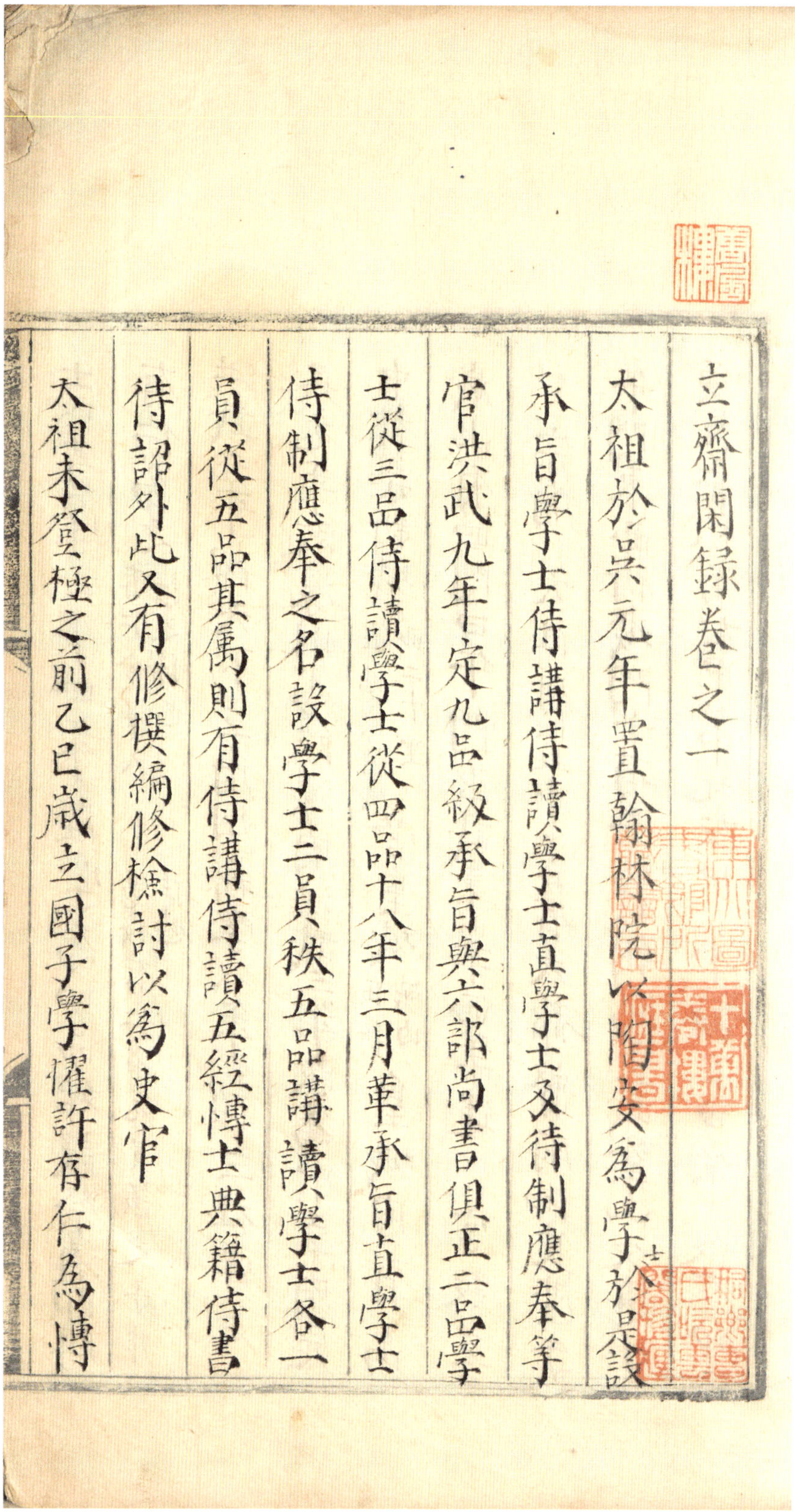
立齋閑録卷之一
太祖於吳元年置翰林院以陶安為學士於是設
承旨學士侍講侍讀學士直學士及待制應奉等
官洪武九年定九品級承旨與六部尚書俱正二品學
士從三品侍讀學士從四品十八年三月革承旨直學士
待制應奉之名設學士一員秩五品講讀學士各一
員從五品其屬則有侍講侍讀五經博士典籍侍書
待詔外此又有修撰編修檢討以為史官
太祖未登極之前乙巳歳立國子學擢許存仁為博

20200　立齋閑録四卷　（明）宋端儀撰　明抄本　羅振玉跋　遼寧省圖書館

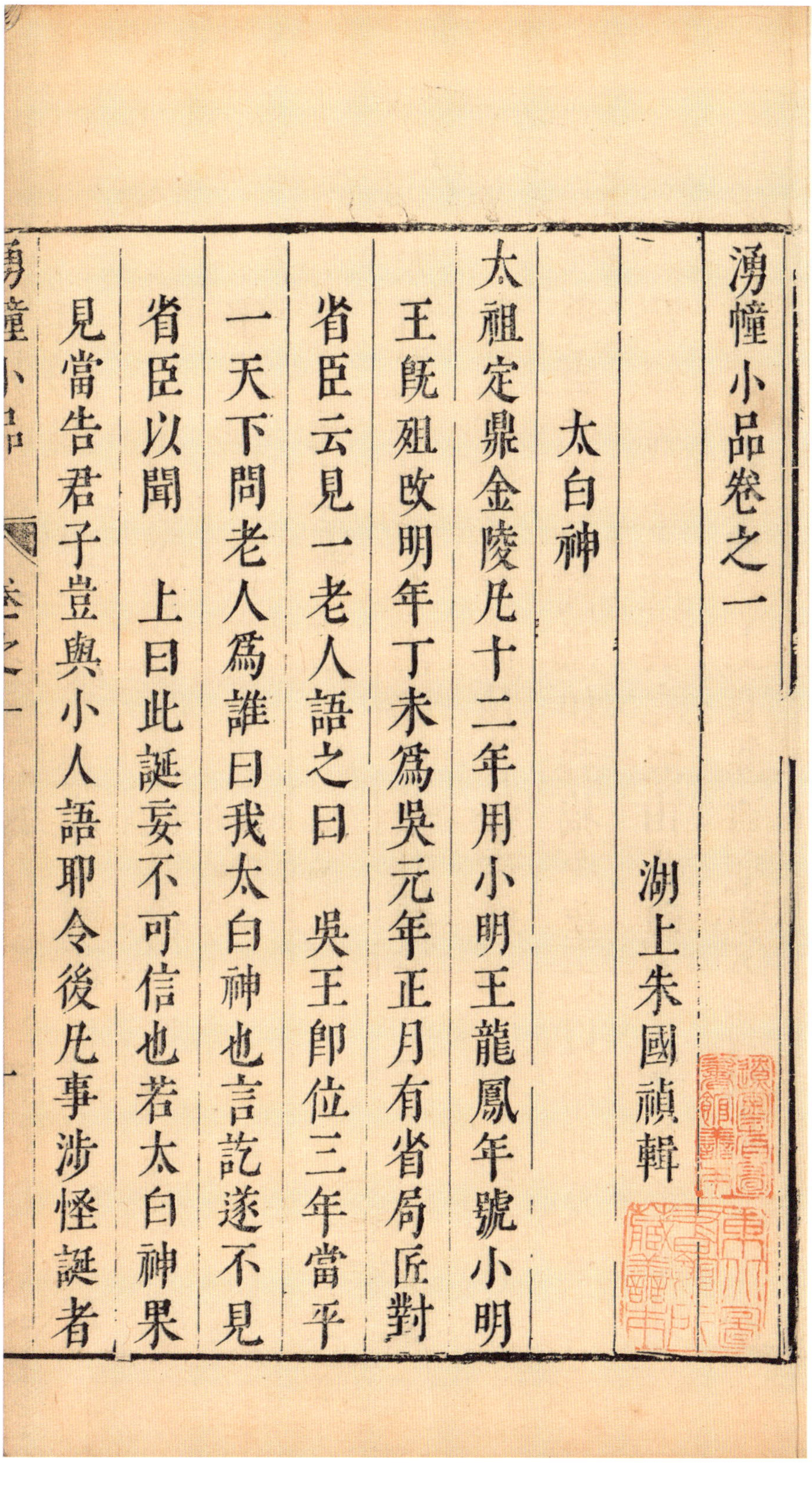
湧幢小品卷之一
湖上朱國禎輯
太白神
太祖定鼎金陵凡十二年用小明王龍鳳年號小明王旣殂改明年丁未爲吳元年正月有省局匠對省臣云見一老人語之曰　吳王卽位三年當平一天下問老人爲誰曰我太白神也言訖遂不見省臣以聞　上曰此誕妄不可信也若太白神果見當告君子豈與小人語耶令後凡事涉怪誕者
湧幢小品　卷之一　一

20201　湧幢小品三十二卷（明）朱國禎撰　明天啓二年（1622）刻本
遼寧省圖書館

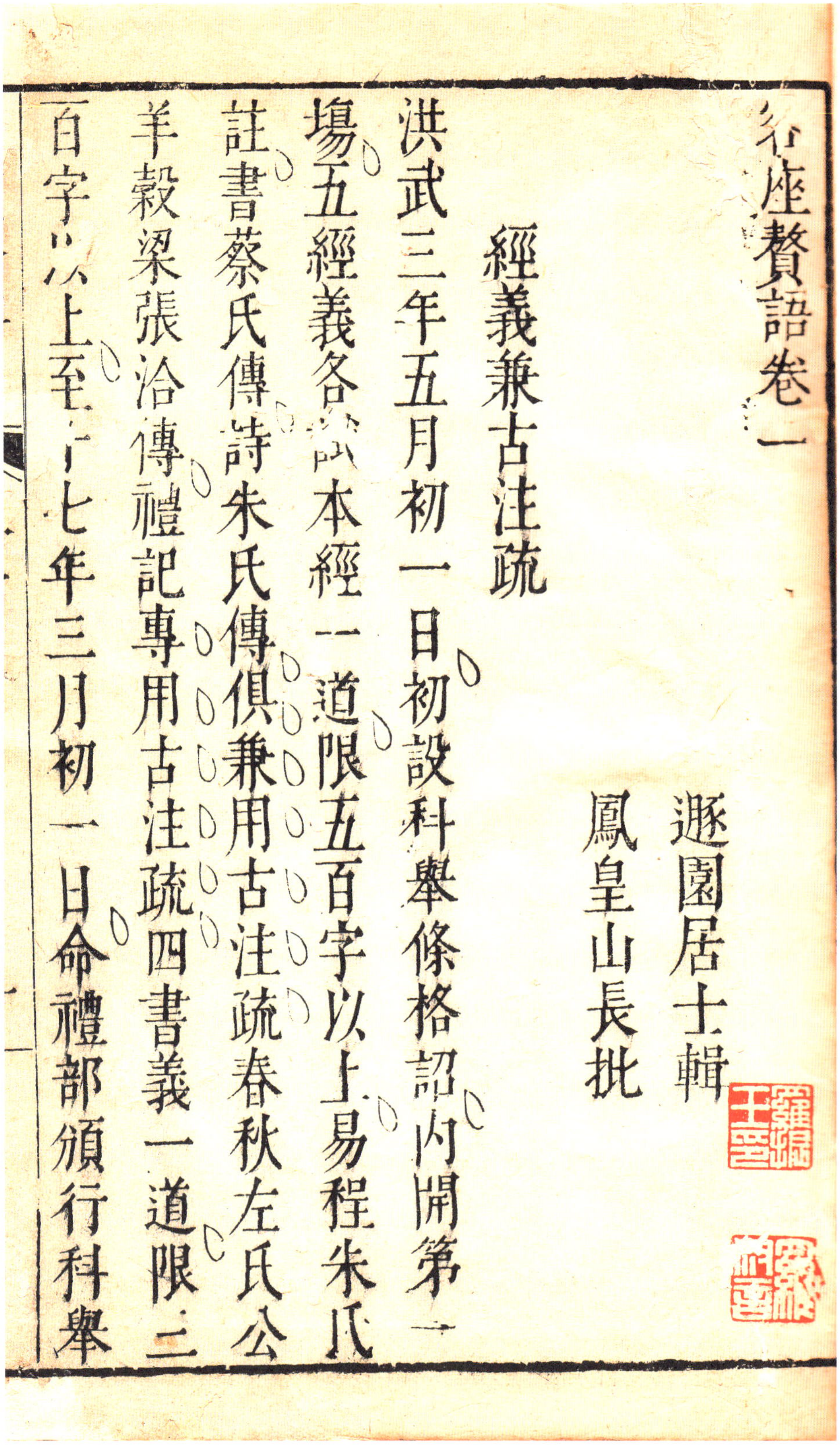

客座贅語卷一

遯園居士輯

鳳皇山長批

經義兼古注疏

洪武三年五月初一日初設科舉條格詔內開第一場五經義各試本經一道限五百字以上易程朱氏註書蔡氏傳詩朱氏傳俱兼用古注疏春秋左氏公羊穀梁張洽傳禮記專用古注疏四書義一道限三百字以上至七年三月初一日命禮部頒行科舉

20202　客座贅語十卷　（明）顧起元撰　明萬曆四十六年（1618）刻本

大連圖書館

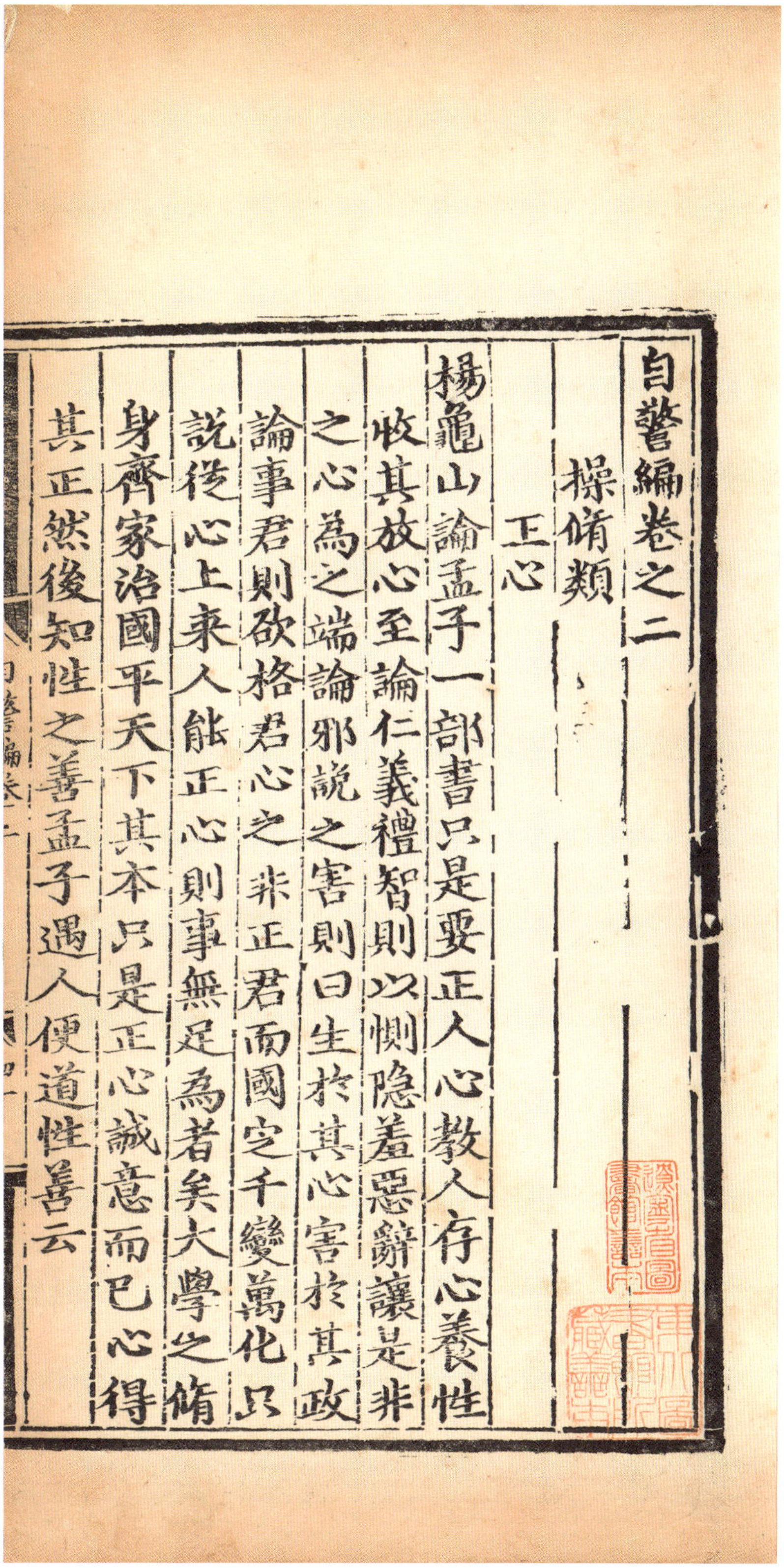
自警編卷之二
操脩類
正心
楊龜山論孟子一部書只是要正人心教人存心養性收其放心至論仁義禮智則以惻隱羞惡辭讓是非之心爲之端論邪說之害則曰生於其心害於其政論事君則欲格君心之非正君而國定千變萬化只說從心上來人能正心則事無足爲者矣大學之脩身齊家治國平天下其本只是正心誠意而已心得其正然後知性之善孟子遇人便道性善云

20203　自警編九卷　（宋）趙善璙輯　明嘉靖二十四年（1545）唐曜刻本

遼寧省圖書館

存八卷（二至九）

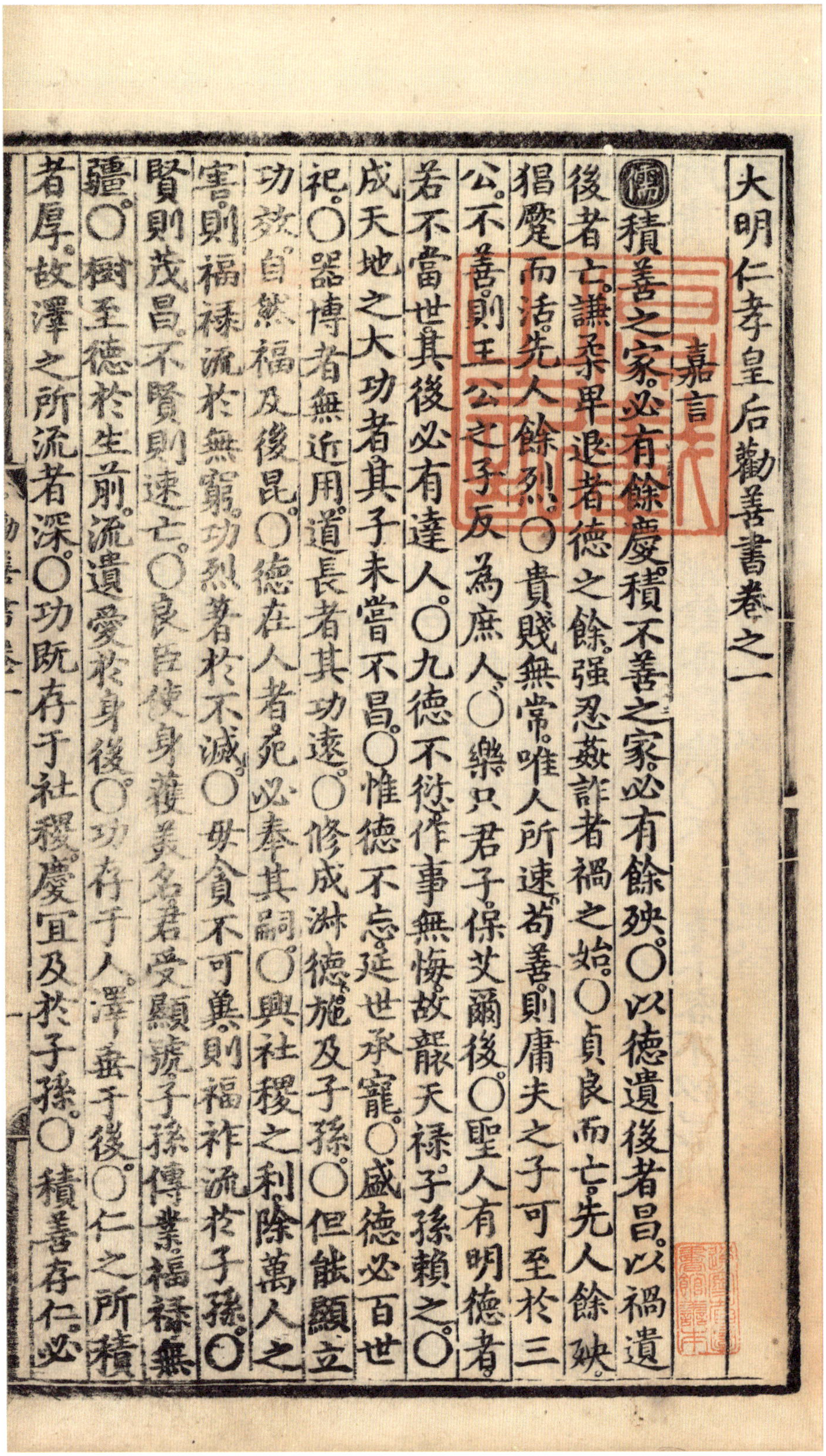
大明仁孝皇后勸善書卷之一

嘉言

傳積善之家。必有餘慶。積不善之家。必有餘殃。○以德遺後者昌。以禍遺後者亡。謙柔卑退者德之餘。强忍姦詐者禍之始。○貞良而亡。先人餘殃。猖蹷而活。先人餘烈。○貴賤無常。唯人所速。苟善。則庸夫之子可至於三公。不善。則王公之子反為庶人。○樂只君子。保艾爾後。○聖人有明德者若不當世。其後必有達人。○九德不愆。作事無悔。故襲天祿。子孫賴之。○成天地之大功者。其子未嘗不昌。○惟德不忘。延世承寵。○盛德必百世祀。○器博者無近用。道長者其功遠。○修成淑德。施及子孫。○但能顯立功效。自然福及後昆。○德在人者。死必奉其嗣。○興社稷之利。除萬人之害。則福祿流於無窮。功烈著於不滅。○毋貪不可冀。則福祚流於子孫。○賢則茂昌。不賢則速亡。○良臣使身獲美名。君受顯號。子孫傳業。福祿無疆。○樹至德於生前。流遺愛於身後。○功存于人。澤垂于後。○仁之所積者厚。故澤之所流者深。○功既存于社稷。慶宜及於子孫。○積善存仁。必

20204　大明仁孝皇后勸善書二十卷　（明）仁孝皇后徐氏撰　明永樂五年（1407）內府刻本（卷十五第十二至十三、二十九、三十二葉，卷十六第二十八至三十葉，三十九、四十一至四十五葉，卷十八第四十葉抄補）　遼寧省圖書館

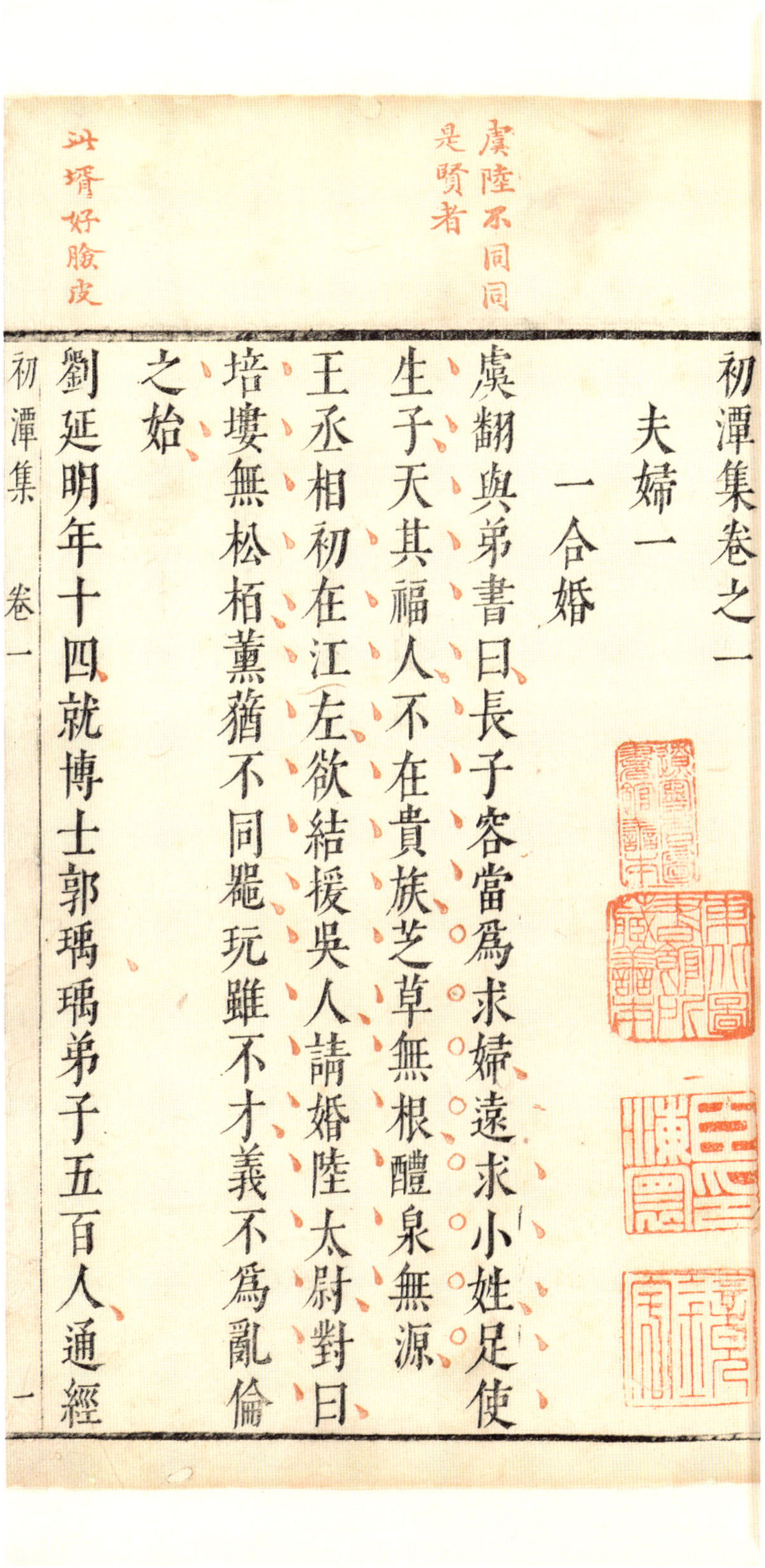

虞陸不同同是賢者

此壻好臉皮

初潭集卷之一

夫婦一

一合婚

虞翻與弟書曰長子容當爲求婦遠求小姓足使生子天其福人不在貴族芝草無根醴泉無源

王丞相初在江左欲結援吳人請婚陸太尉對曰培塿無松柏薰蕕不同器玩雖不才義不爲亂倫之始

劉延明年十四就博士郭瑀瑀弟子五百人通經

初潭集　卷一　一

20205　初潭集三十卷　（明）李贄撰　（明）閔遼　閔杲輯評　明閔氏刻朱墨套印本　遼寧省圖書館

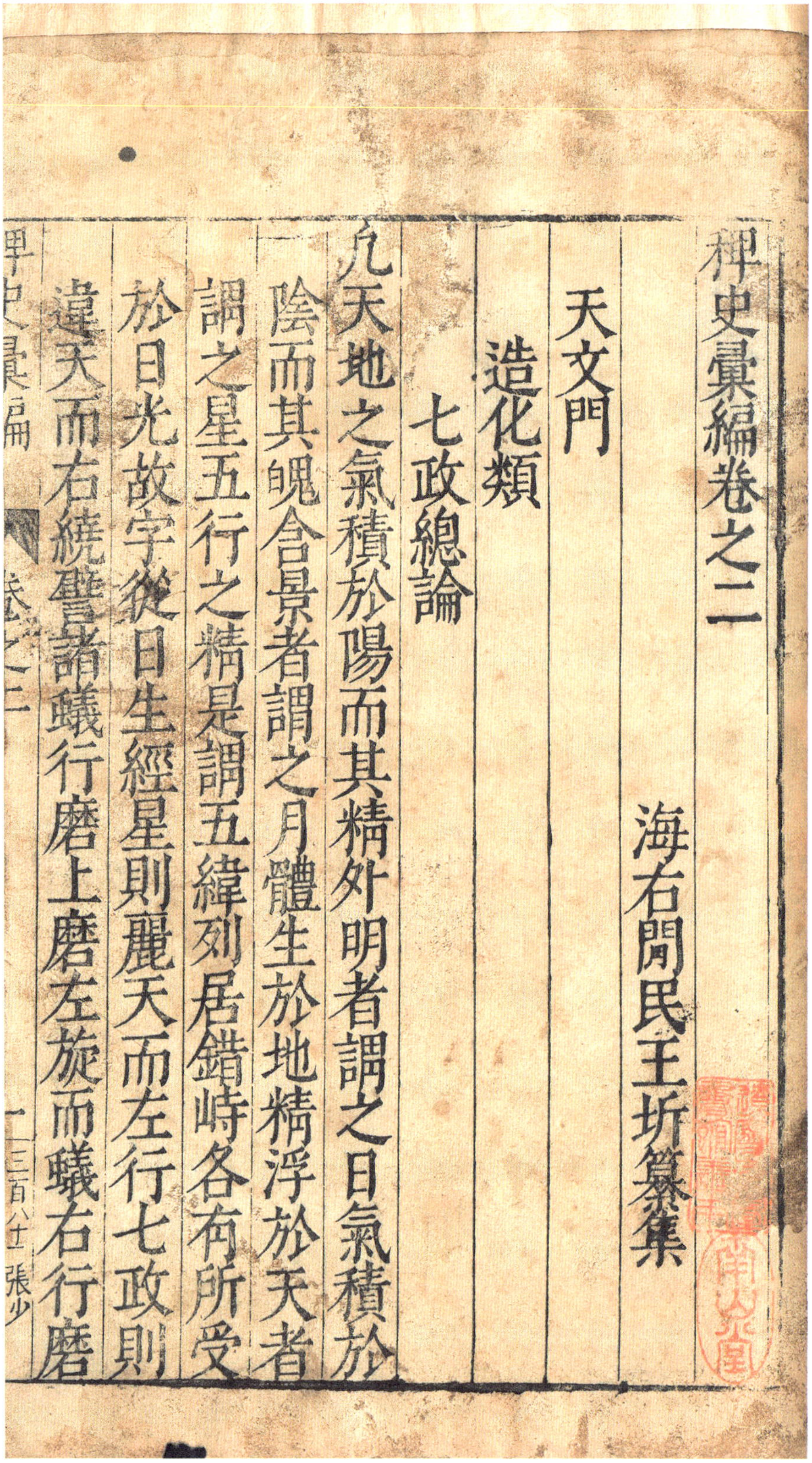

稗史彙編卷之二
海右閒民王圻纂集
天文門
造化類
七政總論
凡天地之氣積於陽而其精外明者謂之日氣積於
陰而其魄含景者謂之月體生於地精浮於天者
謂之星五行之精是謂五緯列居錯峙各有所受
於日光故字從日生經星則麗天而左行七政則
違天而右繞譬諸蟻行磨上磨左旋而蟻右行磨
稗史彙編　卷之二　一　三百八十一張少

20206　稗史彙編一百七十五卷　（明）王圻輯　明萬曆刻本　遼寧省圖書館

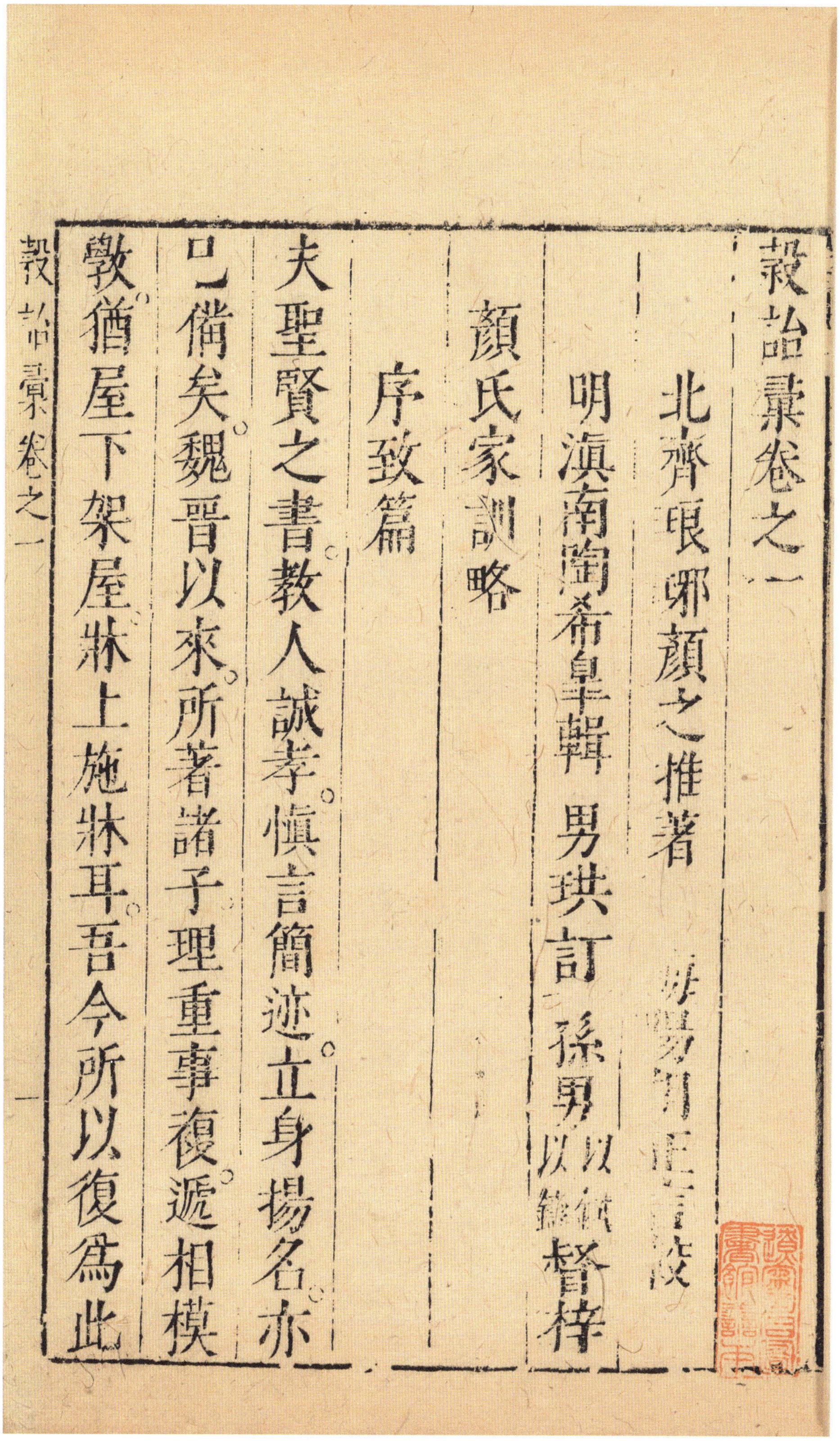
穀詒彙卷之一
北齊琅琊顏之推著　[illegible]
明滇南陶希皋輯　男珙訂　孫男以鉽 以鑄 督梓
顏氏家訓略
序致篇
夫聖賢之書教人誠孝慎言簡迹立身揚名亦
已備矣魏晉以來所著諸子理重事複遞相模
斆猶屋下架屋牀上施牀耳吾今所以復爲此

20207　穀詒彙十四卷首一卷（明）陶希皋輯　明崇禎七年（1634）陶以鉽、陶以鑄刻本　遼寧省圖書館

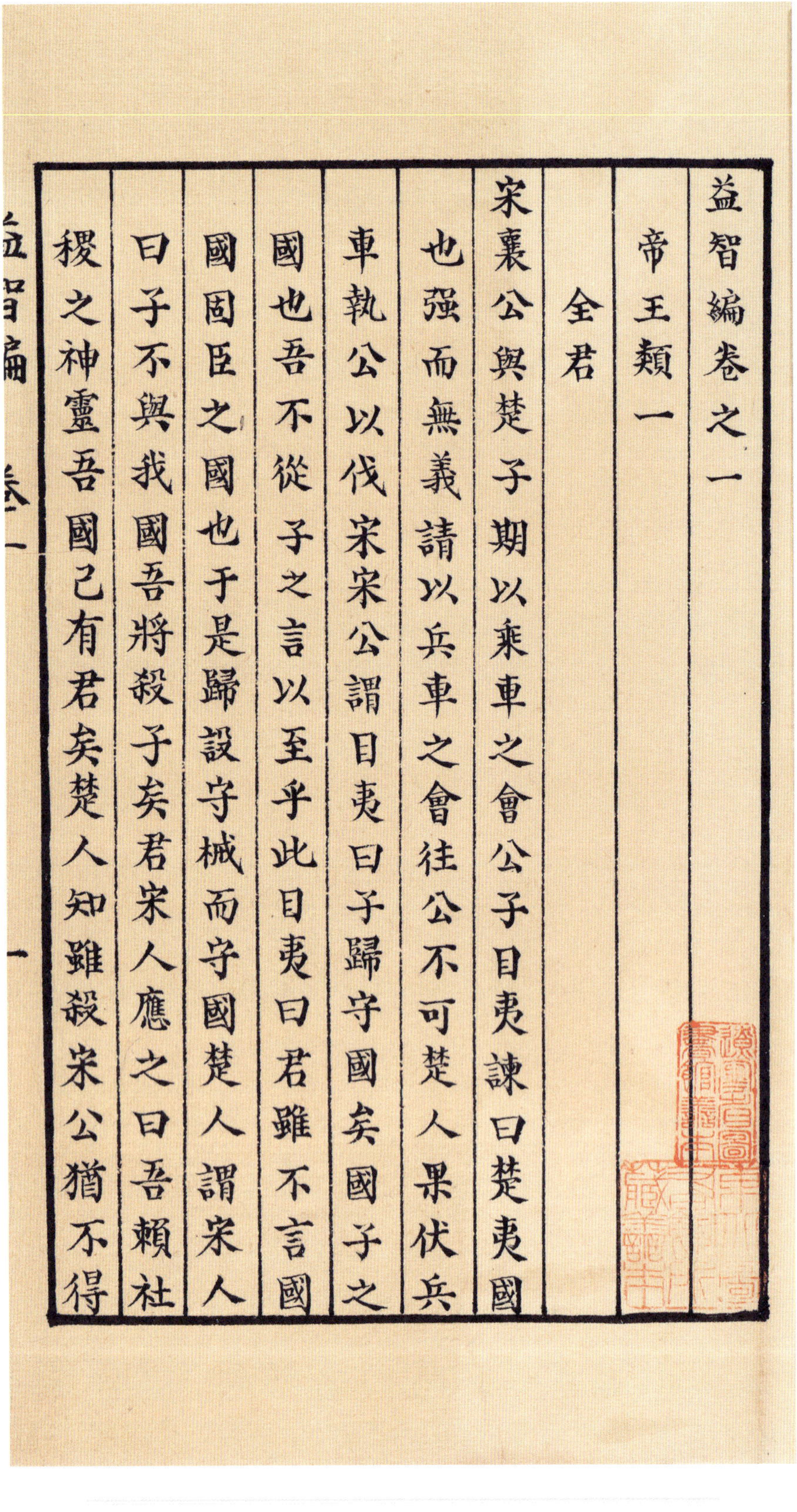
益智編卷之一

帝王類一

全君

宋襄公與楚子期以乘車之會公子目夷諫曰楚夷國
也强而無義請以兵車之會往公不可楚人果伏兵
車執公以伐宋宋公謂目夷曰子歸守國矣國子之
國也吾不從子之言以至乎此目夷曰君雖不言國
國固臣之國也于是歸設守械而守國楚人謂宋人
曰子不與我國吾將殺子矣君宋人應之曰吾賴社
稷之神靈吾國已有君矣楚人知雖殺宋公猶不得

益智編　卷一　一

20208　益智編四十一卷　（明）孫能傳輯　明萬曆四十二年（1614）孫能正刻本（卷一至五抄補）　遼寧省圖書館

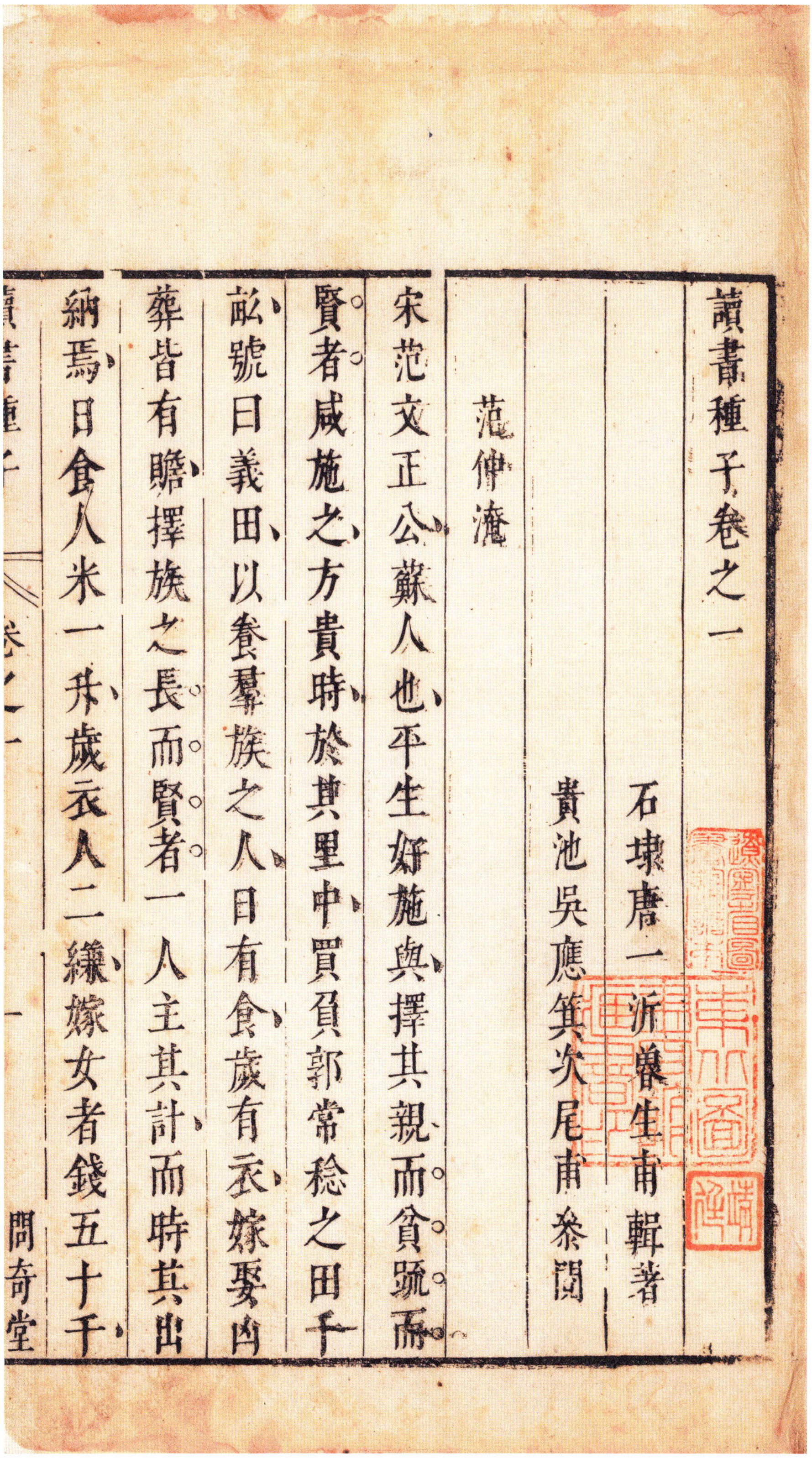
讀書種子卷之一
石埭唐一沂眷生甫輯著
貴池吳應箕次尾甫參閱
范仲淹
宋范文正公蘇人也平生好施與擇其親而貧疏而賢者咸施之方貴時於其里中買負郭常稔之田千畝號曰義田以養羣族之人日有食歲有衣嫁娶凶葬皆有贍擇族之長而賢者一人主其計而時其出納焉日食人米一升歲衣人一縑嫁女者錢五十千
讀書種子　卷之一　一　問奇堂

20209　讀書種子二十二卷　（明）唐一沂撰　明崇禎六年（1633）唐氏問奇堂刻本　遼寧省圖書館

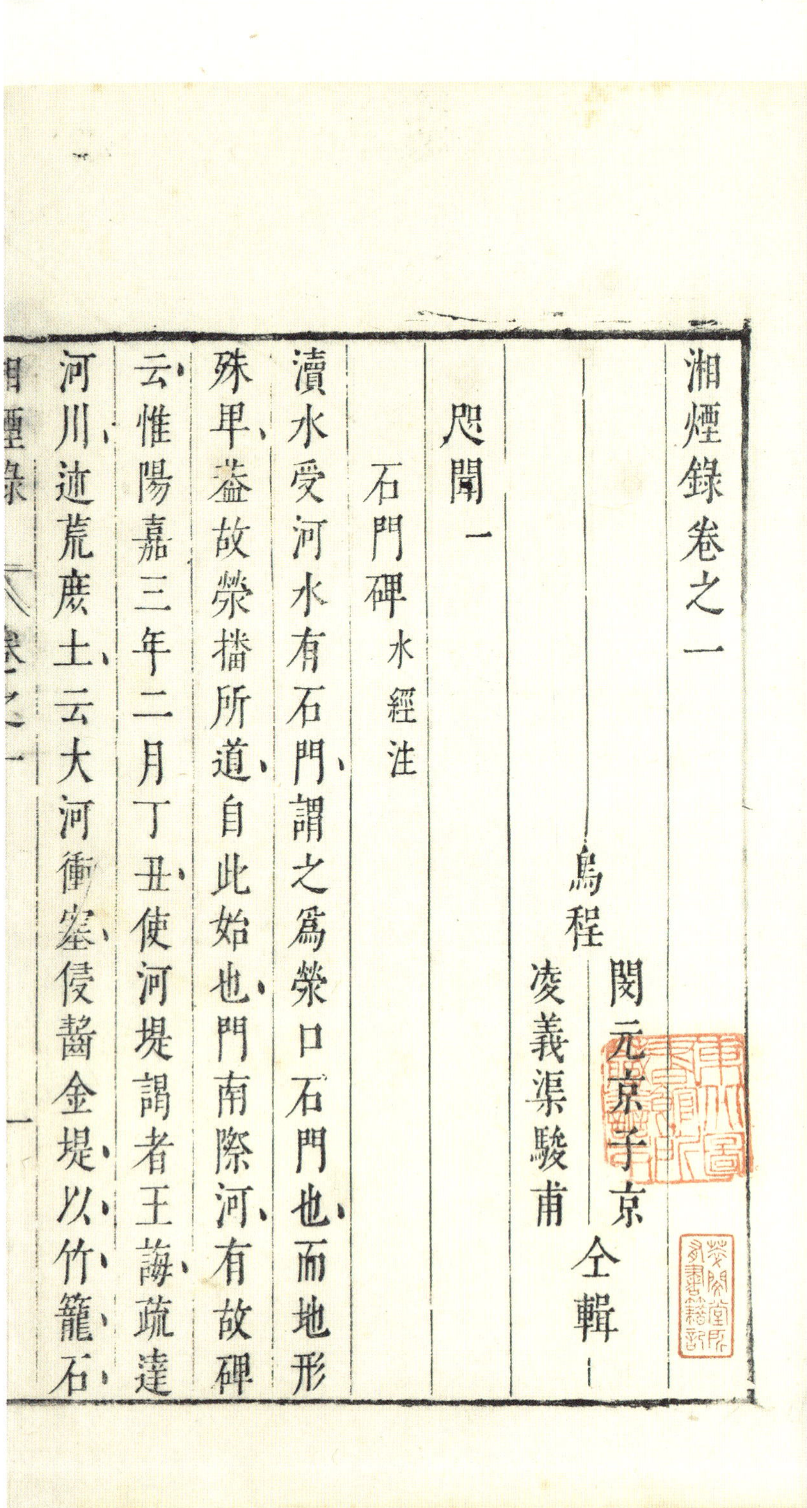
湘煙録卷之一
烏程 閔元京子京 仝輯
凌義渠駿甫
咫聞一
石門碑 水經注
濆水受河水有石門謂之爲滎口石門也而地形殊卑蓋故滎播所道自此始也門南際河有故碑云惟陽嘉三年二月丁丑使河堤謁者王誨疏達河川逌荒庶土云大河衝塞侵齧金堤以竹籠石
湘煙録 卷之一 一

20210 湘煙録十六卷 （明）閔元京 凌義渠輯 明天啓刻本 遼寧省圖書館

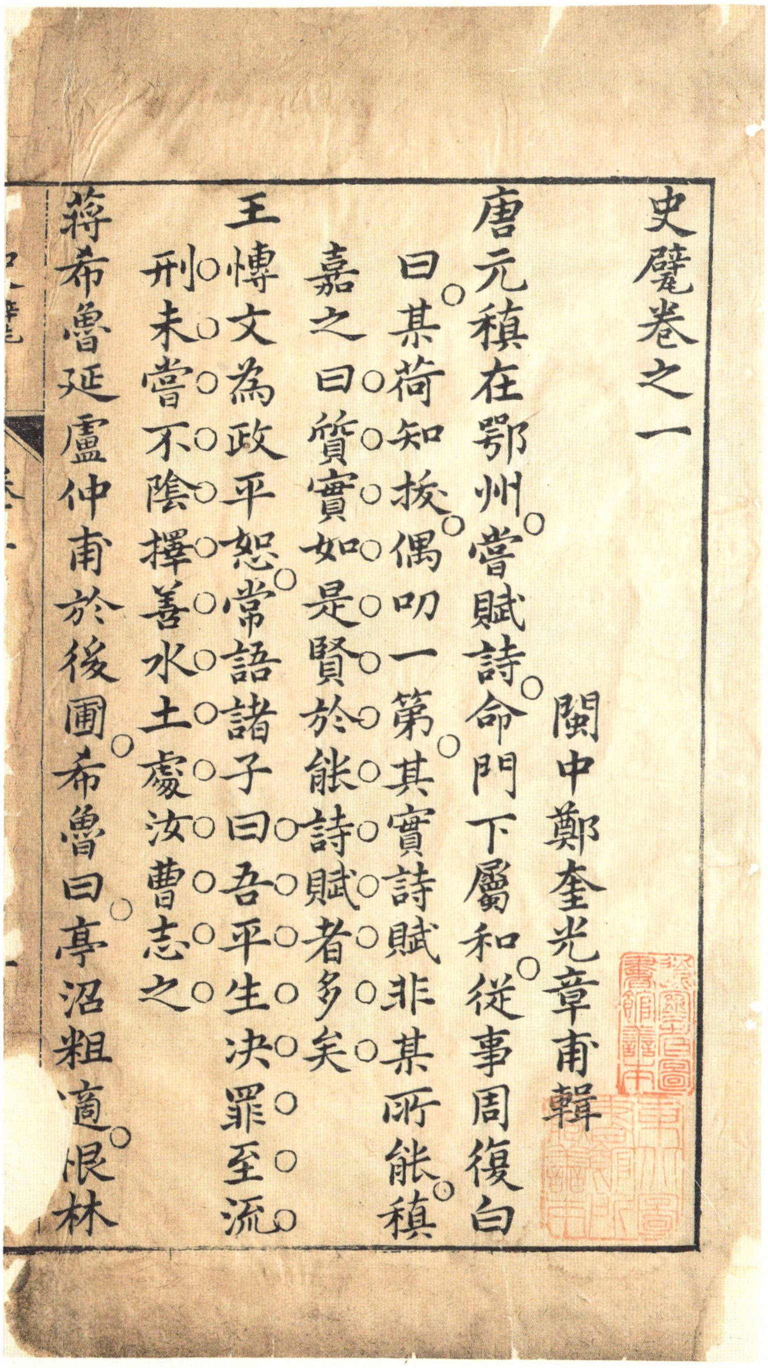
史䚕卷之一
閩中鄭奎光章甫輯
唐元稹在鄂州○嘗賦詩○命門下屬和○從事周復白
曰○其荷知揆○偶叨一第○其實詩賦非其所能○稹
嘉之曰質實如是賢於能詩賦者多矣
王僔文為政平恕○常語諸子曰吾平生決罪至流
刑未嘗不陰擇善水土處汝曹志之
蔣希魯延盧仲甫於後圃○希魯曰○亭沼粗適○恨林

20211　史䚕四卷　（明）鄭奎光輯　明崇禎十五年（1642）刻本　遼寧省圖書館

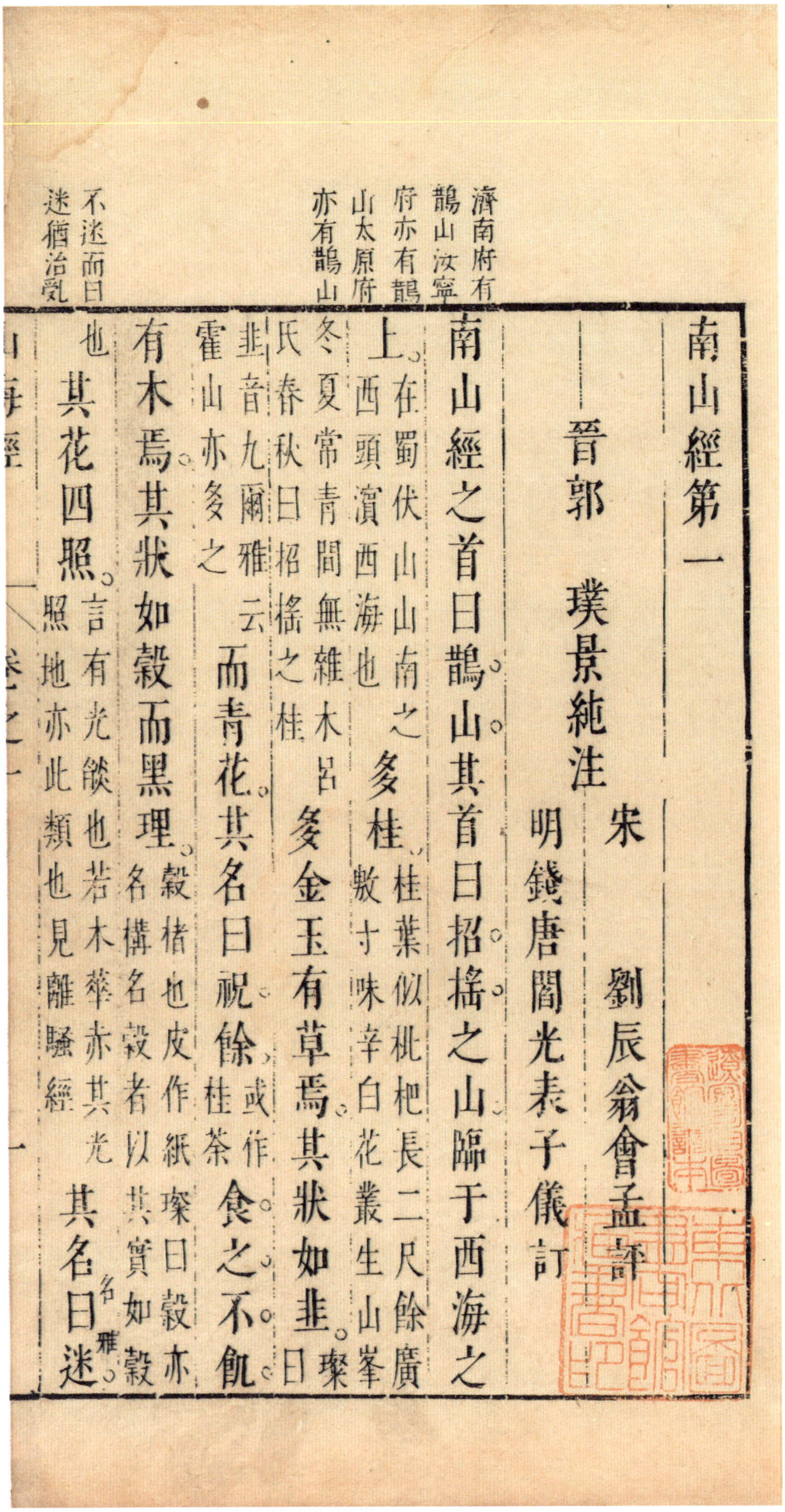

濟南府有鵲山汝寧府亦有鵲山太原府亦有鵲山
不迷而曰迷猶治亂

南山經第一
晉郭璞景純注　宋劉辰翁會孟評
明錢唐閻光表子儀訂
南山經之首曰鵲山。其首曰招搖之山。臨于西海之
上。在蜀伏山山南之西頭濱西海也 多桂。桂葉似枇杷長二尺餘廣數寸味辛白花叢生山峯冬夏常青間無雜木呂氏春秋曰招搖之桂
多金玉有草焉。其狀如韭。璨曰韭音九爾雅云霍山亦多之
而青花。其名曰祝餘。或作桂荼 食之不飢。
有木焉。其狀如穀而黑理。穀楮也皮作紙璨曰穀亦名構名穀者以其實如穀
也 其花四照。言有光燄也若木華赤其光照地亦此類也見離騷經 其名曰迷名雅。

山海經 卷之一 一

20212　山海經十八卷　（晉）郭璞注　（宋）劉辰翁評　（明）閻光表訂
明閻光表刻本　遼寧省圖書館

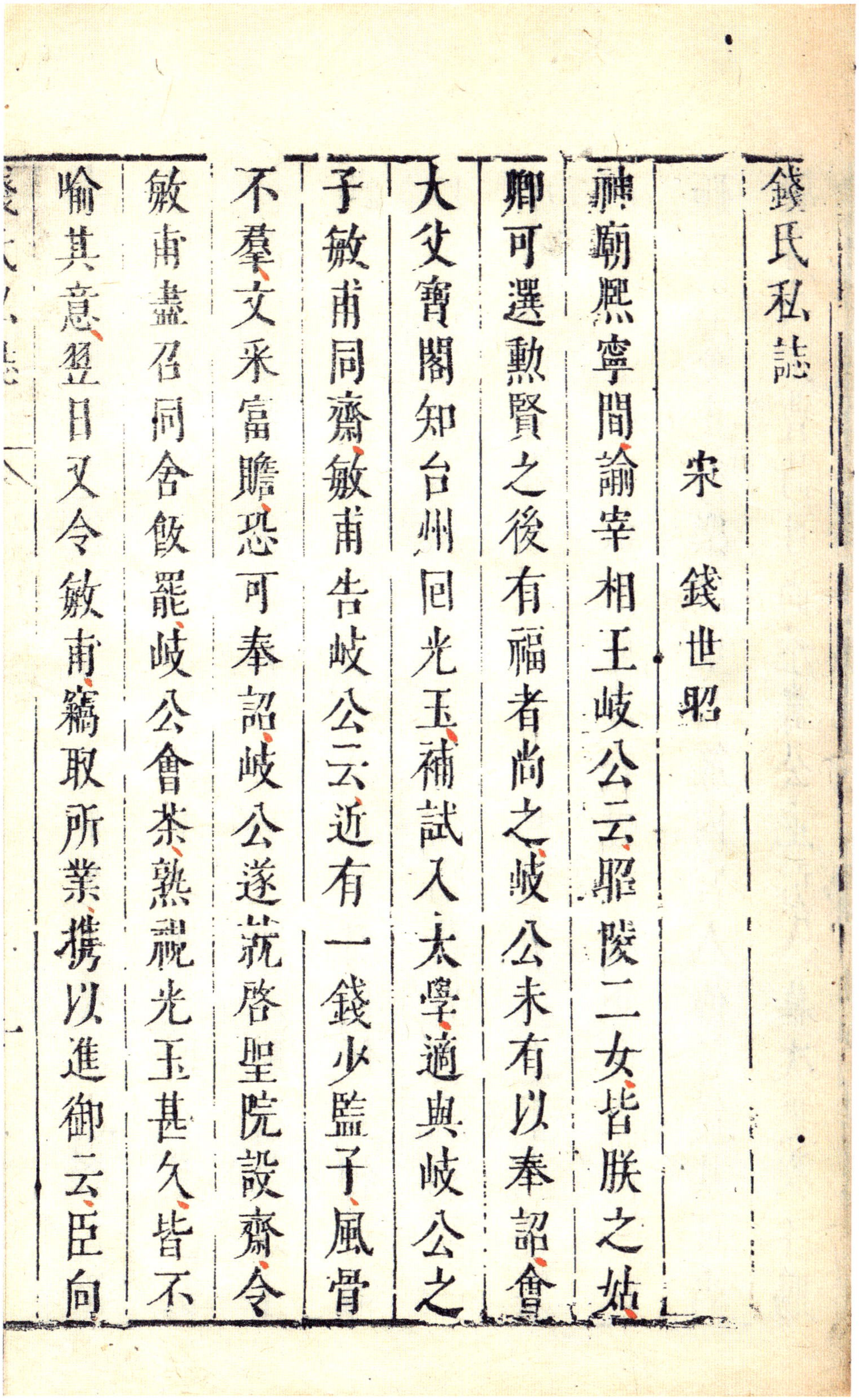
錢氏私誌

宋　錢世昭

神廟熙寧間諭宰相王岐公云昭陵二女皆朕之姑卿可選勲賢之後有福者尚之岐公未有以奉詔會大父寶閣知台州同光玉補試入太學適與岐公之子敏甫同齋敏甫告岐公云近有一錢少監子風骨不羣文采富贍恐可奉詔岐公遂薦啓聖院設齋令敏甫盡召同舍飯罷岐公會茶熟視光玉甚久皆不喻其意翌日又令敏甫竊取所業携以進御云臣向

20213　宋人百家小說一百四十三種　（明）桃源溪父輯　明末刻本

大連圖書館

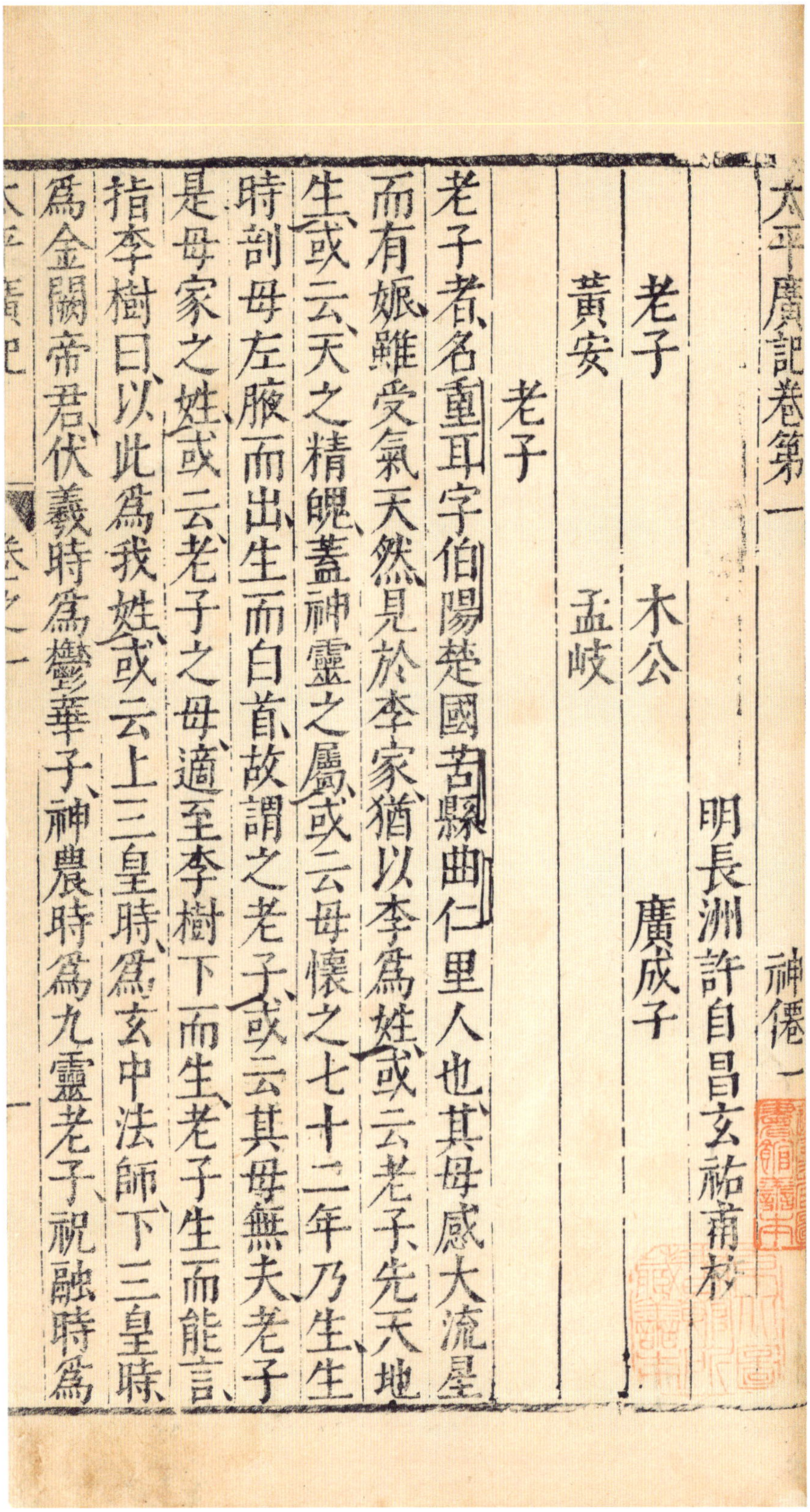

太平廣記卷第一　　神僊一
明長洲許自昌玄祐甫校
老子　木公　廣成子
黄安　孟岐
老子
老子者名重耳字伯陽楚國苦縣曲仁里人也其母感大流星
而有娠雖受氣天然見於李家猶以李爲姓或云老子先天地
生或云天之精魄蓋神靈之屬或云母懷之七十二年乃生生
時剖母左腋而出生而白首故謂之老子或云其母無夫老子
是母家之姓或云老子之母適至李樹下而生老子生而能言
指李樹曰以此爲我姓或云上三皇時爲玄中法師下三皇時
爲金闕帝君伏羲時爲鬱華子神農時爲九靈老子祝融時爲
太平廣記　卷之一　一

20214　太平廣記五百卷目錄十卷　（宋）李昉等輯　明許自昌刻本　遼寧省圖書館

8

20215　月旦堂仙佛奇踪合刻八卷　（明）洪應明撰　明刻本　魯迅美術學院圖書館

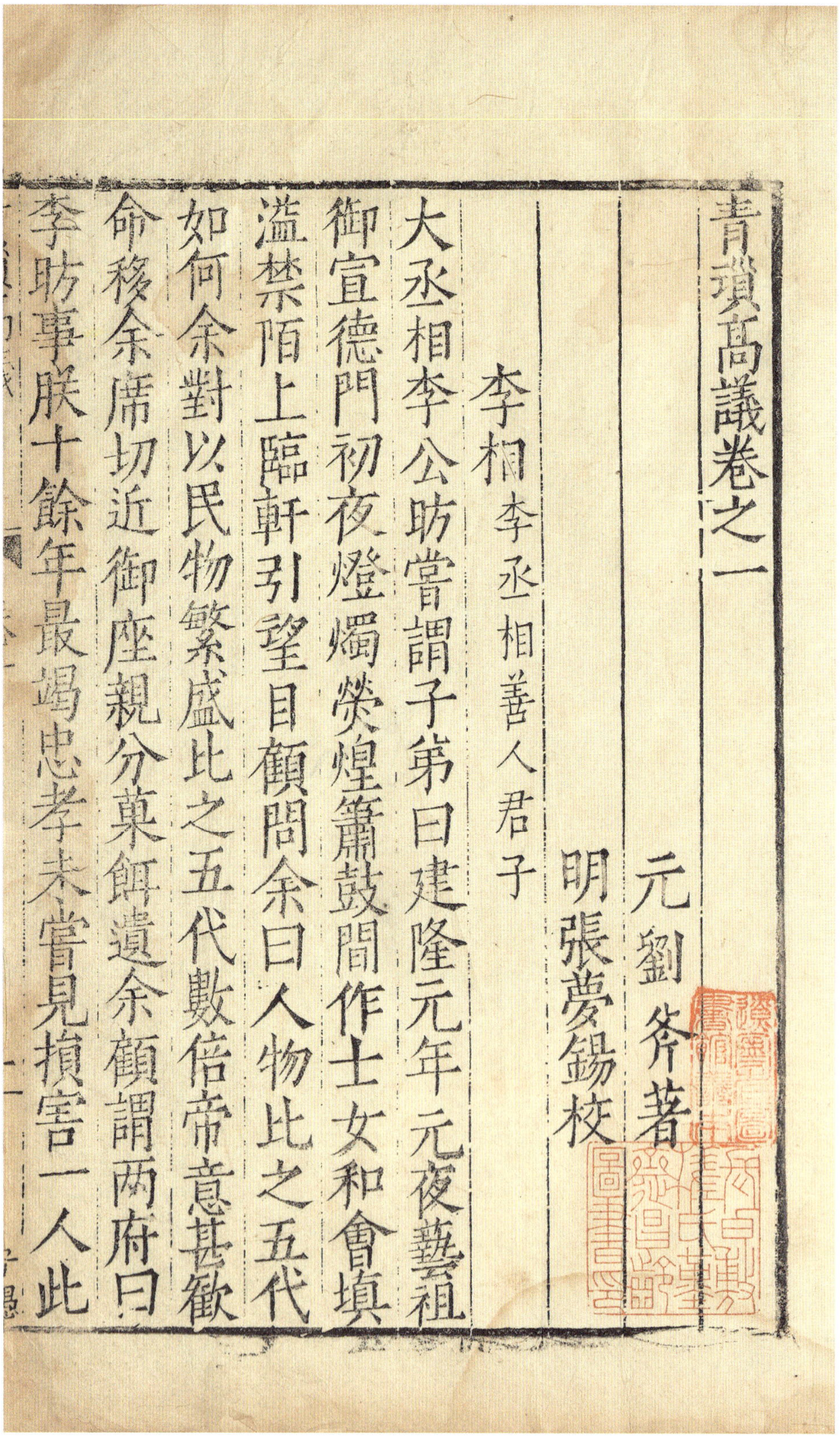
青瑣高議卷之一
元劉斧著
明張夢錫校
李相 李丞相善人君子
大丞相李公昉嘗謂子弟曰建隆元年元夜藝祖
御宣德門初夜燈燭熒煌簫鼓間作士女和會填
溢禁陌上臨軒引望目顧問余曰人物比之五代
如何余對以民物繁盛比之五代數倍帝意甚歡
命移余席切近御座親分菓餌遺余顧謂兩府曰
李昉事朕十餘年最竭忠孝未嘗見損害一人此

20216　青瑣高議前集十卷後集十卷別集七卷　（宋）劉斧撰　明萬曆張夢錫刻本　遼寧省圖書館

存六卷（前集一至二、六至九）

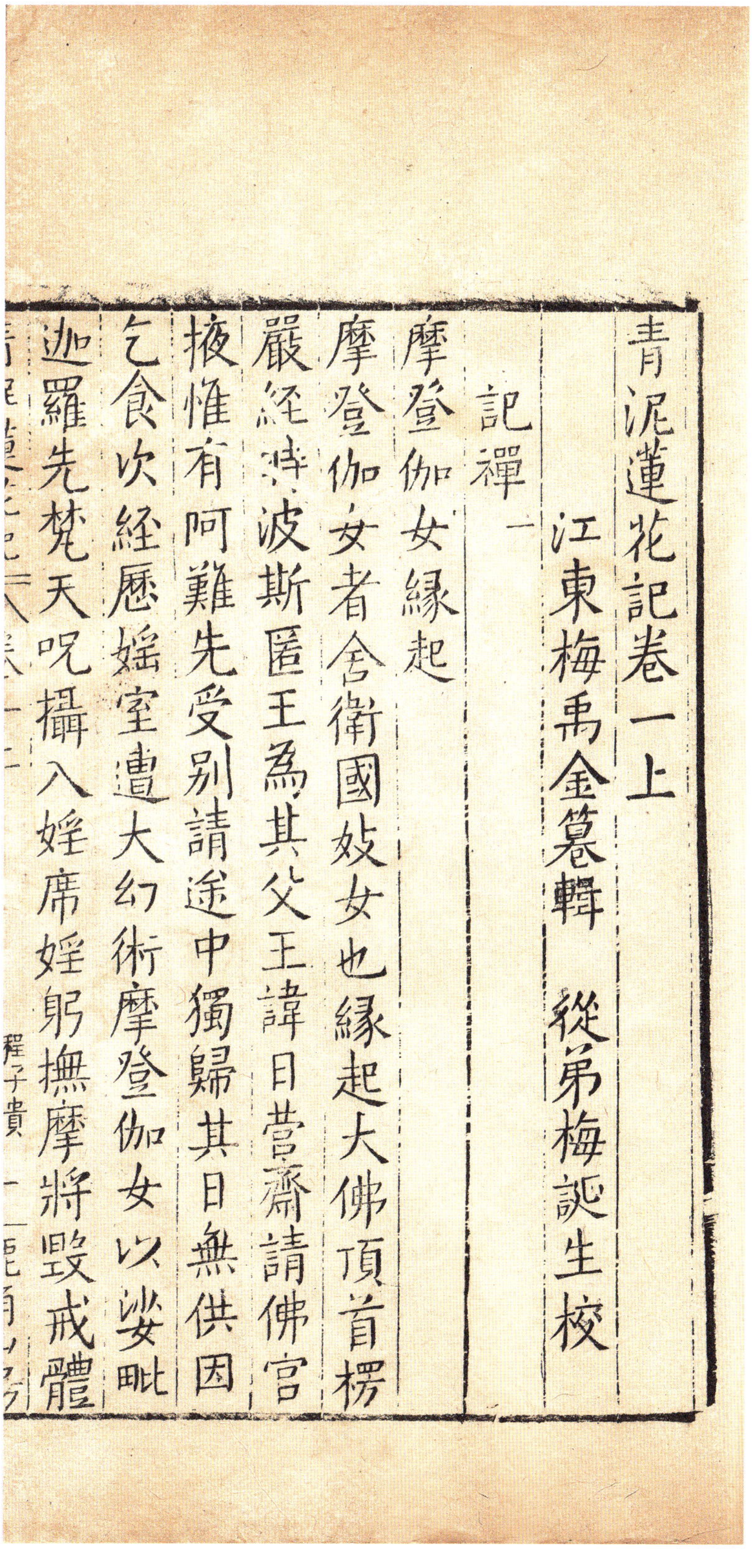

青泥蓮花記卷一上
江東梅禹金纂輯　從弟梅誕生校
記禪一
摩登伽女緣起
摩登伽女者舍衛國妓女也緣起大佛頂首楞
嚴經時波斯匿王為其父王諱日營齋請佛宮
掖惟有阿難先受别請遠中獨歸其日無供因
乞食次經歷婬室遭大幻術摩登伽女以娑毗
迦羅先梵天呪攝入婬席婬躬撫摩將毀戒體

20217　青泥蓮花記十三卷　（明）梅鼎祚纂輯　明萬曆三十年（1602）鹿角山房刻本　大連圖書館

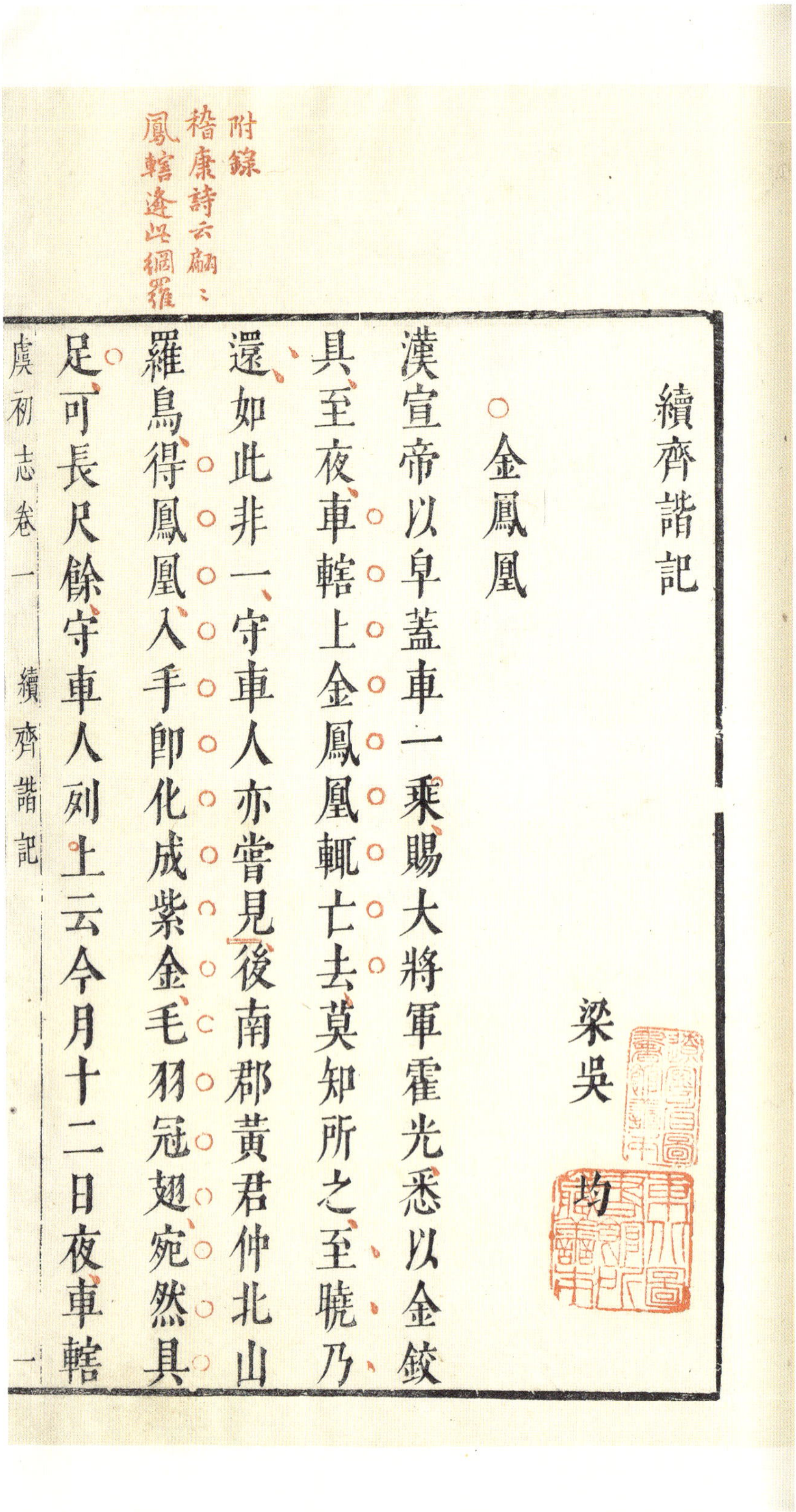
附錄
嵇康詩云翩翩鳳轄逢此網羅

續齊諧記

梁吳均

○金鳳凰

漢宣帝以皁蓋車一乘賜大將軍霍光悉以金鋑具至夜車轄上金鳳凰輒亡去莫知所之至曉乃還如此非一守車人亦嘗見後南郡黃君仲北山羅鳥得鳳凰入手即化成紫金毛羽冠翅宛然具足可長尺餘守車人列上云今月十二日夜車轄

虞初志卷一　續齊諧記　一

20218　虞初志七卷　（明）袁宏道評　（明）屠隆點閲　明凌性德刻朱墨套印本　遼寧省圖書館

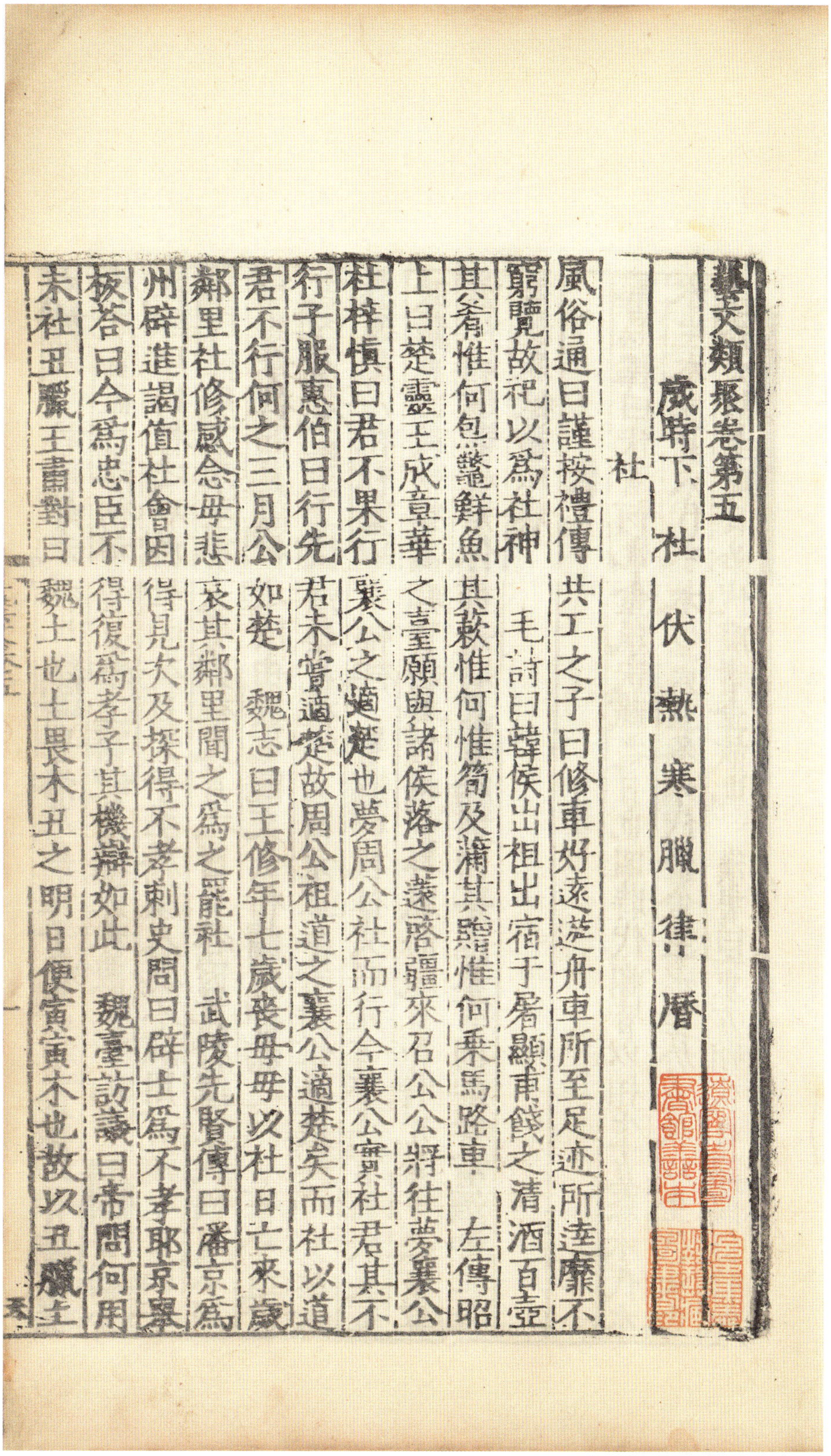
藝文類聚卷第五
歲時下　社　伏　熱　寒　臘　律　曆
社
風俗通曰謹按禮傳共工之子曰修好遠遊舟車所至足迹所達靡不
窮覽故祀以爲社神　毛詩曰韓侯出祖出宿于屠顯父餞之清酒百壺
其肴惟何炰鼈鮮魚其蔌惟何惟筍及蒲其贈惟何乘馬路車　左傳昭
上曰楚靈王成章華之臺願與諸侯落之遠啓疆來召公公將往夢襄公
社梓慎曰君不果行襄公之適楚也夢周公社而行今襄公實社君其不
行子服惠伯曰行先君未嘗適楚故周公祖道之襄公適楚矣而社以道
君不行何之三月公如楚　魏志曰王修年七歲喪母母以社日亡來歲
鄰里社修感念母悲哀其鄰里聞之爲之罷社　武陵先賢傳曰潘京爲
州辟進謁値社會因得見父及採得不孝刺史問曰辟士爲不孝耶京舉
板荅曰今爲忠臣不得復爲孝子其機辯如此　魏臺訪議曰帝問何用
未社丑臘王肅對曰魏土也土畏木丑之明日便寅寅木也故以丑臘土

20219　藝文類聚一百卷　（唐）歐陽詢等輯　明嘉靖六年至七年（1527–1528）胡纘宗、陸采刻本　遼寧省圖書館

存九十六卷（五至一百）

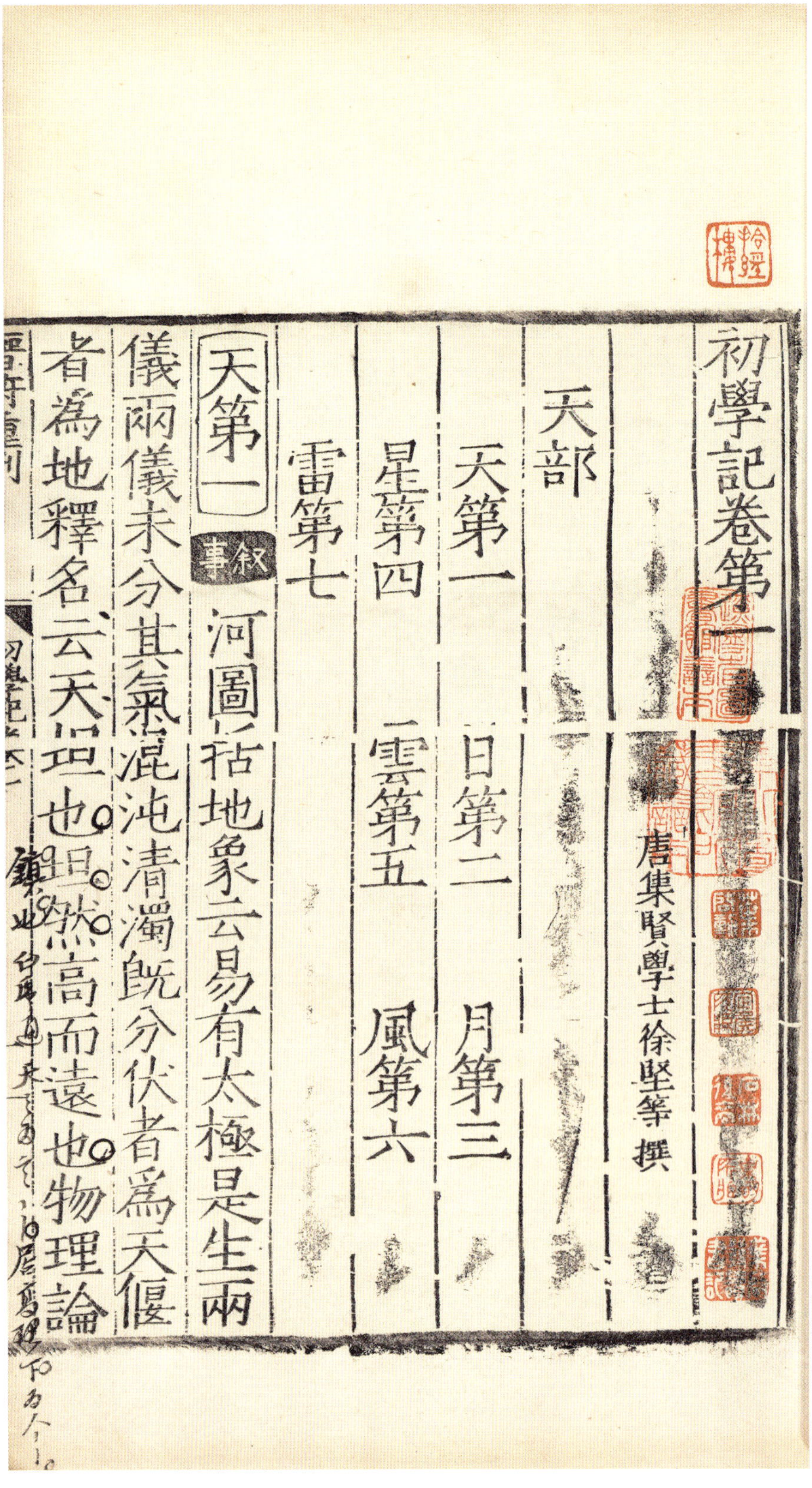

初學記卷第一
唐集賢學士徐堅等撰
天部
天第一　日第二　月第三
星第四　雲第五　風第六
雷第七
天第一　敘事
河圖括地象云易有太極是生兩儀兩儀未分其氣混沌清濁既分伏者爲天偃者爲地釋名云天坦也坦然高而遠也物理論

晉府虛益堂刊
初學記卷一

20220　初學記三十卷　（唐）徐堅等輯　明嘉靖十三年（1534）晉府虛益堂刻本　遼寧省圖書館

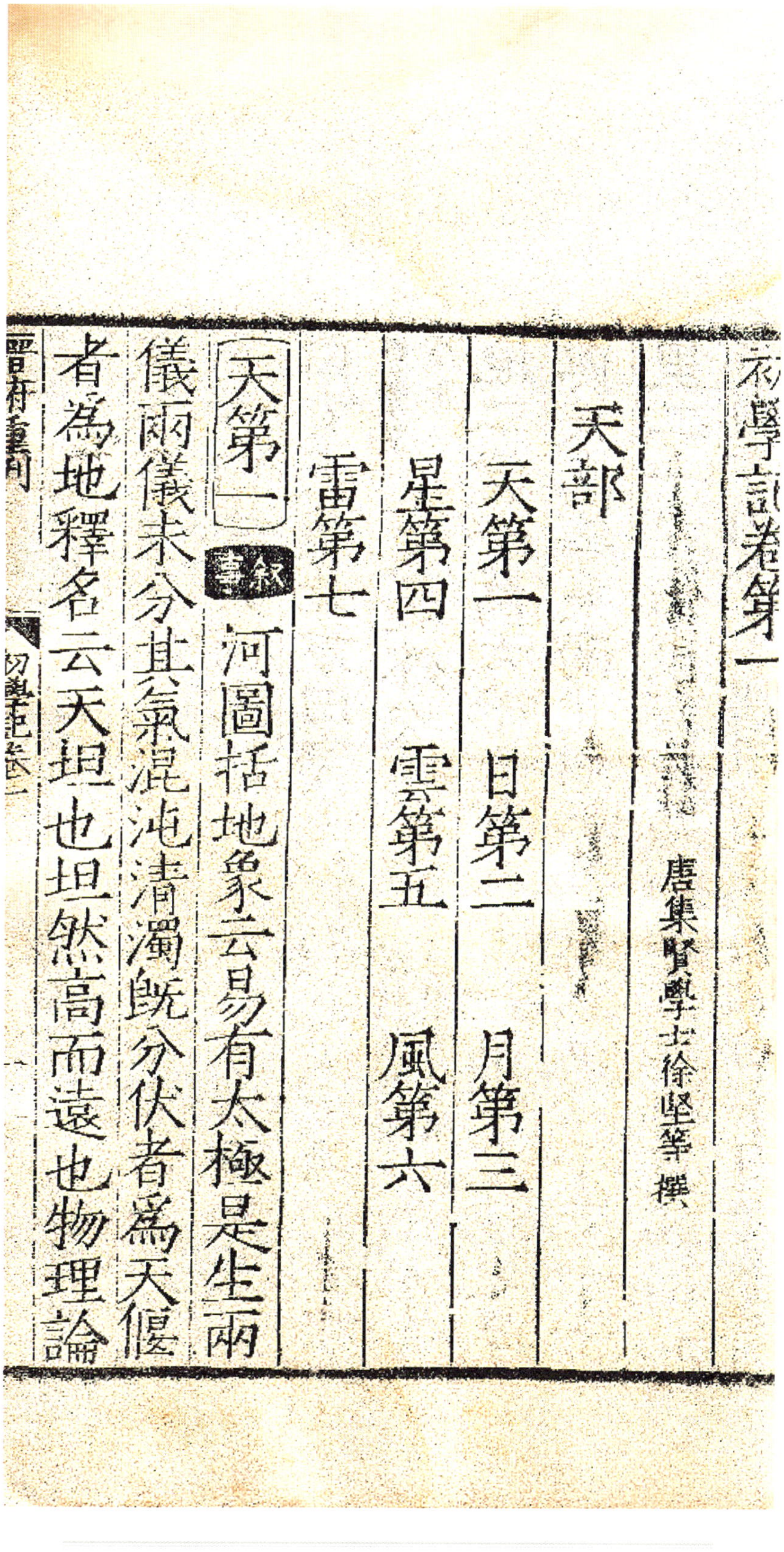
初學記卷第一
唐集賢學士徐堅等撰
天部
天第一　日第二　月第三
星第四　雲第五　風第六
雷第七
天第一
敘事　河圖括地象云易有太極是生兩
儀兩儀未分其氣混沌清濁既分伏者爲天偃
者爲地釋名云天坦也坦然高而遠也物理論
晉府重刊　初學記卷一

20221　初學記三十卷　（唐）徐堅等輯　明嘉靖十三年（1534）晉府刻本

大連圖書館

存二十一卷（一至三、十至二十四、二十七至二十九）

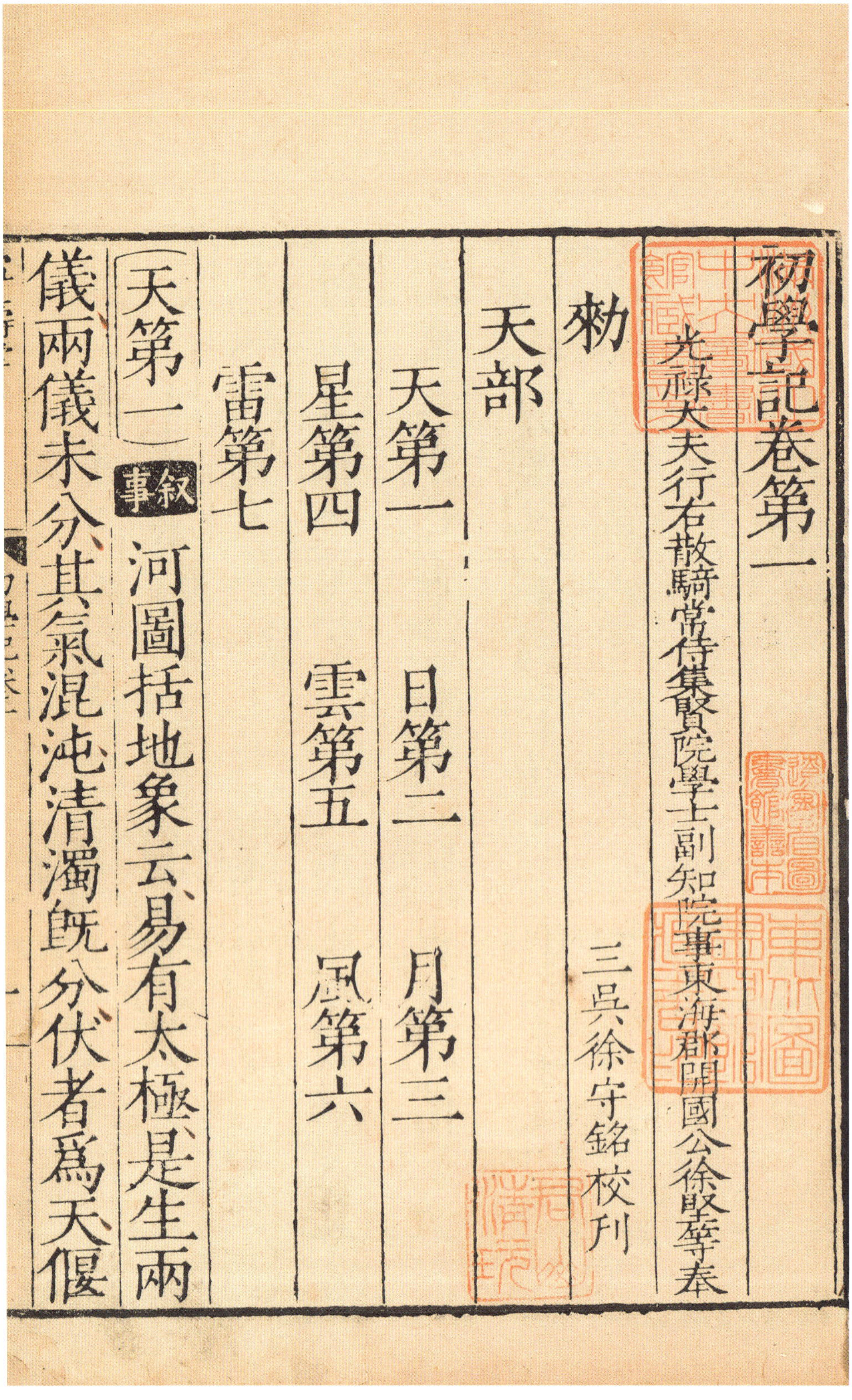
初學記卷第一
光祿大夫行右散騎常侍集賢院學士副知院事東海郡開國公徐堅等奉
勑　　三吳徐守銘校刊
天部
天第一　日第二　月第三
星第四　雲第五　風第六
雷第七
天第一　叙事
河圖括地象云易有太極是生兩
儀兩儀未分其氣混沌清濁既分伏者爲天偃

20222　初學記三十卷　（唐）徐堅等輯　明萬曆十五年（1587）徐守銘寧壽堂刻本　遼寧省圖書館

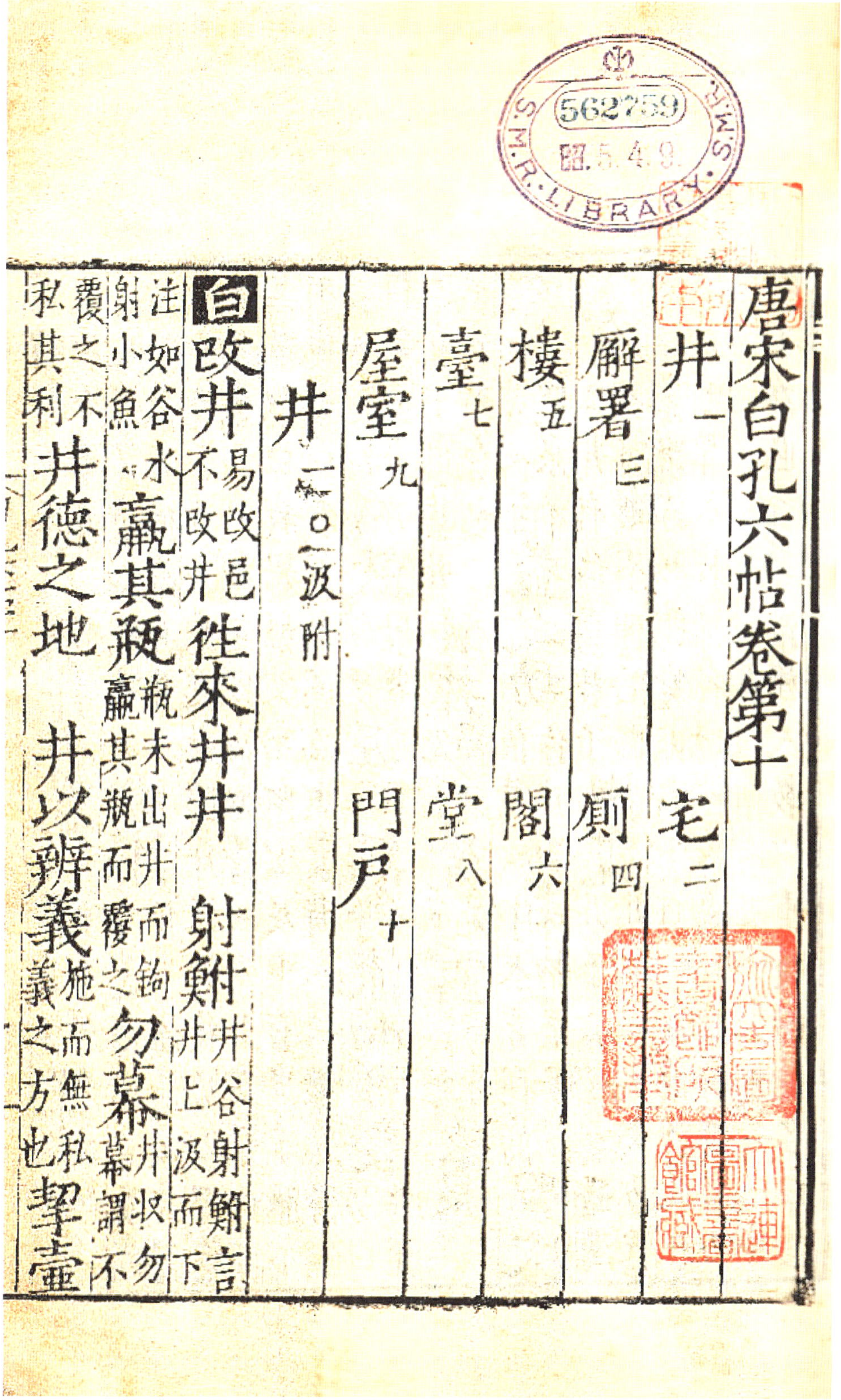

唐宋白孔六帖卷第十
井一　宅二
廨署三　厠四
樓五　閣六
臺七　堂八
屋室九　門戶十
井一[illegible]〇一汲附
白 改井易改邑不改井 往來井井 射鮒井谷射鮒言井上汲而下注如谷水射小魚 羸其瓶瓶未出井而鉤羸其瓶而覆之 勿幕井收勿幕謂不覆之不私其利 井德之地 井以辨義施而無私義之方也 挈壺

20223　唐宋白孔六帖一百卷目錄二卷　（唐）白居易　（宋）孔傳輯

明嘉靖刻本　大連圖書館

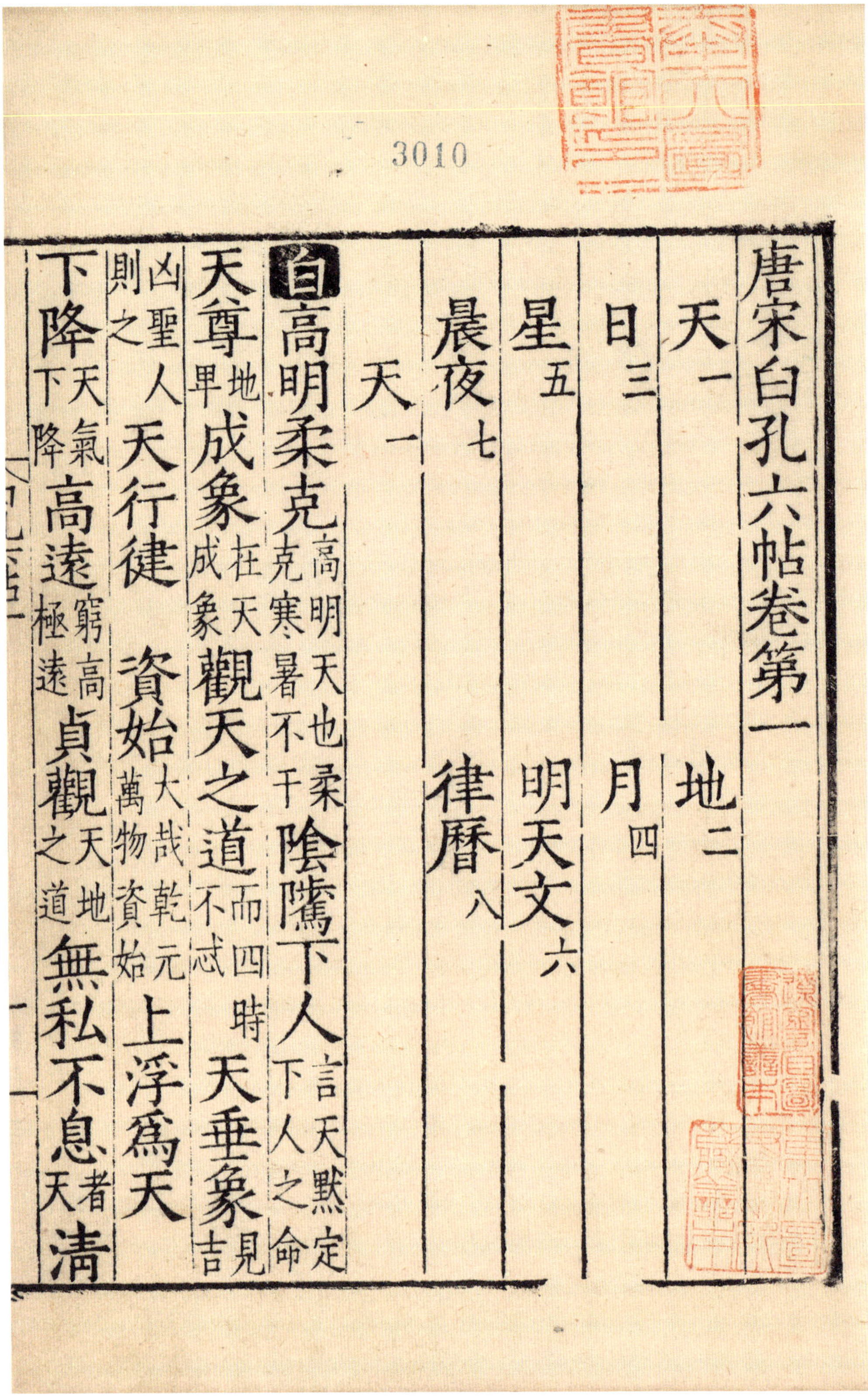
3010

唐宋白孔六帖卷第一
天一　地二
日三　月四
星五　明天文六
晨夜七　律曆八
天一
白高明柔克高明天也柔克寒暑不干陰隲下人言天默定下人之命
天尊地卑成象在天成象觀天之道而四時不忒天垂象見吉
凶聖人則之天行健資始大哉乾元萬物資始上浮爲天
下降天氣下降高遠窮高極遠貞觀天地之道無私不息者天清

20224　唐宋白孔六帖一百卷目録二卷　（唐）白居易　（宋）孔傳輯

明刻本　遼寧省圖書館

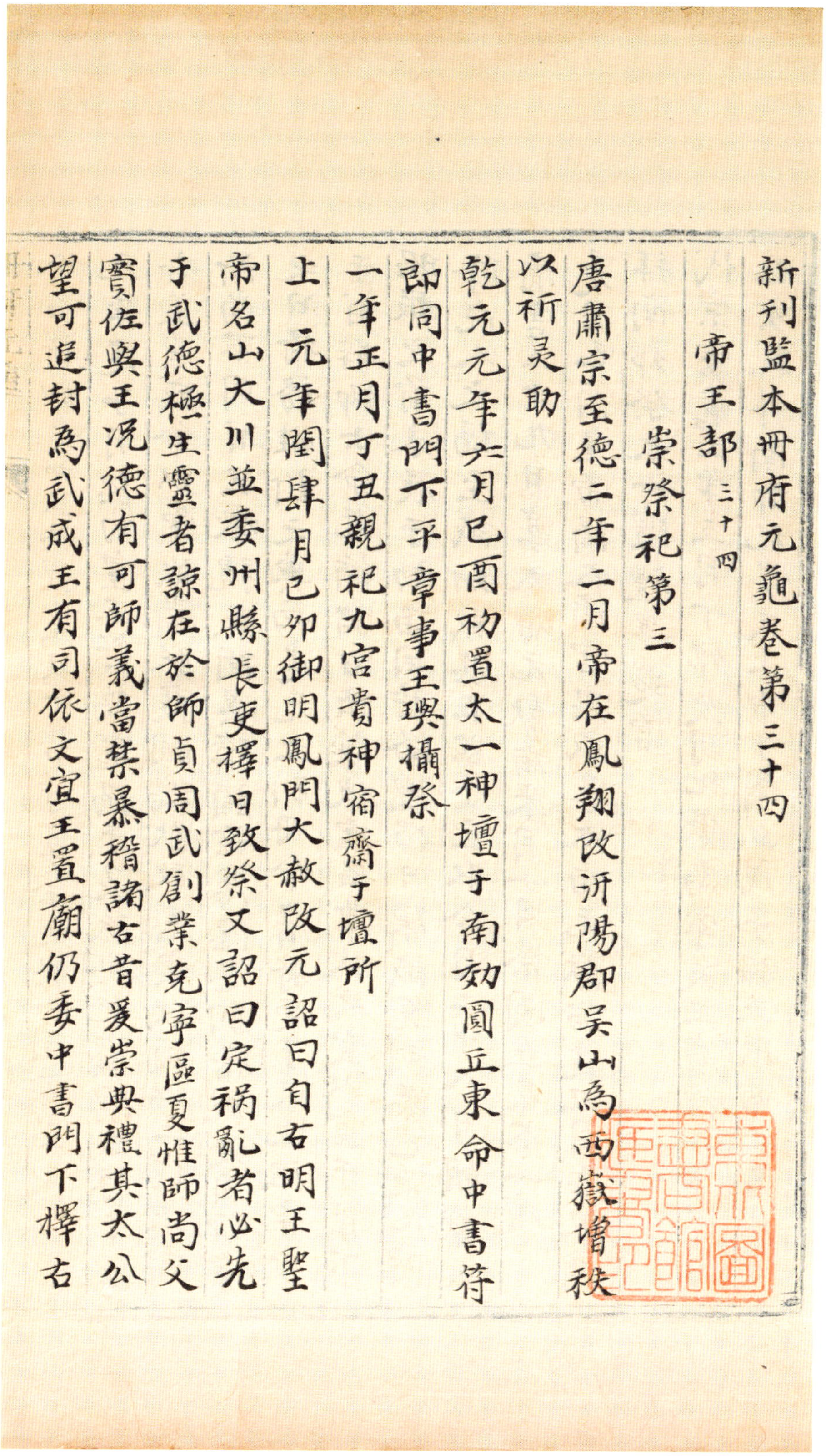
新刊監本册府元龜卷第三十四
帝王部 三十四
崇祭祀第三
唐肅宗至德二年二月帝在鳳翔改汧陽郡吴山為西嶽增秩
以祈靈助
乾元元年六月己酉初置太一神壇于南郊圓丘東命中書侍
郎同中書門下平章事王璵攝祭
一年正月丁丑親祀九宫貴神宿齋于壇所
上元元年閏肆月己卯御明鳳門大赦改元詔曰自古明王聖
帝名山大川並委州縣長吏擇日致祭又詔曰定禍亂者必先
于武德拯生靈者諒在於師貞周武創業克寧區夏惟師尚父
實佐興王況德有可師義當禁暴稽諸古昔爰崇典禮其太公
望可追封為武成王有司依文宣王置廟仍委中書門下擇古

20225　新刊監本册府元龜一千卷　（宋）王欽若等輯　明抄本　遼寧省圖書館

存五十四卷（二十八至四十五、五十三至八十八）

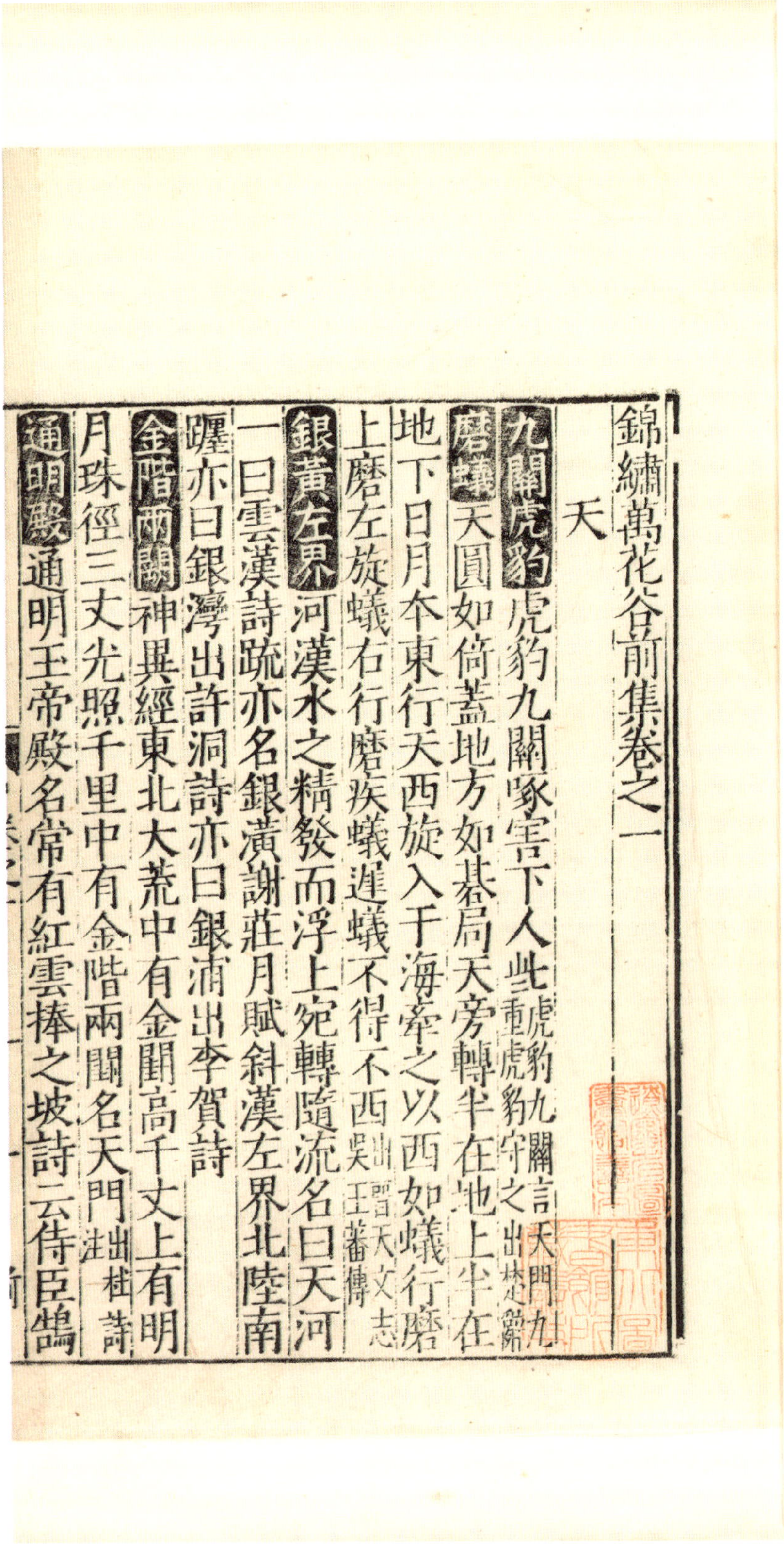
錦繡萬花谷前集卷之一
天
九關虎豹 虎豹九關啄害下人 此虎豹九關言天門九重虎豹守之出楚辭
磨蟻 天圓如倚蓋地方如棊局天旁轉半在地上半在
地下日月本東行天西旋入于海牵之以西如蟻行磨
上磨左旋蟻右行磨疾蟻進蟻不得不西 出晉天文志吳王蕃傳
銀黃左界 河漢水之精發而浮上宛轉隨流名曰天河
一曰雲漢詩疏亦名銀潢謝莊月賦斜漢左界北陸南
躔亦曰銀灣出許洞詩亦曰銀浦出李賀詩
金階兩闕 神異經東北大荒中有金闕高千丈上有明
月珠徑三丈光照千里中有金階兩闕名天門 出杜詩注
通明殿 通明玉帝殿名常有紅雲捧之坡詩云侍臣鵠

20226　錦繡萬花谷前集四十卷後集四十卷續集四十卷　明刻本　遼寧省圖書館

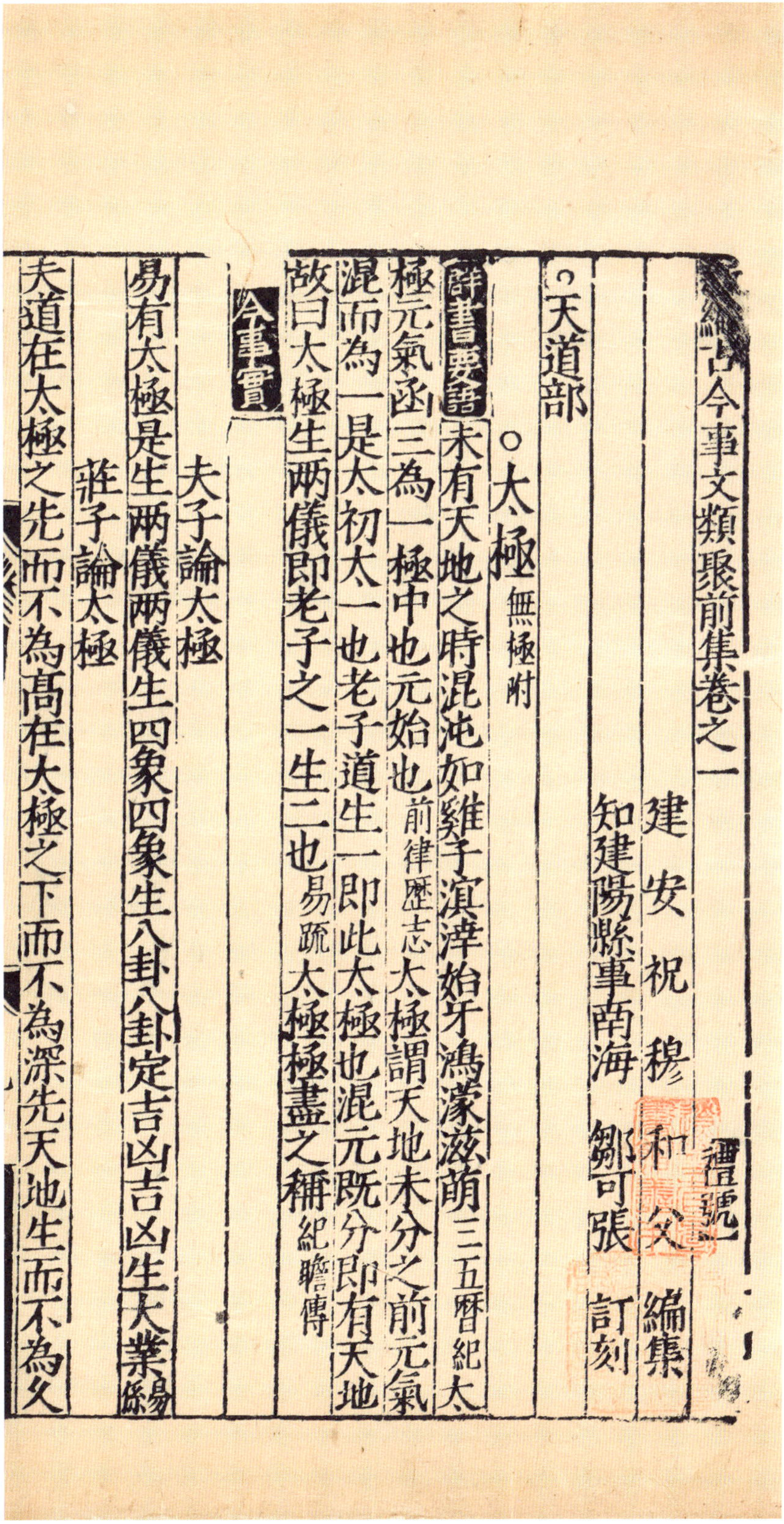

新編古今事文類聚前集卷之一

建安祝穆和父編集

知建陽縣事南海鄒可張訂刻

○天道部

○太極 無極附

群書要語 未有天地之時混沌如雞子溟涬始牙鴻濛滋萌 三五暦紀 太極元氣函三為一極中也元始也 前律歷志 太極謂天地未分之前元氣混而為一是太初太一也老子道生一即此太極也混元既分即有天地故曰太極生兩儀即老子之一生二也 易疏 太極極盡之稱 紀瞻傳

古今事實

夫子論太極

易有太極是生兩儀兩儀生四象四象生八卦八卦定吉凶吉凶生大業 易繫

莊子論太極

夫道在太極之先而不為高在太極之下而不為深先天地生而不為久

20227　新編古今事文類聚前集六十卷後集五十卷續集二十八卷別集三十二卷　（宋）祝穆撰　（明）鄒可張訂　明嘉靖鄒可張刻本　遼寧省圖書館

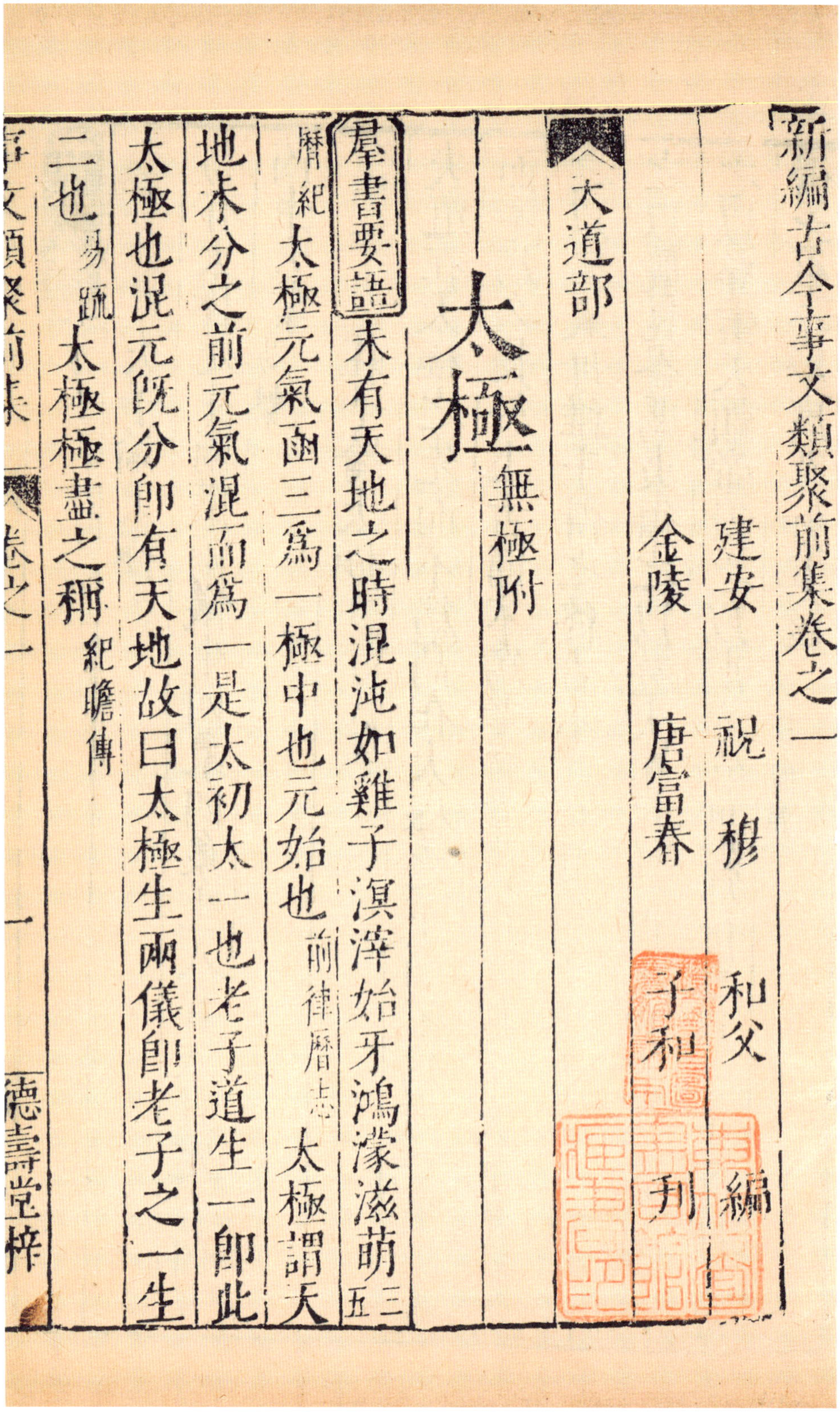
新編古今事文類聚前集卷之一
建安　祝　穆　和父　編
金陵　唐富春　子和　刊
大道部
太極 無極附
羣書要語 未有天地之時混沌如雞子溟涬始牙鴻濛滋萌 三五曆紀
太極元氣函三爲一極中也元始也 前律曆志 太極謂天
地未分之前元氣混而爲一是太初太一也老子道生一即此
太極也混元既分即有天地故曰太極生兩儀即老子之一生
二也 易疏 太極極盡之稱 紀瞻傳
事文類聚前集　卷之一　一　德壽堂梓

20228　新編古今事文類聚前集六十卷後集五十卷續集二十八卷別集三十二卷新集三十六卷外集十五卷遺集十五卷　（宋）祝穆撰（元）富大用　祝淵輯　明萬曆三十二年（1604）唐富春德壽堂刻本　遼寧省圖書館

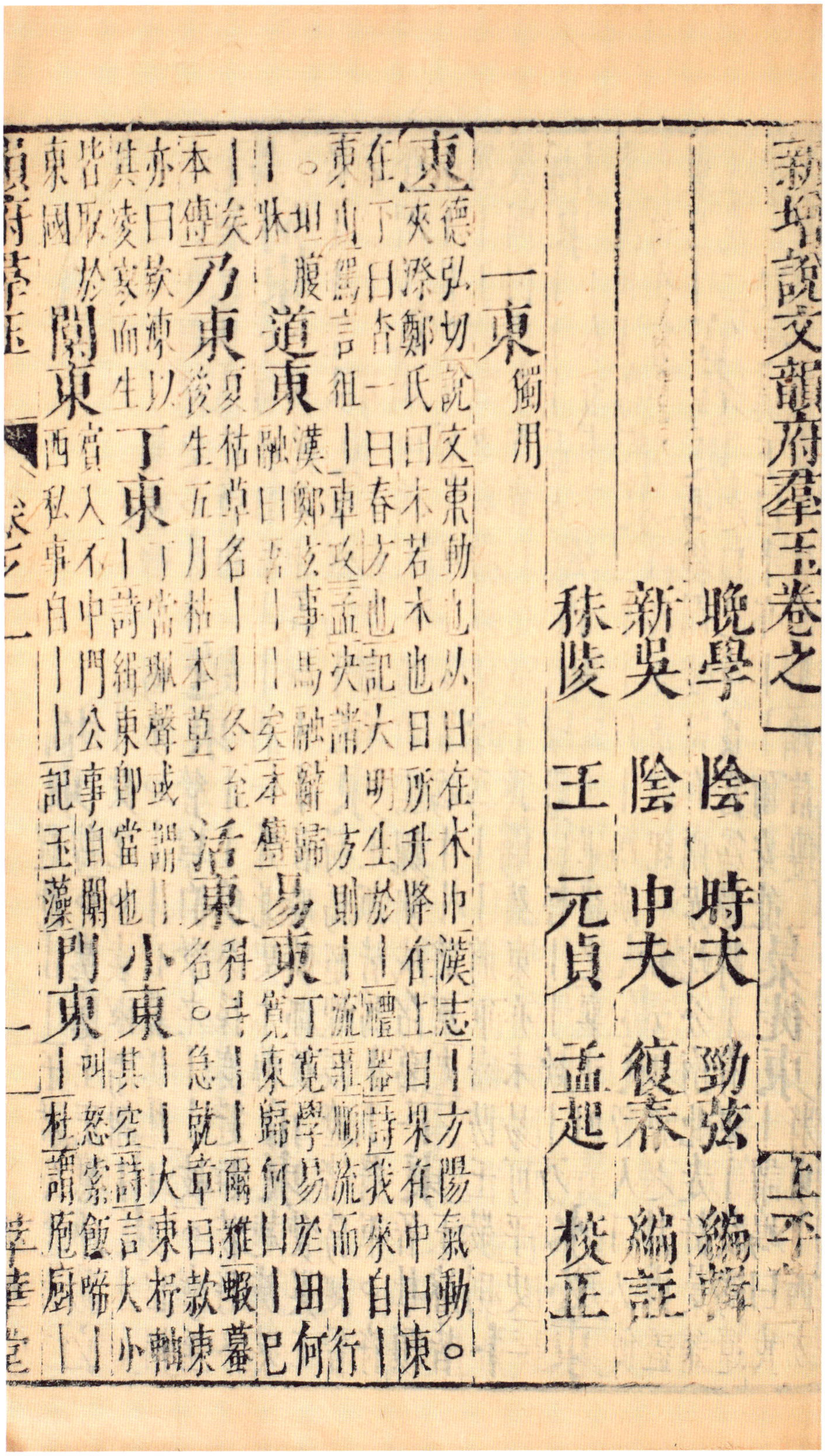
新增說文韻府羣玉卷之一 上平

晚學 陰 時夫 勁弦 編輯

新吳 陰 中夫 復春 編註

秣陵 王 元貞 孟起 校正

一東 獨用

東 德弘切說文東動也从日在木中漢志東方陽氣動。

夾漈鄭氏曰木若木也日所升降在上曰杲在中曰東

在下曰杳一曰春方也記大明生於東禮器 詩我來自東

韻府羣玉 卷之一

20229　**新增說文韻府羣玉二十卷**　（元）陰時夫撰　（元）陰中夫注

明萬曆十八年（1590）萃華堂刻本　遼陽市圖書館

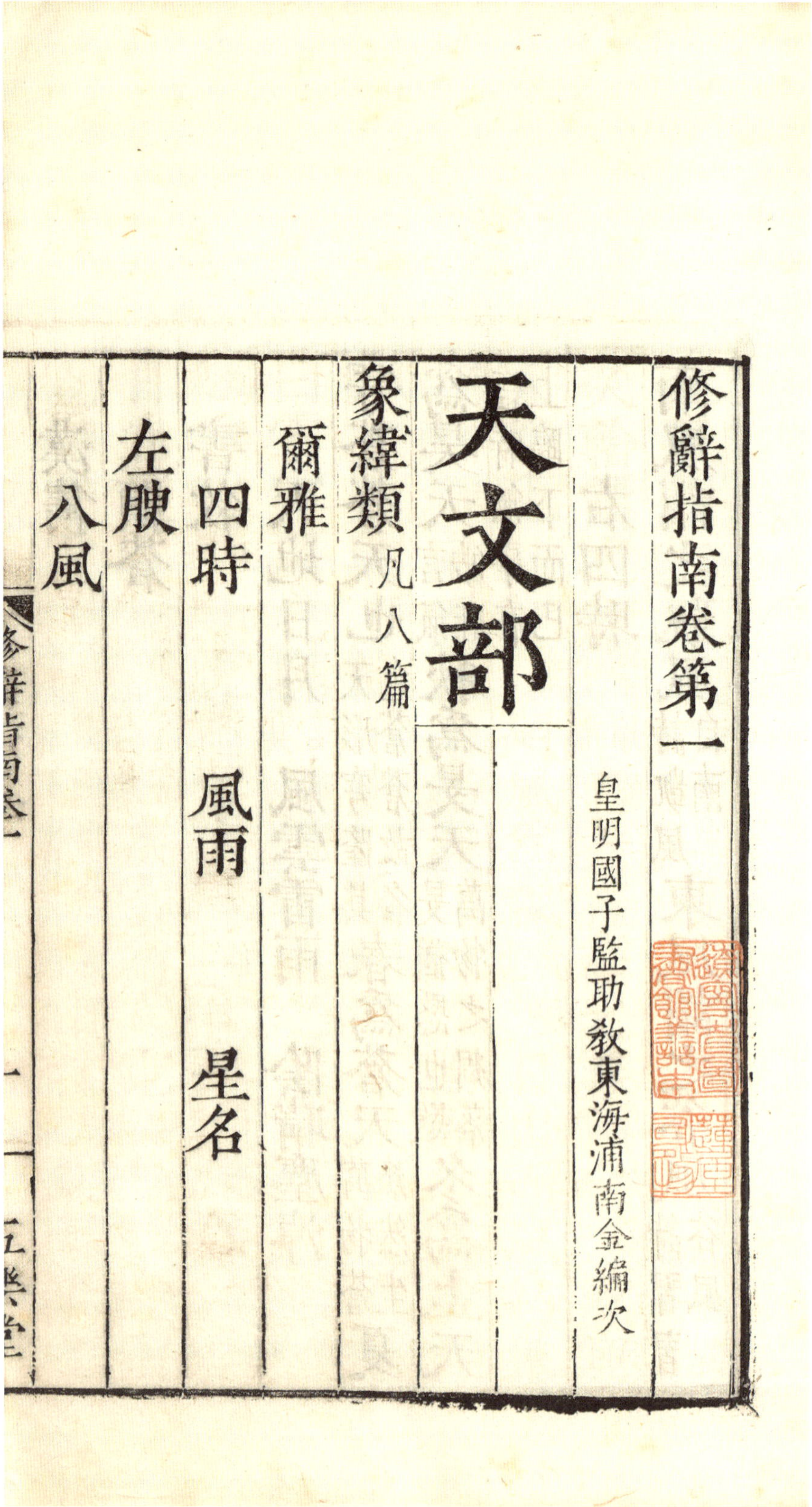
修辭指南卷第一
皇明國子監助敎東海浦南金編次
天文部
象緯類凡八篇
爾雅
四時　風雨　星名
左腴
八風
修辭指南卷一　一　五樂堂

20230　修辭指南二十卷　（明）浦南金輯　明嘉靖三十六年（1557）浦氏五樂堂刻本　遼寧省圖書館

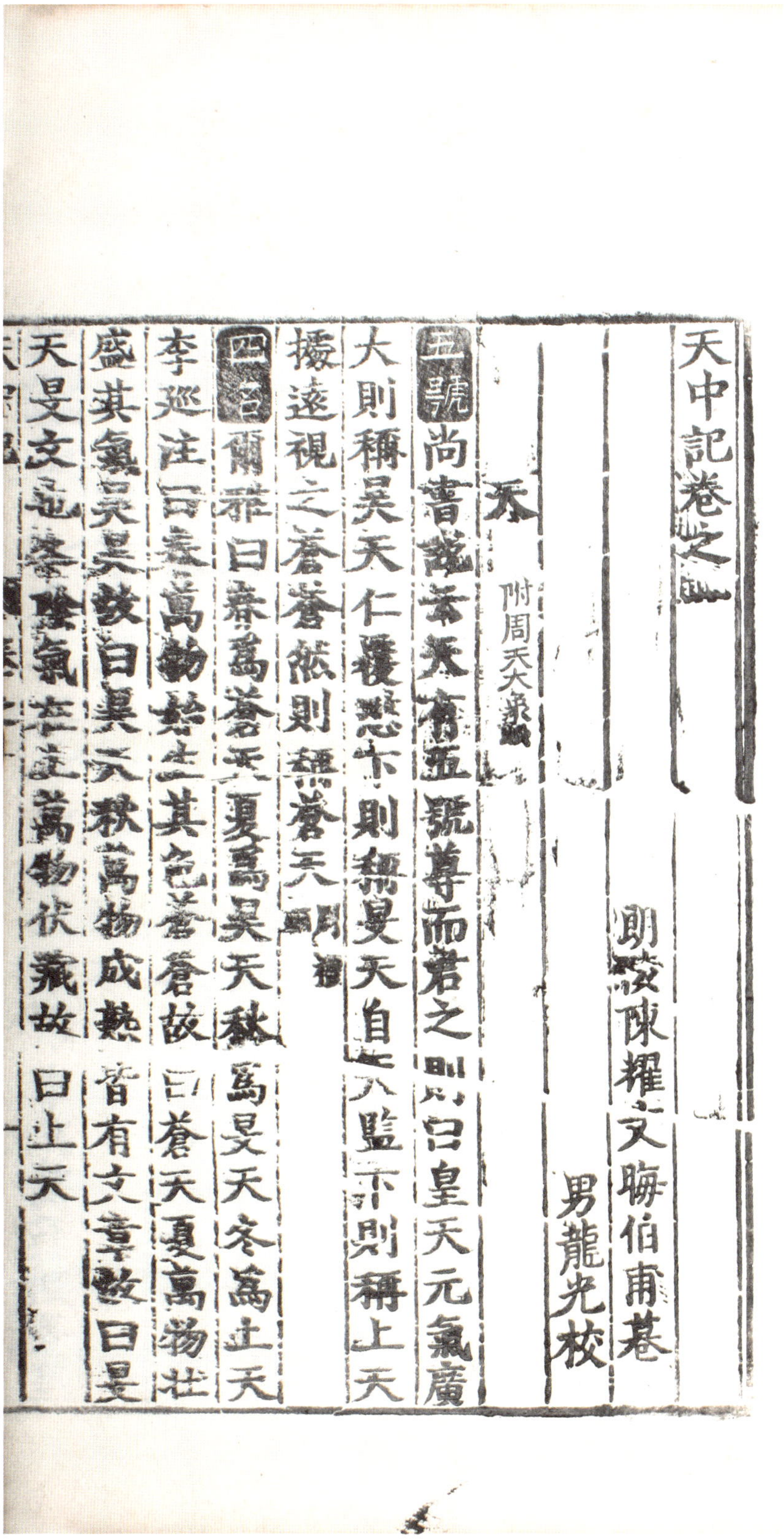
天中記卷之一
明確山陳耀文晦伯甫著
男龍光校
天 附周天大象賦
號 尚書説云天有五號尊而君之則曰皇天元氣廣
大則稱昊天仁覆愍下則稱旻天自天監下則稱上天
據遠視之蒼蒼然則稱蒼天
四時 爾雅曰春爲蒼天夏爲昊天秋爲旻天冬爲上天
李巡注曰春萬物始生其色蒼蒼故曰蒼天夏萬物壯
盛其氣昊昊故曰昊天秋萬物成熟皆有文章故曰旻
天旻文也冬陰氣在上萬物伏藏故曰上天

20231　天中記六十卷　（明）陳耀文撰　明萬曆刻本　遼寧省博物館

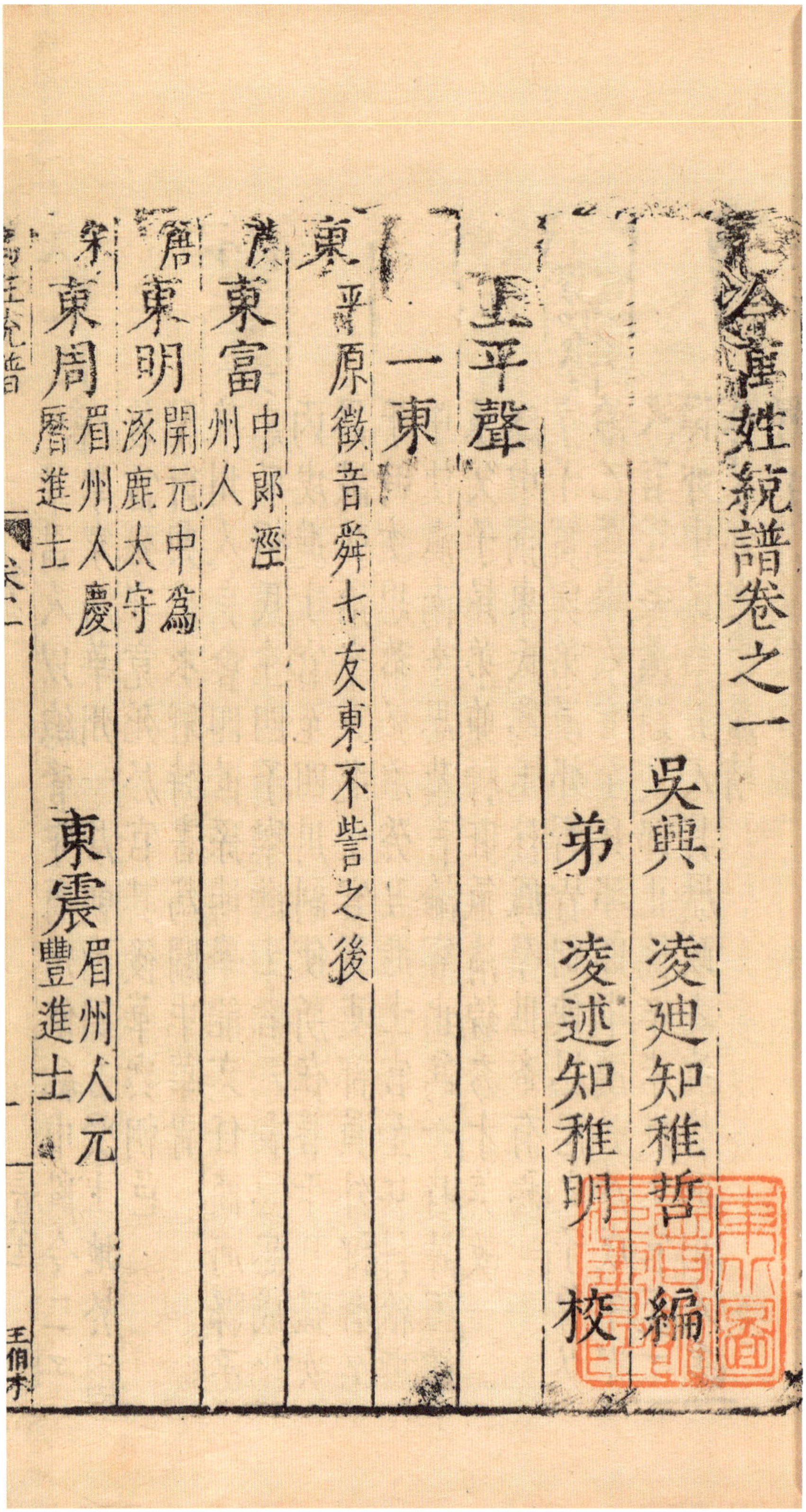
古今萬姓統譜卷之一
吳興 凌迪知稚哲編
弟 凌述知稚明校
上平聲
一東
東 平原徵音舜七友東不訾之後
漢 東富 中郎涇州人
唐 東明 開元中爲涿鹿太守
宋 東周 眉州人慶曆進士 東震 眉州人元豐進士

20232　古今萬姓統譜一百四十卷歷代帝王姓系統譜六卷氏族博考十四卷　（明）凌迪知輯　明萬曆刻本　遼寧省圖書館

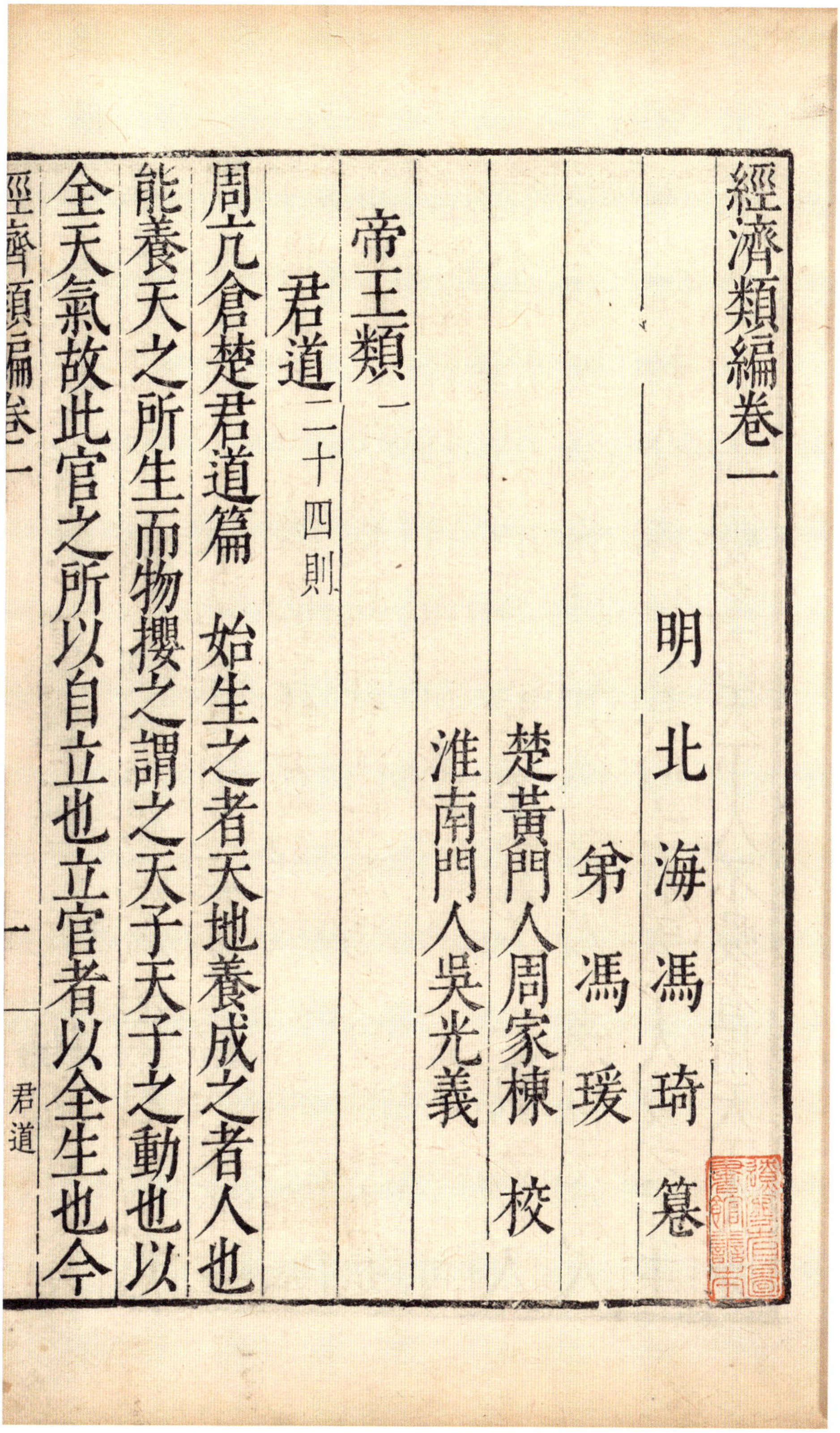

經濟類編卷一

明北海馮琦纂

弟馮瑗

楚黃門人周家楝校

淮南門人吳光義

帝王類一

君道二十四則

周几倉楚君道篇　始生之者天地養成之者人也能養天之所生而物攖之謂之天子天子之動也以全天氣故此官之所以自立也立官者以全生也今

經濟類編卷一　一　君道

20233　經濟類編一百卷　（明）馮琦輯　明萬曆三十二年（1604）周家楝刻本　遼寧省圖書館

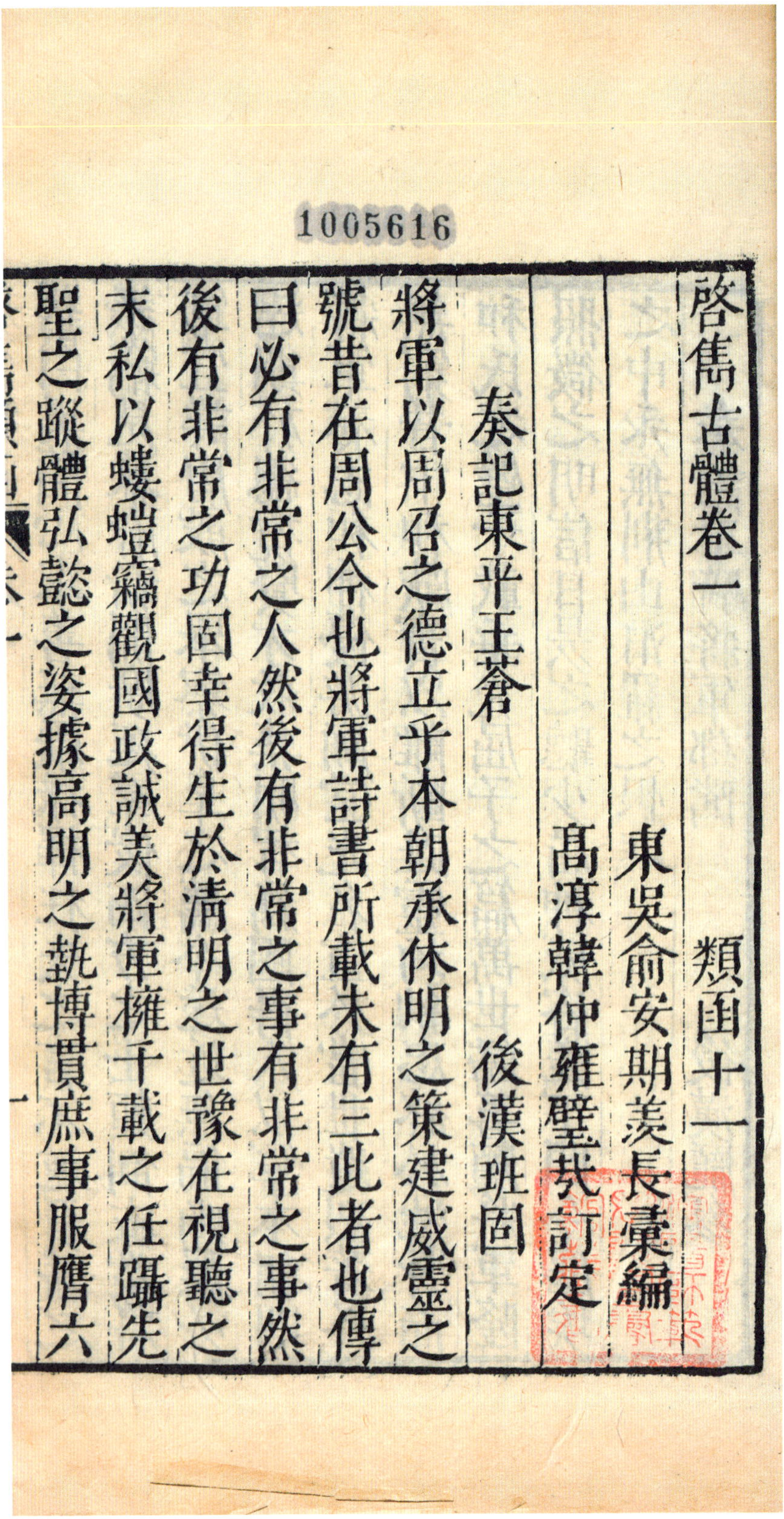
1005616

啓雋古體卷一　類函十一
東吳俞安期羡長彙編
高淳韓仲雍璧甫訂定
奏記東平王蒼　後漢班固
將軍以周召之德立乎本朝承休明之策建威靈之
號昔在周公今也將軍詩書所載未有三此者也傳
曰必有非常之人然後有非常之事有非常之事然
後有非常之功固幸得生於清明之世豫在視聽之
末私以螻螘竊觀國政誠美將軍擁千載之任躡先
聖之蹤體弘懿之姿據高明之埶博貫庶事服膺六

20234　啓雋類函一百二卷職官考五卷目録九卷　（明）俞安期編　明萬曆四十六年（1618）刻本　遼寧大學圖書館

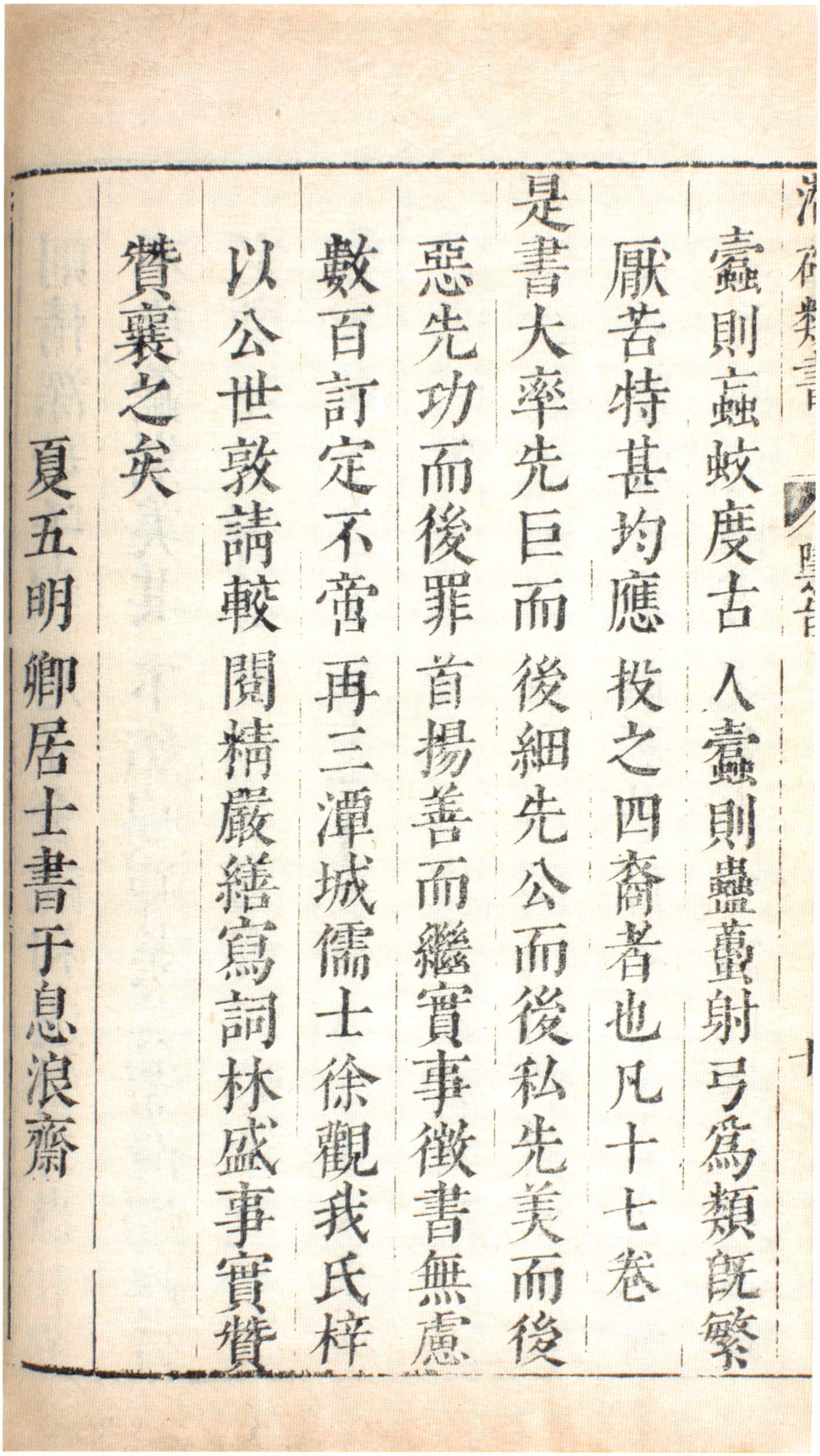
潛確類書

蠹則蝨蚑度古人蠹則蠱蠆射弓爲類既繁
厭若特甚均應拔之四裔者也凡十七卷
是書大率先巨而後細先公而後私先美而後
惡先功而後罪首揚善而繼實事徵書無慮
數百訂定不啻再三潭城儒士徐觀我氏梓
以公世敦請較閱精嚴繕寫詞林盛事實贊
贊襄之矣
夏五明卿居士書于息浪齋

20235　潛確居類書一百二十卷　（明）陳仁錫輯　明崇禎刻本　遼寧省博物館

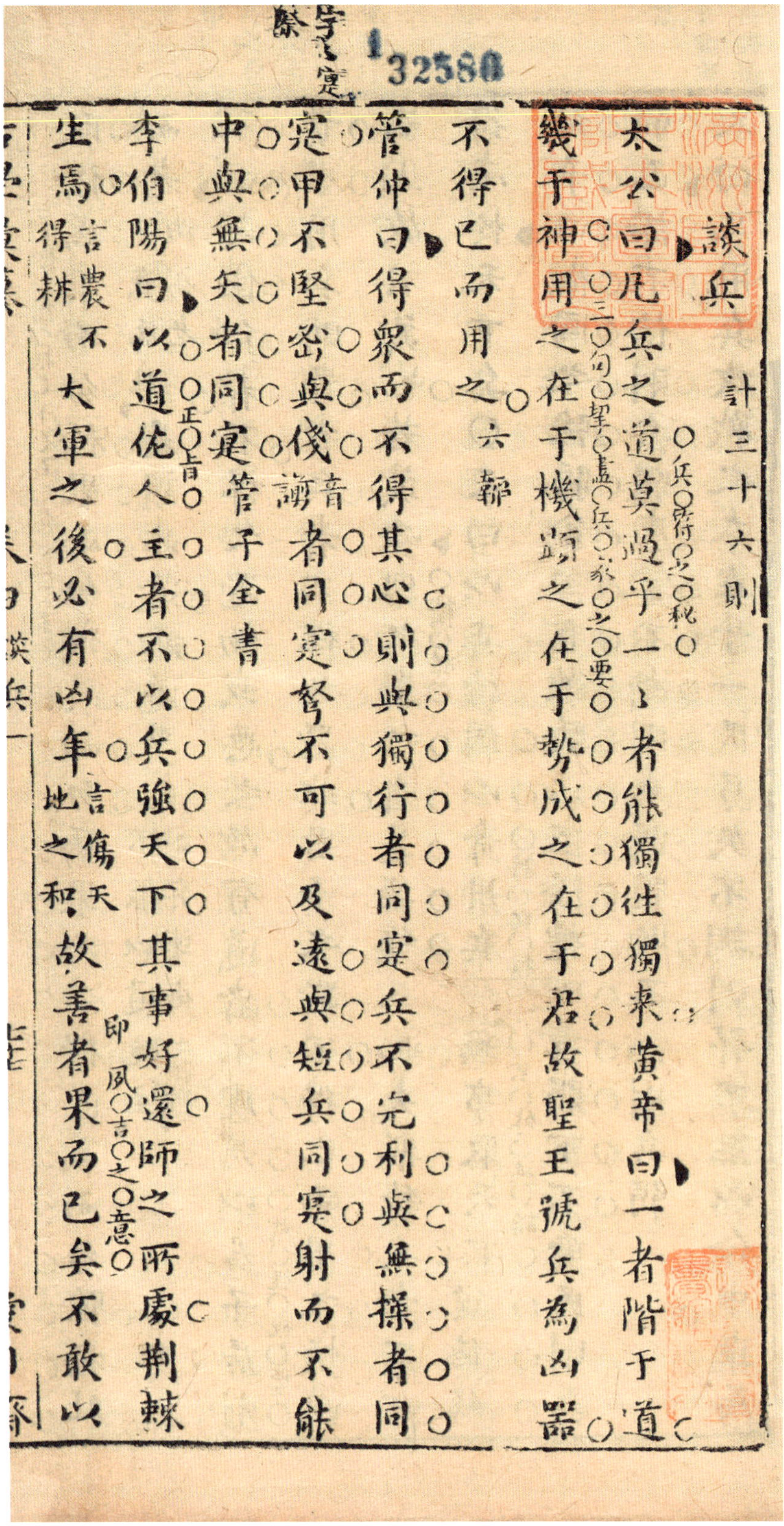
談兵 計三十六則
太公曰凡兵之道莫過乎一（兵所之秘）一者能獨往獨來黃帝曰一者階于道（三句挈盡兵家之要）幾于神用之在于機顯之在于勢成之在于君故聖王號兵為凶器不得已而用之 六韜
管仲曰得衆而不得其心則與獨行者同寔兵不完利與無操者同寔甲不堅密與俴（音諓）者同寔弩不可以及遠與短兵同寔射而不能中與無矢者同寔 管子全書
李伯陽曰以道佐人主者不以兵強天下其事好還（即凶吉之意）師之所處荊棘生焉（言農不得耕）大軍之後必有凶年（言傷天地之和）故善者果而已矣不敢以

20236　古學彙纂十卷　（明）周時雍輯　明崇禎十五年（1642）周氏愛日齋刻本　遼寧省圖書館

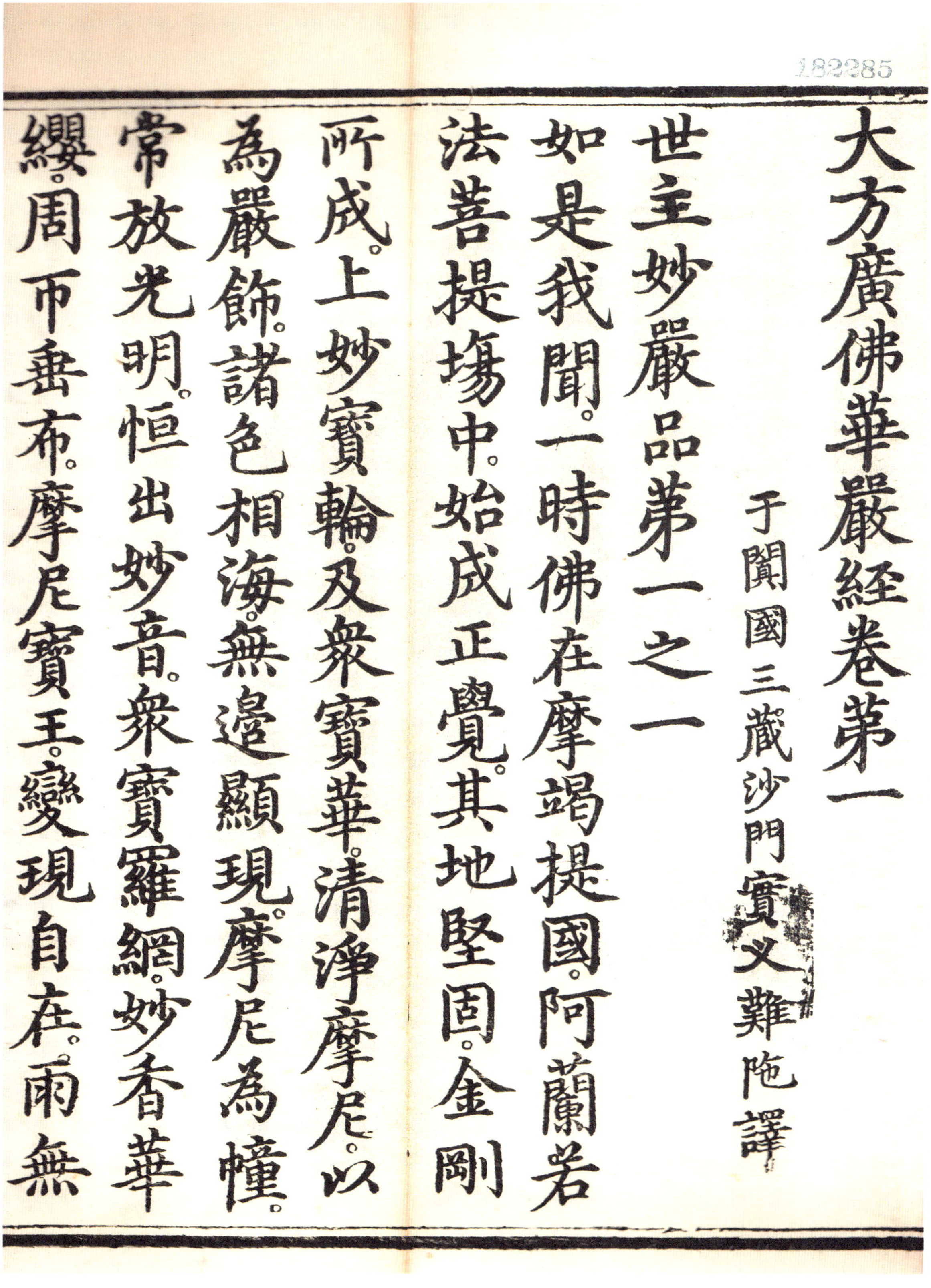

大方廣佛華嚴經卷第一
于闐國三藏沙門實叉難陁譯
世主妙嚴品第一之一
如是我聞。一時佛在摩竭提國。阿蘭若
法菩提塲中。始成正覺。其地堅固。金剛
所成。上妙寶輪。及衆寶華。清淨摩尼。以
為嚴飾。諸色相海。無邊顯現。摩尼為幢。
常放光明。恒出妙音。衆寶羅網。妙香華
纓。周帀垂布。摩尼寶王。變現自在。雨無

20237　大方廣佛華嚴經八十卷　（唐）釋實叉難陀譯　**大方廣佛華嚴經入不思議解脱境界普賢行願品一卷**　（唐）釋般若譯　明刻本　大連圖書館

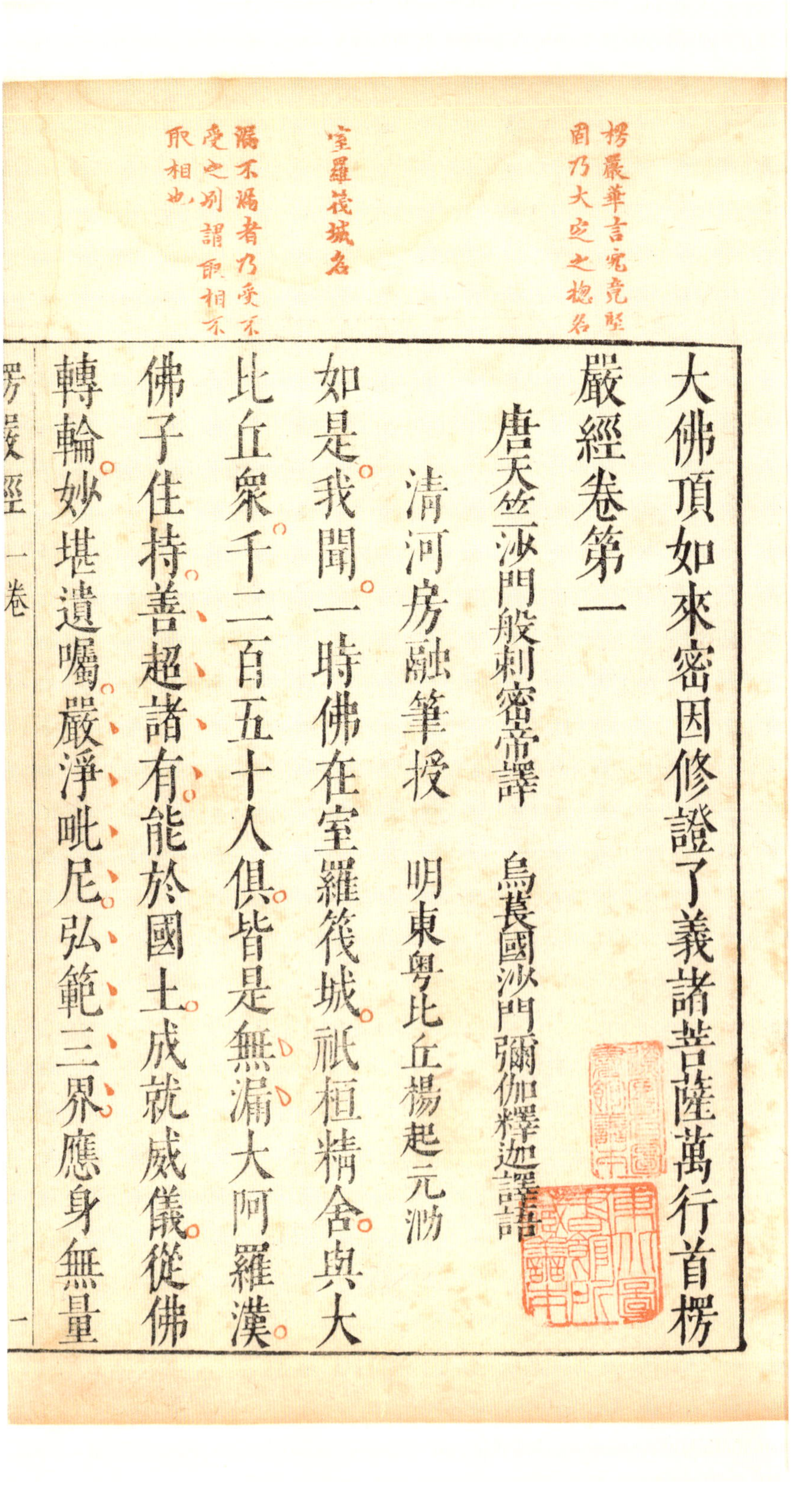
楞嚴華言究竟堅
固乃大定之揔名
室羅筏城名
漏不漏者乃受不
受之別謂取相不
取相也

大佛頂如來密因修證了義諸菩薩萬行首楞
嚴經卷第一
唐天竺沙門般剌密帝譯　烏萇國沙門彌伽釋迦譯語
清河房融筆授　明東粵比丘楊起元汸
如是我聞一時佛在室羅筏城祇桓精舍與大
比丘衆千二百五十人俱皆是無漏大阿羅漢
佛子住持善超諸有能於國土成就威儀從佛
轉輪妙堪遺囑嚴淨毗尼弘範三界應身無量

楞嚴經　一卷　一

20238　**大佛頂如來密因修證了義諸菩薩萬行首楞嚴經十卷**（唐）
釋般剌密帝　釋彌伽釋迦譯　明凌毓柟刻朱墨套印本　遼寧省圖書館

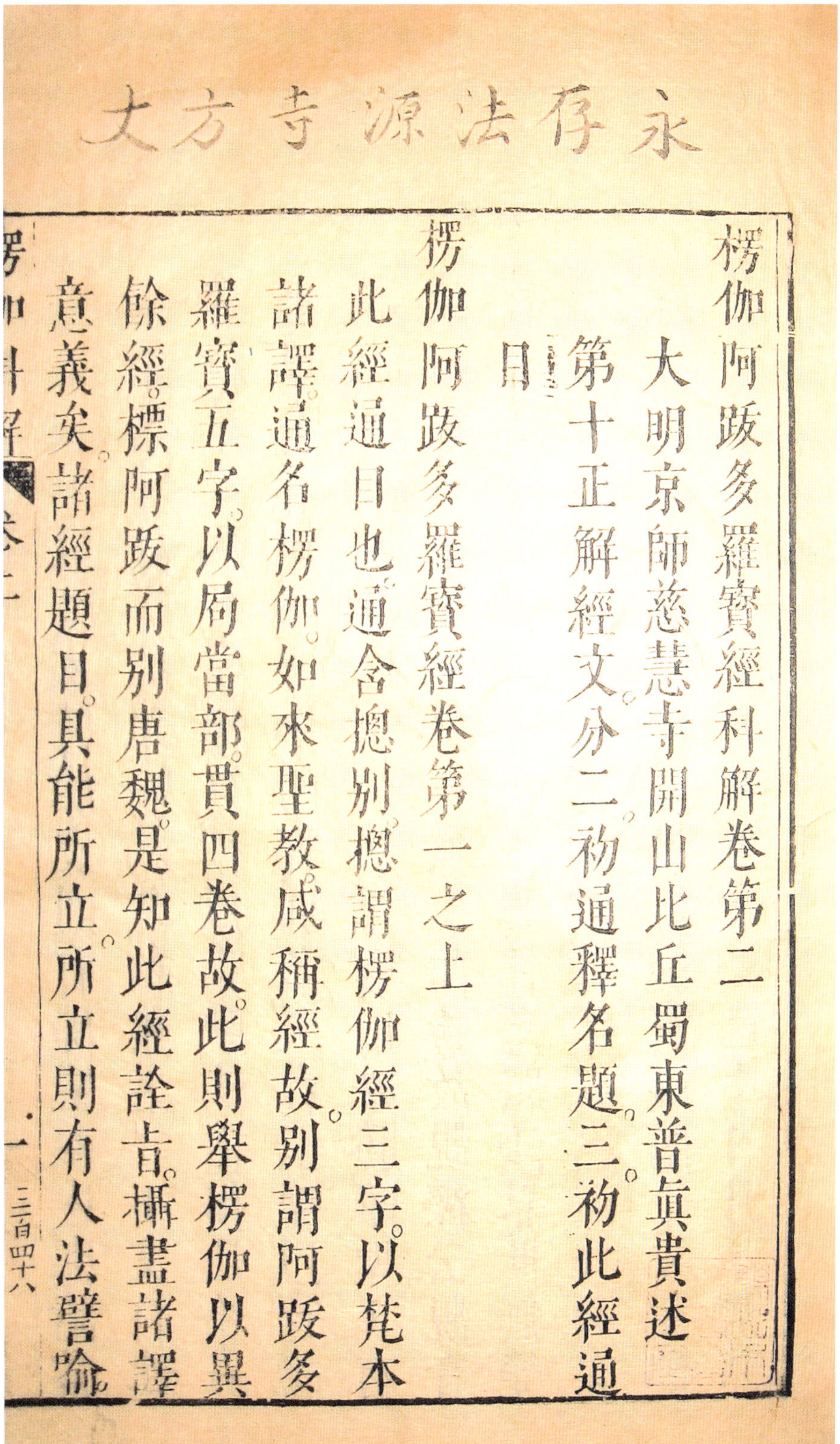
永存法源寺方丈

楞伽阿跋多羅寶經科解卷第二
大明京師慈慧寺開山比丘蜀東普眞貴述
第十正解經文分二初通釋名題三初此經通
目
楞伽阿跋多羅寶經卷第一之上
此經通目也通含摠別摠謂楞伽經三字以梵本
諸譯通名楞伽如來聖教咸稱經故別謂阿跋多
羅寶五字以局當部貫四卷故此則舉楞伽以異
餘經標阿跋而別唐魏是知此經詮旨攝盡諸譯
意義矣諸經題目具能所立所立則有人法譬喻

楞伽科解 卷二 一 三百四十八

20239 楞伽阿跋多羅寶經科解十卷科解科一卷 （明）釋真貴撰 明刻本 錦州市圖書館

存十卷（科解二至十、科解科一卷）

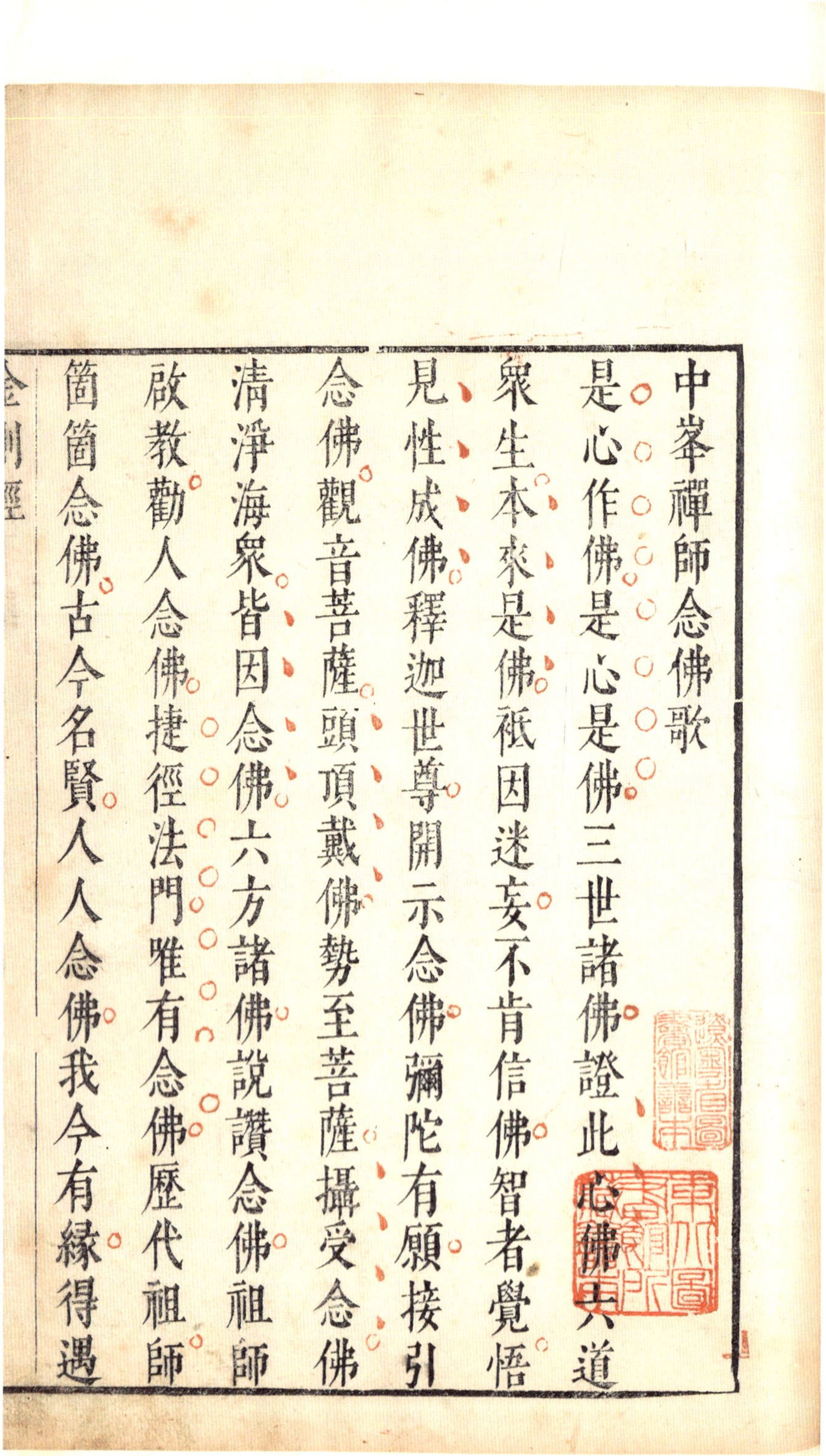
中峯禪師念佛歌
是心作佛是心是佛三世諸佛證此心佛六道
衆生本來是佛祇因迷妄不肯信佛智者覺悟
見性成佛釋迦世尊開示念佛彌陀有願接引
念佛觀音菩薩頭頂戴佛勢至菩薩攝受念佛
清淨海衆皆因念佛六方諸佛說讃念佛祖師
啟教勸人念佛捷徑法門唯有念佛歷代祖師
箇箇念佛古今名賢人人念佛我今有緣得遇
金剛經

20240　金剛般若波羅蜜經一卷解一卷（後秦）釋鳩摩羅什譯　（元）釋明本解　**般若波羅蜜多心經一卷解一卷**（唐）釋玄奘譯　（元）釋中峰禪師解　（明）釋如玘注　（明）李贄評　**大方廣圓覺修多羅了義經二卷**（唐）釋佛陀多羅譯　明刻套印本　遼寧省圖書館

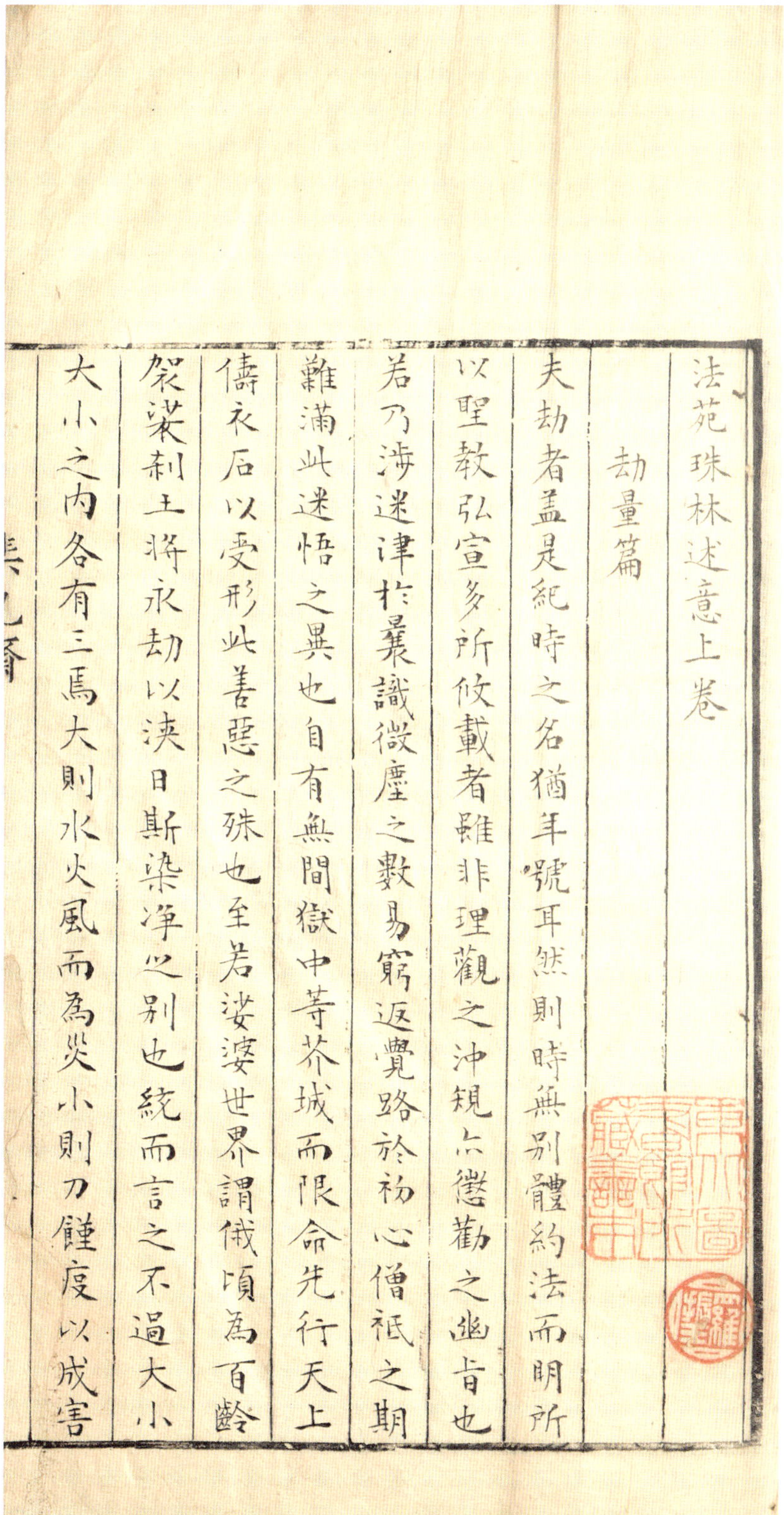

法苑珠林述意上卷

劫量篇

夫劫者蓋是紀時之名猶年號耳然則時無別體約法而明所以聖教弘宣多所攸載者雖非理觀之沖規亦懲勸之幽旨也若乃海迷津於曩識微塵之數易窮返覺路於初心僧祇之期難滿此迷悟之異也自有無間獄中等芥城而限命先行天上儔衣石以受形此善惡之殊也至若娑婆世界謂餓頃為百齡袈裟刹土將永劫以浹日斯染淨之別也統而言之不過大小大小之內各有三焉大則水火風而為災小則刀饉疫以成害

20241　法苑珠林述意二卷　（明）周天球采輯　明嘉靖斐幾齋抄本　遼寧省圖書館

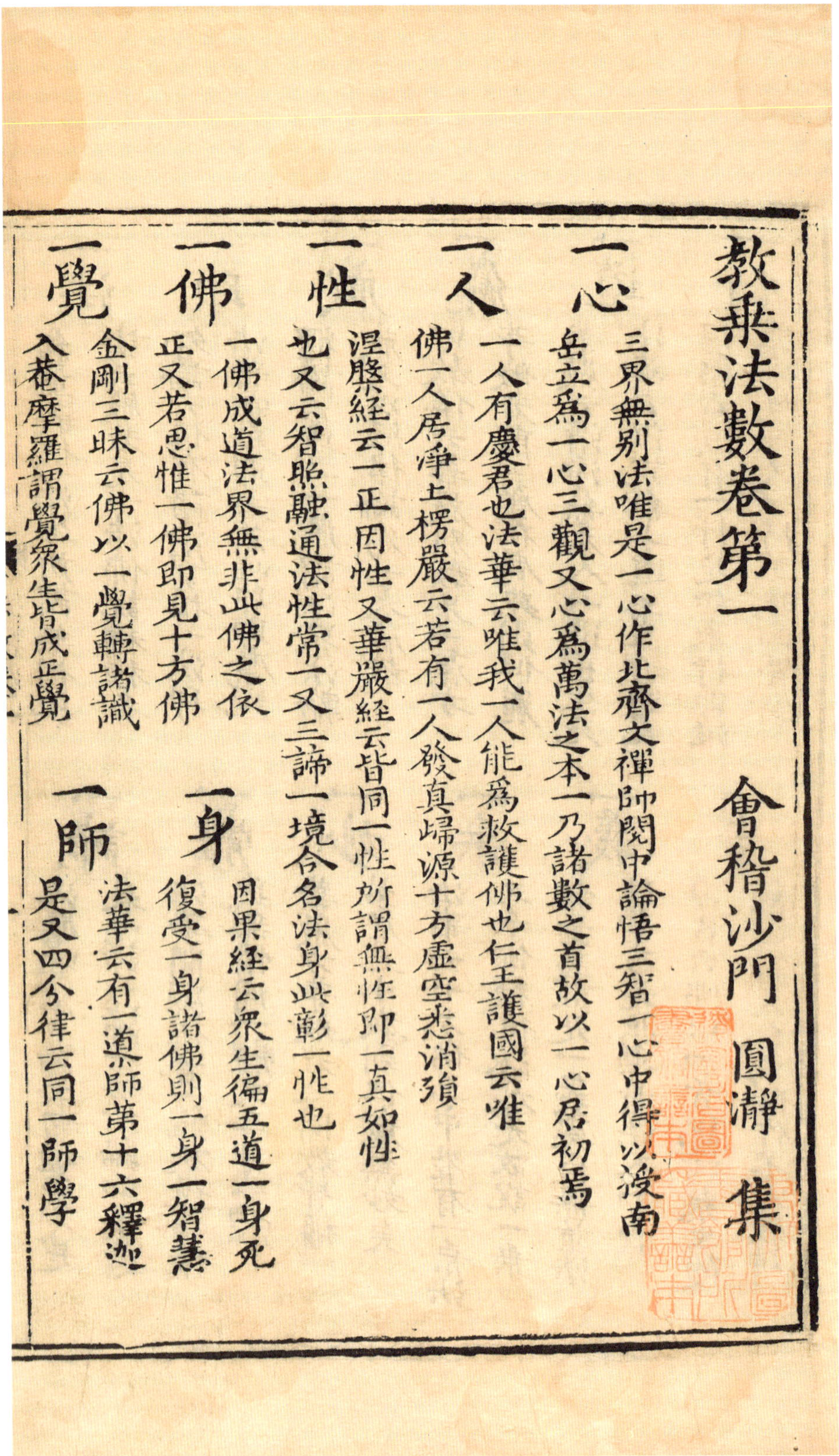

教乘法數卷第一　　會稽沙門　圓瀞　集

一心
三界無别法唯是一心作北齊文禪師閲中論悟三智一心中得以授南岳立爲一心三觀又心爲萬法之本一乃諸數之首故以一心居初焉

一人
一人有慶君也法華云唯我一人能爲救護佛也仁王護國云唯佛一人居淨土楞嚴云若有一人發真歸源十方虛空悉消殞

一性
涅槃經云一正因性又華嚴經云皆同一性所謂無性即一真如性也又云智照融通法性常一又三諦一境合名法身此彰一性也

一身
因果經云衆生徧五道一身死復受一身諸佛則一身一智慧

一佛
一佛成道法界無非此佛之依正又若思惟一佛即見十方佛

一師
法華云有一道師第十六釋迦是又四分律云同一師學

一覺
金剛三昧云佛以一覺轉諸識入菴摩羅謂覺衆生皆成正覺

20242　教乘法數十二卷　（明）釋圓瀞撰　明萬曆十七年（1589）刻本

遼寧省圖書館

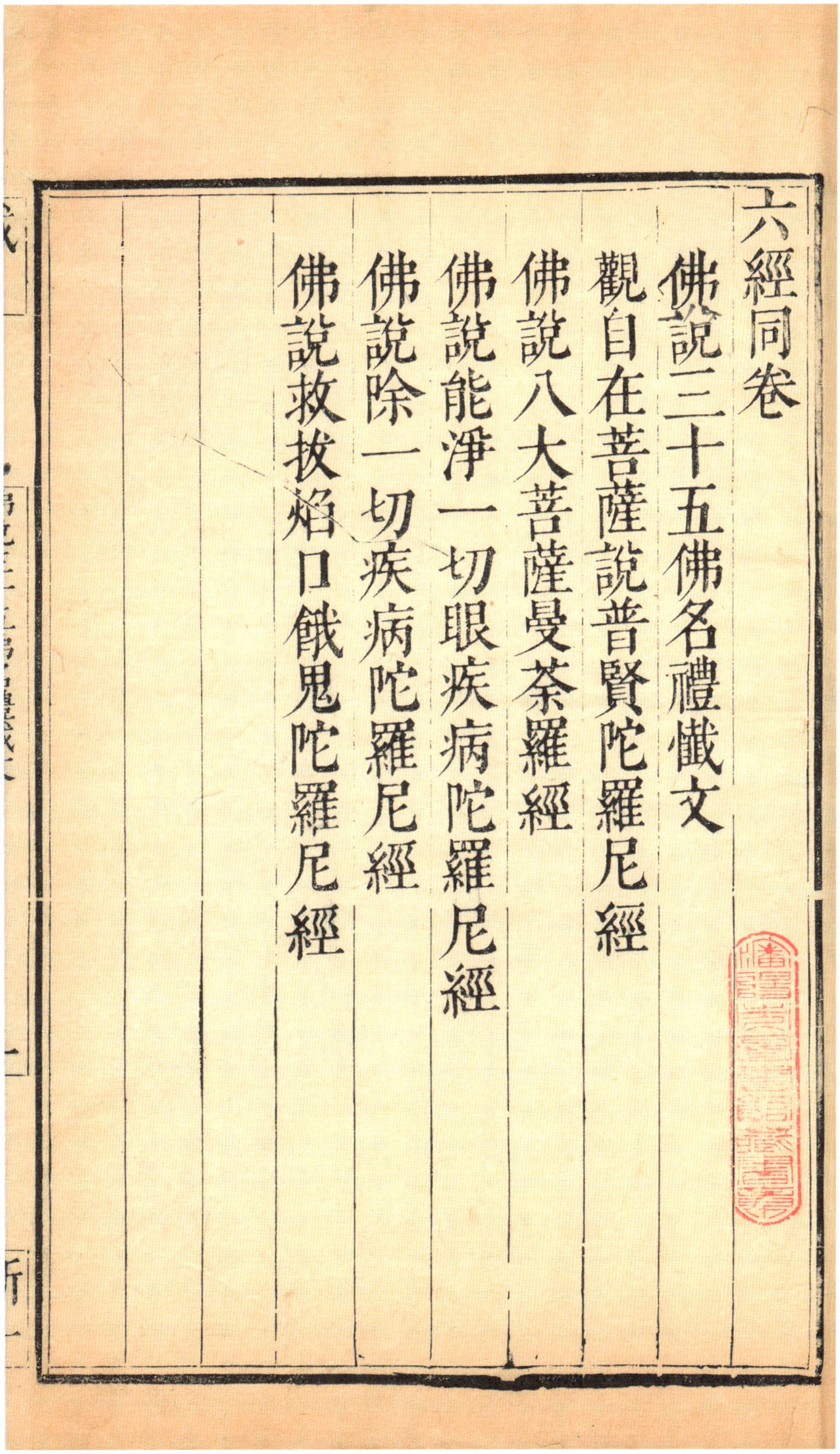
六經同卷
佛說三十五佛名禮懺文
觀自在菩薩說普賢陀羅尼經
佛說八大菩薩曼荼羅經
佛說能淨一切眼疾病陀羅尼經
佛說除一切疾病陀羅尼經
佛說救拔焰口餓鬼陀羅尼經

20243　六經同卷不分卷附錄一卷　（唐）釋不空等譯　明萬曆四十一年至清康熙三年（1613–1664）浙江嘉興府楞嚴寺般若堂刻嘉興藏本　瀋陽市圖書館

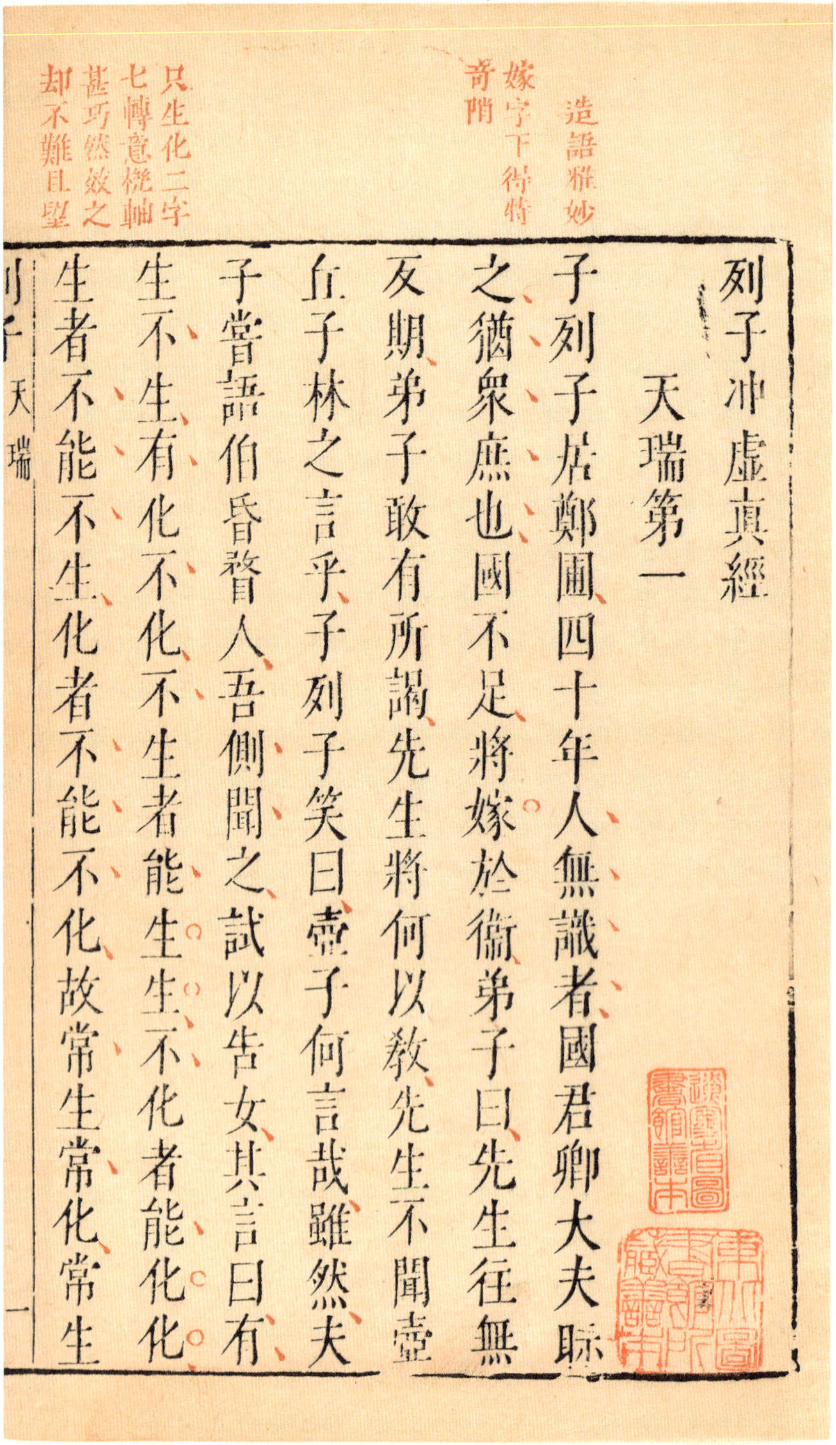

造語雅妙

嫁字下得特奇陗

只生化二字七轉意機軸甚巧然效之却不難且望

列子冲虛真經

天瑞第一

子列子居鄭圃四十年人無識者國君卿大夫眎之猶衆庶也國不足將嫁於衛弟子曰先生往無反期弟子敢有所謁先生將何以教先生不聞壺丘子林之言乎子列子笑曰壺子何言哉雖然夫子嘗語伯昏瞀人吾側聞之試以告女其言曰有生不生有化不化不生者能生生不化者能化化生者不能不生化者不能不化故常生常化常生

列子 天瑞 一

20244 **三子合刊十三卷** 明閔齊伋刻套印本 遼寧省圖書館

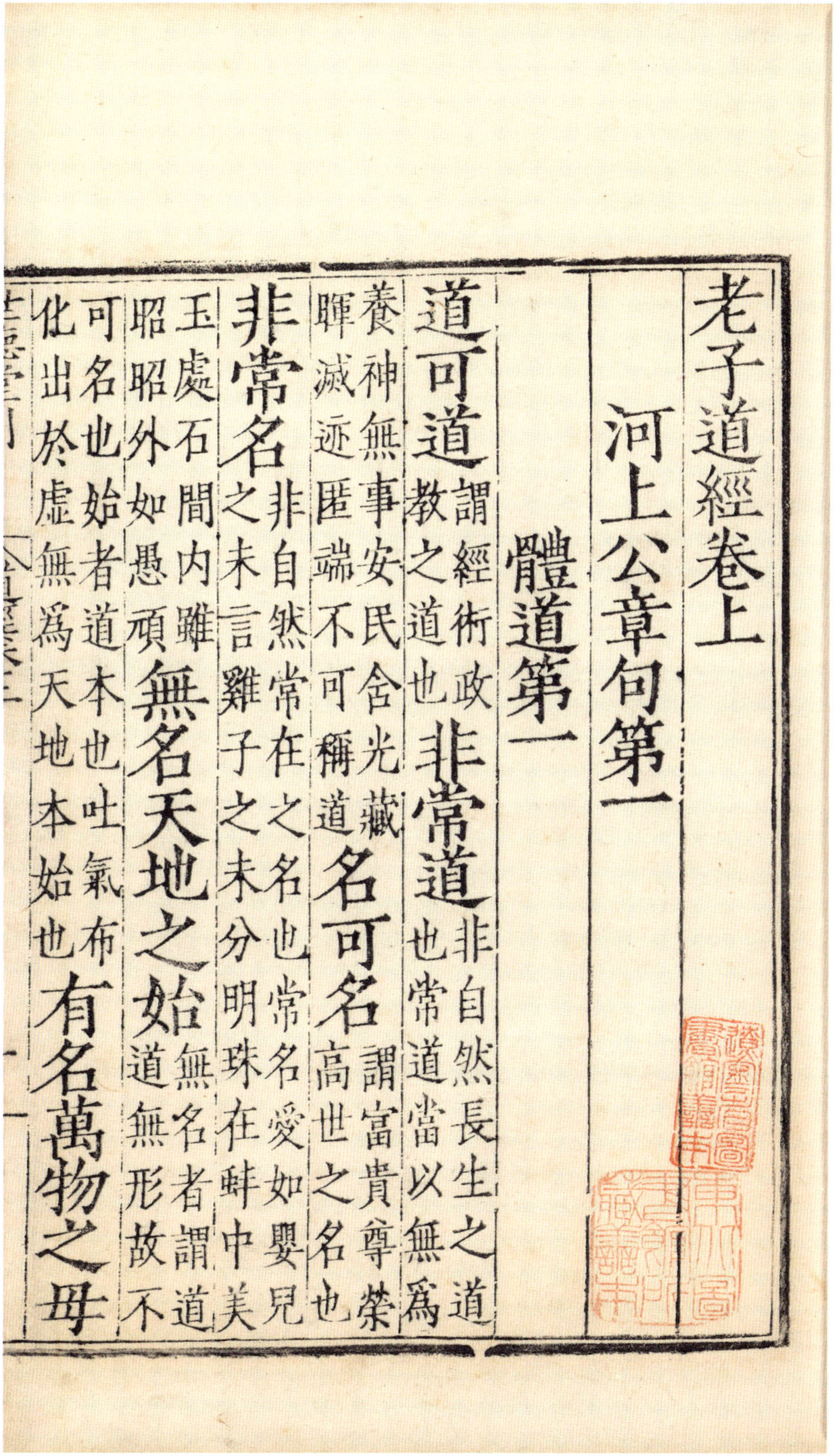
老子道經卷上

河上公章句第一

體道第一

道可道謂經術政教之道也非常道非自然長生之道也常道當以無爲養神無事安民含光藏暉滅迹匿端不可稱道名可名謂富貴尊榮高世之名也非常名非自然常在之名也常名愛如嬰兒之未言雞子之未分明珠在蚌中美玉處石間內雖昭昭外如愚頑無名天地之始無名者謂道道無形故不可名也始者道本也吐氣布化出於虛無爲天地本始也有名萬物之母

20245　老子道德經二卷　（漢）河上公章句　明嘉靖顧氏世德堂刻六子書本　遼寧省圖書館

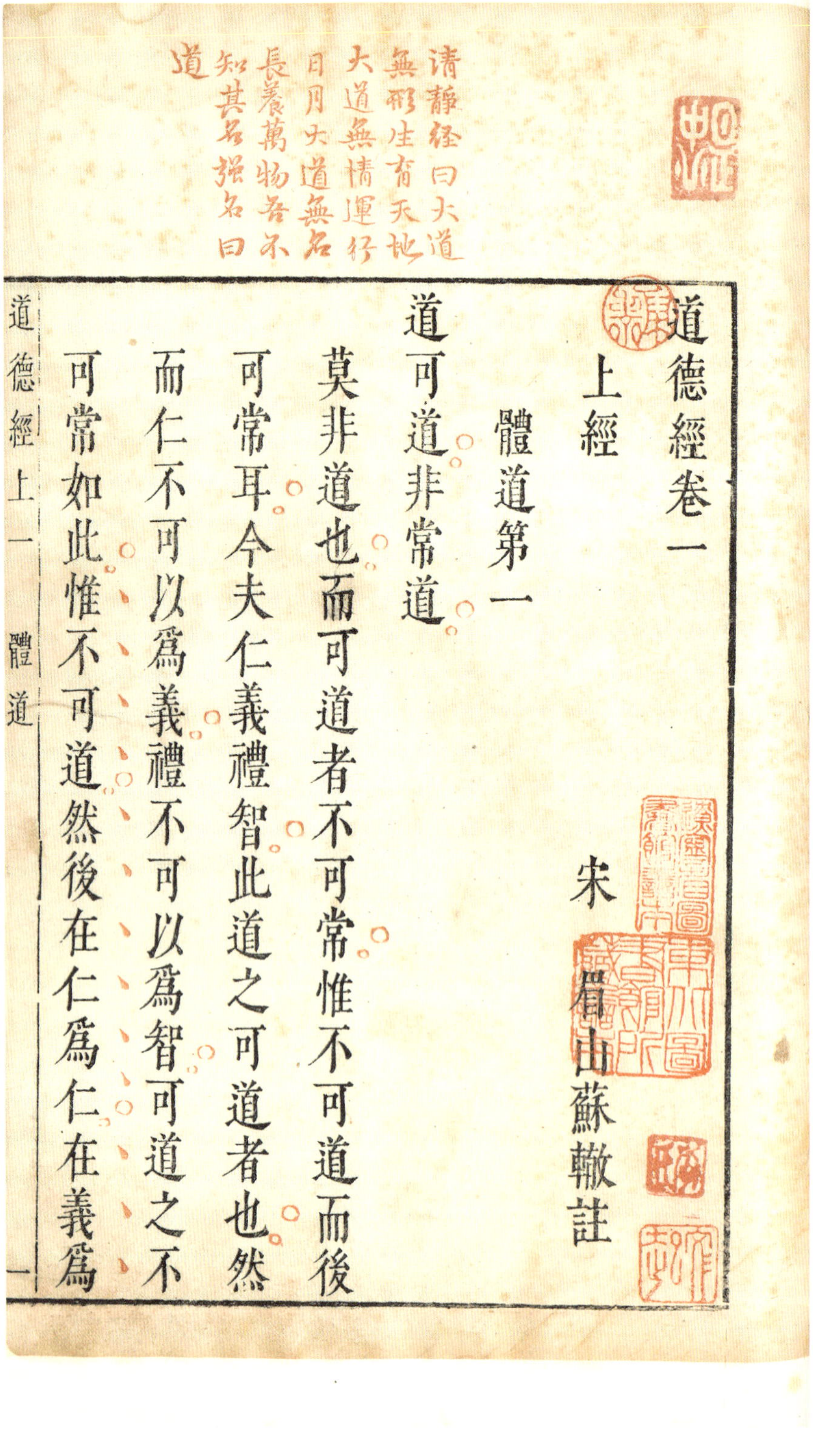
清靜經曰大道無形生育天地大道無情運行日月大道無名長養萬物吾不知其名强名曰道

道德經卷一

上經　宋　眉山蘇轍註

體道第一

道可道非常道

莫非道也而可道者不可常惟不可道而後可常耳今夫仁義禮智此道之可道者也然而仁不可以爲義禮不可以爲智可道之不可常如此惟不可道然後在仁爲仁在義爲

道德經上一　體道　一

20246　道德經二卷　（宋）蘇轍注　（明）凌以楝批點　**老子考异一卷**

明凌氏刻朱墨套印本　遼寧省圖書館

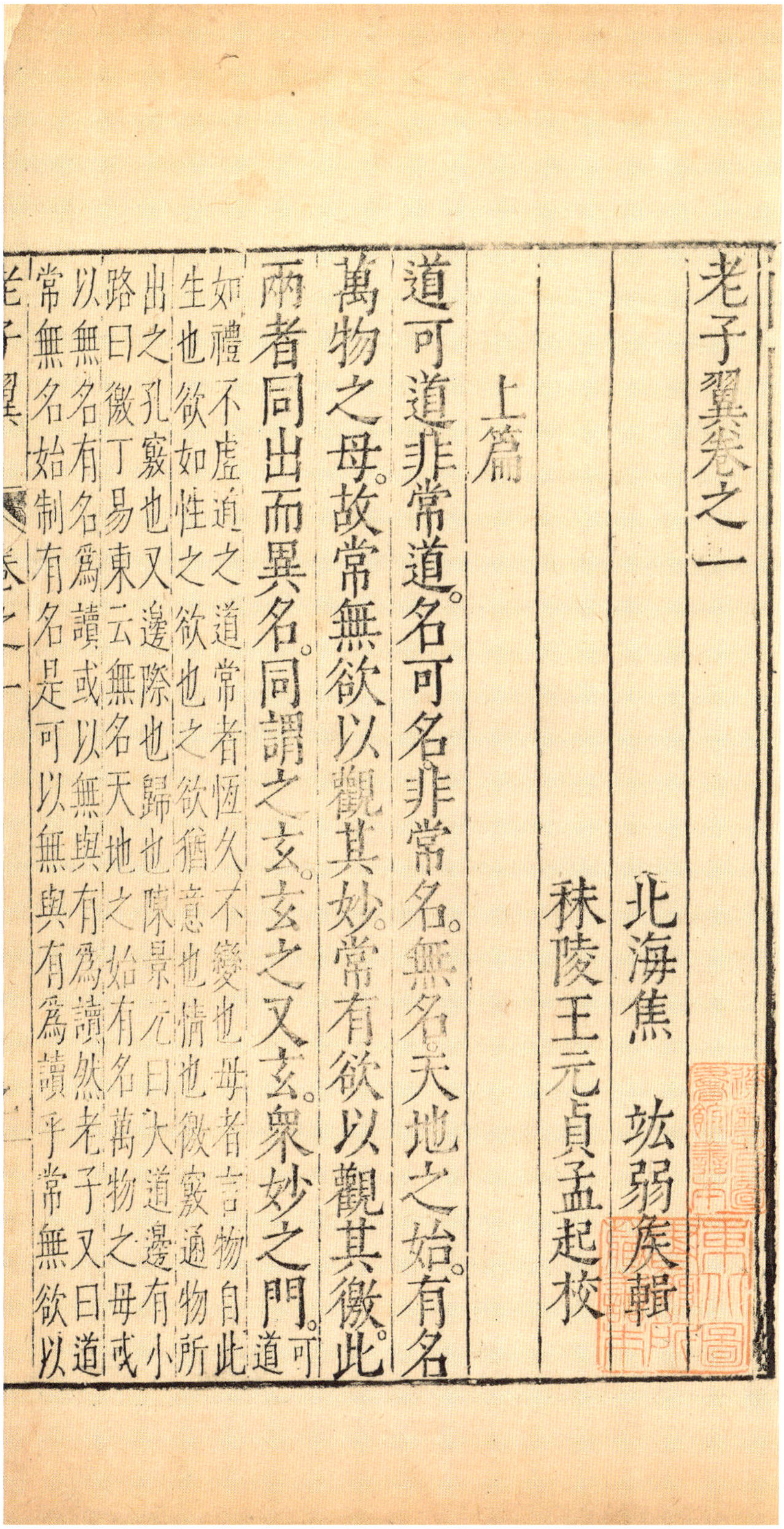
老子翼卷之一
北海焦　竑弱侯輯
秣陵王元貞孟起校
上篇
道可道非常道。名可名非常名。無名天地之始。有名
萬物之母。故常無欲以觀其妙。常有欲以觀其徼。此
兩者同出而異名。同謂之玄。玄之又玄。衆妙之門。可道
如禮不虛道之道常者恆久不變也母者言物自此
生也欲如性之欲也之欲猶意也情也徼竅通物所
出之孔竅也又邊際也歸也陳景元曰大道邊有小
路曰徼丁易東云無名天地之始有名萬物之母或
以無名有名爲讀或以無與有爲讀然老子又曰道
常無名始制有名是可以無與有爲讀乎常無欲以

20247　老子翼三卷莊子翼八卷　（明）焦竑輯　（明）王元貞校閲　明萬曆十六年（1588）王元貞刻本　遼寧省圖書館

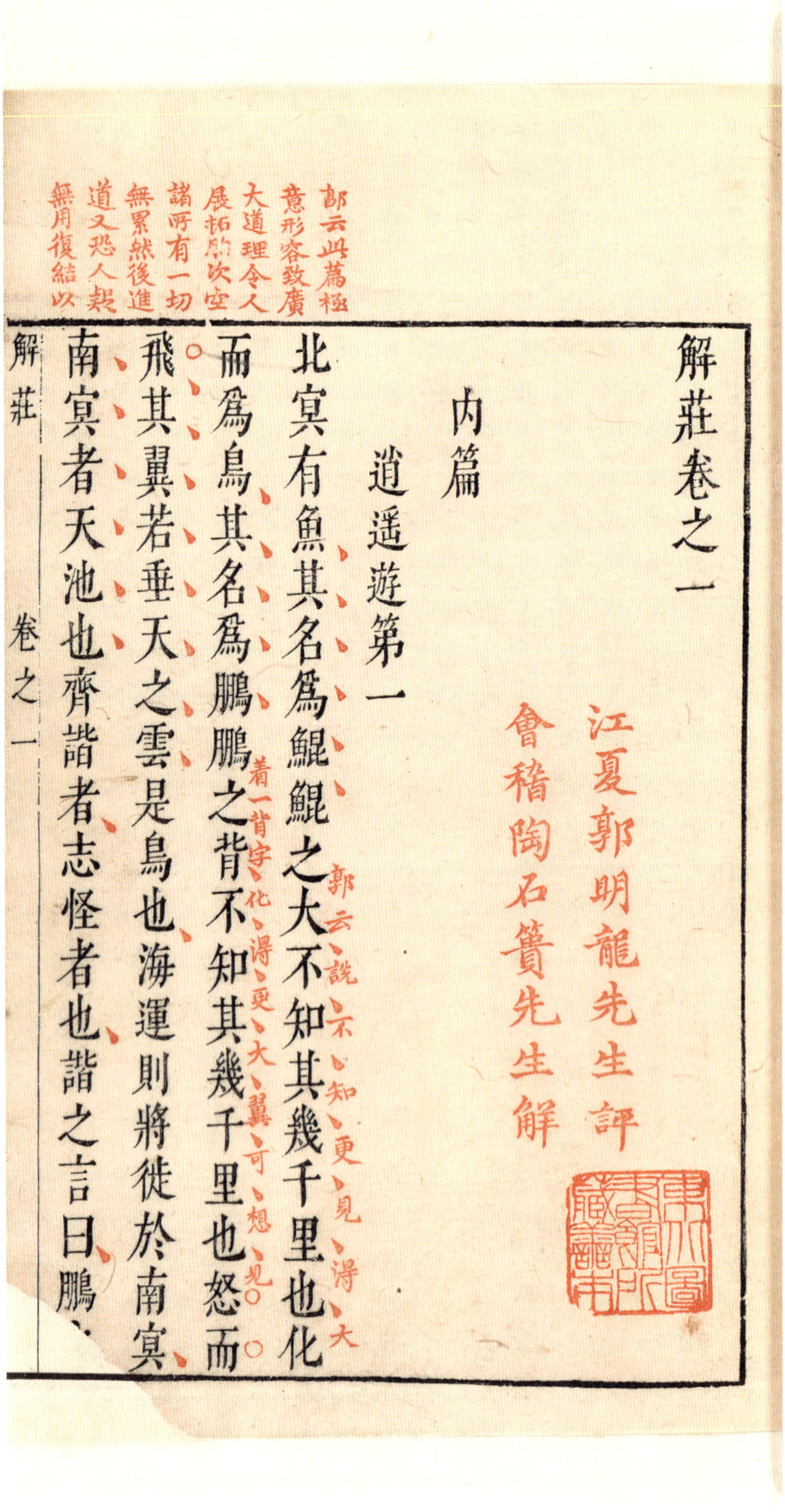
郭云此篇極意形容致廣大道理令人展拓胸次空諸所有一切無累然後進道又恐人疑無用復結以
解莊卷之一
江夏郭明龍先生評
會稽陶石簣先生解
内篇
逍遥遊第一
北冥有魚其名爲鯤鯤之大不知其幾千里也化
郭云說不知更見得大
而爲鳥其名爲鵬鵬之背不知其幾千里也怒而
着一背字化得更大翼可想見
飛其翼若垂天之雲是鳥也海運則將徙於南冥
南冥者天池也齊諧者志怪者也諧之言曰鵬
解莊 卷之一

20248 解莊十二卷 （明）陶望齡解 （明）郭正域評 明天啓元年（1621）茅兆河刻朱墨套印本 遼寧省圖書館